지 은 이 | IAP BOOKS
기   획 | 유동훈, 양다원
개   발 | 고하은, 이선민
디 자 인 | 정은아, 정수진, 최미나, 오예인
조   판 | 정수진, 최미나
영   업 | 한기영, 이경구, 박인규, 정철교, 하진수, 김남준, 이우현
마 케 팅 | 박혜선, 남경진, 이지원, 김여진

Copyright©2023 by IAP BOOKS, Inc.
All rights reserved. No part of this publication may be reproduced,
stored in a retrieval system, or transmitted in any form or by any means,
electronic, mechanical, photocopying, recording, or otherwise, without
the prior permission of the copyright owner.

* 본 교재의 독창적인 내용에 대한 일체의 무단 전재 · 모방은 법률로 금지되어 있습니다.
* 파본은 구매처에서 교환 가능합니다.

섹션뽀개기

현대시, 현대소설, 고전운문, 고전산문, 극수필, 독서, 화법과 작문, 문법 총 8권으로 구성되어 있습니다. 실전에 들어가기 전 꼭 알아야 할 기본 개념을 체크하고, 각 갈래별로 유형과 개념이 잘 나타난 대표 유제를 통해 문제 접근법과 풀이 방법을 익힐 수 있습니다. 또한 수능 및 전국연합 기출 문제를 선별하여 앞에서 학습한 개념과 관련된 문제를 통해 실제 문제에 대한 해결력을 기르고 수능 감각을 익힐 수 있도록 하였습니다. 자기 주도학습을 할 수 있도록 인강을 제공하고, SLS 시스템을 통해 취약 영역도 보완하도록 지원하고 있습니다.

섹션뽀개기 실전편

문학, 독서, 화법과 작문, 언어와 매체 총 4권으로 구성되어 있습니다. 각 항목별로 개념과 대표 유제, 실전 문제를 단계별로 제공하여 스스로 문제를 풀고 해결해 나갈 수 있도록 편집되었습니다. 자기 주도학습을 할 수 있도록 인강을 제공하고, SLS 시스템을 통해 취약 영역도 보완하도록 지원하고 있습니다.

기승전결 모의고사

LEVEL 1(Ⅰ·Ⅱ·Ⅲ·Ⅳ), LEVEL 2(Ⅰ·Ⅱ·Ⅲ·Ⅳ), LEVEL 3(Ⅰ·Ⅱ·Ⅲ·Ⅳ), LEVEL 4(Ⅰ·Ⅱ·Ⅲ·Ⅳ)등 총 16권으로 구성되어 있습니다. 권당 실전 모의고사 9회가 수록되어 있고, 주차별로 1회씩 학습하도록 구성했습니다. 수능, 평가원, 교육청에서 출제되었던 실전 모의고사와 자체적으로 만들고 리믹스한 모의고사로 편성되어 있습니다. 자기 주도 학습을 할 수 있도록 인강을 제공하고, SLS 시스템을 통해 취약 영역도 보완하도록 지원하고 있습니다.

분기승천 국어

레벨별 4종씩 총 8권으로 구성되어 있습니다. 분기별로 학습할 수 있도록 권당 13강으로 편성되어 있고, 1강당 4세트씩 권당 42세트 이상 구성되어 학교, 학원 등 교육기관에서 주차별 학습을 하도록 최적화되어 있습니다. 자기 주도학습을 할 수 있도록 인강을 제공하고, SLS 시스템을 통해 취약 영역도 보완하도록 지원하고 있습니다.

리딩플러스 국어

총 8단계로 구성되어 아이들이 다양한 갈래의 책을 읽고, 책에 관련된 문제를 풀어보며 글쓰기 실력을 향상시킬 수 있는 독서논술 교재입니다. 책을 읽으면서 궁금해할 만한 것이나 중요한 개념을 안내하는 배경 지식, 책에 등장한 어휘 관련 문제, 책에서 발췌한 제시문에 대한 독해력·사고력 문제를 통해 아이들이 흥미롭게 독서 활동을 할 수 있도록 하고, 책을 읽은 후 느낀 점 등을 독후활동지로 정리할 수 있도록 구성되어 있으며, SLS 시스템을 통해 온라인으로도 학습할 수 있도록 지원하고 있습니다.

어휘어법

LEVEL 1(Ⅰ·Ⅱ), LEVEL 2(Ⅰ·Ⅱ), LEVEL 3(Ⅰ·Ⅱ), LEVEL 4(Ⅰ·Ⅱ) 등 총 8권으로 구성되어 있습니다. 학기별로 학습할 수 있도록 권당 18~26강으로 편성되어 있고, 모듈 프로세스를 통해서 영역별 학습이 가능하게 만들어져 있습니다. 사자성어·속담·한자어·관용어·혼동어휘 등을 교재별로 모듈화하여 단계별로 학습하고 주차별로 테스트를 하도록 구성되어 있습니다.

SLS
Smart Learning Solution

상쾌한 **향상**을 경험하다
국어 문제의 해결사 SLS

학습자 맞춤형 문제은행 출제 마법사
Smart Learning Solution
학생들에게 1:1 과외의 효과를!

초등 4학년부터 고등 3학년까지!
개별 학생에게 맞춘 유연한 문제은행 출제 마법사
시스템이기에 더욱 빠르고 학습진단 및 분석, 그리고 이에 맞춘 처방까지!
학생들의 성적이 달라집니다!

온라인
교재 학습

▸ 온라인 제공 문제 서비스
▸ 출판사, 난이도별 문제

차별화된
인강시스템

▸ 모든 문항별 강의 동영상
▸ 강좌별 영상 강의

유사 문제
자동 추천 기능

▸ 오답 문제와 유사한 문제 제공
▸ 오답 문제 완전 정복

130만
국어 문항 DB

▸ 국내 최대 DB
▸ 수능, 내신 모든 문항의 DB

한 번에
수능까지

한 수

완성하는
중학국어

구성과 특징

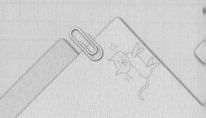

1. 지문 분석

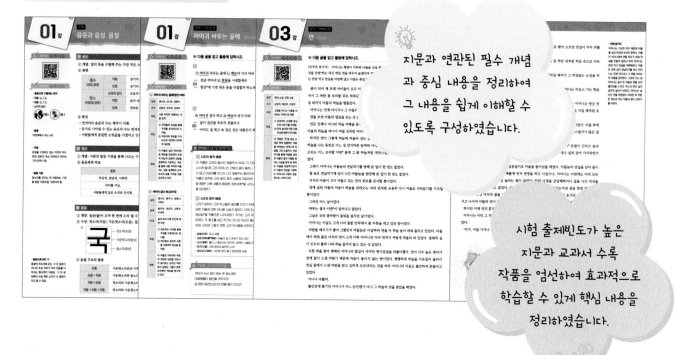

지문과 연관된 필수 개념과 중심 내용을 정리하여 그 내용을 쉽게 이해할 수 있도록 구성하였습니다.

시험 출제빈도가 높은 지문과 교과서 수록 작품을 엄선하여 효과적으로 학습할 수 있게 핵심 내용을 정리하였습니다.

2. 유형별 문제풀이

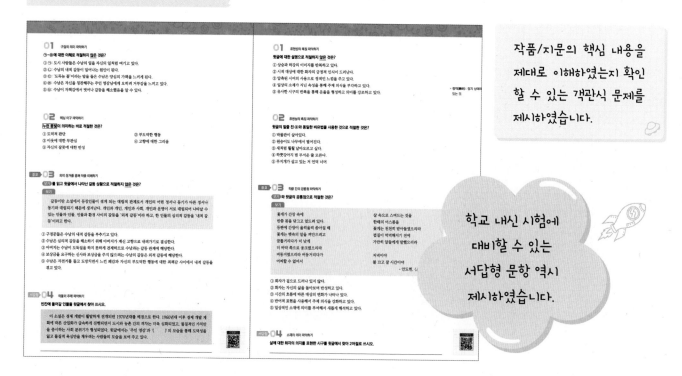

작품/지문의 핵심 내용을 제대로 이해하였는지 확인할 수 있는 객관식 문제를 제시하였습니다.

학교 내신 시험에 대비할 수 있는 서답형 문항 역시 제시하였습니다.

3. 복습하기

복습하기

단원에서 학습하였던 지문과 작품의 중심 내용을 간략한 표로 정리하였습니다.

다음 단원으로 넘어가기 전에 빈칸 채우기와 단답형 문항을 통해 성취 기준을 점검할 수 있도록 하였습니다.

4. 정답 및 풀이

문제편에서 학습한 지문과 작품의 자세한 분석과 문제 해설을 확인할 수 있습니다.

목차

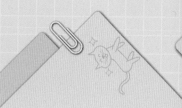

목차

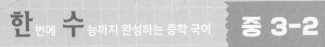

01

Contents

✔ 한방에! **개념정리**

✔ 한방에! **핵심정리**

＊홑문장과 겹문장

홑문장	주어와 서술어의 관계가 한 번만 나타나는 문장 예 <u>수민이는</u> <u>피자를</u> <u>먹었다.</u> 주어 서술어

겹문장	주어와 서술어의 관계가 두 번 이상 나타나는 문장
	예 <u>수민이는</u> <u>피자를</u> <u>먹었고,</u> <u>유진이는</u>
	  주어 서술어 주어
	  <u>치킨을 먹었다.</u>
	          서술어

※ 다음 글을 읽고 물음에 답하시오.

일반적으로 문장은 주어와 서술어의 관계에 따라 홑문장과 겹문장으로 나눌 수 있다. 홑문장은 '주어 – 서술어'의 관계가 한 번만 나타나는 문장이고, 겹문장은 '주어–서술어'의 관계가 두 번 이상 나타나는 문장이다. 겹문장은 문장의 짜임새에 따라 다시 안은문장과 이어진문장으로 나뉜다.

다른 문장 속에 들어가 하나의 성분처럼 쓰이는 문장을 안긴문장이라고 하며, 이 문장을 포함한 문장을 안은문장이라고 한다. 안긴문장은 문법 단위로는 '절'에 해당하며, 이는 크게 명사절, 관형절, 부사절, 서술절, 인용절의 다섯 가지로 나뉜다. 명사절은 '우리는 <u>그가 돌아오기</u>를 기다린다.'의 밑줄 친 부분과 같이 절 전체가 명사처럼 쓰이는 것으로, 문장에서 주어, 목적어, 보어, 부사어 등의 역할을 한다. 관형절은 절 전체가 관형어의 기능을 하는 것으로, '<u>아이들이 들어오는</u> 소리를 들었다.'의 밑줄 친 부분과 같이 체언 앞에 위치하여 체언을 수식하는 역할을 한다. 부사절은 절 전체가 부사어의 기능을 하는 것으로, '하늘이 <u>눈이 시리도록</u> 푸르다.'의 밑줄 친 부분과 같이 서술어를 수식하는 역할을 한다. 서술절은 '나는 <u>국어가 좋아.</u>'의 밑줄 친 부분과 같이 절 전체가 서술어의 기능을 하는 것이다. 인용절은 '담당자가 <u>"서류는 내일까지 제출하세요."</u>라고 말했다.'의 밑줄 친 부분과 같이 화자의 생각 혹은 느낌이나 다른 사람의 말을 인용한 것이 절의 형식으로 안기는 경우로, '고', '라고'와 결합하여 나타난다.

이어진문장은 둘 이상의 절이 연결 어미에 의해 결합된 문장을 말한다. 절이 이어지는 방법에 따라 대등하게 이어진문장과 종속적으로 이어진문장으로 나뉜다. 대등하게 이어진문장은 앞 절과 뒤 절이 '–고', '–지만' 등의 연결 어미에 의해 이어지며, 각각 '나열', '대조' 등의 대등한 의미 관계로 해석된다. 종속적으로 이어진문장은 앞 절과 뒤 절이 '–아서/–어서', '–(으)면', '–(으)러' 등의 연결 어미에 의해 이어지며, 앞 절이 뒤 절에 대해 각각 '원인', '조건', '목적' 등의 종속적인 의미 관계로 해석된다.

▶ **겹문장의 종류**

		명사절을 안은문장	안긴문장이 문장에서 명사의 기능을 함. 예 나는 <u>그가 범인임</u>을 알고 있었다.
안은문장	안긴문장을 포함한 문장	관형절을 안은문장	안긴문장이 문장에서 관형어의 기능을 함. 예 그 신발은 <u>내가 신던</u> 신발이다.
		부사절을 안은문장	안긴문장이 문장에서 부사어의 기능을 함. 예 진구는 <u>발에 땀이 나도록</u> 달렸다.
		서술절을 안은문장	안긴문장이 문장에서 서술어의 기능을 함. 예 예진이가 <u>키가 크다.</u>
		인용절을 안은문장	다른 사람의 말을 인용하는 문장이 포함되어 있음. 예 우리는 <u>인간이 평등하다</u>고 믿는다.
이어진 문장	둘 이상의 절이 연결 어미에 의해 결합된 문장	대등하게 이어진문장	앞 절과 뒤 절이 대등한 의미 관계로 연결되어 있음. 예 나는 초등학생이고, 누나는 중학생이다.
		종속적으로 이어진문장	앞 절이 뒤 절이 독립적이지 못하고 종속적인 의미 관계로 연결되어 있음. 예 비가 너무 많이 와서, 아빠가 데리러 오셨다.

중요 > 01 안긴문장 이해하기

윗글을 바탕으로 보기 를 탐구한 내용으로 적절하지 않은 것은?

보기

⊙ 오랫동안 여행을 떠났던 친구가 ⓒ 자신이 돌아왔음을 알리며 ⓒ 곧장 나를 만나러 오겠다고 ⓔ 기분 좋게 약속해서 나는 ⑪ 마음이 설렜다.

① ⊙은 뒤에 오는 명사 '친구'를 수식하므로 관형절로 안긴문장으로 볼 수 있군.
② ⓒ은 서술어 '알리며'의 부사어 역할을 하므로 명사절로 안긴문장으로 볼 수 있군.
③ ⓒ은 '고'를 사용하여 친구의 말을 인용하고 있으므로 인용절로 안긴문장으로 볼 수 있군.
④ ⓔ은 서술어 '약속해서'를 수식하고 있으므로 부사절로 안긴문장으로 볼 수 있군.
⑤ ⑪은 주어 '나'의 상태를 서술하는 역할을 하므로 서술절로 안긴문장으로 볼 수 있군.

02 이어진문장 구분하기

윗글을 바탕으로 이어진문장을 구분한 내용으로 적절한 것은?

	예문	종류	의미 관계
①	무쇠도 갈면 바늘이 된다.	종속	목적
②	하늘도 맑고, 바람도 잠잠하다.	대등	대조
③	나는 시험공부를 하러 학교에 간다.	종속	조건
④	함박눈이 내렸지만 날씨가 따뜻하다.	대등	나열
⑤	갑자기 문이 열려서 사람들이 놀랐다.	종속	원인

서답형 > 03 관형절을 안은문장 파악하기

보기 를 읽고 빈칸에 들어갈 말로 적절한 것을 쓰시오.

보기

관형절을 안은문장은 성분의 쓰임에 따라 다시 관계 관형절과 동격 관형절로 나눌 수 있다. 관계 관형절은 관형절의 수식을 받는 체언이 관형절의 한 성분이 되는 경우로, 성분 생략이 가능하며 어떤 명사 앞에서든 쓰일 수 있다. 반면, 동격 관형절은 관형절의 피수식어(체언)가 관형절의 한 성분이 아니라 관형절 전체의 내용을 받아 주는 관형절로 성분 생략이 불가능하며 특수한 명사 앞에서만 사용된다.

'혜린이가 합격했다는 소식을 들었다.'는 (   ) 관형절이라고 볼 수 있겠군.

문제풀이

01강 동양 윤리와 서양 윤리

※ 다음 글을 읽고 물음에 답하시오.

[A] 　동양 윤리 사상에는 크게 유교, 불교, 도가 사상이 있다. 먼저, 유교 윤리에서는 현실적인 삶의 문제를 중시하며 도덕적 인격 수양을 바탕으로 타인과 더불어 사는 공동체를 강조한다. 이는 현대 사회의 과도한 개인주의와 이기주의로 발생하는 다양한 윤리 문제를 해결하는 데 도움을 준다. 특히, 의로움과 청렴을 강조하는 유교 윤리는 한국 사회의 부패를 예방하는 전통 사상으로서 중심 역할을 한다. 불교 윤리에서는 만물의 상호 의존적 관계를 인식하여 모든 존재에게 자비를 베풀어야 한다고 강조한다. 자비란 남을 깊이 사랑하고 가엾게 여기는 마음이다. 불교에서는 자비의 마음으로 중생에게 행복을 베풀고, 고뇌를 제거해야 한다고 보며, 상호 의존적 관계를 바탕으로 인간을 포함한 모든 생명의 소중함을 인식하고 존중해야 한다고 가르친다. 도가 윤리에서는 인위적으로 강제하지 않는, 자연의 순리에 따르는 삶을 강조한다. 이는 인간성을 훼손하고 억압하는 사회 구조나 제도, 물질에 관한 현대인의 과도한 집착을 비판하는 기준을 제공하여, 자연스럽고 소박한 삶을 추구하는 데 기여한다. 또한 자기중심적 사고에서 벗어나, 편견이 없는 마음으로 공정한 판단과 의사 결정을 할 수 있는 사상적 바탕을 제공해 준다. 예부터 자연과 인간의 조화를 중시했던 한국의 사상적 풍토는 인간을 자연의 일부로 간주하여 자연의 질서에 순응하는 삶을 중시하는 도가 사상으로부터 큰 영향을 받은 것이다.

　서양 윤리 사상은 시대별로 구분하여 그 특징을 살펴볼 수 있다. 먼저, 고대 그리스 윤리 사상에서는 행복을 삶의 궁극적인 목적으로 보고, 그 실현 방안으로 덕 있는 삶을 제시하였다. 이는 인간으로서의 고유한 기능을 잘 발휘한 상태가 곧 '덕에 따르는 삶'이라는 의미이다. 특히 앎과 행복의 관계를 중시하였는데, 덕을 알고 행함으로써 정의로운 행위를 실천해야 함을 강조한 것이다. 헬레니즘 시대의 윤리 사상에서는 세속적 가치와 육체적 쾌락에서 벗어나 정신적 쾌락과 금욕을 추구하는 것이 진정한 행복임을 일깨워 준다. 따라서 외적인 변동이나 내적인 감정에 의해 흔들리지 않는 평정심을 강조하였다. 또한 모든 인간을 이성을 지닌 평등한 존재로 보고, 다른 민족의 문화나 관습도 보편적 이성에 따른 것이므로 존중해야 한다고 주장하였다. 이는 우리가 세계 시민으로 나아가기 위한 이론적 바탕을 제시함으로써 세계화 시대에 필요한 윤리적 태도를 성찰하는 데 기여하였다. 중세의 그리스도교 윤리는 사랑과 배려를 나와 관계된 가까운 공동체뿐만 아니라 익명의 이웃에까지 확장해야 한다는 가르침을 주었다. 이는 단순히 종교를 넘어, 우리의 윤리적 삶에 큰 영향을 미치고 있다. 서양 근대 윤리 사상에서는 도덕적 판단과 행동의 원천인 이성과 감정을 탐구하였다. 그리고 이를 통해 윤리적 삶에서 합리적 판단과 공감의 역할 및 그 중요성을 일깨워 주었다. 또한 현실의 복잡한 윤리적 상황에서도 인간이 마땅히 지켜야 할 보편적인 도덕 법칙이 있음을 강조하였다. 반면, 최선의 결과를 가져오는 행위가 도덕적으로 옳다는 관점에서 다수의 행복을 중시한 사상도 있다. 이는 다수를 고려해야 하는 사회 정책이나 제도의 입안 기준을 제시하여 우리 삶에 기여하고 있다. 현대의 서양 윤리 사상은 개별 인간의 구체적인 문제를 해결하기 위해 스스로 결단하고 선택하는 주체적인 삶을 강조하였다. 또한 급격한 사회 변화에 대응하여, 우리의 삶을 실질적으로 개선하기 위한 문제 해결의 유용성을 강조하기도 하였다.

01 내용 전개 방식 파악하기

윗글에 대한 설명으로 가장 적절한 것은?

① 설명하고자 하는 사상을 창시한 인물을 소개하고 있다.
② 특정 사상의 관점에서 다른 사상의 주장을 비판하고 있다.
③ 동양 사상에 영향을 받아 수정된 서양 사상을 제시하고 있다.
④ 특정 사상이 발달하기 시작한 구체적인 연도를 제시하고 있다.
⑤ 동양과 서양의 여러 사상을 구분하여 그 특징을 설명하고 있다.

02 세부 내용 파악하기

[A]에 대한 이해로 적절하지 <u>않은</u> 것은?

① 유교 윤리는 도덕적 인격 수양과 공동체적 가치를 강조한다.
② 유교 윤리는 한국 사회의 부패를 예방하는 데 중심이 되는 사상이다.
③ 불교 윤리는 인간을 포함한 모든 생명이 상호 의존적 관계를 지니고 있다고 본다.
④ 도가 윤리는 인간을 억압하는 물질에 대한 집착을 비판하는 기준을 제공한다.
⑤ 도가 윤리는 인간이 제도에 구애받지 않고 행복을 추구할 수 있는 자기중심적 사고를 강조한다.

중요 03 구체적 사례에 적용하기

윗글을 바탕으로 보기 의 '마이클 샌델'을 이해한 내용으로 가장 적절한 것은?

> 보기
>
> 윤리 사상가인 마이클 샌델은 서양의 윤리 사상들을 통합하여, 각 윤리 사상의 장점을 아우르는 사상 체계를 만들었다는 평가를 받고 있다. 샌델은 특정 상황에서 인간이 내리는 윤리적 결정이 어떤 지식에서 기인하는 것인지 또는 어떤 정서에서 유발되는 것인지 분석하고, 다양한 전제가 혼합된 딜레마 상황을 해결하기 위해 여러 관점들이 공통적으로 추구하는 도덕 법칙을 도출하였다. 그리고 다수의 이익을 위한 제도가 사회의 병폐가 되고 있음을 비판하였으며, 도덕적 판단은 엘리트 계층만이 내리는 것이 아니라 개인 각자가 내릴 수 있어야 한다고 주장하였다.

① 개인의 윤리적 결정에 영향을 주는 지식을 분석한 것은 고대 그리스 윤리 사상에 영향을 받은 것이겠군.
② 인간이 특정 상황에서 내리는 도덕적 판단을 유발하는 감정을 분석한 것은 서양 근대 윤리 사상에 영향을 받은 것이겠군.
③ 다수의 이익을 위한 제도의 역기능을 비판한 것은 서양의 윤리 사상들을 통합할 때 현대 윤리 사상의 한계를 그대로 수용한 것이겠군.
④ 도덕적 판단은 개인 각자가 선택하고 결정해야 한다고 주장한 것은 근대의 서양 윤리 사상에 영향을 받아 주체적인 삶을 강조한 것이겠군.
⑤ 복잡한 딜레마 상황을 해결하기 위해 여러 관점들이 공통적으로 추구하는 도덕 법칙을 도출한 것은 중세 그리스도교 윤리에 영향을 받은 것이겠군.

★ 병폐(病弊) : 병통(깊이 뿌리박힌 잘못이나 결점)과 폐단(어떤 일이나 행동에서 나타나는 옳지 못한 경향이나 해로운 현상)을 아울러 이르는 말.

서답형 04 세부 내용 추론하기

빈칸에 들어갈 말로 적절한 것을 골라 쓰시오.

> '무위자연(無爲自然)'이란 사람의 힘이 더해지지 않은 그대로의 자연을 의미한다. (유교 / 불교 / 도가) 사상에서는 이러한 '무위자연'을 이상적인 삶의 모습으로 제시한다.

문제풀이

01강

봄은 _ 신동엽

한방에! **개념정리**

한방에! **핵심정리**

갈래	자유시, 서정시
성격	의지적, 상징적, 현실 참여적
주제	자주적이고 주체적인 통일에 대한 염원
특징	① 단정적인 어조로 화자의 의지를 표현함. ② 대립적이고 상징적인 이미지를 활용하여 시상을 전개함.
해제	해방 이후 우리 민족은 외세의 힘으로 인해 원치 않는 분단을 맞이해야 했다. 이 작품에서는 이러한 분단 현실을 '봄'과 '겨울'로 표현함으로써 분단의 고통을 극복하고 우리 민족이 주체가 되어 자주적으로 통일을 이루기를 바라는 화자의 염원을 드러내고 있다.

※ 다음 글을 읽고 물음에 답하시오.

봄은
㉠ 남해에서도 북녘에서도
오지 않는다.

너그럽고
빛나는
봄의 그 눈짓은,
㉡ 제주에서 두만까지
우리가 디딘
㉢ **아름다운 논밭**에서 움튼다.

겨울은,
바다와 대륙 밖에서
그 매운 **눈보라** 몰고 왔지만
이제 올
너그러운 봄은, ㉣ **삼천리 마을**마다
우리들 가슴속에서
움트리라.

움터서,
㉤ **강산을 덮은** 그 미움의 **쇠붙이들**
눈 녹이듯 흐물흐물
녹여 버리겠지.

- 신동엽, 〈봄은〉 -

01 표현상의 특징 파악하기

윗글의 표현상의 특징으로 적절하지 않은 것은?

① 단정적인 어조로 화자의 의지를 표현하고 있다.

② 대상을 의인화하여 시적 정서를 드러내고 있다.

③ 반어적인 표현을 통해 주제 의식을 강화하고 있다.

④ 대립적인 이미지를 활용하여 시상을 전개하고 있다.

⑤ 대상을 직접 언급하지 않고 다른 대상을 통해 간접적으로 제시하고 있다.

중요 02 시어의 의미 이해하기

㉠~㉤ 중 보기 의 밑줄 친 ⓐ와 가리키는 것이 다른 것은?

> 보기
>
> 껍데기는 가라.
> ⓐ 한라에서 백두까지
> 향기로운 흙 가슴만 남고
> 그, 모오든 쇠붙이는 가라.
>
> — 신동엽, 〈껍데기는 가라〉

① ㉠   ② ㉡   ③ ㉢   ④ ㉣   ⑤ ㉤

중요 03 외적 준거를 참고하여 작품 이해하기

보기 를 참고하여 윗글을 이해한 것으로 적절하지 않은 것은?

> 보기
>
> 신동엽은 1960년대를 대표하는 민중 시인이다. 그가 활동하던 1960년대는 4·19 혁명과 5·16 군사 정변으로 인해 정치적 혼란이 계속되던 시기이다. 또한 남북 간의 갈등이 최고조에 달함에 따라 분단의 현실에 대한 관심이 더욱 커졌다. 신동엽은 이와 같은 현실을 작품 속에 반영하여 분단의 원인과 해결책을 제시하고, 자주적 통일에 대한 염원을 드러내고자 하였다.

① '봄'이 '우리가 디딘 / 아름다운 논밭에서' 움트는 것은 곧, 우리 민족이 살고 있는 이 땅에서 자주적으로 통일이 이루어져야 함을 의미하는군.

② '겨울'이 '바다와 대륙 밖에서' 왔다는 것은 분단의 원인을 우리 민족 내부가 아닌 외부에서 찾고 있는 것이군.

③ '눈보라'는 '삼천리 마을'에 '봄'을 가져오는 존재로, 화자가 제시하는 분단의 현실을 극복할 해결책이군.

④ '강산을 덮은' '쇠붙이들'은 남과 북으로 분단된 조국의 현실을 함축적으로 표현한 것이군.

⑤ '녹여 버리겠지'는 '봄'이 옴으로써 갈등이 해소되는 것으로 통일에 대한 화자의 염원을 드러내는 것이군.

서답형 04 세부 내용 파악하기

화자가 제시하고 있는 통일의 주체를 윗글에서 찾아 3음절로 쓰시오.

문제풀이

01강

장끼전 _ 작자 미상

| 정답 및 해설 | 6쪽

한방에! 문제풀이

한방에! 핵심정리

갈래	우화 소설
성격	우화적, 풍자적
주제	조선 시대의 남존여비와 개가 금지 사상에 대한 비판과 풍자
특징	① 중국의 고사를 인용함. ② 당대의 서민 의식을 반영함. ③ 인간의 본능적 욕구를 중시함. ④ 의인화된 동물을 통해 사건을 전개함.
해제	이 작품은 본래 〈장끼 타령〉으로 불리던 판소리가 전승되어 소설로 정착된 판소리계 소설이자 장끼와 까투리를 의인화한 우화 소설이다. 작품의 전반부에서는 장끼가 지혜롭고 겸손한 까투리의 말을 무시하고 콩을 먹다 덫에 걸려 죽는 장면에 제시되고, 후반부는 장끼의 유언에도 불구하고 까투리가 개가하는 장면이 제시된다. 이를 통해 당시 조선의 사회상을 보여 주고, 가부장적 사회 질서와 여성의 개가 금지에 대해 비판하고 있다. 특히 봉건적 유교 사상과 대립되는 행동을 하는 까투리를 통해 주체적인 여성상을 제시하며 사회의 변화를 촉구하고 있다.

※ 다음 글을 읽고 물음에 답하시오.

"새벽녘 닭이 울 때 또 꿈을 꾸니, 색저고리 색치마를 이내 몸에 단장하고 푸른 산 맑은 물가에 노니는데, 난데없는 청삽사리 입술을 앙다물고 와락 뛰어 달려들어 발톱으로 허위치니 경황실색* 갈 데 없이 삼밭으로 달아난 제, 긴 삼대 쓰러지고 굵은 삼대 춤을 추며, 짧은 허리 가는 몸에 휘휘 친친 감겼으니 이내 몸 과부되어 상복 입을 꿈이오니 제발 덕분 먹지 마오. 부디 그 콩 먹지 마오."

이 말 들은 장끼란 놈 대노하여 두 발로 이리 차고 저리 차며 하는 말이,

"화용월태* 저년 기둥서방 마다하고 다른 남자 즐기다가 참바* 올바 주황사로 뒤죽지 결박하여 이 거리 저 거리 북치며 조리돌리고, 삼모장*과 치도곤*으로 난장* 맞을 꿈이로세. 그런 꿈 얘기란 다시 말라! 앞 정강이 꺾어 놀 테다."

그래도 까투리는 장끼 아끼는 마음 풀풀 나는지라, 입을 다물지 않고 하는 말이,

"기러기 북국에 울며 날 제 갈대를 물어 나름은 장부의 조심이요, 봉황이 천 길을 떠오르되 좁쌀은 찍어 먹지 아니함은 군자의 염치거늘 당신이 비록 미물이나 군자의 본을 받아 염치를 알 것이니 백이숙제 충열염치 주숙을 아니 먹고, 장자방*의 지혜 염치 사병벽곡*하였으니 당신도 이런 것을 본을 받아 조심을 하려 하면 부디 그 콩 먹지 마오."

장끼 또한 그대로 있을쏘냐.

"자네 말 참으로 무식하네. 예절을 모르는데 염치를 내 알쏘냐. 안자*님 도학 염치로도 삼십 밖엔 더 못 살고, 백이숙제의 충절 염치로도 수양산에서 굶어 죽었으며, 장자방의 사병벽곡으로도 적송자*를 따라갔으니 염치도 부질없고 먹는 것이 으뜸이로세. 호타하 보리밥을 문숙*이 달게 먹고 중흥* 천자가 되었고, 표모*의 식은 밥을 달게 먹은 한신*도 한나라의 대장이 되었으니, 나도 이 콩 먹고 크게 될 줄 뉘 알 것인가?" / 까투리 하는 말이,

[A]
"그 콩 먹고 잘 된단 말은 내가 먼저 말하오리다. 잔디찰방* 수망*으로 황천부사 제수하여 푸른 산을 생이별하오리니 내 원망은 부디 마오. 고서를 보면 고집불통 과하다가 패가망신한 자 그 몇이요. 천고 진시황의 몹쓸 고집 부소의 말 듣지 않고 민심소동 사십 년에 이세 때 나라 잃고, 초패왕의 어리석은 고집 범증의 말 듣지 않다가 팔천 제자 다 죽이고 무면도강동*하여 스스로 목을 베어 죽었고, 굴삼려*의 옳은 말도 고집불통 듣지 않다가 진문관에 굳게 갇혀 가련 공산 삼혼*되어 강 위에서 우는 새 어복충혼* 부끄럽다오. 당신 고집 너무 피우다가 오신명* 하오리다."

그렇지만 장끼란 놈 그 고집 버릴쏘냐.

"콩 먹고 다 죽을까? 고서를 보면 콩 태 자 든 이마다 모두 귀하게 되었더라. 태고적 천황씨는 일만 팔천 살을 살았고, 태호복희씨는 풍성*이 상승하여 십오 대를 전했으며, 한 태조 당 태종은 풍진세계*에서 창업지주*가 되었으니, 오곡백곡 잡곡 가운데서 콩 태 자가 제일일세. 강태공은 달 팔십을 살았고, 시중 천자 이태백은 고래를 타고 하늘에 올랐고 북방의 태을성은 별 중의 으뜸이라. 나도 이 콩 달게 먹고 태공같이 오래 살고 태백같이 상천하여 태을선관 되오리라."

장끼 고집 끝끝내 굽히지 아니하니 까투리 할 수 없이 물러서니 장끼란 놈 거동 보소. 콩 먹으러

들어갈 제 열두 장목 펼쳐 들고 꾸벅꾸벅 고개 쪼아 주춤주춤 들어가서 반달 같은 혀 부리로 들입다 꽉 찍으니, 두 고패 둥그러지며 머리 위에 치는 소리 박랑사중에서 저격시황하다가 버금 수레 맞추는 '와지끈 뚝딱', '푸드덕푸드덕' 변통 없이 치었구나.

이 꼴을 본 까투리 기가 막히고 앞이 아득하여,

"저런 광경 당할 줄 몰랐던가, 남자라고 여자 말 잘 들어도 패가하고 계집 말 안 들어도 망신하네."

까투리 거동 볼작시면, 상하 넓은 자갈밭에 자락 머리 풀어 놓고 당굴당굴 뒹굴면서 가슴 치고 일어나 앉아 잔디풀을 쥐어 뜯어 가며 애통하며 두 발로 땅땅 구르면서 성을 무너뜨릴 듯이 대단히 절통해 하니, 아홉 아들 열두 딸과 친구 벗님네들이 불쌍하다 탄식하며 조문 애곡하니 가련 공산 낙목천에 울음소리뿐이었다.

(중략)

한참 동안 통곡을 하니 장끼는 눈을 반쯤 뜨고,

"자네 너무 슬퍼 말게. 상부 잦은 자네 가문에 장가간 게 내 실수라. 이말 저말 잔말 말게. 죽은 자는 불가부생이라 다시 보기 어려울 테니 나를 굳이 보려거든 내일 아침 일찍 먹고 덫 임자 따라가면 김천 장에 걸렸거나 그렇지 아니하면, 감영도나 병영도나 수령도의 관청고에 걸렸든지 봉물짐에 얹혔든지 사또 밥상에 오르든지, 그렇지도 아니하면 혼인 폐백 건치* 되리로다. 내 얼굴 못 보아 서러워 말고 자네 몸 수절하여 정렬부인* 되어 주게. 불쌍하다 이내 신세 우지 마라, 우지 마라, 내 까투리 우지마라. 장부 간장 다 녹는구나. 자네가 아무리 슬퍼해도 죽는 나만 불쌍하네."

- 작자 미상, 〈장끼전〉 -

✔ 한방에! 어휘풀이

- ★ 경황실색(驚惶失色): 놀라고 두려워 얼굴색이 달라짐.
- ★ 화용월태(花容月態): 아름다운 여인의 얼굴과 맵시를 이르는 말.
- ★ 참바: 삼이나 칡 따위로 세 가닥을 지어 굵다랗게 드린 줄.
- ★ 삼모장(三모杖): 죄인을 때리는 데 쓰던 세모진 방망이.
- ★ 치도곤(治盜棍): 조선 시대에, 죄인의 볼기를 치는 데 쓰던 곤장의 하나.
- ★ 난장(亂杖): 고려·조선 시대에, 신체의 부위를 가리지 아니하고 마구 매로 치던 고문.
- ★ 장자방(張子房): '장양(한나라 건국 공신)'의 성과 호를 함께 이르는 말.
- ★ 사병벽곡(詐病辟穀): 병을 핑계로 삼아 곡식은 안 먹고 솔잎, 대추, 밤 따위만 날로 조금씩 먹음. 또는 그런 삶.
- ★ 안자(顔子): 공자의 제자인 '안회'를 높여 이르는 말.
- ★ 적송자(赤松子): 신농씨 때에, 비를 다스렸다는 신선의 이름.
- ★ 문숙(文叔): 중국 후한의 제1대 황제인 광무제의 자. 한나라를 다시 일으키고 낙양에 도읍함.
- ★ 중흥(中興): 쇠퇴하던 것이 중간에 다시 일어남.
- ★ 표모(漂母): 빨래하는 나이 든 여자.
- ★ 한신(韓信): 중국 전한의 무장. 한 고조를 도와 한나라를 통일하는 데 큰 공을 세움.
- ★ 잔디찰방(잔디察訪): 무덤의 잔디를 지킨다는 뜻으로, 죽어서 땅에 묻힘을 완곡하게 이르는 말.
- ★ 수망(首望): 조선 시대에, 벼슬아치를 임명하기 위하여 이조와 병조에서 올리는 세 사람의 후보자 가운데 한 사람.
- ★ 무면도강동(無面渡江東): 일에 실패하여 고향에 돌아갈 면목이 없음을 이르는 말.
- ★ 굴삼려(屈三閭): 초나라의 굴원. 모함을 입어 자신의 뜻을 펴지 못하다가 물에 빠져 죽음.
- ★ 삼혼(三魂): 사람의 넋.
- ★ 어복충혼(魚腹忠魂): 물고기 배 속에 들어간 외로운 혼. 여기서는 물에 빠져 죽은 외로운 넋, 즉 굴원의 충혼을 가리킴.
- ★ 오신명(誤身命): 몸과 목숨을 그르침.
- ★ 풍성(風聲): 들리는 명성.
- ★ 풍진세계(風塵世界): 편안하지 못하고 어지러운 세상.
- ★ 창업지주(創業之主): 나라를 처음으로 세워 왕조를 연 임금.
- ★ 건치(乾雉): 말린 꿩고기.
- ★ 정렬부인(貞烈夫人): 조선 시대에, 정조와 지조를 굳게 지킨 부인에게 내리던 칭호.

★ 전체 줄거리

장끼가 아내 까투리와 자식들과 함께 엄동설한에 먹을 것을 찾아 들판을 헤매다 콩 한 알을 발견한다. 굶주린 장끼가 이를 먹으려 하자 까투리는 지난밤에 꾼 불길한 꿈을 이야기하며 장끼를 만류한다. 그러나 장끼는 까투리의 말을 무시하고 오히려 까투리를 위협한다. 결국 장끼는 콩을 쪼아 먹다 덫에 걸려 죽게 되고, 죽기 전 까투리에게 개가를 하지 말고 수절할 것을 요구한다. 까투리는 장끼의 깃털 하나를 주워다가 장례를 치른다. 까투리가 과부가 되었단 소식을 듣고 많은 새들이 문상을 온다. 문상에 온 까마귀와 물오리 등은 앞다투어 까투리에게 청혼했으나 까투리는 모조리 거절한다. 대신 성격이 좋고 덩치가 큰 홀아비 장끼와 재혼한다. 재혼한 까투리와 홀아비 장끼는 행복하게 살며 백년해로하다 명을 다하자 물속으로 들어가 조개가 된다.

윗글의 서술상 특징으로 적절하지 않은 것은?

① 대화를 통해 인물의 성격을 제시하고 있다.

② 인격화된 동물을 등장시켜 사건을 진행하고 있다.

③ 유사한 내용을 나열하며 장면을 극대화하고 있다.

④ 사건의 빠른 전개를 위해 간결한 문체를 사용하고 있다.

⑤ 해학성을 높이기 위해 양반 계층의 언어와 평민 계층의 언어를 모두 사용하고 있다.

윗글의 내용으로 적절하지 않은 것은?

① 까투리는 장끼를 논리적으로 설득하며 만류하고 있다.

② 까투리는 자신의 말을 듣지 않는 장끼를 원망하며 체념하고 있다.

③ 장끼는 자신의 잘못을 까투리의 탓으로 돌리며 책임을 전가하고 있다.

④ 장끼와 까투리는 '꿈'에 대해 서로 다른 견해를 보이며 갈등을 겪고 있다.

⑤ 장끼는 고사를 인용하여 행위를 합리화하며, 자신의 가치관을 드러내고 있다.

윗글과 보기 에서 공통으로 드러내고자 하는 바로 적절한 것은?

보기

> 계집 다람쥐가 이 말을 듣고 크게 꾸짖어 가로되,
> "(중략) 다시 생각하고 깊이 헤아려 은혜 갚기를 힘쓰고 험언의 마음을 버릴지라. 서대쥐는 본디 관후장자라 반드시 후일에 낭군을 위하여 사례를 할 날이 있으리니 비록 천한 여자의 말이니 깊이 찰납하여 후회하지 않도록 하옵소서."
> 다람쥐 대로하여 가로되,
> "이 같이 천한 계집이 호위인사로 나를 가르치고자 하느냐. 계집이 마땅히 장부의 견욕함을 분히 여김이 옳거늘 오히려 서대쥐를 관후장자라 일컫고 날더러 포악하다 꾸짖으니 이내 형세 곤궁함을 보고 배반할 마음을 두어 서대쥐를 얻고자 함이라. 자고로 부창부수는 남녀의 정이고 여필종부는 부부의 의이거늘 부귀를 따라 이심을 둘진대, 갈려면 빨리 가고 머뭇거리지 말라."
>
> — 작자 미상, 〈서동지전〉

① 봉건제 사회의 남성 중심적 권위주의

② 당쟁 싸움으로 인한 혼란스러운 정계 상황

③ 유교적 사회 질서에 따른 여성의 개가 금지

④ 탐관오리들의 부정부패로 인한 서민들의 고통

⑤ 조선 후기 신분 구조의 변화와 양반 사회의 붕괴

★ 험언(險言) : 남의 흠을 들추어 헐뜯음. 또는 그런 말.

★ 관후장자(寬厚長者) : 너그럽고 후하며 점잖은 사람.

★ 찰납하다(察納하다) : 제 안이나 요청을 자세히 살펴본 뒤에 받아들이다.

★ 호위인사(好爲人師) : 남의 스승 되기를 좋아함.

★ 견욕하다(見辱하다) : 욕된 일을 당하다.

★ 부창부수(夫唱婦隨) : 남편이 주장하고 아내가 이에 잘 따름.

★ 여필종부(女必從夫) : 아내는 반드시 남편을 따라야 한다는 말.

★ 이심(二心) : 배반하는 마음.

윗글의 [A]에서 '장끼'와 유사한 인물 두 명을 찾아 등장한 순서대로 쓰시오.

문제풀이

복습하기

문법

1 ☐☐☐	'주어 – 서술어'의 관계가 한 번만 나타나는 문장	
2 ☐☐☐	'주어-서술어'의 관계가 두 번 이상 나타나는 문장	
	종류	다른 문장 속에 들어가 하나의 성분처럼 쓰이는 문장을 안긴문장이라 하고, 안긴문장을 포함한 문장을 ³☐☐☐☐이라 함.
		둘 이상의 절이 연결 어미에 의해 결합된 문장을 ⁴☐☐☐☐☐이라 함.

독서

1문단	⁵☐☐의 윤리 사상
2문단	⁶☐☐의 윤리 사상

문학 – 봄은(신동엽)

1연	통일(⁷☐)의 주체를 제시
2연	자주적으로 통일을 이루어야 함을 강조
3연	분단의 원인과 해결책을 제시
4연	통일된 조국을 염원

문학 – 장끼전(작자 미상)

고사를 인용하여 ⁸☐을 먹으려는 ⁹☐☐를 만류함.

↓

고집을 굽히지 않고 ⁹☐☐가 콩을 먹다 덫에 걸림.

↓

¹⁰☐☐☐가 덫에 걸린 ⁹☐☐를 보며 애통해함.

↓

⁹☐☐는 자신이 죽는 것을 ¹⁰☐☐☐의 탓으로 돌리고 ¹⁰☐☐☐의 수절을 강요함.

정답	1 홑문장 2 겹문장 3 안은문장 4 이어진문장 5 동양 6 서양 7 봄 8 콩 9 장끼 10 까투리

02

Contents

02 강

문법

자립 명사와 의존 명사

＊자립성에 따른 명사의 분류
• 자립 명사: 홀로 자립하여 사용할
  수 있는 명사.
  예 인형, 학교, 자동차
• 의존 명사: 관형어의 수식을 받아
  야 사용할 수 있는 명사.
  예 것, 분, 데(장소), 개(수량)

※ 다음 글을 읽고 물음에 답하시오.

명사는 자립성의 유무에 따라 자립 명사와 의존 명사로 나눌 수 있다. 가령 '새 물건이 있다.'에서 '물건'은 관형어인 '새'가 없이 단독으로 쓰일 수 있기 때문에 자립 명사이다. 이와 달리 '헌 것이 있다.'에서 '것'은 관형어인 '헌'이 생략되면 '것이 있다.'와 같이 문법에 맞지 않는 문장이 되므로 의존 명사이다. 이처럼 의존 명사는 관형어의 수식 없이 단독으로 쓰일 수 없으며 조사와 결합한다는 특징이 있다.

의존 명사는 특정한 형태의 관형어를 요구하는 선행어 제약과, 특정 서술어나 격 조사와만 결합하는 후행어 제약이 있다. 다음 예문에서 (ㄱ)은 선행어 제약을, (ㄴ)은 후행어 제약을 보여 준다.

(ㄱ) 여기 (온 / *오는 / *올 / *오던) 지가 오래되었다.
(ㄴ) 나는 공부를 할 수가 있다.
    그는 좋아서 어쩔 줄을 몰랐다.
    일어난 김에 일을 마무리하자.
    우리는 네게 그저 고마울 따름이다.

(ㄱ)에서 '지'를 수식하는 관형어는 관형사형 어미 '-(으)ㄴ'과만 결합하므로 선행어가 제약된다. (ㄴ)에서 '수'는 주격 조사 '가'와, '줄'은 목적격 조사 '을'과, '김'은 부사격 조사 '에'와, '따름'은 서술격 조사 '이다'와만 결합하므로 후행어가 제약된다. 이와 달리 '것'은 결합할 수 있는 격 조사의 제약이 없이 두루 사용된다. 의존 명사가 선행어 제약이나 후행어 제약이 있는지를 판단할 때는 의존 명사가 쓰일 수 있는 다양한 예를 고려해야 한다.

[A] ┌ 한편 의존 명사 중에는 '만큼'과 같이 동일한 형태가 조사로도 쓰이는 경우가 있는데, 이처럼 하나의 형태가 여러 개의 품사로 쓰이는 것을 품사 통용이라 한다. 예를 들어 '먹을 만큼 먹었다.'의 '만큼'은 관형어 '먹을'의 수식을 받는 의존 명사이지만, '너만큼 나도 할 수 있다.'의 '만큼'은 체언 '너' 뒤에 붙는 조사이다. 이때 의존 명사는 앞말과 띄어 쓰고, 조사는 앞말과 붙여 └ 써야 한다.

▶ 의존 명사와 조사의 형태가 같은 경우

• 대로

① 어떤 모양이나 상태와 같이. → 의존 명사 　　예 너가 본∨대로

② 할 수 있는 만큼 최대한. → 의존 명사 　　예 지칠∨대로 지쳤다.

③ 앞에 오는 말에 근거하거나 달라짐이 없음. → 조사 　　예 법대로 해라.

④ 따로따로 구별됨. → 조사 　　예 큰 것은 큰 것대로, 작은 것은 작은 것대로.

• 만큼

① 앞의 내용에 상당한 수량이나 정도를 나타냄. → 의존 명사 　　예 노력한∨만큼 대가를 얻을 수 있다.

② 앞말과 비슷한 정도나 한도. → 조사 　　예 집을 궁전만큼 크게 짓다.

01 의존 명사와 조사의 품사 통용 이해하기

[A]를 참고할 때, 밑줄 친 단어의 띄어쓰기가 옳은지 판단한 결과로 적절하지 <u>않은</u> 것은?

	예문	판단 결과
①	노력한 <u>만큼</u> 대가를 얻는다.	×
②	나도 형 <u>만큼</u> 운동을 잘 할 수 있다.	×
③	그 사실을 몰랐던 <u>만큼</u> 충격도 컸다.	○
④	시간이 멈추기를 바랄 <u>만큼</u> 즐거웠다.	○
⑤	그곳은 내 고향<u>만큼</u> 아름답지는 않다.	○

중요 ▶ 02 의존 명사의 선행어 및 후행어 제약 이해하기

윗글을 바탕으로 보기 의 밑줄 친 단어를 이해한 내용으로 적절한 것은?

보기

ㄱ. 우리는 어찌할 <u>바</u>를 모르겠다.
ㄴ. 그들은 칭찬을 받을 <u>만</u>도 하다.
ㄷ. 그를 만난 것은 해 질 <u>무렵</u>이다.
ㄹ. 동생이 그런 일을 할 <u>리</u>가 없다.
ㅁ. 포수는 호랑이를 산 <u>채</u>로 잡았다.

① ㄱ의 '바'는 목적격 조사와만 결합할 수 있으므로 후행어 제약이 있군.
② ㄴ의 '만'은 관형사형 어미 '-(으)ㄹ'만 올 수 있으므로 선행어 제약이 있군.
③ ㄷ의 '무렵'은 서술격 조사 '이다'와만 결합할 수 있으므로 후행어 제약이 있군.
④ ㄹ의 '리'는 격 조사의 제약 없이 두루 결합할 수 있으므로 후행어 제약이 없군.
⑤ ㅁ의 '채'는 '-(으)ㄴ' 외에 다른 관형사형 어미도 올 수 있으므로 선행어 제약이 없군.

서답형 ▶ 03 품사의 통용 이해하기

보기 1 을 참고하여 보기 2 의 빈칸에 들어갈 말로 적절한 것을 골라 차례대로 쓰시오.

보기 1

• 혹시 ㉠ 다른 책은 없니?
• 색이 ㉡ 다른 목도리를 두 개 가지고 있다.

보기 2

　㉠은 뒤에 오는 '책'을 수식하는 (관형사 / 부사 / 형용사)에 해당한다. 반면, ㉡은 '다르다'의 활용형으로 문장에서 (관형사 / 부사 / 형용사)로 사용된다. 이와 같이 같은 형태의 단어가 여러 품사로 사용되는 것을 품사의 (통용 / 활용)이라 한다.

문제풀이

※ 다음 글을 읽고 물음에 답하시오.

환경이란 지구상의 생물과 직접 또는 간접적으로 관계를 맺는 모든 것을 가리킨다고 볼 수 있다. 이러한 환경은 자연 상태의 자연환경과 사람의 일상에 필요한 생활 환경으로 나누어 살펴볼 수 있다. 자연환경은 지상, 지하, 지표 및 해양의 모든 생물과 이를 둘러싼 비생물적인 것을 모두 포함한 자연 상태를 의미한다. 반면, 생활 환경은 사람이 중심이 되어 사람의 일상생활과 관계되는 환경으로, 의복, 주거, 도시, 산업 및 직업과 같은 인공 환경과, 정치, 경제, 종교 및 교육과 같은 사회 환경이 있다.

그런데 산업이 발달함에 따라 인간의 생활 활동과 생산 및 소비 과정에서 발생하는 오수, 매연, 폐기물 등으로 인해 환경오염이 나날이 심각해지며 인간의 건강을 위협하고 있다. 자연생태계는 인간이 어떠한 처리 행위를 하지 않더라도 시간이 지나면 저절로 정화되는 능력을 가지고 있다. 예를 들어 흐르는 물에 오염물질이 유입되면 이 오염물질은 바닥에 가라앉거나 희석되기도 하고 시간이 지나면서 물속의 미생물에 의해 분해되어 사라지기도 한다. 이처럼 소량의 오염물질은 환경에 유입된다 하더라도 자정작용으로 인해 큰 문제가 되지 않는다. 그러나 오염물질의 발생량이 환경의 자정능력의 한계를 벗어나게 된다면 정화가 이루어지지 못한 채 환경을 오염시키게 된다.

환경오염의 원인으로는 산업화와 도시화를 들 수 있다. 산업화는 흔히 경제 성장과 같은 의미로 사용되는데, 농업국가에서 공업 중심의 산업국가로 전환되는 과정을 의미한다. 19세기 이후 급격한 산업화로 인해 도시에 인구가 집중되고, 경제가 성장하며 풍요로운 생활이 가능해졌다. 그러나 산업시설을 건설하고 다양한 제품을 생산하는 과정에서 많은 에너지를 필요로 하였고, 이로 인해 자원의 고갈과 오염물질의 배출 등 심각한 환경문제가 발생할 수밖에 없었다. 한편 농업사회에서 산업사회로 전환되는 과정에서 도시화가 가속화되었는데, 많은 인구가 도시에 집중되면서 교통은 더욱 복잡해지고 건물 및 각종 시설들에서 발생하는 폐기물에 의해 대기오염, 수질오염이 증가하는 등 여러 환경문제가 발생하였다.

환경오염은 몇 가지 특성을 갖는데, 이에 따라 적절한 대응이 필요하다. 먼저, 환경오염은 다른 오염요인들과 복합적으로 연결되어 있다. 화석연료의 사용으로 발생한 온실가스의 증가는 지구온난화를 가속화하고, 지구온난화로 인해 해수면이 상승하며 사막화가 발생하게 된다. 이처럼 복합적으로 연결된 환경오염을 유기적으로 처리하는 해결방식이 필요하다. 또한 환경오염은 공간적으로 광범위한 영향권을 형성한다. 환경오염은 대기와 수계*를 통해 수백 혹은 수천 킬로미터 떨어진 곳까지 이동하여 광범위한 지역으로 확산된다. 즉 환경오염은 각 나라의 개별적인 문제가 아닌, 전 세계적인 문제인 셈이다. 따라서 전 지구적 차원에서 이를 해결하기 위한 노력이 필요하다. 마지막으로 환경오염은 장시간 축적되었다가 오랜 시간이 지난 후에야 피해가 발생하는 특성이 있다. 오염 현상이 인간에게 포착될 쯤에는 이미 환경 파괴가 광범위하게 진행되어, 해결이 어려울 수 있다. 그렇기 때문에 환경문제는 사후 규제보다 사전 예방 대책을 마련하는 것이 바람직하다.

01 서술상의 특징 파악하기

윗글의 서술상의 특징으로 적절한 것은?

① 환경의 정의와 관련하여 다양한 전문가의 견해를 제시하고 있다.
② 개인적 차원에서 환경을 지키기 위해 할 수 있는 방안을 제시하고 있다.
③ 구체적인 통계 수치를 제시하여 환경오염의 피해 현실을 드러내고 있다.
④ 환경오염으로 인한 피해 사례를 연도별로 나열하여 심각성을 부각하고 있다.
⑤ 환경오염을 유발하는 원인을 밝히며 환경오염이 갖는 특성을 소개하고 있다.

02 세부 내용 파악하기

윗글에 대한 설명으로 적절하지 않은 것은?

① 인구의 밀집 현상은 더 많은 환경문제를 초래할 수 있다.
② 자연환경은 어느 정도의 오염물질을 스스로 처리할 능력을 가지고 있다.
③ 오수와 매연 등의 오염물질들은 물과 공기를 통해 전 세계적으로 확산될 위험이 있다.
④ 생활 환경은 사람을 중심으로 환경을 파악하는 것으로 인공 환경과 사회 환경을 포함한다.
⑤ 환경오염은 연쇄적으로 다른 환경오염을 유발하기 때문에 개별적인 처리 방식이 필요하다.

중요 03 구체적 사례에 적용하기

윗글을 바탕으로 보기 의 'A 도시'를 이해한 내용으로 적절하지 않은 것은?

> **보기**
>
> A 도시는 본래 농촌이었으며, A 도시의 사람들은 흐르는 강물에 가축의 분뇨 등을 소량씩 배출하였다. A 도시가 농촌이었을 때는 환경오염 문제가 발생하지 않았다. 그런데 국가의 발전 계획에 따라 A 도시에 공장을 건설하게 되었고, 공장의 오수가 강물에 대량 배출되면서 악취 문제가 심각해졌다. 한편 A 도시에 공장이 건설됨에 따라 인구가 집중되면서 폐기물이 넘쳐나게 되었고, 주위의 인접 지역들보다 대기의 온도가 높아지는 열섬 현상이 발생하였다.

① A 도시는 산업화와 도시화를 겪으며 산업시설과 많은 인구로 인해 환경문제가 초래되었군.
② A 도시에 건설된 공장의 오수가 강물에 대량 배출되면서 자연환경의 자정능력의 한계를 벗어났군.
③ A 도시에서 심한 악취가 발생하는 것은 장기간 축적된 악취에 대한 사후 대책이 부족했기 때문이군.
④ A 도시가 주위의 인접 지역보다 대기의 온도가 높아지게 된 것은 폐기물과 복합적으로 연결된 현상이군.
⑤ A 도시가 농촌이었을 때는 오염물질이 자정작용에 의해 정화되어서 환경오염 문제가 발생하지 않았겠군.

★ 열섬 현상(熱섬現像): 도시의 온도가 주변의 다른 곳보다 높게 나타나는 현상. 대기 오염 및 건물의 인공열 따위가 원인이다.

서답형 04 구체적 사례에 적용하기

빈칸에 들어갈 말로 적절한 것을 골라 쓰시오.

> 황사는 중국과 몽골 내륙에서 발생한 미세먼지이다. 황사가 발생하는 주된 원인은 사막화인데, 사막화는 지구온난화와 같은 기후적인 요인과 광산 개발 및 공장 건설 등의 인위적인 요인으로 인해 더욱 빠르게 진행되고 있다. 이러한 황사가 우리나라도 영향을 미치는 것은 환경오염이 (복합적으로 연결된 / 광범위하게 확산되는) 환경오염의 특성 때문이다.

문제풀이

한방에! 개 념 정 리

한방에! 핵 심 정 리

갈래	가사
성격	사실적, 체념적
주제	가난으로 인한 고통과 체념
특징	① 가난한 생활을 사실적으로 묘사함. ② 가난을 '궁귀'로 의인화하여 표현함. ③ 설의법을 사용하여 가난한 현실에 대해 한탄함.
해제	이 작품은 조선 중기 사대부였던 정훈이 자신의 삶을 일상적인 소재를 바탕으로 노래한 가사이다. 작품 속 화자는 궁핍한 생활에서 벗어날 수 없는 현재의 처지에 대해 한탄하면서도 동시에 안분지족에 대한 지향을 드러낸다. 가난을 '궁귀'로 의인화하여 궁귀와의 대화를 통해 벗어날 수 없는 가난에 대한 체념을 희화화하고 있다.

※ 다음 글을 읽고 물음에 답하시오.

하늘이 만드시길 일정 고루 하련마는
어찌 된 인생이 이대도록 고초*한고
삼순구식*을 얻거나 못 얻거나
십년일관*을 쓰거나 못 쓰거나
안표누공*인들 나같이 비었으며
원헌* 가난인들 나같이 이심할가*
춘일이 지지하여* 포곡*이 재촉하거늘
동린*에 따비* 얻고 서사*에 호미 얻고
집 안에 들어가 씨앗을 마련하니
올벼*씨 한 말은 반 넘게 쥐 먹었고
기장피 조팥은 서너 되 부쳤거늘
한아*한 식구 이리하여 어이 살리
(중략)
이 원수 궁귀*를 어이하여 여의려노
술에 후량*을 갖추고 이름 불러 전송*하여
일길신량*에 사방으로 가라 하니
추추분분*하야 원노하여* 이른 말이

[A]
┌ 자소지로*히 희로우락을 너와로 함께하여
│ 죽거나 살거나 여읠 줄이 없었거늘
└ 어디 가 뉘 말 듣고 가라 하여 이르느뇨

우는 듯 꾸짖는 듯 온 가지로 협박커늘
돌이켜 생각하니 네 말도 다 옳도다
무정한 세상은 다 나를 버리거늘
네 혼자 유신하여* 나를 아니 버리거든
인위*로 피절*하여 좀꾀*로 여읠러냐
하늘 삼긴 이 내 궁*을 설마한들 어이하리
빈천*도 내 분이니 서러워 무엇하리

- 정훈, 〈탄궁가〉 -

한방에! 어 휘 풀 이

★ 고초(苦楚): 괴로움과 어려움을 아울러 이르는 말.
★ 삼순구식(三旬九食): 삼십 일 동안 아홉 끼니밖에 먹지 못한다는 뜻으로, 몹시 가난함을 이르는 말.
★ 십년일관(十年一冠): 십 년 동안 한 갓만 씀. 지독히 가난함을 이름.
★ 안표누공(顔瓢屢空): 공자의 제자인 안연이 가난하여 음식을 담는 표주박이 자주 비어 있음을 일컬음.
★ 원헌(原憲): 중국 춘추 시대의 노나라 사람. 공자의 제자로 청빈의 대명사적인 인물.
★ 이심하다(已甚하다): 지나치게 심하다.
★ 지지하다(遲遲하다): 몹시 더디다.
★ 포곡(布穀): 두견과의 새.
★ 동린(東鄰): 동쪽에 있는 이웃.
★ 따비: 풀뿌리를 뽑거나 밭을 가는 데 쓰는 농기구.
★ 서사(西舍): 서쪽에 있는 이웃.
★ 올벼: 제철보다 일찍 여무는 벼.
★ 한아(寒餓): 추위와 굶주림.
★ 궁귀(窮鬼): 궁한 귀신.
★ 후량(餱糧): 먼 길을 가는 사람이 지니고 다니는 마른 양식.
★ 전송(餞送): 서운하여 잔치를 베풀고 보낸다는 뜻으로, 예를 갖추어 떠나보냄을 이르는 말.
★ 일길신량(日吉辰良): 경사스러운 행사를 거행하려고 미리 받아 놓은 날짜가 길하고 때가 좋음.
★ 추추분분(啾啾憤憤): 시끄럽게 떠들며 화를 냄.
★ 원노하다(怨怒하다): 원망하고 분노하다.
★ 자소지로(自少至老): 어릴 때부터 늙을 때까지
★ 유신하다(有信하다): 신의가 있다.
★ 인위(人威): 사람의 위협.
★ 피절(避絕): 피하여 관계를 끊음.
★ 좀꾀: 좀스러운 잔꾀.
★ 궁(窮): 가난한 상태. 또는 그런 기색.
★ 빈천(貧賤): 가난하고 천함.

01 표현상의 특징 파악하기

윗글의 표현상 특징으로 적절하지 <u>않은</u> 것은?

① 고사를 인용하여 화자의 상황을 부각하고 있다.

② 일상적인 소재에서 얻은 깨달음을 제시하고 있다.

③ 설의적 표현을 통해 화자의 심정을 표현하고 있다.

④ 대조를 통해 대상에 대한 화자의 인식을 보여 주고 있다.

⑤ 관념적인 대상을 의인화하여 현재의 상황을 드러내고 있다.

02 시구의 의미 파악하기

[A]에 대한 설명으로 적절한 것은?

① 화자에게 닥칠 미래의 일을 예견한다.

② 화자의 인식이 변화하게 된 계기가 드러난다.

③ 자연물에 대한 화자의 태도 변화를 보여 준다.

④ 대상에 대한 화자의 속마음을 간접적으로 제시한다.

⑤ 부정적 현실에 대한 화자의 회피적 태도가 나타난다.

중요 03 작품 간의 공통점, 차이점 파악하기

윗글과 보기 를 비교한 내용으로 적절한 것은?

> **보기**
>
> 내 빈천 싫다고 손을 내젓는다고 물러가며
> 남의 부귀를 부럽게 여겨 손짓한다고 나아오겠느냐
> 인간 어느 일이 운명 밖에 생겼겠느냐
> 가난하다고 지금 죽으며 부유하다고 백 년 살겠는가
> 원헌이는 몇 날 살고 석숭이는 몇 해나 살았던가
> 가난해도 원망 없기가 어렵다 하건마는
> 내 생활이 이러하지만 서러운 뜻은 없노라
> 가난한 생활이지만 만족하게 여기노라
> 평생 한 뜻이 배부름과 따뜻함에는 없노라
> 태평천하에 충효로서 일삼아
> 형제 간 화목하고 벗들과 믿음으로서 사귐을 그르다 할 사람 누가 있겠는가
> 그 밖에 남은 일이야 생긴 대로 살겠노라
>
> — 박인로, 〈누황사〉

① 〈보기〉는 윗글과 달리 궁핍한 현실을 사실적으로 고백하고 있다.

② 〈보기〉는 윗글과 달리 현실 세계에 대한 부정적 인식이 드러나 있다.

③ 윗글은 〈보기〉와 달리 자연에 은거하고자 하는 화자의 소망이 드러나 있다.

④ 윗글과 〈보기〉 모두 이상 세계에 대한 동경이 드러나 있다.

⑤ 윗글과 〈보기〉 모두 운명론적 인생관을 보여 주며 자신의 처지를 수용하고 있다.

* 석숭(石崇): 중국 서진의 부자로, 항해와 무역으로 돈을 벌었음.

서답형 04 시구의 의미 파악하기

보기 에서 설명하고 있는 태도가 드러난 시구의 첫 어절과 마지막 어절을 윗글에서 찾아 쓰시오.

> **보기**
>
> '안분지족(安分知足)'은 자신의 주어진 삶과 주변 환경에 불평하지 않고 더 많은 것을 바라지 않는 자세를 의미한다.

문제풀이

02강

논 이야기 _ 채만식

| 정답 및 해설 | 13쪽

✓ 한방에! 개념정리

✓ 한방에! 핵심정리

갈래	단편 소설, 풍자 소설, 사회 소설
성격	풍자적, 비판적
주제	해방 이후 국가의 토지 정책에 대한 비판
특징	① 광복 후의 농민의 현실을 사실적으로 묘사함. ② 개인과 사회의 갈등을 상징적 소재를 사용하여 제시함. ③ 자신의 이익만을 추구하는 소시민의 어리석음을 풍자함. ④ 풍자의 수법을 통해 광복 후의 토지 정책에 대해 비판함.
해제	이 작품은 구한말부터 해방 직후까지 전라도 부근의 농촌에서 발생한 사건을 중심으로 이야기가 전개된다. 작가 채만식은 주인공인 한덕문을 통해 표면적으로는 개인의 이익만을 추구하는 어리석고 무지한 농민을 풍자하지만, 궁극적으로는 동학 직후의 부패한 사회상과 일제 강점기 일인들의 수탈, 그리고 해방 직후의 정부의 '무상 몰수 유상 분배'의 토지 정책에 대해 날카롭게 비판하고 있다.

※ 다음 글을 읽고 물음에 답하시오.

원과 토반*과 **아전**이 있어, 토색질*이나 하고 붙잡아다 때리기나 하고 교만이나 피우고 하되 세미*는 국가의 이름으로 꼬박꼬박 받아 가면서 백성은 죽어야 모른 체를 하고 하는 나라의 백성으로도 살아 보았다.

천하 오랑캐, 애비와 자식이 맞담배질을 하고, 남매간에 혼인을 하고, 뱀을 먹고 하는 왜인들이, 저희가 주인이랍시고서 교만을 부리고, 순사와 헌병은 칼바람에 조선 사람을 개도야지 대접을 하고, 공출을 내어라 징용을 나가거라 야미*를 하지 마라 하면서 볶아 대고, 또 일본이 우리나라다, 나는 일본 백성이다 이런 도무지 그럴 마음이 우러나지를 않는 **억지 춘향이 노릇**을 시키고 하는 나라의 백성으로도 살아 보았다.

결국 그러고 보니 나라라고 하는 것은 **내 나라**였건 **남의 나라**였건 있었댔자 백성에게 고통이나 주자는 것이지, **유익하고 고마울 것은 조금도 없는** 물건이었다. 따라서 앞으로도 **새 나라**는 말고 더한 것이라도, 있어서 요긴할 것도 없어서 아쉬울 일도 없을 것이었다.

[중간 부분 줄거리] 한 생원은 술과 노름으로 인해 많은 빚을 지게 되고 결국 일본인 길천에게 논을 팔게 된다. 36년이 지난 후 일본이 항복하고, 일인들이 토지와 재산을 버리고 도망갔다는 이야기를 들은 한 생원은 논을 되찾을 수 있을 거라는 기대감을 품는다.

이 멧갓*을 한 생원은 길천이에다가 논을 팔던 이듬해지 그 이듬해지, 돈은 아쉽고 한 판에 또한 어수룩이 비싼 값으로 팔아넘겼었다,

길천은 그 멧갓에다 낙엽송을 심어, 삼십여 년이 지난 지금 와서는 아주 한다한 산림이 되었었다.

늙은이의 총기요, 논을 도로 찾게 되었다는 것에만 정신이 팔려, 깜빡 멧갓 생각은 미처 아직 못하였던 모양이었다.

마침 전신줏감의 쪽쪽 곧은 낙엽송이 총총들이 섰다, 베기가 아까워 보이는 나무였다.

한 서넛이나가 한편에서부터 깡그리 베어 눕히고, 일변 우죽을 치고 한다.

"이놈, 이 불한당 놈들, 이 멧갓 벌목한다는 놈이 어떤 놈이냐?"

비틀거리면서 고함을 치고 쫓아오는 한 생원을, 사람들은 영문을 몰라 일하던 손을 멈추고 뻐언히 바라다보고 섰다.

"이놈 너루구나?"

한 생원은 영남이라는 읍내 사람 벌목 주인 앞으로 달려들면서, 한 대 갈길 듯이 지팡이를 둘러멘다.

명색이 읍내 사람이라서, 촌 농투성이에게 무단히 해거*를 당하면서 공수하거나 늙은이 대접을 하려고는 않는다.

"아니, 이 늙은이가 환장을 했나? 왜 그러는 거야, 왜."

"이놈, 네가 왜, 이 멧갓을 손을 대느냐?" / "무슨 상관여?" / "어째 이놈아, 상관이 없느냐?"

"뉘 멧갓이길래?" / "내 멧갓이다. 한덕문이 멧갓이다, 이놈아."

★전체 줄거리
한덕문의 아버지는 열심히 일을 해서 모은 돈으로 열세 마지기와 일곱 마지기의 논을 장만한다. 그러나 동학 운동에 가담했다는 혐의로 고을 원에게 강제로 열세 마지기의 논을 빼앗기고 가난한 소작농으로 살아가게 된다. 아버지가 돌아가신 후 한덕문은 술과 노름에 빠져 많은 빚을 지게 되고, 일본인 길천이 땅을 비싸게 사들인다는 소문을 듣고 남은 일곱 마지기의 논을 팔아 버린다. 이후 시간이 흘러 광복을 맞이하게 되고, 일인들이 도망갔다는 소식을 들은 한덕문은 자신의 논과 멧갓을 되찾을 수 있을 거라는 기대감에 들뜬다. 그러나 광복 직후 혼란을 틈타 잇속에 눈이 밝은 무리들이 부당한 방법으로 일인들의 재산을 차지하였고, 나라 역시 일인들의 땅을 무상 몰수하여 유상 배분하는 토지 제도를 실시하게 된다. 결국 한덕문은 논과 멧갓, 아무것도 되찾지 못한 채 혼잣말로 '독립됐다고 했을 제, 내 만세 안 부르기 잘했지'라고 말한다.

"허허, 내 별꼴 다 보니. 괜시리 술잔 듣질렀거들랑* 고히 삭히진 아녀구서, 나이깨 먹은 것이 왜 남 일하는 데 와서 이 행악*야 행악이. 늙은인 다리 뼉다구 부러지지 말란 법 있냐?"

"오냐 이놈, 날 죽여라. 너구 나구 죽자."

"대체 내력을 말을 해요, 무엇 때문에 야론*지 내력을 말을 해요."

"이 멧갓이 그새까진 길천이 것이라두, 조선이 독립됐은깐 인전 내 것이란 말야, 이놈아."

"조선이 독립이 됐는데 어째 길천이 멧갓이 한덕문이 것이 되는구?"

"길천인, 일인들은, 땅을 죄다 내놓구 간깐 그전 임자가 도루 차지하는 게 옳지 무슨 말이냐?"

"오오, 이녁*이 이 멧갓을 전에 길천이한테 다 팔았다?" / "그래서."

"그랬으니깐, 일인들이 땅을 다 내놓구 가니깐, 이녁은 팔았던 땅을 공짜루 도루 차지하겠다?"

"그래서."

"그 개 뭣 같은 소리 인전 엔간히 해 두구, 어서 없어져 버려요. 난 뻐젓이 길천 농장 산림 관리인 강태식이한테 시퍼런 돈 이천 환 주구서 계약서 받구 샀어요. 강태식인 길천이가 해 준 위임장 가지구 팔구. ㉠돈 내구 산 사람이 임자지. ㉡저 옛날 돈 받구 팔아먹은 사람이 임잘까?"

8·15 직후, 낡은 법이 없어져 새로운 영이 서기 전, 혼란한 틈을 타서 잇속에 눈이 밝은 무리들이 일본인 농장이나 회사의 관리자와 부동이 되어 가지고, 일인의 재산을 부당 처분하여 배를 불린 일이 허다하였다. **이 산판 사건도 그런 것의 하나**였다.

그 뒤 훨씬 지나서. / 일인의 재산을 조선 사람에게 판다, 이런 소문이 들렸다.

사실이라고 한다면 한 생원은 그 논 일곱 마지기를 돈을 내고 사지 않고서는 도로 차지할 수가 없을 판이었다. 물론 한 생원에게는 그런 재력이 없거니와, 도대체 전의 임자가 있는데 그것을 아무나에게 판다는 것이 한 생원으로는 보기에는 불합리한 처사였다.

한 생원은 분이 나서 두 주먹을 쥐고 구장에게로 쫓아갔다.

"그래 일인들이 죄다 내놓고 가는 것을 백성들더러 돈을 내고 사라고 마련을 했다면서?"

"아직 자세힌 모르겠어두 아마 그렇게 되기가 쉬우리라구들 하드군요."

해방 후에 새로 난 구장의 대답이었다,

"그런 놈의 법이 어딨단 말인가? 그래, 누가 그렇게 마련을 했는구?"

"나라에서 그랬을 테죠." / "나라?" / "우리 조선 나라요."

"나라가 다 무어 말라비틀어진 거야? 나라 명색이 내게 해 준 게 있길래, 이번엔 일인이 내놓구 가는 내 땅을 저이가 팔아먹으려구 들어? 그게 나라야?"

"일인의 재산이 우리 조선 나라 재산이 되는 거야 당연한 일이죠." / "당연?" / "그렇죠."

"흥, 가만둬 두면 저절루 백성의 것이 될 걸, 나라 명색은 가만히 앉았다 어디서 툭 튀어나와 가지구 걸 뺏어서 팔아먹어? 그따위 행사가 어딨다든가?"

"한 생원은 그 논이랑 멧갓이랑 길천이한테 돈을 받구 파셨으니깐 임자로 말하면 길천이지 한 생원인가요?"

"암만 팔았어두, 길천이가 내놓구 쫓겨 갔은깐 도루 내 것이 돼야 옳지, 무슨 말야, 걸 무슨 탁에 나라가 뺏을 영으로 들어?"

"한 생원한테 뺏는 게 아니라 길천이한테 뺏는 거랍니다."

- 채만식, 〈논 이야기〉 -

한방에! 어휘풀이

★**토반(土班)**: 여러 대를 이어서 그 지방에서 붙박이로 사는 양반.

★**토색질(討索질)**: 돈이나 물건 따위를 억지로 달라고 하는 짓.

★**세미(稅米)**: 조세로 바치던 쌀.

★**야미**: '뒷거래'를 의미하는 일본 말.

★**멧갓**: 나무를 함부로 베지 못하게 가꾸는 산.

★**해거(駭擧)**: 괴상하고 얄궂은 짓.

★**들이지르다**: 보기 흉하게 닥치는 대로 많이 먹다.

★**행악(行惡)**: 모질고 나쁜 짓을 행함. 또는 그런 행동.

★**야료(惹鬧)**: 까닭 없이 트집을 잡고 함부로 떠들어 댐.

★**이녁**: 듣는 이를 조금 낮추어 이르는 이인칭 대명사.

01 서술상의 특징 파악하기

윗글의 서술상의 특징으로 적절하지 않은 것은?

① 역사적 사건을 바탕으로 혼란스러운 사회상을 서술하고 있다.

② 비속어를 통해 풍자의 효과를 강화하고 사실감을 높이고 있다.

③ 시대 변화에 따른 인물의 내면 심리를 구체적으로 묘사하고 있다.

④ 서술자가 작품에 개입하여 사건에 대해 직접 평가를 내리고 있다.

⑤ 상징적인 소재를 사용하여 개인과 집단 간의 갈등을 제시하고 있다.

02 작품의 내용 파악하기

㉠, ㉡에 대한 설명으로 적절하지 않은 것은?

① ㉠과 ㉡은 '멧갓'을 두고 소유권 다툼을 하고 있다.

② ㉠은 새로운 토지 정책에 대해 긍정적으로 인식하고 있다.

③ ㉡은 독립이라는 역사적 상황에 대해 왜곡된 가치관을 가지고 있다.

④ ㉠은 이미 수차례 농민들에게 봉변을 당했기 때문에 ㉡을 좋게 보지 않았다.

⑤ ㉠은 ㉡과 달리 토지 문서를 가지고 있기 때문에 정당한 소유주임을 주장하고 있다.

중요 03 외적 준거를 통해 작품 이해하기

보기 를 참고하여 윗글을 이해한 내용으로 적절하지 않은 것은?

> **보기**
>
> 작가는 작품 속에서 허황된 기대를 품은 '한덕문'의 소시민적 욕심과 어리석음을 풍자하고 있다. 그러나 작가가 궁극적으로 비판하고자 한 것은 당시의 사회상이다. 작가는 동학 직후의 부패한 사회나 일인들에게 농토를 수탈당하던 일제 강점기 시대, 독립을 맞아 새로운 정부가 들어선 현재가 전혀 다르지 않음을 역설하며 해방 이후 제 역할을 하지 못하는 국가에 대해 냉소적 태도를 보인다.

① '원과 토반과 아전'은 모두 동학 직후 백성들을 괴롭혔던 대상으로, 작가는 한덕문을 통해 이들의 행위를 모른 체하는 국가에 대해 비판적인 시각을 드러내고 있다.

② 한덕문의 '억지 춘향이 노릇'이라는 독백을 통해 일제 강점기에 행해진 일본의 횡포에 대한 작가의 반발심을 살펴볼 수 있다.

③ 한덕문은 '유익하고 고마울 것은 조금도 없는' '내 나라'와 '남의 나라'에 대해 냉소적인 태도를 유지하지만, '새 나라'에 대해서는 약간의 기대감을 드러내고 있다.

④ 작가는 '이 산판 사건도 그런 것의 하나'라고 서술하며 해방 직후 개인적인 이득을 취하려는 영남과 같은 사람들의 부조리한 행태를 고발하고 있다.

⑤ 작가는 구장의 말을 빌려 한덕문의 주장의 결함을 지적하고 허황된 기대를 꿈꾸며 개인의 이득만 취하려 하는 어리석은 농민들을 풍자하고 있다.

서답형 04 작품의 내용 파악하기

㉮와 ㉯에 들어갈 인물을 윗글에서 찾아 차례대로 쓰시오.

(㉮)	한덕문	(㉯)
일인의 재산을 나라가 차지하는 것은 당연한 일임. ⇔	해방이 되어 길천이 도망가고 없으니 당연히 예전의 주인이 땅의 주인이 되어야 함. ⇔	돈을 주고 산림 관리인으로부터 땅을 샀으니 산 사람이 주인이 되어야 함.

복습하기

문법

1 ☐☐☐☐	관형어의 수식 없이 단독으로 쓰일 수 있음.
2 ☐☐☐☐	• 관형어의 수식 없이 단독으로 쓰일 수 없음. • 특정한 형태의 관형어를 요구하는 3 ☐☐☐ 제약과 특정 서술어나 4 ☐☐☐ 와만 결합하는 후행어 제약이 있음.
품사의 5 ☐☐	하나의 형태가 여러 개의 품사로 쓰이는 것

독서

1문단	환경의 정의와 환경의 종류
2문단	자연생태계의 6 ☐☐☐☐ 과 환경오염의 관계
3문단	환경오염의 원인 – 7 ☐☐☐ , 도시화
4문단	환경오염의 특성과 대응 방법

문학 – 탄궁가(정훈)

서사	가난한 현실에 대한 한탄
본사	8 ☐☐ 를 짓기 어려운 집안의 상황
결사	가난에 대한 체념과 가난의 수용

문학 – 논 이야기(채만식)

한덕문		9 ☐☐
독립이 되었으니 일본인에게 팔았던 멧갓의 소유권은 자신에게 있다고 생각함.	⟷	길천 농장 산림 관리인 강태식에게 돈을 주고 멧갓을 구입한 자신이 멧갓의 정당한 소유주라고 생각함.
한덕문		10 ☐☐
백성들에게 돈을 받고 땅을 파는 나라의 정책에 불만을 토로함.	⟷	해방이 되었으니 국가가 땅의 소유권을 가지는 것이 당연하다고 주장함.

↓

개인의 이익만을 추구하는 소시민적 삶과 해방 이후의 나라의 토지 정책에 대한 비판

정답	1 자립 명사　2 의존 명사　3 선행어　4 격조사　5 통용　6 자정작용　7 산업화　8 농사　9 영남　10 구장

03

Contents

| 정답 및 해설 | 17쪽

※ 다음은 학생의 발표이다. 물음에 답하시오.

안녕하세요? 여러분은 혹시 눈꼽재기, 벼락닫이라는 말을 들어 보신 적이 있나요? (청중의 대답을 듣고) 모르시는 분이 많네요. 바로 한옥의 창 이름인데요. 재미있는 이름만큼 특별하게 쓰였던 창입니다. 이 창들은 제가 며칠 전에 읽은 책을 통해 알게 되었는데, 이 둘을 포함해서 인상 깊었던 창에 대해 여러분께 소개하고자 합니다.

(㉠ 자료를 제시하며) 문 옆에 작게 달린 창이 보이시죠? (청중의 대답을 듣고) 눈꼽재기창인데, 창이 작은 것을 눈꼽에 비유하여 붙인 이름입니다. (화면을 손으로 가리키며) 출입문 옆이나 다른 창 옆 벽면에 설치하여 큰 문을 열지 않고도 밖의 움직임을 살필 수 있어서, 주인들이 노비들의 동정을 넌지시 살피는 데도 쓰였다고 합니다. 작은 크기 덕분에 겨울철에 열 손실을 막으면서 환기를 할 수 있었습니다.

(㉡ 자료를 제시하며) 이것은 벼락닫이창입니다. 창 윗부분에 돌쩌귀를 달아 방 안에서 밖으로 창을 들어 올려 열어서 들창으로도 불립니다. 창을 밀었다가 손을 놓으면 창이 아래로 떨어져 닫혀서 버팀쇠나 막대를 괴어 고정했는데, 재미있는 것은 내외가 엄격했던 사대부가에서는 직접 눈을 마주치는 것을 피하면서 창을 살짝 들어 올려 바깥에 온 손님을 확인하는 데 사용했다는 점입니다.

지금까지 실용적 목적으로 사용된 창을 보셨는데요. 한옥을 아름답게 꾸미기 위한 창도 있습니다. (㉢ 자료를 제시하며) 창에 새겨진 꽃무늬가 보이시나요? (청중의 대답을 듣고) 꽃살창은 입체적 문양과 선명한 색채로 인해 웅장하고 화려한 느낌을 주는 창인데, 주로 궁궐이나 사찰의 정면 창으로 사용되었습니다. 꽃살창에는 연꽃이나 국화 등의 꽃을 새겨 넣었는데 보시는 것처럼 무늬의 배치가 일정한 규칙을 가지고 있어서 무늬와 무늬 사이의 여백까지 고려한 섬세함이 돋보입니다.

오늘은 여러분께 한옥의 창에 대해 말씀드렸습니다. 예로부터 창은 방과 세상, 사람과 자연을 연결하여 한옥에 개방감과 멋을 더해 주었습니다. 여러분도 한옥에 사용된 창의 종류에 대해 좀 더 알아보면 좋겠습니다. 이상으로 발표를 마치겠습니다.

01 발표자의 말하기 방식 파악하기

윗글에 대한 설명으로 적절하지 <u>않은</u> 것은?

① 청중에게 질문을 던지며 청중의 반응을 확인하고 있다.

② 청중에게 바라는 바를 언급하며 발표를 마무리하고 있다.

③ 발표 주제와 관련된 명칭을 설명하여 청중의 이해를 돕고 있다.

④ 비언어적 표현을 활용하여 청중이 발표 내용에 집중하게 하고 있다.

⑤ 청중의 요청에 따라 발표 내용과 관련된 추가 정보를 제공하고 있다.

02 발표 자료 활용하기

다음은 발표자가 제시한 자료이다. 발표자의 자료 활용에 대한 설명으로 적절하지 <u>않은</u> 것은?

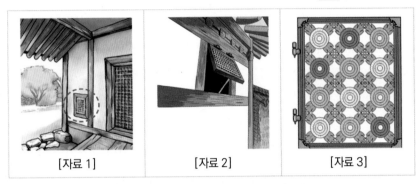

[자료 1]　　　　[자료 2]　　　　[자료 3]

① 눈꼽재기창의 크기와 위치를 보여 주기 위해 ㉠에 [자료 1]을 활용하였다.

② 벼락닫이창이 닫히지 않도록 고정하는 방법을 설명하기 위해 ㉡에 [자료 2]를 활용하였다.

③ 내부의 노출을 줄이면서 외부를 확인할 수 있었던 창의 용도를 설명하기 위해 ㉡에 [자료 2]를 활용하였다.

④ 꽃살창의 무늬가 상징하는 의미를 설명하기 위해 ㉢에 [자료 3]을 활용하였다.

⑤ 궁궐이나 사찰에 꾸밈새를 더하기 위해 사용했던 창의 무늬를 보여 주기 위해 ㉢에 [자료 3]을 활용하였다.

중요 03 청중의 듣기 방식 이해하기

보기 는 윗글을 들으며 떠올린 생각들이다. 보기 에 드러난 학생들의 듣기 방식을 이해한 내용으로 가장 적절한 것은?

보기

> 학생 1: 그럼 벼락닫이라는 창의 이름은 창이 떨어져서 닫히는 속도가 벼락같이 빨라서 붙여진 이름이
> 겠구나.
> 학생 2: 한옥의 여닫이창과 벽의 이음새에 달린 쇠붙이를 본 적이 있는데 그게 돌쩌귀인지 궁금하네.
> 학생 3: 예전에 고궁에 갔을 때 꽃무늬가 새겨진 창이 있었는데 그게 꽃살창이었구나.

① '학생 1'은 발표에서 제시된 정보를 통해 기존 지식을 수정하며 듣고 있다.

② '학생 2'는 발표 과정에서 생긴 궁금증을 해소할 방안을 생각하며 듣고 있다.

③ '학생 3'은 발표에서 알게 된 정보에 대해 긍정적으로 평가하며 듣고 있다.

④ '학생 1'과 '학생 2'는 모두 발표에서 직접 언급하지 않은 내용을 추론하며 듣고 있다.

⑤ '학생 2'와 '학생 3'은 모두 발표 내용과 관련 있는 자신의 경험을 떠올리며 듣고 있다.

서답형 04 발표 내용 이해하기

빈칸에 들어갈 말로 적절한 것을 윗글에서 찾아 3음절로 쓰시오.

> 눈꼽재기창과 벼락닫이창은 꽃상찰과 달리 (　　　　　) 목적에 의해 제작되었다.

문제풀이

한방에! 개념정리

한방에! 핵심정리

주제	이오의 월식을 이용한 빛의 속도 측정 방법
해제	이 글은 빛의 속도가 무한하다는 통설을 뒤집은 뢰메르의 실험에 대해 설명하고 있다. 고대 그리스 이후 사람들은 빛이 무한한 속도로 움직인다고 여겨왔다. 그러나 덴마크의 과학자 올라우스 뢰메르는 목성의 위성인 이오의 월식 현상을 이용하여 빛의 속도를 측정하고자 하였다. 뢰메르는 지구와 목성이 가까울 때 예상보다 더 빨리 월식이 관측되고, 지구와 목성의 거리가 멀 때 예상보다 월식이 늦게 관측된다는 사실을 알아냈다. 이는 빛의 속도가 유한함을 의미했고, 이러한 발견은 기존의 고정관념을 무너뜨리게 된다.

＊문단 중심 내용

1문단	빛의 속도에 대한 일반적인 견해
2문단	이오의 월식 현상을 이용하여 빛의 속도를 측정한 뢰메르
3문단	지구와 목성의 거리에 따른 시간차를 이용한 빛의 속도 측정
4문단	빛의 속도의 유한함이 인간에게 미치는 영향

한방에! 어휘풀이

* **위성(衛星):** 행성의 인력에 의하여 그 둘레를 도는 천체.

※ 다음 글을 읽고 물음에 답하시오.

빛이 무한히 빠르지 않고 유한한 속도를 갖는다는 새로운 발견은 역사에 남을 중요한 사건이었다. 고대 그리스 시대 이후로 사람들은 빛이 무한한 속도로 움직인다고 여겨왔다. 물론 그런 일반적인 생각에 의문을 가졌던 갈릴레오 갈릴레이 같은 사람들도 있었지만, 당대의 실험 장비의 수준을 생각할 때 빛의 속도가 유한하다는 것을 증명할 길은 없었다.

그렇다면 누가 처음 빛의 속도를 제대로 측정했을까? 덴마크의 과학자인 올라우스 뢰메르는 1670년대에 목성의 위성*을 이용하여 처음으로 빛의 속도를 측정했다. 목성은 열 개가 넘는 위성을 가지고 있는데, 뢰메르는 그중 이오(Io)라는 위성이 목성에 가려지는 월식 현상에 착안해서 빛의 속도를 재려고 했다. 그것은 아주 획기적인 아이디어였다. 월식 현상이란 주로 행성의 그림자에 위성이 가려지는 현상으로, 월식 현상이 일어나면 보름달로 보이던 위성이 행성에 가려져서 점점 일그러지고 어둡게 된다. 이때 지구에서 목성 쪽을 보는 관찰자에게는 목성과 이오가 함께 보인다. 그러다가 목성 주위를 공전하는 이오가 목성 뒤쪽으로 들어가서 보이지 않게 되는 월식이 발생한다. 뢰메르는 목성의 월식이 일어나는 시간을 예측했다. 그런데 실제로 이오가 목성에 가려지는 월식은 뢰메르가 예측한 시간보다 조금 늦거나 조금 빠르게 일어났다. 어떻게 된 일일까?

[A]
지구가 목성과 가까울 때는 예측보다 3.5분 빨리 일어났고, 지구가 목성과 멀 때는 예측보다 3.5분 늦게 이오의 월식 현상이 발생했다. 그 이유는 목성과 지구 사이의 거리가 변함에 따라 빛이 목성에서 지구까지 오는 데 걸리는 시간이 달라졌기 때문이다. 지구가 목성에서 멀 때는 더 멀어진 거리만큼 빛이 지구에 도달하는 시간이 길어지게 되고, 더 가까워진 거리만큼 지구에 도달하는 시간이 짧아지기 때문에 지구에 있는 관찰자의 입장에서 예측한 것보다 이오의 월식이 일찍 일어나게 된 것이다. 즉, 달라진 거리와 측정된 시간차를 이용하면 빛이 얼마나 빠르게 움직이는지를 계산할 수 있다. 뢰메르는 그 값을 이용해 빛의 속도를 구하였고, 그 속도에 따르면 빛이 지구를 1초에 7.5바퀴 돈다는 사실을 발견하였다.

뢰메르가 목성과 이오를 이용하여 빛의 속도를 측정한 결과는 빛이 무한한 속도로 움직인다는 믿음을 여지없이 깨뜨리면서 물리학의 고정관념을 무너뜨렸다. 빛의 속도가 유한하다는 사실은 지구에서 살아가는 우리의 일상에 큰 변화를 불러오지 않지만, 지구 밖으로 나가면 이 사실은 매우 중요해진다. 정보가 전달되는 속도가 아무리 빠르다 하더라도 빛의 속도를 넘어설 수 없기 때문에 빛의 속도가 유한하다는 사실은 세계에 대한 인간의 인식을 방해하게 된다. 예를 들어, 인간은 100광년 떨어진 별에서 지금 존재하는 어느 외계인의 모습을 평생 볼 수 없다. 왜냐하면 그 외계인의 모습을 카메라로 찍어 빛의 속도로 지구에 보낸다고 해도 정보 수신에 걸리는 시간이 적어도 100년이 되기 때문이다. 결국 인간과 그 외계인은 생전에 서로의 존재를 결코 알 수가 없다.

01 세부 내용 파악하기

윗글의 내용에 대한 이해로 적절하지 <u>않은</u> 것은?

① 고대 그리스 시대 이후로 사람들은 빛의 속도가 유한하지 않다고 여겨왔다.

② 1670년대에 들어서야 처음으로 빛의 속도를 제대로 측정하는 데 성공하게 되었다.

③ 뢰메르가 빛의 속도를 측정한 결과는 물리학의 오래된 고정관념을 무너뜨리게 되었다.

④ 이오의 월식 현상이 실제로 일어난 시간은 뢰메르가 예측한 시간과 다르게 측정되었다.

⑤ 뢰메르는 지구의 그림자에 이오가 가려지는 월식 현상에 착안하여 빛의 속도를 측정했다.

02 세부 내용 추론하기

<u>빛의 속도가 유한하다는 사실</u>에 대한 이해로 가장 적절한 것은?

① 정보가 전달되는 속도는 항상 빛의 속도와 동일하다.

② 인간의 인식은 빛의 속도와 마찬가지로 제한되지 않는다.

③ 지구 안과 밖으로 빛의 속도가 유한하다는 사실은 일상생활에 큰 차이를 가져온다.

④ 빛의 속도가 지금보다 더 빨라진다면 지금과 달리 빛이 1초에 지구를 7번 돌 수 있을 것이다.

⑤ 지구에서 150광년 떨어진 별에서 빛의 속도로 전송한 정보가 지구에 수신되기 위해서는 적어도 150년이 필요하다.

중요 03 구체적 사례에 적용하기

[A]를 바탕으로 보기 의 ㉠, ㉡을 이해한 내용으로 가장 적절한 것은?

보기

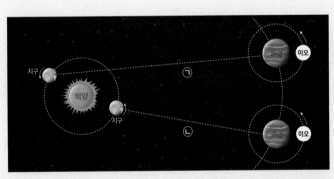

위 그림은 태양을 공전하는 행성인 지구와 목성, 그리고 목성을 공전하는 위성인 이오를 도식화한 것이다. ㉠은 지구와 목성의 거리가 멀 때, ㉡은 지구와 목성의 거리가 가까울 때이다. 단, ㉠에서 목성과 이오는 모두 태양에 의해 가려지지 않는다고 가정한다.

① 빛이 목성에서 지구까지 오는 데 걸리는 시간은 ㉠과 ㉡이 같다.

② ㉠과 ㉡의 거리 차이를 측정할 수 있다면 빛의 속도를 측정할 수 있다.

③ 지구와 목성의 거리가 항상 같다면 이오의 월식 또한 항상 예측보다 늦게 발생할 것이다.

④ ㉠은 이오의 월식이 예측보다 빨리 일어났고, ㉡은 이오의 월식이 예측보다 늦게 일어났다.

⑤ 빛의 속도가 무한하다면 ㉠과 ㉡에서 이오의 월식 현상이 일어나기 시작하는 시간이 다를 것이다.

서답형 04 세부 내용 추론하기

빈칸에 들어갈 말로 적절한 것을 2음절로 쓰시오.

> 알렉산드리아의 발명가였던 헤론은 빛의 속도가 (   )하다고 생각했기 때문에 별처럼 멀리 떨어진 물체를 눈을 뜸과 동시에 바로 인식할 수 있다고 주장하였다.

문제풀이

한방에! 개념정리

한방에! 핵심정리

갈래	자유시, 서정시
성격	감각적, 현실적, 영탄적
주제	가난으로 인해 겪는 삶의 비애
특징	① 도치법과 설의법을 사용함. ② 다양한 감각적 이미지를 사용함. ③ 색채의 대비를 통해 시적 분위기를 형성함. ④ 유사한 구절의 반복을 통해 주제를 강조함. ⑤ 영탄적 어조를 활용하여 화자의 정서를 드러냄.
해제	'이웃의 한 젊은이를 위하여'라는 부제가 붙은 이 작품은 농촌에서 도시로 이주해 온 한 젊은 노동자의 삶을 소재로 하여 최소한의 인간적인 감정마저 버리고 살아야 하는 이들의 고단한 삶을 위로하고 있다. 화자는 가난로 인해 외로움, 두려움, 그리움, 사랑과 같은 감정을 버려야 한다고 이야기하며, 1970년대의 도시 문명을 살아가는 소외된 계층의 현실을 들추어내고 있다.

| 정답 및 해설 | 20쪽

※ 다음 글을 읽고 물음에 답하시오.

가난하다고 해서 외로움을 모르겠는가

너와 헤어져 돌아오는

눈 쌓인 골목길에 새파랗게 달빛이 쏟아지는데

가난하다고 해서 두려움이 없겠는가

㉠ 두 점을 치는 소리

방범대원의 호각 소리 메밀묵 사려 소리에

눈을 뜨면 멀리 ㉡ 육중한 기계 굴러가는 소리

가난하다고 해서 그리움을 버렸겠는가

어머님 보고 싶소 수없이 뇌어 보지만

집 뒤 감나무에 까치밥으로 하나 남았을

㉢ **새빨간 감 바람 소리도** 그려 보지만

가난하다고 해서 사랑을 모르겠는가

㉣ 내 볼에 와 닿던 네 입술의 뜨거움

사랑한다고 사랑한다고 속삭이던 네 숨결

돌아서는 ㉤ **내 등 뒤에 터지던 네 울음**

가난하다고 해서 왜 모르겠는가

가난하기 때문에 이것들을

이 모든 것들을 버려야 한다는 것을.

– 신경림, 〈가난한 사랑 노래〉 –

01 표현상의 특징 파악하기

윗글의 표현상의 특징으로 적절하지 <u>않은</u> 것은?

① 유사한 시구를 반복하여 운율을 형성하고 있다.

② 색채의 대비를 통해 시의 분위기를 조성하고 있다.

③ 의문의 형식을 사용하여 주제 의식을 강화하고 있다.

④ 어순을 의도적으로 바꾸어 배치함으로써 여운을 남기고 있다.

⑤ 영탄적 어조를 사용하여 현실에 대한 극복 의지를 드러내고 있다.

02 감각적 이미지 파악하기

보기의 밑줄 친 부분과 동일한 심상이 쓰인 것은?

> **보기**
>
> 젊은 아버지의 <u>서느란 옷자락</u>에
> 열로 상기한 볼을 말없이 부비는 것이었다.
>
> — 김종길, 〈성탄제〉 일부

① ㉠   ② ㉡   ③ ㉢   ④ ㉣   ⑤ ㉤

중요 03 외적 준거를 참고하여 작품 감상하기

보기를 참고하여 윗글을 감상한 내용으로 적절하지 <u>않은</u> 것은?

> **보기**
>
> 1970년대에 이르러 우리나라는 정부의 주도하에 경제 발전이 급속하게 진행되었고, 농촌의 많은 젊은이들은 일자리를 찾아 고향을 떠나 도시로 이동하였다. 그러나 이들이 마주한 현실은 하루 10시간이 넘는 노동과 저임금, 열악한 노동 환경이었다. 윗글의 작가는 작품을 통해 산업화 시대의 사회 구조의 모순을 지적하며, 젊은 도시 노동자들의 삶을 위로하고 있다.

① 화자가 헤어지고 있는 대상은 고향이자 농촌으로, 도시로 이주해 온 노동자들이 고향으로 돌아갈 수 없는 안타까운 현실을 '눈 쌓인 골목길'로 표현하고 있다.

② '눈을 뜨면 멀리 육중한 기계 굴러가는 소리'는 도시 문명을 상징하며 새벽까지 일해야 하는 도시 노동자들의 고단한 현실을 보여 준다.

③ '새빨간 감 바람 소리'는 현재 도시에 사는 화자의 고향이 농촌임을 짐작하게 해주며 떠나온 고향에 대한 그리움을 드러내는 소재이다.

④ 작가는 '내 등 뒤에 터지던 네 울음'을 통해 가난하기 때문에 사랑조차 할 수 없는 현실을 드러내며 이와 같은 삶을 살아가는 이들을 위로하고 있다.

⑤ 작가는 '이 모든 것들'을 버려야 하는 이유를 가난으로 보며, 1970년대 경제 발전 뒤에 숨겨진 소외된 계층에 대한 안타까움을 호소하고 있다.

서답형 04 시어의 의미 파악하기

문제풀이

'이 모든 것들'에 해당하는 감정 네 개를 모두 찾아 윗글에 등장한 순서대로 쓰시오.

| 정답 및 해설 | 21쪽

한방에! 개념정리

한방에! 핵심정리

갈래	영웅 소설, 군담 소설, 국문 소설
성격	전기적, 우연적, 비현실적
주제	유충렬의 고난과 영웅적 활약
특징	① 중국 명나라를 배경으로 함. ② 영웅의 일대기적 서사 구조를 취함. ③ 천상계와 지상계라는 이원적 공간이 나타남.
해제	이 작품은 유충렬이라는 영웅의 일대기를 그린 조선 후기의 대표적인 영웅 소설이자 군담 소설이다. 천상에서 지상으로 적강한 유충렬은 고난과 역경을 극복한 후 위기에 처한 나라와 가족을 구한다. 작품 속에는 공간적 배경이 구체적으로 제시되는데, 이를 통해 병자호란의 패배로 인한 민족의 자존심 회복과 청나라에 대한 당시 민중들의 적개심이 반영되었음을 알 수 있다.

＊전체 줄거리

명나라 개국 공신의 자손인 유심과 그의 부인 장 씨는 신이한 태몽을 꾸고 충렬을 얻는다. 충렬은 어려서부터 골격이 뛰어나고 총명하였다. 이때 간신 정한담과 최일귀 등이 오랑캐를 정벌하고자 하였는데, 유심이 이를 반대하자 유심을 모함하여 귀양 보내고 충렬 모자를 살해하려 한다. 충렬은 강희주의 도움을 받아 목숨을 구하고, 그의 사위가 된다. 그러나 강희주 역시 정한담의 모함으로 유배가게 되고, 충렬의 가족은 전쟁을 피해 뿔뿔이 흩어진다. 충렬은 백룡사의 노승을 만나 무예를 배우며 때를 기다린다. 이때 남적과 북적이 명나라에 쳐들어오자 정한담은 남적과 내통하여 남적의 선봉장이

※ 다음 글을 읽고 물음에 답하시오.

[앞부분 줄거리] 정한담이 호국과 내통하고 천자를 공격하자, 유충렬은 적군의 선봉장을 물리치고 천자를 구한다.

"적장 벤 장수 성명이 무엇이냐? 빨리 입시＊하라."

충렬이 말에서 내려 천자 앞에서 땅에 엎드리니, 천자 급히 물어 말하기를,

"그대는 뉘신지 죽을 사람을 살리는가?"

충렬이 부친 유심의 죽음과 장인 강희주의 죽음을 절분히＊ 여겨 통곡하며 여쭈되,

[A] "소장은 동성문 안에 살던 유심의 아들 충렬이옵니다. 두루 돌아다니며 빌어먹으며 만 리 밖에 있다가 아비 원수 갚으려고 여기 왔삽거니와, 폐하 정한담에게 곤핍하심＊은 몽중＊이로소이다. 전일에 정한담을 충신이라 하시더니 충신도 역적 되나이까? 그놈의 말을 듣고 충신을 원찬하여＊ 다 죽이고 이런 환을 만나시니 천지 아득하고 일월이 무광하옵니다."

하고, 슬피 통곡하며 머리를 땅에 두드리니, 산천초목＊도 슬퍼하며 진중의 군사들도 눈물을 흘리지 않는 이가 없더라.

천자 이 말을 들으시고 후회막급하나 할 말 없어 우두커니 앉았있더라.

[중간 부분 줄거리] 정한담은 유충렬을 금산성으로 유인하고 유충렬이 없는 틈을 타 도성을 공격하여 천자에게 항복을 요구한다.

"이봐, 명제야! 이제 네가 어디로 달아날 수 있겠느냐? 팔랑개비라 하늘로 날아오르며 두더지라 땅속으로 들어가겠느냐? 네놈의 옥새를 빼앗으려고 왔는데, 이제는 어디로 달아나려느냐. 바삐 나와 항복하라."

하는 소리에 궁궐이 무너지고 혼백이 하늘로 날아오르는 듯하였다.

한담의 고함소리에 천자가 넋을 잃고 용상＊에서 떨어졌으나, 다급히 옥새를 품에 품고 말 한 필을 잡아타고 엎어지며 자빠지며 북문으로 빠져나와 변수 가로 도망했다. 한담이 궐내에 달려들어 천자를 찾았으나 천자는 간데없고, 태자가 황후와 태후를 모시고 도망하기 위해 나오는지라. 한담이 호령하여 달려들어 태자 일행을 잡아 호왕에게 맡긴 후, 북문으로 나와 보니 천자가 변수 가로 달아나고 있었다. 한담이 대희해 천둥 같은 소리를 지르고 순식간에 달려들어 구 척 장검을 휘두르니 천자가 탄 말이 백사장에 거꾸러지거늘, 천자를 잡아내어 말 아래 엎어뜨리고 서리 같은 칼로 통천관＊을 깨어 던지며 호통하기를,

[B] "이봐, 명제야! 내 말을 들어 보아라. 하늘이 나 같은 영웅을 내실 때는 남경의 천자가 되게 하심이라. 네 어찌 계속 천자이기를 바랄쏘냐. 네 한 놈을 잡으려고 십 년을 공부해 변화무궁한데, 네 어찌 순종치 아니하고 조그마한 충렬을 얻어 내 군사를 침략하느냐. 네 죄를 따진다면 지금 곧바로 죽이는 것이 마땅하나 옥새를 바치고 항서를 써서 올리면 죽이지 아니하리라. 만약 그렇지 아니하면 네놈은 물론 네놈의 노모와 처자를 한칼에 죽이리라."

하니, 천자 어쩔 수 없이 하는 말이,

"항서를 쓰자 한들 종이와 붓이 없다." / 하시니, 한담이 분노해 창검을 번득이며 왈,

"용포를 찢어 떼고 손가락을 깨물어서 항서를 쓰지 못할까."

하는지라. 천자가 용포를 찢어 떼고 손가락을 깨물었으나 차마 항서를 쓰지는 못하고 있었으니, 어찌 황천*인들 무심하리오.

이때 원수 금산성에서 적군 십만 명을 한칼에 무찌른 후, 곧바로 호산대에 진을 치고 있는 적의 청병*을 씨 없이 함몰하려고 달려갔다. 그런데 뜻밖에 달빛이 희미해지더니 난데없는 빗방울이 원수의 얼굴 위에 떨어졌다. 원수 괴이하게 여겨 말을 잠깐 멈추고 하늘의 기운을 살펴보니, 도성에 살기 가득하고 천자의 자미성*이 떨어져 변수 가에 비쳤거늘, 크게 놀라 발을 구르며 왈,

"이게 웬 변이냐."

하고, 갑주와 청검 갖추고 천사마* 위에 재빨리 올라타 산호 채찍을 높이 들어 정색을 하고 이르기를,

"천사마야, 네 용맹 두었다가 이런 때에 아니 쓰고 어디 쓰리오. 지금 천자께서 도적에게 잡혀 명재경각*이라. 순식간에 달려가서 천자를 구원하라."

하니, 천사마는 본래 천상에서 내려온 비룡이라. 채찍질을 아니 하고 제 가는 대로 두어도 비룡의 조화를 부려 순식간에 몇 천 리를 갈 줄 모르는데, 하물며 제 임자가 정색을 하고 말하고 또 산호 채로 채찍질하니 어찌 아니 급히 갈까. 눈 한 번 꿈쩍하는 사이에 황성 밖을 얼른 지나 변수 가에 다다랐다.

이때 천자는 백사장에 엎어져 있고 한담이 칼을 들고 천자를 치려 했다. 원수가 이때를 당해 평생의 기력을 다해 호통을 지르니, 천사마도 평생의 용맹을 다 부리고 변화 좋은 장성검도 삼십삼천*에 어린 조화를 다 부린다. 원수가 닿는 곳에 강산도 무너지고 큰 강과 바다도 뒤엎어지는 듯하니, 귀신인들 아니 울며 혼백인들 아니 울리오. 원수의 혼신이 불빛 되어 벼락같은 소리를 지르며 왈,

"이놈 정한담아, 우리 천자 해치지 말고 나의 칼을 받아라!"

하는 소리에, 나는 짐승도 떨어지고 강신 하백도 넋을 잃어버릴 지경이거든 정한담의 혼백인들 성할쏘냐. 원수의 호통 소리에 한담의 두 눈이 캄캄하고 두 귀가 멍멍하여 탔던 말을 돌려 타고 도망가려다가 형산마가 거꾸러지면서 한담도 백사장에 떨어졌다. 한담이 창검을 갈라 들고 원수를 겨누는 순간 구만장천* 구름 속에 번개 칼이 번쩍하면서 한담의 장창 대검이 부서졌다. 원수 달려들어 한담의 목을 산 채로 잡아 들고 말에 내려 천자 앞에 복지*했다.

이때 천자는 백사장에 엎드린 채 반생반사 기절해 누웠거늘, 원수 천자를 붙잡아 앉히고 정신을 차리게 한 후에 엎드려 아뢰길,

"소장이 도적을 함몰하고 한담을 사로잡아 말에 달고 왔나이다."

하니, 천자 황망* 중에 원수란 말을 듣고 벌떡 일어나 보니 원수가 땅에 엎드려 있는지라. 달려들어 목을 안고 말하기를,

"네가 일정 충렬이냐? 정한담은 어디 가고 네가 어찌 여기에 왔느냐? 내가 거의 죽게 되었더니, 네가 와서 살렸구나!" / 하시었다.

― 작자 미상, 〈유충렬전〉 ―

되어 천자를 공격한다. 천자가 항복하려 할 즈음, 충렬이 천자를 구출하고 반란군을 진압한다. 이후 전쟁으로 헤어진 가족들을 만난 충렬은 정한담 일파를 물리친 뒤 높은 벼슬에 올라 부귀영화를 누린다.

375

✓ 한방에! 어휘풀이

★ **입시(入侍):** 대궐에 들어가서 임금을 뵙던 일.

★ **절분하다(切忿하다):** 몹시 원통하고 분하다.

★ **곤핍하다(困乏하다):** 아무것도 할 기력이 없을 만큼 지쳐 몹시 고단하다.

★ **몽중(夢中):** 꿈을 꾸는 동안.

★ **원찬하다(遠竄하다):** 먼 곳으로 귀양을 보내다.

★ **산천초목(山川草木):** 산과 내와 풀과 나무라는 뜻으로, '자연'을 이르는 말.

★ **용상(龍牀):** 임금이 정무를 볼 때 앉던 평상.

★ **통천관(通天冠):** 황제가 정무를 보거나 조칙을 내릴 때 쓰던 관.

★ **황천(皇天):** 우주를 창조하고 주재한다고 믿어지는 초자연적인 절대자.

★ **청병(請兵):** 군대의 지원을 청하거나 출병하기를 청함. 또는 청하여 온 군대.

★ **자미성(紫微星):** 큰곰자리 부근에 있는 자미원의 별 이름. 북두칠성의 동북쪽에 있는 열다섯 개의 별 가운데 하나로, 중국 천자의 운명과 관련된다고 한다.

★ **천사마(천리마(千里馬)):** 하루에 천 리를 달릴 수 있을 정도로 좋은 말.

★ **명재경각(命在頃刻):** 거의 죽게 되어 곧 숨이 끊어질 지경에 이름.

★ **삼십삼천(三十三天):** 불교에서 말하는 삼십삼 개의 하늘.

★ **구만장천(九萬長天):** 아득히 높고 먼 하늘.

★ **복지(伏地):** 땅에 엎드림.

★ **황망(慌忙):** 마음이 몹시 급하여 당황하고 허둥지둥하는 면이 있음.

윗글의 서술상의 특징으로 적절하지 않은 것은?

① 발화를 통해 인물 간의 외적 갈등이 드러나고 있다.
② 서술자가 개입하여 작중 상황에 대해 평가하고 있다.
③ 서로 다른 장소에서 동시에 발생한 사건을 제시하고 있다.
④ 전형적인 영웅의 일대기 구조를 바탕으로 이야기가 전개된다.
⑤ 필연적이고 인과적인 관계를 맺는 사건들이 병렬적으로 배치되어 있다.

[A]와 [B]의 인물의 발화에 대한 설명으로 적절한 것은?

① [A]에서는 과거의 행위를 후회하고 있으며, [B]에서는 미래의 일을 예견하고 있다.
② [A]에서는 중국의 고서를 예로 들고 있고, [B]에서는 자신의 경험을 들어 이야기하고 있다.
③ [A]에서는 상대방의 동정심을 유발하고 있으며, [B]에서는 상대방에게 동정심을 느끼고 있다.
④ [A]에서는 비유적인 표현을 사용하여 인물의 심정을 드러내고 있고, [B]에서는 자신의 능력을 과시하고 있다.
⑤ [A]에서는 인물의 잘못을 직접적으로 지적하며 원망하고 있고, [B]에서는 변명을 통해 억울함을 호소하고 있다.

보기를 참고하여 윗글을 감상한 내용으로 적절하지 않은 것은?

보기

　〈유충렬전〉의 창작에는 병자호란이 바탕이 되었다는 견해가 일반적이다. 병자호란 당시 인조는 백성을 버리고 남한산성으로 피란을 갔는데, 이러한 무능력한 왕권과 위기에 처한 지배층의 초라한 모습을 작품을 통해 비판하고자 한 것이다. 또한 병자호란 패배의 굴욕을 허구적 세계 속에서 극복하고, 민족적 자존심을 회복하고자 하였다. 이외에도 충신과 간신의 대립을 통해 유교 질서를 확고히 하고자 하였으며, 세력을 잃은 양반 계층의 권력 회복에 대한 소망이 반영되었다.

① 유충렬의 비범한 능력으로 호국을 정벌한 것은 병자호란 당시의 고통과 패배를 문학적으로 보상받고자 한 것이군.
② 정한담의 공격으로 허둥지둥 도망가는 천자의 모습을 통해 병자호란 당시 강화도로 피란을 간 임금에 대한 비판적 인식을 엿볼 수 있군.
③ 유충렬의 영웅적 면모와 달리 백사장에 엎어져 있는 천자의 모습을 통해 유충렬의 영웅적 면모를 부각함과 동시에 왕가의 비굴함을 풍자하고 있군.
④ 정한담이 천자의 옥새를 빼앗으려 한 것은 당시 무능한 왕권에 대한 분노와 권력을 되찾고자 하는 몰락한 지배층의 야욕을 보여 주는 것이라 볼 수 있겠군.
⑤ 아버지와 장인이 천자에게 죽임을 당하였음에도 국가와 군주를 위해 목숨을 바치는 유충렬과, 나라를 배신한 정한담의 대결 구조를 통해 유교적 질서를 드러내는군.

보기의 ㉠과 ㉡에 해당하는 인물을 찾아 차례대로 쓰시오. (단, 각각 3음절로 쓸 것.)

보기

　〈유충렬전〉은 ㉠ 선과 ㉡ 악의 대립을 통해 사건이 전개되는데, 이러한 선악의 대립을 통해 권선징악의 교훈을 남긴다.

문제풀이

복습하기

한옥의 창	1 ☐☐☐☐☐	창이 작은 것을 눈곱에 비유하여 붙인 이름임.
	2 ☐☐☐☐☐	창 윗부분에 돌저귀를 달아 방 안에서 밖으로 창을 들어 올려서 들창이라고도 불림.
	3 ☐☐☐	입체적인 문양과 선명한 색채로 인해 웅장하고 화려한 느낌을 줌.

⬇

발표의 특징	• 4 ☐☐ 를 통해 청중들의 이해를 돕고 있음. • 발표 화제에 대해 청중에게 질문을 던지고 반응을 확인함.

독서

1문단	빛의 속도에 대한 일반적인 견해	3문단	지구와 7 ☐☐ 의 거리에 따른 시간차를 이용한 빛의 속도 측정
2문단	5 ☐☐ 의 6 ☐☐ 현상을 이용하여 빛의 속도를 측정한 뢰메르	4문단	빛의 속도의 유한함이 인간에게 미치는 영향

문학 – 가난한 사랑 노래(신경림)

1~3행	달빛 아래에서 느끼는 8 ☐☐☐	12~15행	11 ☐☐ 조차 할 수 없는 아픔
4~7행	현실에 대한 9 ☐☐☐	16~18행	가난으로 인해 모든 것을 버려야 하는 아픔
8~11행	떠나온 고향에 대한 10 ☐☐☐		

문학 – 유충렬전(작자 미상)

12 ☐☐☐ 으로부터 천자를 구한 충렬이 자신의 억울한 사정을 호소함.

⬇

유충렬이 금산성에 간 틈을 타 12 ☐☐☐ 이 다시 도성을 공격하고 천자를 협박함.

⬇

갑자기 달빛이 희미해지더니 난데없이 빗방울이 유충렬의 얼굴로 떨어짐.

⬇

천자의 위기를 짐작한 충렬이 13 ☐☐☐ 를 타고 순식간에 달려감.

⬇

12 ☐☐☐ 을 산 채로 잡아 들이고 천자를 구함.

정답	1 눈꼽재기창　　2 벼락닫이창　　3 꽃살창　　4 자료　　5 이오　　6 월식　　7 목성　　8 외로움　　9 두려움　　10 그리움 11 사랑　　12 정한담　　13 천사마

04

Contents

작문

알베르 카뮈의 소설 〈페스트〉

| 정답 및 해설 | 24쪽

※ (가)는 작문 상황이고 (나)는 (가)를 바탕으로 쓴 학생의 초고이다. 물음에 답하시오.

✓ 한방에! 개념정리

✓ 한방에! 핵심정리

갈래	독서 감상문
주제	알베르 카뮈의 소설 〈페스트〉에 대한 소개
특징	① 작품의 내용을 요약하여 제시함. ② 작품 속 인물들을 통해 주제 의식을 드러냄. ③ 작품을 읽었을 때의 효용을 밝히며 읽기를 권유함.

❋ 문단 중심 내용

1문단	알베르 카뮈의 〈페스트〉의 내용과 특징
2문단	〈페스트〉 속 인물들의 유형
3문단	알베르 카뮈의 예술관과 〈페스트〉의 가치

가 작문 상황

◦ 작문 목적: 도서부 선정 '3월의 책'인 〈페스트〉의 독서 감상문을 작성한다.

◦ 예상 독자: 우리 학교 학생들

◦ 글을 쓸 때 고려할 사항
 - 작품의 특징을 다양한 측면에서 소개한다.
 - 학생들이 〈페스트〉를 읽도록 권유한다.

나 학생의 초고

도서부 선정 '3월의 책'은 알베르 카뮈의 소설 〈페스트〉이다. 이 책은 1947년에 발표된 작품으로 오랑이라는 도시가 페스트로 인해 봉쇄되면서 전염병에 맞서는 다양한 인간을 다룬 소설이다. 작가는 사람들이 매일같이 죽어 나가는 끔찍한 모습을 매우 담담한 어조로 서술하고 있다. 그는 오랑에서 머물던 중 전염병으로 수많은 사람이 죽는 것을 목격하였고 이때의 경험을 작품 속에 사실적으로 담아내었다.

[A] 〈페스트〉의 등장인물은 전염병의 창궐이라는 비극적 재난 상황에 대응하는 방식에 따라 두 가지 유형으로 나뉜다. 긍정적 인물 유형으로는 보건대 조직을 제안하는 타루를 비롯하여 의사 리외, 공무원 그랑, 성직자 파늘루, 기자 랑베르가 있다. 이들은 동지애를 발휘하여, 페스트에 걸려 고통받는 사람들을 돕는다. 반면 부정적 인물인 코타르는 비극적 재난을 틈타 밀수로 부를 축적하는 이기적인 모습을 보인다. 이런 대조를 통해 카뮈는 공동체의 어려움을 이겨내기 위해서는 구성원들의 연대 의식이 필요함을 역설한다.

카뮈는 '탁월한 통찰과 진지함으로 우리 시대 인간의 정의를 밝힌 작가'라는 평을 받으며 1957년에 노벨 문학상을 수상하였다. 그는 수상 후의 연설에서, 예술은 인간의 보편적인 감정을 제시하여 많은 사람들을 감동시키는 수단이라고 하였다. 작가가 말한 것처럼 〈페스트〉는 모두가 공감할 수 있는 현실의 모습과 정서를 표현하고 있다. 따뜻한 봄이 왔지만 여전히 마음이 춥다면 〈페스트〉를 읽어보자. 어려움에 처한 사람이라면 이 책을 읽고 자신의 상황에 대처할 수 있는 실마리를 얻을 수 있을 것이다.

4권

중요 01 초고 작성을 위한 자료 활용 파악하기

보기 는 윗글을 쓰기 위해 학생이 참고한 자료이다. 학생의 자료 활용에 대한 설명으로 적절하지 <u>않은</u> 것은?

보기

ㄱ. 알베르 카뮈(1913~1960)는 프랑스의 소설가로 '탁월한 통찰과 진지함으로 우리 시대 인간의 정의를 밝힌 작가'라는 평을 받으며 1957년에 노벨 문학상을 수상하였다. 주요 작품으로는 〈이방인〉, 〈페스트〉 등이 있다.
- 문학가 사전의 '알베르 카뮈' 항목 중 일부

ㄴ. 제가 보기에 예술이란 고독한 향락이 아닙니다. 그것은 인간의 공통적인 괴로움과 기쁨의 유별난 이미지를 제시함으로써 최대 다수의 사람들을 감동시키는 수단입니다.
- 카뮈의 노벨 문학상 수상 후 연설 중 일부

ㄷ. 1941년부터 오랑에서 생활하던 카뮈는 그 지역에 장티푸스가 창궐하여 매일같이 사람들이 죽어가는 상황과 그로 인해 발생하는 혼란을 목격하였다. 이때의 경험은 〈페스트〉의 창작에 영감을 주었다.
- 출판사의 책 소개 중 일부

① ㄱ을 활용하여 작가에 대한 평가를 제시하고 있다.
② ㄴ을 활용하여 예술의 필요성에 대한 작가의 인식이 작품 창작의 동기가 되었음을 설명하고 있다.
③ ㄴ을 활용하여 작품이 보편적인 공감을 획득하고 있음을 작가의 예술관과 연결하여 드러내고 있다.
④ ㄷ을 활용하여 특정 도시가 작품 속 공간으로 설정된 배경을 드러내고 있다.
⑤ ㄷ을 활용하여 전염병에 대한 작가의 경험이 작품의 사실성을 갖추는 데 기여하였음을 밝히고 있다.

중요 02 초고 점검, 조정하기

보기 는 선생님의 조언에 따라 [A]를 수정한 것이다. 선생님이 했을 조언으로 가장 적절한 것은?

보기

　작가는 재난이라는 상황을 부각하기보다 그 속에서 살아가는 인간의 다양한 모습에 주목한다. 최전선에서 환자를 치료하는 의사 리외, 민간 보건대 조직을 주도한 타루, 묵묵히 자신의 임무를 수행하는 말단 공무원 그랑, 신념과 다르게 돌아가는 현실 속에서 내적 갈등으로 고민하는 성직자 파늘루, 탈출을 시도하다 오랑에 남아 페스트와 싸운 기자 랑베르, 혼란 속에서 자신의 이익을 추구하는 밀수업자 코타르 등 비극적인 재난 속에서 작품의 인물들은 각자의 선택을 한다. 페스트라는 질병과의 전쟁 속에서 매일 패배하면서도 굴하지 않는 다양한 인간 군상을 통해, 카뮈는 '인간은 어떤 존재여야 하는가?'라는 질문을 던지고 그에 대한 답을 암시한다.

① 책의 장점만 제시하기보다 책의 단점에 대해서도 언급하고, 책에 대한 균형 잡힌 시각을 드러낼 수 있는 내용으로 문단을 마무리하는 게 좋겠어.
② 인물 유형을 단순화하기보다는 다양한 인물의 모습을 보여 주고, 뒤 문단에서 언급된 작가에 대한 평가와 자연스럽게 연결될 수 있는 내용으로 문단을 마무리하는 게 좋겠어.
③ 인물 간 갈등의 원인만 제시하기보다는 갈등의 해소 과정을 보여 주고, 갈등 상황에 대처할 때 독자가 가져야 할 태도와 마음가짐에 대한 내용으로 문단을 마무리하는 게 좋겠어.
④ 인물에 대한 정보를 간략하게 제시하기보다는 소설 속 인물의 행동을 자세하게 언급하고, 우리 사회에 필요한 바람직한 인간상을 제시하는 내용으로 문단을 마무리하는 게 좋겠어.
⑤ 책의 내용을 자세하게 소개하는 대신 책에서 받은 인상을 간략하게 제시하고, 뒤 문단에서 언급된 독서 행위의 의미를 이끌어 낼 수 있는 내용으로 문단을 마무리하는 게 좋겠어.

문제풀이

04 강

입체 음향

✔ 한방에! 개념정리

✔ 한방에! 핵심정리

주제	음원에 공간감을 부여하는 입체 음향의 원리
해제	이 글은 음원의 위치를 파악하여 입체 음향을 구현하는 방법에 대해 설명하고 있다. 기존의 미디어와 달리 최근에는 위치감과 거리감이 느껴지는 음향 효과를 만들기 위한 다양한 시도가 이루어지고 있다. 사람의 귀는 귀에서 가까이 위치한 음원의 소리를 먼저 듣기 때문에 이를 이용하여 음원의 위치를 파악할 수 있다. 또한 선행음 효과와 소리의 크기를 이용하여 음원의 위치를 인지할 수 있는데 이렇게 음원의 위치를 파악한다면 공간감과 입체감을 구현하여 입체 음향을 만들 수 있는 것이다.

* 문단 중심 내용

1문단	기존 미디어의 음향의 한계
2문단	소리의 두 가지 전달 경로
3문단	음원의 위치를 인지할 수 있는 방법
4문단	음원의 위치를 파악하여 입체감을 구현하는 방법
5문단	입체 음향을 구현할 때의 유의점

✔ 한방에! 어휘풀이

★ 회절(回折): 파동의 전파가 장애물 때문에 일부가 차단되었을 때 장애물의 그림자 부분에까지도 파동이 전파하는 현상.
★ 산란(散亂): 파동이나 입자선이 물체와 충돌하여 여러 방향으로 흩어지는 현상.
★ 공진(共振): 진동하는 계의 진폭이 급격하게 늘어남.

※ 다음 글을 읽고 물음에 답하시오.

사람은 앞을 본 채 걷다가도 뒤에서 달려오는 친구의 발자국 소리를 들을 수 있고, 휴대전화의 벨소리가 멀리서 울리는지 가까이서 울리는지 지각할 수 있다. 기존 미디어에서는 이러한 공간감을 충분히 구현하지 못했으나 최근에는 위치감과 거리감이 느껴지는 음향 효과를 내기 위한 다양한 시도가 이루어지고 있다. 이렇게 공간감이 있는 음향을 입체 음향이라 하는데, 입체 음향은 어떠한 원리로 만들어질까?

소리의 전달 경로는 크게 사람의 외부와 내부로 구분할 수 있다. 외부로 소리가 전달될 경우 실내의 벽이나 천장 등에 의해 소리가 반사, 회절*, 산란*되는데 이러한 전달 경로를 공간 전달계라고 부른다. 반면, 사람의 내부로 전달될 때는 인간의 머리와 귓바퀴에 의해 소리가 반사, 회절, 공진*되는데 이를 머리 전달계라고 한다. 이러한 두 전달 경로의 특성에 의해 사람은 음원에 대한 공간적 단서를 지각할 수 있게 된다.

사람의 귀는 귀에서 가까이 위치한 음원의 소리를 먼저 듣기 때문에 이를 통해 음원의 위치를 파악할 수 있다. 또한 두 귀에 들어오는 소리의 시간차를 활용할 수 있다. 동일한 음원이 짧은 시간 간격을 두고 서로 다른 방향에서 들린다면, 인간의 뇌는 먼저 소리가 들리는 곳에 음원이 있다고 판단하게 된다. 이를 '선행음 효과'라고 한다. <그림>과 같이 사람의 머리를 기준으로 왼쪽에 음원이 위치할 경우 그 소리는 왼쪽 귀에 먼저 닿고, 오른

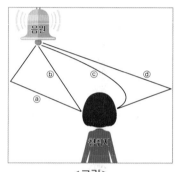

<그림>

쪽 귀에는 소리가 회절되어 늦게 도달하게 된다. 따라서 음원이 왼쪽에 있다고 판단하는 것이다. 선행음 효과는 직접음과 반사음에도 적용되는데, 실내에서 벽에 반사된 음원은 사람의 귀에 직접 도착하는 직접음보다 늦게 도달하기 때문에 직접음을 통해 음원의 위치를 인지할 수 있게 된다. 마지막 단서는 소리의 크기이다. 가까운 곳에서 들리는 음의 크기가 더 클 것이므로 사람의 뇌는 소리의 크기에 따라 음원과의 거리를 지각하는 것이다. 또한 왼쪽에서 발생한 소리는 왼쪽 귀에 크게 들리고 오른쪽 귀에 작게 들리기 때문에 이를 통해 방향감도 느낄 수 있다.

입체 음향은 이러한 원리를 이용하여 만든다. 입체 음향을 만드는 가장 쉬운 방법은 사람이 있는 위치를 기준으로 사방에서 소리를 들려줌으로써 공간감을 제공하는 것이다. 이를 위해서는 하나의 공간에 많은 스피커를 위치시켜 음원을 재생해야 한다. 이때 청취자는 스피커의 중심점에 있을 때 입체감을 적절히 느낄 수 있다. 그러나 이 경우 돈이 많이 든다는 단점이 있다. 한편, 양쪽 귀에 장착하는 헤드셋으로 입체감을 구현하기도 하는데, 특정 음역대의 음원의 음량을 조절하거나 특정 음원의 재생 시점에 변화를 줌으로써 공간감을 부여하는 것이다.

입체 음향을 구현하기 위해서는 음원의 추출 과정이 매우 중요하다. 음원의 거리감과 방향감을 위해서는 위치가 다른 마이크를 사용해 녹음하는 방식으로 음원을 추출해야 한다. 최근에는 인간의 머리와 귀 모양을 본뜬 모형에 마이크를 심어 음원을 녹음하기도 한다. 이후 음원이 추출된 공간의 특성과 음원의 위치 정보를 고려해 수학적으로 음원을 분석하고 최적화해야 한다.

01 세부 내용 이해하기

윗글에 대한 설명으로 적절하지 않은 것은?

① 소리의 전달 경로에는 공간 전달계와 머리 전달계가 있다.

② 소리의 반사와 회절은 모두 소리의 전달 경로에서 일어나는 현상이다.

③ 헤드셋에서는 음량 조절과 음원 재생 시점의 변화로 입체 음향을 구현한다.

④ 최근에는 인간의 머리 모형을 본뜬 모형을 활용하여 음원을 추출하기도 한다.

⑤ 입체 음향을 구현하기 위해서는 다양한 방식을 통해 음원을 분석한 후 이를 추출하는 과정을 거쳐야 한다.

4강

02 세부 내용 추론하기

윗글의 <그림>에 대한 이해로 가장 적절한 것은?

① ⓐ와 ⓑ의 도달 시간의 차이가 짧으면 서로 다른 음원으로 인지할 수 있다.

② ⓐ와 ⓒ의 도달 시간의 차이가 없을 경우 음원의 방향을 인지하기 어려워진다.

③ ⓐ와 ⓓ의 음량의 차이가 없을 경우 음원의 방향을 인지하기 어려워진다.

④ ⓑ와 ⓒ의 도달 시간의 차이가 있더라도 ⓑ를 통해 음원의 방향을 인지할 수 있다.

⑤ ⓒ와 ⓓ의 도달 시간의 차이를 통해 음원의 거리감을 인지할 수 있다.

중요 ▶ 03 구체적 상황에 적용하기

윗글을 바탕으로 보기 를 이해한 내용으로 적절하지 않은 것은?

> 보기
>
> 현대 사회에서 대형 TV가 등장하면서 '사운드바'라고 불리는 길고 얇은 스피커가 인기를 끌고 있다. 사운드 바는 한 개의 스피커처럼 보이지만 내부에는 수십 개의 스피커가 들어가 있으며, 이 스피커가 실내의 각기 다른 방향과 다른 음량으로 소리를 출력한다. 이 소리들은 실내의 벽에 반사되어 청취자에게 도달함으로써 입체 음향을 구현한다.

① 사운드바로 실내 곳곳에 여러 개의 스피커를 둔 것과 유사한 효과를 거둘 수 있다.

② 사운드바를 이용할 경우 청취자의 위치와 상관없이 최적의 공간감을 구현할 수 있다.

③ 사운드바에서 출력되는 소리들은 위치가 다른 여러 개의 마이크로 추출한 음원들에 해당한다.

④ 서로 다른 내부 스피커에서 음량이 다른 소리가 출력됨으로써 청취자는 거리감과 방향감을 느낄 수 있다.

⑤ 서로 다른 내부 스피커에서 출력되는 소리들은 청취자에게 도달하는 시간이 다르기 때문에 입체 음향을 구현하는 요소가 된다.

서답형 04 세부 내용 파악하기

㉠, ㉡에 들어갈 말로 적절한 것을 윗글에서 찾아 차례대로 쓰시오.

> (㉠)은/는 음원으로부터 청취자에게 반사되지 않고 가장 먼저 도달하는 음을 의미하고 (㉡)은/는 벽이나 어떤 물체에 부딪히고 반사되어 생성되는 소리이다. 이러한 소리를 이용하면 음원의 위치를 파악할 수 있다.

문제풀이

04 강

까마귀 눈비 맞아 _ 박팽년

| 정답 및 해설 | 27쪽

한방에! 개념정리

한방에! 핵심정리

갈래	평시조
성격	의지적, 절의적, 풍자적
주제	임(단종)을 향한 변함없는 마음
특징	① 상징적인 시어를 사용하여 주제를 강조함. ② 설의법을 활용하여 화자의 의지를 드러냄. ③ 긍정적 의미의 시어와 부정적 의미의 시어를 대조적으로 사용함.
해제	이 작품은 상징적인 시어의 대조를 통해 단종을 향한 박팽년의 변치 않는 충성심을 드러내며, 세조의 왕위 찬탈에 가담한 세력들을 비판하고 있다.

한방에! 어휘풀이

★ 야광명월(夜光明月): 밤에 밝게 빛나는 달.

※ 다음 글을 읽고 물음에 답하시오.

까마귀 눈비 맞아 희는 듯 검노매라

야광명월*이 밤인들 어려우랴

임 향한 ㉠ 일편단심이야 변할 줄이 있으랴

– 박팽년, 〈까마귀 눈비 맞아〉 –

한방에! 지식더하기

계유정난(1453)과 단종 복위 운동

1452년 5월 문종이 사망하고 13세의 어린 단종이 왕위를 계승하자 단종의 숙부였던 수양대군이 왕위를 빼앗기 위해 일으킨 난이다. 수양대군은 단종을 보좌하던 김종서, 황보인 등을 살해하고 동생인 안평대군도 죽인 뒤 단종을 영월로 귀양 보낸 후 왕이 되었다. 이후 성삼문과 박팽년, 이개 등의 사육신들이 주동이 되어 단종의 복위 운동을 꾀하였으나 동모자 중 한 사람인 김질과 그의 장인 정창손의 밀고로 인해 사육신과 그 밖의 연루자들은 모두 체포되고 단종 복위 운동은 실패로 돌아가게 된다. 이후 숙종 대에 이르러 억울하게 죽은 사육신*들의 관작*이 회복되었고, 민절서원을 지어 사육신들의 위패를 안치하였다.

★ **사육신(死六臣)**: 조선 세조 2년(1456)에 단종의 복위를 꾀하다가 처형된 여섯 명의 충신. 이개, 하위지, 유성원, 성삼문, 유응부, 박팽년을 이른다.
★ **관작(官爵)**: 관직과 작위를 아울러 이르는 말.

한방에! 같이볼작품

천만리 머나먼 길에 고운 임 이별하옵고
내 마음 둘 데 없어 냇가에 앉았으니
저 물도 내 마음 같아서 울며 밤길 가는구나
　　　　　　 - 왕방연, 〈천만리 머나먼 길에〉

수양산 바라보며 백이와 숙제를 한하노라
굶어 죽을지언정 고사리를 뜯어먹어서야 되겠는가
비록 푸성귀라 할지라도 그것은 누구의 땅에서 났던고
　　　　　　 - 성삼문, 〈수양산 바라보며〉

01 표현상의 특징 파악하기

윗글에 대한 설명으로 가장 적절한 것은?

① 설의적 표현을 활용하여 화자의 의지를 드러내고 있다.
② 대조적인 시어를 사용하여 주제를 직접적으로 제시하고 있다.
③ 명암의 대비를 통해 대상에 대한 인식의 변화를 유도하고 있다.
④ 객관적 상관물을 사용하여 화자의 정서를 효과적으로 표현하고 있다.
⑤ 음성 상징어를 활용하여 화자가 처한 상황을 생생하게 전달하고 있다.

중요 02 외적 준거를 참고하여 작품 감상하기

보기 를 참고하여 윗글을 감상한 것으로 적절하지 않은 것은?

> **보기**
>
> 조선의 5대 임금인 문종의 사후, 단종은 12세의 어린 나이에 왕위를 물려받는다. 그러나 단종이 왕위에 오르자 숙부인 수양대군은 왕권을 찬탈하기 위한 계획을 세우고, 단종을 보좌하던 세력들을 모두 살해, 제거하며 정권을 잡게 된다. 그가 바로 조선의 7대 임금인 세조이다. 세조가 즉위하자 많은 선비들은 죽음을 각오하고 단종의 복위 운동을 도모하지만 내부 밀고로 인해 실패로 돌아간다. 박팽년은 사육신 중 한 명으로, 세조의 회유와 고문에도 뜻을 굽히지 않고 맞서다 결국 옥에서 생을 마감하였다.

① 화자는 세조의 회유에 넘어간 이들의 이중성을 '까마귀'에 빗대어 풍자하고 있군.
② 세조의 왕위찬탈로 인해 혼란한 시대 상황을 '눈비'로 보여 주는군.
③ 화자는 단종을 따르는 충신들을 '야광명월'이라고 표현하고 있군.
④ '야광명월'이 떠오르는 '밤'은 화자가 기다리는 단종 복위의 날로 볼 수 있군.
⑤ '임'은 단종에 해당하며 화자는 '임'에 대한 변치 않는 충성심을 드러내는군.

중요 03 작품 간의 공통점, 차이점 파악하기

보기 와 윗글을 비교한 내용으로 적절하지 않은 것은?

> **보기**
>
> 까마귀 싸우는 골에 **백로**야 가지 마라
> 성난 까마귀 흰빛을 새오나니
> 청강에 깨끗이 씻은 몸을 더럽힐까 하노라   - 영천 이씨, 〈까마귀 싸우는 골에〉

① 〈보기〉는 윗글과 달리 대상을 의인화하여 나타내고 있다.
② 〈보기〉는 윗글과 달리 대상을 경계하는 이유에 대해 명확히 밝히고 있다.
③ 〈보기〉는 윗글과 달리 장소의 이동에 따른 화자의 정서 변화를 드러내고 있다.
④ 〈보기〉의 '백로'는 윗글의 '야광명월'과 같은 속성을 지닌 대상이다.
⑤ 윗글과 〈보기〉 모두 4음보의 안정된 리듬감을 형성하고 있다.

★ 새오다: 질투하다.

서답형 04 세부 내용 파악하기

윗글의 ㉠과 유사한 의미를 갖는 시어를 보기 에서 찾아 쓰시오.

> **보기**
>
> 이 몸이 죽어 가서 무엇이 될꼬 하니
> 봉래산 제일 높은 봉에 낙락장송 되어 있어
> 흰 눈이 천지 가득할 때 홀로 푸르고 푸르리라   - 성삼문, 〈이 몸이 죽어 가서〉

문제풀이

아홉 켤레의 구두로 남은 사내 _ 윤흥길

| 정답 및 해설 | 28쪽

갈래	중편 소설, 세태 소설
성격	사실적, 비판적
주제	산업화 과정에서 소외된 계층의 삶
특징	① 도시 빈민의 삶을 사실적으로 형상화함. ② 작품 내부의 서술자가 특정 인물을 관찰하며 서술함. ③ 상징적 소재를 사용하여 인물의 심리와 성격을 드러냄.
해제	이 작품은 1970년대 산업화로 인해 소외된 계층의 삶의 모습을 '나'의 시선을 통해 보여 주고 있다. '나'가 관찰하고 있는 권 씨는 급속한 산업화가 만들어 낸 여러 사회 문제의 희생자이다. 권 씨는 대학을 나온 지식인으로서 자부심을 가지고 살아가지만 정부의 불합리한 정책으로 인해 전과자로 전락하고 만다. 권 씨는 늘 구두 열 켤레를 소중히 닦으며 지식인으로서의 자존심을 지키려 하지만 궁핍한 현실 속에서 자존심을 지키기는 쉽지 않다. '나'는 이런 권 씨를 연민을 가지고 바라보며 소외된 계층의 어려운 삶과 부조리한 현실을 고발하고 있다.

※ 다음 글을 읽고 물음에 답하시오.

[앞부분 줄거리] 성남이 재개발된다는 소문을 들은 권 씨는 거금을 들여 철거민으로부터 전매권을 산다. 그러나 입주 전매자의 권리를 인정해주지 않는 당국의 압박에 밀려 입주는커녕 직장과 재산을 모두 잃게 되고 '나'의 집 문간방에서 셋방살이를 시작한다. 어느 날 권 씨가 '나'의 학교로 찾아와 아내의 수술비를 빌려 달라고 부탁한다.

"지금 내 형편에 현금은 어렵군요. 원장한테 바로 전화 걸어서 내가 보증을 서마고 약속할 테니까 권 선생도 다시 한번 매달려 보세요. 의사도 사람인데 설마 사람을 생으로 죽게야 하겠습니까. 달리 변통할* 구멍이 없으시다면 그렇게 해 보세요."

내 대답이 지나치게 더디 나올 때 이미 눈치를 챈 모양이었다. 도전적이던 기색이 슬그머니 죽으면서 그의 착하디착한 눈에 다시 수줍음이 돌아왔다. 그는 고개를 좌우로 흔들어 보였다.

"원장이 어리석은 사람이길 바라고 거기다 희망을 걸기엔 너무 늦었습니다. 그 사람은 나한테서 수술 비용을 받아 내기가 수월치 않다는 걸 입원시키는 그 순간에 벌써 알아차렸어요."

얼굴에 흐르는 진땀을 훔치는 대신 그는 오른발을 들어 왼쪽 바짓가랑이 뒤에다 두어 번 문질렀다. 발을 바꾸어 같은 동작을 반복했다.

"바쁘실 텐데 실례 많았습니다."

'썰면'처럼 두툼한 입술이 선잠에서 깬 어린애같이 움씰거리더니 겨우 인사말이 나왔다. 무슨 말이 더 있을 듯싶었는데 그는 이내 돌아서서 휘적휘적 걷기 시작했다. 나는 내심 그 입에서 끈끈한 가래가 묻은 소리가, 이를테면, 오 선생 너무하다든가 잘 먹고 잘 살라든가 하는 말이 날아와 내 이마에 탁 눌어붙는 순간에 대비하고 있었는지도 모른다. 그래서 그가 갑자기 돌아서면서 나를 똑바로 올려다봤을 때 그처럼 흠칫 놀랐을 것이다.

"⊙ 오 선생, 이래 봬도 나 대학 나온 사람이오."

그것뿐이었다. 내 호주머니에 촌지를 밀어 넣던 어느 학부형같이 그는 수줍게 그 말만 건네고는 언덕을 내려갔다. 별로 휘청거릴 것도 없는 작달막한 체구를 연방 휘청거리면서 내딛는 한 걸음 한 걸음마다 땅을 저주하고 하늘을 저주하는 동작으로 내 눈에 그는 비쳤다. 산 고팽이를 돌아 그의 모습이 벌거벗은 황토의 언덕 저쪽으로 사라지는 찰나, 나는 뛰어가서 그를 부르고 싶은 충동을 느꼈다. 돌팔매질을 하다 말고 뒤집힌 삼륜차로 달려들어 아귀아귀 참외를 깨물어 먹는 군중을 목격했을 당시의 권 씨처럼, 이건 완전히 나체구나 하는 느낌이 팍 들었다. 그리고 내가 그에게 암만의 빚을 지고 있음을 퍼뜩 깨달았다. 전셋돈도 일종의 빚이라면 빚이었다. 왜 더 좀 일찍이 그 생각을 못 했는지 모른다.

원 산부인과에서는 만단의 수술 준비를 갖추고 보증금이 도착되기만을 기다리고 있었다. 학교에서 우격다짐으로 후려 낸 가불에다 가까운 동료들 주머니를 닥치는 대로 떨어 간신히 마련한 일금 십만 원을 건네자 금테의 마비츠 안경을 쓴 원장이 바로 마취사를 부르도록 간호원에게 지시했다. 원장은 내가 권 씨하고 아무 척분*도 없으며 다만 그의 셋방 주인일 따름인 걸 알고는 혀를 찼다.

"아버지가 되는 방법도 정말 여러 질이군요. 보증금을 마련해 오랬더니 오전 중에 나가서는 여태 껏 얼굴 한 번 안 비치지 뭡니까."

[중간 부분 줄거리] 권 씨 아내의 수술비를 대신 내준 날 '나'의 집에 강도가 들어온다. '나'는 어설픈 강도 의 말과 행동에 강도가 권 씨임을 눈치챘다. '나'는 그를 배려하기 위해 문간방으로 들어가려는 강도에게 대 문의 위치를 알려주지만, '나'의 말에 권 씨는 오히려 자존심에 상처를 입는다.

"무슨 일이라도 있었나요?"

"아무것도 아냐."

잃은 물건이 하나도 없다. 돼지 저금통도 화장대 위에 그대로 있다. 아무것도 아닐 수밖에. 다시 잠이 들기 전에 나는 아내에게 수술 보증금을 대납해 준 사실을 비로소 이야기했다. 한참 말이 없 다가 아내는 벽 쪽으로 슬그머니 돌아누웠다.

(중략)

이튿날 아침까지 권 씨는 귀가해 있지 않았다. 출근하는 길에 병원에 들러 보았다. 수술 보증금 을 구하러 병원 문밖을 나선 이후로 권 씨가 거기에 재차 발걸음한 흔적은 어디에서도 찾아볼 수 없었다.

그다음 날, 그 다음다음 날도 권 씨는 귀가하지 않았다. 그가 행방불명이 된 것이 이제 분명해졌 다. 그리고 본의는 그게 아니었다 해도 결과적으로 내 방법이 매우 졸렬했음도 이제 확연히 밝혀 진 셈이었다. 복면 위로 드러난 두 눈을 보고 나는 그가 다름 아닌 권 씨임을 대뜸 알아차릴 수 있 었다. 밝은 아침에 술이 깬 권 씨가 전처럼 나를 떳떳이 대할 수 있게 하자면 복면의 사내를 끝까 지 강도로 대우하는 그 길뿐이라고 판단했었다. 그래서 아무 일도 없었던 듯이 병원에 찾아가서 죽지 않은 아내와 새로 얻은 세 번째 아이를 만날 수 있게 되기를 기대했던 것이다. 현관에서 그의 구두를 확인해 보지 않은 것이 뒤늦게 후회되었다. 문간방으로 들어가려는 그를 차갑게 일깨워 준 것이 영 마음에 걸렸다. 어떤 근거인지는 몰라도 구두의 손질의 정도에 따라 그의 운명을 예측할 수도 있지 않았을까 하는 생각이 드는 것이었다. 구두코가 유리알처럼 반짝반짝 닦여 있는 한 자 존심은 그 이상으로 광발이 올려져 있었을 것이며, 그러면 나는 안심해도 좋았던 것이다. 그때 그 가 만약 마지막이란 걸 염두에 두고 있었다면 새끼들이 자는 방으로 들어가려는 길을 가로막는 그 것이 그에게는 대체 무엇으로 느껴졌을 것인가.

아내가 병원을 다니러 가는 편에 아이들을 죄다 딸려 보낸 다음 나는 문간방을 샅샅이 뒤졌다.

(중략)

가장 값나가는 세간의 자격으로 장롱 따위가 자리 잡고 있을 꼭 그런 자리에 아홉 켤레나 되는 구두들이 사열*받는 병정들 모양으로 가지런히 놓여 있었다. 정갈하게 닦인 것이 여섯 켤레, 그리 고 먼지를 덮어쓴 게 세 켤레였다. 모두 해서 열 켤레 가운데 마음에 드는 일곱 켤레를 골라 한꺼 번에 손질을 해서 매일매일 갈아 신을 한 주일의 소용에 당해 온 모양이었다. 잘 닦인 일곱 중에서 비어 있는 하나를 생각하던 중 나는 한 켤레의 그 구두가 그렇게 쉽사리 돌아오지 않으리란 걸 알 딸딸하게 깨달았다.

— 윤흥길, 〈아홉 켤레의 구두로 남은 사내〉 —

4단

★ 전체 줄거리

초등학교 교사인 '나'는 개발이 진 행 중인 한 도시 주택가에 집을 장만 하고 문간방에 세를 놓는다. 이 방에 '권 씨'가 임신한 아내와 두 아이를 데리고 이사를 온다. '권 씨'가 이사 온 며칠 뒤 이 순경이 '나'를 찾아와 '권 씨'가 전과자이기 때문에 그의 동태를 살펴 달라고 부탁한다. 어느 날 '나'는 공사장에서 일하던 '권 씨' 를 우연히 만나고, 그날 밤 '권 씨'는 집을 마련하기 위해 분양 받았던 땅 문제로 정부 정책에 항의하다 전과 자가 된 자신의 사연을 털어놓는다. 얼마 뒤 '권 씨'의 아내가 밤새 진통 을 겪다 한밤중에 병원으로 옮겨지 게 되고, 갑작스럽게 아내의 수술비 가 필요해진 '권 씨'는 '나'의 학교에 찾아와 돈을 빌려달라고 부탁한다. '나'는 '권 씨'가 돈을 갚을 형편이 되 지 못함을 알고 있기에 부탁을 거절 했다가, 이내 후회하며 '권 씨' 아내 의 수술비를 대신 지불한다. '나'가 수술비를 냈다는 사실을 모르는 '권 씨'는 그날 밤 '나'의 집에 강도로 위 장하여 침입하지만 서투른 말과 행 동으로 인해 '나'는 강도가 '권 씨'임 을 바로 알아차린다. '나'는 나름의 배려를 하며 '권 씨'를 돌려 보내지 만, '권 씨'는 자신의 정체가 탄로났 다는 것에 자존심 상해하며 결국 아 홉 켤레의 구두만 남긴 채 사라진다.

✔ 한방에! 어휘풀이

★ **변통하다(變通하다):** 형편과 경 우에 따라서 일을 융통성 있게 잘 처리하다.

★ **척분(戚分):** 성이 다르면서 일가 가 되는 관계.

★ **사열(査閱):** 부대의 훈련 정도나 장비 유지 상태를 검열하는 일.

53

01 작품의 내용 파악하기

윗글에 대한 설명으로 적절하지 <u>않은</u> 것은?

① '권 씨'는 '나'가 수술 보증금을 대신 납부했다는 사실을 알지 못했다.

② '권 씨'는 돈을 빌려주려 하지 않는 '나'에게 적개심을 드러내고 있다.

③ '나'는 강도의 정체를 모른 척하는 것이 강도를 배려하는 것이라 생각했다.

④ '나'는 '권 씨'의 어려운 상황을 외면한 것에 대해 부끄러움을 느끼고 있다.

⑤ '병원장'은 '권 씨 아내'의 수술 비용을 대신 내주는 '나'의 행동을 이해하지 못했다.

02 인물의 심리 추론하기

'권 씨'가 ⊙과 같이 말한 이유로 적절한 것은?

① '나'를 협박해서라도 돈을 빌려야 했기 때문이다.

② 돈을 제때 갚을 수 있다는 확신을 주기 위해서이다.

③ '나'가 자신을 무시하는 것 같아 억울했기 때문이다.

④ 학교 선생인 '나'와 자신이 동일한 위치에 있음을 강조하고 싶었기 때문이다.

⑤ 돈을 빌리러 온 처지임에도 지식인으로서의 자존심만은 지키고 싶었기 때문이다.

중요 03 외적 준거를 참고하여 작품 이해하기

보기 를 참고하여 윗글을 이해한 내용으로 적절하지 <u>않은</u> 것은?

보기

> 〈아홉 켤레의 구두로 남은 사내〉는 산업화와 도시화로 개발이 진행 중이던 1970년대 성남시를 배경으로 한다. 급속한 사회 변화로 인해 도시 인구가 급증하면서 빈민 문제, 노동 문제 등 여러 가지 사회 문제가 발생한다. 당시의 저임금 정책으로 인해 노동자들은 더 많은 희생을 강요받았고, 우리 사회는 빠른 속도로 경제 성장을 이루어냈지만 도시 빈민들의 삶은 더욱 절박해질 수밖에 없었다. 윗글의 '권 씨'는 돈을 모아 입주 전매권을 구입하였으나 정부의 불합리한 정책으로 인해 전매권을 인정받지 못하고 전과자 신세가 된다. 작가는 이러한 '권 씨'의 삶을 통해 1970년대 경제 성장 속 사회 모순을 들춰냄과 동시에 물질 만능주의적 가치관과 소시민들의 허위의식을 작품 속에서 고발하고자 하였다.

① 아내의 수술비마저 마련하지 못하는 '권 씨'를 통해 도시 빈민층의 가난한 삶을 고발하고 있다.

② 전매권을 구매하였으나 정부의 불합리한 조치로 소외될 수밖에 없던 '권 씨'를 통해 사회 현실의 부조리함을 고발하고 있다.

③ '권 씨'의 사정을 딱하게 생각하면서도 '권 씨'의 부탁을 거절하는 '나'의 이중적인 모습을 통해 지식인의 허위의식을 포착할 수 있다.

④ 생존을 위해 강도가 될 수밖에 없던 '권 씨'의 모습에서 인간성을 상실하고 마는 이기적이고 개인주의적인 사회 현실을 드러내고 있다.

⑤ 사람의 목숨이 걸린 일 앞에서 보증금이 올 때까지 수술을 진행하지 않는 '병원장'을 통해 돈을 가장 우선시하는 당대 세태관을 비판하고 있다.

서답형 04 세부 내용 추론하기

빈칸에 들어갈 말로 적절한 것을 3어절로 쓰시오.

> '권 씨'는 열 켤레의 구두 중 일곱 켤레를 한꺼번에 손질하여 일주일을 신었다. 깨끗하게 손질된 '권 씨'의 구두는 곧 지식인으로서의 '권 씨'의 자존심을 상징하는 것이었다. 따라서 '나'가 문간방에 찾아갔을 때 (   )만이 놓여 있었던 것은 '권 씨'의 상처 입은 자존심을 상징한다고 볼 수 있다.

문제풀이

복습하기

작문

1문단	알베르 카뮈의 〈 ¹ ☐☐☐ 〉의 내용과 특징
2문단	〈 ¹ ☐☐☐ 〉 속 인물들의 유형 – 긍정적 인물 유형과 ² ☐☐☐ 인물 유형의 상반된 상황 대응 방식
3문단	알베르 카뮈의 예술관과 〈 ¹ ☐☐☐ 〉의 가치

독서

1문단	기존 미디어의 음향의 한계	4문단	음원의 ⁴ ☐☐ 를 파악하여 입체감을 구현하는 방법
2문단	소리의 두 가지 전달 경로 – ³ ☐☐ 전달계, 머리 전달계	5문단	⁵ ☐☐☐☐ 을 구현할 때의 유의점
3문단	음원의 ⁴ ☐☐ 를 인지할 수 있는 방법		

문학 – 까마귀 눈비 맞아(박팽년)

초장	흰 듯 보이지만 검은 ⁶ ☐☐☐
중장	밤에도 밝게 빛나는 ⁷ ☐☐☐☐
종장	임을 향한 ⁸ ☐☐☐☐

문학 – 아홉 켤레의 구두로 남은 사내(윤흥길)

'권 씨'가 '나'에게 아내의 ⁹ ☐☐☐ 를 빌려 달라고 하지만 '나'는 거절함.

↓

'권 씨'의 보증금이 생각난 '나'는 '권 씨' 대신 ⁹ ☐☐☐ 를 지불하고 '권 씨'의 아내가 아기를 낳도록 도움.

↓

'나'가 수술비를 지불했다는 사실을 알지 못한 '권 씨'는 수술비를 구하고자 '나'의 집에 ¹⁰ ☐☐ 로 위장하여 침입함.

↓

'나'에게 정체를 들킨 '권 씨'가 행방불명이 됨.

¹¹ ☐ 켤레의 구두	'권 씨'의 지식인으로서의 자존심을 상징

↓

¹² ☐☐ 켤레의 구두	자존심의 상처를 입은 '권 씨'와 권씨의 행방불명을 암시

정답
1 페스트   2 부정적   3 공간   4 위치   5 입체 음향   6 까마귀   7 야광명월   8 일편단심   9 수술비   10 강도
11 열   12 아홉

05

Contents

05강

높임 표현

✅ 한방에! 개념정리

✅ 한방에! 핵심정리

＊높임 표현

개념	말하는 이가 어떤 대상을 높이거나 낮추는 정도를 구별하는 표현 방법	
종류	주체 높임	• 선어말 어미 '-(으)시-' 사용 • 주격 조사 '께서' 사용 예 어머니께서 오고 계셨다. • 특수 어휘 사용 예 계시다, 편찮다, 주무시다 등
	상대 높임	• 주로 종결 표현을 통해 실현됨. 예 자리에 앉아요.
	객체 높임	• 특수 어휘 사용 예 모시다, 여쭈다 등 • 부사격 조사 '께' 사용 예 그 책을 아버지께 드렸다.

＊중세 국어의 높임 표현
• 주체 높임
- 자음으로 시작하는 어미 앞에서 선어말 어미 '-(ㅇ/으)시-' 사용
- 모음으로 시작하는 어미 앞에서 선어말 어미 '-(ㅇ/으)샤-' 사용
• 객체 높임
- 선어말 어미 '-ᇫᆸ-, -ᄌᆸ-, -ᄉᆸ-' 사용
※ 현대 국어에서는 객체 높임 선어말 어미가 존재하지 않음.
• 상대 높임
- 주로 평서문에서 선어말 어미 '-이-' 사용
- 주로 의문문에서 선어말 어미 '-잇-' 사용

※ 다음 글을 읽고 물음에 답하시오.

'I like you.'를 번역할 때, 듣는 이가 친구라면 '난 널 좋아해.'라고 하겠지만, 할머니라면 '저는 할머니를 좋아해요.'라고 할 것이다. 왜냐하면 우리말은 상대에 따라 높임 표현이 달리 실현되기 때문이다.

'높임 표현'이란 말하는 이가 어떤 대상을 높이거나 낮추는 정도를 구별하여 표현하는 방법을 말한다. 국어에서 높임 표현은 높임의 대상에 따라 주체 높임, 상대 높임, 객체 높임으로 나누어진다.

주체 높임은 서술의 주체를 높이는 방법이다. 주체 높임을 실현하기 위해 선어말 어미 '-(으)시-'를 사용하며, 주격 조사 '이/가' 대신에 '께서'를 쓰기도 한다. 그 밖에 '계시다', '주무시다' 등과 같은 특수 어휘를 사용하여 높임을 드러내기도 한다. 그리고 주체 높임에는 직접 높임과 간접 높임이 있다. 직접 높임은 높임의 대상인 주체를 직접 높이는 것이고, ㉠ 간접 높임은 높임의 대상인 주체의 신체 일부, 소유물, 가족 등을 높임으로써 주체를 간접적으로 높이는 것이다.

상대 높임은 말하는 이가 듣는 이를 높이거나 낮추어 말하는 방법이다. 상대 높임은 주로 종결 표현을 통해 실현되는데, 아래와 같이 크게 격식체와 비격식체로 나뉜다.

격식체	하십시오체	예 합니다, 합니까? 등
	하오체	예 하오, 하오? 등
	하게체	예 하네, 하는가? 등
	해라체	예 한다, 하냐? 등
비격식체	해요체	예 해요, 해요? 등
	해체	예 해, 해? 등

격식체는 격식을 차리는 자리나 공식적인 상황에서 주로 사용하며, 비격식체는 격식을 덜 차리는 자리나 사적인 상황에서 주로 사용한다. 그렇기 때문에 같은 대상이라도 공식적인 자리인지 사적인 자리인지에 따라 높임 표현이 달리 실현되기도 한다.

객체 높임은 목적어나 부사어가 지시하는 대상, 즉 서술의 객체를 높이는 방법이다. 객체 높임은 '모시다', '여쭈다' 등과 같은 특수 어휘를 통해 실현되며, 부사격 조사 '에게' 대신 '께'를 사용하기도 한다.

01 높임 표현 이해하기

다음 문장 중 ㉠의 예로 적절한 것은?

① 아버지께서 요리를 하셨다.

② 교수님께서는 책이 많으시다.

③ 어머니께서 음악회에 가셨다.

④ 선생님께서 우리의 이름을 부르신다.

⑤ 할아버지께서는 마을 이장이 되셨다.

중요 **02** 높임 표현 탐구하기

윗글을 바탕으로 보기 의 ⓐ~ⓔ를 탐구한 내용으로 적절하지 않은 것은?

보기

(복도에서 친구와 만난 상황)

성호: 지수야, ⓐ 선생님께서 발표 자료 가져오라고 하셨어.

지수: 지금 바빠서 ⓑ 선생님께 자료 드리기 어려운데, 네가 가져다 드리면 안 될까?

성호: ⓒ 네가 선생님을 직접 뵙고, 자료를 드리는 게 좋을 것 같아.

지수: 알았어.

(교무실로 선생님을 찾아간 상황)

선생님: 지수야, 이번 수업 시간에 발표해야지? 발표 자료 가져왔니?

지수: 여기 있어요. ⓓ 열심히 준비했어요.

선생님: 그래, 준비한 대로 발표 잘 하렴.

(수업 중 발표 상황)

지수: ⓔ 이상으로 발표를 마치겠습니다.

성호: 궁금한 점이 있는데, 질문해도 되겠습니까?

① ⓐ: 조사 '께서'와 선어말 어미 '-시-'를 사용하여 서술의 주체인 선생님을 높이고 있군.

② ⓑ: 조사 '께'와 특수 어휘 '드리다'를 사용하여 서술의 객체인 선생님을 높이고 있군.

③ ⓒ: 특수 어휘 '뵙다'를 사용하여 서술의 주체인 선생님을 높이고 있군.

④ ⓓ: 듣는 사람인 선생님을 높이기 위해 '준비했어요'라는 종결 표현을 사용하고 있군.

⑤ ⓔ: 수업 중 발표하는 공식적인 상황이므로 '마치겠습니다'라고 격식체를 사용하고 있군.

서답형 **03** 높임 표현 이해하기

다음은 보기 의 문장에 쓰인 간접 높임을 설명한 것이다. ㉮, ㉯에 들어갈 말을 차례대로 쓰시오.

(단, ㉮에 들어갈 말은 '주체', '객체', '상대' 중에서 골라 쓸 것.)

보기

따님이 참 똑똑하십니다.

〈보기〉에서는 (㉮)의 가족인 '딸'에 대해 '(㉯)', '똑똑하십니다'라는 높임 표현을 사용하여 높임으로써 (㉮)을/를 간접적으로 높이고 있다.

문제풀이

05강

현대미술

✔ 한방에! 개념정리

✔ 한방에! 핵심정리

주제	현대미술의 개념과 성격
해제	이 글은 전통과의 단절을 선언한 근대미술의 뒤를 이어 '현재'에 기반을 두고 끊임없이 변화하는 예술인 현대미술의 개념과 성격에 대해 설명하고 있다. 현대미술은 1960~70년대에 폭발적으로 성장하였는데, 이 시기에 이르면 어느 한 집단이나 어느 한 도시가 주도적으로 예술 사조를 이끌지 못하였다. 따라서 예술가들의 다양한 작품들이 등장하였고, 새로운 전시 콘셉트를 가진 작은 운동이 나타났다가 해체되는 일이 가능해졌다. 이러한 현대미술은 기존의 미술과 작품의 주제로 구분이 가능하다. 현대미술은 현대 사회를 반영하며 우리가 사는 세계가 직면한 쟁점들을 되새겨 보고 고민할 수 있게 하며 새로운 쟁점을 만들어 내기도 한다.

＊문단 중심 내용

1문단	근대미술과 현대미술의 등장
2문단	이전과 다른 현대미술의 특징
3문단	현대미술과 현대미술이 아닌 것을 구분하는 기준
4문단	현대미술의 의의

※ 다음 글을 읽고 물음에 답하시오.

'현대미술'은 무슨 의미일까? 우리는 현대를 어떻게 정의하고 있을까? 작품이 구시대적으로 보이기 시작하는 때는 언제부터일까? 사실 이러한 질문에 엄격하게 정해진 정답은 없다. 현대미술의 개념은 1930년대의 근대미술로 거슬러 올라가야 한다. 근대미술은 전통과 단절을 선언하며 이전보다 훨씬 전위적인 태도를 보이며 등장했다. 근대미술 이후에 등장한 현대미술은 '현재'에 기반을 두고 끊임없이 앞으로 나아가며 변화하는 예술을 이룩하고 있다.

역사가들은 대체로 팝아트와 미니멀리즘, 퍼포먼스, 미디어아트가 미술계의 흐름을 주도했던 1960~70년대가 현대미술이 폭발적으로 성장한 중요한 시기라고 여긴다. 과거의 예술은 한 시기에 하나의 일관된 사조를 특정 집단이 지속적으로 발전시켜왔지만, 이때부터는 어느 한 도시, 어느 한 특정 집단이 예술 사조의 주도적인 위치를 점하지 못하였다. 현대미술가들이 생산하는 작품은 무척 다양하고 서로 달라서 새로운 전시 콘셉트를 가진 작은 운동이 얼마든지 나타났다가 해체되는 일이 가능해졌다. 이것이 현대미술이 세분화된 전문용어나 더욱 명확하게 구분된 예술운동까지 모두 포함하게 된 이유이다. 현대미술이라는 한 단어는 오늘날 예술이 취하는 무수히 많은 형태를 하나의 범주로 흡수하고 있다.

그런 의미에서 현대미술인지 아닌지 구분하는 기준은 단순히 시간이 아니라 작품의 주제에 달려있다. 오늘날 일반적으로 통용되고 있는 현대미술의 개념은 좁은 의미에선 제2차 세계대전 후의 미술, 곧 20세기 후반기의 미술을 가리키고, 근대미술은 19세기 미술을 포함한 20세기 전반기까지의 미술을 의미하는 것으로 받아들여지고 있다. 그러나 이러한 연대에 의한 규정은 그 자체가 임의적인 것만 아니라 오히려 개념상의 혼란을 가져올 우려가 있다. 예술을 관람하는 관람객들은 십중팔구 작품의 설명을 보지 않고도 작품을 보는 순간 현대미술인지 아닌지 구분할 수 있다. 현대미술은 동시대성을 바탕으로 현대 사회를 반영하고, 다양한 문화와 진보된 과학기술을 사는 현대 사회에 끊임없이 질문을 던지고 있기 때문이다.

현재라는 순간을 해석하는 작업은 좀처럼 쉽지 않고 현대라는 사회를 이해하는 일 역시 혁신적인 기술과 새로운 접근 방식을 요구한다. 현대미술가들은 자기 생각을 가장 적절하게 묘사할 수만 있다면 그림이든 조각이든 영화든 사진이든 퍼포먼스든 아니면 완전히 새로운 과학기술이든 어떠한 매체라도 이용할 것이다. 때로 어떤 작품은 미적 가치보다 아이디어, 정치적 관심, 감정의 자극으로 주목을 받을 수도 있다. 사실 지난 수십 년 동안 많은 예술작품은 특정 이슈와 관련이 있거나 혹은 응용 철학의 한 형태로 인간의 상태를 연구하는 수단이 되었다. 현대미술은 우리가 사는 세계가 직면한 쟁점들을 되새겨 보고 고민해 볼 수 있는 계기를 마련해 주었으며, 새로운 쟁점을 만들어 내거나 논의를 시작하게 되는 계기가 되기도 하였다. 현대미술가들은 오늘날 우리 사회가 변화하는 방식에 적극적으로 대응하고 있다. 세상이 앞으로 나아감에 따라 우리의 의견도 진화하고 관점도 달라지듯이 현대미술도 같은 길을 걷고 있다.

01 서술상의 특징 파악하기

윗글에 대한 설명으로 가장 적절한 것은?

① 설명하고자 하는 대상의 부정적인 측면을 비판하고 있다.
② 설명하고자 하는 대상과 관련한 이론을 제창한 인물을 소개하고 있다.
③ 설명하고자 하는 대상과 대상이 아닌 것을 구분하는 기준을 제시하고 있다.
④ 설명하고자 하는 대상의 개념에 대한 다양한 학자들의 견해를 제시하고 있다.
⑤ 설명하고자 하는 대상과 관련된 현상을 구체적인 통계 자료를 근거로 제시하고 있다.

02 세부 내용 파악하기

윗글을 통해 알 수 있는 내용으로 적절하지 않은 것은?

① 현대미술은 현재에 기반을 두고 끊임없이 앞으로 나아가는 예술을 의미한다.
② 1960년대와 1970년대에 이르러 현대미술이 폭발적으로 성장하며 다양한 작품이 등장하였다.
③ 현대미술은 작품의 주제가 중요하므로, 작품 설명을 보아야만 그것이 현대미술이라는 것을 파악할 수 있다.
④ 현대미술은 특정한 전문용어나 예술 사조 운동을 포함하며 예술이 취하는 많은 형태를 하나의 범주로 수용한다.
⑤ 현대미술가는 자신의 생각을 가장 적절하게 묘사할 수 있다면 어떠한 매체라도 예술의 수단으로 이용할 수 있다.

중요 ▶ 03 외적 준거를 바탕으로 세부 내용 이해하기

윗글을 바탕으로 보기 의 '티노 세갈'을 이해한 내용으로 가장 적절한 것은?

> 보기
>
> 티노 세갈의 퍼포먼스가 예술이 되기 위해서는 관객의 미술관 입장이 필수로 요구된다. 미술관 안으로 들어서는 관객에게 미술관 관리자가 뛰어와 온몸을 흔들면서 '이것은 무척 현대적이야, 현대적이고 말고.'를 외치고서는 원래의 자리로 되돌아간다. 관리자는 관객이 미술관을 방문했을 때 일반적으로 거치는 흐름을 가로막으며 작품 개개인의 참여를 유도한다. 관객은 미술관의 가장 깊은 곳에 도달해서야 비로소 티노 세갈의 작품이 단순한 머그잔 하나라는 점과 티노 세갈의 작품은 단순한 머그잔 하나가 아니라는 점을 동시에 깨닫는다. 티노 세갈의 작품을 계기로 퍼포먼스가 작품에 포함되었을 때 작품의 범위는 어디까지인지 논의되기 시작하였다.

① 티노 세갈의 '머그잔'은 뛰어난 미적 가치로 관객의 주목을 받을 수 있었겠군.
② 티노 세갈의 작품에 속한 퍼포먼스는 고도로 진보된 과학기술을 통해 실현될 수 있었겠군.
③ 티노 세갈의 작품은 혁신적인 아이디어를 통해 새로운 쟁점을 제시하며 예술과 관련된 새로운 논의의 시작을 알렸군.
④ 티노 세갈이 선보인 새로운 전시 콘셉트는 작은 운동으로 시작하여 한 시대를 주도하는 예술 사조로 성장할 수 있겠군.
⑤ 티노 세갈의 작품은 전통과 현대를 접목했다는 점에서 근대미술과 그 이전의 예술이 교차하고 있는 작품으로 평가할 수 있겠군.

서답형 ▶ 04 세부 내용 파악하기

빈칸에 들어갈 말로 적절한 것을 윗글에서 찾아 2음절로 쓰시오.

> 요안 부르주아는 프랑스 판테옹에서 〈기울어진 사람들〉을 선보였다. 이것은 계단을 오르다 떨어지고, 트램펄린의 탄력을 이용해 다시 계단을 오르는 무용수의 모습을 통해 성공에 오르기 위한 수많은 과정과 방법을 표현한 것이다. 이러한 퍼포먼스를 통해 현대미술가들이 자신의 생각을 적절하게 묘사하기 위해 어떠한 (   )라도 이용한다는 점을 알 수 있다.

문제풀이

05강

청포도 _ 이육사

| 정답 및 해설 | 34쪽

갈래	자유시, 서정시
성격	상징적, 감각적
주제	① 조국 광복에 대한 염원 ② 평화로운 삶에 대한 소망
특징	① 상징적인 소재를 사용하여 화자의 소망을 드러냄. ② 흰색과 푸른색을 대비하여 선명한 이미지를 제시함. ③ 상황을 가정하여 화자의 간절한 마음과 기다림을 형상화함.
해제	이 작품은 일제 강점기의 시인이자 독립운동가로 활동했던 이육사의 작품으로, 작품 자체에 집중하여 감상한다면 풍요로운 고향을 회상하며 평화로운 세계에 대한 염원을 '청포도'를 통해 드러낸 것으로 볼 수 있다. 그러나 이육사의 많은 작품이 항일 독립운동가였던 그의 삶과 밀접한 연관을 가진다는 점을 고려하면, '청포도'는 일제의 억압에서 벗어나 조국의 광복을 이루고자 하는 소망과 기다림을 형상화한 것으로 이해할 수 있다. 특히 선명한 색채 이미지의 대비를 통해 이러한 소망을 더욱 감각적으로 드러내고 있다.

※ 다음 글을 읽고 물음에 답하시오.

내 고장 칠월은
㉠ **청포도**가 익어 가는 시절

이 마을 전설이 주저리주저리 열리고
먼 데 ㉡ 하늘이 꿈꾸며 알알이 들어와 박혀

하늘 밑 ㉢ 푸른 바다가 가슴을 열고
㉣ **흰 돛단배**가 곱게 밀려서 오면

내가 바라는 **손님**은 **고달픈 몸**으로
㉤ 청포를 입고 찾아온다 했으니

내 그를 맞아 이 포도를 따 먹으면
두 손을 함뿍 적셔도 좋으련

아이야 우리 식탁엔 ㉥ **은쟁반**에
㉦ **하이얀 모시 수건**을 마련해 두렴

- 이육사, 〈청포도〉 -

01 표현상의 특징 파악하기

윗글에 대한 설명으로 적절하지 <u>않은</u> 것은?

① 상징적인 소재를 사용하여 화자의 염원을 형상화하고 있다.
② 각 연을 같은 수의 행으로 구성해 구조적 안정감을 형성하고 있다.
③ 자연물과의 교감을 통해 얻은 깨달음을 간접적으로 전달하고 있다.
④ 음성 상징어를 사용하여 화자의 모습을 생동감 있게 표현하고 있다.
⑤ 시적 청자에게 말을 건네는 방식을 사용하여 화자의 기대감을 드러내고 있다.

02 시어의 의미 파악하기

(가), (나)에 해당하는 ㉠~㉲을 적절하게 분류한 것은?

> 윗글에서는 (가) 이상 세계를 상징하는 푸른색과 (나) 그리움을 상징하는 흰색의 대비를 통해 화자의 소망을 감각적으로 드러내고 있다.

	(가)	(나)
①	㉠, ㉡, ㉢	㉣, ㉤, ㉥, ㉦
②	㉠, ㉢, ㉤	㉡, ㉣, ㉥, ㉦
③	㉠, ㉡, ㉢, ㉤	㉣, ㉥, ㉦
④	㉠, ㉡, ㉢, ㉥	㉣, ㉤, ㉦
⑤	㉠, ㉢, ㉤, ㉦	㉡, ㉣, ㉥

중요 03 외적 준거를 참고하여 작품 이해하기

보기1 과 보기2 를 참고하여 윗글을 이해한 내용으로 적절하지 <u>않은</u> 것은?

보기1

문학 작품을 감상할 때는 작품 자체를 중심으로 파악하기도 하고, 작품과 현실 세계를 중심으로 파악하기도 한다. 전자는 내재론적 관점으로, 작품을 오직 독자적인 존재로 여기며 작품을 이해하기 위한 모든 정보를 작품 내부에서 찾으려 한다. 반면 후자는 반영론적 관점으로, 현실 세계가 작품 속에 어떻게 반영되었는지를 중심으로 작품을 이해하고자 한다.

보기2

〈청포도〉는 일제 강점기에 창작된 작품으로, 당시 우리 민족은 일제의 극심한 탄압으로 인해 고통을 받아야 했다. 이육사는 이러한 시대를 대표하는 시인이자, 일제 식민 통치에 격렬히 저항하던 독립운동가로, 윗글을 통해 고국으로 향하는 끝없는 향수와 미래에 대한 희망을 드러내고 있다.

① 내재론적 관점에 따르면 '청포도'는 평화로운 고향을 회복하고자 하는 화자의 소망이다.
② 내재론적 관점에 따르면 '손님'은 고향을 떠난 친구이며 '은쟁반'과 '하이얀 모시 수건'을 통해 친구를 기다리는 화자의 순수한 마음을 나타내고 있다.
③ 반영론적 관점에 따르면 '흰 돛단배'는 이상과 현실을 연결해 주는 매개체로, 조국의 광복을 가져올 소재이다.
④ 반영론적 관점에 따르면 '고달픈 몸'은 시련과 고난을 겪은 존재로, 일제 강점하에 고통받는 우리 민족을 가리킨다.
⑤ 반영론적 관점에 따르면 화자가 '두 손을 함뿍 적셔도 좋으련'이라 말한 것은 일제의 통치하에 지식인으로서 느끼는 좌절감을 표현한 것이다.

서답형 04 표현상의 특징 이해하기

다음에서 설명하고 있는 시어를 윗글에서 찾아 쓰시오.

> 시인은 대상을 효과적으로 표현하기 위해 의도적으로 단어를 늘여 쓰거나 줄여 쓸 수 있다.

문제풀이

채봉감별곡 _ 작자 미상

한방에! 개념정리

한방에! 핵심정리

갈래	애정 소설
성격	사실적, 진취적, 비판적
주제	부당한 권세에 굴하지 않고 극복해 낸 남녀의 진취적인 사랑
특징	① 조선 후기의 타락한 세태를 반영하고 있음. ② 진취적이고 주체적인 근대적 여성상이 제시됨. ③ 사건 전개의 우연성을 최소화하고 사실적이고 현실적인 인과 관계를 중시함.
해제	이 작품은 조선 후기의 사회상을 반영한 애정 소설이다. 채봉과 필성이 여러 고난 끝에 진실한 사랑을 이루어 가는 과정은 여타 다른 고전 소설과 유사한 모습을 보이지만, 현실적이고 인과적인 사건 전개와, 조선 후기의 타락한 세태를 사실적으로 묘사하고 있다는 점에서 근대 소설에 근접했다고 볼 수 있다. 또한 자신의 운명을 개척하려는 채봉을 통해 조선 후기 능동적이고 주체적인 새로운 여성상을 제시하고 있다.

※ 다음 글을 읽고 물음에 답하시오.

[앞부분 줄거리] 김 진사 내외는 오래도록 자식이 없다가 뒤늦게 채봉을 얻어 금지옥엽으로 기른다. 채봉이 시집갈 나이가 되자 김 진사는 채봉의 배필을 찾아 서울로 향한다. 한편 채봉은 시비 추향과 함께 꽃구경에 갔다가 선천 부사의 자제인 장필성을 만나 연정을 품게 된다. 그러나 벼슬을 탐낸 김 진사는 채봉을 허 판서의 첩으로 보내려 한다.

"아니, 장 선천 부사 아들과 정혼했어? 그 거지 다 된 것하고? 흥, 내 참 기가 막혀서……. 서울에서 기막힌 사위를 정하고 내려왔으니, 채봉이를 데리고 우리 서울로 올라가서 삽시다."

부인이 이 소리를 듣고 눈이 휘둥그레져서,

"기막힌 사위라니 어떤 사람이란 말이오?"

하고 물으니, 김 진사 혀를 휘휘 내두르며 허풍을 떤다.

"누군지 알면 뒤로 자빠질 것이오. 누구인고 하니, 사직골 허 판서 댁이오. 세도*가 이 나라에서 제일이지."

부인이 이 말을 듣고 한편으로 끔찍하고 한편으로는 기가 막혀서 다시 묻는다.

"허 판서면 첫째 부인이요, 둘째 부인이요?"

"첫째 부인도, 둘째 부인도 아니오. 첩이라오."

"나는 못 하겠소. 허 판서 아니라 허 정승이라도……."

"왜 못 해!"

"서울 가시더니 정신이 돌아 버렸구려. 예전에는 얌전한 신랑을 택해 슬하에 두고 걱정 근심 없이 재미있게 살자고 늘 말씀하시더니 오늘은 이게 무슨 날벼락이오. 그래, 채봉이 그것을 금이야 옥이야 길러서 남의 첩으로 준단 말이오."

"허허, 아무리 남의 첩이 되더라도 호강하고 몸 편하면 됐지."

"첩이란 것은 눈엣가시 되는 것이 아니오? 언제 무슨 해를 당할지 모르니 비단 방석에 앉아도 바늘방석 같을 텐데, 호강만 하면 제일이란 말이오? 나는 죽어도 그런 호강 아니 시키겠소."

김 진사 이 말을 듣고 열이 나서 무릎을 탁 치며 큰소리를 친다.

"그래, 그런 자리가 싫어? 저런 복 찰 사람을 보았나. 딴소리 말고 내 말 좀 들어 보오. 우선 춤출 일이 있으니……."

"무엇이 그리 좋은 일이 있어 춤을 춘단 말이오?"

"벼슬 없이 늙던 내가 허 판서의 주선으로 벼슬길에 나서게 됐지, 또 내일모레면 과천 현감을 하지, 이제 채봉이가 그리 들어가 살면 평생 호강하거니와, 내가 감사도 되고 참판도 되고 판서도 될 것인즉, 부인이야 정경부인은 따 놓은 당상이니 이런 경사가 어디 있소. 두말 말고 데리고 올라갑시다."

첩이란 말에 펄펄 뛰던 이 부인도 그 말엔 솔깃하여,

"영감이 기어코 하려 드시면 낸들 어찌하겠소마는, 채봉이가 말을 들을지 모르겠소."

[중간 부분 줄거리] 김 진사 내외와 채봉이 서울로 가던 중 채봉은 평양으로 도망가고, 김 진사 내외는 도적의 습격을 받아 전 재산을 잃는다. 이 사실을 알게 된 허 판서는 김 진사를 옥에 가둔다. 채봉은 아버지를 구할 돈을 마련하기 위해 '송이'라는 이름의 기생이 된다. 이때 평양 감사 이보국이 채봉의 글재주를 보고 자신의 집으로 데려오고, 이 소식을 들은 장필성은 이방*이 되어 채봉의 곁을 맴돈다.

사람이 늙으면 잠이 없는 법이다. 이때 이 감사는 나이가 여든일 뿐 아니라, 한 지방의 수령이 되어 밤이나 낮이나 어떻게 하면 백성의 원성이 없을까, 어떻게 하면 나라의 은혜에 보답할까, 잠을 이루지 못하고 누웠는데 갑자기 송이의 방에서 흐느끼는 소리가 들리니, 깜짝 놀라 속으로 짐작하길,

'지금 송이의 나이 열여덟이니 분명 무슨 사정이 있으리라.' / 하고 가만히 나와 본다.

창은 열려 있고 송이는 책상머리에 엎드려 누웠는데, 불 켜진 책상 위에 종이가 펼쳐져 있다. 이상한 생각이 들어 가만들 들어가 펼치고 보니 '추풍감별곡'이라.

대강 보고 손으로 송이를 흔들어 깨우니, 송이가 깜짝 놀라 눈을 떠 보니 이 감사. 눈앞에 서 있는 감사를 보고 어찌할 줄 몰라 급히 일어서는데, 이 감사가 종이를 말아 들고,

"송이야, 놀라지 마라. 비록 위아래가 있으나 내가 너를 친딸이나 다름없이 아끼니, 무슨 사정이 있거든 나에게 말을 해라. 마음속에 맺힌 것이 있으면 다 말하여라. 나는 너를 딸같이 사랑하는데 너는 나를 아비같이 생각지 않고 이 같은 원한을 가지고도 말 아니하고 있단 말이냐."

(중략)

"이처럼 물어보시니 어찌 거짓을 말하겠습니까?"

하고, 눈물을 닦고 두 손을 모아 단정히 선 다음, 처음 후원에서 장필성과 글을 주고받던 일에서부터 모친이 장필성을 불러 혼약한 일을 말한 뒤, 김 진사가 서울로 올라가서 벼슬을 구하려고 허 판서와 관계한 일이며, 허 판서의 첩 자리를 마다하고 장필성과의 약속을 지키기 위해 만리교에서 도망하였다가 몸을 팔아 부친을 구한 일, 기생이 된 후에도 장필성을 잊지 아니하고 있다가 글을 통해 장필성을 만난 이야기를 다 한다.

"대감의 하늘 같은 은혜는 결초보은*하여도 잊지 못하겠나이다." / 하며 엎드려 운다.

감사가 송이의 등을 정답게 어루만지며,

"송이야, 송이야, 울지 마라. 네 사정이 그런 줄 몰랐느니라. 그러나 오늘에야 알게 되었으니 어찌 네 소원을 못 풀어 주겠느냐. 이제 보니 장필성도 사정이 있어서 이방으로 들어온 게로구나. 내일은 장필성을 불러 만나게 해 주겠다."

눈물이라 하는 것은 사람 마음의 지극한 이슬이라. 그래서 억울하고 그리워도 눈물이 나는 것이요, 좋고 반가워도 눈물이 나는 법이니라. 송이는 이 감사의 정겨운 말을 듣고 다시 눈물을 떨군다. 그러다가 부모 생각이 새로 나서 다시 감사에게 말을 한다.

"이렇게 보살펴 주시니 몸 둘 바를 모르겠습니다. 그런데 소녀의 부모가 소녀로 인해 곤경에 처하였으나, 아직 소실을 모르오니 이 또한 원한입니다."

감사가 이 말을 듣고 송이를 더욱 기특하게 여겨,

"허허, 부모를 생각하는 마음이 더욱 가상하구나. 효열지심, 이른바 천심에서 나오는 말이로다. 오냐, 그것도 급히 주선해 알게 할터이니 염려 말거라."

하고, 안방으로 건너와 혼자 누워 송이가 쓴 '추풍감별곡'을 여러 번 보며 칭찬을 그치지 않는다.

― 작자 미상, 〈채봉감별곡〉 ―

❋ 전체 줄거리

평양에 사는 김 진사는 채봉의 배필을 찾아 서울로 떠난다. 김 진사가 서울에 간 사이, 채봉은 필성을 우연히 만나 결혼을 약속한다. 김 진사는 허 판서에게 채봉을 첩으로 들이는 대신 과천 현감 자리를 약속 받고 평양으로 내려와 채봉과 함께 서울로 올라가려 한다. 그러나 서울로 가던 도중, 채봉은 도망을 가고 김 진사는 도적을 만나 전 재산을 잃게 된다. 허 판서는 약속을 지키지 못한 김 진사를 옥에 가두고 이 부인에게 채봉을 찾아올 것을 요구한다. 이 부인은 채봉을 설득하려 하지만 채봉은 허 판서의 첩의 자리를 마다하고 스스로 기생이 되어 돈을 마련하여 아버지를 구한다. 이후 송이라는 기생으로 살아가는 채봉은 기지를 발휘하여 필성과 다시 인연을 맺는다. 어느 날 평양 감사 이보국은 채봉의 글재주를 보고 채봉을 데려와 서신과 문서를 처리하는 일을 맡긴다. 필성은 채봉을 만나기 위해 양반의 신분을 버리고 관아의 이방으로 지원하게 된다. 어느 날 채봉이 '추풍감별곡'을 만들다 울며 잠에 들자 이를 본 이보국은 채봉의 사연을 듣고 필성과 결혼을 시키기로 결정하고, 허 판서를 벌하여 채봉이 가족과 재회할 수 있게 도와준다.

✓ 한방에! 어휘풀이

* 세도(勢道): 정치상의 권세. 또는 그 권세를 마구 휘두르는 일.
* 이방(吏房): 조선 시대에, 각 지방 관아에 속한 육방 가운데 인사 관계의 실무를 맡아보던 부서.
* 결초보은(結草報恩): 죽은 뒤에라도 은혜를 잊지 않고 갚음을 이르는 말.

01 서술상의 특징 파악하기

윗글에 대한 내용으로 적절하지 <u>않은</u> 것은?

① 과거의 사건을 요약적으로 제시하고 있다.

② 비현실적인 사건을 계기로 이야기가 전개되고 있다.

③ 남녀의 애정을 주제로 형상화한 애정 소설에 해당한다.

④ 인물 간의 대화를 통해 당시 사회 모습이 제시되고 있다.

⑤ 작품 밖의 서술자가 작중 상황에 대해 평가를 내리고 있다.

02 세부 내용 파악하기

윗글의 인물에 대한 설명으로 적절하지 <u>않은</u> 것은?

① 채봉은 필성과 다시 만나기 위해 기생이 되고자 하였다.

② 김 진사는 자신의 이득만을 고려하여 채봉의 혼사를 진행시킨다.

③ 이 감사는 채봉의 과거 사연을 듣고 채봉과 필성의 재회를 돕는다.

④ 필성은 채봉과 정혼하였으나 김 진사의 반대로 채봉과 이별하게 된다.

⑤ 이 부인은 딸을 첩으로 보내자는 김 진사의 말에 처음에는 거부감을 드러낸다.

중요 03 외적 준거를 참고하여 작품 이해하기

보기 를 참고하여 윗글을 이해한 내용으로 적절하지 <u>않은</u> 것은?

> **보기**
>
> 조선 후기는 정치적으로 대혼란기를 맞이하던 시기였다. 그동안 조선 사회를 굳건히 지켜오던 신분제가 서서히 붕괴되고 있었으며 안동 김씨 가문에 권력이 집중됨에 따라 정상적인 과정을 통해 벼슬을 얻는 것이 아닌, 돈으로 관직을 사고파는 매관매직이 성행하였기 때문이다. 조선 말기에 창작된 〈채봉감별곡〉은 이러한 시대 상황을 배경으로 뿌리깊게 자리 잡았던 조선의 봉건 제도의 모순과 부패를 고발하며, 스스로 운명을 개척하는 채봉을 통해 새로운 여성상을 제시하고 있다.

① 채봉을 받는 대가로 현감 자리를 주기로 약속한 허 판서를 통해 관직을 사고파는 일이 성행했던 당대 세태를 고발하고 있다.

② 양반임에도 기생인 채봉을 위해 이방이 된 필성을 통해 신분제의 관습이 비교적 자유로워진 조선 후기의 사회상을 엿볼 수 있다.

③ 필성과의 인연을 위해 도망을 간 뒤 부친을 구하기 위해 기생이 되기를 자처한 채봉을 통해 주체적인 근대적 여성상을 새롭게 제시하고 있다.

④ 사회의 변화 속에서도 딸의 혼사를 강제로 결정하는 김 진사의 태도를 통해 여전히 가부장적 권위와 봉건적 가치관이 건재했음을 보여 주고 있다.

⑤ 딸을 첩으로 보내는 것에 대해 거부감을 드러내며 세속적인 욕망에 굴하지 않는 이 부인을 통해 부당한 권력에 맞서는 진취적인 여성의 모습을 드러내고 있다.

서답형 04 세부 내용 파악하기

빈칸에 들어갈 말로 적절한 것을 윗글에서 찾아 쓰시오.

> 윗글의 '(   )'은/는 채봉의 정서를 드러내는 작품으로, 이 감사가 채봉의 사연을 알게 되는 매개체이다.

문제풀이

복습하기

문법

말하는 이가 어떤 대상을 높이거나 낮추는 정도를 구별하여 표현하는 방법

¹[ ][ ] 표현

²[ ][ ][ ][ ]
- 서술의 주체를 높이는 방법
- 선어말 어미 '-(으)시'를 사용하며 주격 조사 '이/가' 대신에 ³[ ][ ]'를 쓰기도 함.
- '계시다', '주무시다'와 같이 특수 어휘를 사용하여 나타냄.
- 상대를 직접 높이는 ⁴[ ][ ][ ]과 높임의 대상인 주체의 신체 일부, 소유물, 가족 등을 높이는 ⁵[ ][ ][ ]으로 나눌 수 있음.

⁶[ ][ ][ ][ ]
- 말하는 이가 듣는 이를 높이거나 낮추어 말하는 방법
- 주로 종결 표현을 통해 실현되는데 크게 공식적인 상황에서 주로 사용하는 ⁷[ ][ ][ ]와 사적인 자리에서 사용되는 ⁸[ ][ ][ ][ ]로 나눌 수 있음.

⁹[ ][ ][ ]
- 목적어나 부사어가 지시하는 대상, 즉 서술의 객체를 높이는 방법
- '모시다', '여쭈다'와 같은 특수 어휘를 통해 실현됨.
- 부사격 조사 '에게' 대신 '께'를 사용하기도 함.

독서

1문단	¹⁰[ ][ ][ ][ ]과 현대미술의 등장	**3문단**	현대미술과 현대미술이 아닌 것을 구분하는 기준 – ¹¹[ ][ ]
2문단	이전과 다른 현대미술의 특징	**4문단**	현대미술의 의의

문학 – 청포도(이육사)

1연	¹²[ ][ ][ ]가 익어가는 고향에 대한 회상	**4연**	¹³[ ][ ]을 기다리는 마음
2연	¹²[ ][ ][ ]처럼 열매를 맺는 고향의 모습	**5연**	¹³[ ][ ]을 맞이할 기쁨
3연	희망적인 미래의 모습	**6연**	¹³[ ][ ]을 기다리며 준비하는 자세

문학 – 채봉감별곡(작자 미상)

¹⁴[ ][ ](송이)	장필성과의 약속을 지키기 위해 스스로 기생이 됨.	⇒ • 적극적이고 주체적인 의지에 따라 행동함. • 근대적인 여인상을 새롭게 제시함.
¹⁵[ ][ ][ ]	벼슬에 눈이 멀어 딸을 허판서의 첩으로 보내려 함.	• 가부장적 권위와 봉건적 가치관을 보여 줌. • 물질주의적 가치관을 드러냄.

'¹⁶[ ][ ][ ][ ][ ]'의 삽입
- 갈등을 낭만적으로 해결
- 채봉의 정서를 극대화하여 전달

정답	1 높임 2 주체 높임 3 께서 4 직접 높임 5 간접 높임 6 상대 높임 7 격식체 8 비격식체 9 객체 높임
	10 근대미술 11 주제 12 청포도 13 손님 14 채봉 15 김 진사 16 추풍감별곡

06

Contents

06강

한글 맞춤법

* 한글 맞춤법 제1장 제1항

한글 맞춤법은 표준어를 소리대로 발음에 따라 적음 → 표음주의 적되, 어법에 맞도록 함을 원칙으 형태소의 본모양을 밝혀 적음 → 표의주의 로 한다.

* 표의주의
뜻을 파악하기 쉽도록 각 형태소의 본모양을 밝혀 적음.
- 예 • 꽃이[꼬치], 꽃을[꼬츨], 꽃에[꼬체]
  - 꽃만[꼰만], 꽃놀이[꼰노리]
  - 꽃과[꼳꽈], 꽃다발[꼳따발], 꽃밭[꼳빧]

↓

꽃[꼳]

→ '꽃'이 쓰이는 환경에 따라 소리 가 달라지더라도 본모양에 따라 '꽃'으로 표기함.

※ 다음 글을 읽고 물음에 답하시오.

[A] 현대 국어의 표기는 '표준어를 소리대로 적되, 어법에 맞도록 함을 원칙으로 한다.'라는 한글 맞춤법 규정을 따른다. 표준어를 소리대로 적는다는 것은 표준어를 발음 나는 대로 적는 표음주의를, 어법에 맞도록 한다는 것은 각 형태소의 본 모양을 밝혀 적는 표의주의를 채택한 것이 다. 그런데 일반적인 활용 규칙에서 어긋나는 경우, 합성어나 파생어를 구성함에 있어서 구성 요소가 본뜻에서 멀어진 경우 등에는 표음주의가 채택된다.

이러한 표기 원칙이 제정되기 전 국어의 표기 방식은 이어적기, 끊어적기, 거듭적기 등의 다양 한 방식으로 나타났다. 자음으로 끝나는 체언이 모음으로 시작되는 조사를 만나거나 자음으로 끝 나는 용언의 어간이나 어근이 모음으로 시작되는 어미나 접사를 만날 때, 이어적기는 앞 형태소의 끝소리를 뒤 형태소의 첫소리로 옮겨 적는 방식이고, 끊어적기는 실제 발음과는 달리 형태소의 본 모양을 밝혀서 끊어 적는 방식이다. 그리고 거듭적기는 앞 형태소의 끝소리를 뒤 형태소의 첫소리 에도 다시 적는 표기 방식으로, '말씀+이'를 '말씀미'와 같은 방식으로 적는 것이다. 한편 'ㅋ, ㅌ, ㅍ'을 'ㄱ, ㄷ, ㅂ'과 'ㅎ'으로 나누어 표기하는 방식인 재음소화 표기가 나타나기도 했는데, '깊이' 를 '깁히'와 같이 적는 경우를 예로 들 수 있다.

▶ 한글맞춤법 제정 이전의 표기 방식

이어적기(연철)	앞 형태소의 끝소리를 뒤 형태소의 첫소리로 옮겨 적는 방식 예 사람+이 → 사라미
끊어적기(분철)	• 실제 발음과는 달리 형태소의 본 모양을 밝혀서 끊어 적는 방식 • 현대 국어의 기본적인 표기는 끊어적기에 해당함. 예 사람+이 → 사람이
거듭적기(중철)	• 앞 형태소의 끝소리를 뒤 형태소의 첫소리에도 다시 적는 표기 방식 • 이어적기에서 끊어적기로 넘어가는 과도기에 사용되었다가 한글 맞춤 법이 제정되면서 사라짐. 예 사람+이 → 사람미

중요 01 한글 맞춤법 이해하기

보기는 '한글 맞춤법'의 일부를 정리한 학습지이다. [A]를 바탕으로 **보기**의 ㉠~㉤을 이해한 내용으로 적절하지 **않은** 것은?

보기

> **제15항** 용언의 어간과 어미는 구별하여 적는다. 예 ㉠ 먹고, ㉡ 좋아
>
> [붙임] 두 개의 용언이 어울려 한 개의 용언이 될 적에, 앞말의 본뜻이 유지되고 있는 것은 그 원형을 밝히어 적고, 그 본뜻에서 멀어진 것은 밝히어 적지 아니한다.
>
> (1) 앞말의 본뜻이 유지되고 있는 것 예 돌아가다
>
> (2) 본뜻에서 멀어진 것 예 ㉢ 사라지다, 쓰러지다
>
> **제18항** 다음과 같은 용언들은 어미가 바뀔 경우, 그 어간이나 어미가 원칙에 벗어나면 벗어나는 대로 적는다.
>
> 1. 어간의 끝 'ㅂ'이 'ㅜ'로 바뀔 적 예 ㉣ 쉽다, 맵다
>
> 2. 어간의 끝음절 '르'의 'ㅡ'가 줄고, 그 뒤에 오는 어미 '-아/-어'가 '-라/-러'로 바뀔 적
>
> 예 ㉤ 가르다, 부르다

① ㉠은 단어의 기본형인 '먹다'와 마찬가지로 표의주의 방식을 채택하고 있군.

② ㉡은 어간과 어미를 구별하여 형태소의 본 모양을 밝혀 적는 방식으로 표기하고 있군.

③ ㉢은 합성어를 구성함에 있어서 앞말이 본뜻에서 멀어져 발음 나는 대로 적는 방식을 채택하고 있군.

④ ㉣은 활용할 때, '쉽고'와 같은 표의주의 표기와 '쉬우니'와 같은 표음주의 표기를 모두 확인할 수 있군.

⑤ ㉤은 활용할 때, '갈라'와 같이 일반적인 활용 규칙에서 어긋난 경우에는 표의주의 방식으로 표기하고 있군.

중요 02 중세국어의 표기 원칙 이해하기

윗글을 바탕으로 **보기**의 ⓐ~ⓖ를 탐구한 내용으로 적절하지 **않은** 것은?

보기

> • 머리셔 ᄇᆞ라매 ⓐ 노피 하ᄂᆞᆯ해 다핫고 갓가이셔 보니 아ᅀᆞ라히 하ᄂᆞᆯ햇 ⓑ 므레 ᄌᆞᆷ곗ᄂᆞ니
> (멀리서 바람에 높이 하늘에 닿았고 가까이서 보니 아스라이 하늘의 물에 잠겼나니) - 〈번역박통사〉
>
> • 고경명은 광쥐 ⓒ 사ᄅᆞᆷ이니 임진왜난의 의병을 슈챵ᄒᆞ야 금산 ⓓ 도적글 티다가 패ᄒᆞ여
> (고경명은 광주 사람이니 임진왜란에 의병을 이끌어 금산 도적을 치다가 패하여) - 〈동국신속삼강행실도〉
>
> • ⓔ 븕은 긔운이 하ᄂᆞᆯ을 쒸노더니 이랑이 소ᄅᆡ를 ⓕ 놉히 ᄒᆞ야 나를 불러 져긔 믈 밋츨 보라 웨거놀 급히 눈을 ⓖ 드러보니
> (붉은 기운이 하늘을 뛰놀더니 이랑이 소리를 높이 하여 나를 불러 저기 물 밑을 보라 외치거늘 급히 눈을 들어 보니) - 〈의유당관북유람일기〉

① ⓐ는 이어적기를 하고 있는 반면 ⓕ는 거듭적기를 하고 있군.

② ⓑ는 앞 형태소의 끝소리를 뒤 형태소의 첫소리로 옮겨 적고 있군.

③ ⓒ는 체언과 조사가 결합할 때 형태소의 본 모양을 밝혀서 끊어 적고 있군.

④ ⓓ는 앞 형태소의 끝소리를 뒤 형태소의 첫소리에도 다시 적고 있군.

⑤ ⓔ와 ⓖ는 용언의 어간이 모음으로 시작하는 어미를 만날 때 표기하는 방식이 서로 다르군.

서답형 03 한글 맞춤법 이해하기

빈칸에 들어갈 말로 적절한 것을 골라 차례대로 쓰시오.

> '얼음'은 (표음주의 / 표의주의) 방식을, '무덤'은 (표음주의 / 표의주의) 방식을 채택하였다.

문제풀이

06강 하늘에 관한 순자의 인식

✔ 한방에! 개념정리

✔ 한방에! 핵심정리

주제	하늘에 대한 인간 중심적 사고를 강조한 순자의 관점
해제	이 글은 인간을 중심으로 우주의 본질을 이해하려는 순자의 사유에 대해 다루고 있다. 하늘을 두려워하고 숭상하던 고대 중국인들과 달리 순자는 하늘을 자연현상의 일부분으로 보았으며 인간이 하늘에 구속되어서는 안 된다고 주장하였다. 또한 자연현상에 대해 하늘의 뜻이 무엇인지 알려고 노력할 필요가 없다는 개념의 '불구지천'은 하늘에 대한 종교적 사유의 접근을 비판한다.

문단 중심 내용

1문단	하늘에 대한 고대 중국인들의 인식
2문단	하늘에 대한 순자의 인식
3문단	순자가 주장한 불구지천의 개념
4문단	불구지천의 의의

✔ 한방에! 어휘풀이

★ **치세(治世):** 잘 다스려져 태평한 세상.
★ **난세(亂世):** 전쟁이나 사회의 무질서 따위로 어지러운 세상.

※ 다음 글을 읽고 물음에 답하시오.

㉠ 고대 중국인들은 인간이 행하지 못하는 불가능한 일은 그들이 신성하다고 생각한 하늘에 의해서 해결 가능하다고 보았다. 그리하여 하늘은 인간에게 자신의 의지를 심어 두려움을 갖고 복종하게 하는 존재뿐만이 아니라 인간의 모든 일을 책임지고 맡아서 처리하는 존재로까지 인식되었다. 그 당시에 하늘은 인간에게 행운과 불운을 가져다 줄 수 있는 힘이고, 인간의 개별적 또는 공통적 운명을 지배하는 신비하고 절대적인 존재라는 믿음이 형성되었다. 이러한 하늘에 대한 인식은 결과적으로 하늘을 권선징악의 주재자로 보고, 모든 새로운 왕조의 탄생과 정치적 변천까지도 그것에 의해 결정된다는 믿음의 근거로 작용하였다. 하지만 그러한 하늘에 대한 인식은 인간 지혜의 성숙과 문명의 발달로 인한 새로운 시대의 요구에 의해서 대폭 수정될 수밖에 없었다.

순자의 하늘에 대한 주장은 그 당시까지 진행된 하늘의 논의와 엄격히 구분될 뿐만 아니라 그것을 매우 새롭게 변모시킨 하나의 획기적인 사건으로 규정지을 수 있다. 순자는 하늘을 단지 자연현상으로 보았다. 그가 생각한 하늘은 별, 해와 달, 사계절, 추위와 더위, 바람 등의 모든 자연현상을 가리킨다. 따라서 하늘은 사람을 가난하게 만들 수도 없고, 병들게 할 수도 없고, 재앙을 내릴 수도 없고, 부자로 만들 수도 없으며, 길흉화복을 줄 수도 없다. 사람들이 치세*와 난세*를 하늘과 연결시키는 것은 심리적으로 하늘에 기대는 일일 뿐이다. 치세든 난세든 그 원인은 사람에게 있는 것이지 하늘과는 무관하다. 사람이 받게 되는 재앙과 복의 원인도 모두 자신에게 있을 뿐 불변의 질서를 갖고 있는 하늘에 있지 않다.

하늘은 그 자체의 운행 법칙을 따로 갖고 있어 인간의 길과 다르다. 천체의 운행은 불변의 정규 궤도에 따른다. 해와 달과 별이 움직이고 비가 내리고 바람이 부는 것은 모두 제 나름의 길이 있다. 사계절은 말없이 주기에 따라 움직일 뿐이다. 물론 일식과 월식이 일어나고 비바람이 아무 때나 일고 괴이한 별이 언뜻 출현하는 경우는 있을 수 있다. 하지만 이런 일이 항상 벌어지는 것은 아니며 하늘이 이상 현상을 드러내 무슨 길흉을 예시하는 것은 더더욱 아니다. 즉, 하늘은 아무 이야기도 하지 않는데 사람들은 하늘과 관련된 이야기를 만들어 낸다는 것이다. 그래서 순자는 천재지변이 일어난다고 해서 하늘의 뜻이 무엇인지 알려고 노력할 필요가 없다고 말한다. 그것이 바로 순자가 말하는 '불구지천(不求知天)'의 본뜻이다.

순자가 말한 '불구지천'은 자연현상으로서의 하늘이 아니라 하늘에 무슨 의지가 있다고 주장하고 그것을 알아내겠다고 덤비는 종교적 사유의 접근을 비판하려는 것이다. 그러니까 억지로 하늘의 의지를 알려고 힘을 쏟을 필요가 없다. 사람들은 자연현상에 대해 특별한 의미를 부여하지 말고 오직 인간사회에서 스스로가 해야 할 일을 열심히 해야 한다. 즉, 재앙이 닥치면 공포에 떨며 기도나 하는 것이 아니라 적극적인 행위로 그것을 이겨내야 한다는 것이다.

01 서술상의 특징 파악하기

윗글의 내용 전개 방식에 대한 설명으로 적절한 것은?

① 묻고 답하는 형식을 활용하여 내용을 전개하고 있다.
② 비유를 통해 자신이 말하고자 하는 바를 드러내고 있다.
③ 권위 있는 사람의 의견을 반박하며 새로운 주장을 제시하고 있다.
④ 질문을 통해 호기심을 유발함으로써 앞으로 이어질 내용을 예고하고 있다.
⑤ 상반된 입장을 함께 제시함으로써 글의 내용에 대한 독자의 이해를 돕고 있다.

02 세부 내용 파악하기

하늘에 대한 ㉠의 인식으로 적절하지 않은 것은?

① 하늘은 인간의 길흉화복을 결정짓는 주체이다.
② 하늘은 선과 악, 옳고 그름 등을 판단하여 처리한다.
③ 하늘은 인간이 두려움을 갖고 복종해야 하는 존재이다.
④ 하늘은 인간의 힘으로 거스를 수 없는 신비한 존재이다.
⑤ 하늘이 결정한 모든 일은 인간이 책임지고 맡아 처리해야 한다.

중요 ▶ 03 본문을 바탕으로 외적 준거 비판하기

보기와 관련하여 '순자'가 제시할 수 있는 비판적 의견으로 적절하지 않은 것은?

> 보기
>
> 주나라 때 최고의 신은 '천(天)'이었다. 주나라 사람들은 '천'을 우주 삼라만상을 창조한 조물주, 천지 자연의 법칙을 운행하고 인간사를 제어하는 규제자, 덕이 있는 사람에게 천명을 내리는 절대자 등으로 인식하고 숭배했다. 이에 따라 군주는 천명을 받아 하늘의 뜻을 대행하는 존재로 여겨졌다. 주나라 사람들은 인간사와 자연의 변화가 상호 연결되어 있다는 사고방식에 기초해 천에 순응하고 인심도 따라야 비로소 천명을 유지할 수 있다고 생각했다.

① 인간의 운명이 '천'에 의해 제어된다고 생각해서는 안 된다.
② '천'을 우주 삼라만상을 창조하는 신비로운 대상으로 여겨서는 안 된다.
③ 인간사와 자연의 변화가 상호 연결되어 있다는 생각에서 벗어나야 한다.
④ 하늘의 의지를 알기 위해선 군주를 따르는 것이 아니라 하늘의 운행 법칙을 파악해야 한다.
⑤ '천'을 숭배의 대상으로만 보지 말고, 인간의 적극적인 노력과 능력으로 천재지변을 극복해야 한다.

서답형 04 구체적 사례에 적용하기

보기 1을 참고하여 보기 2의 빈칸에 들어갈 말로 적절한 것을 골라 쓰시오.

> 보기 1
>
> 옛날에는 일식을 하늘이 군주에게 내리는 벌의 하나로 보는 경향이 강했다. 조선 시대에는 일식이 예보되면 왕이 신하들에게 무엇이 잘못되었는지 조언을 구하곤 했다. 백성들에게도 이 같은 사실을 알려 마을에서 풍악을 금했으며 반찬의 가짓수를 줄이는 등 나라 전체가 조심스럽게 처신했다.

> 보기 2
>
> 순자는 하늘을 인간의 운명을 지배하는 절대적인 존재로 인식하는 〈보기 1〉의 왕과 달리 (인간 / 자연) 중심적 사고를 하며 하늘의 뜻을 알려고 노력할 필요가 없음을 강조하였다.

문제풀이

| 정답 및 해설 | 41쪽

갈래	한시(오언 율시)
성격	비유적, 체념적, 애상적
주제	자신을 알아주지 않는 시대에 대한 개탄
특징	① 선경후정의 방식으로 시상을 전개함. ② 자연물을 통해 자신의 처지와 심정을 비유적으로 드러냄.
해제	이 작품은 신라 말기의 학자 최치원이 당나라 유학 시절에 쓴 한시이다. 최치원은 6두품 출신으로 훌륭한 인품과 능력을 가지고 있음에도 불구하고 신분적 한계로 인해 능력을 인정받지 못했다. 최치원은 척박한 땅에 핀 촉규화에 자신의 처지를 비유하며 골품제의 모순에 대해 개탄하고 있다.

※ 다음 글을 읽고 물음에 답하시오.

거친 밭 언덕 쓸쓸한 곳에
탐스러운 꽃송이 가지 눌렀네.
장맛비 그쳐 향기 날리고
보리 바람에 그림자 흔들리네.
수레와 말 탄 사람 누가 보아 주리
벌 나비만 부질없이 찾아드네.
천한 땅에 태어난 것 스스로 부끄러워
사람들에게 버림받아도 참고 견디네.

寂寞荒田側   (적막황전측)
繁花壓柔枝   (번화압유지)
香輕梅벌歇   (향경매우헐)
影帶麥風欹   (영대맥풍의)
車馬誰見賞   (거마수견상)
蜂蝶徒相窺   (봉접도상규)
自慚生地賤   (자참생지천)
堪恨人棄遺   (감한인기유)

- 최치원, 〈촉규화〉 -

신라의 골품제

골품은 뼈[골(骨)]의 등급[품(品)], 곧 타고나는 신분을 뜻한다. 골품제[骨品制]는 신라 지배층, 곧 귀족을 등급으로 구분하는 신분 제도이다. 성골, 진골, 6두품, 5두품, 4두품의 다섯 등급이 있었다. 그 아래로 3·2·1 두품이 있었을 것으로 추정되지만, 이들 등급은 점차 일반 백성과 구분이 없어지면서 소멸된 것으로 보인다. 또 성골의 경우 진덕 여왕을 마지막으로 사라졌다. 따라서 통일 신라 시대에는 4개 등급만 존재하였다. 한편 골품제의 다섯 등급은 등급의 명칭으로 보아, 크게 성골·진골과 같이 '골' 자가 붙는 골제와 6두품처럼 '두품' 자가 붙는 두품제로 나뉜다. 골제는 왕족을, 두품제는 일반 귀족을 대상으로 하였다.

골품제는 모든 신라인을 대상으로 한 신분제는 아니었다. 왕경에 거주하는 귀족만을 대상으로 하였으며, 지방에 거주하는 사람들은 골품이 없었다. 지방의 유력자들은 5두품이나 4두품에 준하는 대우를 받았다. 즉, 신라에서는 서울 사람과 지방 사람 사이에 신분적인 차이를 두었다.

골품제는 신라 사회를 운영하는 데 중요한 기본 원리가 되었다. 관등제나 관직 임용은 골품제의 원리에 따라 이루어졌다. 골품에 따라서 취득할 수 있는 관등의 상한선이 정해졌고, 그 결과 임명될 수 있는 관직도 제한되었다. 따라서 6두품은 아무리 능력이 뛰어나도 장관직에 임명될 수 없었다. 결국 진골이 정치 권력을 독점할 수밖에 없는 구조였다.

한 개인의 골품은 대체로 혈통에 따라서 태어날 때부터 결정되었으며, 신라는 철저하게 계급에 따라 혼인이 이루어졌다. 물론 골품이 영원불변한 것은 아니었다. 골품이 떨어지는 배우자와 혼인하면 그 자식의 골품이 강등되는 경우도 있었고, 죄를 지으면 골품이 떨어지기도 하였다. 또 드물기는 하지만 골품이 상승되는 경우도 있었다. 하지만 기본적으로 골품제는 혈연에 기반을 둔 폐쇄적인 신분제였다.

01 표현상의 특징 파악하기

윗글에 대한 설명으로 적절하지 않은 것은?

① 화자의 정서가 직접적으로 제시되어 있다.
② 선경후정의 방식으로 시상이 전개되고 있다.
③ 자연물에 감정을 이입하여 정서를 드러내고 있다.
④ 설의법을 활용하여 화자의 의도를 표현하고 있다.
⑤ 문장의 어순을 의도적으로 바꿈으로써 주제를 강화하고 있다.

02 표현상의 특징 파악하기

윗글의 화자의 정서와 동일한 것은?

① 두류산 양단수를 옛날에 듣고 이제 와 보니
　도화 뜬 맑은 물에 산영조차 잠겨 있구나
　아이야 무릉도원이 어디오 나는 여기인가 하노라
　　　　　　　　　　　　　　　　　　　　　　　　　　 - 조식, 〈두류산 양단수를〉
② 산에서 우는 작은 새여 / 꽃이 좋아 / 산에서 / 사노라네
　산에는 꽃 지네 / 꽃이 지네 / 갈 봄 여름 없이 / 꽃이 지네
　　　　　　　　　　　　　　　　　　　　　　　　　　 - 김소월, 〈산유화〉
③ 유원순의 문장, 이인로의 시, 이공로의 사륙변려문
　(중략) 금의가 배출한 옥처럼 빼어난 문하생들
　아, 나까지 몇 분입니까
　　　　　　　　　　　　　　　　　　　　　　　　　　 - 한림제유, 〈한림별곡〉
④ 수양산 바라보며 이제를 한하노라
　주려 주글진들 채미를 먹겠는가
　비록 푸새엣 것인들 그것이 누구 땅에서 났는가
　　　　　　　　　　　　　　　　　　　　　　　　　　 - 성삼문, 〈수양산 바라보며〉
⑤ 오동잎에 바람 이니 장사의 마음 괴로운데 / 희미한 등불에 풀벌레 소리 차가워라
　그 누군가 나의 글을 읽어 / 책에 좀이 슬어 가루가 되지 않도록 해줄 것인가　　- 이하, 〈추래〉

중요 ## 03 외적 준거를 참고하여 작품 이해하기

보기를 참고하여 윗글을 이해한 것으로 적절하지 않은 것은?

보기

　최치원은 6두품 출신으로, 12세에 당나라로 유학을 떠나 5년 만에 빈공과에 장원으로 급제하였다. 최치원이 23세가 되던 해 당나라에서는 황소의 난이 일어났다. 최치원은 〈격황소서〉를 지어 황소를 꾸짖었고, 이 일을 계기로 당나라에서 문장가로 이름을 떨치게 되었다. 그러나 이방인으로서의 외로움을 느낀 최치원은 29세에 신라로 돌아오게 된다. 이 무렵 신라 사회는 전국 각지에서 도적 떼와 농민 반란이 일어나 혼란스러운 상태였다. 최치원은 '시무 10조'를 건의하며 개혁 의지를 내보였으나 신분의 한계로 인해 인정받지 못하였고, 골품제의 모순에 회의감을 느낀 최치원은 40여 세의 나이에 관직을 버리고 은거하였다.

① '거친 밭'은 당나라로 유학을 간 최치원이 느끼는 고독한 현실을 상징한다.
② '탐스러운 꽃송이'는 최치원이 자기 자신을 비유한 것으로, 최치원이 지닌 뛰어난 학문적 능력을 표현한 것이다.
③ '수레와 말 탄 사람'은 지위가 높은 관직에 있는 사람이지만 최치원의 능력을 알아주지 않는 사람들이다.
④ '벌 나비'는 위기에 처한 나라를 구하고자 하는 최치원의 노력을 가로막는 대상들로 최치원은 이들을 원망하고 있다.
⑤ '천한 땅'은 최치원의 고국으로, 신분의 한계로 인해 목표를 달성하지 못한 화자의 비통한 심정이 드러난다.

서답형 ## 04 시어의 의미 파악하기

윗글의 '탐스러운 꽃송이'와 의미하는 바가 같은 시어를 찾아 쓰시오.

문제풀이

06강

직립 보행 _법정

| 정답 및 해설 | 42쪽

※ 다음 글을 읽고 물음에 답하시오.

　　오늘은 볼일이 좀 있어 세상 바람을 쐬고 돌아왔다. 산에서 가장 가까운 도시래야 백사십 리 밖에 있는 광주시. 늘 그렇듯이 세상은 시끄러움과 먼지를 일으키며 바쁘게 돌아가고 있었다. 우체국에서 볼일을 마치고, 나온 걸음에 시장에 들러 찬거리*를 좀 사고, 눈 속에서 신을 털신도 한 켤레 골랐다. 그리고 화장품 가게가 눈에 띄길래 손 튼 데 바르는 약도 하나 샀다. 돌아오는 길에는 차 시간이 맞지 않아 다른 데로 가는 차를 타고 도중에 내려 삼십 리 길을 걸어서 왔다.

　　논밭이 텅 빈 초겨울의 들길을 휘적휘적 걸으니, 차 속에서 찌뿌드드하던 머리도 말끔히 개어 상쾌하게 부풀어 올랐다. 걷는 것은 얼마나 자유스럽고 주체적인 동작인가. 밝은 햇살을 온몸에 받으며 상쾌한 공기를 마음껏 마시고 스적스적* 활개를 치면서 걷는다는 것은 참으로 유쾌한 일이다. 걷는 것은 어디에도 의존하지 않고 내가 내 힘으로 이동하는 일이다.

[A] 　　흥이 나면 휘파람도 불 수 있고, 산수가 아름다운 곳에 이르면 걸음을 멈추고 눈을 닦을 수도 있다. 길벗이 없더라도 무방하리라. 치수가 맞지 않는 길벗은 오히려 부담이 되니까, 좀 허전하더라도 그것은 나그네의 체중 같은 것. 혼자서 걷는 길이 생각에 몰입할 수 있어 좋다. 살아온 자취를 되돌아보고 앞으로 넘어야 할 삶의 고개를 헤아린다.

　　인간이 사유하게 된 것은, 모르긴 하지만 걷는 일로부터 시작됐을 것이다. 한곳에 멈추어 생각하면 맴돌거나 망상에 사로잡히기 쉽지만, 걸으면서 궁리를 하면 막힘없이 술술 풀려 깊이와 무게를 더할 수 있다. 칸트나 베토벤의 경우를 들출 것도 없이, 위대한 철인이나 예술가들이 즐겨 산책길에 나선 것도 따지고 보면 걷는 데서 창의력을 일깨울 수 있었기 때문일 것이다.

　　그런데 언제부턴가 우리들은 잃어 가고 있다. 이렇듯 당당한 직립 보행을. 인간만이 누릴 수 있다는 그 의젓한 자세를. 더 말할 나위도 없이 자동차라는 교통수단이 생기면서 우리들은 걸음을 조금씩 빼앗기고 말았다. 그리고 생각의 자유도 서서히 박탈당하기 시작했다. 붐비는 차 안에서는 긴장을 풀 수 없기 때문에 생각을 제대로 펴 나갈 수가 없다. 이름도 성도 알 수 없는 몸뚱이들에게 떠밀려 둥둥 떠 있어야 한다.

　　그리고 운전기사와 안내양*이 공모하여 노상 틀어 대는 소음 장치 때문에 우리는 머리를 비워 주어야 한다. 차가 내뿜는 매연의 독소는 말해 봐야 잔소리이니 덮어 두기로 하지만, 편리한 교통수단이라는 게 이런 것인가. 편리한 만큼 우리는 귀중한 무엇인가를 잃어 가고 있다.

　　삼십 리 길을 걸어오면서, 이 넓은 천지에 내 몸 하나 기댈 곳을 찾아 이렇게 걷고 있구나 싶으니 새나 짐승, 곤충들까지도 그 귀소의 길을 방해해서는 안 되겠다는 생각이 들었다. 그들도 저마다 기댈 곳을 찾아 부지런히 길을 가고 있을 테니까.

　　나는 오늘 차가 없이 걸어온 것을 고맙고 다행하게 생각한다. 내가 내 길을 내 발로 디디면서 모처럼 직립 보행을 할 수 있었다.

　　언젠가 읽었던 한 시인의 글이 생각난다.

　　'현대인은 자동차를 보자 첫눈에 반해 그것과 결혼하였다. 그래서 영영 목가적*인 세계로 돌아오지 못하게 되었다.'

- 법정, 〈직립 보행〉 -

나는 지난해 여름까지 이름 있는 난초 두 분을 정성스레 정말 정성을 다해 길렀다. 3년 전 거처를 지금의 다래헌으로 옮겨 왔을 때 어떤 스님이 우리 방으로 보내 준 것이다. 혼자 사는 거처란 살아 있는 생물이라고는 나하고 그 애들뿐이었다. 그 애들을 위해 관계 서적을 구해다 읽었고, 그 애들의 건강을 위해 하이포넥슨가 하는 비료를 바다 건너가는 친지들에게 부탁하여 구해 오기도 했었다. 여름철이면 서늘한 그늘을 찾아 자리를 옮겨 주어야 했고, 겨울에는 필요 이상으로 실내 온도를 높이곤 했었다.

이런 정성을 일찍이 부모에게 바쳤더라면 아마 효자 소리를 듣고도 남았을 것이다. 이렇듯 애지중지 가꾼 보람으로 이른 봄이면 은은한 향기와 함께 연둣빛 꽃을 피워 나를 설레게 했고, 잎은 초승달처럼 항시 청청했었다. 우리 다래헌을 찾아 온 사람마다 싱싱한 난을 보고 한결같이 좋아라 했다.

지난해 여름 장마가 개인 어느 날 봉선사로 윤허 노사를 뵈러 간 일이 있었다. 한낮이 되자 장마에 갇혔던 햇볕이 눈부시게 쏟아져 내리고 앞 개울 물소리에 어울려 숲속에서는 매미들이 있는 대로 목청을 돋우었다.

아차! 이 때에야 문득 생각이 난 것이다. 난초를 뜰에 내놓은 채 온 것이다. 모처럼 보인 찬란한 햇볕이 돌연 원망스러워졌다. 뜨거운 햇볕에 늘어져 있을 난초잎이 눈에 아른거려 더 지체할 수 없었다. 허둥지둥 그 길로 돌아왔다. 아니나다를까. 잎이 축 늘어져 있었다. 안타까워하며 샘물을 길어다 축여주고 했더니 겨우 고개를 들었다. 하지만 어딘지 생생한 기운이 빠져버린 것 같았다.

나는 이 때 온몸으로, 그리고 마음 속으로 간절히 느끼게 되었다. 집착이 괴로움인 것을. 그렇다, 나는 난초에게 너무 집착해 버린 것이다. 이 집착에서 벗어나야겠다고 결심했다. 난을 가꾸면서 산철-승가의 유행기-에도 나그네길을 떠나지 못한 채 꼼짝 못하고 말았다. 밖에 볼일이 있어 잠시 방을 비울 때면 환기가 되도록 들창문을 조금 열어 놓아야 했고 분을 내놓은 채 나가다가 뒤미처 생각하고는 되돌아와 들여 놓고 나간 적도 한두 번이 아니었다. 그것은 정말 지독한 집착이었다.

며칠 후, 난초처럼 말이 없는 친구가 놀러 왔기에 선뜻 그의 품에 분을 안겨 주었다. 비로소 나는 얽매임에서 벗어난 것이다. 날을 듯 홀가분한 해방감. 삼 년 가까이 함께 지낸 유정을 떠나보냈는데도 서운하고 허전함보다는 홀가분한 마음이 앞섰다. 이 때부터 나는 하루 한 가지씩 버려야겠다고 스스로 다짐을 했다. 난을 통해 무소유의 의미 같은 걸 터득하게 됐다고나 할까.

[후략]

- 법정, <무소유>

＊구성

처음	삼십 리의 길을 걷게 된 계기
중간	걷기의 의미와 가치 및 교통수단의 발달에 대한 글쓴이의 생각
끝	직립 보행의 경험을 감사히 여김.

★ **찬거리(饌거리):** 반찬을 만드는 데에 쓰는 여러 가지 재료.

★ **스적스적:** 물건이 서로 맞닿아 자꾸 비벼지는 소리. 또는 그 모양.

★ **안내양(案內孃):** 예전에, 버스의 여차장을 이르던 말.

★ **목가적(牧歌的):** 농촌처럼 소박하고 평화로우며 서정적인 것.

01 서술상의 특징 파악하기

윗글에 대한 설명으로 가장 적절한 것은?

① 글쓴이가 현실에 있을 법한 사건을 상상하여 서술하고 있다.

② 글쓴이가 작품 밖에서 인물의 행동에 대해 평가를 내리고 있다.

③ 글쓴이가 느낀 감정을 압축하여 운율감이 느껴지도록 구성하고 있다.

④ 글쓴이가 자신이 체험한 일을 바탕으로 얻은 깨달음을 표현하고 있다.

⑤ 글쓴이가 전달하고자 하는 교훈을 인격화한 동식물을 통해 나타내고 있다.

02 세부 내용 파악하기

윗글의 내용으로 적절하지 않은 것은?

① 글쓴이는 걷기를 주체적이고 자립적인 동작으로 여기고 있다.

② 글쓴이는 걸음과 생각의 자유를 잃어 가는 현대 사회에 대해 한탄하고 있다.

③ 글쓴이는 자동차로 대표되는 교통수단에 대해 비판적인 인식을 드러내고 있다

④ 글쓴이는 시인의 말을 인용하여 전하고자 하는 바를 함축적으로 제시하고 있다.

⑤ 글쓴이는 가치관이 다른 벗과 걷는 것이 혼자 걷는 것보다 의미있음을 강조하고 있다.

중요 03 작품 간의 공통점, 차이점 파악하기

윗글과 보기 를 비교한 내용으로 적절한 것은?

보기

> 건강한 삶은 우리 모두의 꿈이다. 모든 것을 다 가져도 건강을 잃으면 아무 소용이 없다. 건강하게 장수하기 위해서는 올바른 식생활과 규칙적인 운동이 필요하다. 만약 누군가 수많은 운동 중 몸에 좋은 운동을 한 가지만 추천해 달라고 한다면 나는 주저 없이 '걷기'라고 말하고 싶다. 걷기 운동은 건강에 미치는 효과가 매우 뛰어나며 남녀노소 누구나 언제 어디서든 간편하게 할 수 있는 운동이기 때문이다.
>
> (중략)
>
> 모든 운동이 그렇듯이 걷기 운동도 자세가 중요하다. 걸을 때에는 상체를 바로 세우고 팔과 다리는 자연스럽게 앞뒤로 움직인다는 기분으로 걷는다. 이때 유의할 점은 걸을 때 지면에 닿는 발동작이다. 발뒤꿈치가 먼저 닿고 그다음 발바닥 전체가 닿은 뒤, 마지막으로 발의 앞 끝이 들리는 순서로 걸어야 한다.
>
> – 남상남, 〈걷기 운동의 효과와 방법〉

① 〈보기〉는 윗글과 달리 걷기에 대해 객관적으로 해설하고 있다.

② 윗글은 〈보기〉와 달리 구체적인 수치를 들어 주장을 뒷받침하고 있다.

③ 윗글은 걷기의 효과를, 〈보기〉는 걷기의 가치를 서술하고 있다.

④ 윗글과 〈보기〉 모두 올바른 걷기의 방법에 대해 소개하고 있다.

⑤ 윗글과 〈보기〉 모두 화제와 관련된 글쓴이의 깨달음을 전달하고 있다.

서답형 04 세부 내용 이해하기

윗글의 [A]에서 '혼자 걷는 사람'을 비유한 말을 찾아 3음절로 쓰시오.

문제풀이

복습하기

문법

한글 맞춤법	"[1]⬚⬚⬚를 소리대로 적되, [2]⬚⬚에 맞도록 함을 원칙으로 한다."
	"[1]⬚⬚⬚를 소리대로 적되," → 발음 나는 대로 적음. → [3]⬚⬚⬚⬚ "[2]⬚⬚에 맞도록 함" → 각 형태소의 본 모양을 밝혀 적음. → [4]⬚⬚⬚⬚
한글 맞춤법 제정 이전의 표기 방식	[5]⬚⬚⬚⬚ 앞 형태소의 끝자리를 뒤 형태소의 첫소리로 옮겨 적는 방식
	[6]⬚⬚⬚⬚ 실제 발음과는 달리 형태소의 본 모양을 밝혀서 끊어 적는 방식
	[7]⬚⬚⬚⬚ 앞 형태소의 끝소리를 뒤 형태소의 첫소리에도 다시 적는 표기 방식

독서

1문단	하늘에 대한 [8]⬚⬚⬚⬚⬚들의 인식
2문단	하늘에 대한 [9]⬚⬚의 인식
3문단	[9]⬚⬚가 주장한 [10]⬚⬚⬚⬚의 개념
4문단	[10]⬚⬚⬚⬚의 의의

문학 – 촉규화(최치원)

| 1~4행 | 쓸쓸한 곳에 탐스럽게 핀 [11]⬚⬚⬚ |
| 5~8행 | 아무도 알아주지 않는 것에 대한 한탄 |

문학 – 직립 보행(법정)

처음	삼십 리의 길을 걷게 된 계기
중간	걷기의 의미와 가치 및 [12]⬚⬚⬚⬚의 발달에 대한 글쓴이의 생각
끝	[13]⬚⬚⬚⬚의 경험을 감사히 여김.

정답 1 표준어 2 어법 3 표음주의 4 표의주의 5 이어적기 6 끊어적기 7 거듭적기 8 고대 중국인 9 순자
10 불구지천 11 촉규화 12 교통수단 13 직립 보행

79

07

Contents

한방에! 개념정리

한방에! 핵심정리

가

갈래	블로그 글
주제	기후 위기에 대응하는 동아리들의 다양한 활동
특징	① 버려진 페트병 사진을 제시하여 캠페인 내용을 부각함. ② 지구의 온도 상승에 따른 자연재해 발생 건수 증가 추이를 도식화하여 나타냄.

정답 및 해설 | 44쪽

※ 가 는 환경 동아리 블로그이고, 나 는 가 를 참고하여 만든 애플리케이션 제작 계획서이다. 물음에 답하시오.

가

지구를 지키기 위한 실천, '기후 행동'

지구의 기온이 1℃만 올라가도 기후 변화로 인해 해수면 상승, 자연재해, 생태계 파괴와 같은 심각한 위기들이 나타납니다. 이러한 기후 변화의 위기에 대응하기 위한 실천들이 바로 기후 행동입니다. 최근에는 청소년들이 주체가 되어 적극적으로 기후 행동에 나서고 있는데, 우리 지역 내의 동아리들도 다양한 활동에 참여하고 있습니다.

[지구 표면 온도 상승에 따른 자연재해 발생 건수 증가 추이]

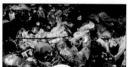

[인근 하천에 버려진 페트병 사진]

우리 학교 사회 참여 동아리에서는 플라스틱 수거 캠페인을 진행 중입니다. 이는 왼쪽 사진과 같이 버려진 페트병을 수거하고, 플라스틱 사용이 지구 온난화에 끼치는 영향에 대한 경각심을 일깨우는 활동입니다. 인근 학교의 동아리에서는 소비자들이 친환경 소재로 만들어진 옷을 선택할 수 있도록 옷에도 환경 인증 등급을 적용해 달라는 정책을 제안했습니다. 이런 동아리들의 활동은 기후 위기에 효과적으로 대응할 수 있는 바탕이 될 것입니다.

무엇보다 기후 행동은 개인의 일상적 실천의 확산이 가장 중요합니다. 실내 적정 온도 유지하기, 불필요한 전등 끄기 등을 꾸준히 실천하고 이것이 우리 모두의 실천으로 이어진다면 기후 위기로부터 지구를 지킬 수 있을 것입니다.

김○○ 학생 기자

나

1

[화면 구성]

[화면 설명]
이미지와 문구를 활용하여 시작 화면을 제시함.

2

[화면 구성]

기후 행동 체크리스트

항목	체크
빈 교실 전등 끄기	✓
급식 남기지 않기	
교실 계절별 적정 온도 유지하기	✓
⋮	

[화면 설명]
구체적 항목들을 제시하여 자신의 실천 여부를 표시할 수 있도록 함.

3

[화면 구성]

기후 행동 실천 ⑦일째

사진 올리기

공유하기

[화면 설명]
자신의 실천 일지를 다른 이용자들과 공유할 수 있도록 함.

4

[화면 구성]

식생활 정책 제안

내용 작성

전송

[화면 설명]
자신의 아이디어를 정리하여 관련 기관에 제안할 수 있도록 함.

(가)에 나타난 표현 방식에 대한 설명으로 가장 적절한 것은?

① 기후 변화가 인간에게 끼치는 영향을 이모티콘을 활용하여 강조하였다.
② 인근 학교 동아리의 페트병 수거 현황을 소제목을 사용하여 부각하였다.
③ 기후 행동의 국가 간 차이를 글자의 굵기와 크기를 달리하여 제시하였다.
④ 지구의 온도 상승에 따른 자연재해 건수의 양적 변화를 도식화하여 나타내었다.
⑤ 기후 행동에 주체적으로 참여하는 청소년들의 모습을 사진 자료를 사용하여 보여 주었다.

7강

02 매체 자료 내용 구성 추론하기

(가)를 참고하여 (나)를 만드는 과정에서 애플리케이션 제작자가 고려했을 내용으로 적절하지 않은 것은?

① (가)에 제시된 개인의 일상적 실천 사례를 참고하여, 학교에서 실천할 수 있는 체크리스트를 구성해 자신의 생활 습관을 점검하도록 해야겠어.
② (가)에 제시된 기후 행동의 개념을 참고하여, 기후 위기를 보여 주는 이미지와 문구로 시작 화면을 구성해 상황의 심각성을 인식하도록 해야겠어.
③ (가)에 제시된 꾸준한 기후 행동의 필요성을 참고하여, 자신의 성공적인 실천 결과를 누적할 수 있는 일지를 제공해 지속적으로 실천이 이어지도록 해야겠어.
④ (가)에 제시된 동아리의 정책 제안 활동을 참고하여, 청소년이 관련 기관에 제안한 정책에 대한 평가를 확인할 수 있는 기능을 제공해 기후 행동에 참여하도록 해야겠어.
⑤ (가)에 제시된 기후 행동 확산의 중요성을 참고하여, 자신의 실천 사례를 다른 사람들과 공유할 수 있는 기능을 제공해 개인의 실천이 다른 사람의 동참을 이끌어 내도록 해야겠어.

서답형 03 매체 자료 내용 이해하기

빈칸에 들어갈 말로 적절한 것을 골라 차례대로 쓰시오.

(가)에 따르면, 우리 학교 사회 참여 동아리에서 진행하는 플라스틱 (수거 / 분리) 캠페인은 플라스틱 사용이 지구 온난화에 끼치는 영향에 대한 (동정심 / 경각심)을 일깨우기 위한 활동이다.

문제풀이

한방에! 개념정리

한방에! 핵심정리

주제	현대 민주 정치의 기반인 민주주의와 법치주의의 발전 과정
해제	이 글은 오늘날 민주 국가 헌법의 기반이 되는 민주주의와 법치주의의 개념과 현대 민주 정치의 발전 과정을 설명하고 있다. 민주주의는 자유와 평등에 따라 인간의 존엄성을 보장하는 이념이며, 법치주의는 국민의 자유와 권리를 보장하기 위해 법에 근거하여 국가 기관을 구성해야 한다는 이념이다. 오늘날의 민주 정치는 민주 정치는 근대 시민 혁명을 발전되었으며, 이에 따라 민주주의와 법치주의가 확립되었다.

*문단 중심 내용

1문단	민주주의의 개념
2문단	법치주의의 개념
3문단	민주주의와 법치주의의 목적
4문단	아테네의 민주 정치
5문단	근대 시민 혁명의 의의

한방에! 어휘풀이

★ **공직(公職):** 국가 기관이나 공공 단체의 일을 맡아보는 직책이나 직무.
★ **대의제(代議制):** 국민이 스스로 선출한 대표자를 통하여 국가 권력을 행사하는 정치 제도.
★ **자의적(恣意的):** 일정한 질서를 무시하고 제멋대로 하는 것.
★ **인치(人治):** 사람의 지배.

※ 다음 글을 읽고 물음에 답하시오.

　현대 민주 국가에서 국가 질서 및 헌법의 기반을 이루는 두 축은 ㉠ 민주주의와 ㉡ 법치주의이다. 민주주의는 국민의 뜻에 따라 국가의 의사를 결정해야 한다는 이념이다. 민주주의의 목적은 자유와 평등의 이념을 토대로 인간의 존엄성을 보장하는 것으로, 이에 따라 국민은 헌법을 제정하여 국가를 만들고, 대통령과 국회 의원 등을 선출하여 국가 기관을 구성하며, 국가 기관에 정당성을 부여한다. 그뿐만 아니라 정당이나 여론을 통해 국가의 정치적 의사 결정 과정에 영향력을 행사하고, 직접 선거에 출마하기도 한다.

　한편 법치주의는 법에 근거하여 국가 기관을 구성하고 운영해야 한다는 이념이다. 법치주의의 목적은 국민의 자유와 권리를 보장하는 것이다. 이를 위하여 법치주의는 권력 분립 제도를 기초로 하며, 헌법에 따라 입법권을 행사하고 헌법과 법률에 근거하여 행정 및 재판이 이루어져야 한다는 것을 그 내용으로 한다.

　우리 헌법은 민주주의와 법치주의를 헌법의 기본 원리로 채택하고 있다. 민주주의는 국민의 뜻에 따라 국가를 구성하고 운영해야 한다는 점에서 법에 따라 국가를 구성하고 운영해야 한다는 법치주의와 특정한 사안에서 대립적일 수 있다. 그러나 민주주의와 법치주의는 인간의 존엄성 보장과 이것을 구체화한 국민의 자유와 권리 보장이라는 같은 목적을 추구한다. 그리고 이 목적을 달성하기 위해서 상호 보완적으로 기능한다.

　'다수 시민에 의한 지배'를 의미하는 민주 정치는 민주주의와 법치주의 이념을 기반으로 역사적으로 변화하고 발전해 왔다. 민주 정치의 뿌리는 고대 그리스의 도시 국가인 아테네의 정치에서 찾을 수 있다. 아테네에서는 모든 시민이 한곳에 모여 공동체의 중요한 일을 직접 결정하고, 시민이면 누구나 정치에 참여하고 선거를 통해 공직*을 맡을 수 있었다. 시민 생활에 필요한 생산은 노예가 담당하므로 시민은 공적 생활에 전념할 수 있었다. 그러나 당시 시민은 아테네의 성인 남자로 한정되어, 노예 계급 등은 정치에서 제외되었다. 이러한 점에서 현대 민주 정치와는 차이가 있다. 오늘날과 같은 민주 정치는 근대에 들어와 정립되기 시작하였다.

　한때 중세 봉건제와 절대왕정 시대를 거치며 사라졌던 민주 정치는 독립 혁명, 프랑스 혁명 등의 근대 시민 혁명을 계기로 다시 형성되고 발전하기 시작했으며, 권력의 정당성이 시민에게서 나온다는 국민 주권에 기반을 둔 민주주의와 이러한 민주주의를 실현하기 위한 구체적 제도로 대의제*가 발달하였다. 이와 더불어 절대 군주의 자의적*인 법 집행을 의미하는 인치*를 대신하여 국가 권력이 법에 따라 행사되어야 한다는 법치주의가 확립되었다. 그뿐만 아니라 사회 구성원의 합의를 담은 헌법에 시민의 자유와 권리를 규정하고, 이를 보장하기 위하여 국가 기관이 헌법에 따라 구성되고 운영되어야 한다는 원리인 입헌주의를 특징으로 하는 근대 정치 체제가 성립하였다.

01 내용 전개 방식 파악하기

윗글에 대한 설명으로 가장 적절한 것은?

① 현대 법치주의의 한계를 제시하고 있다.
② 민주주의를 채택한 현대 국가를 나열하고 있다.
③ 민주주의가 발달하기 시작한 계기를 제시하고 있다.
④ 현대 민주주의를 대체할 수 있는 이념을 설명하고 있다.
⑤ 법치주의를 명시한 헌법 조항의 대표적인 예를 제시하고 있다.

02 핵심 내용 파악하기

㉠, ㉡에 대한 설명으로 적절하지 않은 것은?

① ㉠의 목적은 인간의 존엄성을 보장하는 것이다.
② ㉠은 현대 민주 국가의 의사 결정에 영향을 미친다.
③ ㉡의 목적은 국민의 자유와 권리를 보장하는 것이다.
④ ㉠과 ㉡은 항상 상호 대립적으로 기능한다.
⑤ ㉠과 ㉡은 민주 정치 발전의 기반이 되는 이념이다.

중요 03 구체적 사례에 적용하기

윗글을 바탕으로 보기 의 인권선언을 이해한 내용으로 적절하지 않은 것은?

> **보기**
>
> 　　프랑스 혁명의 이념은 인권선언에 잘 표현되어 있는데 여기에는 재산, 신체, 의견, 양심, 종교의 자유와 같은 기본권을 규정하고 있다.
>
> **제1조** 인간은 자유롭고 평등한 권리를 지니고 태어나서 살아간다. 사회적 차별은 오로지 공공 이익에 근거할 경우에만 허용될 수 있다.
> **제3조(국민 주권의 원칙)** 모든 주권의 원리는 본질적으로 국민에게 있다. 어떤 단체나 개인도 국민으로부터 직접 나오지 않는 어떤 권력도 행사할 수 없다.
> **제6조(모든 공직의 선거)** 법은 일반의지의 표현이다. 모든 시민에게는 직접 또는 대표자를 통해 법의 제정에 참여할 권리가 있다. 법은 보호하는 경우든 처벌하는 경우든 간에 모든 사람들에게 똑같이 적용되어야 한다. (후략)
> **제16조(권력 분립에 입각한 대의제)** 법의 준수가 보장되지 않거나 권력 분립이 확정되지 않은 사회는 결코 헌법을 갖추지 못한다.

① 중세 봉건제와 절대 왕정 시대를 거치며 사라졌던 민주 정치를 다시 형성하게 된 계기가 되었겠군.
② 제1조에서 시민의 자유와 기본권을 천명한 것은 입헌주의를 특징으로 하는 근대 정치 체제의 기반이 되었군.
③ 제1조에서 사회적 차별이 허용된다고 한 것은 프랑스 혁명 이후에도 인간의 존엄성은 보장되지 못했음을 나타내는군.
④ 제3조와 제16조의 국민 주권의 원칙과 대의제는 현대 민주주의를 실현하기 위한 구체적 제도로 발달하게 되었군.
⑤ 제6조의 선거를 통해 공직을 맡을 수 있다는 이념은 고대 아테네의 정치에서 그 뿌리를 찾을 수 있군.

서답형 04 세부 내용 파악하기

법치주의의 기반이 되는 제도를 윗글에서 찾아 3어절로 쓰시오.

문제풀이

07강

껍데기는 가라 _ 신동엽

✔ 한방에! 개념정리

✔ 한방에! 핵심정리

갈래	자유시, 서정시
성격	저항적, 현실 참여적
주제	순수한 민족 본연의 삶 추구
특징	① 명령형 종결 어미를 통해 화자의 의지를 강조함. ② 직설적 표현으로 현실에 대한 부정적 인식을 드러냄. ③ 반복적 표현과 대조적인 시어의 사용을 통해 주제를 부각함.
해제	이 작품은 민중의 생명력과 민주 사회에 관한 열망이 가장 극대화되었던 4·19 혁명과 동학 농민 운동을 바탕으로 한 시로, 조국의 화합을 가로막는 대상에 관한 부정적 인식과 우리 민족에 순수한 정신이 다시 깃들기를 바라는 화자의 염원이 대조적 시어를 통해 드러나고 있다.

※ 다음 글을 읽고 물음에 답하시오.

㉠ 껍데기는 가라.
사월도 ㉡ 알맹이만 남고
껍데기는 가라.

껍데기는 가라.
동학년* 곰나루*의, 그 아우성만 살고
껍데기는 가라.

　　┌ 그리하여, 다시
　　│ 껍데기는 가라.
　　│ 이곳에선, 두 가슴과 그곳까지 내논
[A]　아사달 아사녀*가
　　│ 중립의 초례청* 앞에 서서
　　│ 부끄럼 빛내며
　　└ 맞절할지니

껍데기는 가라.
한라에서 백두까지
향그러운 흙 가슴만 남고
그, 모오든 쇠붙이는 가라.

- 신동엽, 〈껍데기는 가라〉 -

✔ 한방에! 어휘풀이

* 동학년(東學年): 동학 농민 운동이 일어난 1894년을 이르는 말.
* 곰나루: 충청남도 공주의 옛 이름. 동학 농민 운동 당시 우금치 전투가 있었던 곳.
* 아사달 아사녀: 석가탑 창건 설화에 등장하는 인물들의 이름. 부부였지만 헤어져 살다가 비극적인 결말을 맞음.
* 초례청(醮禮廳): 전통적인 혼례식을 치르는 장소.

01 표현상의 특징 이해하기

윗글에 대한 설명으로 적절하지 <u>않은</u> 것은?

① 상징적 시어를 통해 화자의 염원을 나타내고 있다.

② 반복적인 표현을 통해 작품의 주제를 부각하고 있다.

③ 명령형 어조를 활용하여 화자의 의지를 강조하고 있다.

④ 역사적 사건을 차례대로 나열하여 객관성을 드러내고 있다.

⑤ 직설적인 표현을 통해 화자의 부정적 인식을 표현하고 있다.

02 시어의 의미 파악하기

㉠, ㉡에 대한 설명으로 가장 적절한 것은?

① ㉠은 화자가 경계하는 대상이고, ㉡은 현재 화자가 처한 어려움을 상징하는 대상이다.

② ㉠은 화자의 자유를 억압하는 대상이고, ㉡은 억압에 대한 화자의 저항을 표현하는 대상이다.

③ ㉠은 부정한 세력의 허위와 가식을 의미하는 대상이고, ㉡은 순수한 민족정신을 상징하는 대상이다.

④ ㉠은 부정적인 현실을 드러내는 대상이고, ㉡은 현재 상황과 대조되었던 과거를 예찬하는 대상이다.

⑤ ㉠은 화자의 염원을 방해하는 대상이고, ㉡은 세상에 타협하지 않는 화자의 신념을 나타내는 대상이다.

중요 03 외적 준거를 바탕으로 작품 이해하기

보기 를 바탕으로 윗글을 이해한 내용으로 적절하지 <u>않은</u> 것은?

> **보기**
>
> 윗글은 군부 독재로 인한 국민의 억압이 심해지고, 남북 분단의 상처가 더욱 깊어져 가던 시기인 1960년대에 창작되었다. 4·19 혁명과 동학 농민 운동의 정신이 회복되길 바라는 소망과 이러한 정신을 훼손하는 모든 불의와 거짓이 사라지길 바라는 마음을 강렬하게 외치고 있다. 분단된 민족의 현실을 극복하고 순수한 정신을 회복하고자 하는 염원을 표출하고 있다.

① '사월'의 '알맹이'와 '동학년'의 '아우성'은 각각 4·19 혁명과 동학 농민 운동에서 비롯된 순수한 정신을 의미한다.

② '아사달 아사녀'의 '맞절'은 분단된 우리 민족의 화합과 민족의 순수한 삶의 회복을 의미한다.

③ '중립의 초례청' 앞에서 느끼는 '부끄럼'은 순수한 정신을 훼손하는 가식과 허위를 의미한다.

④ '향그러운 흙 가슴'이 '한라에서 백두까지' 널리 퍼지는 것은 한반도 전체에 순수한 정신이 깃들길 바라는 화자의 열망을 의미한다.

⑤ '쇠붙이'는 전쟁의 속성과 관련이 있는 시어로, 당시 군사 정권의 억압을 의미한다.

서답형 04 시어의 의미 파악하기

[A]에서 한반도를 의미하는 시어를 찾아 2음절로 쓰시오.

문제풀이

7강

창선감의록 _조성기

| 정답 및 해설 | 49쪽

갈래	가정 소설, 규방 소설
성격	교훈적, 유교적
주제	가족들의 갈등과 화해
특징	① 교훈적 주제 의식을 드러내고 있음. ② 인물들의 개성을 부각하고 구성이 치밀함.
해제	이 작품은 중국 명나라를 배경으로 하여 일부다처제와 대가족 제도 아래에서 일어나는 화 씨 가문의 갈등과 화해의 과정을 그린 가정 소설이다. 정실 부인인 심 씨와 그의 아들 화춘, 차남인 화진의 갈등을 전면에 내세우면서도, 충효와 형제간 우애의 중요성을 드러내어 유교적 이념의 정립이라는 교훈적 성격을 강조하고 있다. 주동 인물과 반동 인물의 대결에서 주동 인물이 반드시 승리한다는 고전 소설의 일반적 구성과는 달리, 반동 인물도 개과천선하여 구제된다는 점에서 기존 고전 소설과 차별성을 드러내고 있다.

*전체 줄거리

명나라의 상서 화욱은 심 씨에게서 장자 화춘을, 정 씨에게서 차자 화진을, 요 씨에게서 딸 화빙선을 얻는다. 화욱은 어리석은 화춘보다 화진을 편애하게 되고, 이로 인해 심 부인과 화춘의 불만이 쌓인다. 화욱이 고향으로 돌아와 죽은 뒤 심 부인과 화춘은 화진과 그의 아내를 학대한다. 장원급제하여 벼슬에 오른 화진은 화춘으로 인해 귀양을 가게 되고, 그곳에서 공을 세워 천자로부터 진국공의 봉작을 받는다. 그 뒤 화진을 시기하던 가족들도 모두 개과천선하여 화목한 가문을 이룬다.

※ 다음 글을 읽고 물음에 답하시오.

[앞부분 줄거리] 명나라 상서 화욱에게는 첫째 부인 심 씨의 아들 화춘, 둘째 부인 요 씨의 딸 화빙선, 셋째 부인 정 씨의 아들 화진이 있었는데, 요 씨는 딸 화빙선을 낳고 일찍 죽는다. 성 부인은 화욱의 누이로, 남편과 사별한 뒤 화욱의 집에서 지낸다. 화욱은 용렬한* 화춘보다 영특한 화진을 편애하여 심 부인과 화춘의 불만을 산다. 시간이 흘러 화욱, 정 부인이 죽게 되자, 심 씨는 화진과 화빙선을 모질게 구박한다.

성 부인이 잠시 옛집으로 떠난 뒤 심 씨는 비로소 주먹을 휘두르고 아귀를 씰룩거리며 승냥이처럼 으르렁거렸다. 시녀 계향과 난향 등도 그 뜻을 받들어 분주하게 날뛰었다. 어느 날 요 부인의 유모 취선이 소저를 보고 울면서 한탄했다.

"지극히 인자하시던 선노야*와 선부인께서 소저와 공자를 생각하지 아니하고 돌아가셨습니다. 그리하여 문득 두 외로운 골육*에게 쓰라린 고통을 안긴 나머지, 주옥같은 목숨이 언제 끊어질지 모르는 처지로 떨어지고 말았습니다. 진실로 바라거니와 노신이 먼저 죽어 그 참혹한 광경을 보지 않으렵니다."

소저는 **눈물만 삼킬 뿐 대꾸를 하지 않**았다.

취선이 다시 울면서 말했다.

"성 부인께서 한번 부중*을 떠나신 뒤로 수선루 시녀들 중에는 혹독한 형벌을 받은 자가 무수히 많답니다. 그 밖의 사람들도 또한 숨을 죽인 채 오금을 펴지 못하니, 그 운명이 마치 그물에 걸린 토끼와 같습니다. 아아! 정 부인께서 언제 남에게 악한 일을 하신 적이 있었기에 지금 저희가 이러한 고통을 당하는 것입니까?"

그러나 소저는 이번에도 역시 아무 말도 하지 않았다. 그때 마침 난향이 창밖에서 몰래 그 말을 엿듣고는 재빨리 뛰어가 **심 씨에게 고**했다. 심 씨는 난향과 계향으로 하여금 소저를 끌어오게 한 뒤 발을 쾅쾅 구르며 꾸짖었다.

"천한 계집 빙선아! 흉악한 마음을 품고 천한 자식의 편에 서서 감히 적자*의 지위를 빼앗고자 하여, 먼저 적모*부터 없애버리려고 천한 종년 취선이와 함께 은밀하게 일을 꾸미느냐?"

소저는 기가 막혀 아무 말도 하지 못하고 구슬 같은 눈물만 줄줄 흘렸다. 심 씨는 다시 공자를 불러 마당에 무릎을 꿇게 했다. 그리고 쇠몽둥이로 난간을 쳐부수며 큰소리로 죄를 꾸짖었다.

"천한 자식 진아! 성 부인의 세도*를 믿고 선군*을 우롱해 적장자의 지위를 빼앗으려 했으나, 하늘이 악인을 도울 리 없어 대사*가 실패로 돌아가자, 이제는 도리어 요망한 누이 흉악한 종년과 함께 짜고 흉측한 짓을 저지르려 하느냐?"

공자는 통곡하면서 심 씨를 바라보고 대답했다.

[A] "인생 천지에 오륜*이 중하고 오륜 가운데서는 부자가 더욱 중합니다. 그런데 아버지와 어머니는 일체이십니다. 소자가 비록 무상하나 모친께서 어찌 차마 그런 말씀을 하실 수가 있습니까? 소자는 선군자*의 혈속*으로서 모부인* 슬하에 있는 자입니다. 그런 말씀을 어떻게 소자에게 하실 수가 있다는 말입니까? 매씨*가 비록 취선이와 함께 수작한* 바는 있었으나, 사

사로운 정으로 주고받은 말은 본래 큰 죄가 될 수 없습니다. 그리고 원망에 찬 말을 했다 하더라도 그 죄는 취선에게 있을 것입니다. 매씨가 언제 참견이나 한 적이 있었습니까? 또한 규수의 몸은 남자와 다르니 오명을 덮어씌우는 말씀은 더욱 삼가해야 할 것입니다. 천만 바라건대 조금 측은하게 여겨 주시기 바랍니다."

소저도 마침내 강개한* 목소리로 입을 열었다.

"형이나 동생이나 같은 골육입니다. 여기서 빼앗아 저기에 주다니, 그러한 의리가 어찌 있을 수 있겠습니까? 또한 두 어머니께서 모두 돌아가시고 한 어머니만이 단지 남으셨으니, 장수를 축원함*이 사람으로서의 당연한 도리입니다. 오늘 하교*는 **전혀 이치에 맞지 않는** 말씀입니다."

심 씨는 크게 노해 스스로 쇠채찍을 들고 급히 소저를 치려 했다. 그러자 공자는 목을 놓아 슬피 울부짖었고, 임 소저도 심 씨의 손을 잡고 눈물을 흘리며 소저를 보호하려 했다.

[중간 부분 줄거리] 이때 빙선의 남편 유생이 화진과 화빙선에게 일어난 일을 알게 되고, 화춘에게 이를 전달한다.

심 씨는 화춘이 들어오는 것을 발견하고는 손뼉을 쳐 가며 펄펄 뛰면서 진노해* 마지않았다. 또한 취선이 소저에게 한 이야기를 꾸미고 부풀려 가면서 화춘을 격분하게 했다. 이윽고 화춘이 대답했다.

[B]
"진이 남매가 그런 마음을 품고 있다는 것은 소자도 오래전부터 알고 있었습니다. 그렇지만 저 두 사람이 성 고모에게 붙어 있으니 형편상 갑자기 제거할 수 없을 것입니다. 그리고 방금 전에 보니 유생이 이미 이 변고*를 알고 있어 사색*이 곱지를 않았습니다. 또한 성 고모께서 머지않아 돌아오시면 반드시 큰 난리를 부릴 것입니다. 우선 분을 참고 그대로 두었다가 훗날을 기다리심이 옳을 것입니다."

심 씨는 손으로 가슴을 치면서 땅바닥을 뒹굴며 발악했다.

"성씨 집의 늙은 과부가 우리 집에 버티고 앉아 음흉한 뜻을 품고 있으니, 반드시 우리 모자를 **죽이고야 말 것**이다. 내가 비록 힘은 없으나 저 늙은 과부와 더불어 한번 사생을 결단할 것이니라. 또한 유생은 다른 집 자식이나 어떻게 우리 집안 내부의 일을 알 수가 있었겠느냐? 필시 진이 유생에게 고하여 나의 부덕*을 누설했기 때문일 것이다. 이 분을 풀지 못한다면 네가 보는 앞에서 당장 스스로 목숨을 끊고야 말 것이니라."

화춘은 마지못해 공자를 잡아다가 매를 혹독하게 치게 했다. 공자는 그 어미와 형을 어떻게 할 수 없다는 것을 이미 잘 알고 있으므로 변명 한마디 하지 않고 이십여 대의 매를 맞고서는 정신을 잃고 말았다.

- 조성기, 〈창선감의록〉 -

✔ 한방에! 어휘풀이

* 용렬하다(庸劣하다): 사람이 변변하지 못하고 졸렬하다.
* 노야(老爺): 남을 높여 이르는 말.
* 골육(骨肉): 부자, 형제 등의 육친.
* 부중(府中): 높은 벼슬아치의 집안.
* 적자(嫡子): 정실이 낳은 아들.
* 적모(嫡母): 서자가 큰아버지의 정실을 이르는 말. 큰어머니.
* 세도(勢道): 정치상의 권세. 또는 그 권세를 마구 휘두르는 일.
* 선군(先君): 남에게 돌아가신 자기 아버지를 이르는 말.
* 대사(大事): 다루는 데 힘이 많이 들고 범위가 넓은 일. 또는 중대한 일.
* 오륜(五倫): 유학에서, 사람이 지켜야 할 다섯 가지 도리.
* 선군자(先君子): 남에게 돌아가신 자기 아버지를 이르는 말.
* 혈속(血屬): 혈통을 이어 가는 살붙이.
* 모부인(母夫人): 남의 어머니를 높여 이르는 말.
* 매씨(妹氏): 자기의 손위 누이를 이르는 말.
* 수작하다(酬酌하다): 서로 말을 주고받다.
* 강개하다(慷慨하다): 의롭지 못한 것을 보고 의기가 북받쳐 원통하고 슬프다.
* 축원하다(祝願하다): 희망하는 대로 이루어지기를 마음속으로 원하다.
* 하교(下敎): 윗사람이 아랫사람에게 가르침을 베풂.
* 진노하다(瞋怒하다): 성을 내며 노여워하다.
* 변고(變故): 갑작스러운 재앙이나 사고.
* 사색(辭色): 말과 얼굴빛을 아울러 이르는 말.
* 부덕(不德): 덕이 없거나 부족함.

01 작품의 내용 파악하기

윗글에 대한 이해로 적절하지 <u>않은</u> 것은?

① 취선이 소저에게 한탄하는 것은 화욱과 정 부인의 죽음에서 비롯된 것이다.

② 성 부인이 잠시 옛집으로 떠나는 것은 심 씨가 화진과 화빙선을 학대하는 계기가 된다.

③ 화진의 대사가 실패한 이유는 적장자의 지위를 화진에게 물려주지 않으려는 심 씨의 시기심 때문이다.

④ 심 씨가 화진과 화빙선을 학대하는 근본 원인은 화춘이 지닌 장자의 자리를 확고하게 굳히려 하기 때문이다.

⑤ 임 소저가 심 씨로부터 화빙선을 보호하려 하는 것을 통해 화진과 화빙선의 처지에 공감하고 있음을 알 수 있다.

02 말하기 방식 파악하기

[A]와 [B]의 말하기 방식에 대한 설명으로 적절한 것은?

① [A]는 청자를 향한 질문을 통해, [B]는 자문자답을 통해 자신의 억울함을 호소하고 있다.

② [A]는 연민에 호소하여, [B]는 제삼자의 권위를 내세워 청자의 행동 변화를 유도하고 있다.

③ [A]는 자신의 잘못을 인정함으로써, [B]는 타인의 잘못을 고발함으로써 자신을 옹호하고 있다.

④ [A]는 과거의 일을 근거로 삼아, [B]는 미래의 일을 예견함으로써 청자의 태도를 비판하고 있다.

⑤ [A]는 청자의 호기심을 자극함으로써, [B]는 청자의 발언에 반박함으로써 자신의 주장을 강화하고 있다.

중요 ▶ 03 외적 준거를 통해 작품 감상하기

보기 를 참고하여 윗글을 감상한 내용으로 적절하지 <u>않은</u> 것은?

> **보기**
>
> 이 작품은 일부다처제와 대가족 제도하에서 유교적 덕목과 가부장적 가치관을 중시하는 가족 사이의 갈등을 다루고 있다는 점에서 가정 소설의 범주에 속한다. 대부분의 가정 소설에서는 처첩 간의 갈등이나 고부간의 갈등이 선인과 악인의 대립적 구도 속에서 펼쳐지는데, 악인끼리의 결탁을 통한 악행이라는 이야기 요소를 일반적으로 확인할 수 있다. 또한 가부장, 첫 번째 부인, 장자의 결함 혹은 부재를 통해 갈등을 야기하기도 한다.

① 심 씨와 화진, 화빙선 사이의 갈등은 선인과 악인의 대립적 구도 속 가정 소설의 일반적 갈등 상황에 해당하겠군.

② 화빙선이 심 씨에게 불만을 느끼면서도 '눈물만 삼킬 뿐 대꾸를 하지 않'은 것은 유교적 덕목을 지키려는 것에서 비롯된 것이군.

③ 난향이 화빙선과 취선의 대화를 몰래 엿듣고 '심 씨에게 고'한 것은 악인인 심 씨와 난향의 결탁으로 가문 내 갈등이 증폭되는 계기가 되었군.

④ 화빙선이 심 씨의 말에 대해 '전혀 이치에 맞지 않는'다면서, 심 씨를 어머니로 인정하지 않으려는 것을 통해 일부다처제의 문제점이 나타나고 있군.

⑤ 성 부인이 심 씨와 화춘을 '죽이고야 말 것'이라는 심 씨의 대사를 통해 성 부인이 가정 내 가부장의 역할을 화춘에게 물려주지 않을 것이라는 심 씨의 불안감이 드러나고 있군.

서답형 ▶ 04 구절의 의미 파악하기

빈칸에 들어갈 말로 적절한 것을 윗글에서 찾아 3어절로 쓰시오.

> 화욱과 정 부인이 죽은 뒤 심 씨가 화진과 화빙선을 학대하는 것은 취선의 한탄을 통해 드러나는데, 특히 이들의 운명이 마치 '(   )'와/과 같다는 비유적 표현을 통해 화진과 화빙선이 매우 위태로운 상황임을 알 수 있다.

문제풀이

복습하기

매체

가 환경 동아리 블로그

- 기후 행동: 기후 [1]□□ 의 위기에 대응하기 위한 실천
- 우리 지역 내 동아리의 기후 행동

  우리 학교 사회 참여 동아리 – [2]□□□□ 수거 캠페인 진행

  인근 학교의 동아리 – 옷에도 [3]□□ 인증 등급을 적용해 달라는 정책을 제안함.

나 애플리케이션 제작 계획서

[화면 1]	이미지와 문구를 활용하여 시작 화면을 제시함.	[화면 3]	자신의 실천 일지를 다른 [4]□□□ 들과 공유할 수 있도록 함.
[화면 2]	구체적 항목들을 제시하여 자신의 실천 여부를 표시할 수 있도록 함.	[화면 4]	자신의 아이디어를 정리하여 관련 기관에 제안할 수 있도록 함.

독서

1문단	민주주의의 개념	4문단	[5]□□□ 의 민주 정치
2문단	법치주의의 개념	5문단	근대 [6]□□ 혁명의 의의
3문단	민주주의와 법치주의의 목적		

문학 – 껍데기는 가라(신동엽)

1연	껍데기와 같은 부정한 세력의 거부와 [7]□□ (4·19 혁명)의 순수한 정신 강조	3연	우리 민족의 순수함과 화합에 대한 열망
2연	[8]□□□ 에 일어난 동학 농민 운동의 순수한 아우성 강조	4연	쇠붙이와 같은 부정한 세력의 거부와 분단 극복에 대한 열망

문학 – 창선감의록(조성기)

선인
성 부인, 화진, 화빙선

↕

악인	
심 씨	• [9]□□□ 이 집을 떠난 사이 집안의 주도권을 쥐고 화진과 화빙선을 모질게 학대함. • 화춘이 지닌 적장자의 지위를 뺏기지 않으려 화진과 화빙선을 모함함.
난향	화빙선과 유모 [10]□□ 의 대화를 몰래 엿듣고 심 씨에게 고함.

정답 1 변화 2 플라스틱 3 환경 4 이용자 5 아테네 6 시민 7 사월 8 동학년 9 성 부인 10 취선

08

Contents

| 정답 및 해설 | 52쪽

✓ 한방에! 개념정리

✓ 한방에! 핵심정리

＊자음동화
음절의 끝에 오는 자음이 그 뒤에 오는 자음과 만날 때 어느 한쪽이 다른 쪽 자음을 닮아서 그와 비슷한 성질을 지닌 소리로 바뀌거나, 양쪽이 서로 닮아서 두 소리가 모두 바뀌는 현상
예 비음화, 유음화

＊음운의 축약
두 음운이 합쳐져서 하나의 음운으로 줄어드는 현상
예 거센소리되기(자음 축약), 모음 축약

＊음절의 끝소리가 다음 음절의 첫소리로 옮겨가는 경우
• 모음으로 시작되는 형식 형태소가 뒤에 올 때
예 부엌에서[부어케서], 옷이[오시]
• 모음으로 시작되는 실질 형태소가 뒤에 올 때
예 옷 안[오단]

※ 다음 글을 읽고 물음에 답하시오.

가 ○○고등학교 국어 자료실 게시판

묻고 답하기 ＿ ⎚ ✕

> **질문** '국'은 [국]으로 발음하는데, 왜 '국물'은 [궁물]로 발음하나요?
> └ **답변** '국물'은 비음화가 일어난 경우입니다. '국물'의 받침 'ㄱ'이 비음 'ㅁ' 앞에서 비음 'ㅇ'으로 바뀌어 [궁물]로 발음됩니다.

나

우리말에는 (가)의 사례처럼 한 음운이 일정한 환경에 따라 다르게 발음되는 경우가 있다. 이런 현상을 '음운 변동'이라고 하며 비음화, 거센소리되기, 모음 탈락 등이 이에 해당한다.

비음화는 비음이 아닌 'ㄱ, ㄷ, ㅂ'이 뒤에 오는 비음 'ㄴ, ㅁ'의 영향을 받아 각각 비음인 'ㅇ, ㄴ, ㅁ'으로 바뀌어 발음되는 현상을 말한다. 이것은 한 음운이 다른 음운의 영향을 받아 비슷하거나 같은 소리로 바뀌는 원리로, '밥만', '닫는'도 각각 [밤만], [단는]으로 발음된다. 또한 '담력[담ː녁]', '종로[종노]'처럼 'ㄹ'이 비음 'ㅁ, ㅇ' 뒤에서 비음 'ㄴ'으로 바뀌어 발음되는 것도 비음화이다.

거센소리되기는 'ㄱ, ㄷ, ㅂ, ㅈ'이 'ㅎ'과 합쳐져 거센소리인 'ㅋ, ㅌ, ㅍ, ㅊ'으로 발음되는 현상을 말한다. 예로 '축하'는 'ㄱ'과 'ㅎ'이 합쳐져서 하나의 음운인 'ㅋ'이 되어 [추카]로 발음되며, 음운의 개수도 5개에서 4개로 줄어든다.

모음 탈락은 두 모음이 이어질 때 그중 한 모음이 탈락하는 현상을 말한다. '가- + -아서'가 '가서[가서]'가 되거나 '담그- + -아'가 '담가[담가]'가 되는 경우가 그 예이다.

[A] 그리고 우리말에서 음절의 끝에서 발음되는 자음은 'ㄱ, ㄴ, ㄷ, ㄹ, ㅁ, ㅂ, ㅇ'뿐이므로 그 이외의 자음이 음절의 끝에 오면 앞에 제시된 자음 중 하나로 발음하게 되는데, 이것도 음운 변동 현상에 해당한다. '부엌[부억]', '옷[옫]'이 그 예이다.

한편 음운 변동은 한 단어 안에서 한 번만 일어나기도 하고, ⓒ 여러 차례 일어나기도 한다. 예를 들어 '앞마당'은 먼저 음절 끝의 자음 'ㅍ'이 'ㅂ'으로 바뀐 후 비음화가 일어나 [암마당]으로 발음된다.

중요 01 음운 변동 탐구하기

보기는 윗글을 바탕으로 탐구한 자료이다. ⓐ, ⓑ에 들어갈 단어를 바르게 짝지은 것은?

보기

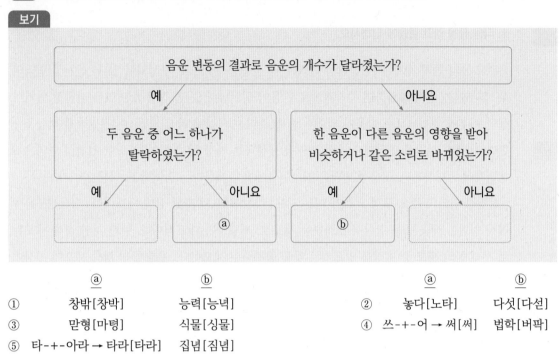

```
                 음운 변동의 결과로 음운의 개수가 달라졌는가?
         예                                          아니요

   두 음운 중 어느 하나가              한 음운이 다른 음운의 영향을 받아
     탈락하였는가?                      비슷하거나 같은 소리로 바뀌었는가?

    예          아니요              예                 아니요

   [    ]        ⓐ                 ⓑ                 [    ]
```

	ⓐ	ⓑ		ⓐ	ⓑ
①	창밖[창박]	능력[능녁]	②	놓다[노타]	다섯[다섣]
③	맏형[마텽]	식물[싱물]	④	쓰-+-어 → 써[써]	법학[버팍]
⑤	타-+-아라 → 타라[타라]	집념[짐념]			

02 음운 변동 탐구하기

밑줄 친 단어 중 ㉠에 해당하는 예로 적절한 것은?

① 그는 자신의 뜻을 굽히지[구피지] 않았다.
② 올 가을에는 작년[장년]보다 단풍이 일찍 물들었다.
③ 미리 준비하지 않고[안코] 이제야 허둥지둥하는구나.
④ 우리 집 정원에는 개나리, 장미꽃[장미꼳] 등이 있다.
⑤ 물감을 섞는[성는] 방법에 따라 표현 효과가 달라진다.

서답형 03 음운 변동 파악하기

보기의 밑줄 친 부분 중, [A]에 해당하는 것 두 개를 찾아 차례대로 쓰시오.

보기

새벽녘에 피어나 아침에 지는 나팔꽃은 매년 여름마다 우리에게 찾아옵니다.

문제풀이

08강 면역 체계

| 정답 및 해설 | 53쪽

※ 다음 글을 읽고 물음에 답하시오.

　우리 몸의 면역 체계는 ㉠ 선천성 면역과 ㉡ 적응성 면역으로 구성되어 있다. 선천성 면역의 경우, 외부에서 적이 침입하면 즉각적으로 반응이 일어난다. 반면 적응성 면역은 선천성 면역이 발생한 이후에 일어나므로 반응이 일어나는 데 걸리는 시간이 더 길지만, 더 정밀하게 적들을 공격한다. 이것이 선천성 면역과 적응성 면역을 구분하는 가장 큰 특징이다. 또한 선천성 면역은 모든 생명체에 존재하지만, 적응성 면역은 척추동물에만 존재한다는 점에서 또 다른 차이가 있다.

　선천성 면역의 주요 구성 요소가 되는 세포는 대식세포와 자연 살해 세포이다. 대식세포는 외부에서 침입한 세균 등을 잡아서 소화하는 세포로, 백혈구가 대표적이다. 반면 자연 살해 세포는 주로 우리 몸의 세포 중 이상을 일으키는 것을 공격하는 세포이다. 예를 들면 정상 세포에 이상이 생겨 세포가 죽지 않고 무한히 증식하는 암세포나, 제 기능을 하지 못하여 염증을 유발하고 있는 우리 몸의 세포 등이 대표적인 자연 살해 세포의 표적이다.

　선천성 면역과 적응성 면역의 징검다리 역할을 해주는 세포도 있다. 이는 수지상세포로, 면역세포가 공격해서 싸워야 할 적을 알려주는 역할을 한다. 수지상세포처럼 특정한 대상을 적군이라고 알려주는 것을 '항원 제시'라고 하며, 이런 기능을 수행하는 세포를 특별히 '항원 제시 세포'라고 부른다. 항원 제시 세포가 적을 확인하는 방법은 이름에서 알 수 있듯이 항원을 통해서다. 항원은 바이러스나 세균이 가지고 있는 특이적인 단백질로, 적군임을 알려주는 일종의 표지 물질이다. 수지상세포는 적응성 면역의 주요 구성 요소가 되는 세포인 T세포에게 특정 세포가 항원을 가지고 있다는 것을 알려주어 그 대상이 적군임을 귀띔해준다.

　T세포는 우리 몸의 면역계에서 핵심 역할을 하는 세포다. T세포는 도움 T세포와 세포독성 T세포로 나뉘는데, 실제로 적군과 싸우는 T세포는 세포독성 T세포이다. 세포독성 T세포는 퍼포린이라는 세포 용해 단백질을 분비하여 바이러스나 세균의 세포막에 구멍을 뚫어 대상 세포를 제거한다.

　세포독성 T세포가 침입해 들어오는 세균이나 바이러스, 또는 암과 같은 이상세포를 제거한다면 'PD-1'과 같은 면역관문 단백질은 세포의 지나친 활성을 막는 기능을 한다. 이들은 모두 단백질의 형태로 T세포 표면에 존재하며 면역 반응을 정교하게 조절하는 데 도움을 주는데, 만약 세포독성 T세포가 존재하지 않는다면 즉각적으로 적과 싸울 수 없을 것이며 면역관문 단백질이 없다면 과도하게 활성화된 T세포로 인해 우리 몸의 정상 세포까지 공격을 받을 수 있다. 이처럼 인체 면역계가 과도하게 활성화돼 정상 세포를 공격해 발병하는 질병을 '자가면역질환'이라고 부른다. 다시 말해 면역관문 단백질은 우리 몸의 정상 세포를 보호하기 위한 일종의 안전장치로 볼 수 있다.

01 핵심 내용 파악하기

㉠, ㉡에 대한 설명으로 가장 적절한 것은?

① ㉠은 ㉡보다 정밀한 공격을 수행할 수 있다.
② 외부에서 적이 침입하면 ㉠보다 ㉡이 먼저 반응한다.
③ ㉡은 ㉠과 달리 암세포를 공격할 수 있다.
④ ㉡은 ㉠과 달리 모든 생명체에 존재하지는 않는다.
⑤ 침입한 세균을 잡아서 소화하는 세포는 ㉡에 속한다.

02 세부 내용 파악하기

수지상세포에 대한 설명으로 가장 적절한 것은?

① 항원을 직접 파괴하는 기능을 수행한다.
② 바이러스나 세균이 가지고 있는 항원을 숨겨 주기도 한다.
③ 바이러스나 세균이 가지고 있는 특이적인 단백질을 통해 적을 확인한다.
④ 우리 몸의 세포가 바이러스나 세균에게 공격받지 않도록 표지 물질을 분비한다.
⑤ 선천성 면역과 적응성 면역 중 한 가지만 발동되도록 면역 체계를 단절하는 역할을 한다.

중요 03 구체적 사례에 적용하기

윗글을 바탕으로 보기 의 '환자 A'를 이해한 내용으로 적절하지 않은 것은?

보기

환자 A는 여러 관절이 붓고 통증이 발생하여 병원에서 검사를 통해 류머티즘 관절염을 진단받았다. 류머티즘 관절염은 손과 손목, 발과 발목 등을 비롯한 여러 관절에서 염증이 나타나는 만성 염증성 질환으로, 자가면역질환의 대표적인 사례이다. 과도하게 활성화된 세포독성 T세포가 관절을 감싸고 있는 막 세포들을 공격하여 막 세포가 제 기능을 하지 못하게 되면 염증을 유발하게 되고, 그 관절로 자연 살해 세포 등이 모여들며 관절이 붓고 통증이 발생한다.

① T세포의 표면에 존재하는 면역관문 단백질에 오류가 생겼겠군.
② 신체의 면역 반응을 정교하게 조절하기 위한 장치가 정상적으로 작동하지 않았겠군.
③ 과도하게 활성화된 세포독성 T세포가 우리 몸의 정상 세포인 막 세포를 공격했겠군.
④ 막 세포가 제 기능을 하지 못하게 된 것은 세포독성 T세포가 세포 용해 단백질인 퍼포린을 분비했기 때문이었겠군.
⑤ 여러 관절이 붓고 통증이 발생한 이유는 자연 살해 세포가 염증을 유발하는 막 세포를 외부에서 침입한 세균으로 판단했기 때문이었겠군.

서답형 04 세부 내용 파악하기

빈칸에 들어갈 말로 적절한 것을 윗글에서 찾아 2어절로 쓰시오.

전갈은 무척추동물로, (   ) 없이 선천성 면역만 존재하기 때문에 독을 통해 미생물을 차단하여 스스로를 방어한다.

문제풀이

| 정답 및 해설 | 54쪽

✔ 한방에! 개념정리

✔ 한방에! 핵심정리

갈래	서정 가사, 연군 가사
성격	서정적, 연모적, 여성적
주제	임금을 향한 그리움과 일편단심
특징	① 계절의 변화에 따라 임에 대한 화자의 정서를 나타냄. ② 뛰어난 우리말 구사를 통해 우리말의 아름다움을 표현함. ③ 시적 화자를 여성으로 설정하여 임금에 대한 그리움과 충정을 절실하게 드러냄.
해제	이 작품은 탄핵을 받아 관직에서 물러난 작가가 고향에 머무르면서 임금을 그리는 심정을, 이별한 임을 그리는 여인의 심정에 의탁하여 읊은 연군 가사이다. 왕과 신하의 관계를 직접적으로 표출하지 않고, 작가 자신을 임의 사랑을 받지 못하는 여인으로, 임금을 임으로 설정하여 외로운 신하의 처지와 변함없는 충정을 여성적 어조로 애절하게 노래하였다.

※ 다음 글을 읽고 물음에 답하시오.

이 몸 생겨날 때 임을 따라 생겼으니

㉠ 한평생 연분이며 하늘 모를 일이던가

㉡ 나 하나 젊어 있고 임 하나 날 사랑하시니

이 마음 이 사랑 견줄 데 전혀 없다

평생에 원하기를 함께 살자 하였더니

늙어서야 무슨 일로 외따로 두고 그리는고

엊그제 임을 모셔 광한전*에 올랐는데

그사이에 어찌하여 하계*에 내려오니

㉢ 올 적에 빗은 머리 흐트러진 지 삼 년일세

　┌ 연지분 있다마는 누굴 위하여 곱게 할꼬

[A]　　마음에 맺힌 시름 첩첩이 쌓여 있어

　└ 짓느니 한숨이요 흐르느니 눈물이라

인생은 유한한데 시름도 끝이 없다

무심한 세월은 물 흐르듯 하는구나

염냥*이 때를 알아 가는 듯 다시 오니

듣거니 보거니 느낄 일도 많기도 많구나

동풍*이 문득 불어 적설*을 헤쳐 내니

창밖에 심은 매화 두세 가지 피었구나

㉣ 가뜩 냉담한데 암향*은 무슨 일인고

황혼에 달이 따라와 베갯머리에 비치니

흐느끼는 듯 반기는 듯 임이신가 아니신가

저 매화 꺾어 임 계신 데 보내고자

임이 너를 보고 어떻다 여기실까

꽃 지고 새잎 나니 녹음*이 깔렸는데

㉤ 나위* 적막하고 수막*이 비어 있다

부용*을 걷어 놓고 공작*을 둘러 두니

가뜩이나 시름 많은데 날은 어찌 길던고

원앙금* 베어 놓고 오색실 풀어내어

금자*로 재어서 임의 옷을 지어 내니

솜씨는 물론이고 격식도 갖추었구나

산호수 지게 위에 백옥함에 담아 두고

임에게 보내려고 임 계신 데 바라보니

산인가 구름인가 험하기도 험하구나

천리만리 길을 뉘라서 찾아갈까

가거든 열어 두고 나인가 반기실까

- 정철, 〈사미인곡〉 -

✔ 한방에! 어휘풀이

* 광한전(廣寒殿): 달의 선녀인 항아가 산다는 누각.
* 하계(下界): 천상계에 상대하여 사람이 사는 이 세상을 이르는 말.
* 염냥(炎涼): 더움과 서늘함.
* 동풍(東風): 봄철에 불어오는 바람.
* 적설(積雪): 쌓여 있는 눈.
* 암향(暗香): 그윽하게 풍겨 오는 향기.
* 녹음(綠陰): 푸른 잎이 우거진 나무나 수풀. 또는 그 나무의 그늘.

* 나위(羅幃): 비단으로 만든 장막.
* 수막(繡幕): 수를 놓아 장식한 장막.
* 부용(芙蓉): 연꽃을 그리거나 수놓은 비단 휘장.
* 공작(孔雀): 공작이 그려진 병풍.
* 원앙금(鴛鴦衾): 원앙을 수놓은 이불.
* 금자(金자): 금으로 만든 자.

01 표현상의 특징 이해하기

윗글에 대한 설명으로 적절하지 <u>않은</u> 것은?

① 계절 변화에 따른 화자의 정서를 표현하고 있다.

② 비유적 표현을 활용하여 대상을 형상화하고 있다.

③ 4음보의 형식을 통해 규칙적인 운율을 드러내고 있다.

④ 설의적 표현을 활용하여 화자의 현재 상황을 나타내고 있다.

⑤ 화자를 어린아이로 설정하여 작품의 주제를 효과적으로 전달하고 있다.

02 구절의 의미 파악하기

㉠~㉤에 대한 설명으로 적절한 것은?

① ㉠: 임과 화자의 깊은 인연을 드러냄으로써 천생연분이라는 운명론적 사고관을 드러내고 있군.

② ㉡: 임과 이별하기 전 행복했던 과거의 상황을 드러내고 있군.

③ ㉢: 화자가 임과 이별한 지 삼 년이 넘는 시간이 흘렀음을 드러내고 있군.

④ ㉣: 임이 부재한 화자의 부정적인 상황 속 화자의 외로움을 드러내고 있군.

⑤ ㉤: 계절이 변화하였음에도 임이 없어 적막한 상황을 드러내고 있군.

중요 03 외적 준거를 참고하여 작품 이해하기

보기 를 바탕으로 윗글을 이해한 내용으로 적절하지 <u>않은</u> 것은?

> 보기
>
> 윗글은 작가 정철이 탄핵으로 인해 낙향한 시절에 창작된 작품이다. 윗글에서 임금에 대한 그리움은 임과의 이별로 인한 슬픔으로 표출되며 이 과정에서 화자를 여성으로, 임금을 남성으로 형상화하여 군신 관계를 우의적으로 드러내고 있다. 또한 임금에 대한 연모의 감정을 표현함으로써 다시 정계에 복귀하길 바라는 욕구도 드러내었는데, 이는 임금에 대한 충정을 적극적으로 표현할 수 없는 작가의 처지에서 기인한다.

① 화자가 임과 함께 '광한전'에 올랐다가 자신만 '하계'로 내려왔다는 것은 탄핵으로 인한 낙향을 상징적으로 드러내는 표현이다.

② 화자의 '베갯머리에 비치'는 '달'은 화자와의 이별로 인한 임의 슬픔이자, 화자가 정계에 다시 복귀하길 바라는 임금의 소망을 상징한다.

③ '오색실'로 만든 '옷'은 화자가 임에게 보내고자 하는 것으로 임금에 대한 화자의 정성과 충정을 드러내는 소재이다.

④ '솜씨는 물론이고 격식도 갖추었구나'는 화자의 뛰어난 능력을 은연중에 드러내는 표현으로 정계에 다시 복귀하길 바라는 화자의 욕구가 드러난다.

⑤ 탄핵으로 인해 낙향한 화자의 상황을 고려한다면, 임과 화자 사이를 방해하는 '산'과 '구름'은 임금 주위의 간신 세력을 의미한다.

서답형 04 시어의 의미 파악하기

[A]에서 화자가 여성임을 드러내는 시어를 찾아 3음절로 쓰시오.

※ 다음 글을 읽고 물음에 답하시오.

[앞부분 줄거리] 어렵게 장만한 집의 욕실에서 물이 새자, 그와 아내는 이웃의 소개를 받아 욕실 공사를 임 씨에게 맡긴다. 임 씨의 본업이 연탄장수임을 알게 되어 임 씨에게 공사를 맡긴 것을 후회했던 그는, 성실하게 일을 해내는 임 씨를 보며 임 씨를 의심했던 것을 부끄러워한다. 공사가 끝나갈 무렵 임 씨는 수리할 곳이 있으면 더 고쳐 주겠다고 하고, 그와 아내는 옥상 방수 공사를 부탁한다.

몇 번씩이나 옥상에 얼굴을 디밀고 일의 진척 상황을 살피던 아내도 마침내 질렸다는 듯 입을 열었다.

"대강 해 두세요. 날도 어두워졌는데 어서들 내려오시라구요."

"다 되어 갑니다, 사모님. 하던 일이니 깨끗이 손봐 드려야지요."

다시 방수액을 부어 완벽을 기하고* 이음새 부분은 손가락으로 몇 번씩 문대어보고 나서야 임 씨는 허리를 일으켰다. 임 씨가 일에 몰두해 있는 동안 그는 숨소리조차 내지 않고 일하는 양을 지켜보았다. 저 **열 손가락에 박인 공이***의 대가가 기껏 **지하실 단칸방**만큼의 생활뿐이라면 좀 너무하지 않나 하는 안타까움이 솟아오르기도 했다. 목욕탕 일도 그러했지만 이 사람의 손은 특별한 데가 있다는 느낌이었다. 자신이 주무르고 있는 일감에 한 치의 틈도 없이 밀착되어 날렵하게 움직이고 있는 임 씨의 열 손가락은 손가락 이상의 그 무엇이었다. 처음에는 이 사내가 견적대로의 돈을 다 받기가 민망하여 **우정*** 지어내 보이는 **열정**이라고 여겼었다. 옥상 일의 중간에 잠시 집에 내려갔을 때 아내도 그런 뜻을 표했다.

"예상외로 ㉠ **옥상 일이 힘든가 보죠?** 저 사람도 이제 **세상에 공돈***은 없다는 사실을 깨달았을 거예요."

하지만 우정 지어낸 열정으로 단정한다면 당한 쪽은 되려 그들이었다. 밤 여덟 시가 지나도록 잡역부* 노릇에 시달린 그도 고생이었고, 부러 만들어 시킨 일로 심적 부담을 느끼기 시작한 그의 아내 역시 안절부절못했으니까.

[중간 부분 줄거리] 공사가 끝난 뒤 그와 아내는 임 씨가 공사비를 많이 받으려 할까 봐 그를 경계한다.

"사모님, 내 뽑아 드린 ㉡ 견적서 좀 줘 보세요. 돈이 좀 틀려질 겁니다."

아내가 손에 쥐고 있던 견적서를 내밀었다. 인쇄된 정식 견적 용지가 아닌, 분홍 밑그림이 아른아른 내비치는 유치한 편지지를 사용한 그것을 임 씨가 한참씩이나 들여다보았다. 그와 그의 아내는 임 씨의 입에서 나올 말에 주목하여 잠깐 긴장하였다.

"술을 마셨더니 눈으로는 계산이 잘 안 되네요."

임 씨는 분홍 편지지 위에 엎드려 아라비아 숫자를 더하고 빼고, 또는 줄을 긋고 하였다.

그는 빈 술병을 흔들어 겨우 반 잔을 채우고는 서둘러 잔을 비웠다. 임 씨의 머릿속에서 굴러다니고 있을 숫자들에 잔뜩 애를 태우고 있는 스스로가 정말이지 역겨웠다.

"됐습니다, 사장님. 이게 말입니다. 처음엔 파이프가 어디서 새는지 모르니 전체를 뜯을 작정으로 견적을 뽑았지요. 아까도 말씀드렸지만 일이 썩 간단하게 되었다 이 말씀입니다. 그래서 노임*에서 사만 원이 빠지고 시멘트도 이게 다 안 들었고, 모래도 그렇고, 에, 쓰레기 치울 용달차도 빠지게 되죠. 방수액도 타일도 반도 못 썼으니 여기서도 요게 빠지고 또……."

임 씨가 볼펜 심으로 쿡쿡 찔러 가며 조목조목 남는 것들을 설명해 갔지만 그의 귀에는 제대로 들리지 않았다. **뭔가 단단히 잘못되었다**는 기분, 이게 아닌데, 하는 느낌이 어깨의 뻐근함과 함께 그를 짓누르고 있을 뿐이었다.

"그렇게 해서 모두 칠만 원이면 되겠습니다요."

선언하듯 임 씨가 ⓒ 분홍 편지지를 아내에게 내밀었다. 놀란 것은 그보다 아내 쪽이 더 심했다. 그녀는 분명 칠만 원이란 소리가 믿기지 않는 모양이었다.

"칠만 원요? 그럼 옥상은……."

"옥상에 들어간 재료비도 여기에 다 들어 있습니다. 그거야 뭐 몇 푼 되나요."

"그럼 우리가 너무 미안해서……."

아내가 이번에는 호소하는 눈빛으로 그를 쳐다보았다. 할 수 없이 그가 끼어들었다.

"계산을 다시 해 봐요. 처음에는 십팔만 원이라고 했지 않소?"

"이거 돈을 더 내시겠다 이 말씀입니까? 에이, 사장님도. 제가 어디 공일* 해 줬나요. 조목조목 다 계산에 넣었습니다요. 옥상 일한 품값은 지가 ⓓ 써비스로다가……."

"써비스?"

그는 아연해서* 임 씨의 말을 되받았다.

"그럼요. 저도 써비스할 때는 써비스도 하지요."

그는 입을 다물어 버렸다. 뭐라 대꾸할 말이 없었다.

"토끼띠면서도 사장님이 왜 잘사는가 했더니 역시 그렇구만요. 다른 집에서는 노임 한 푼이라도 더 깎아 보려고 온갖 트집을 다 잡는데 말입니다. 제가요, 이 무식한 노가다*가 한 말씀 드리자면요, 앞으로 이 세상 사시려면 그렇게 마음이 물러서는 안 됩니다요. 저는요, **받을 것 다 받**은 거니까 이따 겨울 돌아오면 우리 ⓔ 연탄이나 갈아 주세요."

임 씨는 아내가 내민 7만 원을 주머니에 쑤셔 넣고 자리에서 일어섰다. 그는 일 층 현관까지 내려가 임 씨를 배웅하기로 했다. 어두워진 계단을 앞서거니 뒤서거니 내려가면서 임 씨는 연장 가방을 몇 번이나 난간에 부딪쳤다. 시원한 밤공기가 현관 앞을 나서는 두 사람을 감쌌고 그는 무슨 말로 이 사내를 배웅할 것인가를 궁리해 보았다. 수고했다는 말도, 고맙다는 말도 이 사내의 그 '써비스'에 대면 너무 초라하지 않을까.

- 양귀자, 〈비 오는 날이면 가리봉동에 가야 한다〉 -

*전체 줄거리

서울에서 회사를 다니는 '그'는 서울 인근의 원미동에 처음 집을 장만 하여 이사한다. 목욕탕 파이프가 고장 나 아랫집 천장에 물이 새자 지물포 주인의 소개로 임 씨에게 목욕탕 공사를 맡긴다. 그러나 '그'는 임 씨의 본업이 연탄 장수라는 사실을 알고 임 씨를 부른 것을 후회한다. 그러나 임 씨는 예상과는 다르게 빠르게 목욕탕 공사를 끝내고 옥상 공사까지 말끔하게 끝낸다. 일을 끝낸 임 씨는 자신이 일한 만큼만 받겠다며 원래의 견적비에서 크게 깎인 공사비를 청구한다. 이를 본 '그'와 '그'의 아내는 성실하고 진실한 임 씨를 보며 그를 의심했던 것을 부끄러워한다. 임 씨와 둘이서 술을 마시게 된 '그'는 임 씨가 비 오는 날이면 떼인 연탄값을 받기 위해 가리봉동에 간다는 이야기를 들으며 가난한 도시 빈민인 임 씨에 대해 깊은 연민을 느낀다.

✔ 한방에! 어휘풀이

★ 기하다(期하다): 이루어지도록 기약하다.
★ 공이: '옹이'의 방언.
★ 우정: '일부러'의 방언.
★ 공돈(空돈): 노력의 대가로 생긴 것이 아닌, 거저 얻거나 생긴 돈.
★ 잡역부(雜役夫): 여러 가지 자질 구레한 일에 종사하는 남자.
★ 노임(勞賃): '노동 임금'을 줄여 이르는 말.
★ 공일(空일): 보수를 받지 않고 거저 하는 일.
★ 아연하다(啞然하다): 너무 놀라거나 어이가 없어서 또는 기가 막혀서 입을 딱 벌리고 말을 못 하는 상태이다.
★ 노가다: '막일꾼'의 비표준어. 막일을 하는 것을 직업으로 하는 사람.

01 서술상의 특징 파악하기

윗글에 대한 설명으로 적절한 것은?

① 인물 간 갈등을 통해 새로운 사건이 발생하고 있다.
② 서술자의 독백으로 인물들의 과거를 제시하고 있다.
③ 특정 인물에 초점을 맞추어 사건의 전개를 서술하고 있다.
④ 장면의 빈번한 전환을 통해 작품의 긴장감을 고조시키고 있다.
⑤ 상징적 소재를 통해 작품의 주제를 다양한 각도에서 드러내고 있다.

02 세부 내용 파악하기

㉠~㉤에 대한 설명으로 적절하지 <u>않은</u> 것은?

① 그가 임 씨를 바라보는 태도가 바뀐 것은 ㉠과 ㉢ 때문이다.
② 임 씨가 그와 그의 아내에게 ㉠을 ㉣이라고 한 것은 자신의 노임이 만족스럽지 않던 임 씨의 책임의식에서 비롯된 것이다.
③ 그의 아내가 임 씨에게 건넨 ㉡에는 ㉢보다 훨씬 높은 가격이 책정되어 있었다.
④ 그와 그의 아내는 임 씨가 건넨 ㉢에 ㉠의 공사 비용이 청구되어 있지 않은 것에 대해 의아해하고 있다.
⑤ ㉥은 욕실 공사가 임 씨의 본업이 아니라는 것을 드러내는 소재로, ㉢으로 공사비를 청구하는 것과 관련 있다.

중요 03 외적 준거를 참고하여 작품 이해하기

보기 를 참고하여 윗글을 감상한 내용으로 적절하지 <u>않은</u> 것은?

> **보기**
>
> 윗글의 배경인 원미동은 1970~80년대 산업화로 인해 서울로부터 밀려난 사람들이 살게 되는 공간으로, 열심히 일하지만 빈곤하게 살아가는 서민의 삶을 조명한다. 이와 더불어 자신의 이익만 챙기며 속물적으로 살아가는 인물들과 양심을 지키며 순수하게 살아가는 사람들을 함께 등장시킴으로써 산업화 과정의 이면을 보여 주는 한편, 인간다운 삶이란 무엇인가에 대한 고찰을 이끌어 낸다.

① 임 씨가 '열 손가락에' '공이'가 박이도록 일해도 '지하실 단칸방'에서 사는 것은 열심히 일해도 가난을 벗어나지 못하는 당시 서민의 삶과 관련 있겠군.
② 그가 임 씨의 행동을 '우정 지어내 보이는 열정'이라 생각한 것을 통해 금전적 이익을 중요시하는 그의 속물적인 면모를 알 수 있군.
③ '세상에 공돈은 없다'는 아내의 말은 빈곤한 삶에도 양심을 지키며 순수하게 살아가야 함을 드러내는군.
④ 그가 공사비를 적게 받는 임 씨에게서 '뭔가 단단히 잘못되었다'고 느낀 이유는 금전적 이익을 추구하는 것보다 양심을 지키는 것이 더욱 인간다운 삶이라는 것을 깨달았기 때문이겠군.
⑤ 애초 예상한 공사비보다 훨씬 적게 받고도 '받을 것 다 받았다'고 생각하는 임 씨는 양심을 지키며 정직하게 살아가는 사람들에 해당하겠군.

서답형 04 문장의 의미 파악하기

빈칸에 들어갈 말로 적절한 것을 윗글에서 찾아 3음절로 쓰시오.

> 임 씨의 '(   )'(이)라는 말은 그와 그의 아내가 임 씨에 대해 놀라움을 느끼게 되며, 이해타산적인 자신들과 달리 성실하고 정직한 임 씨를 보며 부끄러움을 느끼게 되는 단어이다.

문제풀이

복습하기

문법

음운 변동	한 음운이 일정한 ¹ ☐☐ 에 따라 다르게 발음되는 현상	
	비음화	비음이 아닌 'ㄱ, ㄷ, ㅂ'이 뒤에 오는 비음 'ㄴ, ㅁ'의 영향을 받아 각각 비음인 'ㅇ, ㄴ, ㅁ'으로 바뀌어 발음되는 현상
	거센소리되기	'ㄱ, ㄷ, ㅂ, ㅈ'이 'ㅎ'과 합쳐져 ² ☐☐☐☐ 인 'ㅋ, ㅌ, ㅍ, ㅊ'으로 발음되는 현상
	모음 탈락	두 모음이 이어질 때 그중 한 모음이 탈락하는 현상

독서

1문단	선천성 면역과 ³ ☐☐☐ 면역의 특징
2문단	대식세포와 자연 살해 세포의 개념과 기능
3문단	⁴ ☐☐☐☐☐ 의 개념과 기능
4문단	세포독성 T세포의 기능
5문단	⁵ ☐☐☐☐ 단백질의 특징과 자가면역질환

문학 – 사미인곡(정철)

서사 1(1~4행)	임과 화자의 인연
서사 2(5~12행)	임과 이별한 화자의 슬픔과 임에 대한 그리움
서사 3(13~16행)	계절의 순환에 따른 세월의 무상함
본사 1(17~23행)	임에게 ⁵ ☐☐ 를 보내고 싶은 화자의 마음
본사 2(24~35행)	임에게 ⁶ ☐ 을 지어 보내고 싶은 화자의 마음

문학 – 비 오는 날이면 가리봉동에 가야 한다(양귀자)

'그', 아내		⁸ ☐☐		'그', 아내
⁸ ☐☐ 가 견적보다 많은 금액을 요구할까 봐 긴장함.	➡	• ⁹ ☐☐ 공사를 성실하게 끝냄. • 처음의 견적보다 낮은 금액을 청구함.	➡	⁸ ☐☐ 가 옥상 공사를 '¹⁰ ☐☐☐' 라고 하는 것을 듣고 부끄러움을 느낌.

한수

09

Contents

＊필수적 부사어의 유형

서술어	필수적 부사어의 양상
같다, 다르다, 비슷하다, 닮다	체언+과/와 예 언니는 나와 다르다.
주다, 넣다, 드리다, 다가서다	체언+에/에게 예 나는 아이에게 사탕을 주었다.
삼다, 변하다	체언+(으)로 예 구름이 비로 변하였다.
기타 특정 용언	체언+부사격 조사 예 (~로) 여기다, (~로) 바뀌다, (~에) 어울리다 등

※ 다음 글을 읽고 물음에 답하시오.

서술어에 따라 완전한 문장을 이루기 위해 필요로 하는 문장 성분의 개수가 다른데, 이를 '서술어의 자릿수'라 한다.

'한 자리 서술어'는 주어만을 필요로 한다.

예 아기가 운다.

'두 자리 서술어'는 주어 외에 목적어, 보어, 필수적 부사어 중에서 하나의 문장 성분을 더 필요로 한다.

예 경찰이 도둑을 잡았다.

물이 얼음이 되었다.

아들이 아빠와 닮았다.

'세 자리 서술어'는 주어, 목적어, 필수적 부사어를 반드시 필요로 한다.

예 그녀는 그 아이를 제자로 삼았다.

위 문장에서 부사어인 '아빠와', '제자로'는 필수적 성분으로서, 생략되었을 경우 불완전한 문장이 된다. 이러한 부사어를 ㉠ 필수적 부사어라 한다.

한편 문장에서 사용되는 의미의 차이에 따라 그 자릿수를 달리하는 서술어도 있다.

예 ㉮ 나는 그녀를 생각한다.

㉯ 나는 그녀를 선녀로 생각한다.

㉮의 '생각하다'는 '사람이나 일 따위에 대하여 기억하다'는 뜻으로 주어와 목적어를 필요로 하는 두 자리 서술어이다. 이에 비해 ㉯의 '생각하다'는 '의견이나 느낌을 가지다'는 뜻으로 주어, 목적어, 부사어를 필요로 하는 세 자리 서술어이다.

• 서술어의 자릿수

서술어	구성	예
한 자리 서술어	주어	아기가 운다.
두 자리 서술어	주어+목적어	경찰이 도둑을 잡았다.
	주어+보어	물이 얼음이 되었다.
	주어+필수적 부사어	아들이 아빠와 닮았다.
세 자리 서술어	주어+목적어+필수적 부사어	그녀는 그 아이를 제자로 삼았다.

• 자릿수의 이동

서술어	한 자리 서술어	두 자리 서술어
걷다	소가 느릿느릿 걷는다.	그는 거리를 걸었다.
멈추다	자동차가 멈추었다.	경찰이 차를 멈추었다.
밝다	달이 밝다.	그는 지리에 밝다.
불다	바람이 분다.	그녀가 민들레꽃을 불었다.

보기 는 국어사전의 일부이다. 윗글을 바탕으로 ⓐ~ⓓ를 이해한 것으로 적절한 것은?

보기

> **듣다01** [-따] 〔들어, 들으니, 듣는[든-]〕
> 「동사」
> [1] 【…을】
>   사람이나 동물이 소리를 감각 기관을 통해 알아차리다.
> ¶ 나는 숲에서 새소리를 ⓐ <u>듣는다.</u>
> [2] 【…에게 …을】
>   주로 윗사람에게 꾸지람을 맞거나 칭찬을 듣다.
> ¶ 그 아이는 누나에게 칭찬을 자주 ⓑ <u>듣는다.</u>
> [3] 【…을 …으로】
>   어떤 것을 무엇으로 이해하거나 받아들이다.
> ¶ 그들은 고지식해서 농담을 진담으로 ⓒ <u>듣는다.</u>
>
> **듣다02** [-따] 〔들어, 들으니, 듣는[든-]〕
> 「동사」
> 【…에】
>   눈물, 빗물 따위의 액체가 방울져 떨어지다.
> ¶ 차가운 빗방울이 지붕에 ⓓ <u>듣는다.</u>

① ⓐ는 세 자리 서술어이다.
② ⓑ는 주어와 목적어만을 필수적으로 요구하는 서술어이다.
③ ⓒ는 주어 외에 두 개의 문장 성분을 더 필요로 한다.
④ ⓐ와 ⓓ는 필요로 하는 문장 성분이 서로 같다.
⑤ ⓑ와 ⓓ는 의미에 차이가 있지만 서술어 자릿수는 같다.

02 필수적 부사어와 수의적 부사어 구별하기

밑줄 친 부분이 ㉠에 해당되지 않는 것은?

① 그 아이는 매우 <u>영리하게</u> 생겼다.
② 승윤이는 <u>통나무로</u> 식탁을 만들었다.
③ 이 지역의 기후는 <u>벼농사에</u> 적합하다.
④ 나는 이 일을 <u>친구와</u> 함께 의논하겠다.
⑤ 작년에 부모님께서 <u>나에게</u> 큰 선물을 주셨다.

보기 의 빈칸에 들어갈 말로 적절한 것을 골라 쓰시오.

보기

> '그는 얼마 전 국가대표로 올림픽에 Ⓐ <u>출전했다.</u>'에서 Ⓐ는 (한 자리 / 두 자리 / 세 자리) 서술어이다.

문제풀이

09강 근이완제의 작용 원리

| 정답 및 해설 | 60쪽

※ 다음 글을 읽고 물음에 답하시오.

근이완제는 경직된 근육을 이완*시키는 작용을 하는 약물이다. 알려진 최초의 근이완제는 남아메리카 원주민들이 독화살에 묻혀 쓰곤 했던 물질인 큐라레로, 유럽 탐험가들에 의해 발견되었다. 근이완제는 사용 목적과 효능에 따라 중추*신경에 작용하는 중추성 근이완제, 말초신경에 작용하는 말초성 근이완제, 그리고 근소포체 억제제로 분류된다.

중추성 근이완제는 근육이 뭉치거나 결렸을* 때 가장 흔하게 병원에서 처방받거나 약국에서 일반의약품으로 복용하는 약으로, 감각 기관과 운동 반응을 이어주는 신경세포에 작용한다. 근육은 대뇌로부터 척수를 통해 신경에서 근육으로 명령을 전달받아 움직인다. 이때 신경근 접합부는 뇌와 연결된 신경과 근육이 만나는 곳으로, 신경에 자극을 주면 이곳에서 전달되는 신경전달물질 아세틸콜린이 근육 수축을 일으킨다. 중추성 근이완제는 이러한 아세틸콜린의 작용을 막아 근육을 이완해준다. 이완 작용이 중추에서 작용하기 때문에 졸음과 어지러움 같은 부작용이 나타날 수 있으므로 복용 후 운전과 같이 위험한 기계 조작과 음주는 피해야 한다. 중추성 근이완제의 작용 시간은 최소 3시간에서 최대 12시간이다.

말초성 근이완제는 아세틸콜린 수용체에서 아세틸콜린의 흡수를 줄인다. 수용체는 신경전달물질을 받아들이는 곳으로, 특정한 신경전달물질을 받아들이기 위해 그 물질의 구조와 짝이 맞는 모습으로 설계되어 있다. 말초성 근이완제는 다른 아세틸콜린과 결합하여 아세틸콜린의 모습을 바꾸어 그것이 수용체에서 받아들여지지 않게 하거나, 아세틸콜린과 비슷한 모습을 취함으로써 수용체에서 아세틸콜린으로 착각하게 하여 아세틸콜린 대신 흡수하게끔 만들어 아세틸콜린의 흡수가 줄어들게 만든다. 말초성 근이완제는 마취 수술을 돕는 용도로만 쓰이며 주로 정맥 주사제로 사용하고, 작용 시간은 최대 2시간 정도이다.

전신 마취를 할 때는 반드시 마취제와 말초성 근이완제를 함께 사용해야 한다. 마취제만 사용하여 전신 마취를 시행할 경우 의식과 감각만 제거하기 때문에 근육이 많은 부위는 마취 후에도 근육의 힘이 그대로 유지되어 수술하기가 까다롭기 때문이다. 이를 해결하기 위해 마취제 양을 늘려 근육의 이완을 유도하여도 마취제 과량 사용으로 인한 부작용과 근육이 완전히 풀어지지 않는 문제가 발생한다. 말초성 근이완제는 이러한 문제를 해결할 뿐만 아니라 인체의 깊숙한 곳까지 수술을 가능케 하여 ⓐ 외과 의학이 급속도로 발전하는 결과를 가져왔다.

근육 중에는 칼슘을 이용해 근육을 수축시키는 수용체가 있는데, 근소포체 억제제는 이러한 근육 세포에 직접 작용해 이완과 수축에 필요한 칼슘 이온이 빠져나가는 것을 줄여 뭉친 근육을 풀어준다. ㉠ 만약 척수 신경이 절단된 마비 환자의 근육이 뭉쳤다면, 이는 아세틸콜린의 분비와 흡수로 인한 것이 아닐 것이다. 이러한 환자는 근소포체 억제제를 통해 치료해야 한다.

✔ 한방에! 어휘풀이

---

* **이완(弛緩)**: 굳어서 뻣뻣하게 된 근육 따위가 원래의 상태로 풀어짐.
* **중추(中樞)**: 신경 기관 가운데, 신경세포가 모여 있는 부분.
* **결리다**: 숨을 크게 쉬거나 몸을 움직일 때에, 몸의 어떤 부분이 뜨끔뜨끔 아프거나 뻐근한 느낌이 들다.

01 핵심 내용 이해하기

윗글을 통해 알 수 있는 내용으로 적절하지 <u>않은</u> 것은?

① 신경전달물질인 아세틸콜린은 신경근 접합부에서 전달된다.
② 중추성 근이완제는 말초성 근이완제보다 인체에 작용하는 시간이 길다.
③ 중추성 근이완제와 달리 말초성 근이완제는 주로 정맥 주사제로 사용한다.
④ 중추성 근이완제는 감각 기관과 운동 반응을 이어주는 신경세포에 작용한다.
⑤ 말초성 근이완제와 달리 중추성 근이완제는 졸음, 어지러움과 같은 부작용이 없다.

02 세부 내용 추론하기

㉠의 이유로 가장 적절한 것은?

① 아세틸콜린이 흡수되는 과정에서는 칼슘 이온이 직접 필요하기 때문이다.
② 근육 수축을 유발하는 요인 중 아세틸콜린은 척수의 신경을 통해 전달되기 때문이다.
③ 아세틸콜린은 대뇌로부터 신경계를 통해 근육으로 전달되는 물질이 아니기 때문이다.
④ 척수 신경이 절단되면 근육으로 뇌의 명령이 전달될 수 없어 근육이 뭉칠 수 없기 때문이다.
⑤ 아세틸콜린은 근육 세포의 칼슘 이온이 빠져나가는 것을 줄여 근육 뭉침을 풀어주기 때문이다.

중요 03 구체적 사례에 적용하기

윗글을 바탕으로 보기 를 이해한 내용으로 적절하지 <u>않은</u> 것은?

> **보기**
>
> 말초성 근이완제는 다시 탈분극성 근이완제와 비탈분극성 근이완제로 나뉘는데, 탈분극성 근이완제는 신경과 근육이 만나는 곳에서 아세틸콜린 수용체에 붙어 아세틸콜린 대신 흡수되어 근육 이완 목적으로 사용된다. 탈분극성 근이완제는 효과가 빨리 나타나는 대신에 작용 시간이 5~10분으로 짧다. 그래서 마취를 시작할 때 산소를 공급하기 위한 호스를 환자의 기도에 삽입할 때 사용한다. 반면 아세틸콜린이 수용체에 붙지 못하도록 방해해서 근육 이완 작용을 하는 것을 비탈분극성 근이완제라고 한다. 비탈분극성 근이완제는 탈분극성 근이완제보다 효과가 늦게 나타나지만, 작용 시간이 2시간 정도로 비교적 길다.

① 탈분극성 근이완제와 비탈분극성 근이완제는 모두 마취 수술을 돕는 용도로만 사용되겠군.
② 약물의 빠른 작용이 필요할 때는 비탈분극성 근이완제보다 탈분극성 근이완제가 효과적이겠군.
③ 기도 주변 근육이 긴장되어 있으면 환자의 기도에 호스를 삽입하기 어려워 근이완제를 사용하겠군.
④ 비탈분극성 근이완제는 아세틸콜린 수용체의 구조 자체를 바꾸어 아세틸콜린과 짝이 맞지 않게 하여 흡수율을 낮추겠군.
⑤ 탈분극성 근이완제는 아세틸콜린과 비슷하게 생긴 모습을 가진 물질을 사용하여 수용체에서 아세틸콜린 대신 흡수되게 하겠군.

* 탈분극(脫分極): 화학적 또는 물리적 자극을 주면 세포 내외로 전하의 이동이 일어나 세포막을 경계로 조성되었던 분극이 깨지는 현상.

서답형 04 세부 내용 파악하기

빈칸에 들어갈 말로 적절한 것을 골라 차례대로 쓰시오.

> ⓐ의 이유는 근이완제로 인해 (근육 / 신경세포)이/가 많은 부위의 (이완 / 수축)이 가능해졌기 때문이다.

문제풀이

09 강

묵화 _ 김종삼

✔ 한방에! 개념정리

✔ 한방에! 핵심정리

갈래	자유시, 서정시
성격	향토적, 서정적
주제	고단한 삶을 사는 할머니와 소의 유대감
특징	① 쉼표를 통해 작품의 여운과 분위기를 형성함. ② 언어적 표현을 절제함으로써 여백의 미를 살림. ③ 구체적 상황을 생략하고 배경과 대상을 단순하게 표현함.
해제	이 작품은 고단하고 적막한 삶을 함께 지내는 소와 할머니의 유대감을 한 폭의 묵화처럼 제시하고 있다. 할머니와 소처럼 주변의 대상과 삶을 나누며 함께 살아가는 모습은 시간이 흘러도 변하지 않는 삶의 모습과 가치를 인식하게 한다.

✔ 한방에! 어휘풀이

★ 적막하다: 고요하고 쓸쓸하다.
★ 묵화(墨畵): 먹으로 짙고 엷음을 이용하여 그린 그림.

※ 다음 글을 읽고 물음에 답하시오.

물 먹는 소 목덜미에
할머니 손이 얹혀졌다.
이 하루도
함께 **지났다고,**
서로 **발잔등이 부었다고,**
서로 **적막하다고*,**

– 김종삼, 〈묵화*〉 –

01 표현상의 특징 파악하기

윗글에 대한 설명으로 적절한 것은?

① 역설적 표현을 통해 작품의 주제를 효과적으로 드러내고 있다.
② 종결 어미를 반복하여 시적 화자의 굳은 의지를 전달하고 있다.
③ 구체적 상황을 생략하고 대상과 배경을 단순하게 제시하고 있다.
④ 현재형 시제를 통해 작품의 분위기를 생동감 있게 조성하고 있다.
⑤ 대상에 인격을 부여함으로써 대상에 대한 화자의 친근감을 표현하고 있다.

02 작품 감상하기

윗글에 대한 감상으로 적절하지 <u>않은</u> 것은?

① 일을 마친 뒤의 적막하고 쓸쓸한 분위기가 드러나는군.
② 지친 소에게 기대는 할머니의 이기적인 마음이 드러나는군.
③ 할머니는 소와 육체적인 노동의 피로에 대한 교감을 나누고 있군.
④ 할머니와 소는 오랜 세월을 함께 살아온 가족처럼 정을 나누고 있군.
⑤ 서로 말이 통하지 않지만 고단하고 힘겨운 삶을 위로하는 할머니와 소의 마음을 알 수 있군.

중요▶ 03 외적 준거를 바탕으로 작품 이해하기

보기 를 바탕으로 윗글을 이해한 내용으로 적절하지 <u>않은</u> 것은?

> **보기**
>
> 이 시는 고단하고 쓸쓸하게 하루를 지낸 할머니의 심정을 통찰하며 작품을 끝맺음으로써 말이 통하지 않는 할머니와 소 사이에 이루어지는 내면의 교감을 사실적으로 드러낸다. 묵화와 같이 어떤 화려한 채색도 가하지 않고, 여백의 공간을 만듦으로써 부리고, 부림을 당하는 관계였던 인간과 가축 사이의 갈등이 새로운 관계 설정을 통해 '위로와 교감'의 맥락 효과를 불러일으키고 있는 것이다.

① 할머니와 소의 모습을 사실적으로 전달하는 것은 묵화의 특징을 반영한 것이다.
② 소가 할머니와 함께 오랜 세월을 보내는 것은 부림을 당하는 가축의 전형을 드러낸다.
③ 소의 목덜미에 '할머니 손이 얹혀'지는 것은 인간과 가축 사이에 새로운 관계를 설정하는 것이라 볼 수 있다.
④ '지났다고,'와 같이 시행을 의도적으로 불완전하게 끝내는 것은 여백의 공간을 통해 소와 할머니의 교감을 드러내기 위한 것이다.
⑤ 할머니의 '발잔등이 부었다'는 것은 고된 삶을, '적막하다'는 것은 소가 할머니의 유일한 벗임을 의미하는 말로, 할머니의 쓸쓸한 삶이 드러난다.

서답형▶ 04 작품의 내용 파악하기

빈칸에 들어갈 말로 적절한 것을 골라 쓰시오.

> **보기**
>
> 너는 사모할 줄을 모르나, / 플라타너스, / 너는 네게 있는 것으로 그늘을 늘인다.
> 먼 길을 올 제, / 홀로 되어 외로울 제, / 플라타너스, / 너는 그 길을 나와 같이 걸었다.
> - 김현승, 〈플라타너스〉

> 〈보기〉의 '플라타너스'가 화자와 동반자적 관계를 맺고 있음을 고려할 때, 윗글의 (할머니 / 소)와 그 의미가 같다고 볼 수 있다.

문제풀이

09 강

심생전 _ 이옥

| 정답 및 해설 | 63쪽

※ 다음 글을 읽고 물음에 답하시오.

[앞부분 줄거리] 심생은 어느 날 길을 가다가 우연히 한 소녀와 눈이 마주치고 한순간에 반하여 뒤를 따라가 그녀가 사는 곳과, 그녀가 중인*의 딸이라는 것을 알아낸다. 그 후 심생은 매일 밤 소녀의 집 담장을 넘어 그녀의 방문 앞에서 기다린다. 소녀는 심생이 매일 자신의 방문 앞에서 기다리는 것을 알고 거절하기 위해 자물쇠로 뒷문을 잠그지만, 심생은 이에 굴하지 않고 계속 찾아온다.

　심생은 이튿날에도 가고 그 이튿날에도 갔다. 그러나 감히 잠긴 문을 열어 달라고는 하지 못했다. 비 오는 날이면 비옷을 입고 갔으며 옷자락 젖는 것쯤 마다하지 않았다. 이렇게 또 열흘이 지났다.
　한밤중이었다. 온 집안이 모두 달게 잠들었고 소녀 또한 등불을 끈 지 오래였다. 그런데 소녀가 갑자기 벌떡 일어나더니 여종에게 불을 켜라 이르고 이렇게 말했다.
　"너희들, 오늘 밤은 내당*에 가서 자거라!"
　두 여종이 문을 나서자, 소녀는 벽 위에서 열쇠를 가져다 자물쇠를 풀더니 뒷문을 활짝 열고 심생을 불렀다.
　"낭군! 방으로 들어오셔요."
　심생은 생각해 볼 겨를도 없이 어느새 몸이 먼저 방에 들어와 있었다. 소녀가 다시 문을 잠그고 심생에게 말했다.
　"잠시만 앉아 계셔요."
　마침내 내당으로 가더니 부모님을 모시고 왔다. ⓒ 소녀의 부모는 심생을 보고 깜짝 놀랐다. 소녀가 말했다.

[A]

　　"놀라지 마시고 제 말을 들어 보셔요. 제 나이 열일곱, 그동안 문밖에 나가 본 적이 없었지요. 그러다가 지난달 처음으로 집을 나서 임금님의 행차를 구경하고 돌아오던 길이었어요. 소광통교에 이르렀을 때, 불어온 바람에 보자기가 걷혀 올라가 마침 초립*을 쓴 낭군 한 분과 얼굴을 마주치게 되었지요. 그날 밤부터 그분이 매일 밤 오셔서 뒷문 아래 숨어 기다리신 게 오늘로 이미 삼십 일이 되었네요. 비가 와도 오고 추워도 오고 문을 잠가 거절해도 또한 오셨어요.
　　제가 이리저리 요량해* 본 지 이미 오래되었답니다. 만일 소문이 밖에 퍼져 이웃에서 알게 되었다 쳐보세요. 저녁에 들어와 새벽에 나가니 누군들 낭군이 그저 창밖의 벽에 기대 있기만 했다고 여기겠어요? 실제로는 아무 일이 없었건만 저는 추악한 이름을 뒤집어써서 개에게 물린 꿩 신세가 되고 마는 거지요.
　　저분은 사대부 가문의 낭군으로, 한창나이에 혈기를 진정하지 못하고 벌과 나비가 꽃을 탐하는 것만 알아 바람과 이슬 맞는 근심을 돌아보지 않으니 얼마 못 가 병이 들지 않겠어요? 병들면 필시 일어나지 못할 테니, 그리된다면 제가 죽인 건 아니지만 결국 제가 죽인 셈이 되지요. 남들이 알지 못하더라도 언젠가는 이에 대한 앙갚음을 당하고 말 거예요.
　　게다가 저로 말할 것 같으면 중인 집안의 처녀에 지나지 않지요. 절세의 미모를 가진 것도 아니요, 물고기가 숨고 꽃이 부끄러워할 만큼 아름다운 얼굴도 아니잖아요. 그렇건만 낭군은 못난 솔개*를 보고는 송골매라 여기고 이처럼 제게 지극정성을 다하시니, 이런데도 낭군을 따르지 않는다면 하늘이 저를 미워하고 복이 제게 오지 않을 게 분명해요.

제 뜻은 결정되었어요. 아버지, 어머니도 걱정 마셔요. 아아! 부모님은 늙어 가시는데 자식이라곤 저 하나뿐이니, 사위를 맞아 그 사위가 살아 계실 적엔 봉양*을 다하고 돌아가신 뒤엔 제사를 모셔 준다면 더 바랄 게 뭐 있겠어요? 일이 어쩌다 이렇게 되고 말았지만 이것도 하늘의 뜻입니다. 더 말해 무엇하겠어요?"

소녀의 부모는 더욱 어안이 벙벙했으나 달리 할 말이 없었고, 심생은 더욱 아무 말도 못 했다. 그래서 그날부터 심생은 밤마다 소녀를 만났다. 애타게 사모하던 끝에 그 기쁨이야 오죽하였으리오. 그날 밤 이후로 심생은 저물녘에 집에서 나갔다가 새벽에 돌아왔다.

소녀의 집은 본래 부유했다. 그로부터 심생을 위하여 산뜻한 의복을 정성껏 마련해 주었으나, 그는 집에서 이상하게 여길까 보아서 감히 입지 못하였다.

그러나 심생이 아무리 조심을 하여도 심생의 부모는 그가 바깥에서 자고 오래 돌아오지 않는데 의심하지 않을 수 없었다. 그리하여 절에 가서 글을 읽으라는 명이 내리었다. 심생은 마음에 몹시 불만이었으나, 부모의 압력을 받고 또 친구들에게 이끌리어 책을 싸들고 북한산성으로 올라갔다.

선방*에 머문 지 근 한 달 가까이 되었다. 심생에게 소녀의 한글 편지를 전해 주는 사람이 있었다. 편지를 펴 보니 유서로 영영 이별하는 내용이 아닌가. 소녀는 이미 죽은 것이다.

(중략)

심생은 이 편지를 받고 자기도 모르게 울음과 눈물을 쏟았다. 이제 비록 슬프게 울어 보나 무엇하겠는가. 그 뒤에 심생은 붓을 던지고 무변*이 되어 벼슬이 금오랑*에 이르렀으나 역시 일찍 죽고 말았다.

매화외사* 가로되, 내가 열두 살 때에 시골 서당에서 글을 읽는데 매일 동접*들과 더불어 이야기 듣기를 좋아하였다. 어느 날 선생이 심생의 일을 자세히 이야기해 주시고,

"심생은 나의 소년시 동창이다. 그가 절에서 편지를 받고 통곡할 때에 나도 곁에서 지켜보았더랬다. 급기야 심생이 겪은 일을 듣게 되었고 지금까지 잊지 못하고 있구나."

하시고, 이어서

"내가 너희들에게 이 풍류 소년을 본받으라는 것이 아니다. 사람이 일에 당해서 진실로 꼭 이루겠다는 뜻을 세우면 규방 여인의 마음도 얻을 수 있거늘, 하물며 문장이나 과거야 왜 안 되겠느냐."

하시었다.

우리들은 그 당시 듣고 매우 새로운 이야기로 여겼는데, 훗날 〈정사*〉를 읽어 보니 이와 비슷한 이야기가 많았다. 이에 이것을 〈정사〉의 이야기 중 하나로 추가하려 한다.

– 이옥, 〈심생전〉 –

✔ **한방에! 어휘풀이**

★ 중인(中人): 조선 시대에, 양반과 평민의 중간에 있던 신분 계급.
★ 내당(內堂): 안주인이 거처하는 방.
★ 초립(草笠): 예전에, 주로 어린 나이에 관례를 한 사람이 쓰던 갓.
★ 요량하다(料量하다): 앞일을 잘 헤아려 생각하다.
★ 솔개: 수릿과의 새.
★ 봉양(奉養): 부모나 조부모와 같은 웃어른을 받들어 모심.
★ 선방(禪房): 절에 있는 참선하는 방.
★ 무변(武弁): 무과 출신의 벼슬아치.
★ 금오랑(金吾郎): 조선 시대에, 의금부에 속한 도사를 이르던 말.
★ 매화외사(梅花外史): 조선 후기 문인 이옥의 호이자, 이옥의 전·잡저 등을 수록한 시문집.
★ 동접(同接): 같은 곳에서 함께 공부함. 또는 그런 사람이나 관계.
★ 정사(情史): 명나라 때의 문인 풍몽룡이 남녀 애정과 관련된 중국 역대의 이야기를 모아 엮은 책.

01 작품의 내용 파악하기

윗글에 대한 설명으로 적절하지 <u>않은</u> 것은?

① 글쓴이는 심생과 함께 선방에서 글을 읽었다.
② 소녀의 부모는 소녀와 심생 간의 결연을 인정하였다.
③ 소녀는 심생에게 자신의 상황을 시를 통해 드러내었다.
④ 심생은 소녀를 본 첫날부터 소녀의 집에 드나들기 시작했다.
⑤ 소녀는 문을 여닫는 것을 통해 심생에 대한 마음을 표현하였다.

02 구절의 의미 파악하기

[A]에 나타나는 '소녀'의 말하기 방식에 대한 설명으로 적절하지 <u>않은</u> 것은?

① 미래에 일어날 긍정적 상황을 근거로 들어 설득하고 있다.
② 심생의 신분을 근거로 들어 자신의 억울함을 해소하고 있다.
③ 자신과 심생 사이에서 일어났던 일을 요약하여 제시하고 있다.
④ 비유적 표현을 활용하여 자신에 대한 심생의 사랑을 드러내고 있다.
⑤ 자신이 심생을 받아들이지 않을 경우 일어날 부정적 상황을 가정하고 있다.

중요 ▶ 03 외적 준거를 통해 작품 감상하기

보기 를 참고하여 윗글을 감상한 내용으로 적절하지 <u>않은</u> 것은?

> **보기**
>
> 윗글이 창작된 시기는 조선 후기로, 새로운 사상의 발달로 여러 사회 제도가 동요하던 시기였다. 남녀가 자유롭게 사랑을 나누는 자유연애 사상, 여성 의식의 성장, 신분 질서의 동요, 중인층의 경제적 성장 등 조선 후기의 사회상이 반영되어 있는데, 이러한 변화에도 불구하고 신분의 벽을 넘지 못하는 두 남녀의 사랑 이야기를 통해 봉건적 신분 질서에 대한 비판 의식을 드러내고 있다.

① 소녀가 부모님께 심생과의 결연을 허락받는 것은 여성 의식의 성장에 한계가 있었음을 보여 준다.
② 심생과 소녀의 사랑이 비극적으로 끝난 것은 완고한 봉건적 신분 질서를 넘어서지 못했음을 의미한다.
③ 소녀가 자신과 심생의 신분을 언급한 것은 소녀와 심생의 결연이 사회적으로 인정받기 어려울 것이라는 걱정 때문이다.
④ 심생이 소녀를 만나기 위해 매일 밤 소녀의 집에 방문하는 것에는 남녀가 자유롭게 연애하던 당시 사회상이 반영되어 있다.
⑤ 소녀의 집이 본래 부유했다는 것과 심생에게 지어 준 의복을 고려할 때 당시 중인 계층이 경제적으로 성장하고 있음을 알 수 있다.

서답형 ▶ 04 소재의 의미 파악하기

빈칸에 들어갈 말로 적절한 것을 윗글에서 찾아 2음절로 쓰시오.

> 심생은 소녀가 자신에게 보낸 (   )의 내용이 유서임을 알고 소녀가 죽은 것을 깨달았다.

문제풀이

복습하기

문법

서술어의 자릿수	완전한 문장을 이루기 위해 필요로 하는 ^{1} ☐☐☐ 의 개수	
	한 자리 서술어	^{2} ☐☐ 만을 필요로 함.
	두 자리 서술어	주어 외에 목적어, 보어, 필수적 부사어 중에서 하나의 문장 성분을 더 필요로 함.
	세 자리 서술어	주어, ^{3} ☐☐☐ , 필수적 부사어를 반드시 필요로 함.

독서

1문단	근이완제의 작용 원리
2문단	^{4} ☐☐☐ 근이완제의 작용 원리와 활용
3문단	말초성 근이완제의 작용 원리와 활용
4문단	말초성 근이완제의 의의
5문단	^{5} ☐☐☐☐ 억제제의 작용 원리

문학 – 묵화(김종삼)

1~2행	소의 ^{6} ☐☐☐ 를 쓰다듬는 할머니
3~6행	할머니와 소의 교감

문학 – 심생전(이옥)

심생과 처녀의 사랑 이야기
양반과 ^{7} ☐☐ 이라는 ^{8} ☐☐ 의 차이를 극복하지 못한 심생과 처녀의 비극적인 사랑

+

^{9} ☐☐☐☐ (이옥)의 평
심생이 꾸준한 노력으로 처녀와의 사랑을 성취했듯 어떤 일이든 의지를 갖고 열심히 노력하면 문장이나 ^{10} ☐☐ 등의 목표를 이룰 수 있음.

10

Contents

| 정답 및 해설 | 66쪽

☑ 한방에! 개념정리

☑ 한방에! 핵심정리

갈래	강연
화제	식품 포장지의 나타나 있는 다양한 영양 정보
특징	① 시각 자료를 활용하여 청중의 이해를 도움. ② 청중에게 질문을 함으로써 청중과 상호작용 함.

※ 다음은 강연이다. 물음에 답하시오.

안녕하세요? 식품 안전 연구소의 ○○○입니다. 여러분은 식품을 구매할 때 식품 포장지에서 어떤 정보를 주로 보시나요? (청중의 대답을 듣고) 네, 주로 영양 성분을 보시는군요. 하지만 식품 포장지에는 영양 성분 외에도 유익한 정보가 많이 있습니다. 오늘은 식품 포장지의 표시사항에 대해 알려드리겠습니다.

(㉠ 자료 제시) 지금 보시는 화면은 식품을 구매할 때 통상적으로 보게 되는 주표시면입니다. 이렇게 주표시면에는 제품명과 내용량 및 열량, 그리고 상표 등이 표시돼 있습니다. 특히 여기에서 눈여겨볼 부분이 있는데요. 제품명에 '향' 자가 보이시나요? 제품명에 특정 맛이나 향이 표시되어 있고 그 맛이나 향을 내기 위한 원재료로 합성 향료만을 사용했기 때문에 보시는 것처럼 '복숭아향'이라고 적혀 있습니다. 그리고 합성 향료가 첨가되었다는 문구도 제품명 주위에서 확인할 수 있습니다.

그럼 다음 화면을 보시죠. (㉡ 자료 제시) 이 화면은 다른 식품의 주표시면인데, 여기에서는 어떤 정보를 알 수 있을까요? 제품명을 보고 소고기만으로 만든 식품이라고 생각하시는 분들이 많을 텐데요. 아래쪽을 보시면, 소고기와 함께 돼지고기도 일부 포함되어 있음을 알 수 있습니다. 이 식품과 같이 식육가공품은 가장 많이 사용한 식육의 종류를 제품명으로 사용할 수 있는데요. 이런 경우에는 식품에 포함된 모든 식육의 종류와 함량이 주표시면에 표시되어 있으니 꼭 확인해 보세요.

(㉢ 자료 제시) 이 화면은 앞서 보신 식품 포장지의 다른 면을 확대한 것입니다. 여기에는 식품 유형, 원재료명, 유통기한, 주의사항 등 다양한 정보가 있는데요. 이렇게 표시사항을 한데 모아 표시한 면을 정보표시면이라고 합니다. 이 중 일부만 살펴보겠습니다. 여기 바탕색과 다르게 표시된 부분이 보이시죠? 이곳은 알레르기 표시란인데요. 알레르기 유발물질의 양과 관계없이 원재료로 사용된 모든 알레르기 유발물질이 표시됩니다. 또한 식품에 사용된 원재료가 아니어도 알레르기 유발물질이 식품을 제조하는 과정에서 불가피하게 섞여 들어갈 우려가 있을 수 있습니다. 이 경우에는 화면에서 보시는 것처럼 알레르기 유발물질이 혼입될 수 있다는 의미의 주의사항 문구가 쓰여 있으니 특정 알레르기가 있는 분들은 유의해서 살펴보시기 바랍니다.

마지막으로 날짜 표시에 대해 알려드리겠습니다. 여기 원재료명 아래 유통기한이 표시되어 있는데요. 관련 법률이 개정되어 앞으로는 식품을 유통할 수 있는 기한인 유통기한 대신 소비기한이 표시됩니다. 소비기한은 식품에 표시된 보관 방법을 준수했을 때 식품을 섭취해도 안전에 이상이 없는 기한을 말합니다. 그러니 식품에 표시된 보관 방법에 신경 쓰시면 도움이 될 것입니다.

여러분, 건강하고 안전한 식생활을 위해 식품 포장지의 정보를 꼼꼼히 확인하여 자신에게 적합한 식품을 잘 구매하시기 바랍니다. 이상으로 강연을 마치겠습니다.

01 강연자의 말하기 방식 파악하기

윗글의 강연자의 말하기 방식으로 가장 적절한 것은?

① 강연을 하게 된 소감을 밝히며 강연을 시작하고 있다.

② 강연 내용을 요약하여 마무리하며 주제를 강조하고 있다.

③ 강연 내용과 관련된 질문을 하여 청중의 주의를 환기하고 있다.

④ 강연에 사용한 자료의 출처를 언급하여 신뢰성을 확보하고 있다.

⑤ 강연 순서를 처음에 안내하여 청중이 내용을 예측하게 하고 있다.

02 자료 활용 방식 이해하기

다음은 윗글의 강연자가 제시한 자료이다. 강연자의 자료 활용에 대한 설명으로 적절하지 않은 것은?

① 주표시면을 구성하고 있는 요소를 보여 주기 위해 ㉠에 [자료 1]을 활용하였다.

② 제품명에 특정 글자가 사용된 이유를 설명하기 위해 ㉠에 [자료 1]을 활용하였다.

③ 식육가공품에서 제품명에 원재료명이 포함된 경우 주표시면에 추가로 표시되는 요소를 보여 주기 위해 ㉡에 [자료 2]를 활용하였다.

④ 식품 제조 과정에서 불가피하게 혼입될 수 있는 알레르기 유발물질이 알레르기 표시란을 통해 표시되는 방식을 설명하기 위해 ㉢에 [자료 3]을 활용하였다.

⑤ 식품 포장지에 표기되는 날짜 표시와 관련된 정보를 제공하기 위해 ㉢에 [자료 3]을 활용하였다.

중요 03 청자의 반응 이해하기

다음은 위 강연을 들은 청중의 반응이다. 강연의 내용을 고려하여 청중의 반응을 이해한 내용으로 적절하지 않은 것은?

> • 청자 1: 지난번에 어떤 식품을 샀는데 보관 방법 표시가 눈에 잘 띄지 않았어. 식품에 따라 보관 방법이 어떻게 표시되는지 자세히 설명해 주지 않아서 아쉬웠어.
>
> • 청자 2: 그동안 열량만 보고 식품을 구매했었는데, 다른 중요한 정보들도 많이 있다는 것을 알게 되어 유익했어. 동생에게 알려 주기 위해 오늘 배운 내용을 잘 정리해 봐야겠어.
>
> • 청자 3: 수업 시간에 식품 표시사항을 점자로 표시하는 경우도 있다는 것을 배웠어. 오늘 알게 된 내용이 점자로 어떻게 표시되어 있는지 사례를 조사해 봐야겠어.

① 청자 1은 강연에서 구체적으로 설명하지 않은 정보가 있는 것에 대해 부정적으로 평가하고 있다.

② 청자 2는 강연에서 새롭게 알게 된 정보를 긍정적으로 수용하고 있다.

③ 청자 3은 강연의 내용을 통해 기존의 지식을 수정하고 있다.

④ 청자 1과 청자 2는 모두 강연 내용과 관련된 자신의 경험을 떠올리고 있다.

⑤ 청자 2와 청자 3은 모두 강연 내용을 바탕으로 추가적인 활동을 계획하고 있다.

10강 조각에서 읽는 회화

| 정답 및 해설 | 68쪽

주제	암각화와 부조상의 표현 방법
해제	이 글은 한국 미술사를 대표하는 두 가지 양식인 암각화와 부조상의 표현 방법을 설명하고 있다. 암각화에 사용된 표현 방법에는 선조와 요조가 있으며, 암각화는 선으로 대상을 표현했다는 점에서 회화적 특성을 지닌다. 한편 부조는 평면 위에 입체로 대상을 표현하는 방식으로 조각과 회화의 성격을 모두 띠고 있다. 부조를 사용한 대표적인 작품인 〈금강역사상〉을 통해 조각적 측면으로서의 부조의 특성을 확인할 수 있다. 본래 신전의 벽면을 장식하여 종교적 분위기를 형성하고자 제작되었던 부조는 이차원적 제한성에도 불구하고 삼차원적 효과를 극대화하였다는 의의를 지닌다.

✱ 문단 중심 내용

1문단	암각화와 부조상의 특징
2문단	암각화의 표현 방법 – 선조와 요조
3문단	부조의 표현 방법
4문단	부조의 특성을 활용하여 만든 금강역사상
5문단	부조의 효과와 의의

※ 다음 글을 읽고 물음에 답하시오.

울산 울주에는 한국 미술사의 첫 장을 장식하는 암각화*가 있다. 이것에는 넓고 평평한 돌 위에 상징적인 기호와 사실적으로 표현된 동물들의 모습이 새겨져 있다. 한편 한국 조형 미술을 대표하는 것으로 금강역사상과 같은 석굴암의 부조상들이 있다. 이것들 또한 돌에 형상을 새긴 것이다. 이들의 표현 방법에 대해 살펴보도록 하자.

<금강역사상>

암각화에는 선조와 요조가 사용되었다. 선조는 선으로만 새긴 것을 말하며, 요조는 형태의 내부를 표면보다 약간 낮게 쪼아내어 형태의 윤곽선을 표현한 것이다. 이러한 점에서 요조는 쪼아 낸 면적만 넓을 뿐이지 기본적으로 선조의 범주에 든다고 하겠다. 따라서 선으로 대상을 표현했다는 점에서 암각화는 조각이 아니라 회화라고 볼 수 있다.

한편 조각과 회화의 성격을 모두 띠고 있는 것으로 부조가 있다. 부조는 벽면 같은 곳에 부착된 형태로 도드라지게 반입체를 만드는 것이다. 평면에 밀착된 부분과 평면으로부터 솟아오른 부분 사이에 생기는 미묘하고도 섬세한 그늘은 삼차원적인 공간 구성을 통한 실재감*을 주게 된다. 빛에 따라 질감이 충만한 부분과 빈 부분이 드러나서 상대적인 밀도를 지각할 수 있게 되는 것이다. 이처럼 부조는 평면 위에 입체로 대상을 표현하므로 중량감*을 수반하게* 되고 공간과 관련을 맺는다. 이것이 부조에서 볼 수 있는 조각의 측면이다.

이러한 부조의 특성을 완벽하게 소화하여 평면에 가장 입체적으로 승화시킨 것이 석굴암 입구 좌우에 있는 ㉠ 금강역사상이다. 이들은 제각기 다른 자세로 금방이라도 벽 속에서 튀어나올 것 같은 착각을 준다. 팔이 비틀리면서 평행하는 사선의 팽팽한 근육은 힘차고, 손가락 끝은 오므리며 온 힘이 한곳에 응결된 왼손의 손등에 솟은, 방향과 높낮이를 달리하는 다섯 갈래 뼈의 강인함은 실로 눈부시다.

부조는 신전의 벽면을 장식하기 위한 목적으로 제작되기 시작했다. 그리스 신전과 이집트 피라미드 등에서는 부조로 벽면을 장식하여 신비스러운 종교적 분위기를 형성하고 있다. 이처럼 ⓐ 이차원적 제한성에도 불구하고 삼차원적 효과를 극대화한 부조는 제작 환경과 제작 목적에 맞게 최적화된 독특한 조형 미술의 양식이다.

* 암각화(巖刻畫): 바위, 단애, 동굴의 벽면 따위에 칠하기, 새기기, 쪼기 등의 수법으로 그린 그림.
* 실재감(實在感): 그려진 물건이 실물인 듯한 느낌.
* 중량감(重量感): 물체의 무게에서 오는 묵직한 느낌.
* 수반하다(隨伴하다): 어떤 일과 더불어 생기다. 또는 그렇게 되게 하다.

01 내용 전개 방식 파악하기

윗글의 내용 전개 방식으로 적절하지 <u>않은</u> 것은?

① 암각화의 조각 방식의 발전 과정을 통시적으로 설명하고 있다.

② 구체적인 묘사를 통해 대상의 특징을 효과적으로 드러내고 있다.

③ 부조가 실제로 사용된 공간을 예시로 들어 제작 목적을 밝히고 있다.

④ 조각의 회화적 표현 방식과 관련된 용어의 개념을 밝히며 이해를 돕고 있다.

⑤ 암각화와 부조상의 대조를 통해 부조상이 갖는 예술적 가치에 대해 설명하고 있다.

02 세부 내용 파악하기

윗글에 대한 내용으로 적절하지 <u>않은</u> 것은?

① 요조는 선조보다 바위를 쪼아낸 면적이 넓다.

② 부조는 이차원적인 제한성을 극복한 조형 미술 양식이다.

③ 부조는 여러 문화권에서 종교 건축물의 장식에 사용되었다.

④ 암각화의 선조는 조각이 아니라 회화로 보는 것이 적절하다.

⑤ 석굴암의 부조상에는 사실적으로 표현된 동물들의 모습이 새겨져 있다.

중요 03 구체적 사례에 적용하기

윗글을 참고하여 보기 와 ㉠을 비교한 내용으로 적절하지 <u>않은</u> 것은?

보기

▲ 〈울산 울주 반구대 암각화〉 중 일부

① ㉠은 〈보기〉와 달리 그늘을 통해 현실감을 높이고 있다.

② ㉠은 〈보기〉와 달리 벽 속에서 튀어나올 것 같은 착각을 일으킨다.

③ ㉠은 〈보기〉와 달리 빛을 이용하여 대상의 질감을 표현할 수 있다.

④ ㉠과 〈보기〉 모두 대상의 중량감을 입체적으로 표현할 수 있다.

⑤ ㉠과 〈보기〉 모두 돌에 그림을 새겨 회화의 성격을 띤다고 볼 수 있다.

서답형 04 세부 내용 파악하기

다음은 ⓐ의 이유를 설명한 것이다. 빈칸에 들어갈 말로 적절한 것을 윗글에서 찾아 차례대로 쓰시오.

평면에 ( )(으)로 대상을 표현하기 때문에 ( )을/를 가지면서 공간과 관련을 맺기 때문이다.

문제풀이

10강 제망매가 _ 월명사

정답 및 해설 | 69쪽

한방에! 개념정리

한방에! 핵심정리

갈래	향가
성격	추모적, 애상적, 불교적
주제	죽은 누이에 대한 추모
특징	① 비유적 표현을 활용하여 서정성을 부각함. ② 불교의 윤회 사상을 바탕으로 재회에 대한 소망을 드러냄.
해제	이 작품은 누이의 죽음이라는 안타까운 상황에 직면한 화자의 내면을 서정적으로 형상화한 10구체 향가이다. 화자는 예상치 못한 누이의 죽음으로 인해 주체할 수 없는 슬픔을 느끼지만, 이를 종교적 깨달음으로 승화하면서 내세에서 다시 만날 것을 기원한다.

※ 다음 글을 읽고 물음에 답하시오.

[A] 생사 길은
예 있으매 **머뭇거리고**,

[B] 나는 간다는 말도
못다 이르고 어찌 갑니까.

[C] 어느 가을 **이른 바람**에
이에 저에 **떨어질 잎**처럼,

[D] **한 가지**에 나고
가는 곳 모르온저.

[E] 아아, 미타찰*에서 만날 나
도 닦아 기다리겠노라.

生死路隱

此矣有阿米次肹伊遣

吾隱去內如辭叱都

毛如云遣去內尼叱古

於內秋察早隱風未

此矣彼矣浮良落尸葉如

一等隱枝良出古

去奴隱處毛冬乎丁

阿也彌陀刹良逢乎吾

道修良待是古如

- 월명사, 〈제망매가〉 -

한방에! 어휘풀이

★ 미타찰(彌陀刹): 아미타불이 있는 극락세계.

01 표현상의 특징 이해하기

윗글에 대한 설명으로 적절하지 <u>않은</u> 것은?

① 삶과 죽음에 대해 깊이 있게 성찰하고 있다.

② 누이에 대한 안타까움을 종교적으로 승화하고 있다.

③ 감탄사를 통해 화자의 고조된 정서를 표현하고 있다.

④ 색채어를 대비하여 주제를 효과적으로 드러내고 있다.

⑤ 자연 현상을 활용하여 인생의 무상함을 표현하고 있다.

중요 02 외적 준거를 참고하여 작품 이해하기

보기를 참고하여 윗글을 이해한 내용으로 적절하지 <u>않은</u> 것은?

> **보기**
>
> 선생님: 이 작품은 신라 경덕왕 때 승려 월명사가 갑작스레 죽은 누이를 추모하기 위해 지은 노래입니다. 누이를 잃은 슬픔과 고뇌를 종교적으로 승화하여 감동을 주며, 특히 비유적 표현을 통해 이를 심화하고 있습니다.

① '머뭇거리고'는 죽음에 대한 화자의 두려움을 의미하겠군.

② '이른 바람'은 누이가 일찍 세상을 떠났다는 것을 의미하겠군.

③ '떨어질 잎'은 죽은 누이를 의미하겠군.

④ '한 가지'는 화자와 죽은 누이가 한 부모에게서 태어났음을 의미하겠군.

⑤ '가는 곳'은 죽은 누이와 화자가 미래에 만날 곳을 의미하겠군.

중요 03 작품의 구성 이해하기

보기를 바탕으로 ㉮~㉰를 이해한 내용으로 적절하지 <u>않은</u> 것은?

> **보기**
>
>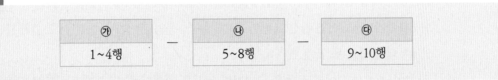
>
> | ㉮ | | ㉯ | | ㉰ |
> |---|---|---|---|---|
> | 1~4행 | – | 5~8행 | – | 9~10행 |

① ㉮와 ㉯에 등장하는 '나'는 누이의 죽음으로 인해 슬픔을 느끼고 있다.

② ㉯의 감정은 ㉮의 상황으로 인해 촉발된 것이다.

③ ㉰에서는 ㉯에서 느낀 감정을 종교적 신념을 통해 극복하고 있다.

④ ㉰에서 누이를 대하는 화자의 태도는 ㉮, ㉯와 대조적이다.

⑤ ㉰에서 화자는 ㉯의 누이가 가기를 바라는 곳을 구체적으로 드러내고 있다.

서답형 04 시어의 의미 파악하기

[A]~[E] 중 보기의 ⓐ와 관련된 부분의 기호를 쓰시오.

> **보기**
>
> 님은 갔습니다. 아아 사랑하는 나의 님은 갔습니다. (중략)
>
> 그러나, 이별을 쓸데없는 눈물의 원천으로 만들고 마는 것은 스스로 사랑을 깨치는 것인 줄 아는 까닭에, 걷잡을 수 없는 슬픔의 힘을 옮겨서 새 희망의 정수박이에 들이부었습니다. / ⓐ 우리는 만날 때에 떠날 것을 염려하는 것과 같이, 떠날 때에 다시 만날 것을 믿습니다. (후략)
>
> — 한용운, 〈님의 침묵〉

| 정답 및 해설 | 70쪽

✔ 한방에! 개념정리

✔ 한방에! 핵심정리

갈래	중편 소설, 환경 소설
성격	사실적, 비판적
주제	시대적 상황으로 인해 상처 입고 방황하는 이들의 삶
특징	① 시간의 흐름에 따른 공간의 변화가 묘사됨. ② 가치관의 차이에 따른 인물 간의 갈등이 드러남. ③ 상징적 소재를 활용하여 작품의 주제 의식을 표현함.
해제	이 작품은 1976년 발표된 중편 소설로, 한 가족 구성원들의 삶과 갈등 양상을 통해 당시 우리 사회가 직면한 환경 파괴, 정치적 자유의 억압, 물질 중심적 사고의 확산, 분단의 고착화 등과 같은 문제들을 다양한 층위에서 보여 준다. 병국과 병식을 통해 당대 젊은이들의 고민과 방황이, 아버지를 통해 실향민의 아픔이 형상화되며, 이들의 가치관과 삶의 지향은 작품의 핵심 소재라 할 수 있는 '새'에 대한 태도를 통해 드러난다.

❋ 전체 줄거리

학생 운동을 하다 고향으로 돌아온 병국은 동진강 하구에서 자취를 감춘 도요새를 찾아 헤매면서 인근의 수질 오염 문제에 관심을 쏟는다. 한편 아버지는 이북 출신 실향민으로 철새가 도래할 무렵이면 갯벌에 나가 새를 보며 고향에 두고 온 가족을 추억한다. 병국은 해안 통제 구역에 들어가 새를 관찰하다 병식이 새 떼를 독살했을 것이라고 짐작한다. 병국은 새 떼의 죽음에 아무런 죄책감을 느끼지 못하는 병식과 다툰 뒤 바다로 가기 위해 버스를 탄다. 버스 안에서 병국은 홀로 날아오르는 도요새의 비상을 본다.

※ 다음 글을 읽고 물음에 답하시오.

[앞부분 줄거리] 서울의 명문 국립 대학교 사회 계열에 재학하던 병국('나')은 불온 유인물을 제작하여 배포하였다가 긴급 조치법 위반으로 제적된 뒤 고향인 석교 마을로 돌아온다. 이후 병국은 실향민인 아버지, 오로지 재산을 늘려 가는 데만 관심이 있는 어머니, 그리고 재수를 하는 동생 병식과 더불어 살게 된다. 고향에 내려온 이후 절망적인 삶을 살아가던 병국은 동진강 일대의 환경 문제에 관심을 둔다.

　나는 **석교천 물을 떠** 온 **미터글라스***에 종이를 붙이고 볼펜으로 날짜와 시간을 적었다. 코르크 마개로 주둥이를 닫고 시험관 꽂이에 꽂았다. 시험관 꽂이를 들고 둑길로 올라섰다. 갈대와 풀이 죄 말라 버린 만여 평의 공한지*가 양쪽으로 펼쳐져 있었다. 벌레는 물론이고 지렁이류의 환형동물조차 살 수 없는 버려진 땅이었다. 이 땅에도 내년이면 연간 오만 톤의 아연을 생산할 아연 공장 착공식이 있을 예정이란 신문 기사를 읽었다. 내가 중학을 졸업하던 해까지 이 들녘은 일등호답*이었다. 가을이면 알곡을 매단 볏대가 가을바람에 일렁였다. 참새 떼의 근접을 막느라 허수아비가 섰고 사방으로 쳐진 비닐 띠가 햇살에 반짝였다. 바다를 끼고 있었지만 석교 마을은 어업보다 농업 종사자가 많은 부촌이었다.

　마을 입구 들길에서 나는 산책 나온 임 영감을 만났다.

　"이곳도 참 많이 변했죠?"

　마을 경로회 부회장인 임 영감에게 물었다.

　"공업 단지가 들어서고 말이지."

　임 영감은 회갑 연세로 석교 마을에서 삼대째 살고 있는 읍 서기 출신이었다.

[A]

　"변하다마다. 십 년이면 강산도 변한다지 않는가. 공업 단지가 들어선 지도 벌써 팔 년째네."

　"언제부터 농사를 못 짓게 됐나요?"

　"공단*이 들어서고 이태 동안은 그럭저럭 농사를 지었더랬지. 그런데 이듬해부터 농사를 망치기 시작했어. 못자리에 기름 물이 스며들지 않나, 모를 내도 뿌리째 썩어 버리니, 결국 폐농*했지." / "보상 문제는 어떻게 해결 지었나요?"

　"관에 폐수 분출 금지 가처분* 신청인가 뭔가도 냈지. 그러나 폐농한 마당에 소장*이 문젠가. 용지 보상 대책 위원회를 만들어 시청과 공단 측에 항의했더랬지. 공장에서 쏟아 내는 기름 찌꺼기 때문에 땅을 망쳤다구 말야. 일 년을 넘어 끌다 끝장에는 동남만 개발 공사에서 땅을 사들이기로 해서, 삼 년 연차로 보상을 받긴 받았지. 우리만 손해를 봤지 뭔가. 옛날부터 그런 사람들과 싸워 촌무지렁이*가 이긴 적이 있던가."

　"공단 측은 수수방관한* 셈입니까?"

　"그때나 지금이나 그 사람들 세도는 대단해. 지도에 등재도 안 된 촌이 자기네들 입주로 크게 발전을 했는데 그까짓 피해가 대수롭냐는 게지. 땅값이 천정부지로 올랐으니 팔자 고치지 않았느냐구 우기더군. 이젠 귀에 익은 소리지만 그때만 해도 생경한* 수출입국*이니, 중공업 시대니, 지엔피*니 하는 소리를 귀에 딱지가 앉도록 들었지. 공단 측은 마을 대책 위원과 촌로*들을 초청해서 술 사주며 선심을 쓰다, 나중에는 마을 청장년을 자기네 공장에 취직시켜 주겠다고 해서 흐지부지 끝났어." / "어르신 댁도 혜택을 봤나요?"

"우리 집 둘째 놈이 제대하고 와 있던 참이라 피브이시(PVC) 공장엔가 들어갔어. 제 놈이 배운 기술이 있어야지. 월급 몇 푼 받아 와야 제 밑 닦기 바빠. 딸년은 바람이 들어 서울로 떠났지. 거기서 공장 노동자 짝을 얻어 월세방 살아."

임 영감이 기침 돋워 가래침을 뱉었다.

"여보게 젊은 양반, 이 가래침 봐. 새까맣지 않은가. 서남풍이 불 때면 굴뚝 매연이 이쪽으로 날아와 우리 마을만 해도 해소병*처럼 기관지병 걸린 사람이 한둘이 아니라네. 어디 사람 살 동넨가 말일세."

[중간 부분 줄거리] 병국은 동진강 주변의 환경 문제에 계속 몰두한다. 어느 날, 병국은 동생 병식이 철새 도래지에서 새들을 독살하는 이들과 한패일 것이라는 의심을 한다.

"너 그날 석교천 방죽에서 말이야, 새를 독살하고 오던 길이었지?"

"그래서, 그게 뭘 어쨌다는 거야?"

병식 표정에서 비로소 장난기가 사라졌다. 그는 조금 전 얘기의 종호처럼 아주 당당한 얼굴이었다.

"뻔뻔스런 자식. 언제부터 그 짓 했냐? 그건 그렇고, 왜 새를 죽여. 죽인 새로 뭘 해?"

병국의 목청이 높아졌다.

주모가 술 주전자와 안주를 날라 왔다.

"나 원, 별 말코* 같은 소릴 다 듣는군. 아니, 날아다니는 새도 임자 있나? 형, 이 지구에 사는 새를 누가 몽땅 사들였어? 아님 형이 매입했다는 거야?"

병식이 스테인리스 잔을 형 앞으로 밀었다. 잔에 술을 쳤다*.

"형, 우선 한 잔 꺾지*. 형제 우정을 위해서."

[B]

"누가 네게 그 일을 시키고 있어? 그 사람부터 대!"

병국이 술잔을 밀며 소리쳤다.

"왜 그래? 두루미나 크낙새 같은 보호조가 아닌, 흔해 빠진 잡새 죽였다고 고발할 테야? 날아다니는 **새 잡아 박제**해서 **호구*** 잇는 건 죄가 되구, 돈 많은 놈 허가 낸 사냥총으로 새를 잡아 영양 보충하는 건 죄가 안 된다 이 말씀이야?"

병식이 코웃음을 치곤 술을 들이켰다.

"이 지구상에 희귀조*가 계속 멸종되는 건 너도 알지? 인간이 새로운 새를 창조해 낼 수는 없어."

"그 개떡 같은 이론은 집어치워. 내가 알기론 이 지구상에는 삼십 억이 넘는 새들이 살아. 그 중 내가 오십 마리쯤 죽였다 치자. 그게 형은 그렇게 안타까워? 그렇담 숫제* **참새구이**도 없애 버리지 뭘. 가축인 **닭**도 진화를 도와 하늘로 해방시키고."

"**박제하는 놈**을 못 대겠어?"

병국이가 의자에서 일어나 아우 **멱살을 틀어쥐**었다. 주모가 달려와 둘 사이에 끼어들었다. 개시도 안 한 술집에서 웬 행패냐고 주모가 다그쳤다.

- 김원일, 〈도요새에 관한 명상〉 -

01 세부 내용 이해하기

윗글의 인물에 대한 설명으로 적절하지 않은 것은?

① 병국은 희귀조 멸종이 인간의 책임이라고 생각한다.
② 병국은 이전과 다르게 변해버린 고향의 모습을 보며 안타까움을 느낀다.
③ 병식은 자신의 잘못을 인정함으로써 갈등 상황에서 벗어나려 하고 있다.
④ 병식은 병국의 논리에 대한 한계를 지적하며 자신의 행동을 정당화하고 있다.
⑤ 임 영감은 석교 마을이 변하게 된 원인을 공업 단지가 들어섰기 때문이라고 생각한다.

02 서술상의 특징 파악하기

[A], [B]에 대한 설명으로 적절한 것은?

① [A]에서는 고향에 얽힌 병국의 추억을, [B]에서는 병국과 병식이 나눴던 과거 대화를 제시하고 있다.
② [A]에서는 임 영감의 자식에 대한 사랑을, [B]에서는 병국과 병식의 형제간의 우애를 확인할 수 있다.
③ [A]에서는 산업화로 인해 황폐화된 농촌의 모습을, [B]에서는 새에 대한 병식의 가치관을 파악할 수 있다.
④ [A]에서는 임 영감의 외양 묘사를 통해, [B]에서는 병식의 대사를 통해 인물의 성격을 간접적으로 드러내고 있다.
⑤ [A]에서는 환경을 지키려는 병국의 노력을, [B]에서는 새 죽음의 원인을 밝히려는 병식의 노력을 확인할 수 있다.

중요 ▶ 03 외적 준거를 참고하여 작품 이해하기

보기 를 참고하여 윗글을 감상한 내용으로 적절하지 않은 것은?

> **보기**
>
> 병국에게 '새'는 자기 자신의 모습을 투영하는 소재다. 병국은 도요새를 비롯한 새들이 환경 오염과 물질 만능주의로 인해 사라져 가는 안타까운 현실이, 자신이 꿈꾸어 오던 이상이 현실적 제약에 의해 좌절된 상황과 동일하다고 여긴다. 그래서 새 보호에 온 힘을 다하고, 새의 죽음의 원인을 밝히기 위해 모든 위험을 감수하는 것이다.

① '석교천 물을 떠' '미터글라스'에 넣는 것은 강 수질 오염의 원인을 찾기 위한 것으로, 새를 보호하기 위한 병국의 행동에 해당한다.
② 병식이 '호구'를 잇기 위해 '새'를 '잡아 박제'하는 것은 병국이 목격한, 새가 사라져 가는 안타까운 현실을 의미한다.
③ '참새구이'와 '닭'은 현실적 제약에 의해 이상이 좌절된 상황을 드러내는 것으로, 병국이 위험을 감수하고 되찾고자 하는 것이다.
④ 병국이 '박제하는 놈'의 정체를 알려 하는 것은 새의 죽음의 원인을 밝히기 위한 것으로, 좌절된 이상을 되찾기 위한 행동이라 볼 수 있다.
⑤ 병국이 '멱살을 틀어쥐'고 병식과 대립하는 것은 새에 대한 상반된 가치관의 충돌로 인한 것으로 볼 수 있다.

서답형 ▶ 04 소재의 의미 파악하기

다음에서 설명하고 있는 단어를 윗글에서 찾아 2어절로 쓰시오.

> • 병국과 병식이 마주친 장소
> • 병국으로 하여금 병식이 새를 독살했다고 의심하게 되는 장소

문제풀이

복습하기

화법

	강연자가 제시한 자료에 나타난 정보
자료 ①	식품의 주표시면 – ¹[　][　][　]과 내용량 및 열량, 상표
자료 ②	다른 식품의 주표시면 – 식품에 포함된 모든 식육의 종류와 함량
자료 ③	자료 ②의 다른 면 – 식품 유형, 원재료명, 유통기한, 주의사항, ²[　][　][　][　] 표시란 등

독서

1문단	암각화와 부조상의 특징
2문단	암각화의 표현 방법 – ³[　][　]와 요조
3문단	부조의 표현 방법
4문단	부조의 특성을 활용하여 만든 ⁴[　][　][　][　][　]
5문단	부조의 효과와 의의

문학 – 제망매가(월명사)

1~4행	누이의 ⁵[　][　]으로 인한 슬픔
5~8행	누이의 이른 ⁵[　][　]에 따른 삶의 허무함과 무상함
9~10행	죽은 누이와 ⁶[　][　][　]에서 다시 만날 것을 기대함

문학 – 도요새에 관한 명상(김원일)

병국	• ⁷[　][　][　] 방죽에서 병식과 마주친 뒤 병식이 새를 독살했을 것이라 의심함. • 새를 죽였냐는 자신의 물음에 ⁸[　][　]을 내미는 등 대수롭지 않게 반응하는 병식에게 화가 남. • ⁹[　][　][　] 멸종의 책임이 인간에게 있다는 논리로 병식의 행동을 지적함.

↕

병식	• 새를 생명체가 아닌 물질적 이익의 수단으로 취급함. • 밀렵한 새를 ¹⁰[　][　]하는 사람에게 넘긴 자신의 행위에 대해 문제의식을 느끼지 못함.

정답	1 제품명　　2 알레르기　　3 선조　　4 금강역사상　　5 죽음　　6 미타찰　　7 석교천　　8 술잔　　9 희귀조　　10 박제

한수

11

Contents

| 정답 및 해설 | 74쪽

갈래	논설문
주제	그린워싱의 문제점과 해결 방안
특징	① 그린워싱의 문제점과 해결 방안을 세 가지 측면으로 나누어 제시함. ② 중심 소재인 그린워싱에 대한 개념을 제시하여 독자의 이해를 도움. ③ 사회 구성원 모두가 그린워싱을 해결해야 한다는 주장을 드러내는 논설문임.

※ 다음은 작문 상황과 이를 바탕으로 학생이 작성한 초고이다. 물음에 답하시오.

◦ 작문 상황

지역 신문의 독자 기고란에 그린워싱과 관련해 주장하는 글을 쓰려고 함.

◦ 학생의 초고

최근 친환경 제품에 대한 소비자의 관심이 높아지면서 친환경 제품 소비가 활성화되고 있는데 이 과정에서 그린워싱이 증가하고 있다. '그린워싱(greenwashing)'이란 기업이 소비자로 하여금 제품이나 제품 생산 과정 등을 친환경적인 것으로 오해하도록 하는 경우를 말한다. 이는 소비자가 정확한 정보를 제공 받을 권리를 침해하고, 친환경 제품 생산 업체에 피해를 주어 친환경 제품 시장의 공정한 경쟁 질서를 저해할 수 있다.

그린워싱이 증가하는 원인은 무엇일까? 우선 기업이 환경 문제에 대한 소비자의 관심을 단순히 마케팅의 수단으로 이용하기 때문이다. 더불어 제도적 측면에서 친환경을 평가할 수 있는 법률적 기준이 빠르게 변화하는 시장 상황에 대처할 수 있을 정도로 구체화되어 마련되지 않았기 때문이다. 또한 소비자는 친환경적인 소비에 관심은 있으나 상대적으로 환경마크를 비롯한 친환경 제품과 관련된 정보에 대해 잘 알지 못해 친환경 제품을 제대로 선별하여 구매하지 못하는 경우가 많기 때문이다.

그린워싱을 해결하기 위해서는 무엇보다 기업은 기업 윤리를 재정립하고 소비자가 환경과 관련된 제품 정보를 오해하지 않도록 정보를 투명하게 공개해야 한다. 정부는 시장 상황을 고려해 친환경과 관련된 법률적 기준을 보완함으로써 소비자들이 그린워싱을 명확히 인식할 수 있도록 지원해야 한다. 소비자는 그린워싱 여부를 판단할 수 있도록 친환경 제품에 대한 정확한 정보를 찾아보는 태도를 지녀야 한다.

[A] ┌ 기업 성장과 발전은 국가 경제를 이끌어 가는 원동력이다. 그린워싱은 소비자를 기만하는 행위이다. 그러므로 사회 구성원 모두가 협력하여 그린워싱을 해결해야 한다. └

[그린워싱의 예시]

01 글쓰기 계획의 반영 여부 파악하기

다음은 초고를 작성하기 전에 학생이 떠올린 생각이다. ⓐ~ⓔ 중 학생의 초고에 반영되지 않은 것은?

- 공정한 경쟁 질서에 대한 소비자와 기업의 입장을 대조하여 제시해야겠어. ·················· ⓐ
- 문답의 방식을 활용해 그린워싱의 증가 원인을 제시해야겠어. ·················· ⓑ
- 예상 독자의 이해를 돕기 위해 그린워싱의 개념을 제시해야겠어. ·················· ⓒ
- 그린워싱이 미치는 부정적인 영향을 소비자와 생산 업체의 측면에서 제시해야겠어. ·················· ⓓ
- 그린워싱의 해결 방안을 기업, 정부, 소비자의 측면으로 나누어 체계적으로 제시해야겠어.·········· ⓔ

① ⓐ　　　　　　② ⓑ　　　　　　③ ⓒ　　　　　　④ ⓓ　　　　　　⑤ ⓔ

중요 02 고쳐쓰기의 적절성 파악하기

보기 는 [A]를 쓴 학생이 친구에게 보낸 이메일이다. ㉠에 들어갈 내용으로 가장 적절한 것은?

보기

　　네가 준 의견 중 (　㉠　)해 보라는 말을 고려해 초고의 마지막 문단을 아래와 같이 수정해 봤어. 확인해 줄래?

> 　　그린워싱은 소비자를 기만하는 행위이다. 그러므로 사회구성원 모두가 협력하여 그린워싱을 해결해야 한다. 그린워싱을 해결하면 사회가 지향하는 친환경적 가치를 실현할 수 있을 것이다.

① 기업 성장과 발전의 의의는 삭제하고, 그린워싱 해결의 의의는 추가
② 기업 성장과 발전의 의의는 삭제하고, 환경 문제가 인간에게 미치는 영향은 추가
③ 기업 성장과 발전의 의의는 삭제하고, 그린워싱 해결을 위한 경제적 지원 방안은 추가
④ 친환경 기업이 지켜야 할 윤리적 가치는 삭제하고, 그린워싱 해결의 의의는 추가
⑤ 친환경 기업이 지켜야 할 윤리적 가치는 삭제하고, 그린워싱 해결을 위한 경제적 지원 방안은 추가

서답형 03 글쓰기 내용 이해하기

빈칸에 들어갈 말로 적절한 것을 골라 차례대로 쓰시오.

　　윗글은 그린워싱의 해결 방안을 세 가지 측면으로 나누어 제시하고 있는데, (기업 / 소비자)의 경우 그린워싱 여부를 판단할 수 있도록 (친환경 / 일회용) 제품에 대한 정확한 정보를 찾아보는 태도를 지닐 것을 주장하고 있다.

문제풀이

독서 – 인문(역사)

유럽의 절대왕정

| 정답 및 해설 | 75쪽

한방에! 핵심정리

주제	절대왕정의 등장 배경과 특징
해제	이 글은 유럽 절대왕정의 등장 배경과 그 특징을 설명하고 있다. 11세기 유럽 사회는 봉건 귀족이었던 영주의 권력이 막강한 봉건 사회였으나, 도시와 상업의 발달, 흑사병의 유행 등으로 봉건 귀족들의 힘은 점차 약화되었다. 국왕은 종교개혁 운동으로 인해 혼란이 극심하던 시기 봉건 귀족과 교회의 권력을 흡수하면서 절대왕정을 성립하였다. 절대왕정은 군주가 모든 권력을 행사하는 지배 체제로, 왕권신수설을 통해 그 정당성을 부여했다. 절대왕정은 관료제와 상비군을 통해 유지되었으며, 중상주의 정책을 통해 국가의 경제력뿐만 아니라 상공 시민 계층도 함께 성장하였다.

＊문단 중심 내용

1문단	봉건제의 특징과 쇠퇴
2문단	절대왕정의 등장과 개념
3문단	절대왕정의 특징

※ 다음 글을 읽고 물음에 답하시오.

　11세기 유럽은 주종관계*와 장원제를 바탕으로 한 봉건 사회였다. 봉건적 생산 양식을 바탕으로 한 봉건제는 영주와 농노*를 기본계급으로 하였는데, 이때 영토를 소유한 영주는 봉건 귀족의 신분으로 자체적으로 기사를 양성해 군사력을 보유했으며 자신의 영토에 사는 농노에게는 각종 노역을 시키고 수확물을 걷었다. 이에 따라 영주는 자신의 영토, 즉 장원에서 왕과 같은 권력을 누렸다. 그러나 도시와 상업의 발달로 화폐가 널리 사용되고, 흑사병이 유행하자 농노의 노동력이 부족해지며 봉건제가 쇠퇴하기 시작하였다. 또한 르네상스 운동의 부흥으로 인간 중심적 사상과 상업과 교역 활동이 발달하게 되었으며 교통의 요지, 특히 해상무역의 거점인 항구 지역에서 큰 도시들이 성장했다. 이에 따라 상대적으로 땅과 농노에 기반한 봉건 귀족들의 힘은 약화될 수밖에 없었다.

　이와 더불어 로마 가톨릭 교회의 쇄신*을 요구하며 일어난 종교개혁 운동으로 교회가 구교와 신교로 나뉘면서 30년 전쟁과 같은 종교전쟁이 일어나는 등 혼란이 극심했다. 이러한 상황에서 국왕은 봉건 귀족과 교회가 행사하던 정치 권력을 흡수하면서 왕권을 점차 강화해 나갔고, 이에 군주가 강력한 권한을 행사하는 절대왕정이 등장했다. 절대왕정은 군주가 자기 영토 내에서 그야말로 '절대적인' 권한을 행사하는 정치 지배 체제를 말하며, 이러한 시대를 절대주의 시대라 한다. 절대왕정에서 군주는 군대를 지휘하는 군 통수권, 법을 만들어 시행하는 사법권, 정책을 집행하는 행정권, 세금을 걷어 재정을 만드는 조세 징수권 등의 핵심적인 정치 권력을 모두 갖고 자유롭게 행사했다. 군주의 권력은 누구에게도 나누어 줄 수 없으며, 법의 제약 또한 받지 않았다.

　절대왕정의 정당성을 뒷받침한 건 바로 왕권신수설이었다. 왕권신수설은 군주는 신의 대리인이며 왕권은 신에게서 받은 권한이기 때문에 오직 왕만이 강력한 힘을 발휘할 수 있다는 논리로써, 절대주의 시대 군주들은 여러 장엄한 의식을 통해 자신을 거의 신과 같은 존재로 만들며 초인적*인 이미지를 구축했다. 또한 자신의 명령을 효율적으로 실행할 수 있는 관료제와 언제든 동원할 수 있는 상비군을 통해 국가를 다스렸다. 관료제와 상비군을 유지하기 위해 절대 군주는 막대한 비용이 필요했는데, 이에 조세* 제도를 정비하였으며 수출을 장려하고* 관세를 높여 수입을 줄이는 중상주의 정책을 실시하였다. 이와 더불어 신대륙의 식민지 건설을 지원함으로써 국가의 경제력을 늘리고자 하였다. 이에 따라 상공 시민 계층은 절대 군주에게 재정을 지원하는 대신 상공업 활동을 보호받음으로써 더욱 성장하였다. 이처럼 봉건제의 쇠퇴로 인한 절대왕정은 18세기 프랑스 혁명 이전까지 지속되었다.

한방에! 어휘풀이

> ＊주종관계(主從關係): 주인과 부하의 관계.
> ＊농노(農奴): 중세 봉건 사회에서, 봉건 영주에게 예속된 농민.
> ＊쇄신(刷新): 그릇된 것이나 묵은 것을 버리고 새롭게 함.
> ＊초인적(超人的): 보통 사람으로는 생각할 수 없을 만큼 뛰어난 것.
> ＊조세(租稅): 국가 또는 지방 공공 단체가 필요한 경비로 사용하기 위하여 국민이나 주민으로부터 강제로 거두어들이는 금전.
> ＊장려하다(獎勵하다): 좋은 일에 힘쓰도록 북돋아 주다.

01 내용 전개 방식 파악하기

윗글의 내용 전개 방식으로 적절한 것은?

① 중심 소재의 문제점과 해결책을 서술하고 있다.
② 중심 소재가 확립된 배경과 그 특징을 서술하고 있다.
③ 중심 소재의 개념을 비슷한 사례에 빗대어 서술하고 있다.
④ 중심 소재와 대조되는 소재의 역사적 의의를 서술하고 있다.
⑤ 중심 소재의 변천과 몰락 과정을 시간의 흐름에 따라 서술하고 있다.

02 세부 내용 파악하기

윗글에 대한 반응으로 적절하지 <u>않은</u> 것은?

① 절대왕정보다 봉건 사회에서 영주의 권한이 강했군.
② 로마 가톨릭 교회의 폐단은 종교개혁의 원인이 되었군.
③ 관료제와 상비군은 절대왕정을 공고히 하는 수단 중 하나였군.
④ 절대왕정은 군주가 영주의 영토와 군사력을 흡수함으로써 등장하였군.
⑤ 중상주의 정책은 봉건 귀족과 상공 시민 계층 모두에게 환영받는 정책이었군.

중요 03 구체적 사례에 적용하기

윗글을 참고하여 보기 를 이해한 내용으로 적절하지 <u>않은</u> 것은?

> **보기**
>
> 국왕의 대관식은 축성식이라고도 불렸는데, 프랑스의 경우 랭스라는 도시의 대성당에서 열렸다. 예비 국왕이 즉위 선서를 하면 왕관, 칼, 왕홀 등을 포함해 국왕의 권력을 상징하는 물건 일곱 가지를 받았다. 이어서 성스러운 기름인 성유가 머리에 부어지면 비로소 국왕으로 정식 선포되었다.
>
> 당시 사람들은 성유로 세례를 받은 왕에게는 치유 능력이 있다고 믿었다. 마치 예수 그리스도가 병자들을 치유하는 능력을 가졌던 것처럼 국왕의 손길로도 병이 치유된다고 믿은 것이다. 대관식이 끝난 후 국왕이 치유 의식을 행하면 구름 같은 인파가 몰렸고 루이 15세의 치유 의식에는 2000명이 넘게 모였다.

① 〈보기〉는 30년 전쟁과 같은 극심한 혼란을 야기했다.
② 〈보기〉는 절대왕정의 정당성을 뒷받침하기 위한 의식이다.
③ 〈보기〉는 왕을 초인적인 존재로 보이기 위해 행하는 것이다.
④ 〈보기〉에서 성유를 머리에 붓는 것은 군주가 신의 대리인임을 나타내는 것이다.
⑤ 〈보기〉에서 일곱 가지 물건은 군 통수권, 사법권, 행정권. 조세 징수권 등을 나타낸다.

서답형 04 세부 내용 파악하기

윗글에서 알 수 있는, 절대왕정의 쇠퇴 원인으로 적절한 것을 찾아 2어절로 쓰시오.

문제풀이

11강

산에 언덕에 _ 신동엽

| 정답 및 해설 | 77쪽

한방에! 개념정리

한방에! 핵심정리

갈래	자유시, 서정시
성격	추모적, 희망적, 상징적
주제	그리운 이의 부활에 대한 소망
특징	① 그리운 이의 죽음을 긍정적 태도로 승화함. ② 유사한 문장 구조의 반복과 대구법을 통해 운율을 형성함.
해제	이 작품은 4·19 혁명으로 희생된 영령을 추모하며, '그'가 추구하던 소망과 신념이 언젠가는 실현되리라는 확신을 노래하고 있다. 그리운 '그'의 부활에 대한 소망과 당위성을 유사한 문장 구조의 반복과 '-ㄹ지어이'라는 종결어미의 반복을 통해 강조하고 있다.

※ 다음 글을 읽고 물음에 답하시오.

그리운 **그의 얼굴** 다시 찾을 수 없어도

화사한 그의 꽃

산에 언덕에 피어날지어이.

그리운 그의 **노래** 다시 들을 수 없어도

맑은 그 숨결

들에 숲속에 살아갈지어이.

쓸쓸한 마음으로 들길 더듬는 행인아.

[A] ┌ 눈길 비었거든 바람 담을지네.
　　└ 바람 비었거든 인정 담을지네.

그리운 **그의 모습** 다시 찾을 수 없어도

울고 간 그의 영혼

들에 언덕에 피어날지어이.

- 신동엽, 〈산에 언덕에〉 -

한방에! 작가소개

신동엽[1930~1969]

한국전쟁과 군사독재의 역사적 사건을 겪으며 향토성과 역사의식, 민족의식을 바탕으로 한 사실주의 경향의 시를 썼다. 그의 작품은 역사에 대한 재해석과 비판, 민족의 운명에 대한 애정이 은유와 고운 언어로 표현되어 미의식과 조화를 이룬다는 점에서 의의가 있다.

교과서에 수록된 작가의 다른 작품

껍데기는 가라	'껍데기'로 대표되는 부정적인 것들을 극복하여 참된 민족의 새 역사를 맞기를 소망하는 시
봄은	분단의 현실을 '겨울'로, 통일의 시대를 '봄'으로 상징하여 분단 현실에 대한 인식과 통일에 대한 염원을 노래한 시
누가 하늘을 보았다 하는가	민중을 억압하는 암담하고 거짓된 현실에 대한 극복 의지를 노래한 시

01 표현상의 특징 이해하기

윗글에 대한 설명으로 적절하지 <u>않은</u> 것은?

① 의인법을 활용하여 화자의 소망을 드러내고 있다.

② 유사한 문장 구조의 반복과 변주로 운율감을 부여하고 있다.

③ 동일한 종결 어미의 반복을 통해 화자의 의지를 강조하고 있다.

④ 상징적 의미를 가진 시어를 통해 작품의 주제를 형상화하고 있다.

⑤ 첫 연과 마지막 연을 유사하게 설정하여 작품에 안정감을 부여하고 있다.

02 표현상의 특징 파악하기

[A]에 쓰인 두 표현법이 모두 나타난 작품으로 적절한 것은?

① 까마귀 눈비 맞아 희는 듯 검노매라 / 야광명월이 이 밤인들 어두우랴   - 박팽년, 〈까마귀 눈비 맞아〉

② 고인도 날 못 보고 나도 고인 못 봐 / 고인을 못 봐도 가던 길 앞에 있네   - 이황, 〈도산십이곡〉

③ 오백 년 도읍지를 필마로 돌아드니 / 산천은 의구하되 인걸은 간 데 없다   - 길재, 〈오백 년 도읍지를〉

④ 묏버들 가려 꺾어 보내노라 님의 손에 / 자시는 창밖에 심어 두고 보소서   - 홍랑, 〈묏버들 가려 꺾어〉

⑤ 잔 들고 혼자 앉아 먼 산을 바라보니 / 그리던 님이 온들 반가움이 이러하랴   - 윤선도, 〈만흥〉

중요 03 외적 준거를 바탕으로 작품 감상하기

보기 를 바탕으로 윗글을 감상한 내용으로 적절하지 <u>않은</u> 것은?

> 보기
>
>   신동엽의 시는 민족과 역사 현실이 그 배경을 이루고 있다. 윗글이 발표된 1963년은 민주주의를 외치며 독재 정권에 항거하였던 4·19 혁명의 불꽃이 타오르던 시기였다. 경찰과의 충돌 끝에 많은 학생과 시민들이 희생된 이 혁명은 작가가 현실 비판적 의식 속에서 민주주의를 지키고자 하는 참여적인 시를 쓰는 계기가 되었다. 참여 시인으로서 작가는 암담한 현실 상황을 작품에 녹여냈으나, 이러한 현실을 비판하면서도 다가올 미래만은 낙관적으로 바라봤다.

① '다시 찾을 수 없'는 '그의 얼굴'과 '그의 모습'을 그리워 하는 것은 4·19 혁명 희생자에 대한 작가의 안타까움이라 볼 수 있겠군.

② '화사한 그의 꽃'이 '산에 언덕에' 피어나고, '맑은 그 숨결'이 '들에 숲속에' 살아가리라는 표현에는 미래에 대한 작가의 낙관적인 시선이 드러나는군.

③ '그'가 부른 '노래'에는 독재 정권에 대항한 '그'의 자유와 정의의 외침이 담겨 있겠군.

④ '쓸쓸한 마음으로 들길 더듬는 행인'은 '그'와 같이 4·19 혁명으로 인한 희생자들을 의미하겠군.

⑤ '그의 영혼'이 '울고 간' 이유는 경찰과의 충돌로 인해 비극적인 죽음을 맞이했기 때문이겠군.

> ＊ 항거하다(抗拒하다): 순종하지 아니하고 맞서서 반항하다.

서답형 04 시어의 의미 파악하기

㉠, ㉡에 들어갈 시어로 적절한 것을 윗글에서 찾아 차례대로 쓰시오.

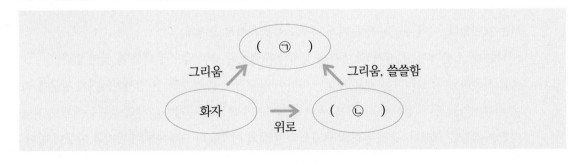

문제풀이

광문자전 _ 박지원

| 정답 및 해설 | 78쪽

✔ 한방에! 개념정리

✔ 한방에! 핵심정리

갈래	한문 소설, 풍자 소설
성격	사실적, 비판적, 풍자적
주제	신의 있고 정직한 삶에 대한 예찬
특징	① 인물에 대한 다양한 일화를 제시함. ② 조선 후기 사회의 모습을 사실적으로 그려 냄. ③ 당대 현실을 풍자하면서 바람직한 인간형을 제시함.
해제	이 작품은 비천한 거지인 광문을 주인공으로 한 전으로, 일반적인 전의 형식을 개성적으로 변용하였다. 이를 통해 신분과 관계없이 모든 인간은 똑같다는 것을 강조하고, 양반 사회를 풍자하였다. 당시의 지배 계층에게는 결코 긍정적일 수 없는 광문과 같은 시정의 인물을 택하여 작품의 전면에 내세운 것을 통해 다양한 삶의 모습에 관심을 기울인 작가의 태도를 짐작할 수 있다.

※ 다음 글을 읽고 물음에 답하시오.

　광문이라는 자는 거지였다. 일찍이 종루*의 저잣거리*에서 빌어먹고 다녔는데, 거지 아이들이 광문을 추대하여 패거리의 우두머리로 삼고, 소굴을 지키게 한 적이 있었다.

　하루는 날이 몹시 차고 눈이 내리는데, 거지 아이들이 다 함께 빌러 나가고 그중 한 아이만이 병이 들어 따라가지 못했다. 조금 뒤 그 아이가 추위에 떨며 거듭 흐느끼는데 그 소리가 몹시 처량하였다. 광문이 너무도 불쌍하여 몸소 나가 밥을 빌어 왔는데, 병든 아이를 먹이려고 보니 아이는 벌써 죽어 있었다. 거지 아이들이 돌아와서는 광문이 그 애를 죽였다고 의심하여 다 함께 광문을 두들겨 쫓아내니, 광문이 밤에 엉금엉금 기어서 마을의 어느 집으로 들어가다가 그 집 개를 놀라게 하였다. 집주인이 광문을 잡아다 꽁꽁 묶으니, 광문이 외치며 하는 말이,

　"나는 날 죽이려는 사람들을 피해 온 것이지 감히 도적질을 하러 온 것이 아닙니다. 영감님이 믿지 못하신다면 내일 아침에 저자에 나가 알아보십시오."

하는데, 말이 몹시 순박하므로 집주인이 내심 광문이 도적이 아닌 것을 알고서 새벽녘에 풀어 주었다. 광문이 고맙다는 인사를 하고는, ㉠ 떨어진 거적*을 달라 하여 가지고 떠났다. 집주인이 끝내 몹시 이상히 여겨 그 뒤를 밟아 멀찍이서 바라보니, 거지 아이들이 시체 하나를 끌고 수표교*에 와서 그 시체를 다리 밑으로 던져 버리는데, 광문이 숨어 있다가 떨어진 거적으로 그 시체를 싸서 가만히 짊어지고 가, 서쪽 교외 공동묘지에다 묻고서 울다가 중얼거리다가 하는 것이었다.

　이에 집주인이 광문을 붙들고 사유를 물으니, 광문이 그제야 ⓐ 그전에 한 일과 어제 그렇게 된 상황을 낱낱이 고하였다. 집주인이 내심 광문을 의롭게 여겨, 데리고 집에 돌아와 ㉡ 의복을 주며 후히 대우하였다. 그리고 마침내 광문을 약국을 운영하는 어느 부자에게 천거하여* 고용인으로 삼게 하였다.

　오랜 후 어느 날 그 부자가 문을 나서다 말고 자주자주 뒤를 돌아보다, 도로 다시 방으로 들어가서 ㉢ 자물쇠가 걸렸나 안 걸렸나를 살펴본 다음 문을 나서는데, 마음이 몹시 미심쩍은 눈치였다. 얼마 후 돌아와 깜짝 놀라며, 광문을 물끄러미 살펴보면서 ㉣ 무슨 말을 하고자 하다가, 안색이 달라지면서 그만두었다. 광문은 실로 무슨 영문인지 몰라서 날마다 아무 말도 못 하고 지냈는데, 그렇다고 그만두겠다고 말할 수도 없었다.

　그 후 며칠이 지나, 부자의 처조카가 ㉤ 돈을 가지고 와 부자에게 돌려주며,

　"얼마 전 제가 아저씨께 돈을 빌리러 왔다가, 마침 아저씨가 계시지 않아서 제멋대로 방에 들어가 가져갔는데, 아마도 아저씨는 모르셨을 것입니다."

하는 것이었다. 이에 부자는 광문에게 너무도 부끄러워서 그에게,

　"나는 ㉥ 소인이다. ㉦ 장자*의 마음에 상처를 주었으니 나는 앞으로 너를 볼 낯이 없다."

하고 사죄하였다. 그러고는 알고 지내는 여러 사람들과 다른 부자와 큰 장사치들에게 광문을 의로운 사람이라고 두루 칭찬을 하고, 또 여러 종실*의 빈객*들과 공경* 문하*의 측근들에게도 지나치리만큼 칭찬을 해대니, 공경 문하의 측근들과 종실의 빈객들이 모두 이야깃거리를 만들어 밤이 되면 자기 주인에게 들려주었다. 그래서 두어 달이 지나는 사이에 사대부들까지도 모두 광문이 옛날

의 훌륭한 사람들과 같다는 이야기를 듣게 되었다. 그 당시에 서울 안에서는 모두, 전날 광문을 후하게 대우한 집주인이 현명하여 사람을 알아본 것을 칭송함과 아울러, 약국의 부자를 ⓞ 장자라고 더욱 칭찬하였다. (중략)

　광문은 나이 마흔이 넘어서도 ㉠ 머리를 땋고 다녔다. 남들이 장가를 가라고 권하면, 하는 말이

"잘생긴 얼굴은 누구나 좋아하는 법이다. 그러나 사내만 그런 것이 아니라 비록 여자라도 역시 마찬가지다. 그러기에 나는 본래 못생겨서 아예 용모를 꾸밀 생각을 하지 않는다."

하였다. 남들이 집을 가지라고 권하면,

"나는 부모도 형제도 처자도 없는데 집을 가져 무엇하리. 더구나 나는 아침이면 소리 높여 노래를 부르며 저자에 들어갔다가, 저물면 ㉡ 부귀한 집 문간에서 자는 게 보통인데, 서울 안에 집 호수가 자그마치 팔만 호다. 내가 날마다 자리를 바꾼다 해도 내 평생에는 다 못 자게 된다."

하였다.

　서울 안에 명기*들이 아무리 곱고 아름다워도, 광문이 성원해* 주지 않으면 그 값이 한 푼어치도 못 나갔다. 예전에 궁중의 우림아*, 각 전의 별감*, 부마도위*의 청지기*들이 옷소매를 늘어뜨리고 운심의 집을 찾아간 적이 있다. 운심은 유명한 기생이었다. 대청에서 술자리를 벌이고 거문고를 타면서 운심더러 춤을 추라고 재촉해도, 운심은 일부러 늑장을 부리며 선뜻 추지를 않았다. 광문이 밤에 그 집으로 가서 대청 아래에서 어슬렁거리다가, 마침내 자리에 들어가 스스로 상좌*에 앉았다. 광문이 비록 해진 옷을 입었으나 행동에는 조금의 거리낌도 없이 의기가 양양하였다. 눈가는 짓무르고 눈곱이 끼었으며 취한 척 구역질을 해대고, 헝클어진 머리로 북상투*를 튼 채였다. 온 좌상이 실색하여* 광문에게 눈짓을 하며 쫓아내려고 하였다. 광문이 더욱 앞으로 나아가 무릎을 치며 곡조에 맞춰 높으락낮으락 콧노래를 부르자, 운심이 곧바로 일어나 옷을 바꿔 입고 광문을 위하여 칼춤을 한바탕 추었다. 그리하여 온 좌상이 모두 즐겁게 놀았을 뿐 아니라, 또한 광문과 벗을 맺고 헤어졌다.

- 박지원, 〈광문자전〉 -

✔ 한방에! 어휘풀이

* **종루(鐘樓)**: 오늘날 종로 네거리에 있는 종각.
* **저잣거리**: 가게가 죽 늘어서 있는 거리.
* **거적**: 짚을 두툼하게 엮거나, 새끼로 날을 하여 짚으로 쳐서 자리처럼 만든 물건.
* **수표교(水標橋)**: 조선 세종 때에, 서울의 청계천에 놓은 다리.
* **천거하다(薦擧하다)**: 어떤 일을 맡아 할 수 있는 사람을 그 자리에 쓰도록 소개하거나 추천하다.
* **장자(長者)**: 덕망이 뛰어나고 경험이 많아 세상일에 익숙한 어른.
* **종실(宗室)**: 임금의 친족.
* **빈객(賓客)**: 귀한 손님.
* **공경(公卿)**: 삼공과 구경을 아울러 이르는 말. 높은 벼슬아치.
* **문하(門下)**: 문객이 드나드는 권세가 있는 집.
* **명기(名妓)**: 이름난 기생.
* **성원하다(聲援하다)**: 하는 일이 잘되도록 격려하거나 도와주다.
* **우림아(羽林兒)**: 궁궐의 호위를 맡은 친위 부대 중의 하나인 우림위 소속의 군인들을 말함.
* **별감(別監)**: 궁중의 각종 행사 및 차비에 참여하고 임금이나 세자가 행차할 때 호위하는 일을 맡아보던 하인.
* **부마도위(駙馬都尉)**: 임금의 사위에게 주던 칭호.
* **청지기(廳지기)**: 양반집에서 잡일을 맡아보거나 시중을 들던 사람.
* **상좌(上座)**: 윗사람이 앉는 자리.
* **북상투**: 아무렇게나 막 끌어 올려 짠 상투.
* **실색하다(失色하다)**: 놀라서 얼굴빛이 달라지다.

∗ 전체 줄거리

종루를 떠도는 거지인 광문은 거지들의 소굴을 지키던 중 병들어 죽은 아이로 인해 의심을 받아 쫓겨난다. 도망치던 광문은 어느 집에 몰래 숨어들고, 집주인에게 발각되어 도둑으로 몰리지만 곧 풀려난다. 그 후 광문은 주인에게 거적을 얻어 죽은 아이의 시체를 수습하여 서문 밖에 장사를 지내고, 이를 본 주인은 광문의 행동을 가상히 여겨 약방에 일자리를 마련해준다. 어느 날 약방에서 돈이 없어지는 사건이 벌어지자 광문이 의심받게 된다. 광문이 범인이 아님을 알게 되자 주인은 광문의 사람됨을 널리 알려 장안 사람 모두가 광문을 존경하게 된다. 또한 기생 운심이 광문의 노래에 맞춰 춤을 추는 것을 본 양반들은 광문과 친구가 되기를 청한다.

01 작품의 내용 파악하기

윗글에 대한 이해로 적절한 것은?

① 광문은 자신을 쫓아낸 거지 아이들을 피해 부자의 집으로 숨어들었다.

② 집주인은 광문의 의로움을 높이 사 광문을 자신의 약국에 고용하고자 하였다.

③ 운심은 노래에 맞춰 콧노래를 부르는 광문을 보고 나서야 비로소 춤을 추었다.

④ 부자의 처조카는 부자로 하여금 광문이 돈을 훔쳐갔다고 생각하도록 일을 꾸몄다.

⑤ 집주인은 광문이 떨어진 거적을 도적질해 가는 것을 보고 그를 잡아다 추궁하였다.

02 소재의 의미 파악하기

㉠~㉤에 대한 설명으로 적절하지 않은 것은?

① ㉠은 광문이 죽은 아이의 시체를 수습하기 위해 집주인에게 얻은 것이고, ㉡은 광문의 행동에 대한 집주인의 보상이다.

② ㉢은 부자의 꼼꼼하고 치밀한 성격을 드러내는 소재이며, ㉣은 광문이 부자에게 돌려주고자 한 것이다.

③ ㉤은 광문에 대한 부자의 의심을 의미하며, ㉥은 광문을 의심한 부자가 자신을 질책하는 말이다.

④ ㉦은 광문을, ㉧은 부자의 덕망을 칭송하는 단어이다.

⑤ ㉨은 광문이 결혼하지 않았음을 드러내며, ㉩은 광문이 밤마다 머무는 장소이다.

중요 03 외적 준거를 통해 작품 감상하기

보기를 참고하여 윗글을 감상한 내용으로 적절하지 않은 것은?

보기

> 광문은 고전 소설에서 흔히 볼 수 있는 인물과 달리 고귀한 혈통을 가지고 태어나거나 비범한 능력을 소유하지 않았으나, 어진 성품으로 주위 사람을 감동시킨다. 작가 박지원은 이러한 인물을 통해 새로운 시대의 인물상을 제시하며, 남녀가 서로 평등하고 신분이나 지위보다는 성실하고 신의 있는 사람이 필요하다는 근대적 가치관을 드러냄으로써 당시 조선 사회를 풍자하고자 하였다.

① 죽은 거지 아이를 묻어주고, 울어주기까지 하는 광문의 일화를 통해 신의가 중요한 삶의 덕목임을 드러내는군.

② 광문의 말에 따라 기생들의 가치가 변하는 것을 통해 허례허식을 중요시하는 당시 사회에 대한 비판적 시각을 드러내는군.

③ 여자 또한 사내처럼 잘생긴 얼굴을 좋아한다는 말을 통해 여자 또한 인간으로서 대등한 권리를 지닌다는 의식을 보여 주는군.

④ 욕심 없이 모든 사람과 어울려 지내는 인물을 주인공으로 설정함으로써 가식적이고 권위적인 탐욕에 빠진 양반 계층을 풍자하는군.

⑤ 거지의 신분이지만 어진 인품을 가진 광문을 주인공으로 내세운 것에서 신분이나 지위보다 품성과 인격이 더 중요하다는 근대적 가치관이 드러나는군.

서답형 04 세부 내용 파악하기

빈칸에 들어갈 말로 적절한 것을 윗글에서 찾아 쓰시오.

> ⓐ는 광문이 병든 아이를 위해 (   )을/를 빌러 나간 사이에 그 아이가 죽었는데, 자신이 죽인 것으로 오해를 받아 거지 무리에게 두들겨 맞고 무리에서 쫓겨났다는 것이다.

문제풀이

복습하기

작문

작문 상황	¹ ☐☐☐☐ 과 관련된 주장하는 글 쓰기
문제점	① 정확한 정보를 제공받을 소비자의 권리 침해 ② 친환경 제품 시장의 공정한 경쟁 질서 저해
문제 원인과 해결 방안	① 기업의 측면 – 환경 문제에 대한 소비자의 관심을 단순히 마케팅의 수단으로 이용 → 기업 ² ☐☐ 재정립, 제품 정보의 투명한 공개 ② 제도적 측면 – 친환경을 평가할 수 있는 법률적 기준의 미비 → 친환경과 관련된 법률적 기준 보완 ③ 마케팅의 측면 – 친환경 제품을 제대로 선별하여 구매하지 못함 → 친환경 제품에 대한 정확한 정보 인식

독서

1문단	³ ☐☐☐ 의 특징과 쇠퇴
2문단	⁴ ☐☐☐☐ 의 등장과 개념
3문단	⁴ ☐☐☐☐ 의 특징

문학 – 산에 언덕에(신동엽)

1연	그가 화사한 ⁵ ☐ 으로 부활할 것을 소망함.
2연	그가 맑은 ⁶ ☐☐ 로 살아갈 것을 소망함.
3연	그의 죽음을 슬퍼하는 ⁷ ☐☐
4연	⁷ ☐☐ 에 대한 위로
5연	그의 소망이 실현될 것이라는 확신

문학 – 광문자전(박지원)

광문의 의롭고 선한 품성
병든 아이가 죽자 그의 시체를 수습하여 ⁸ ☐☐☐☐ 에 묻어줌.
↓
광문이 ⁹ ☐ 을 훔쳤을 것이라는 부자의 의심에도 묵묵히 일함.
↓
누추한 행색에도 곡조에 맞춰 ¹⁰ ☐☐☐ 를 부르는 순수함을 지님.

정답 1 그린워싱   2 윤리   3 봉건제   4 절대왕정   5 꽃   6 숨결   7 행인   8 공동묘지   9 돈   10 콧노래

한수

12

Contents

＊ 과거가 아님에도 과거 시제를 쓰는 경우
• 미래에 일어날 일에 대한 실현 인식
  예 넌 이제 선생님한테 혼났다.
• 완료 또는 완료의 지속
  예 과일이 참 잘 익었다.

＊ 현재가 아님에도 현재 시제를 쓰는 경우
• 미래에 일어날 일이나, 확정적인 일
  예 버스가 곧 출발한다.
• 보편적인 사실
  예 해는 동쪽에서 뜬다.

＊ 현재 시제의 또 다른 실현 방법
선어말 어미가 없는 용언의 기본형
  예 나는 네가 좋다.

＊ 미래가 아님에도 선어말 어미 '-겠-'을 사용하는 경우
• 추측, 의지, 가능성
  예 지금쯤 기차가 도착했겠다.
    → 추측
    그 일은 내가 처리하겠다.
    → 의지
    저건 나도 할 수 있겠다.
    → 가능성

※ 다음 글을 읽고 물음에 답하시오.

　국어의 시제는 과거, 현재, 미래가 있는데, 이는 발화시와 사건시라는 시점을 기준으로 나눈 것이다. 발화시는 말하는 이가 말하는 시점을 뜻하고, 사건시는 동작이나 상태가 나타나는 시점을 가리킨다. 발화시보다 사건시가 앞서면 '과거 시제', 발화시와 사건시가 일치하면 '현재 시제', 발화시보다 사건시가 나중이면 '미래 시제'라고 한다.

　시제는 다음과 같이 어미나 시간 부사를 통해 실현된다.

시제의 종류 문법 요소	과거 시제	현재 시제	미래 시제
선어말 어미	-았-/-었-, -았었-, -었었-, -더-	• 동사: -는-, -ㄴ- • 형용사: 없음	-겠-, -(으)리-
관형사형 어미	• 동사: -(으)ㄴ, -던 • 형용사: -던	• 동사: -는 • 형용사: -(으)ㄴ	-(으)ㄹ
시간 부사	어제, 옛날 등	오늘, 지금 등	내일, 곧 등

　시간을 표현하는 문법 요소는 항상 특정한 시제만 표현하는 것은 아니다. 예를 들어 '-았-/-었-'은 주로 과거 시제를 표현하지만, 과거에 이루어진 어떤 상태가 현재까지 지속되는 경우에 쓰이기도 하고, ㉠ 미래의 상황을 표현하는 경우에 쓰이기도 한다.

> ㉮ 찬호는 어려서부터 아빠를 닮았다.
> ㉯ 네가 지금처럼 공부하면 틀림없이 대학에 붙었다.

　㉮는 '찬호와 아빠의 닮음'이라는 과거의 상태가 현재까지도 지속되고 있음을 보여준다. 한편 ㉯의 '붙었다'에서 과거 시제 선어말 어미 '-었-'이 쓰였지만, 발화시에서 볼 때 '대학에 붙는 일'은 앞으로 벌어질 미래의 사건이다.

• 문장의 시간 표현

시제	• 시간을 인위적으로 구분한 문법 범주 • 말하는 이가 말하는 시점인 '발화시'와 동작이나 상태가 일어나는 시점인 '사건시'의 기준에 따라 구분됨.	
동작상	말하는 시점을 기준으로 동작의 진행 상황에 따라 표현한 문법 기능	
	진행상	• 말하는 시점을 기준으로 해당 동작이 진행되고 있음을 표현 • 보조 용언 '-고 있다', '-아 / 어 가다' 등으로 실현됨. 예 그는 지금 농구를 하고 있다. / 드라마가 다 끝나 간다.
	완료상	• 말하는 시점을 기준으로 해당 동작이 이미 완료되었음을 표현 • 보조 용언 '-어 버리다', '-아 / 어 있다' 등으로 실현됨. 예 버스는 이미 떠나 버렸다. / 그는 지금 침대에 누워 있다.

중요 ▶ 01 시간 표현의 문법 요소 탐구하기

윗글을 읽고 보기 의 ⓐ~ⓒ를 탐구한 내용으로 가장 적절한 것은?

> 보기
>
> ⓐ 아기가 새근새근 잘 잔다.
> ⓑ 영주는 어제 영화를 한 편 봤다.
> ⓒ 전국적으로 비가 곧 내리겠습니다.

① ⓐ: 발화시보다 사건시가 나중인 시간 표현이 사용되었다.
② ⓐ: 관형사형 어미와 선어말 어미를 활용한 시간 표현이 나타난다.
③ ⓑ: 발화시와 사건시가 일치하는 시간 표현이 사용되었다.
④ ⓑ: 시간 부사와 선어말 어미를 활용한 시간 표현이 나타난다.
⑤ ⓒ: 발화시보다 사건시가 앞선 시간 표현이 사용되었다.

02 시간 표현의 다양한 표현 효과 파악하기

㉠의 사례로 가장 적절한 것은?

① 그는 여행을 떠나기로 결심했다.
② 1919년 3월 1일, 만세운동이 일어났다.
③ 봄날 거리에 개나리가 흐드러지게 피었다.
④ 학생들이 운동장에서 축구공을 차고 있었다.
⑤ 어린 동생과 싸웠으니 난 이제 어머니께 혼났다.

서답형 03 시간 표현의 다양한 표현 효과 파악하기

보기 의 밑줄 친 부분 중 과거 시제가 사용된 것 두 개를 찾아 차례대로 쓰시오.

> 보기
>
> 푸르던 하늘이 어느새 먹구름으로 뒤덮였다. 아마도 비가 올 것 같다.

문제풀이

투자자 보호 제도

| 정답 및 해설 | 82쪽

주제	금융 상품의 투자자 보호 제도
해제	이 글은 세 가지 금융 상품의 특징과, 투자자를 보호하기 위한 여러 제도를 설명하고 있다. 먼저 채권과 주식은 예금보다 높은 수익률을 기대할 수 있으나 기업이 부도가 날 경우 투자금을 회수할 수 없다는 문제점이 있다. 이를 방지하기 위한 공시 제도는 주식이나 채권을 판매하는 증권회사가 상품의 내용과 위험성 등의 내용을 일반 투자자가 이해할 수 있도록 설명해야 한다는 법이다. 예금은 지급 준비 제도와 예금자 보호 제도를 통해 채권, 주식과 달리 원금이 보장되므로 안정성이 높다. 그러나 채권, 주식에 반해 이자율은 낮은 편이다.

＊문단 중심 내용

1문단	채권과 주식을 통한 자금 조달의 예시
2문단	채권과 주식의 개념
3문단	채권과 주식 투자자를 보호하기 위한 공시 제도
4문단	예금의 안정성을 뒷받침하는 다양한 제도

※ 다음 글을 읽고 물음에 답하시오.

[A] ┌ 한 남자가 서점을 연다고 가정해보자. 먼저 가게와 책을 사기 위해 친구에게 1,000만 원을 빌리기로 한다. 서점을 연 뒤에도 급히 돈이 필요할 수 있으므로 이를 대비해 남자는 친구에게 돈을 1년 후에 갚되, 1년 뒤에 이자 100만 원을 주겠다고 약속하며 돈을 빌릴 것이다. 혹은 친구에게 서점에 대한 권리 일부분을 인정해 주어 서점에서 이익이 나면 이익금의 10%를 주고, 경영에 대한 10%의 발언권을 주겠다고 약속함으로써 돈을 빌릴 수도 있다. 전자는 채권을 통한 자금 조달*, 후자는 주식을 통한 자금 조달에 해당한다.

채권이란 국가, 지방자치단체, 회사 등이 필요한 자금을 차입하기* 위해 발행하는 차용증서*이며, 주식은 주식회사의 주주*가 출자자*로서 회사에 대해 갖는 지분을 의미한다. 남자가 만약 채권의 방식으로 친구에게 돈을 빌린다면 서점의 이익과 관계없이 친구에게 1,100만 원을 갚아야 하지만 주식과 같은 방식으로 친구에게 돈을 빌린다면, 서점에서 이익이 나지 않는 경우 돈을 주지 않아도 된다. 이런 점에서 채권이 주식보다 안정적이라 할 수 있다.

이러한 안정성에도 불구하고 채권이나 주식은 기업이 부도가 날 경우 투자금을 회수받지 못할 수가 있는데, 이를 방지하기 위해 공시 제도가 등장하였다. 공시 제도는 주식의 투자판단에 중대한 영향을 미칠 수 있는 중요한 기업 내용의 정보를 공시하도록 하여 투자자의 자유로운 판단과 책임하에 투자 결정을 할 수 있도록 하는 제도로서, 증권시장 내의 정보의 불균형을 해소하고 증권시장의 공정성을 확보하여 투자자를 보호한다. 이때 비전문가는 재무제표와 같은 기업 정보를 분석하기가 쉽지 않으므로 '자본 시장과 금융투자업에 관한 법률 제47조'에 따라 주식이나 채권을 판매하는 증권회사가 금융 투자 상품의 내용, 투자에 따르는 위험, 그 밖에 대통령령으로 정하는 사항을 투자자가 이해할 수 있도록 설명하게 함으로써 투자자를 보호한다.

㉠ 그렇다면 예금은 안전할까? 결론적으로 말하자면 매우 안전하다. 예금은 은행 등 법률이 정하는 금융기관에 돈을 맡기는 계약으로, 채권이나 주식과 달리 원금이 보장되기 때문이다. 우선 예금 상품은 은행이나 상호저축은행만 취급할 수 있는데, 만약 은행의 재무 상태가 악화되면 국가는 금융위원회를 통해 은행의 업무를 정지시킨다. 또한 지급 준비 제도를 통해 일정 금액 이상의 지급 준비금을 중앙은행*에 예치하도록 의무화하고 있다. 예금자 보호 제도는 은행의 예금 지급 불능 시 예금자에게 예금 지급을 보장하는 제도로, 예금자 1인당 5,000만 원까지는 예금보험공사에서 보장한다. 그러나 예금은 채권이나 주식보다 안정성이 높은 것에 비해 이자율은 낮은 편이다. 따라서 투자자는 여러 투자 상품의 장단점을 잘 살펴보고 합리적인 투자를 해야 한다.

＊ **조달(調達):** 자금이나 물자 따위를 대어 줌.
＊ **차입하다(借入하다):** 돈이나 물건을 꾸어 들이다.
＊ **차용증서(借用證書):** 남의 돈이나 물건을 빌린 것을 증명하는 문서.
＊ **주주(株主):** 주식을 가지고 직접 또는 간접으로 회사 경영에 참여하고 있는 개인이나 법인.
＊ **출자자(出資者):** 자금을 낸 사람.
＊ **중앙은행(中央銀行):** 한 나라의 금융과 통화 정책의 주체가 되는 은행.

01 세부 내용 파악하기

윗글에 대한 이해로 적절하지 <u>않은</u> 것은?

① 지급 준비 제도는 예금자를 보호하기 위한 제도이다.

② 주식을 산 투자자는 해당 회사에 대한 발언권을 가진다.

③ 채권을 발행하는 기관은 국가, 지방자치단체, 회사 등이다.

④ 은행이 예금을 지급하기 불가능한 상황에는 금융위원회가 예금자에게 예금을 지급한다.

⑤ 채권을 발행한 기관이 이익을 내지 못해도 투자자에게 정해진 만큼의 이자를 주어야 한다.

02 세부 내용 추론하기

㉠의 이유로 적절하지 <u>않은</u> 것은?

① 이자율과 안전성은 비례하기 때문이다.

② 지급 준비 제도를 의무화하고 있기 때문이다.

③ 채권이나 주식과 달리 원금이 보장되기 때문이다.

④ 금융위원회가 은행의 재무 상태를 파악하고 조치하기 때문이다.

⑤ 예금자 보호 제도를 통해 1인당 일정 금액까지는 보장을 받을 수 있기 때문이다.

중요 03 구체적 사례에 적용하기

윗글을 참고하여 [보기]를 이해한 내용으로 적절하지 <u>않은</u> 것은?

> [보기]
>
> 투자 경험이 없는 A는 B 증권이 채권 투자를 권유하자 원금 손실을 걱정하였으나, '일반 예금보다 더 많은 수익을 얻을 수 있다'는 B 증권의 말에 따라 자세한 설명을 듣지 못한 채 C 건설의 채권 1억 원어치를 구입했다. 그러나 3개월 뒤 C 건설은 부도가 났고, A는 투자금의 90%를 날리고 말았다. 이에 A는 B 증권을 상대로 손해배상을 청구했다.

① A는 재무제표를 분석할 수 있는 전문가가 아니군.

② A는 예금자 보호 제도에 따라 5,000만 원까지는 원금을 돌려 받을 수 있겠군.

③ A는 B 증권의 설명이 투자자와 증권사 간 정보의 불균형을 해소하지 못했다고 보았군.

④ A는 C 건설의 채권이 원금 손실 가능성이 있음을 알고도 섣부르게 투자했다는 과실이 있군.

⑤ B 증권은 C 건설 채권에 대한 자세한 설명을 A에게 하지 않았으므로, A는 B로부터 손해를 배상받을 수 있겠군.

서답형 04 세부 내용 파악하기

윗글의 [A]에서, '남자'가 친구에게 돈을 빌린 뒤 3,000만 원의 이익이 났을 경우, 친구에게 주어야 하는 돈은 총 얼마인지 쓰시오. (단, 단위를 포함하여 쓸 것.)

문제풀이

12강

탄로가 _ 신계영

| 정답 및 해설 | 83쪽

✔ 한방에! 핵심정리

갈래	평시조, 연시조
성격	서정적, 한탄적
주제	늙음에 대한 한탄과 탄식
특징	① 동일한 시어의 반복을 통해 의미를 강조함. ② 과거와 현재를 대비하여 제시함으로써 시상을 전개함. ③ 감탄형 종결 어미와 설의적 표현을 통해 화자의 정서를 드러냄.
해제	이 작품은 탄로가 계열에 속하는 작품으로, 흐르는 세월로 변해 버린 자신의 모습을 보며 어린 시절 늙은이를 보고 웃던 자신이 이제 남의 비웃음을 받아야 하는 처지에 놓이게 되었음을 탄식하고 있다. 젊었던 과거와 늙어버린 현재의 처지를 대조하여 늙음에 대한 한탄과 탄식을 더욱 강조하고 있다.

※ 다음 글을 읽고 물음에 답하시오.

아이 적 늙은이 보고 백발을 비웃더니
그동안에 아이들이 날 웃을 줄 어이 알리
아이야 하 웃지 마라 나도 웃던 아이로다

<제1수>

사람이 늙은 후에 거울이 원수로다
마음이 젊었으니 옛 얼굴만 여겼더니
센* 머리 찡그린 모습 보니 다 죽은 듯하여라

<제2수>

늙고 병이 드니 백발을 어이 하리
소년행락*이 어제론 듯 하다마는
어디 가 이 얼굴 가지고 옛 나로다 하겠는가

<제3수>

- 신계영, 〈탄로가〉 -

✔ 한방에! 같이볼작품

나의 미평한* 뜻을 일월께 이야기하니
구만 리 장천에 무슨 일 바빠서
주색에 못 슬믠* 이 몸을 쉬이 늙게 하는고

- 작자 미상, 〈나의 미평한 뜻을〉

* 미평하다(未平): 마음이 편하지 못하다.
* 슬믠: 싫고 미운.

갈 때는 청산이더니 올 때 보니 황산이로다
산천도 변하거든 나인들 아니 늙을쏘냐
두어라 저리 될 인생이니 아니 놀고 어이리

- 작자 미상, 〈갈 때는 청산이더니〉

어와 청춘 소년들아 백발 보고 웃지마라
덧없이 가는 세월 너인들 매양 젊을쏘냐
져근덧 늙었으니 공(空) 된 줄 알거니와
소문 없이 오는 백발 귀밑이 반백이라
청좌* 없이 오는 백발 털끝마다 점점 흰다
이리저리 헤어 보니 오는 백발 검을쏘냐
　　　[중략]

- 작자 미상, 〈노인가〉

* 청좌: 조선 시대에, 이속(吏屬)을 보내서 으뜸 벼슬아치의 출석을 청하던 일.

✔ 한방에! 어휘풀이

* 세다: 머리카락이나 수염 따위의 털이 희어지다.
* 소년행락(少年行樂): 젊었을 때 즐겁게 노는 것.

01 표현상의 특징 파악하기

윗글에 대한 설명으로 적절하지 <u>않은</u> 것은?

① 시어의 반복을 통해 의미를 강조하고 있다.

② 설의적 표현을 통해 체념의 정서를 드러내고 있다.

③ 상징적 시어를 통해 화자가 내적 갈등을 해소하는 과정을 드러내고 있다.

④ 명령형 종결 어미를 활용하여 현재 상황에 대한 화자의 정서를 표출하고 있다.

⑤ 과거와 현재를 함께 제시함으로써 시간의 흐름에 따른 화자의 변화를 서술하고 있다.

중요 02 작품의 내용 파악하기

보기 를 참고하여 윗글을 이해한 내용으로 적절하지 <u>않은</u> 것은?

보기

	화자	타자
과거	ⓐ	
현재	ⓑ	ⓒ

① 〈제1수〉에는 ⓐ, ⓑ, ⓒ가 모두 등장하고 있다.

② 〈제1수〉에서 '늙은이 보고 백발을 비웃'던 주체는 ⓐ이며, '웃지 마라'라고 요구받는 청자는 ⓒ이다.

③ 〈제2수〉에서 '거울'을 '원수'라고 여기는 주체는 ⓑ이고, '옛 얼굴'은 ⓐ의 모습을 가리킨다.

④ 〈제2수〉에서 '마음이 젊'은 주체는 ⓐ이고 '센 머리 찡그린 모습'은 ⓑ의 모습을 가리킨다.

⑤ 〈제3수〉에서 '소년행락'과 '옛 나'의 주체는 ⓐ이고 '이 얼굴'의 주체는 ⓑ이다.

중요 03 작품 비교하기

보기 와 윗글을 비교한 내용으로 적절한 것은?

보기

> 한 손에 막대 집고 또 한 손에 가시 쥐고
> 늙는 길 가시로 막고 오는 백발 막대로 치려 하니
> 백발이 제 먼저 알고 지름길로 오더라
>
> 춘산에 눈 녹인 바람 잠깐 불고 간 데 없다
> 잠깐 빌려다가 머리 위에 불게 하고 싶구나
> 귀밑에 해묵은 서리를 녹여 볼까 하노라
>   - 우탁, 〈탄로가〉

① 윗글과 〈보기〉 모두 젊음만을 최고의 가치로 여기는 화자의 가치관을 반영하고 있다.

② 윗글과 〈보기〉 모두 일상에서 쉽게 접할 수 있는 소재를 활용하여 현실감을 드러내고 있다.

③ 〈보기〉는 윗글과 달리 인간의 노력으로는 늙음을 막을 수 없다는 체념을 드러내고 있다.

④ 윗글은 〈보기〉와 달리 기발한 상상력을 통해 부정적 상황을 긍정적으로 받아들이고 있다.

⑤ 윗글은 〈보기〉와 달리 세월의 무상함에 따른 회한을 이겨내려는 화자의 강한 의지가 나타나고 있다.

서답형 04 시어의 의미 파악하기

〈제2수〉에서, 화자가 자신의 현재 상황을 인식하게 되는 매개체를 찾아 2음절로 쓰시오.

문제풀이

| 정답 및 해설 | 85쪽 |

갈래	수필
성격	회고적, 감상적, 체험적
주제	과거의 자연 친화적인 삶에 대한 그리움
특징	① 과거와 현재를 대비함으로써 주제를 부각함. ② 3인칭 시점을 활용하여 자신('그')의 이야기를 객관적으로 서술함.
해제	이 작품은 과거 작가가 살았던 토담집에서의 아름다운 기억을 떠올리면서 집에 담긴 소중한 의미를 이야기하는 수필이다. 과거의 토담집과 현대의 아파트를 비교하며 가족들이 자연과 조화를 이루며 살던 과거의 집의 역할과 가치를 이야기하고 있다. 이를 통해 독자들에게 현대인들이 잃어버리고 있는 집의 소중한 의미를 일깨우고, 오늘날 잃어버린 삶의 가치를 되새겨 보게 한다.

※ 다음 글을 읽고 물음에 답하시오.

저녁 어스름이 내리고 있을 무렵이었다. 돌확*에 곱게 간 보리쌀을 솥에 안쳐 한소끔* 끓여 내놓고서 쌀 한 줌과 끓여 낸 보리쌀을 섞으려고 허리를 구부리는 순간 산기*가 느껴졌다. 아낙은 서두르지 않고 침착하게 쌀과 보리를 섞은 다음 아궁이에 불을 지펴 놓고 텃밭으로 갔다.

장에 간 남편은 어디서 술을 한잔하는지 저녁이 되어도 돌아오지 않고 이제 곧 세상에 나오려고 신호를 보내기 시작한 뱃속의 아기 위로 셋이나 되는 아이들은 저녁의 골목에서 제 어미가 저녁밥 먹으라고 부르기를 기대하며 와자하게* 놀고 있었다.

[A]

아낙은 저녁 찬거리로 텃밭의 가지와 호박을 따다가 잠시 땅바닥에 쭈그리고 앉았다. 뱃속의 아기가 이번에는 좀 더 강한 신호를 보내왔다. 아낙은 진통이 가시기를 기다려 찬거리를 안아 들고 텃밭을 나왔다. 아궁이에서 밥이 끓기 시작하자 텃밭에서 따 온 가지를 끓고 있는 밥물 위에 올려놓고 호박과 호박잎을 뚝뚝 썰어 톱톱하게* 받아 놓은 뜨물*에 된장국을 끓이고 오이채를 썰어 매콤한 오잇국을 만들어서 저녁상을 차렸다. 그러고 나서 아이 낳을 채비를 하기 시작했다.

물을 데워 놓고 끓는 물에 아기 탯줄 자를 가위를 소독하고 미역도 담가 놓고 안방 바닥에 짚을 깔고 그 위에 드러누웠다. 장에 가서 술 한잔 걸치고 뱃노래를 흥얼거리며 아낙의 남편이 막 사립문을 들어섰을 때 안방 쪽에서 갓 태어난 아기 울음소리가 들려오고 있었다. 순산이었다. 남편은 늘 그래 왔듯이, 첫째 때도 둘째 때도 셋째 때도 그러했듯이, 술 취한 기분에도 부엌으로 들어가 아내가 미리 물에 담가 둔 미역을 씻어 첫국밥*을 끓였다. 첫국밥을 끓여서 아내에게 들여놓아 주고 나서 남편은 사립문 양쪽에 대나무를 세우고 새끼줄에 검은 숯과 붉은 고추를 끼워 대나무에 매달았다. 넷째 아들이 태어나던 날 밤.

ⓐ 그의 어머니는 그렇게 팔 남매를 낳았다. 집은 토담집*이었다. 그의 아버지와 어머니가 신접살림*을 나면서 손수 지은 집이었다. 판판한 주춧돌* 위에 튼튼한 소나무 기둥을 세우고 지붕을 만들었다. 마을에서는 그렇게 새집 짓는 일을 '성주* 모신다'고 했다. 마을 남정네들은 집 짓는 일을 돕고 아낙들은 음식을 만들었다. 황토에 논흙을 섞고 짚을 썰어 지붕 흙을 만들고 몇 사람은 지붕 위로 올라가고 몇 사람은 마당에 길게 서서 다 이겨진 흙을 지붕 위로 올렸다.

대나무나 뽕나무로 미리 살*을 만들어 놓은 위에 차진 흙이 발라졌다. 흙이 마르면 노란 짚을 엮어 지붕을 이었다. 이제 그 지붕은 아무리 비가 많이 와도 아무리 거센 바람이 불어도 끄떡없을 것이었다. 지붕이 다 만들어지자 벽을 만들었다. 지붕에서처럼 대나무로 살을 만들고 흙을 바르고 그리고 구들장*을 놓았다. 노란 송판을 반들반들하게 켜서 마루도 만들었다.

그와 그의 형제들은 바로 그 집에서 나고 그 집에서 컸다. 노란 흙벽, 노란 초가지붕, 노란 마루, 노란 마당, 정다운 노란 집. 그 집의 봄 여름 가을 겨울. 봄 여름 가을 겨울의 아침과 낮과 저녁과 밤이 그 집 아이들의 성장에 함께 있었다. 그는 그 집의 봄 여름 가을 겨울과 봄 여름 가을 겨울의 어느 아침과 낮과 저녁과 밤을 먼 훗날까지 그의 영혼 깊은 곳에 간직해 두고서는 몹시 힘들고 고달픈 도시에서의 봄 여름 가을 겨울의 어느 아침과 낮과 저녁과 밤에 마음속의 보석처럼 소중한 그 추억들을 끄집어내 보고는 했다.

　㉠ 그 집은 그 집 아이들에게 작은 우주였다. 그곳에는 많은 비밀이 있었다. 자연 속에는 눈에 보이는 것 말고도 눈에 보이지 않는 무한한 비밀이 감춰져 있었다. 그는 그 집에서 크면서 자연 속에 감춰진 비밀들을 깨달아 갔다.

　석양의 북새*, 혹은 낮게 깔리는 굴뚝 연기를 보고 그는 비설거지*를 했다. 그런 다음 날은 틀림없이 비가 올 것이므로. 비가 온 날 저녁에는 또 지렁이가 밤새 운다는 것을 그는 알고 있었다. 똑또르 똑또르 하는 지렁이 울음소리. 냄새와 소리와 맛과 색깔과 형태들이 그 집에서는 선명했다. 모든 것들이 말이다. 왜냐하면 봄과 여름과 가을과 겨울과 아침과 낮과 저녁과 밤이 그 집에서는 뚜렷했으므로. ㉡ 자연이 그러한 것처럼 사람들의 삶이 명료했다.

　㉢ 이제 그 집을 떠난 그에게는 모든 것이 불분명하다. 아침과 저녁이 불분명하고 사계절이 불분명하고 오감이 불분명하다. 병원에서 태어나 수십 군데 이사를 다니고 나서 겨우 장만한 아파트. 그 사각진 콘크리트 벽 속에 살고 있는 ⓑ 그의 아이는 여름에 긴팔 옷을 입고 겨울에 반팔 옷을 입는다.

　돈은 은행에서 나고 먹을 것은 슈퍼에서 나는 것으로 아는 아이는, 수박이 어느 계절의 과일인지 분간하지 못하는 아이는 그래서 봄 여름 가을 겨울을 알지 못한다. 아침저녁의 냄새와 소리와 맛과 형태와 색깔이 어떻게 다른지 알지 못한다.

　어머니의 부음*을 듣고 그는 그가 나고 성장한 그 노란 집으로 갔다. 팔 남매를 낳고 기르느라 조그마해질 대로 조그마해진 어머니는 바로 자신의 아이들을 낳았던 그 자리에 자신의 몸을 부려 놓고 있었다.

　㉣ 그 집, 노란 그 집에 탄생과 죽음이 있었다. 그 집 안주인의 죽음 이후 그 집은 적막해졌다. 아무도 그 집에 들어와 살지 않을 것이며 누구도 아이를 그 집에서 낳지 않을 것이며 그러므로 죽음 또한 그 집에서는 일어나지 않을 것이다. 그 집의 역사는 그렇게 끝이 난 것이다.

　우리들의 어머니의 죽음과 함께 조왕신*과 성주신이 살지 않는 우리들의 집은 이제 적막하다. 더 이상의 탄생과 죽음이 없는 우리들의 집은 쓸쓸하다.

　㉤ 우리는 오늘 밤도 쓸쓸한 집으로 돌아들 간다.

　　　　　　　　　　　　　　　　　　　　　　　- 공선옥, 〈그 시절 우리들의 집〉 -

*구성

처음	토담집에서 태어난 넷째 아들의 출산 과정
중간	토담집의 유래와 유년 시절 토담집에서의 추억
끝	과거와 달리 탄생과 죽음이 없는 우리들의 집

12강

✓ 한방에! 어휘풀이

* 돌확: 돌로 만든 조그만 절구.
* 한소끔: 한 번 끓어오르는 모양.
* 산기(産氣): 달이 찬 임신부가 아이를 낳으려는 기미.
* 왁자하다: 정신이 어지러울만큼 떠들썩하다.
* 톱톱하다: 국물이 묽지 아니하고 바특하다.
* 뜨물: 곡식을 씻어 내 부옇게 된 물.
* 첫국밥: 아이를 낳은 뒤에 산모가 처음으로 먹는 국과 밥.
* 토담집(土담집): 토담만 쌓아 그 위에 지붕을 덮어 지은 집.
* 신접살림(新接살림): 처음으로 차린 살림살이.
* 주춧돌: 기둥 밑에 기초로 받쳐 놓은 돌.
* 성주: 가정에서 모시는 신의 하나. 집의 건물을 수호하며, 가신 가운데 맨 윗자리를 차지한다.
* 살: 창문이나 연, 부채, 바퀴 따위의 뼈대가 되는 부분.
* 구들장(구들張): 방고래 위에 깔아 방바닥을 만드는 얇고 넓은 돌.
* 북새: '북풍'의 방언.
* 비설거지: 비가 오려고 하거나 올 때, 비에 맞으면 안 되는 물건을 치우거나 덮는 일.
* 부음(訃音): 사람이 죽었다는 것을 알리는 말이나 글.
* 조왕신(竈王神): 부엌을 맡는다는 신. 늘 부엌에 있으면서 모든 길흉을 판단한다고 한다.

01 작품의 내용 이해하기

ⓐ와 ⓑ를 비교한 내용으로 적절하지 않은 것은?

① ⓐ는 토담집에서, ⓑ는 병원에서 태어났군.

② ⓐ는 자연의 섭리를 따르며, ⓑ는 자연의 섭리를 거스르며 살아왔군.

③ ⓐ는 어린 시절 자연과 조화된 삶을, ⓑ는 자연과 단절된 삶을 살았군.

④ ⓐ, ⓑ 모두 현재 역사가 없는 곳에서 살고 있군.

⑤ ⓐ, ⓑ 모두 집에 살면서 자연 속에 감춰진 비밀들을 깨달아 갔군.

02 구절의 의미 파악하기

㉠~㉤에 대한 설명으로 적절하지 않은 것은?

① ㉠: 토담집이 단순히 거주하는 공간을 넘어서서 아이들이 알아가고 경험하는 세계였음을 의미한다.

② ㉡: 토담집이 자연의 이치를 거스르던 사람들의 삶을 명료하게 변화시켰음을 의미한다.

③ ㉢: 현재 그가 토담집에서의 삶과 대조적인 삶을 살고 있음을 의미한다.

④ ㉣: 과거의 집이 인간의 탄생에서 죽음에 이르기까지 삶의 모든 과정이 담긴 공간이었음을 의미한다.

⑤ ㉤: 어머니의 죽음 이후 더 이상의 탄생과 죽음이 없어진 집처럼 오늘날 우리들의 집에도 탄생과 죽음이 없음을 의미한다.

중요 03 표현상의 특징 파악하기

보기 의 빈칸에 들어갈 말로 적절한 것은?

> 보기
>
> 수필은 일정한 형식을 따르지 않고 일상생활에서 글쓴이의 체험이나 느낌을 서술한 글이다. 글쓴이 자신이 직접 겪은 일이나 자신의 생각이 솔직하게 서술되어 있기 때문에 수필에 등장하는 '나'는 보통 글쓴이 자신을 의미한다. 그러나 윗글은 대부분의 수필과는 달리, [   ] 이야기의 객관성을 확보하고 있다.

① 다양한 일화를 제시함으로써

② 비유적 표현을 활용함으로써

③ 3인칭 시점을 사용하여 서술함으로써

④ 글쓴이의 생각과 타인의 생각을 대조함으로써

⑤ '그'의 이야기를 '우리들'의 이야기로 확대함으로써

서답형 04 장면의 의미 파악하기

빈칸에 들어갈 말로 적절한 것을 골라 차례대로 쓰시오.

> [A]는 아낙이 넷째 아이를 출산하는 모습으로, 이를 통해 과거에는 출산을 (일상생활 / 행사)이/가 아니라 (일상생활 / 행사)의 한 부분으로 여겼음을 알 수 있다.

문제풀이

복습하기

문법

¹☐☐ 시제	발화시보다 사건시가 앞섬.
현재 시제	발화시와 사건시가 ²☐☐ 함.
미래 시제	발화시보다 사건시가 나중임.

독서

1문단	채권과 주식을 통한 ³☐☐ 조달의 예시
2문단	채권과 주식의 개념
3문단	채권과 주식 투자자를 보호하기 위한 ⁴☐☐ 제도
4문단	⁵☐☐의 안정성을 뒷받침하는 다양한 제도

문학 – 탄로가(신계영)

제1수	늙음에 대한 한탄과 자신을 비웃는 ⁶☐☐☐에 대한 충고
제2수	옛 얼굴과 대조적으로 늙어버린 자신의 모습에 대한 탄식
제3수	지나간 ⁷☐☐☐☐의 과거에 대한 아쉬움과 탄식

문학 – 그 시절 우리들의 집(공선옥)

넷째 아들의 출산 과정	아낙 – 산통을 겪으면서도 저녁상을 차린 후 홀로 출산을 준비해 아들을 낳음.
	아낙의 ⁸☐☐ – 아내를 위해 미역국을 끓이고 사립문에 ⁹☐☐을 매달아 출산을 알림.

↓

- 출산이 병원이 아닌 ¹⁰☐에서 이루어짐.
- 출산을 자연스러운 일상생활의 한 부분으로 여김.

정답	1 과거	2 일치	3 자금	4 공시	5 예금	6 아이들	7 소년행락	8 남편	9 금줄	10 집

13

Contents

※ 다음 글을 읽고 물음에 답하시오.

언어학자인 소쉬르는 '시간은 모든 것을 변화시킨다. 언어라고 해서 이 보편 법칙을 벗어날 리가 없다.'라고 했다. 이처럼 시간의 흐름에 따라 언어가 변화하기도 하는데 이를 언어의 특성 중 역사성이라고 한다. 이러한 언어의 역사성을 의미와 형태 측면에서 살펴보자.

단어의 의미 변화 양상에는 의미의 확대, 축소, 이동이 있다. 의미 확대는 단어 본래의 의미보다 그 뜻의 사용 범위가 넓어지는 것이고, 반대로 의미 축소는 본래의 의미보다 그 뜻의 사용 범위가 좁아지는 것이다. 그리고 단어의 의미가 조금씩 달라져서 본래의 의미와 거리가 먼 다른 의미로 바뀌기도 하는데, 이를 ㉠ 의미 이동이라고 한다.

단어의 형태 변화는 ㉡ 음운의 변화로 인한 것과 유추로 인한 것 등이 있다. 중세 국어의 음운 중 '·', 'ㅿ', 'ㅸ' 등이 시간이 지나면서 다른 음운으로 바뀌거나 소실되었는데, 이에 따라 단어의 형태도 바뀌게 되었다. '·'는 첫째 음절에서는 'ㅏ'로, 둘째 음절 이하에서는 'ㅡ'로 주로 바뀌었으며 'ㅿ'은 대부분 소실되었고 'ㅸ'은 주로 반모음 'ㅗ/ㅜ'로 바뀌었다. 한편 유추란 어떤 단어가 의미적 혹은 형태적으로 비슷한 다른 단어를 본떠 변화하는 것을 말한다. 과거에 '오다'의 명령형은 '오다'에만 결합하는 명령형 어미 '-너라'가 결합한 '오너라'였으나, 사람들이 일반적인 명령형 어미인 '-아라'가 쓰일 것이라고 유추하여 사용한 결과 현재에는 '-아라'가 결합한 '와라'도 쓰인다.

[A] 이와 같은 역사성뿐만 아니라 언어의 특성에는 언어의 내용인 '의미'와 그것을 나타내는 형식인 '말소리' 사이의 관계가 필연적이지 않다는 자의성, 말소리와 의미는 사회의 인정을 통해 관습적으로 결합되어 있어 그 결합은 개인이 함부로 바꿀 수 없는 약속이라는 사회성, 언어를 통해 연속적인 대상이나 개념을 분절적으로 인식하게 된다는 분절성 등이 있다.

· 단어의 의미 변화 양상

의미 확대	단어 본래의 의미보다 그 뜻의 사용 범위가 넓어지는 것
의미 축소	단어 본래의 의미보다 그 뜻의 사용 범위가 좁아지는 것
의미 이동	단어의 의미가 조금씩 달라져서 본래의 의미와 거리가 먼 다른 의미로 바뀌는 것

· 단어의 형태 변화 양상

음운의 변화로 인한 것	'·', 'ㅿ', 'ㅸ' 등이 시간이 지나면서 다른 음운으로 바뀌거나 소실된 것 예 '·' → 'ㅏ' 또는 'ㅡ' / 'ㅿ' → 소실 / 'ㅸ' → 반모음 'ㅗ/ㅜ'
유추로 인한 것	어떤 단어가 의미적 혹은 형태적으로 비슷한 다른 단어를 본떠 변화하는 것 예 '오다'의 명령형 '오너라' → 현재에는 '와라'도 쓰임.

01 언어의 특성 탐구하기

[A]를 바탕으로 추론한 내용으로 적절하지 <u>않은</u> 것은?

① 경계가 뚜렷하지 않은 '무지개'의 색을 일곱 가지 색으로 구분하는 것은 언어를 통해 대상을 분절적으로 인식하는 것이겠군.

② 여러 사람들이 '소리 없이 빙긋이 웃는 웃음'을 '미소'라고 말하는 것은 의미와 말소리가 관습적으로 결합되어 있기 때문이겠군.

③ 동일한 의미의 대상을 한국어로는 '개', 영어로는 'dog'라고 말하는 것은 의미와 말소리의 관계가 필연적이지 않기 때문이겠군.

④ '바다'의 의미를 '나무'라는 말소리로 표현하면 의사소통이 제대로 안 되는 것은 언어가 개인이 함부로 바꿀 수 없는 사회적 약속이기 때문이겠군.

⑤ '차다'라는 말소리가 '(발로) 차다', '(날씨가) 차다', '(명찰을) 차다' 등 다양한 의미에 대응하는 것은 연속적인 개념을 언어로 나누어 인식하고 있는 것이겠군.

중요 02 언어의 역사성 탐구하기

보기 는 언어의 역사성과 관련하여 학생이 수집한 자료이다. ⓐ~ⓔ 중 윗글의 ㉠과 ㉡에 모두 해당하는 것은?

> **보기**
>
> • '어리다'는 '나이가 적다'라는 의미인데 예전에는 '어리석다'라는 의미를 나타냈고, 예전에도 '어리다'의 형태로 쓰였다. ·············· ⓐ
>
> • '서울'은 '나라의 수도'와 '한반도의 중심부에 있는 도시'를 의미하는데 과거에는 '나라의 수도'만을 의미했고, '셔블'의 형태로 쓰였다. ·············· ⓑ
>
> • '싸다'는 '비용이 보통보다 낮다'라는 뜻의 단어인데 예전에는 '그 정도의 값어치가 있다'라는 의미를 나타냈고, '쓰다'의 형태로 쓰였다. ·············· ⓒ
>
> • '마음'은 '사람이 본래부터 지닌 성격이나 품성'을 뜻하는 단어인데 예전에는 이와 함께 '심장'을 의미하기도 했고, '무움'의 형태로 쓰였다. ·············· ⓓ
>
> • '서로'는 '짝을 이루는 상대'라는 뜻으로, 예전에 '서르'라고 썼는데 사람들이 일반적으로 부사가 '-로'로 끝나는 것에서 추측하여 사용한 결과 '서르'는 '서로'로 변했다. ·············· ⓔ

① ⓐ   ② ⓑ   ③ ⓒ   ④ ⓓ   ⑤ ⓔ

서답형 03 단어의 의미 변화 파악하기

다음 중 의미 확대에 해당하는 사례의 기호 두 개를 골라 쓰시오.

> ㄱ. 영감: 당상관에 해당하는 벼슬을 지낸 사람 → 남자 노인
>
> ㄴ. 놈: 평범한 남자를 이르는 말 → 남자를 낮잡아 이르는 말
>
> ㄷ. 놀부: 〈흥부전〉에 나오는 인물 → 심술궂은 사람을 비유적으로 이르는 말
>
> ㄹ. 언니: 남녀를 불문하고 손윗사람을 이르는 말 → 여성 손윗사람을 이르는 말

문제풀이

13강

파마의 원리

✓ 한방에! 개념정리

✓ 한방에! 핵심정리

주제	파마와 관련된 화학적 원리
해제	이 글은 파마와 관련된 화학적 원리를 설명하고 있다. 머리카락이 탄력 있고 일정한 모양을 유지하는 것은 시스틴이라는 아미노산 때문이다. 시스틴은 시스테인 분자가 이웃하고 있는 다른 시스테인과 결합하면서 산화 반응을 일으켜 만들어진다. 이때 황 원자 2개가 다리 결합을 하기 때문에 머리카락이 탄력 있고 일정한 모양을 유지할 수 있다. 머리카락에 염기성 물질인 파마약을 가하면 다리 결합이 끊어지고, 이때 컬 클립을 이용하여 모양을 잡은 다음 중화제를 뿌림으로써 다시 산화 반응을 일으켜 다리 결합이 있는 시스틴 분자를 만든다.

★ 문단 중심 내용

1문단	머리카락을 구성하는 케라틴에 포함된 시스틴
2문단	시스틴이 만들어지는 원리
3문단	다리 결합과 파마약을 가했을 때의 결과
4문단	중화제를 뿌리는 이유
5문단	중화제를 뿌렸을 때의 결과

✓ 한방에! 어휘풀이

★ 산화(酸化): 어떤 물질이 산소와 결합하거나 수소를 잃는 일.

★ 염기성(鹽基性): 염기가 지니는 기본적 성질. 원래는 산의 작용을 중화하고 산과 작용하여 염과 물만을 만드는 성질을 뜻한다.

※ 다음 글을 읽고 물음에 답하시오.

머리카락은 '케라틴'이라는 단백질로 구성되어 있다. 머리카락 한 올을 뽑아서 당겨 보면 탄력성이 좋고 일정한 모양을 유지하는 것을 볼 수 있는데, 이는 케라틴에 포함된 '시스틴'이라는 아미노산 때문이다.

시스틴은 '시스테인'이라는 분자가 2개 이상 결합해 만들어지는데, 하나의 시스테인 분자는 '$HS-CH_2-CH(NH_2)-COOH$'와 같은 모양으로 이루어져 있다. ㉠ 시스테인은 이웃하고 있는 다른 시스테인과 결합하면서 다음과 같은 모양을 이룬다. 이때 공기 중 산소의 산화*력에 의해 시스테인 분자의 수소(H)가 빠져나오게 되는데, 이렇게 해서 시스틴이 만들어진다.

$$㉡ \ COOH-CH(NH_2)-CH_2-S---S-CH_2-CH(NH_2)-COOH$$

여기에 황(S) 원자 2개가 '$-S---S-$' 모양으로 결합한 것을 볼 수 있는데, 이를 '다리 결합'이라고 한다. 다리 결합이란 사슬 모양으로 결합해 있는 원자와 원자 사이에 다리를 걸치는 방식으로 형성되는 결합이다. 이 때문에 머리카락은 탄력적이고 일정한 모양을 유지할 수 있다. 그런데 ㉢ 다리 결합을 이룬 물질에 염기성* 물질인 파마약을 가하면, 황이 염기성 물질($OH-$) 안의 수소와 결합하면서 다음과 같은 반응이 일어난다.

$$COOH-CH(NH_2)-CH_2-S---S-CH_2-CH(NH_2)-COOH + 파마약(OH-)$$
$$\downarrow$$
$$㉣ \ HS-CH_2-CH(NH_2)-COOH+HS-CH_2-CH(NH_2)-COOH$$

이 화학 반응식을 보면, 염기성 물질인 파마약과의 반응으로 시스틴의 다리 결합이 끊어졌다. 머리카락의 탄력성을 유지해 주던 다리 결합이 끊어졌으므로 머리카락은 더 이상 일정한 모양을 유지할 수 없다. 이때 컬 클립 등으로 원하는 모양의 머리를 만드는 것이다. 그런데 다리 결합의 힘이 사라진 상태이기 때문에 시간이 지난 뒤 컬 클립을 빼면 머리카락은 고불고불한 모양을 유지할 수 없다. ㉤ 그렇기 때문에 중화제를 뿌리는데, 중화제는 산소(O) 성분이 들어 있으므로 앞에서 일어난 것과는 반대의 반응이 일어난다.

$$HS-CH_2-CH(NH_2)-COOH+HS-CH_2-CH(NH_2)-COOH + 중화제(O 성분 함유)$$
$$\downarrow$$
$$COOH-CH(NH_2)-CH_2-S---S-CH_2-CH(NH_2)-COOH$$

중화제를 뿌리면 이처럼 머리카락의 탄력성을 유지해 주는 다리 결합($-S---S-$)이 다시 생긴다. 중화제 속 산소의 산화력에 의해 시스테인 분자의 수소가 빠져나오는 산화 반응이 일어나 다시 다리 결합이 있는 시스틴 분자가 만들어진 것이다. 고불고불해진 머리카락은 다리 결합으로 인해 머리를 감아도 풀리지 않고 그 상태를 유지하게 된다.

01 내용 전개 방식 파악하기

윗글의 내용 전개 방식으로 적절한 것은?

① 시간의 흐름에 따른 발전 양상을 설명하고 있다.
② 다양한 사례를 제시해 구체적으로 설명하고 있다.
③ 화학 반응이 일어나는 원리와 과정을 설명하고 있다.
④ 화학 반응을 유사한 성질에 따라 분류하여 설명하고 있다.
⑤ 두 화학 반응의 공통점과 차이점을 중심으로 설명하고 있다.

02 세부 내용 파악하기

윗글의 내용과 일치하는 것은?

① 시스테인은 다리 결합으로 구성되어 있다.
② 공기 중의 산소에 의해 시스테인이 시스틴으로 만들어진다.
③ 다리 결합이 끊어지면 머리를 감아도 일정한 모양이 유지된다.
④ 머리카락의 탄력성이 유지되는 것은 수소 원자의 결합 때문이다.
⑤ 머리카락에 파마약을 바르고 컬 클립으로 고정한 후 빼면 파마를 유지할 수 있다.

중요 03 구체적 사례와 비교하기

⊙~⑩ 중 보기 의 ⓐ와 같은 과정이 일어나지 않는 것을 모두 고른 것은?

> **보기**
>
> 　머리를 다양한 색깔로 염색할 때 염색약 속에는 과산화 수소(H_2O_2)와 암모니아, 염색 물질이 들어 있다. 염색약 속의 암모니아는 머리카락의 각질층을 들뜨게 하는 작용을 하는데, 이 틈으로 과산화 수소가 침투해 머리카락 속의 검은색 색소인 멜라닌과 산화 반응을 일으킨다.
> 　과산화 수소 속의 산소는 매우 불안정하여 반응을 일으키기 쉬운데, 이 산소가 멜라닌 색소와 결합하는 ⓐ 산화 반응을 일으켜 멜라닌 색소를 파괴한다. 이로써 머리카락의 검은색은 탈색되고 그 대신 염색 물질이 들어가 특정한 색을 띠게 된다. 갈색 염료를 쓰면 갈색 머리가, 노란색 염료를 쓰면 노란색 머리가 만들어진다.

① ⊙, ⓛ　　　　② ⊙, ⑩　　　　③ ⓛ, ⓒ　　　　④ ⓒ, ⓔ　　　　⑤ ⓔ, ⑩

서답형 04 세부 내용 파악하기

빈칸에 들어갈 말을 차례대로 골라 쓰시오.

> • 다리 결합 상태의 (황 / 산소) 원자 + (산성 / 염기성) 물질 → 다리 결합이 끊어짐.
> • 끊어진 다리 결합 + (산소 / 수소) 성분이 든 중화제 → 다리 결합이 생김.

문제풀이

13강

수라 _ 백석

| 정답 및 해설 | 91쪽

갈래	자유시, 서정시
성격	상징적, 애상적
주제	붕괴된 가족 공동체의 회복에 대한 소망
특징	① 화자의 반복되는 행위를 통해 시상이 전개됨. ② 거미를 대하는 화자의 감정이 점층적으로 고조됨.
해제	이 작품은 거미를 문밖으로 버리는 화자의 행위를 반복하며 이에 따른 화자의 감정 변화를 보여 준다. 이러한 양상에는 가족 공동체가 붕괴해 가던 1930년대 후반의 현실이 반영되어 있다.

※ 다음 글을 읽고 물음에 답하시오.

거미 새끼 하나 방바닥에 나린 것을 나는 아무 생각 없이 ㉠ 문밖으로 쓸어 버린다

차디찬 밤이다

어니젠가* 새끼 거미 쓸려 나간 곳에 큰 거미가 왔다

나는 가슴이 짜릿한다

나는 또 큰 거미를 쓸어 ㉡ 문밖으로 버리며

찬 밖이라도 새끼 있는 데로 가라고 하며 서러워한다

이렇게 해서 아린 가슴이 싹기도* 전이다

어데서 좁쌀알만 한 알에서 가제* 깨인 듯한 발이 채 서지도 못한 무척 작은 새끼 거미가 이번엔 큰 거미 없어진 곳으로 와서 아물거린다*

나는 가슴이 메이는 듯하다

내 손에 오르기라도 하라고 나는 손을 내어 미나 분명히 울고불고할 이 **작은 것**은 나를 **무서우이 달아나 버**리며 나를 서럽게 한다

나는 이 작은 것을 고이 보드라운 종이에 받아 또 ㉢ 문밖으로 버리며

이것의 엄마와 누나나 형이 가까이 이것의 걱정을 하며 있다가 **쉬이 만나기나 했으면 좋으련만** 하고 슬퍼한다

– 백석, 〈수라〉 –

여승은 합장하고 절을 했다
가지취의 내음새가 났다
쓸쓸한 낯이 옛날같이 늙었다
나는 불경처럼 서러워졌다

평안도의 어느 산 깊은 금점판
나는 파리한 여인에게서 옥수수를 샀다
여인은 나어린 딸아이를 때리며 가을밤같이 차게 울었다

섶벌같이 나아간 지아비 기다려 십 년이 갔다
지아비는 돌아오지 않고
어린 딸은 도라지꽃이 좋아 돌무덤으로 갔다

산꿩도 섧게 울은 슬픈 날이 있었다
산절의 마당귀에 여인의 머리오리가 눈물방울과 같이 떨어진 날이 있었다

– 백석, 〈여승〉

* 금점판(金店판): 예전에, 주로 수공업적 방식으로 작업하던 금광의 일터.
* 머리오리: 낱낱의 머리털.

* **어니젠가**: '언제가'의 평안도 방언. 여기서는 '어느 사이엔가'라는 뜻으로 쓰였다.
* **싹다**: 가라앉다.
* **가제**: 방금. 막.
* **아물거리다**: 작거나 희미한 것이 보일 듯 말 듯 하게 조금씩 자꾸 움직이다.

01 표현상의 특징 파악하기

윗글에 대한 설명으로 가장 적절한 것은?

① 의문문을 활용하여 시적 상황을 비판하고 있다.
② 동일한 시행의 반복을 통해 운율을 나타내고 있다.
③ 현재형 어미를 주로 사용하여 현장감을 살리고 있다.
④ 공간의 이동에 따른 화자의 태도 변화가 드러나고 있다.
⑤ 사람이 아닌 것을 사람처럼 표현하여 시적 청자로 삼고 있다.

02 공간을 중심으로 작품 이해하기

㉠~㉢에 대한 설명으로 적절하지 않은 것은?

① ㉠은 거미 가족이 처음으로 흩어지게 된 곳이다.
② ㉠은 거미에 대한 화자의 죄책감이 드러나는 곳이다.
③ ㉡은 화자가 큰 거미와 새끼의 재회를 기대하는 곳이다.
④ ㉢은 거미 가족의 공동체가 실현될 수 있는 곳이다.
⑤ ㉡, ㉢은 모두 화자가 거미를 내보낸 곳이다.

중요 03 외적 준거를 바탕으로 작품 감상하기

보기 를 바탕으로 윗글을 감상한 내용으로 적절하지 않은 것은?

> **보기**
>
> '수라'는 불교 용어인 '아수라(阿修羅)'의 약칭으로, '눈 뜨고 볼 수 없을 만큼 끔찍하게 흩어져 있는 현장'을 의미한다. 〈수라〉가 쓰인 1930년대는 일제 강점기로, 일본의 수탈로 인해 삶의 터전을 잃고 떠돌아다니는 사람들이 많았다. 이 과정에서 우리 민족은 가족 공동체가 해체되는 아픔을 겪어야 했다.

① '차디찬 밤'은 1930년대의 일제 강점기를 상징하는군.
② '찬 밖이라도 새끼 있는 데로 가라'는 것은 가족 공동체를 재결합시키기 위한 것이군.
③ '내 손에 오르기라도 하라고' '손을 내어 미'는 것에는 흩어진 거미 가족에 대한 연민이 담겨 있군.
④ '작은 것'이 '무서우이 달아나 버'리는 것은 일제의 수탈과 같이 가족 공동체가 해체되는 원인이 되는군.
⑤ '이것의 엄마와 누나나 형'과 '쉬이 만나기나 했으면 좋'겠다는 것은 가족 공동체의 재결합을 희망하는 것이군.

★ **약칭(略稱):** 정식 명칭을 간략히 줄여 이름. 또는 그렇게 줄인 명칭.

서답형 04 시어의 기능 파악하기

3연에서 새끼 거미에 대한 화자의 정성스러운 태도를 나타내는 시어를 찾아 2어절로 쓰시오.

배비장전 _ 작자 미상

| 정답 및 해설 | 92쪽

※ 다음 글을 읽고 물음에 답하시오.

[A]
"나으리, 생각이 전혀 없소. 밤중에 유부녀 희롱 가오면서 비단옷 입고 저리 하고 가다가는 될 일도 안 될 것이니, 그 의관 다 벗으시오."

"벗으면 초라하지 않겠느냐?" / "초라하거든 가지 마옵시다."

"이 애야, 요란히 굴지 마라. 내 벗으마."

활짝 벗고 알몸으로 서서, / "어떠하냐?"

"그것이 참 좋소마는, 누가 보면 한라산 매 사냥꾼으로 알겠소. 제주 인물 복색으로 차리시오."

"제주 인물 복색은 어떤 것이냐?" / "개가죽 두루마기에 노펑거지*를 쓰시오."

"그것은 너무 초라하구나." / "초라하거든 그만두시오."

"말인즉 그러하단 말이다. 개가죽이 아니라, 도야지가죽이라도 내 입으마."

하더니, 구록피* 두루마기에 노펑거지를 쓰고 나서서 앞뒤를 살펴보며,

"이 애야, 범이 보면 개로 알겠다. 군기총 하나만 내어 들고 가자."

"무섭거든 가지 마옵시다."

"이 애야, 그러하단 말이냐? 네 성정 그러한 줄 몰랐구나. ㉠ 정 못 갈 터이면, 내 업고라도 가마."

배비장이 뒤따라가며 하는 말이,

"기약 둔 사랑하는 여자, 어서 가 반겨 보자."

서쪽으로 낸 대나무로 엮은 창 돌아들어, 동쪽에 있는 소나무로 만든 댓돌*에 다다르니, 북쪽 창에 밝게 켠 등불 하나만이 외로이 섰는데, 밤은 깊은 삼경이라. 높은 담 구멍 찾아가서 방자 먼저 기어들며,

"쉬. 나리 잘못하다가는 일 날 것이니, 두 발을 한데 모아 요령 있게 들이미시오."

배비장이 방자 말을 옳게 듣고 두 발을 모아 들이민다. 방자놈이 안에서 배비장의 두 발목을 모아 쥐고 힘껏 잡아당기니, 부른 배가 딱 걸려서 들도 나도 아니하는구나. 배비장 **두 눈을 희게 뜨고 이를 갈며**,

"좀 놓아다고!" / 하면서, **죽어도 문자는 쓰**던 것이었다.

"포복불입하니 출분이기사로다*."

(중략)

배비장이 한편 좋기도 하고 한편 조심도 되어, **가만가만 자취 없이 들어가서 이리 기웃 저리 기웃** 문 앞에 가서 사뿐사뿐 손가락에 침을 발라 문 구멍을 배비작 배비작 뚫고 한 눈으로 들여다보니, 깊은 밤 등불 아래 앉은 저 여인, 나이 겨우 이팔의 고운 태도라, 켜 놓은 등불이 밝다 한들 너를 보니 어두운 듯, 피는 복숭아꽃이 곱다 하되 너를 보니 무색한 듯, **저 여인 거동 보소** 김해 간죽* 백통관에 삼등초를 서뿐 담아 청동 화로 백탄* 불에 사뿐 질러 빨아낸다. 향기로운 담배 연기가 한 오라기 보랏빛으로 피어나니 붉은 안개 피어 돋는 듯, 한 오리 두 오리 풍기어서 창 구멍으로 돌아 나온다. 배비장이 그 담뱃내를 손으로 움키어 먹다가 생 담뱃내가 콧구멍으로 들어가서 재채기 한 번을 악칵 하니, 저 여인이 놀라는 체하고 문을 펄쩍 열뜨리고*,

"도적이야." / 소리 하니, 배비장이 엉겁결에,

"문안드리오." / 저 여인이 보다가 하는 말이,

"호랑이를 그리다가 솜씨 서툴러서 강아지를 그림이로고, 아마도 **뉘 집 미친개**가 길 잘못 들어왔나 보다."

인두판*으로 한 번 지끈 치니 배비장이 하는 말이, / "나는 개가 아니오."

"그러면 무엇이냐?" / "배 걸덕쇠요."

[중간 부분 줄거리] 방자는 문밖에서 애랑의 남편을 가장하여 애랑과 외간 남자를 모두 벌하겠다며 호통을 치고, 애랑은 겁먹은 척한다. 방자와 애랑의 꾀에 넘어간 배비장은 혼비백산한다.

배비장 애걸하며 이른 말이,

"ⓛ 옛날 진 궁녀는 형가의 큰 주먹에 소매 잡혀 죽을 진왕 탄금하여 살렸으니, 낭자도 의사 내어 날 살리게. 제발 덕분 날 살리게."

ⓐ 저 계집 흉계 꾸며 큰 자루는 언제 하여 두었던지 가로 아구리*를 벌리며,

"여기나 드시오." / "거기는 왜 들어가라오?"

"ⓒ 그리 들어가면 자연 살 도리가 있으니 어서 바삐 드시오."

배비장이 절에 간 새악시* 모양이라, 반색 못 하고 들어가니, 그 계집이 배비장을 자루에 담은 후 자루 끝을 모두어, 상투에 감아 매어 등잔 뒤 방구석에 세워 놓고 불 켜 놓으니, ⓑ 저놈이 왈칵 문을 열며 서뿐 들어서 사면을 둘러보더니,

"저 방구석에 세워 둔 것이 무엇이냐?" / "그것은 알아 무엇 할라오."

"이년아, 내가 물으면 대답을 할 것이지 반색이 무엇이냐. 주리 방망이 맛을 보고 싶어서."

"거문고에 새 줄 달아 세웠읍네."

저놈이 눙치는* 체하고,

"ⓓ 응 거문고여, 그러면 좀 쳐 보세."

하며, **대꼭지*로 배부른 통을 탁** 치니, 배비장이 질색하여 아프기 측량없으되* 참 거문고인 체하고 자루 속에서,

"둥덩둥덩."

"그 거문고 소리 장히 웅장하고 좋다. 대현을 쳤으니 소현 또 쳐 보리라."

냅다 코를 탁 치니, / "둥덩 지덩."

"그 거문고 이상하다. 아래를 쳐도 위에서 소리가 나고, 위를 쳐도 위에서 소리가 나니 괴상하다."

저 계집 대답하되,

"무식한 말 하지도 마오. 옛적 여화씨* 적에 생황* 오음 육률*을 내실 적에 궁상각치우*를 청탁으로 울리오니 상청음*도 화답이랍네."

이놈이 옳게 듣는 듯이,

"네 말이 당연하다. 세사는 금삼척이요, 생애는 주일배라. 사정 강상월이요, 동각 설중매라*. 술한잔 날 권하고 줄 골라라. 오늘 밤에 놀아 보자. ⓔ 내 소피*하고 들어오마."

하고, 문밖에 나와 서서 기척 없이 귀를 기울이고 엿듣는다.

– 작자 미상, 〈배비장전〉 –

✔ 한방에! 어휘풀이

* 노평거지: 노병거지. 실, 삼, 종이 따위를 가늘게 비비거나 꼰 줄로 엮어서 만든 벙거지.
* 구록피(狗鹿皮): 사슴의 가죽처럼 부드럽게 만든 개의 가죽.
* 댓돌(臺돌): 집채의 낙숫물이 떨어지는 곳 안쪽으로 돌려 가며 놓은 돌.
* 포복불입하니 출분이기사로다: 배가 불러 들어갈 수 없으니 똥이 나와 죽겠구나.
* 간죽(竿竹): 담배통과 물부리 사이에 끼워 맞추는 가느다란 대.
* 백탄(白炭): 빛깔은 맑지 못하고 흰 듯하며 화력이 매우 센 참숯.
* 열뜨리다: '열다'를 강조하여 이르는 말.
* 인두판(인두板): 인두질할 때, 다리는 물건을 올려놓는 기구.
* 아구리: '아가리'의 비표준어.
* 새악시: '새색시'의 방언.
* 눙치다: 어떤 행동이나 말 따위를 문제 삼지 않고 넘기다.
* 대꼭지: '담배통'의 방언.
* 측량없다(測量없다): 한이나 끝이 없다.
* 여화씨: 중국 고대 전설의 제왕인 복희씨의 누이동생.
* 생황(笙簧): 아악에 쓰는 관악기의 하나.
* 오음 육률(五音六律): 예전에, 중국 음악의 다섯 가지 소리와 여섯 가지 율.
* 궁상각치우(宮商角徵羽): 동양 음악에서, 오음의 각 이름.
* 상청음(上淸音): 거문고의 넷째 줄에서 나는 음.
* 세사는 금삼척이요~동각 설중매라: 세상만사는 삼척 거문고에 부치고, 생애는 한잔 술에 맡겼네. 서쪽 정자는 강 위의 달이요, 동쪽 누각은 눈 속에 매화 핀 곳일세.
* 소피(所避): '오줌'을 완곡하게 이르는 말.

13강

01 말하기 방식 파악하기

[A]에 대한 설명으로 적절하지 <u>않은</u> 것은?

① 사건이 일어나는 시간적 배경이 드러나 있다.

② 동일한 재담 구조가 반복적으로 제시되어 있다.

③ 대화가 이루어지고 있는 목적이 언급되어 있다.

④ 인물의 고집 있는 모습을 드러내어 비판하고 있다.

⑤ 체면보다 욕망을 중시하는 인물의 모습이 나타나 있다.

02 발화의 의미 파악하기

㉠~㉤에 대한 설명으로 적절하지 <u>않은</u> 것은?

① ㉠: 목적 달성에 대한 강한 의지를 드러내고 있다.

② ㉡: 고사를 인용하며 상대에게 도움을 요청하고 있다.

③ ㉢: 인물을 곤경에 빠뜨리기 위해 거짓으로 돕고 있다.

④ ㉣: 상황을 모른 척하며 인물을 곤경에 빠뜨리고 있다.

⑤ ㉤: 인물이 상황에서 벗어나도록 자리를 피해 주고 있다.

중요 03 외적 준거를 바탕으로 작품 감상하기

보기 를 바탕으로 윗글을 감상한 내용으로 적절하지 <u>않은</u> 것은?

> **보기**
>
> 〈배비장전〉은 판소리계 소설로, 리듬감 있는 율문체의 서술과 판소리 창자의 말투가 드러난다. 판소리계 소설은 주로 평민층에 의해 향유되던 것으로서 대부분 양반을 우스꽝스럽게 표현하며, 양반의 위선에 대한 비판과 신분 평등을 향한 욕구가 나타난다. 〈배비장전〉에서는 특히 방자의 말과 행동을 통해 해학과 풍자를 연출하고, 배비장의 약점을 폭로한다.

① 배비장이 '두 눈을 희게 뜨고 이를 갈며' '죽어도 문자는 쓰'는 것에서 양반을 우스꽝스럽게 표현한 것을 확인할 수 있군.

② '가만가만 자취 없이 들어가서 이리 기웃 저리 기웃'에서 4음보를 반복하는 율문체 서술을 확인할 수 있군.

③ '저 여인 거동 보소'에서 인물을 묘사할 때 판소리 창자의 목소리가 직접 드러나는 것을 확인할 수 있군.

④ 애랑이 양반인 배비장을 가리켜 '뉘 집 미친개'라고 하는 것에서 신분 평등의 욕구를 확인할 수 있군.

⑤ 방자가 '대꼭지로 배부른 통을 탁 치'고 '냅다 코를 탁 치'는 것에서 양반에 대한 풍자를 확인할 수 있군.

서답형 04 작품의 내용 파악하기

문제풀이

ⓐ, ⓑ가 가리키는 인물의 이름을 각각 2음절로 쓰시오.

복습하기

문법

<table>
<tr>
<td rowspan="3">단어의
의미 변화</td>
<td>• 의미 ¹ ☐☐ : 단어 본래의 의미보다 그 뜻의 사용 범위가 넓어지는 것</td>
</tr>
<tr>
<td>• 의미 ² ☐☐ : 단어 본래의 의미보다 그 뜻의 사용 범위가 좁아지는 것</td>
</tr>
<tr>
<td>• 의미 ³ ☐☐ : 단어의 의미가 조금씩 달라져서 본래의 의미와 거리가 먼 다른 의미로 바뀌는 것</td>
</tr>
<tr>
<td rowspan="2">단어의
형태 변화</td>
<td>• 음운의 변화: 중세 국어의 음운 중 '·', 'ㅿ', 'ㅸ' 등이 시간이 지나면서 다른 음운으로 바뀌거나 소실</td>
</tr>
<tr>
<td>• ⁴ ☐☐ : 어떤 단어가 의미적 혹은 형태적으로 비슷한 다른 단어를 본떠 변화하는 것</td>
</tr>
</table>

독서

1문단	머리카락을 구성하는 케라틴에 포함된 ⁵ ☐☐☐
2문단	⁵ ☐☐☐ 이 만들어지는 원리
3문단	⁶ ☐☐ 결합과 파마약을 가했을 때의 결과
4~5문단	⁷ ☐☐☐ 를 뿌리는 이유와 그 효과

문학 – 수라(백석)

1연	⁸ ☐☐ 새끼를 아무 생각 없이 문밖에 버림.
2연	큰 ⁸ ☐☐ 를 문밖에 버리며 서러워함.
3연	새끼 ⁸ ☐☐ 를 문밖으로 버리며 가족과의 재회를 기대함.

문학 – 배비장전(작자 미상)

배비장과 방자의 대화	• 방자가 의관을 벗고 ⁹ ☐☐ 인물 복색을 하라고 함. • 배비장이 처음에는 거절했다가 결국 수용함.
배비장과 애랑의 대화	• 애랑이 배비장을 '¹⁰ ☐☐☐' 로 표현하며 풍자함. • 배비장이 도움을 요청하자, 애랑이 ¹¹ ☐☐ 에 들어가라고 함.
애랑과 방자의 대화	• 방자가 ¹¹ ☐☐ 에 ¹² ☐☐☐ 가 들었다는 애랑의 말을 믿는 척함.

정답   1 확대   2 축소   3 이동   4 유추   5 시스틴   6 다리   7 중화제   8 거미   9 제주   10 미친개   11 자루   12 거문고

14

Contents

| 정답 및 해설 | 95쪽

※ 다음은 학생이 과제 수행을 위해 인터넷에서 열람한 지역 신문사의 웹 페이지 화면이다. 물음에 답하시오.

△△군민신문

○○초등학교, 특색 있는 숙박 시설로 다시 태어난다
폐교가 지역 관광 거점으로… 지역 경제 활성화 기대

사진: ○○초등학교 시설 전경

지난 1일 △△군은 폐교된 ○○초등학교 시설을 '△△군 특색 숙박 시설'로 조성하겠다고 밝혔다. 지역 내 유휴시설을 활용해 지역만의 특색을 살린 숙박 시설을 조성하고, 지역을 대표하는 관광 자원으로 활용하겠다는 것이다.

이번 사업을 통해 ○○초등학교 시설은 ☆☆마을 등 주변 관광 자원과 연계해 지역의 새로운 관광 거점으로 조성될 계획이다. 건물 내부는 객실·식당·카페·지역 역사관 등으로 꾸미고, 운동장에는 캠핑장·물놀이장을 조성한다. △△군은 내년 상반기까지 시설 조성을 완료하고 내년 하반기부터 운영을 시작할 예정이다.

해당 시설에 인접한 ☆☆마을은 2015년부터 캐릭터 동산, 어린이 열차 등 체험 관광 시설을 조성하여 특색 있는 지역 관광지로서 인기를 끌고 있으나 인근에 숙박 시설이 거의 없어 체류형 관광객을 유인하는 데 한계가 있다는 평가를 받아 왔다.

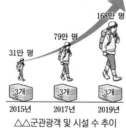

△△군관광객 및 시설 수 추이
* 자료: △△군 문화관광체육과(2019)

여행 1회당 지출액(2018년 기준)
* 자료: 문화체육관광부(2019)

이번 사업을 둘러싼 우려가 전혀 없는 것은 아니지만 대다수 지역 주민들은 이를 반기는 분위기다. 지역 경제 전문가 오□□ 박사는 "당일 관광보다 체류형 관광에서 여행비 지출이 더 많다"며 "인근 수목원과 벚꽃 축제, 빙어 축제 등 주변 관광지 및 지역 축제와 연계한 시너지 효과로 지역 경제 활성화에 도움이 될 것"이라고 말했다.

2021.06.02. 06:53:01 최초 작성 / 2021.06.03. 08:21:10 수정
△△군민신문 이◇◇ 기자

👍 좋아요(213)　　👎 싫어요(3)　　↗ SNS에 공유　　📄 스크랩

관련 기사 (아래를 눌러 바로 가기)
• 학령 인구 감소로 폐교 증가…인근 주민들, "유휴 시설로 방치되어 골칫거리"
• [여행 전문가가 추천하는 지역 명소 ①] ☆☆마을… 다섯 가지 매력이 넘치는 어린이 세상

💬 댓글 21　　♥ 공감하기 102

방랑자: 가족 여행으로 놀러 가면 좋을 것 같아요.
　└ 나들이: 맞아요. 우리 아이가 물놀이를 좋아해서 재밌게 놀 수 있을 것 같아요. 캠핑도 즐기고요.
　　└ 방랑자: 카페에서 이야기도 나눌 수 있고요.

01 뉴미디어의 특성 파악하기

위 화면을 통해 매체의 특성을 이해한 학생의 반응으로 가장 적절한 것은?

① 기사를 누리 소통망[SNS]에 공유할 수 있으니, 기사 내용을 직접 수정할 수 있겠군.

② 기사에 대한 수용자들의 선호를 확인할 수 있으니, 기사에 제시된 정보의 신뢰도를 검증할 수 있겠군.

③ 기사와 연관된 다른 기사를 열람할 수 있으니, 수용자의 선택에 따라 정보를 추가로 확인할 수 있겠군.

④ 기사가 문자, 사진 등 복합 양식으로 구성되어 있으니, 시각과 청각을 결합하여 기사 내용을 이해할 수 있겠군.

⑤ 기사의 최초 작성 시간과 수정 시간이 명시되어 있으니, 다른 수용자들이 기사를 열람한 시간을 확인할 수 있겠군.

02 매체 언어의 표현 방법 파악하기

다음은 학생이 과제 수행을 위해 작성한 메모이다. 메모를 반영한 영상 제작 계획으로 적절하지 <u>않은</u> 것은?

> **수행 과제:** 우리 지역 소식을 영상으로 제작하기
>
> **바탕 자료:** '○○초등학교, 특색 있는 숙박 시설로 다시 태어난다' 인터넷 기사와 댓글
>
> **영상 내용:** 새로 조성될 숙박 시설 소개
> - 첫째 장면(#1): 기사의 제목을 활용한 영상 제목으로 시작
> - 둘째 장면(#2): 시설 조성으로 달라질 전후 상황을 시각·청각적으로 대비시켜 표현
> - 셋째 장면(#3): 건물 내부와 외부에 조성될 공간의 구체적 모습을 방문객의 동선에 따라 순차적으로 제시
> - 넷째 장면(#4): 지역 관광 거점으로서의 지리적 위치와 이를 통한 기대 효과를 한 화면에 제시
> - 다섯째 장면(#5): 기사의 댓글을 참고해서 시설을 이용할 방문객들의 모습을 그림으로 그려 연속적으로 제시

영상 제작 계획	
장면 스케치	장면 구상
① **○○초등학교, 폐교의 재탄생**	#1 ○○초등학교의 모습 위에 영상의 제목이 나타나도록 도입 장면을 구성.
② **무겁고 어두운 음악 → 밝고 경쾌한 음악**	#2 무겁고 어두운 음악을 배경으로 텅 빈 폐교의 모습을 제시한 후, 밝고 경쾌한 음악으로 바뀌면서 사람들이 북적이는 모습으로 전환.
③ **건물 내부 공간 / 건물 외부 공간** (객실, 식당, 카페, 지역 역사관 / 캠핑장, 물놀이장)	#3 숙박 시설에 대한 정보를 건물 내·외부 공간으로 나누어 한눈에 볼 수 있도록 항목화하여 제시.
④ **빙어 축제 4.5km, 수목원 9km, 꽃마을 2km, 빛꽃 축제 1km, 지역 경제 활성화**	#4 숙박 시설을 중심으로 인근 관광 자원의 위치를 표시하고, 관광 자원과의 연계로 기대되는 효과를 자막으로 구성.
⑤ (가족 그림 연속)	#5 가족 단위 관광객이 물놀이장, 캠핑장, 카페 등을 즐겁게 이용하는 모습을 제시. 앞의 그림이 사라지면서 다음 그림이 나타나도록 구성.

문제풀이

167

| 정답 및 해설 | 96쪽

한방에! 개념정리

한방에! 핵심정리

주제	국내의 배터리 산업의 한계와 이에 대한 대응
해제	최근 전기차 시장의 확대로 중·대형 이차전지의 수요가 증가하였다. 한국은 주력상품인 삼원계 배터리를 앞세워 소형 이차전지 세계시장에서 점유율 1위를 유지하고 있다. 그러나 배터리 원자재의 해외 의존도가 높아 원료를 구하기 위해서는 경쟁국인 중국을 거쳐야 한다는 한계가 있다. 또한 생산원가가 낮은 LFP 배터리를 주력으로 하는 중국이, 최근 LFP 배터리의 효율을 끌어올려 많은 전기차 생산 기업들이 LFP 배터리 도입을 재고하고 있다. 국내 기업과 정부에서는 이에 대응하기 위해 노력하고 있다.

＊문단 중심 내용

1문단	배터리의 종류
2문단	한국의 주력상품인 삼원계 배터리
3문단	한국의 배터리 산업의 한계 ① – 배터리 원자재의 해외 의존도
4문단	한국의 배터리 산업의 한계 ② – 타국의 신제품 개발 양상
5문단	한계를 극복하기 위한 노력

한방에! 어휘풀이

＊세액(稅額): 조세의 액수.
＊공제(控除): 받을 몫에서 일정한 금액이나 수량을 뺌.

※ 다음 글을 읽고 물음에 답하시오.

　미래 산업의 핵심으로 꼽히는 배터리는 한 번 방전되면 재사용할 수 없는 일차전지와 충전을 반복하며 사용할 수 있는 이차전지로 구분된다. 이차전지는 휴대전화를 비롯한 소형 가전에서 주로 사용되었는데, 최근 전기차 시장이 확대되며 중·대형 이차전지 수요가 연평균 10% 이상 급증하는 추세이다.

　한국은 2011년부터 휴대전화를 비롯한 IT 기기에 사용되는 소형 이차전지 세계시장에서 점유율 1위를 유지하고 있다. 한국이 세계 이차전지 시장에서 성과를 거둘 수 있었던 건 주력상품인 ㉠ 삼원계 배터리 덕분이다. 삼원계 배터리는 리튬을 기반으로 세 가지 물질을 사용한 배터리를 일컫는데, 일반적으로 코발트·망간·니켈을 사용한다. 삼원계 배터리는 생산단가가 높으나, 에너지를 많이 저장할 수 있고 부피가 작다는 장점이 있어 전기차에 주로 장착된다. 삼원계 배터리 시장을 선점한 덕분에 한국은 2021년 유럽에서 배터리 판매율 1위(시장 점유율 71.4%)를 달성했다.

　한국 배터리의 시장 점유율은 높은 편이지만, 업계에선 한계 역시 뚜렷하다고 지적한다. 가장 큰 문제는 배터리 원자재의 해외 의존도가 높다는 점이다. 배터리 생산 비용의 70~80%가 원료 구매비인 만큼 원자재는 배터리의 가격 경쟁력을 결정짓는 중요한 요소이다. 이차전지에 흔히 사용되는 핵심원료로는 리튬·니켈·코발트·흑연·망간·구리 등이 있다. 문제는 이들 원료를 구하기 위해서는 경쟁국인 중국을 거쳐야만 한다는 점이다. 리튬, 니켈, 코발트 광산들은 중국 기업 소유라 중국이 한국을 견제하기 위해 배터리 원료 수출을 규제할 경우 타격이 클 것으로 예상된다.

　타국의 신제품 개발 양상도 무시할 수 없다. 중국은 삼원계 배터리가 아닌 LFP 배터리를 주력으로 생산한다. LFP 배터리는 코발트보다 저렴한 철과 인산으로 제작되기 때문에 삼원계 배터리에 비해 생산원가가 70~80% 정도 낮다. 대신 LFP 배터리는 부피가 크고 에너지 저장량이 낮아 그동안 널리 쓰이지 않았으나 최근 중국이 기술 개발을 통해 LFP 배터리의 효율을 삼원계 배터리의 70% 선까지 끌어올려 현재 테슬라, 벤츠, 포드 등 전기차 생산 기업들이 생산원가를 줄이기 위해 LFP 배터리 도입을 재고하는 것으로 알려졌다.

　국내 기업들은 이에 대응해 코발트 비중을 낮춘 코발트 제로 배터리를 개발하고 해외 광산업체들과 계약을 체결해 공급망 다변화에 힘쓰고 있다. 정부 역시 배터리를 반도체, 백신과 함께 경제안보와 직결된 국가 전략기술로 보고, 해당 분야에 투자하는 기업에는 세액＊ 공제＊ 혜택을 주는 등 한국 배터리의 국제 경쟁력 향상에 앞장서고 있다.

01　내용 전개 방식 파악하기

윗글에 대한 설명으로 가장 적절한 것은?

① 대상에 대한 통념을 반박하고 있다.

② 대상의 구성 요소를 기능별로 분석하고 있다.

③ 대상의 발달에 대한 상반된 관점을 소개하고 있다.

④ 대상의 한계와 이에 대한 해결책을 제시하고 있다.

⑤ 대상에 대한 전문가의 상반된 견해를 인용하고 있다.

02　세부 내용 파악하기

㉠에 대한 설명으로 적절하지 않은 것은?

① 원자재의 해외 의존도가 높다는 한계가 있다.

② 리튬을 기반으로 세 가지 물질을 사용한 배터리이다.

③ 한국과 중국이 이차전지 시장에서 경쟁하는 주력상품이다.

④ 한국이 이차전지 시장에서 높은 점유율을 갖게 한 상품이다.

⑤ LFP 배터리보다 부피가 작지만 더 많은 에너지를 저장할 수 있다.

중요 03　구체적 사례에 적용하기

윗글을 참고할 때, 보기 와 같은 상황에 대한 대응으로 적절하지 않은 것은?

> 보기
>
> 　한국의 주력상품인 삼원계 배터리에는 코발트가 사용되는데, 전체 매장량이 70%가 콩고민주공화국에 있다. 콩고민주공화국의 대규모 코발트 광산들은 중국 기업 소유이기 때문에 한국은 코발트의 87%를 중국을 통해 수입하고 있다. 하지만 최근 중국이 한국에 대해 수출을 규제하기 시작했다.

① 국내 기업이 코발트 제로 배터리를 개발한다.

② 국내 기업이 해외 공급망을 다변화하도록 노력한다.

③ 국내 기업이 배터리 산업을 국가 전략기술로 분류한다.

④ 정부가 국내 기업에 세액 공제 혜택을 주어 국가 경쟁력을 높인다.

⑤ 정부가 주도하여 배터리 분야에 대한 국내 기업의 투자를 장려한다.

서답형 04　세부 내용 파악하기

빈칸에 들어갈 말을 골라 차례대로 쓰시오.

> 　중국의 LFP 배터리는 삼원계 배터리보다 (비싼 / 저렴한) 원료로 제작되기 때문에 생산원가가 (높다 / 낮다).

문제풀이

14강

봉선화가 _ 작자 미상

| 정답 및 해설 | 98쪽

한방에! 개념정리

한방에! 핵심정리

갈래	규방 가사
성격	예찬적
주제	봉선화에 대한 여인의 생각
특징	① 의인법, 직유법 등을 사용함. ② 문답법을 통해 내용을 전개함.
해제	이 작품은 봉선화 꽃잎을 따서 손톱에 물을 들이던 우리 민족 고유의 풍습을 소재로 하여 여인의 정서를 표현하고 있다. 화자는 섬세한 감각으로 밝은 생활의 정서를 나타내고 있다.

※ 다음 글을 읽고 물음에 답하시오.

규방에 일이 없어 백화보*를 펼쳐 보니

㉠ 봉선화 이 이름을 누가 지었는가

신선의 옥소* 소리 자연*으로 사라진 후에

규중에 남은 인연 한 가지 꽃에 머무르니

㉡ 유약한 푸른 잎은 봉황의 꼬리가 넘노는 듯

자약히* 붉은 꽃은 자하군*을 헤쳐 놓은 듯

[A]
　　백옥섬* 깨끗한 흙에 촘촘히 심어 내니
　　춘삼월이 지난 후에 향기 없다 웃지 마소
　　취한 나비 미친 벌이 따라올까 저어하네*
　　정정한* 저 기상을 여자 외에 뉘 벗할까

㉢ 옥난간에서 긴긴 날 보아도 다 못 보아

사창*을 반쯤 열고 차환*을 불러내어

다 핀 꽃을 캐어다가 수상자*에 담아 놓고

바느질을 끝낸 후에 안채에 밤이 깊고 납촉*이 밝았을 제

차츰차츰 꼿꼿이 앉아 흰 구슬을 갈아서

빙옥 같은 손 가운데 난만히* 개어 내어

㉣ 파사국* 저 제후의 홍산호를 헤쳐 놓은 듯

심궁* 풍류 절구의 홍수궁*을 빻아 낸 듯

섬섬한* 열 손가락을 수실로 감아 내니

종이 위의 붉은 물이 희미하게 스미는 모양이

미인의 얇은 뺨에 홍노*를 끼친 듯

단단히 봉한 모양 춘나옥자* 일봉서*를 왕모*에게 부치는 듯

봄잠을 늦게 깨어 차례로 풀어 놓고

옥경대*를 대하여서 눈썹을 그리려니

난데없이 붉은 꽃이 가지에 붙어 있는 듯

손으로 잡으려니 분분히 흩어지고

입으로 불려 하니 안개에 섞여 가리는구나

여자 친구를 서로 불러 낭낭히* 자랑하고

꽃 앞에 나아가서 두 빛깔 비교하니

㉤ 쪽잎의 푸른 물이 쪽보다 더 푸르단 말 이 아니 옳을쏜가

- 작자 미상, 〈봉선화가〉 -

한방에! 어휘풀이

* 백화보(百花譜): 온갖 꽃에 대한 설명을 쓴 책.
* 옥소(玉簫): 옥으로 만든 퉁소.
* 자연(紫煙): 보랏빛 연기.
* 자약히(自若히): 큰일을 당해서도 놀라지 아니하고 보통 때처럼 침착하게.
* 자하군(紫霞裙): 신선의 옷.
* 백옥섬(白玉섬): 희고 고운 섬돌.
* 저어하다: 염려하거나 두려워하다.
* 정정하다(貞靜하다): 여자의 행실이 곧고 깨끗하며 조용하다.
* 사창(紗窓): 여인이 지내는 방의, 비단으로 바른 창.
* 차환(叉鬟): 주인을 가까이에서 모시는 젊은 계집종.
* 수상자(繡箱子): 수놓는 도구들을 넣어 놓는 상자.
* 납촉(蠟燭): 밀랍으로 만든 초.
* 난만히(爛漫히): 광채가 강하고 선명하게.
* 파사국(波斯國): 페르시아.
* 심궁(深宮): 깊은 대궐 안.
* 홍수궁(紅守宮): 붉은 도마뱀.
* 섬섬하다(纖纖하다): 가냘프고 여리다.
* 홍노(紅露): 붉은 이슬.
* 춘나옥자(春羅玉字): 비단에 옥으로 박은 글씨.
* 일봉서(一封書): 봉투에 넣어서 봉한 한 통의 편지.
* 왕모(王母): 신선이 산다는 곤륜산에 사는 선녀.
* 옥경대(玉鏡臺): 옥으로 된 화장대.
* 낭낭히(朗朗히): 즐거운 마음으로.

01 표현상의 특징 파악하기

윗글에 대한 설명으로 가장 적절한 것은?

① 시각적 이미지를 사용하여 대상을 비판하고 있다.
② 평범한 소재를 활용하여 반성적인 태도를 보이고 있다.
③ 공간의 이동을 통해 대상의 변화 과정을 묘사하고 있다.
④ 특정한 행위의 과정을 묘사하여 구체적으로 드러내고 있다.
⑤ 여성적 시어를 사용하여 대상에 대한 그리움을 표현하고 있다.

02 시구의 의미 파악하기

㉠~㉤에 대한 설명으로 적절하지 않은 것은?

① ㉠: 설의법을 활용하여 문답의 형식으로 내용을 전개할 것을 알 수 있다.
② ㉡: 비유법을 활용하여 봉선화라는 이름의 유래를 설명하고 있다.
③ ㉢: 과장법을 활용하여 봉선화를 기다리는 마음을 드러내고 있다.
④ ㉣: 비유법을 활용하여 봉선화 꽃잎의 빛깔을 예찬하고 있다.
⑤ ㉤: 관용적 표현을 활용하여 손톱의 빛깔을 강조하고 있다.

중요 03 작품의 다른 부분과 비교하기

보기 는 윗글의 뒷부분이다. 윗글과 보기 를 비교한 내용으로 적절하지 않은 것은?

> 보기
>
> 창문을 급히 열고 꽃 수풀을 살펴보니
> 땅 위에 붉은 꽃이 가득히 수놓았다
> 암암히 슬퍼하고 낱낱이 주워 담아
> 꽃에게 말 붙이기를 그대는 한스러워 마소
> 해마다 꽃 빛은 의구하니
> 하물며 그대 자취 내 손에 머물렀지
> 동산의 도리화는 편시춘을 자랑 마소
> 이십 번 꽃바람에 적막히 떨어진들 뉘라서 슬퍼할까
> 규중에 남은 인연 그대 한 몸뿐이로세
> 봉선화 이 이름을 누가 지었는가 이러하여 지었구나

* 암암히(黯黯히): 속이 상하여 시무룩하게.
* 의구하다(依舊하다): 옛날 그대로 변함이 없다.
* 도리화(桃李花): 복숭아꽃과 자두꽃을 아울러 이르는 말.
* 편시춘(片時春): 잠깐 지나는 봄.

① 〈보기〉는 윗글과 달리 봉선화와 다른 꽃을 비교하고 있다.
② 〈보기〉는 윗글과 달리 봉선화에게 말을 거는 모습이 나타나고 있다.
③ 윗글은 〈보기〉와 달리 봉선화를 다른 대상에 비유하여 표현하고 있다.
④ 윗글과 〈보기〉 모두 색채 이미지를 활용하여 봉선화를 묘사하고 있다.
⑤ 윗글과 〈보기〉 모두 대구법을 활용하여 봉선화를 묘사하고 있다.

서답형 04 작품의 내용 파악하기

ⓐ~ⓒ에 들어갈 말을 윗글에서 찾아 차례대로 쓰시오. (단, ⓐ와 ⓑ는 2음절, ⓒ는 1음절로 쓸 것.)

> [A]에서 화자가 정숙한 여인을 (ⓐ)이/가 없는 봉선화에, 방탕하고 경박스러운 남자들을 (ⓑ)와/과 (ⓒ)에 비유하고 있다고 해석할 수 있다.

문제풀이

꺼삐딴 리 _ 전광용

한방에! 개념정리

한방에! 핵심정리

갈래	단편 소설, 풍자 소설
성격	비판적, 풍자적
주제	기회주의적 인간에 대한 비판
특징	① 현재 시점에서 과거를 회상하는 형식임. ② 상황의 변화에 따른 인물의 태도 및 심리 변화가 제시됨.
해제	이 작품은 일제 강점기에서 1950년대까지의 격동기를 권력을 좇으며 살아온 이인국을 통해 기회주의적인 인간을 비판하고 있다. 제목의 '꺼삐딴'은 영어 'captain'의 러시아어 발음에서 유래한 것으로, 소련군 장교 스텐코프가 이인국을 부른 호칭이다. 이를 통해 이인국의 기회주의적인 면모와 사회 지도층으로서의 지위를 드러내고 있다.

✻ 전체 줄거리

이인국은 미국 대사관의 브라운 대사를 만나러 가는 길에 자신의 회중시계를 보며 과거를 회상한다. 이인국은 일제 강점기 말기에 부자들이나 일본인들을 위한 의사로 살면서 가난한 조선인을 멸시하였다. 해방 후 이인국은 친일파에 대한 적대적인 분위기 속에서도 살아남고, 감옥에 갇혔으나 소련군 장교 스텐코프의 혹을 제거해 준 대가로 풀려난다. 6·25전쟁 중에는 병원도 잃고 아내마저 죽었지만, 이인국은 간호사였던 혜숙과 결혼하고 다시 병원을 차려 재기한다. 그리고 미국인의 도움을 받아 부와 권력을 누리게 된다. 브라운의 집에 도착한 이인국은 브라운에게 고려청자를 선물하고, 그의 협조를 얻어 미국에 갈 준비를 마친다.

※ 다음 글을 읽고 물음에 답하시오.

1945년 8월 하순*.

아직 해방의 감격이 온 누리를 뒤덮어 소용돌이칠 때였다.

말복*도 지난 날씨언만 여전히 무더웠다. 이인국 박사는 이 며칠 동안 불안과 초조에 휘둘려 잠도 제대로 자지 못했다. 무엇인가 닥쳐올 사태를 오들오들 떨면서 대기하는 상태였다.

그렇게 붐비던 환자도 얼씬하지 않고 쉴 사이 없던 전화도 뜸하여졌다. 입원실은 최후의 복막염 환자였던 도청의 일본인 과장이 끌려간 후 텅 비었다.

조수와 약제사*는 궁금증이 나서 고향에 다녀오겠다고 떠나갔고 서울 태생인 간호원 혜숙만이 남아 빈집 같은 병원을 지키고 있었다.

이 층 십 조 다다미방에 훈도시*와 유카타* 바람에 뒹굴고 있던 이인국 박사는 견디다 못해 부채를 내던지고 일어났다.

그는 목욕탕으로 갔다. 찬물을 퍼서 대야째로 머리에서부터 몇 번이고 내리부었다. 등줄기가 시리고 몸이 가벼워졌다.

그러나 수건으로 몸을 닦으면서도 무엇인가 짓눌려 있는 것 같은 가슴 속의 갑갑증을 가셔 낼 수는 없었다.

그는 창문으로 기웃이 한길* 가를 내려다보았다. 우글거리는 군중들은 아직도 소음 속으로 밀려가고 있다.

굳게 닫혀 있는 은행 철문에 붙은 벽보가 한길을 건너 하얀 윤곽만이 두드러져 보인다.

아니 그곳에 씌어 있는 구절. / '친일파, 민족 반역자를 타도하자*.'

옆에 붙은 동그라미를 두 겹으로 친 글자가 그대로 눈앞에 선명하게 보이는 것만 같다.

어제 저물녘에 그것을 처음 보았을 때의 전율이 되살아왔다.

순간 이인국 박사는 방 쪽으로 머리를 획 돌렸다. / '나야 괜찮겠지…….'

혼자 뇌까리면서 그는 다시 부채를 들었다. 그러나 벽보를 들여다보고 있을 때 자기와 눈이 마주치는 순간, 일그러지는 얼굴에 경멸인지 통쾌인지 모를 웃음을 비죽이 흘리면서 아래위로 훑어보던 그 춘석이 녀석의 모습이 자꾸만 머릿속으로 엄습하여 어두운 밤에 거미줄을 뒤집어쓴 것처럼 께름텁텁하기만 했다.

그깐놈 하고 머리에서 씻어 버리려 해도 거머리처럼 자꾸만 감아 붙는 것만 같았다.

벌써 육 개월 전의 일이다.

형무소에서 병보석*으로 가출옥되었다는* 중환자가 업혀서 왔다. / 횡뎅그런 눈에 앙상하게 뼈만 남은 몸을 제대로 가누지도 못하는 환자. 그는 간호원의 부축으로 겨우 진찰을 받았다.

청진기의 상아 꼭지를 환자의 가슴에서 등으로 옮겨 두 줄기의 고무줄에서 감득되는* 숨소리를 감별하면서도, 이인국 박사의 머릿속은 최후 판정의 분기점*을 방황하고 있었다.

입원시킬 것인가, 거절할 것인가…….

환자의 몰골이나 업고 온 사람의 옷매무새로 보아 경제 정도는 뻔한 일이라 생각되었다.

그러나 그것보다도 더 마음에 켕기는 것이 있었다. 일본인 간부급들이 자기 집처럼 들락날락하는 이 병원에 이런 사상범*을 입원시킨다는 것은 관선* 시의원이라는 체면에서도 떳떳지 못할뿐더러, 자타가 공인하는 모범적인 황국 신민*의 공든 탑이 하루아침에 무너지는 결과를 가져오는 것이라는 생각이 들었다.

순간 그는 이런 경우의 가부 결정에 일도양단하는* 자기식으로 찰나적인 단안*을 내렸다.

그는 응급 치료만 하여 주고 입원실이 없다는 가장 떳떳하고도 정당한 구실로 애걸하는 환자를 돌려보냈다. / 환자의 집이 병원에서 멀지 않은 건너편 골목 안에 있다는 것은 후에 간호원에게서 들었다. 그러나 그쯤은 예사로운 일이었기에 그는 그대로 아무렇지도 않게 흘려 버렸다.

(중략)

갑자기 밖이 왁자지껄 떠들어 대었다. 머리에 깍지를 끼고 비스듬히 누워서 갈피를 잡을 수 없는 생각에 골몰하던 이인국 박사는 일어나 앉아 한길 쪽에 귀를 기울였다. 들끓는 소리는 더 커갔다. 궁금증에 견디다 못해 그는 엉거주춤 꾸부린 자세로 밖을 내다보았다. 포도*에 뒤끓는 사람들은 손에 손에 태극기와 적기*를 들고 환성을 울리고 있었다.

'무엇일까?' / 그는 고개를 갸웃하며 다시 자리에 주저앉았다.

계단을 구르며 급히 올라오는 발자국 소리가 들려 왔다. 혜숙이다.

"아마 소련군이 들어오나 봐요. 모두들 야단법석이에요……."

숨을 헐떡이며 이야기하는 혜숙이의 말에 이인국 박사는 아무 대꾸도 없이 눈만 껌벅이며 도로 앉았다. 여러 날에 라디오에서 오늘 입성* 예정이라고 했으니 인제 정말 오는가보다 싶었다.

혜숙이 내려간 뒤에도 이인국 박사는 한참 동안 아무 거동도 못 하고 바깥쪽을 내다보고만 있었다. / 무엇을 생각했던지 그는 움찔 자리에서 일어났다. 그리고는 벽장문을 열었다. 안쪽에 손을 뻗쳐 액자들을 끄집어내었다.

'국어 상용의 가(家)' / 해방되던 날 떼어서 집어넣어 둔 것을 그동안 깜박 잊고 있었다.

그는 액자의 뒤를 열어 음식점 면허장 같은 두터운 모조지를 빼내어 글자 한 자도 제대로 남지 않게 손끝에 힘을 주어 꼼꼼히 찢었다.

이 종잇장 하나만 해도 일본인과의 교제에 있어서 얼마나 떳떳한 구실을 할 수 있었던 것인가. 야릇한 미련 같은 것이 섬광처럼 머릿속을 스쳐 갔다.

환자도 일본말 모르는 축은 거의 오는 일이 없었지만 대외 관계는 물론 집안에서도 일체 일본말만을 써왔다. 해방 뒤 부득이 써 오는 제 나라 말이 오히려 의사 표현에 어색함을 느낄 만큼 그에게는 거리가 먼 것이었다.

마누라의 솔선수범하는 내조지공도 컸지만 애들까지도 곧잘 지켜 주었기에 이 종잇장을 탄 것이 아니던가. 그것을 탄 날은 온 집안이 무슨 경사나 난 것처럼 기뻐들 했다.

"잠꼬대까지 국어로 할 정도가 아니면 이 영예로운 기회야 얻을 수 있겠소." 하던 국민 총력 연맹 지부장의 웃음 띤 치하* 소리가 떠올랐다.

- 전광용, 〈꺼삐딴 리〉-

01 서술상의 특징 파악하기

윗글의 서술상의 특징으로 가장 적절한 것은?

① 대화를 통해 인물 사이의 갈등이 드러나고 있다.

② 작품 속 관찰자가 주인공의 변화를 표현하고 있다.

③ 주인공의 시점에서 행동과 심리를 직접 전달하고 있다.

④ 현재의 시점에서 과거의 사건을 회상하여 서술하고 있다.

⑤ 대사에 비속어를 사용하여 인물의 성격을 암시하고 있다.

02 작품의 내용 파악하기

이인국에 대한 설명으로 적절하지 않은 것은?

① 핑계를 대어 환자의 입원을 거절하였다.

② 환자의 겉모습을 보고 경제력을 판단하였다.

③ 소련군이 온다는 소식을 듣고도 놀라지 않았다.

④ 일제 강점기 때 아이들이 일본어를 쓰게 하였다.

⑤ 병원에 환자가 없자 돈을 벌지 못해 초조해하였다.

중요 ▶ ## 03 작품의 구성 파악하기

보기 는 윗글의 구성을 정리한 것이다. 보기 를 바탕으로 윗글을 이해한 내용으로 적절하지 않은 것은?

보기

Ⓐ	Ⓑ
일제 강점기	해방 직후

① Ⓐ에서 이인국은 양심보다 외부의 시선을 더 신경 쓰는 모습을 보였다.

② Ⓐ에서 이인국은 권력층의 눈에 드는 방법으로 언어를 활용하였다.

③ Ⓑ에서 이인국은 Ⓐ에서의 행동으로 인해 불안함을 느끼고 있다.

④ Ⓑ에서 이인국은 Ⓐ에서의 행동에 대한 죄책감을 느끼고 있다.

⑤ Ⓑ에서 이인국은 Ⓐ에서의 행동의 흔적을 없애고 있다.

서답형 ▶ ## 04 소재의 기능 파악하기

문제풀이

'국어 상용의 가'에서 '국어'가 가리키는 언어를 윗글에서 찾아 3음절로 쓰시오.

복습하기

매체

기사 내용	• 폐교된 ○○초등학교 시설을 '△△군 특색 ¹[ ][ ] 시설'로 조성하려는 계획을 설명함.
	• 시각 자료를 통해 관광지에서 숙박할 때의 여행 ²[ ][ ][ ]이 더 큼을 밝힘.
	• 인접한 지역 관광지인 ☆☆마을의 한계를 언급함.
	• 경제 ³[ ][ ][ ]의 의견을 인용함.
댓글 내용	⁴[ ][ ][ ][ ]으로 놀러 가 물놀이와 캠핑을 즐기고, 카페에서 이야기를 나눌 수 있음.

독서

1문단	배터리의 종류	4문단	한국의 배터리 산업의 한계 ② – 타국의 ⁷[ ][ ][ ] 개발 양상
2문단	한국의 주력상품인 ⁵[ ][ ][ ] 배터리	5문단	한계를 극복하기 위한 노력
3문단	한국의 배터리 산업의 한계 ① – 배터리 ⁶[ ][ ][ ]의 해외 의존도		

문학 – 봉선화가(작자 미상)

1~6행	⁸[ ][ ][ ]에서 본 봉선화 이름의 유래	11~22행	¹⁰[ ][ ]에 봉선화 물을 들이는 과정
7~10행	⁹[ ][ ] 없는 봉선화	23~30행	봉선화 물이 든 손톱의 아름다움

문학 – 꺼삐딴 리(전광용)

현재

• 간호원 혜숙과 둘이 남아 병원을 지킴.
• '¹¹[ ][ ][ ], 민족 반역자를 타도하자.'라는 구절을 보고도 반성하지 않음.

↓

과거(육 개월 전)

• 형무소에서 ¹²[ ][ ][ ]으로 가출옥되었다는 중환자가 찾아옴.
• ¹³[ ][ ][ ]을 입원시키지 않기 위해 입원실이 없다는 핑계를 댐.

↓

현재

• 소련군이 들어온다는 말을 들음.
• '¹⁴[ ][ ] 상용의 가' 종이를 찢어 친일파로서의 과거를 숨김.

정답

1 숙박   2 지출액   3 전문가   4 가족 여행   5 삼원계   6 원자재   7 신제품   8 백화보   9 향기   10 손톱
11 친일파   12 병보석   13 사상범   14 국어

175

15

Contents

한방에! 개념정리

한방에! 핵심정리

❋ 조사의 중첩

① 주격 조사, 목적격 조사, 보격 조사, 관형격 조사
→ 서로 겹쳐 쓸 수 없음.
→ 보조사와 겹쳐 쓸 때는 뒤에 씀.

② 부사격 조사
→ 부사격 조사끼리 겹쳐 쓸 수 있음.
→ 다른 격 조사나 보조사와 겹쳐 쓸 때는 앞에 씀.

③ 보조사
→ 보조사끼리 겹쳐 쓸 수 있음.
→ 순서가 자유로운 편임.
→ 의미가 모순되는 보조사끼리는 겹쳐 쓰기 어려움.

※ 다음 글을 읽고 물음에 답하시오.

조사는 일반적으로 체언 뒤에 붙어서 문법적인 관계를 나타내거나 의미를 추가하는 의존 형태소로서, 기능과 의미에 따라 격 조사, 접속 조사, 보조사로 나눌 수 있다.

격 조사는 체언이 문장 안에서 일정한 자격을 가지게 해 주는 조사로서, 주격, 목적격, 관형격, 부사격, 서술격, 보격, 호격 조사로 나눌 수 있다. 주격 조사는 '이/가, 에서' 등으로, 체언이 주어의 자격을 가지게 하며, 목적격 조사는 '을/를'로, 체언이 목적어의 자격을 가지게 한다. 관형격 조사는 '의'로, 체언이 관형어의 자격을 가지게 하며, 부사격 조사는 '에, 에게, 에서, (으)로, 와/과' 등으로, 체언이 부사어의 자격을 가지게 한다. 보격 조사는 '이/가'로, 서술어 '되다, 아니다' 앞에 오는 체언이 보어의 자격을 가지게 한다. 서술격 조사는 '이다'로 체언이 서술어의 자격을 가지게 하고, 호격 조사는 '아/야, (이)시여' 등으로 체언이 호칭어가 되게 하는 조사이다.

접속 조사는 두 단어를 같은 자격으로 이어 주는 조사로 '와/과'가 대표적이며 '하고, (이)며' 등이 여기에 속한다. 보조사는 특별한 의미를 덧붙여 주는 조사로 '도, 만, 까지, 요' 등이 속한다. 보조사는 체언 뒤는 물론이고, 여러 문장 성분 뒤에도 나타날 수 있다.

조사는 서로 겹쳐 쓰기도 하는데, 이를 조사의 중첩 이라 한다. 그러나 겹쳐 쓸 때 순서가 있다. 주격 조사, 목적격 조사, 보격 조사, 관형격 조사는 서로 겹쳐 쓸 수 없으나 보조사와는 겹쳐 쓸 수 있는데, 대체로 보조사의 뒤에 쓴다. 부사격 조사는 부사격 조사끼리 겹쳐 쓸 수 있고 다른 격 조사나 보조사와도 겹쳐 쓸 수 있는데, 일반적으로 다른 격 조사나 보조사의 앞에 쓴다. 보조사는 보조사끼리 겹쳐 쓸 수 있고 순서도 자유로운 편이지만, 의미가 모순되는 보조사끼리는 겹쳐 쓰기 어렵다.

• 격 조사
① 체언이 문장 안에서 일정한 자격을 가지게 해 주는 조사
② 종류

주격 조사	이/가, 에서 → 체언이 주어의 자격을 가지게 함.
목적격 조사	을/를 → 체언이 목적어의 자격을 가지게 함.
관형격 조사	의 → 체언이 관형어의 자격을 가지게 함.
부사격 조사	에, 에게, 에서, (으)로, 와/과 → 체언이 부사어의 자격을 가지게 함.
보격 조사	이/가 → 서술어 '되다, 아니다' 앞에 오는 체언이 보어의 자격을 가지게 함.
서술격 조사	이다 → 체언이 서술어의 자격을 가지게 함.
호격 조사	아/야, (이)시여 → 체언이 호칭어가 되게 함.

• 접속 조사
① 두 단어를 같은 자격으로 이어 주는 조사
② 종류: 와 / 과, 하고, (이)며

• 보조사
① 특별한 의미를 덧붙여 주는 조사
② 종류: 도, 만, 까지, 요

01 조사의 종류와 특징 파악하기

윗글을 바탕으로 밑줄 친 부분을 분석한 내용으로 적절하지 않은 것은?

① '비가 오는데 바람<u>까지</u> 분다.'의 '까지'는 다시 그 위에 더한다는 의미를 가진 보조사이다.

② '나는 아버지보다 어머니<u>와</u> 닮았다.'의 '와'는 '어머니'와 '닮았다'를 이어 주는 접속 조사이다.

③ '우리 동아리<u>에서</u> 학교 축제에 참가하였다.'의 '에서'는 단체 명사 뒤에 쓰이는 주격 조사이다.

④ '신<u>이시여</u>, 우리를 보살피소서.'의 '이시여'는 어떤 대상을 정중하게 부를 때 쓰는 호격 조사이다.

⑤ '철수는<u>요</u> 밥을<u>요</u> 먹어야 하거든<u>요</u>.'의 '요'는 다양한 문장 성분의 뒤에 쓰여 청자에게 존대의 뜻을 나타내는 보조사이다.

중요 02 조사의 중첩 이해하기

㉠~㉤을 통해 조사의 중첩을 이해한 내용으로 적절하지 않은 것은?

> **보기**
>
> ㉠ 길을 걷다가 철수가를* 만났다.
> ㉡ 그 말을 한 것이 당신만이(당신이만*) 아니다.
> ㉢ 그녀는 전원에서의(전원의에서*) 여유로운 삶을 꿈꾼다.
> ㉣ 모든 관심이 나에게로(나로에게*) 쏟아졌다.
> ㉤ 빵만도* 먹었다.
>
> *는 비문 표시임.

① ㉠에서는 주격 조사와 목적격 조사는 겹쳐 쓸 수 없음을 확인할 수 있군.

② ㉡에서는 보조사와 보격 조사가 결합할 때 보격 조사가 뒤에 쓰였군.

③ ㉢에서는 부사격 조사와 관형격 조사가 결합할 때 관형격 조사가 뒤에 쓰였군.

④ ㉣에서는 부사격 조사와 보조사가 결합할 때 부사격 조사가 보조사 앞에 쓰였군.

⑤ ㉤에서는 유일함을 뜻하는 '만'과 더함을 뜻하는 '도'의 의미가 모순되어 겹쳐 쓰기 어렵군.

15강

서답형 03 조사의 종류 파악하기

ⓐ~ⓒ에 들어갈 말을 차례대로 쓰시오. (단, 격 조사의 경우 종류를 정확히 밝혀 쓸 것.)

> '그 책은 한국과 미국에만 판매된 것이다.'에서 '과'는 (　ⓐ　) 조사, '에'는 (　ⓑ　) 조사, '이다'는 (　ⓒ　) 조사이다.

문제풀이

15강

사진의 초점

| 정답 및 해설 | 104쪽

✔ 한방에! 핵심정리

주제	초점의 기능과 초점에 따른 사진의 종류
해제	이 글은 초점의 기능과 초점에 따른 사진의 종류를 설명하고 있다. 특정 대상에게 초점을 맞춘 사진은, 사진을 보는 사람들이 그 대상에게 집중하게 만든다. 반면 전체적으로 초점을 맞춘 사진은, 사진을 보는 사람들이 배경에도 집중하게 만든다. 사진의 기법 중 아웃포커스는 배경을 흐릿하게 하고 인물만 선명하게 찍는 것으로, 사진을 찍는 사람이 강조하고 싶은 주제를 드러낸다. 이와 반대로 팬포커스는 사진 전체가 선명하게 보이도록 찍는 것으로, 사진을 보는 사람이 직접 판단을 내리게 한다.

* 문단 중심 내용

1문단	초점의 특징
2문단	초점을 달리할 때의 결과
3문단	사진의 기법 ① – 아웃포커스
4문단	사진의 기법 ② – 팬포커스

✔ 한방에! 어휘풀이

* 노출(露出): 사진기에서, 렌즈로 들어오는 빛을 셔터가 열려 있는 시간만큼 필름이나 건판에 비추는 일.
* 피사체(被寫體): 사진을 찍는 대상이 되는 물체.
* 관행적(慣行的): 사회에서 예전부터 해 오던 대로 하는 것.

※ 다음 글을 읽고 물음에 답하시오.

사진을 찍을 때는 어디에 초점을 맞추는 게 좋을까? 초점은 노출*과 더불어 사진의 주제를 드러내는 가장 효과적인 방법일 뿐만 아니라, 명확한 초점은 사진에 힘을 실어준다. 특히 초점은 사진을 보는 사람의 시선을 집중시켜서 주제의 의미를 강조한다. 따라서 초점을 맞출 때는 사진의 주제를 가장 잘 나타낼 수 있는 피사체*를 기준으로 삼는 것이 좋다. 물론, 동물이나 사람을 찍을 때 눈동자에 초점을 맞추는 것처럼 형태나 대상에 따라 선명하게 표현해야 하는 지점이 관행적*으로 정해져 있는 경우도 있다. 반면에 의미적인 초점은 사진을 찍는 사람의 주장이나 전하고 싶은 이야기를 중심으로 초점을 선택하는 것을 뜻한다. 이 경우에 초점은 관점과 주제에 따라 달라진다.

예를 들어 많은 사람이 모인 장소에서 한 사람의 얼굴에만 초점을 맞추고 다른 사람들의 모습을 흐릿하게 표현한 사진을 본다면, 우리는 사진을 찍은 사람이 그 사람의 표정이나 모습을 통해서 어떤 의미나 이야기를 전하고 싶어 한다는 것을 느끼고 그 사람의 얼굴에 집중하게 된다. 반면, 사람뿐만 아니라 배경까지 선명하게 보이는 사진을 보면서는 그 둘이 비슷한 정도의 의미를 가지며, 인물 못지않게 배경도 중요하다고 생각하게 된다. 초점을 통해 평면인 사진에 입체감을 표현할 수도 있다. 초점이 맞은 부분을 기준으로 멀어질수록 흐림의 정도가 심해지는데, 이 차이를 통해서 사진에 입체감이 생기기 때문이다.

사진을 찍을 때 배경을 흐릿하게 하고 특정 대상만 선명하게 찍는 것을 '아웃포커스'라고 한다. 이는 초점이 맞는 범위를 좁게 설정하고 그 부분을 기준으로 앞이나 뒤에 위치한 사물을 흐릿하게 표현한 사진으로, 다른 말로는 '심도가 얕은 사진'이라고 할 수 있다. '심도', 즉 '피사계 심도'는 사진 안에서 초점이 맞는 범위를 뜻한다. 초점이 맞는 범위가 넓은 경우에 '심도가 깊다'라고 한다. 주로 주변 배경을 생략하고 주제에 대한 집중도를 높이고자 할 때 사진의 심도를 얕게 한다. 이는 배경이 주제를 설명하는 데 도움을 주지 못하거나 오히려 방해할 경우 효과적인 방법이다. 또 특정 부분에만 초점을 맞춤으로써 사진을 찍는 사람이 강조하고 싶은 주제를 드러내기 때문에 주관적인 성격을 띤다.

이와 반대로 주제와 배경이 잘 어우러지고 배경이 상황을 잘 설명해 줄 경우 사진 전체가 선명하게 보이도록 심도를 깊게 찍기도 하는데, 이를 '팬포커스'라 한다. 이때는 가까운 곳부터 먼 곳까지 초점이 맞는 범위가 아주 넓다. 이렇게 심도가 깊은 사진은 사진을 찍은 사람의 주관적 생각이나 이야기를 강조하기보다 보는 사람에게 전체 상황을 잘 보여줌으로써 직접 판단하게 하려는 경우에 효과적이다. 신문에 나온 사진 대부분은 팬포커스로 찍힌 사진이며, 여기에는 신문을 보는 독자가 직접 사진이나 상황에 대한 판단을 내리게 하려는 의도가 담겨 있다. 사람의 눈은 자동으로 모든 것에 초점을 맞추기 때문에 팬포커스 사진은 사람의 눈으로 보는 모습과 비슷하다.

01 내용 전개 방식 파악하기

윗글의 내용 전개 방식으로 적절하지 않은 것은?

① 사진 기술에 관한 용어의 정의를 설명하고 있다.
② 사례를 들어 초점 조절의 효과를 설명하고 있다.
③ 초점을 조절하는 방법을 순서대로 설명하고 있다.
④ 특정 초점을 주로 활용할 수 있는 경우를 설명하고 있다.
⑤ 초점 조절 방법에 따라 달라지는 사진 효과의 차이를 설명하고 있다.

02 세부 내용 파악하기

윗글에 대한 설명으로 적절하지 않은 것은?

① 초점의 범위에 따라 심도가 정해진다.
② 초점이 멀어질수록 사진이 흐려져 입체감이 생긴다.
③ 초점은 사진의 주제를 드러내는 효과적인 방법이다.
④ '심도가 깊은 사진'은 사람의 눈으로 보는 것과 비슷하다.
⑤ 사람이나 동물을 찍을 때는 관행적으로 정해진 초점이 있다.

중요 ▶ 03 구체적 사례에 적용하기

윗글을 바탕으로 보기를 해석한 내용으로 적절하지 않은 것은?

보기

㉮   ㉯

① ㉮와 ㉯는 모두 심도를 얕게 할수록 입체적인 사진이 된다.
② ㉮는 사진가가 강조하려는 주제를 드러내는 데 적합하다.
③ ㉯는 신문에 싣는 사진으로 사용하기 적합하다.
④ ㉮는 아웃포커스 사진이고, ㉯는 팬포커스 사진이다.
⑤ ㉮는 초점이 맞는 범위가 좁고, ㉯는 초점이 맞는 범위가 넓다.

서답형 ▶ 04 핵심 내용 파악하기

빈칸에 들어갈 말을 골라 차례대로 쓰시오.

> 사진의 심도를 (깊게 / 얕게)하면 (특정 대상이 / 전체적으로) 선명하게 찍힌 사진이 되며, 사진을 찍은 사람의 주관적 생각이 배제되는 편이다.

15강

들판이 적막하다 _ 정현종

| 정답 및 해설 | 105쪽

한방에! 개념정리

한방에! 핵심정리

갈래	자유시, 서정시
성격	고발적, 비판적, 생태적
주제	생태계가 파괴된 현실에 대한 비판
특징	① 풍요로움과 자연 파괴를 대비함. ② 선경 후정의 구조로 시상을 전개함. ③ 영탄법을 활용하여 화자의 인식을 드러냄.
해제	이 작품은 풍요로운 가을 풍경과, 메뚜기가 없는 들판을 대비하여 생태계가 파괴된 현실을 비판하고 있다. 메뚜기가 없는 이유가 직접 드러나 있지는 않지만, 인간의 욕심 때문에 생태계가 파괴되어 메뚜기가 살지 못하게 되었음을 간접적으로 고발하고 있다.

※ 다음 글을 읽고 물음에 답하시오.

가을 햇볕에 공기에
익은 벼에
눈부신 것 천지인데,
그런데,
아, **들판이 적막**하다—
메뚜기가 없다!

오 이 **불길한 고요**—
㉠ **생명의 황금 고리**가 끊어졌느니……

– 정현종, 〈들판이 적막하다〉 –

한방에! 같이볼작품

> **1**
> 하늘에 깔아 논
> 바람의 여울터에서나
> 속삭이듯 서걱이는
> 나무의 그늘에서나, 새는
> 노래한다. 그것이 노래인 줄도 모르면서
> 새는 그것이 사랑인 줄도 모르면서
> 두 놈이 부리를
> 서로의 쭉지에 파묻고
> 따뜻한 체온을 나누어 가진다
>
> **2**
> 새는 울어
> 뜻을 만들지 않고,
> 지어서 교태로
> 사랑을 가식하지 않는다.
>
> **3**
> ─ 포수는 한 덩이 납으로
> 그 순수를 겨냥하지만,
> 매양 쏘는 것은
> 피에 젖은 한 마리 상한 새에 지나지 않는다.
>
> – 박남수, 〈새 1〉

01 표현상의 특징 파악하기

윗글의 표현상의 특징으로 적절하지 않은 것은?

① 비유적 표현을 통해 주제를 제시하였다.
② 영탄법을 활용하여 화자의 감정을 강조하였다.
③ 시각적 심상을 활용하여 부정적인 현실을 표현하였다.
④ 풍경을 묘사하고 이에 대한 화자의 감상을 제시하였다.
⑤ 다양한 문장 부호를 사용하여 화자의 정서를 나타내었다.

02 화자의 태도 파악하기

㉠에 담긴 화자의 태도에 대한 설명으로 가장 적절한 것은?

① 가을날의 아름다운 풍경이 돌아오기를 바라고 있다.
② 현대인의 물질적 풍요에 대한 집착을 비판하고 있다.
③ 메뚜기의 부재로 드러난 환경 문제의 심각성을 환기하고 있다.
④ 가을의 풍요로움을 시각적으로 묘사하며 자연을 예찬하고 있다.
⑤ 자연 파괴는 인간의 힘으로 해결할 수 있다는 의지를 드러내고 있다.

중요 # 03 외적 준거를 바탕으로 작품 감상하기

보기 를 바탕으로 윗글을 이해한 내용으로 적절하지 않은 것은?

> **보기**
>
> 〈들판이 적막하다〉는 풍요로운 가을 풍경과 대조적으로 적막한 들판의 모습을 제시함으로써 인간의 욕심으로 인해 파괴된 자연의 현실을 고발하고 있다. 주제에 따라 분류한다면 생태 시에 속한다고 할 수 있는데, 생태 시는 생태적 위기에 대한 인식을 전제하고 자연과 인간의 조화를 지향하는 시를 뜻한다.

① '눈부신 것'은 풍요로운 가을 풍경을 의미하는군.
② '들판이 적막'한 것은 묘사된 풍경과는 대조적이군.
③ '메뚜기가 없'는 것은 자연이 파괴되었기 때문이군.
④ '불길한 고요'는 생태적 위기에 대한 인식을 드러내는군.
⑤ '생명의 황금 고리'는 자연에 대한 인간의 승리를 상징하는군.

15강

서답형 # 04 시행의 기능 파악하기

문제풀이

윗글에서 시상을 전환하는 행을 찾아 쓰시오.

✓ 한방에! 개념정리

✓ 한방에! 핵심정리

갈래	가정 소설, 애정 소설
성격	도교적, 전기적
주제	현실을 초월한 사랑
특징	① 조선 후기 가치관의 변화를 보여 줌. ② 주인공이 신선계에서 하강한 인물로 설정됨. ③ 죽은 사람의 재생, 하늘로의 승천 등 비현실적인 요소가 나타남.
해제	이 작품은 부모와 자식 간의 갈등을 중심으로 하고 있다. 선군의 부모는 자식의 혼인과 출세를 중요시하는 반면, 선군은 숙영과의 개인적인 애정을 중요시한다. 이러한 갈등은 봉건적인 가치관이 약화되고 개인의 욕망 추구가 이루어지던 조선 후기의 사회상을 반영하고 있다.

❋ 전체 줄거리

선군은 꿈에서 선녀 숙영을 만나 하늘에서의 인연에 대해 전해 들은 뒤 상사병에 걸린다. 숙영과 선군은 하늘이 정해 준 3년의 기한을 채우지 못한 채 혼인하여 자식을 낳는다. 그러던 중 선군은 과거를 보러 떠나게 되지만, 숙영을 보고 싶은 마음을 이기지 못하여 집으로 돌아온다. 선군의 아버지 백공은 밤중에 숙영의 방에서 남자의 목소리가 새어 나오는 것을 듣고 숙영이 부정을 저질렀다고 의심한다. 숙영을 시기한 시비 매월은 숙영을 모함하고, 숙영은 결국 자결한다. 백공은 선군과 임 낭자의 혼인을 추진하나, 과거에 급제한 선군이 돌아와 숙영의 한을 풀어주자 숙영이 다시 살아난다. 이에 임 낭자와의 혼사를 물리고자 했지만 임 낭자는 선군과 혼인하겠다는 뜻을 밝힌다. 선군은 숙영, 임 낭자와 함께 살다가 팔십 세가 되던 해에 셋 모두 하늘로 올라간다.

※ 다음 글을 읽고 물음에 답하시오.

하지만 부모는 늘 아들이 공부에 뜻이 없는 것을 탄식하였다. 그러던 차에 마침 알성과*를 실시한다는 방이 나붙었다. 이것을 계기로 부친은 아들 선군을 불러놓고 조용히 타일렀다.

"나라에서 이번에 과거를 실시한다 하니 너도 꼭 응시하여라. 다행히 **급제하게 된다면 조상을 빛내고 부모도 영화롭**지 않겠느냐?"

부친의 타이름을 들은 선군은 정좌한 채로 여쭈었다.

"아버님, 불효 불측한* 자식 굽어살피소서. 과거며 공명은 모두가 한낱 속물이 탐하는 헛된 욕심이옵니다. 우리 집에는 수천 석을 헤아리는 전답*이 있삽고, 비복* 등이 천여 명이나 되며, 하고자 하는 일을 마음대로 할 수 있사온데 무슨 복이 또 부족하여 과거에 급제하여 벼슬아치 되기를 바라시나이까? 만약에 제가 **과거에 응시하고자 집을 나선다면 낭자와는 이별하게 될 것**이온즉 사정이 절박하옵니다."

하고는 동별당으로 돌아와 낭자에게 부친의 과거 응시 권고를 말하였다. 그 말을 듣고 낭자는 조용히 미소를 지으며 사랑이 그윽한 눈길로 선군을 타이르는 것이었다.

"과거를 보시지 않겠다는 낭군님의 말씀이 그릇된 줄로 아옵니다. **대장부가 세상에 나면 입신양명하여* 부모님을 영화롭게 하여 드리는 것이 자식 된 도리**입니다. 그리하온데 낭군께서는 어찌하여 저 같은 규중처자*에 얽매인 나머지 장부의 당당한 일을 포기하고자 하시니, 이것은 불효가 되고 그 욕이 마침내 저에게 돌아오니 결코 마땅한 일이 아닌 줄로 아옵니다. 하오니 낭군께서는 깊이 생각하시어 속히 과거 준비를 하시고 상경하여* 남의 웃음을 면하시도록 유념하소서."

이처럼 충고하면서 또한 과거에 응시할 차림과 여정의 행장을 갖추어 주는 것이었다. 행장이 차려지자 낭자는 다시 강경한 다짐을 선군에게 하는 것이었다.

"⊙ 낭군께서 이번 과거에 급제하시지 못하고 낙방 거사*가 되어 돌아오신다면 저는 결코 살지 아니할 것이옵니다. 하오니, 다른 잡념 일체를 버리시고 오직 시험에 대한 일념으로 상경하셔서 꼭 급제하여 돌아오시기 바랍니다."

부모에게 듣던 말보다도 낭자에게 들으니 선군의 급제는 스스로 더욱 절실하게 생각되었다. 할 수 없이 부모님께 하직 인사를 올리고 떠나려 하다가 다시 낭자에게 들려 말하기를,

"내가 **과거 급제하여 돌아올 때까지 부디 부모님 잘 모시고 편안한 마음으로 기다리**시오."

하고는 평범한 말로 이별을 고하였다. 겉으로는 태연한 척하였지만, 사랑하는 아내를 두고 떠나려 하니 걸음이 옮겨지지 않아 한 걸음에 멈추어 서고 두 걸음에 뒤를 돌아다 보며 애련한* 정을 뿌리치지 못하였다.

이를 보고 낭자가 중문 밖에까지 따라 나가 배웅을 하면서 남편과 마찬가지로 기쁨과 슬픔을 억제하지 못하였다. 선군은 마침내 눈물이 앞을 가려 처절한 정경을 보이면서 사랑하는 숙영 낭자와 이별하였으나 ⓒ 발걸음이 떨어지지 않아 그 날은 하루 종일 삼십 리밖에 가지 못하였다.

주막집을 찾아들어 저녁상을 받고서도 오직 낭자 생각에만 골몰하여 음식조차 먹을 수가 없었다. 이를 본 하인이 민망히 여기어 근심을 토로하였다.

"그토록 식사를 아니 하시면, 앞으로 천 리 길을 어떻게 가시려 하나이까?"

"아무리 먹으려 해도 밥이 목구멍으로 넘어가질 않는구나."

하고는 길게 탄식할 뿐이었다. ⓒ 적막한 주막집 방을 좌정하고* 앉으니 더욱 마음이 산란해지는 것이었다.

마치 낭자가 곁에 있는 듯하여 껴안아 보면 허공뿐이라 허전하기 이를 데 없고, 낭자의 소리가 들려오는 듯하여 숨을 멈추고 귀를 기울이면 낭자의 목소리 대신 창밖의 소슬한* 바람 소리가 공허한 적막감을 더욱 무겁게 해줄 뿐이었다. 밤이 깊어갈수록 점점 더 잠이 오지 않아 그 허전한 마음은 결국 실신한 것만 같았다.

시간이 흐를수록 낭자의 생각이 간절해진 선군은 하인이 잠들기를 기다려 부랴부랴 신발을 둘러 메고 날걸음으로 집에 돌아와, 담을 넘어 아내의 방으로 들어갔다. 잠자리에 누워 있던 낭자가 크게 놀라며 일어나 앉았다.

"이 밤중에 어인 일이오이까? 아침에 떠나신 분이 어느 곳에 계시다가 다시 돌아오셨나요?"

하고는, 선군의 손을 이끌어 금침* 속으로 끌어들여 밤이 다하도록 애틋한 정회를 풀었다.

이때 부친 백공이 아들을 서울로 과거 응시를 보내고는 심사*가 허전하여 잠을 못 이루다가 도적을 살피려고 청려장*을 짚고 마당 안을 돌아다니며 문단속을 살피고 동정*을 가늠하였다. ⓓ 그런데 동별당에 이르러 본 낭자의 방안에서 갑자기 다정하게 주고받는 말소리가 들리지 않는가? 남편인 아들이 집을 비우고 없는 이 마당에 며느리 방에서 웬 남자의 목소리가 들리다니 백공은 기절초풍을 면치 못할 지경이었다. 한편으로는 귀를 의심하면서도 한편으로는 해괴한 생각을 금할 수가 없었다.

'ⓔ 며느리 숙영이는 얼음같이 차갑고 옥같이 맑은 마음과 송죽*처럼 곧은 절개를 가진 숙녀이거늘, 어찌 외간 남자를 끌어들여 음행한* 짓을 하랴? 하지만 세상일이란 알 수 없는 것이니 한 번 알아봐야겠구나.'

하고는 속으로 불길한 생각을 가지며, 가만가만 별당 앞으로 다가가서 귀를 기울이고 방 안에서 들려오는 목소리를 엿들어 보았다. 그때 숙영이 소리를 낮추어 말하는 것이었다.

"시아버님께서 문밖에 와 계신 듯하니, 당신은 이불 속에 몸을 깊이 숨기십시오."

하고는, 잠에서 깨어나는 아이를 달래면서 하는 말이,

"아가 아가 착한 아가, 어서 어서 자려무나. 아빠께서 장원급제하여 영화롭게 돌아오신다. 우리 아가, 착한 아가, 어서 어서 자려무나."

백공은 마침내 크게 의심하였으나 며느리의 방안을 뒤져서 외간 남자를 적발해 낼 수도 없고 하여 그냥 꾹 참고 돌아왔다. 이때 숙영 낭자는 시아버지가 창밖에서 엿듣는 기척을 재빨리 알았기 때문에 남편을 재촉하여 강경히 충고하였다.

"장부로서 과거 길을 떠나다가 규중처자 하나를 못 잊고 다시 돌아옴은 군자의 도리가 아니오며, 만약 시부모님께서 이 사실을 아신다면 저를 요망한 계집이라고 책망하실 터이니 날이 밝기 전에 어서 돌아가사이다."

선군은 숙영의 말을 옳게 여겨 다시 옷을 주워 입고 담을 넘어 도망치듯이 주막집으로 달려갔다. 그리운 임을 보고자 오가는 길은 천 리가 지척 같아 걸음도 빨라서, 주막에 돌아오니 아직도 하인이 잠속에 깊이 빠져 있었다.

- 작자 미상, 〈숙영낭자전〉 -

01 작품의 내용 파악하기

윗글의 내용으로 가장 적절한 것은?

① 선군은 어지러운 현실에 뜻이 없어 과거에 응시하지 않으려고 하였다.
② 숙영은 백공이 자신과 선군의 대화를 듣고 있다는 사실을 알지 못하였다.
③ 선군은 과거에 응시하기로 마음을 먹은 뒤 모진 말로 숙영을 떼어내었다.
④ 숙영은 선군이 과거에 응시하지 않으면 자신까지 욕보이는 것이라고 설득하였다.
⑤ 선군은 숙영이 자신을 돌려보내려고 하자 숙영에 대해 나쁜 마음을 가지게 되었다.

02 구절의 의미 파악하기

㉠~㉤에 대한 설명으로 적절하지 않은 것은?

① ㉠: 선군이 과거 급제에 집중하기를 바라는 숙영의 마음이 담겨 있다.
② ㉡: 선군이 숙영과의 이별에 대해 느끼는 슬픔을 표현하고 있다.
③ ㉢: 선군이 과거에 급제하지 못할까 봐 불안해함을 알 수 있다.
④ ㉣: 백공이 숙영이 음행을 저지른다고 의심하는 계기가 된다.
⑤ ㉤: 백공이 숙영을 긍정적으로 평가하고 있었음이 드러난다.

중요 ▶ 03 외적 준거를 참고하여 작품 이해하기

보기 를 참고했을 때, 윗글에 대한 이해로 적절하지 않은 것은?

> **보기**
>
> 〈숙영낭자전〉에는 부모와 자식 사이의 갈등이 드러나 있다. 선군의 부모는 자식에게 효를 요구하면서, 자식의 출세를 가문의 영예를 위한 수단으로 여긴다. 반면 선군은 출세를 부부간의 애정을 방해하는 장애물로 판단한다. 효는 유교적 가치관에 바탕을 둔 것이며, 애정의 추구는 개인적인 욕구를 긍정하는 것임을 고려할 때, 이러한 갈등 구조는 전통적 가치관이 약화되던 조선 후기 가치관의 변화를 반영하고 있다고 할 수 있다.

① 백공이 선군이 '급제하게 된다면 조상을 빛내고 부모도 영화롭'게 된다고 하는 것은, 자식의 출세를 수단으로 여기는 것이군.
② 선군이 '과거에 응시하고자 집을 나선다면 낭자와는 이별하게 될 것'이라고 하는 것은, 출세를 애정의 장애물로 판단한 것이군.
③ 숙영이 '대장부가 세상에 나면 입신양명하여 부모님을 영화롭게 하여 드리는 것이 자식 된 도리'라고 하는 것은, 선군에게 효를 요구하는 것이군.
④ 선군이 '과거 급제하여 돌아올 때까지 부디 부모님 잘 모시고 편안한 마음으로 기다리'라고 하는 것은, 효를 위해 개인적인 욕구를 억누르기로 한 것이군.
⑤ 숙영이 '장부로서 과거 길을 떠나다가 규중처자 하나를 못 잊고 다시 돌아옴은 군자의 도리가 아니'라고 하는 것은, 전통적 가치관의 약화를 보여 주는 것이군.

서답형 ▶ 04 구절의 의미 파악하기

다음에서 설명하는 구절을 찾아 첫 어절과 마지막 어절을 쓰시오.

> • 선군이 숙영의 얼굴을 보고 돌아오는 길을 나타냄.
> • 숙영에 대한 선군의 그리움과 애정이 드러남.
> • 비유법을 사용함.

문제풀이

복습하기

문법

1 [ ][ ][ ]	체언이 문장 안에서 일정한 자격을 가지게 해 주는 조사
2 [ ][ ][ ][ ]	두 단어를 같은 자격으로 이어 주는 조사
3 [ ][ ][ ]	특별한 의미를 덧붙여 주는 조사
조사의 중첩	• 주격 조사, 목적격 조사, 보격 조사, 관형격 조사 → 보조사 4 [ ]에 씀. • 부사격 조사 → 다른 격 조사나 보조사 5 [ ]에 씀.

독서

1문단	6 [ ][ ]의 특징
2문단	초점을 달리할 때의 결과
3문단	사진의 기법 ① - 7 [ ][ ] 포커스
4문단	사진의 기법 ② - 8 [ ] 포커스

문학 – 들판이 적막하다(정현종)

1연	풍요롭지만 9 [ ][ ][ ]가 없어 적막한 들판
2연	끊어진 생명의 황금 10 [ ][ ]

문학 – 숙영낭자전(작자 미상)

과거에 대한 생각

선군의 부모, 숙영		선군
• 급제하게 된다면 11 [ ][ ]을 빛내고 12 [ ][ ]도 영화로워짐. • 대장부가 세상에 나면 입신양명하는 것이 도리임.	⟷	• 과거와 공명은 13 [ ][ ]이 탐하는 헛된 욕심임. • 과거에 응시하려 집을 나서면 낭자(14 [ ][ ])와 이별하게 됨.

정답 1 격 조사 2 접속 조사 3 보조사 4 앞 5 뒤 6 초점 7 아웃 8 팬 9 메뚜기 10 고리 11 조상 12 부모 13 속물 14 숙영

한수

16

Contents

| 정답 및 해설 | 109쪽

＊능동과 피동

능동	주어가 스스로 동작이나 행위를 하는 것
피동	주어가 다른 대상에 의해 동작이나 행위를 당하게 되는 것

능동문	주어	목적어
↓		
피동문	부사어	주어

※ 다음 글을 읽고 물음에 답하시오.

　주어가 스스로 동작이나 행위를 하는 것을 능동이라 하고, 주어가 다른 대상에 의해 동작이나 행위를 당하게 되는 것을 피동이라 한다. 능동문이 피동문으로 바뀔 때 능동문의 주어는 피동문의 부사어가 되고, 능동문의 목적어는 피동문의 주어가 된다.

　피동은 크게 피동사 피동과 '-아／-어지다' 피동으로 나뉜다. 피동사 피동은 파생어인 피동사에 의한다고 하여 파생적 피동이라고 부르기도 하는데, 피동사는 능동사 어간을 어근으로 하여 피동 접미사 '-이-, -히-, -리-, -기-'가 붙어 만들어진다. 이때 '(건반을) 누르다'가 '눌리다'로 바뀌는 것처럼 동사의 불규칙 활용 형태로 나타나는 경우도 있다.

　그러나 모든 능동사가 피동사로 파생될 수 있는 것은 아니다. '던지다, 지키다'와 같이 어간이 'ㅣ' 모음으로 끝나는 동사의 경우에는 피동 접미사가 결합하기 어렵고, '만나다'나 '싸우다'와 같이 대칭되는 대상이 필요한 동사, '알다'나 '배우다'와 같이 주체의 지각과 관련된 동사 등은 피동사로 파생되지 않는다.

　'-아／-어지다' 피동은 동사의 어간에 보조적 연결 어미 '-아／-어'에 보조 동사 '지다'가 결합한 '-아／-어지다'가 붙어서 이루어지는데, 이를 통사적 피동이라고도 부른다. 동사에 '-아／-어지다'가 결합되면 피동의 의미를 나타내지만, 형용사에 '-아／-어지다'가 결합되면 동사화되어 상태의 변화를 나타낼 뿐 피동의 의미를 나타내지 않는다.

　15세기 국어에서도 피동 표현이 사용되었다. 파생적 피동은 능동사 어간을 어근으로 하여 피동 접미사 '-이-, -히-, -기-'가 붙어 만들어졌는데, 이때 '르'로 끝나는 어간에 피동 접미사 '-이-'가 결합하면 이어적지 않고 분철하여 표기하였다. 통사적 피동은 보조적 연결 어미 '-아／-어'와 보조 동사 '디다'가 결합한 '-아／-어디다'가 사용되었다. 한편, 15세기 국어에는 피동 접미사와 결합하지 않고도 피동의 의미를 나타내는 동사가 현대 국어보다 많이 존재했다.

• 피동

피동사 피동 (파생적 피동)	능동사 어간 + 피동 접미사 '-이-, -히-, -리-, -기-' •동사의 불규칙 활용 형태로 나타나기도 함. 예 누르다 → 눌리다 •어간이 'ㅣ' 모음으로 끝나는 동사: 피동 접미사가 결합하기 어려움. 　예 던지다, 지키다 •대칭되는 대상이 필요한 동사: 피동사로 파생되지 않음. 예 만나다, 싸우다 　주체의 지각과 관련된 동사: 피동사로 파생되지 않음. 예 알다, 배우다
'-아／-어지다' 피동 (통사적 피동)	동사의 어간 + '-아／-어지다'(보조적 연결 어미 '-아/-어' + 보조 동사 '지다') •형용사 + '-아/어지다' : 피동의 의미를 나타내지 않음.

• 15세기 국어의 피동 표현

파생적 피동	능동사 어간 + 피동 접미사 '-이-, -히-, -기-' • '르'로 끝나는 어간 + 피동 접미사 '-이-' : 분철하여 표기함.
통사적 피동	동사의 어간 + '-아/-어디다'(보조적 연결 어미 '-아/-어' + 보조 동사 '디다')
그 외	피동 접미사와 결합하지 않고도 피동의 의미를 나타내는 동사가 현대 국어보다 많이 존재함.

01 피동 표현 이해하기

윗글을 이해한 내용으로 적절하지 않은 것은?

① '(물건이) 실리다'는 피동사 파생이 동사의 불규칙 활용 형태로 나타난 것이다.
② '(소리가) 작아지다'는 용언의 어간에 '-아지다'가 결합하여 피동의 의미를 나타낸다.
③ '(줄이) 꼬이다'는 동사 어간 '꼬-'에 피동 접미사 '-이-'가 결합하여 피동사로 파생되었다.
④ '경찰이 도둑을 잡다.'가 피동문으로 바뀔 때에는 능동문의 목적어가 피동문의 주어로 바뀐다.
⑤ '(아버지와) 닮다'는 대칭되는 대상이 필요한 동사로 피동 접미사와 결합하여 파생되지 않는다.

중요 02 중세 국어의 피동 표현 이해하기

윗글을 바탕으로 〔보기〕의 ⓐ~ⓓ를 탐구한 내용으로 적절하지 않은 것은?

> ### 보기
>
> ◦ 風輪에 ⓐ 담겨(담-+-기-+-어)
>   [풍륜에 담겨]
> ◦ 뫼해 살이 ⓑ 박거늘(박-+-거늘)
>   [산에 화살이 박히거늘]
> ◦ 옥문이 절로 ⓒ 열이고(열-+-이-+-고)
>   [옥문이 절로 열리고]
> ◦ 드트리 두외이 ⓓ 붓아디거늘(브ᅀᅳ-+-아디-+-거늘)
>   [티끌이 되어 부수어지거늘]

① ⓐ는 능동사 어간에 접미사 '-기-'가 결합하여 피동사가 되었군.
② ⓑ는 파생적 피동이 일어난 단어가 아님에도 피동의 의미를 나타내고 있군.
③ ⓒ는 'ㄹ'로 끝나는 어간에 접미사 '-이-'가 결합한 후 분철되어 표기되었군.
④ ⓓ는 동사 어간 '브ᅀᅳ-'에 '-아디-'가 붙어 피동의 의미를 나타내고 있군.
⑤ ⓑ와 ⓓ는 모두 피동 접미사를 사용하지 않았으므로 통사적 피동에 해당하는군.

서답형 03 피동 표현 이해하기

㉠, ㉡에 들어갈 말을 차례대로 쓰고, 빈칸에 들어갈 말을 골라 쓰시오.

> '방에서 노래가 들리다'의 '들리다'는 능동사의 어간 '(㉠)'에 피동 접미사 '(㉡)'가 결합한 (파생적 / 통사적) 피동이다.

16강

벤담과 밀의 공리주의

| 정답 및 해설 | 110쪽

※ 다음 글을 읽고 물음에 답하시오.

공리주의는 19세기 영국에서 자본주의가 발달하면서 빈부 격차 등 여러 가지 사회 문제가 나타나자 이에 대한 해법을 찾는 가운데 등장한 윤리적 사상이다.

'최대 다수의 최대 행복'은 ㉠ 제레미 벤담이 주장한 양적 공리주의의 특성을 잘 나타낸 말이다. 벤담은 인간 행위의 목적이 쾌락의 증대와 고통의 감소에 있다고 주장했다. 즉, 어떤 행위가 윤리적으로 옳은 행위가 되기 위해서는 행위자와 그 행위에 관련된 모든 사람의 쾌락을 최대한으로 증가시키고 고통을 최소한으로 감소시켜야 한다는 것이다. 벤담은 쾌락을 추구하고 고통을 피하려는 인간의 자연성에 따라 행동하는 것이 개인은 물론 개인의 집합체인 사회에도 최대의 행복을 가져다준다고 보았다. 또한 벤담은 쾌락에 질적인 차이를 매기지 않고, 쾌락을 계량 가능한 것으로 파악했다. 벤담에 따르면, 사회는 개인의 집합체이므로 개인의 행복을 합치면 사회 전체의 행복을 계산할 수 있다.

하지만 양적 공리주의는 전체주의*로 흘러 개인의 희생을 강요할 위험성이 있다. 양적 공리주의는 행위의 옳고 그름을 판단하는 기준을 개인이 아니라 전체의 최대 행복에 두기 때문에, 전체를 위한 개인의 희생을 정당화하는 논리로 이용될 수 있다.

반면 또 한 명의 공리주의자인 ㉡ 존 스튜어트 밀은 자신의 대부이자 스승이었던 벤담의 영향을 받아 공리주의를 사상의 기초로 하였으나, 쾌락의 계량 가능성을 주장한 벤담과는 달리 쾌락의 질적인 차이를 주장하며 벤담의 사상을 수정하였다. 이를 질적 공리주의라고 부른다. 밀은 인간이 동물적인 본성 이상의 능력을 가지고 있으므로 질적으로 높고 고상한 쾌락을 추구한다고 보았다. 물질에 대한 욕심, 지배욕과 같은 동물의 쾌락은 얻으려 하면 할수록 다른 사람들에게 피해가 돌아간다. 따라서 질적으로 더 높은 인간의 쾌락이 그보다 못한 동물의 쾌락보다 훨씬 바람직하다. 즉, '만족한 돼지보다는 불만족한 소크라테스가 되는 것이 더 낫다'는 것이다. 그리고 법률에 의한 정치적 제재를 중시한 벤담과는 달리, 밀은 양심의 내부적인 제재로서 인간이 가지는 인류애를 중시하였다.

하지만 밀의 질적 공리주의도 문제점은 있다. '대중음악을 듣는 것이 클래식 음악을 듣는 것보다 못한가? 오페라를 보는 것은 영화를 보는 것보다 좋은가? 한국의 판소리와 외국의 팝송 중 어느 것이 더 큰 쾌락을 주는가?' 등 무엇이 질적으로 나은지에 대한 답을 결정할 근거가 없기 때문이다.

윗글의 내용과 일치하지 <u>않는</u> 것은?

① 벤담은 밀과 달리 행복을 양적으로 계산할 수 있다고 보았다.
② 벤담은 많은 사람이 행복해지는 것이 도덕적으로 옳다고 보았다.
③ 밀은 동물적 쾌락보다 인간적 쾌락이 더 질 높은 쾌락이라고 보았다.
④ 밀은 다른 쾌락보다 질적으로 높고 고상한 쾌락이 존재한다고 보았다.
⑤ 밀은 사회 전체의 행복은 개인의 행복을 모두 더한 값과 같다고 보았다.

중요 02 구체적 사례에 적용하기

보기 를 읽고 ㉠의 주장과 관련하여 이해한 내용으로 적절하지 <u>않은</u> 것은?

> **보기**
>
> 가장 행복한 도시가 있다. 그 행복을 유지하기 위해선 조건이 하나 있는데, 죄 없는 아이 하나가 빛 하나 들어오지 않는 지하실 방에 평생 갇혀 있어야 한다는 것이다. 그 아이가 세상으로 나오면 도시의 행복은 끝난다. 어떻게 하겠는가?

① ㉠은 한 아이를 희생시키는 선택이 도덕적으로 옳다고 하겠군.
② ㉠은 아이의 행복과 도시민들의 행복에 질적 차이는 없다고 보고 있군.
③ ㉠은 이 도시의 평화를 유지하기 위해 법률과 같은 방법을 쓰려 하겠군.
④ ㉠은 아이의 고통이 증가하므로 아이의 희생을 정당화할 수 없다고 하겠군.
⑤ ㉠은 소수인 아이의 행복보다 도시민 전체의 행복이 더 크다고 생각하겠군.

중요 03 구체적 사례에 적용하기

보기 의 사례를 ㉡의 주장과 관련하여 이해한 내용으로 적절하지 <u>않은</u> 것은?

> **보기**
>
> ⓐ 조선을 침략해 식민지로 삼고 지배한 일본
> ⓑ 자기 수입의 일부를 어려운 이웃에게 기부하고 얻은 뿌듯함
> ⓒ 병원 생활을 오래 한 환자들에게 무료 공연을 해주고 환자들의 웃는 모습을 보는 기쁨

① ㉡은 ⓐ보다 ⓑ가 더 질적으로 높은 쾌락이라고 본다.
② ㉡은 ⓐ, ⓑ, ⓒ의 쾌락 간에는 질적인 차이가 있다고 본다.
③ ㉡에 따르면 ⓐ의 쾌락은 그것을 추구할수록 다른 사람에게 피해를 준다고 본다.
④ ㉡에 따르면 ⓑ와 ⓒ는 인간이 가지는 인류애를 바탕으로 한 것이라 볼 수 있다.
⑤ ㉡의 관점에서는 ⓐ와 ⓒ의 쾌락 가운데 어느 것이 더 질 높은 것인지 판단할 수 없다.

서답형 04 세부 내용 파악하기

빈칸에 들어갈 말을 찾아 2음절로 쓰시오.

> 벤담과 밀은 인간이 모두 (   )을/를 추구한다고 보았다.

문제풀이

✔ 한방에! 핵심정리

갈래	평시조, 연시조
성격	예찬적
주제	매화에 대한 예찬
특징	① 매화를 의인화하여 묘사함. ② 영탄법과 설의법을 통해 예찬적 태도를 강조함.
해제	이 작품은 사군자 중 매화를 예찬하고 있으며, 사군자를 소재로 한 연시조의 대표작으로 꼽힌다. 화자는 매화를 사물 그 자체로 바라보면서 매화의 '속성'을 세밀히 묘사하고, 봄의 선구자로서 꽃을 피운 매화를 반가워하고 있다.

✔ 한방에! 어휘풀이

* 매영(梅影): 매화 그림자.
* 옥인금차(玉人金叉): 미인의 금비녀.
* 백발옹(白髮翁): 머리가 흰 노인.
* 촉(燭): 불빛을 내는 데 쓰는 물건의 하나.
* 암향부동(暗香不動): 그윽한 향기가 은근히 떠돎.
* 빙자옥질(氷姿玉質): 얼음같이 맑고 깨끗한 살결과 구슬같이 아름다운 자질.
* 황혼월(黃昏月): 저녁에 뜨는 달.
* 아치고절(雅致孤節): 우아한 멋과 높은 절개.
* 청향(淸香): 맑은 향기.
* 산창(山窓): 산에 있는 집의 창.
* 침노하다(侵擄하다): 성가시게 달라붙어 손해를 끼치거나 해치다.
* 동각(東閣): 동쪽에 있는 누각.
* 건곤(乾坤): 하늘과 땅을 아울러 이르는 말.
* 백설양춘(白雪陽春): 흰 눈이 날리는 이른 봄.

※ 다음 글을 읽고 물음에 답하시오.

매영*이 부딪친 창에 옥인금차* 빗겼는데
두셋 **백발옹***은 거문고와 노래로다
이윽고 잔 들어 권할 제 달이 또한 오르더라

<제1수>

[A] {
어리고 성긴 매화 너를 믿지 않았더니
눈 기약 능히 지켜 두세 송이 피었구나
촉* 잡고 가까이 사랑할 제 암향부동* 하더라
}

<제2수>

빙자옥질*이여 눈 속에 너로구나
가만히 향기 놓아 **황혼월***을 기약하니
아마도 아치고절*은 너뿐인가 하노라

<제3수>

눈으로 기약하더니 네 과연 피었구나
황혼에 달이 오니 그림자도 성기구나
청향*이 잔에 떴으니 취하고 놀려 하노라

<제4수>

바람이 눈을 몰아 산창*에 부딪히니
찬 기운 새어들어 자는 매화를 침노하니*
아무리 얼리려 한들 봄 뜻이야 앗을쏘냐

<제6수>

동각*에 숨은 꽃이 **철쭉**인가 두견화인가
건곤*이 눈이거늘 제 어찌 감히 피리
알괘라 백설양춘*은 매화밖에 뉘 있으리

<제8수>

- 안민영, 〈매화사〉 -

01 시어의 의미 파악하기

윗글의 시어에 대한 설명으로 적절하지 않은 것은?

① '백발옹'은 매화를 감상하는 주체이다.
② '황혼월'은 매화와 비교되는 소재이다.
③ '청향'은 매화의 아름다움을 나타낸다.
④ '바람'은 매화를 괴롭히려는 시련이다.
⑤ '철쭉'은 매화와 대조적으로 제시된 소재이다.

02 화자의 심리 파악하기

[A]에서 화자의 심리 변화로 가장 적절한 것은?

① 불신 – 감탄 – 애정
② 불신 – 연민 – 감탄
③ 안심 – 감탄 – 애정
④ 염려 – 불신 – 감탄
⑤ 염려 – 연민 – 애정

중요 03 작품 간의 공통점, 차이점 비교하기

윗글과 보기 를 비교한 내용으로 가장 적절한 것은?

보기

꽃이 무한하되 매화를 심은 뜻은
눈 속에 꽃이 피어 한 빛인 것이 귀하도다
하물며 그윽한 향기는 아니 귀하고 어이리

― 이신의, 〈사우가〉

① 〈보기〉는 윗글과 달리 매화를 의인화하고 있다.
② 〈보기〉는 윗글과 달리 후각적 심상을 활용하고 있다.
③ 윗글은 〈보기〉와 달리 매화와 자신을 동일시하고 있다.
④ 윗글은 〈보기〉와 달리 매화를 심은 이유를 밝히고 있다.
⑤ 윗글과 〈보기〉는 모두 추위를 이기는 매화의 속성을 예찬하고 있다.

서답형 04 소재의 기능 파악하기

문제풀이

〈제4수〉에서 매화를 즐기는 흥취를 더하는 소재 두 개를 찾아 차례대로 쓰시오.

한방에! 개념정리

한방에! 핵심정리

갈래	단편 소설, 세태 소설
성격	감각적, 사실적, 현실적
주제	청년 세대의 고단한 삶과 극복 의지
특징	① 상징적 소재를 중심으로 서사를 전개함. ② 공간을 묘사하여 인물의 처지를 부각함. ③ 중의적인 제목을 사용하여 주제를 강조함.
해제	이 작품은 2000년대 청년 세대의 현실을 묘사하고 있다. '나'와 언니는 경제적 어려움을 겪으며 진로에 대해 고민하면서도, 스스로의 삶을 책임지기 위해 고군분투한다. 중의적인 제목과 상징적 소재를 활용하여 인물의 의지적 태도를 부각한 것이 인상적이다.

※ 다음 글을 읽고 물음에 답하시오.

[앞부분 줄거리] '나'의 엄마는 만두 가게를 운영하며 생계를 책임져 왔다. 그러나 아버지가 빚보증을 선 탓에 집이 망하고, '나'는 언니가 사는 서울 변두리의 반지하 셋방에서 함께 살게 된다. 집주인은 '나'가 피아노를 가져온 것을 못마땅해하며 집에선 치지 말라고 한다. '나'는 디근 자가 잘 눌리지 않는 컴퓨터로 학원 교재나 시험지를 타이핑하는 아르바이트를 하고, 언니는 편입 준비와 아르바이트를 병행하며 살아간다.

[A] ㉠ 가끔은 손가락이 나뭇가지처럼 기다랗게 자라나는 꿈을 꾸기도 했다. 나는 손가락만 진화한 인간 타자수가 되어 '다음 중 맞는 답을 고르시오.'라는 문장을 끊임없이 치고 있었다. 그리고 산더미만 한 문제지를 들고 인쇄소에 찾아가면, 그걸 전부 나더러 풀라는 것이었다. 나는 건포도를 오물거리며 '가을이 얼마 남지 않았으니까' 하고 안도했다. '8월에는 동대문에 옷을 사러 가야지. 화장은 언니에게 배우고, 아르바이트는 반드시 집 밖에서 하는 걸로 해야겠다.' 도 다음엔 레가 오는 것처럼 여름이 끝난 후 반드시 가을이 올 것 같았지만, 계절은 느릿느릿 지나가고, 우리의 청춘은 너무 환해서 창백해져 있었다.

방 안은 눅눅했다. 자판을 치다 주위를 둘러보면, 습기 때문에 자글자글 운 공기가 미역처럼 나풀대며 날아다니는 것 같았다. 벽지 위론 하나둘 곰팡이 꽃이 피었다. 피아노 뒤에 벽은 상태가 더 심했다. ㉡ 건반 하나라도 누르면 꼭 그 음의 파동만큼 날아올라, 곳곳에 포자*를 흩날릴 것 같은 모양이었다. 나는 피아노가 썩을까 봐 걱정이었다. 몇 번 마른걸레로 닦아 봤지만 소용없었다. 우선 달력 몇 장을 찢어 피아노 뒷면에 덧대 놓는 수밖에 없었다. 그러다 곧 피아노 건반을 확인해보고 싶은 마음이 들었다. 시골에서부터 이고 온 것인데, 이대로 망가지면 억울할 것 같았다. 한날 마음을 먹고 피아노 의자 위에 앉았다. 그런 뒤 두 손으로 건반 뚜껑을 들어 올렸다. 손안에 익숙한 무게감이 전해져 왔다. 내가 알고 있는 무게감이었다. 곧 88개의 깨끗한 건반이 눈에 들어왔다. 악기는 악기답게 고요했다. 나는 건반 위에 손가락을 얹어 보았다. 손목에 힘을 푼 채 뭔가 부드럽게 감아쥐는 모양을 하고, 서늘하고 매끄러운 감촉이 전해졌다. 조금만 힘을 주면 원하는 소리가 날 터였다. 밖에선 공사 음이 들려왔다. 며칠 전부터 주인집을 보수하는 소리였다. 문득 피아노를 치고 싶은 마음이 들었다. 이사 후 처음 있는 일이었다. 그리고 일단 그런 마음이 들자, 주체할 수 없는 감정이 솟구쳤다. 한 음 정도는 괜찮지 않을까. 소리는 금방 사라져 아무도 모를 것이다. 나는 용기 내어 손가락에 힘을 주었다.

"도―"

도는 방 안에 갇힌 나방처럼 긴 선을 그리며 오래오래 날아다녔다. 나는 그 소리가 아름답다고 생각했다. ㉢ 가슴속 어떤 것이 엷게 출렁여 사그라지는 기분이었다. 도는 생각보다 오래 도― 하고 울었다. 나는 한 음이 완전하게 사라지는 느낌을 즐기려 눈을 감았다. 밖에서 문 두드리는 소리가 났다. 쿵쿵쿵쿵. 주먹으로 네 번이었다. 나는 얼른 피아노 뚜껑을 덮었다. 다시 쿵쿵 소리가 들렸다. 현관문을 열어 보니 주인집 식구들이었다. 체육복을 입은 남자와 그의 아내, 두 아이가 나란히 서 있었다. 사내아이는 아빠와, 계집아이는 엄마와 똑 닮아 있었다. 외식이라도 갔다 오는지 그들 모두 입에 이쑤시개를 물고 있었다. 남자가 입을 열었다.

"학생, 혹시 좀 전에 피아노 쳤어?"

나는 천진하게 말했다.

"아닌데요."

주인 남자는 고개를 갸웃거리며 물었다.

"친 거 같은데……?"

나는 다시 아니라고 했다. 주인 남자는 의심스러운 표정을 짓다가, 내가 곰팡이 얘길 꺼내자 "지하는 원래 그렇다."라고 말한 뒤, 서둘러 2층으로 올라갔다. 나는 방으로 돌아와 피아노 옆에 기대어 앉았다. 그런 뒤 무심코 휴대 전화 폴더를 열었다. 휴대 전화는 번호마다 고유한 음이 있어 단순한 연주가 가능했다. 1번은 도, 2번은 레, 높은 음은 별표나 영을 함께 누르면 되는 식이었다. 더듬더듬 버튼을 눌렀다. 미 솔미 레도시도 파, 미 솔미 레도시도 레레레 미…… ㉣ '원래 그렇다'는 말 같은 거, 왠지 나쁘다는 생각이 들었다.

저녁부터 폭우가 내렸다. 언니는 아르바이트 때문에 늦는다고 했다. 벌써 퇴근했어야 하는 시간인데 정산을 잘못한 모양이었다. 언니는 계산서를 처음부터 끝까지 살펴본 뒤, 안 맞을 경우 다시 계산기를 두드리고, 같은 일을 반복하며 밤을 새울 터였다. 나는 만두 라면을 먹으며 연속극을 보고 있었다. 볼륨을 한껏 높였는데도 배우들의 목소리가 잘 들리지 않았다. 리모컨을 잡으니 뭔가 축축한 게 만져졌다. 한참 손바닥을 들여다본 후에야 그것이 빗물이란 걸 깨달았다. 나는 화들짝 자리에서 일어났다. 현관에서부터 물이 새고 있었다. 이물질이 잔뜩 섞인 새까만 빗물이었다. 그것은 벽지를 더럽히며 창틀 아래로 흘러내렸다. ㉤ 벽면은 검은 눈물을 뚝뚝 흘리는 누군가의 얼굴 같았다.

(중략)

빗물은 어느새 무릎까지 차 있었다. 나는 피아노가 물에 잠겨가고 있다는 걸 깨달았다. 저대로 두다간 못 쓰게 될 것이 분명했다. 순간 '쇼바'*를 잔뜩 올린 오토바이 한 대가 부르릉— 가슴을 긁고 가는 기분이 들었다. 오토바이가 일으키는 흙먼지 사이로 수천 개의 만두가 공기 방울처럼 떠올랐다 사라졌다. 언니의 영어 교재도, 컴퓨터와 활자 디근도, 아버지의 전화도, 우리의 여름도 모두 하늘 위로 떠올랐다 톡톡 터져 버렸다. 나는 피아노 뚜껑을 열었다. 깨끗한 건반이 한눈에 들어왔다. 건반 위에 가만 손가락을 얹어 보았다. 엄지는 도, 검지는 레, 중지와 약지는 미 파, 아무 힘도 주지 않았는데 어떤 음 하나가 긴소리로 우는 느낌이 들었다. 나는 나도 모르게 손가락에 힘을 주었다.

"도—"

도는 긴소리를 내며 방 안을 날아다녔다. 나는 레를 짚었다.

"레—"

사내가 자세를 틀어 기역 자로 눕는 모습이 보였다. ⓐ 나는 편안하게 피아노를 연주하기 시작했다. 하나 둘 손끝에서 돋아나는 음표들이 눅눅했다.

"솔 미 도 레 미파솔라라솔……."

물에 잠긴 페달에 뭉텅뭉텅 공기 방울이 새어 나왔다. 음은 천천히 날아올라 어우러졌다 사라졌다.

- 김애란, 〈도도한 생활〉 -

★ 전체 줄거리

만두 가게를 하는 엄마는 '나'에게 피아노를 사준다. 아빠의 빚보증으로 집이 망한 뒤 '나'는 서울권 대학에 합격하여 피아노와 함께 서울 변두리에 있는 언니의 반지하 셋방에 도착하고, 피아노를 못마땅해하는 집주인에게 절대 치지 않겠다고 약속한다. 언니는 식당에서 일하며 새벽에는 학원에 가서 영문과 편입 공부를 하고, '나'는 집에서 컴퓨터로 학원 교재나 시험지를 타이핑하는 일을 밤늦게까지 하며 등록금을 모은다. 집주인은 '나'가 피아노의 한 음만 쳤을 뿐인데도 피아노 소리가 들렸다고 의심하지만, 집에 핀 곰팡이에 대해서는 책임지지 않는다. 그날 저녁 폭우가 내려 집에 물이 샌다. '나'는 잔업 중인 언니에게 전화하지만, 언니는 곧 가겠다는 말만 한다. 할 수 없이 '나'는 혼자서 집에 들어차는 물을 퍼낸다. 아빠는 전화로 돈이 필요하다는 얘기를 하고, 언니의 예전 애인은 술에 취해 집에 찾아온다. '나'는 빗물이 차오르는 집에서 피아노를 친다.

16강

✓ 한방에! 어휘풀이

★ 포자(胞子): 식물이 무성 생식을 하기 위하여 형성하는 생식 세포.

★ 쇼바: 쇼크 업쇼버. 차량의 충격 흡수 장치.

01 작품의 내용 파악하기

윗글의 내용으로 적절하지 <u>않은</u> 것은?

① '나'는 피아노 치는 행위를 합리화하고 피아노를 친다.
② '나'는 주인 남자의 추궁에도 피아노를 친 사실을 숨긴다.
③ '나'는 물에 잠겨가는 방 안에서 자유롭게 피아노를 친다.
④ '나'는 피아노에 곰팡이가 슬 것을 예상하고 피아노를 포기한다.
⑤ '나'는 주인 남자의 의심을 받은 뒤 휴대 전화 음으로 연주를 한다.

02 구절의 의미 파악하기

㉠~㉤에 대한 설명으로 적절하지 <u>않은</u> 것은?

① ㉠: 기계적으로 일하는 자신의 상황에 대한 '나'의 불안이 반영되어 있다.
② ㉡: 피아노 곳곳에 곰팡이가 스며든 것 같다는 '나'의 생각이 드러나 있다.
③ ㉢: 이전의 삶으로 돌아가려 하는 '나'의 열망이 해소되었음을 알 수 있다.
④ ㉣: 책임을 회피하는 주인 남자에 대한 '나'의 부정적인 인식이 나타나 있다.
⑤ ㉤: 폭우로 인해 방 안에 빗물이 가득 차 절망적인 '나'의 상황을 비유하고 있다.

중요 **03** 외적 준거를 참고하여 작품 감상하기

보기 를 참고했을 때, ⓐ에 담긴 의미로 가장 적절한 것은?

> 보기
>
> 〈도도한 생활〉의 엄마는 제대로 교육받지 못한 자신의 결핍을 채우기 위해 딸인 '나'에게 피아노를 사준다. 이 피아노는 단순한 악기가 아니라, '나'에게 있어 '삶의 질이 한 뼘쯤 세련돼진 것 같'은 느낌을 주는 대상이다. 즉, 피아노는 '나'의 불안정한 생활을 견디기 위한 최후의 보루이고, 그렇기에 반지하로 이사하면서도 피아노를 팔거나 버리지 않고 함께 가져온 것이다.

① 혼자 힘으로 돈을 버는 자신에 대한 자부심을 드러내는 것이다.
② 피아노를 치는 것을 허락하지 않은 집주인에게 연주를 들려주려는 것이다.
③ 비싼 피아노가 망가지는 것이 아까워 마지막으로 한번 제대로 쳐 보는 것이다.
④ 반지하 방에 물이 차오르는 극한의 상황에서 자신이 할 수 있는 저항을 하는 것이다.
⑤ 생계를 꾸리기 위해 폭우가 쏟아지는 밤에도 일하는 언니에 대한 연민을 표현하는 것이다.

서답형 **04** 서술상의 특징 파악하기

빈칸에 들어갈 말을 골라 쓰시오.

> [A]의 마지막 구절인 '우리의 청춘은 너무 환해서 창백해져 있었다.'는 (반어법 / 비유법 / 역설법)이
> 사용된 것으로, '나'와 언니가 경제적 어려움으로 인해 청춘을 힘겹게 보냈음을 나타낸다.

문제풀이

복습하기

문법

피동사 피동	• ¹[ ][ ]적 피동 • 현대 국어: 능동사 어간 + 피동 접미사 '-이-, -히-, -²[ ]-, -기-' • 중세 국어: 능동사 어간 + 피동 접미사 '-이-, -히-, -기-'
'-아 / -어지다' 피동	• ³[ ][ ]적 피동 • 현대 국어: 동사의 어간 + '-아/-어지다'(보조적 연결 어미 '-아/-어' + 보조 동사 '지다') • 중세 국어: 동사의 어간 + '-아/-어⁴[ ][ ](보조적 연결 어미 '-아/-어' + 보조 동사 '⁴[ ][ ]')

독서

1문단	공리주의의 등장 배경	4~5문단	⁷[ ]의 ⁸[ ]적 공리주의와 그 문제점
2~3문단	⁵[ ][ ]의 ⁶[ ]적 공리주의와 그 문제점		

문학 – 매화사(안민영)

제1수	매화 그림자와 풍류 – 두셋 ⁹[ ][ ][ ]이 풍류를 즐김.	제4수	매화와 더불어 즐기는 풍류 – 신의 있는 대상으로 생각함.
제2수	매화의 고결함 예찬 – 눈이 오자 피어남.	제6수	매화의 강인한 의지 예찬 – 시련(¹⁰[ ][ ], 찬 기운)에도 굴하지 않음.
제3수	매화의 멋과 절개 예찬 – 눈 속에 피어남.	제8수	매화의 절개 예찬 – ¹¹[ ][ ], 두견화와 달리 눈 속에서도 피어남.

문학 – 도도한 생활(김애란)

'나'는 단순하고 기계적인 아르바이트를 하며 살아감.

↓

방의 습기 때문에 벽지에 ¹²[ ][ ][ ]가 핌.

↓

피아노의 ¹³[ ]음을 냈다가 주인 남자가 찾아옴.

↓

저녁부터 ¹⁴[ ][ ]가 내려 집에 물이 샘.

↓

물에 잠겨가고 있는 ¹⁵[ ][ ][ ]를 침.

정답 1 파생   2 리   3 통사   4 디다   5 벤담   6 양   7 밀   8 질   9 백발옹   10 바람   11 철쭉   12 곰팡이
13 도   14 폭우   15 피아노

17

Contents

| 정답 및 해설 | 116쪽

한방에! 개념정리

한방에! 핵심정리

갈래	강연
화제	개의 혈액형과 수혈
특징	① 다양한 시청각 자료를 활용함. ② 질문의 형식으로 청중의 관심을 유도함. ③ 추가 정보를 얻을 수 있는 방법을 제시함.

문단 중심 내용

1문단	강연의 화제 소개
2문단	개의 혈액형
3문단	개의 혈액형 간의 수혈 관계
4문단	개의 수혈 문제에 대한 관심 부탁

※ 다음은 강연이다. 물음에 답하시오.

안녕하세요? 수의사 ○○○입니다. 여러분들은 개도 사람과 마찬가지로 수혈이 필요하다는 걸 알고 있나요? (동영상을 보여 주며) 지금 보시는 것은 개의 수혈 장면입니다. 처음 보는 분들이 많으실 텐데요. 오늘은 개의 혈액형과 수혈에 대해서 이야기해 보겠습니다.

여러분은 자신의 혈액형을 알고 있지요? 그런데 개도 혈액형이 있다는 것을 알고 있나요? (학생들의 대답을 듣고) 처음 들어 보는 학생들이 많은 것 같네요. (그래프를 제시하며) 보고 계신 설문 조사 결과처럼 90%가 넘는 사람들이 개에게도 혈액형이 있다는 사실을 모르고 있답니다. 개의 혈액형은 DEA라는 용어 뒤에 숫자를 붙여 구분합니다. (도표를 제시하며) 화면에 보이는 것처럼 개의 혈액형은 여러 종류가 있습니다. 그중 수혈에서 가장 중요한 혈액형은 DEA 1로 이 혈액형은 DEA 1-, 1.1, 1.2로 나뉩니다.

(그림을 제시하며) DEA 1 혈액형 간의 수혈 관계는 보시는 것처럼 나타낼 수 있습니다. 개는 기본적으로 같은 혈액형끼리는 수혈할 수 있습니다. 예를 들어 DEA 1.2와 1.2 사이나 DEA 1-와 1- 사이는 수혈이 가능한 것입니다. 그런데 처음 수혈을 받는 경우라면 다른 혈액형에게서도 수혈을 받을 수 있습니다. 단, 첫 수혈의 경우라도 DEA 1- 혈액형을 가진 개는 DEA 1.1이나 1.2의 혈액형을 가진 개에게 혈액을 줄 수는 있지만 반대로 이들로부터 혈액을 받을 수는 없습니다. 한편 DEA 1 혈액형을 가진 개는 모두 첫 수혈과 달리 두 번째 수혈부터는 부작용을 고려하여 혈액형을 반드시 확인해야 합니다.

현재 개의 수혈에 대한 사람들의 인식이 낮은 편이고 혈액 공급 시스템도 잘 갖춰져 있지 않아 원활한 수혈이 어려운 실정입니다. (QR 코드를 제시하며) 지금 보여 드리는 QR 코드에 접속하시면 개의 수혈에 관한 보다 많은 정보를 얻을 수 있습니다. 오늘 강연 어떠셨나요? (학생들의 반응을 확인하고) 유익하셨다니 다행입니다. 개는 우리의 좋은 친구이자 귀한 생명입니다. 학생 여러분들도 개의 수혈 문제에 관심을 가져 주시면 좋겠습니다. 이상으로 강연을 마치겠습니다. 감사합니다.

01 강연의 말하기 방식 이해하기

위 강연에 대한 설명으로 가장 적절한 것은?

① 이전 강연 내용을 요약하며 강연의 순서를 안내하고 있다.
② 강연 내용과 관련된 긍정적 전망을 제시하며 강연을 마무리하고 있다.
③ 주제와 관련된 용어의 유래를 드러내어 역사적 의의를 제시하고 있다.
④ 강연에 사용된 자료의 출처를 구체적으로 밝히며 화제를 제시하고 있다.
⑤ 청중의 대답을 이끌어 내는 질문을 던지며 청중과 상호 작용을 하고 있다.

02 매체 활용 전략 이해하기

다음은 강연자가 강연 전에 작성한 메모이다. 강연 내용에 반영되지 <u>않은</u> 것은?

- 주제에 흥미를 가질 수 있도록 학생들의 관심을 유발해야겠어.
  - 강연의 시작 부분에서 동영상을 활용하여 개의 수혈 장면을 보여 줘야지. ·················· ①
- 개의 혈액형에 대해 잘 모르는 사람이 많다는 것을 강조해야겠어.
  - 그래프를 활용하여 사람들의 인식에 대한 설문 조사 결과를 제시해야겠어. ·················· ②
- 개의 혈액형의 종류가 많으니 이를 쉽게 정리해 줘야겠어.
  - 도표를 제시하여 개의 혈액형을 사람의 혈액형과 비교하며 설명해야겠어. ·················· ③
- 개의 수혈 관계를 명확하게 이해할 수 있도록 해 줘야겠어.
  - 개의 혈액형 종류에 따른 수혈 가능 여부를 보여 주는 그림을 제시해야겠어. ·················· ④
- 더 궁금한 점이 있는 학생들을 위해 도움이 될 수 있는 방안을 준비해야겠어.
  - 주제와 관련된 추가 정보를 제공하기 위해서 QR 코드를 제시해야겠어. ·················· ⑤

중요 03 청중 반응의 적절성 파악하기

위 강연을 들은 학생이 보기 에 대해 보인 반응으로 적절하지 <u>않은</u> 것은?

보기

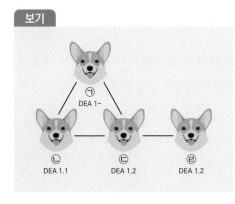

① 첫 수혈이라면 ㉠은 ㉡에게 수혈을 받을 수 있겠군.
② 첫 수혈이라면 ㉡에서 ㉢으로의 수혈은 가능하겠군.
③ ㉢이 이전에 수혈을 받은 적이 있었더라도 ㉣에게 수혈을 받을 수 있겠군.
④ 첫 수혈의 경우 ㉠에서 ㉡으로나, ㉠에서 ㉢으로의 수혈은 가능하겠군.
⑤ ㉠, ㉡, ㉢ 모두 두 번째 수혈을 받을 경우에는 개의 혈액형을 반드시 확인해야겠군.

서답형 04 강연의 내용 파악하기

빈칸에 들어갈 적절한 말을 윗글에서 찾아 3어절로 쓰시오.

개의 수혈이 어려운 것은 개의 수혈에 대한 사람들의 인식이 낮고, (　　　　　　)이/가 잘 갖추어져 있지 않기 때문이다.

문제풀이

17강 무버셜과 PPL

| 정답 및 해설 | 117쪽

※ 다음 글을 읽고 물음에 답하시오.

　㉠ 무버셜(movercial)은 영화와 광고를 결합한 하이브리드 장르로, 드러내놓고 제품을 등장시키는 직접 광고 방식이다. 고관여 제품*의 경우, 정보의 제공에 그치는 광고로는 소비자와 온전하게 소통할 수 없기 때문에 개발된 미디어 형식이다. 이는 잠재적, 암시적인 홍보가 아니라 노골적이고 적극적인 판촉으로서 방송이 도저히 엄두를 못 낼 위력을 웹 캐스팅으로 수행하는 것이다. BMW가 인터넷 캐스팅의 형식으로 제작한 무버셜은 더 이상 제품의 기능이나 품질에 연연하지 않는다. 브랜드 이미지가 무버셜의 주인공이다. BMW는 철저히 브랜드 이미지에 초점을 맞추기 위해 왕가위, 리안, 가이 리치, 존 프랑켄하이머 등 할리우드의 유명 영화 감독에게 연출을 맡겼다.

　㉡ PPL(product of placement)은 직역하면 제품 배치라는 뜻으로, 광고의 메시지를 직접 보이면서 개입하는 대신 영화나 드라마의 장면에 제품을 교묘하게 배치하는 간접 광고 방식이다. PPL은 원래 영화를 제작할 때 각 장면에 사용될 소품을 적절한 장소에 배치하는 것을 일컫던 말이다. 하지만 영화에 등장했던 제품이나 브랜드에 소비자들이 반응을 보이고 매출이 증가하자 기업들이 먼저 영화나 드라마 제작사에 자신의 제품을 사용해 달라고 요청하거나 제품 사용의 대가로 제작비를 지원하게 되었다.

　PPL의 유형은 콘텐츠 내에서 등장하는 브랜드가 얼마나 두드러지게 나오느냐에 따라 온셋(on-set) 배치와 크리에이티브(creative) 배치로 구분할 수 있다. 온셋 배치는 의도적인 연출을 통해 어떠한 단서를 제공하는 소품으로 제품을 등장시키거나, 연기자의 멘트 또는 실제 사용되는 제품으로 노출하는 것이다. 크리에이티브 배치는 의도적으로 제품과 브랜드를 두드러지게 노출하는 것이 아니라, 화면을 구성하는 자연스러운 요소로서 비교적 짧은 시간 동안 노출하는 것이다. 당연히 소비자의 입장에서는 온셋 배치로 등장하는 PPL이 더 눈에 잘 띄며, 기업은 온셋 배치 PPL에 더 많은 비용을 지불해야 한다.

　PPL은 콘텐츠 내에 등장하므로 소비자에게 제품을 노출하는 데 효과적이다. 그래서 매출 증가에 긍정적 영향을 미치기도 한다. 그러나 콘텐츠와 관계없이 PPL이 사용되면 소비자의 부정적 반응을 유발할 수 있다.

01 중심 내용 파악하기

윗글을 읽고 알 수 있는 내용이 <u>아닌</u> 것은?

① 무버셜 장르의 특징은 무엇인가?
② 무버셜의 장점과 한계는 무엇인가?
③ PPL의 유형에는 어떤 것이 있는가?
④ 무버셜과 PPL의 차이점은 무엇인가?
⑤ PPL 광고가 생기게 된 배경은 무엇인가?

02 세부 내용 확인하기

윗글에 대한 설명으로 적절하지 <u>않은</u> 것은?

① ㉠과 ㉡은 모두 제품이나 브랜드 홍보를 목적으로 한다.
② ㉠은 브랜드의 이미지를 전면에 내세우는 경우가 많다.
③ ㉠은 소비자가 신중하게 구매를 결정하는 제품 광고에 주로 사용된다.
④ ㉡은 과도하게 사용될 경우 오히려 부정적인 결과를 낳을 수도 있다.
⑤ ㉡은 브랜드 이미지를 부각하기 위해 영화 감독에게 연출을 맡기기도 한다.

중요 03 구체적 사례에 적용하기

윗글을 바탕으로 보기 를 이해한 학생의 반응으로 적절하지 <u>않은</u> 것은?

> 보기
>
> (가) 드라마에서 직장인들이 잠깐 쉬는 장면에 특정 커피를 마시며 이야기하는 장면, 복사 용지를 채울 때 특정 A4용지 상표가 노출되는 장면
> (나) 영화 속 형사들이 잠복근무하는 장면에서 갑자기 피부 관리에 사용되는 스틱 제품을 사용하고, 품 속에서 김치를 꺼내 제품을 설명하는 장면

① (가)와 (나)는 모두 PPL의 예시라고 할 수 있겠군.
② (가)와 (나)에 등장한 제품의 기업은 매출 상승을 기대하겠군.
③ (가)는 온셋 배치에, (나)는 크리에이티브 배치에 해당하는군.
④ (가)보다 (나)와 같은 광고를 하려는 기업이 광고에 더 많은 비용을 지불하겠군.
⑤ (가)와 달리 (나)는 콘텐츠와 별 상관없이 사용되어 소비자의 부정적 반응을 유발할 수 있겠군.

서답형 04 구체적 사례에 적용하기

다음과 같은 광고의 종류를 쓰시오.

– 리들리 스콧 감독, 〈코카-콜라의 '폴라베어' 광고〉

17 강 우리 동네 구자명 씨 _ 고정희

| 정답 및 해설 | 119쪽

갈래	자유시, 서정시
성격	현실 비판적
주제	여성의 희생을 강요하는 현실 비판
특징	① 대상을 비유적으로 표현함. ② 대상의 행동을 구체적으로 묘사함. ③ 특정한 대상의 삶을 보편적인 여성의 삶으로 확대함.
해제	이 작품은 고단한 여성의 삶을 연민의 시선으로 그려 내고 있다. 맞벌이 부부인 '구자명 씨'라는 특정한 인물을 제시하여 그의 행동을 묘사하고, 시의 마지막 부분에서 이를 보편적인 여성의 삶으로 확대하며 가정에서 여성의 희생을 강요하는 현실을 비판하고 있다.

※ 다음 글을 읽고 물음에 답하시오.

[A]
맞벌이 부부 우리 동네 구자명 씨
일곱 달 된 아기 엄마 구자명 씨는
출근 버스에 오르기가 무섭게
아침 햇살 속에서 졸기 시작한다
경기도 안산에서 서울 여의도까지
경적 소리에도 아랑곳없이
옆으로 앞으로 꾸벅꾸벅 존다
차창 밖으로는 사계절이 흐르고
진달래 피고 밤꽃 흐드러져도 꼭
부처님처럼 졸고 있는 구자명 씨

[B]
그래 저 십 분은
간밤 아기에게 젖 물린 시간이고
또 저 십 분은
간밤 시어머니 약시중 든 시간이고
그래그래 저 십 분은
새벽녘 만취해서 돌아온 남편을 위하여 버린 시간일 거야

[C]
고단한 하루의 시작과 끝에서
잠 속에 흔들리는 팬지꽃 아픔
식탁에 놓인 안개꽃 멍에
그러나 부엌문이 여닫기는 지붕마다
여자가 받쳐 든 한 식구의 안식이
죽음의 잠을 향하여
거부의 화살을 당기고 있다

- 고정희, 〈우리 동네 구자명 씨〉 -

01 표현상의 특징 파악하기

윗글에 대한 설명으로 가장 적절한 것은?

① 자연과의 대조를 통해 현대 문명을 비판하고 있다.
② 어조의 변화를 통해 낙관적인 전망을 나타내고 있다.
③ 의문형의 문장으로 현실 극복 의지를 표현하고 있다.
④ 대화 형식으로 시적 대상의 내적 갈등을 드러내고 있다.
⑤ 구체적인 지명과 인명을 제시하여 현실감을 더하고 있다.

02 장면의 내용 파악하기

[A]~[C]에 대한 설명으로 적절하지 <u>않은</u> 것은?

① [A]에서 화자는 시적 대상을 관찰하고 있다.
② [B]에서 화자는 시적 대상의 과거를 상상하고 있다.
③ [B]에서 시적 대상의 상황은 [A]의 원인이 되고 있다.
④ [C]에서 화자는 시적 대상을 객관적으로 묘사하고 있다.
⑤ [C]에서 [A], [B]의 시적 대상은 보편적인 인물로 확대되고 있다.

중요 ▶ 03 외적 준거를 참고하여 작품 이해하기

보기 를 참고했을 때, 윗글을 이해한 내용으로 적절하지 <u>않은</u> 것은?

> **보기**
>
> 문학 작품은 현실을 반영한다. 따라서 사회·문화적 배경을 고려하여, 작품을 현실과의 관계 속에서 해석하고 감상해야 한다. 〈우리 동네 구자명 씨〉는 1980년대에 쓰인 시로, 가정에서의 희생을 강요받는 맞벌이 여성의 삶을 다루며 가부장적 가치관을 비판하고 있다.

① 구자명 씨가 '아침 햇살 속에서 졸기 시작한다'는 것은, 여성의 고단한 삶을 단적으로 드러내는군.
② '차창 밖으론 사계절이 흐'른다는 것은, 아름다운 풍경과 구자명 씨의 삶을 대조하기 위한 것이군.
③ 구자명 씨가 '간밤 시어머니 약시중'을 들었다는 것은, 가부장적인 사회의 단면을 보여 주는군.
④ '팬지꽃 아픔'이 '잠 속에 흔들'린다는 것은, 가정을 위한 구자명 씨의 희생을 예찬하는 것이군.
⑤ '식구의 안식'을 '여자가 받쳐' 들었다는 것은, 가정의 평화가 여성의 희생으로 지켜지고 있음을 나타내는군.

서답형 ▶ 04 시어의 의미 파악하기

빈칸에 들어갈 말을 윗글에서 찾아 3음절로 쓰시오.

> 윗글에서는 다양한 대상에 구자명 씨의 모습을 비유하고 있다. 주변의 풍경을 구경하지도 못하고 잠들어 있는 모습은 (   )에, 가정을 위해 희생하지만 주목받지 못하는 모습은 팬지꽃과 안개꽃에 비유되었다.

문제풀이

17강

17강

심청전 _ 작자 미상

| 정답 및 해설 | 120쪽

※ 다음 글을 읽고 물음에 답하시오.

이렇게 빌기를 계속하던 중에, 하루는 들으니,

'남경 장사 뱃사람들이 열다섯 살 난 처녀를 사려 한다.'

하기에, 심청이 그 말을 반겨 듣고 귀덕 어미를 사이에 넣어 사람 사려 하는 까닭을 물으니,

"우리는 남경 뱃사람으로 ㉠ 인당수를 지나갈 제 제물로 제사하면 가없는* 너른 바다를 무사히 건너고 수만 금 이익을 내기로, 몸을 팔려 하는 처녀가 있으면 값을 아끼지 않고 주겠습니다."

하기에 심청이 반겨 듣고,

"나는 이 동네 사람인데, 우리 아버지가 앞을 못 보셔서 '공양미 삼백 석을 지성으로 불공하면* 눈을 떠 보리라.' 하기로, ㉡ 집안 형편이 어려워 장만할 길이 전혀 없어 내 몸을 팔려 하니 나를 사 가는 것이 어떠하실런지요?"

뱃사람들이 이 말을 듣고, / "효성이 지극하나 가련하군요."

하며 허락하고, 즉시 쌀 삼백 석을 몽운사로 날라다 주고,

"오는 삼월 보름날에 배가 떠나기로 되어 있습니다." / 하고 가니, 심청이 아버지께 여쭙기를,

"공양미 삼백 석을 이미 실어다 주었으니, 이제는 근심치 마셔요."

심 봉사가 깜짝 놀라, / "너, 그 말이 웬 말이냐?"

심청같이 타고난 효녀가 어찌 아버지를 속이랴마는, 어찌할 수 없는 형편이라 잠깐 거짓말로 속여 대답한다.

"장 승상 댁 노부인이 달포* 전에 저를 수양딸로 삼으려 하셨는데 차마 허락지 않았습니다. 그러나 지금 형편으로는 공양미 삼백 석을 장만할 길이 전혀 없기로 이 사연을 노부인께 말씀드렸더니, 쌀 삼백 석을 내어주시기에 수양딸로 팔리기로 했습니다."

심 봉사가 물색*도 모르면서 이 말만 반겨 듣고,

"그렇다면 고맙구나. ㉢ 그 부인은 한 나라 재상의 부인이라 아마도 다르리라. 복을 많이 받겠구나. 저러하기에 그 아들 삼 형제가 벼슬길에 나아갔나 보구나. 그나저나 양반의 자식으로 몸을 팔았단 말이 듣기에 괴이하다마는 장 승상 댁 수양딸로 팔린 거야 어떻겠느냐. 언제 가느냐?"

"다음 달 보름날에 데려간다 합니다." / "어허, 그 일 매우 잘 되었다."

심청이 그날부터 곰곰 생각하니, 눈 어두운 백발 아비 영 이별하고 죽을 일과 사람이 세상에 나서 열다섯 살에 죽을 일이 정신이 아득하고 일에도 뜻이 없어 식음을 전폐하고 근심으로 지내다가, 다시금 생각하기를, / '엎질러진 물이요, 쏘아 놓은 화살이다.'

날이 점점 가까워 오니 생각하기를,

'이러다간 안 되겠다. 내가 살았을 제 아버지 의복 빨래나 해두리라.'

하고, 춘추 의복 상침* 겹것*, 하절 의복 한삼* 고의* 박아 지어 들여놓고, 동절 의복 솜을 넣어 보에 싸서 농에 넣고, 청목*으로 갓끈 접어 갓에 달아 벽에 걸고, 망건 꾸며 당줄* 달아 걸어 두고, 배 떠날 날을 헤아리니 하룻밤이 남아 있다. 밤은 깊어 삼경인데 은하수 기울어졌다. 촛불을 대하여 두 무릎을 마주 꿇고 머리를 숙이고 한숨을 길게 쉬니, 아무리 효녀라도 마음이 온전하겠는가.

'아버지 버선이나 마지막으로 지으리라.'

하고 바늘에 실을 꿰어 드니, 가슴이 답답하고 두 눈이 침침, 정신이 아득하여 하염없는 울음이 가슴 속에서 솟아나니, 아버지가 깰까 하여 크게 울지는 못하고 흐느끼며 얼굴도 대어보고 손발도 만져본다.

(중략)

어느덧 동방*이 밝아 오니, 심청이 아버지 진지나 마지막 지어드리리라 하고 문을 열고 나서니, 벌써 뱃사람들이 사립문 밖에서,

"오늘이 배 떠나는 날이오니 수이* 가게 해 주시오."

하니, 심청이 이 말을 듣고 얼굴빛이 없어지고 손발에 맥이 풀리며 목이 메고 정신이 어지러워 뱃사람들을 겨우 불러,

"여보시오 선인네들, 나도 오늘이 배 떠나는 날인 줄 이미 알고 있으나, 내 몸 팔린 줄을 우리 아버지가 아직 모르십니다. 만일 아시게 되면 지레 야단이 날 테니, ㉣ 잠깐 기다리면 진지나 마지막으로 지어 잡수시게 하고 말씀 여쭙고 떠나게 하겠어요." / 하니 뱃사람들이,

"그리 하시지요."

하였다. 심청이 들어와 눈물로 밥을 지어 아버지께 올리고, 상머리에 마주 앉아 아무쪼록 진지 많이 잡수시게 하느라고 자반*도 떼어 입에 넣어 드리고 김쌈도 싸서 수저에 놓으며,

"진지를 많이 잡수셔요."

심 봉사는 철도 모르고, / "야, 오늘은 반찬이 유난히 좋구나. 뉘 집 제사 지냈느냐."

그날 밤에 꿈을 꾸었는데, 부자간은 천륜*이라 꿈에 미리 보여주는 바가 있었다.

"아가 아가, 이상한 일도 있더구나. ㉤ 간밤에 꿈을 꾸니, 네가 큰 수레를 타고 한없이 가 보이더구나. 수레라 하는 것이 귀한 사람이 타는 것인데 우리 집에 무슨 좋은 일이 있을란가 보다. 그렇지 않으면 장 승상 댁에서 가마 태워 갈란가 보다."

심청이는 저 죽을 꿈인 줄 짐작하고 둘러대기를,

"그 꿈 참 좋습니다."

하고 진짓상을 물려내고 담배 태워 드린 뒤에 밥상을 앞에 놓고 먹으려 하니 간장*이 썩는 눈물은 눈에서 솟아나고, 아버지 신세 생각하며 저 죽을 일 생각하니 정신이 아득하고 몸이 떨려 밥을 먹지 못하고 물렸다. 그런 뒤에 심청이 사당에 하직하려고 들어갈 제, 다시 세수하고 사당 문을 가만히 열고 하직 인사를 올렸다.

"못난 여손* 심청이는 아비 눈 뜨기를 위하여 인당수 제물로 몸을 팔려 가오매, 조상 제사를 끊게 되오니 사모하는 마음을 이기지 못하겠습니다."

울며 하직하고 사당 문 닫은 뒤에 아버지 앞에 나와 두 손을 부여잡고 기절하니, 심 봉사가 깜짝 놀라,

"아가 아가, 이게 웬일이냐? 정신 차려 말하거라."

심청이 여쭙기를,

"제가 못난 딸자식으로 아버지를 속였어요. 공양미 삼백 석을 누가 저에게 주겠어요. 남경 뱃사람들에게 인당수 제물로 몸을 팔아 오늘이 떠나는 날이니 저를 마지막 보셔요."

- 작자 미상, 〈심청전〉 -

17강

209

01 작품의 내용 파악하기

윗글의 내용으로 가장 적절한 것은?

① 심청은 심 봉사의 꿈을 심 봉사와는 반대로 나쁜 쪽으로 해석하였다.

② 뱃사람들은 배가 떠나는 날에 공양미를 주겠다고 심청과 약속하였다.

③ 뱃사람들은 배가 얼른 떠나야 한다는 이유로 심청의 부탁을 거절하였다.

④ 심 봉사는 심청이 자신을 위해 죽으러 간다는 사실을 짐작하고 슬퍼하였다.

⑤ 심청은 자신을 수양딸로 삼고 싶다는 장 승상 댁 부인의 제안을 받아들였다.

02 구절의 의미 파악하기

㉠~㉤에 대한 설명으로 적절하지 <u>않은</u> 것은?

① ㉠: 뱃사람들이 열다섯 살 처녀를 사려 하는 이유가 드러난다.

② ㉡: 심청이 아버지와의 이별을 준비하는 이유가 드러난다.

③ ㉢: 장 승상 부인에 대한 심 봉사의 고마움이 드러난다.

④ ㉣: 아버지에 대한 심청의 효성이 드러난다.

⑤ ㉤: 심 봉사의 내적 갈등이 드러난다.

중요 03 관점에 따라 작품 감상하기

보기 를 참고할 때, 윗글을 내재적 관점으로 해석한 감상으로 가장 적절한 것은?

> **보기**
>
> 문학 작품을 해석하는 관점은 크게 내재적 관점과 외재적 관점으로 나눌 수 있다. 내재적 관점은 작품 자체만으로 해석하는 관점이고, 외재적 관점은 작품을 작품 외적인 요소와 연관 지어 해석하는 관점이다. 외재적 관점은 다시 문학 작품에 나타난 사회·문화적 배경이 현실을 어떻게 반영하는지에 주목하는 반영론적 관점, 작가의 삶이나 사상에 주목하는 표현론적 관점, 문학 작품이 독자에게 미치는 영향에 주목하는 효용론적 관점으로 나뉜다.

① 아버지에 대한 심청의 효성이 절절히 느껴져서 나도 부모님께 잘해야겠다고 생각했어.

② 아버지의 의복을 정리하는 심청의 모습을 구체적으로 묘사함으로써 심청의 효성을 드러내고 있네.

③ 심청이 자신을 제물로 바쳐 아버지의 눈을 뜨게 하려는 것은 진정한 효성이라고 할 수 없다고 생각해.

④ 심청이 아버지를 위해 목숨까지 바치려는 것을 보면 작가는 독자들에게 효의 중요성을 알리고 싶었나 봐.

⑤ 사람을 제물로 바치는 것이 자연스럽게 여겨졌던 시대를 배경으로 하기 때문에 심청이 그런 선택을 내렸겠지.

서답형 04 구절의 의미 파악하기

다음에서 설명하는 구절을 윗글에서 찾아 첫 어절과 마지막 어절을 쓰시오.

> • 한번 저지른 일을 다시 고치거나 중지할 수 없음을 비유적으로 이르는 말.
> • 돌이킬 수 없는 상황임을 깨닫고 마음을 추스르려는 심청의 심리가 드러남.

문제풀이

복습하기

화법

1문단	강연의 화제 소개 → [1][ ][ ][ ] 활용
2문단	개의 혈액형 → [2][ ][ ][ ], 도표 활용
3문단	개의 혈액형 간의 수혈 관계 → [3][ ][ ] 활용
4문단	개의 수혈 문제에 대한 관심 부탁 → QR 코드 활용

독서

1문단	[4][ ][ ][ ]의 개념과 특징
2문단	PPL의 개념과 특징
3문단	PPL의 유형 - [5][ ][ ] 배치, [6][ ][ ][ ][ ][ ] 배치
4문단	PPL의 장단점

문학 – 우리 동네 구자명 씨(고정희)

1~10행	출근길 [7][ ][ ] 안에서 졸고 있는 구자명 씨
11~16행	가정을 위해 희생하는 구자명 씨 – 아기, 시어머니, [8][ ][ ]
17~23행	여성의 희생으로 유지되는 가정에 대한 비판

문학 – 심청전(작자 미상)

뱃사람들이 [9][ ][ ][ ]에 바칠 제물을 구하려 함.

↓

심청이 심 봉사의 눈을 뜨게 하기 위한 [10][ ][ ][ ] 삼백 석을 받고 제물이 되기로 함.

↓

심청은 심 봉사에게 장 승상 댁 부인이 자신을 [11][ ][ ][ ]로 삼으려 한다고 거짓말함.

↓

배가 떠나는 날에 심 봉사가 심청이 큰 [12][ ][ ]를 타고 가는 꿈을 꿨다고 함.

↓

심청이 심 봉사에게 사실을 밝힘.

정답 1 동영상 2 그래프 3 그림 4 무버셜 5 온셋 6 크리에이티브 7 버스 8 남편 9 인당수 10 공양미 11 수양딸 12 수레

211

18

Contents

| 정답 및 해설 | 123쪽

한방에! 개념정리

한방에! 핵심정리

갈래	주장하는 글
주제	'채식하는 날' 도입 촉구
특징	① 예상 독자의 의견을 분석하여 자신의 주장을 강화함. ② 공공 기관의 사례와 통계자료를 통해 근거를 뒷받침함. ③ 주제에 대한 독자의 부정적 인식을 해소하고 자신의 의견을 주장하는 글임.

＊문단 중심 내용

1문단	'채식하는 날' 도입에 대한 학생들의 부정적 인식
2문단	'채식하는 날' 도입이 필요한 이유 ① – 채소류 섭취 증가
3문단	'채식하는 날' 도입이 필요한 이유 ② – 온실가스 감축
4문단	'채식하는 날' 도입의 필요성 강조

※ (가)는 작문 상황이고 (나)는 (가)를 바탕으로 쓴 학생의 초고이다. 물음에 답하시오.

가 작문 상황

- 작문 목적: '채식하는 날' 도입에 대한 학생들의 부정적 인식을 해소한다.
- 예상 독자: 우리 학교 학생 전체
- 예상 독자 분석 결과: 설문 조사 결과 다수의 학생이 '채식하는 날' 도입에 부정적인 것으로 나타났다. 반대하는 이유로는 ㉠ '채식 급식은 맛이 없다.', ㉡ '채식이 건강에 도움이 안 된다.' 등이 제시되었다. 그리고 '채식하는 날' 도입에 대한 기타 의견으로는 ㉢ '왜 도입하는지 모르겠다.', ㉣ '어떻게 운영되는지 모르겠다.' 등이 제시되었다.
- 내용 구성 방안: 채식이 건강에 주는 이점과 ㉤ 환경에 기여하는 점을 중심으로 글을 작성한다.

나 학생의 초고

　최근 우리 학교에서는 '채식하는 날' 도입 여부에 대한 논의가 활발하게 진행 중이다. '채식하는 날'이 도입되면 매주 월요일에는 모든 학생에게 육류, 계란 등을 제외한 채식 중심의 급식이 제공된다. 그런데 '채식하는 날' 도입 여부에 대한 설문 조사 결과, 약 65%의 학생이 반대하는 것으로 나타났다. 하지만 나는 건강을 위한 선택이 기후 위기를 막는 데도 도움이 된다는 점에서 '채식하는 날'을 도입해야 한다고 생각한다.

　'채식하는 날' 도입이 필요한 이유는 다음과 같다. 먼저, '채식하는 날'이 도입되면 학생들의 채소류 섭취가 늘 것이다. 우리 학교 학생들은 급식 시간에 육류를 중심으로 음식을 골라 먹는 경향이 강하다. 잔반에서 채소류가 차지하는 비율도 높다. 이런 상황에 대해 영양 선생님께서는 학교에서 영양소가 골고루 포함된 급식을 제공하더라도 학생들이 육류 중심으로 영양소를 섭취한다며 걱정하셨다. 그러면서 '채식하는 날'을 도입하면 다양한 방식으로 조리한 맛있는 채소류 음식을 제공할 예정이고, 학생들도 영양소가 골고루 포함된 채소류 음식을 즐기게 되면 몸도 건강해지고 식습관도 개선될 것이라고 말씀하셨다.

　다음으로 '채식하는 날'이 도입되면 육류 소비 과정에서 발생하는 온실가스의 배출을 줄여 지구의 기후 위기를 막으려는 노력에 동참할 수 있다. 채식 중심의 급식 제도를 운영하는 한 공공 기관에서는 이 제도를 통해 온실가스 감축에 큰 기여를 하고 있다고 홍보하기도 했다. 통계에 따르면 현재 전 세계 온실가스 배출원 중에서 축산 분야가 가장 높은 비율을 차지한다고 한다. 다시 말해 육류 소비를 적게 하면 온실가스 배출을 줄이는 데 기여하는 셈이라고 할 수 있다.

　따라서 '채식하는 날'이 도입되면 건강에 도움이 될 뿐만 아니라 기후 위기를 막는 데도 기여하게 될 것이다. 그러므로 나는 우리 학교에서도 '채식하는 날'을 도입하여 학생들이 채소류 음식을 접할 기회를 늘려 영양소를 균형 있게 섭취하도록 이끌어야 한다고 생각한다.

01 작문 상황을 고려한 글쓰기 계획 파악하기

(가)를 고려하여 학생이 구상한 내용 중 (나)에 나타나지 않은 것은?

- ㉠을 고려하여, 학생들에게 좋은 평가를 받은 채식 식단의 사례를 제시한다. ······················· ①
- ㉡을 고려하여, 채소류 섭취를 늘려 영양소를 골고루 섭취하는 것이 건강에 도움이 됨을 밝힌다. ········ ②
- ㉢을 고려하여, 학생의 급식 실태를 밝히며 '채식하는 날' 도입의 필요성을 제시한다. ····················· ③
- ㉣을 고려하여, '채식하는 날'의 운영 주기와 식단에 포함되지 않는 식재료를 설명한다. ··················· ④
- ㉤을 고려하여, 육류 소비를 줄이면 온실가스의 발생량을 줄이는 데 기여한다는 점을 제시한다. ········· ⑤

중요 **02** 초고 수정을 위한 자료 활용 방안 파악하기

다음은 (나)를 보완하기 위해 추가로 수집한 자료이다. 자료의 활용 방안으로 적절하지 않은 것은?

ㄱ. 전문 서적

육류 섭취량이 지나치게 많아지면 단백질과 지방의 섭취량이 적정 수준을 초과하게 되고, 육류에 거의 없는 비타민, 미네랄, 식이 섬유 등은 부족하게 된다. 지방의 과잉 섭취나 특정 영양소의 부족은 건강에 악영향을 끼친다.

- 〈영양학〉 -

ㄴ. 인터뷰 내용

"우리 시에서는 1년 간 590여 개의 공공 급식소에서 '고기 없는 화요일'이라는 제도를 운영했습니다. 이를 통해 30년생 소나무 755만 그루를 심은 것과 같은 온실가스 감축 효과를 얻었습니다. 그리고 이 제도 덕분에 채식을 즐기는 습관을 가지게 되었다는 사람, 과체중 문제를 해결했다는 사람도 있었습니다."

- ○○시 정책 홍보 담당자 -

ㄷ. 통계 자료

축산 분야를 통해 배출되는 온실가스는 전 세계 온실가스 배출량의 약 18%를 차지하며, 이는 산업, 교통, 에너지 분야 등에 비해 가장 높은 수치에 해당한다.

- 유엔식량농업기구 보고서 -

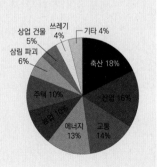

◀ 〈그림〉 전 세계 온실가스 배출 비율 ▶

① 2문단에 ㄱ의 내용을 추가하고 그 출처도 함께 밝혀 글의 신뢰성을 높인다.
② 2문단에 ㄴ을 활용하여 채식이 건강과 식습관에 긍정적인 변화를 준 사례를 제시한다.
③ 3문단에 제시된 공공 기관의 사례를 ㄴ의 수치를 들어 구체화한다.
④ 3문단에 ㄷ의 〈그림〉을 삽입하여 통계 자료의 내용을 시각적으로 보여 준다.
⑤ 3문단에 ㄴ과 ㄷ을 활용하여 제도적 변화보다 개인의 노력이 중요함을 드러낸다.

| 정답 및 해설 | 124쪽

※ 다음 글을 읽고 물음에 답하시오.

　너무 작아서 맨눈으로 보이지 않는 세포도 마치 인체의 기관을 연상시키듯 다양한 종류의 소기관으로 이루어져 있다. 각각의 소기관들은 각자 맡은 역할을 하며 단백질을 생성해 낸다.

　세포와 생명체의 기본적인 구조와 기능을 결정하고 생명 활동의 중심 역할을 하는 세포소기관이 바로 세포핵이다. 세포핵은 세포에서 중심적인 역할을 담당하는 만큼 세포소기관 중 가장 크기가 크고 세포의 중앙에 위치한다. 세포핵 안에는 염색사라고 불리는 실 모양의 물질이 골고루 퍼져 분포하고 있다. 염색사는 평소에 실 형태로 있다가 세포분열을 할 때 서로 꼬이고 응축되는데*, 이것이 바로 염색체이다. 염색체에는 생물의 생명현상을 발현하고 지배하는 이중나선 모양의 유전물질인 DNA가 있다. 염색체의 개수와 모양은 종마다 다른데 사람의 경우 46개의 염색체를 가지고 있다. DNA에는 생명체의 항상성*을 유지하도록 돕는 단백질의 기본 단위인 아미노산에 대한 유전 정보가 담겨 있다.

　단백질은 생명체의 기관, 효소, 호르몬, 항체, 헤모글로빈, 근육, 피부, 혈관 등을 이루는 생명체의 근간이다. DNA의 염기가 어떻게 배열되었느냐에 따라 생성되는 아미노산의 종류가 달라지고, 아미노산으로부터 합성된 단백질의 종류가 조금씩 달라진다. 이렇게 만들어지는 DNA 염기서열 차이는 같은 종 내에서 외형적 차이가 나타나는 이유가 된다. 실제로 사람들의 DNA 염기서열을 각각 비교해 보면 99.9%는 서로 완전히 일치하고, 나머지 0.1% 정도는 차이를 보인다. 99.9%가 일치하기 때문에 같은 종(사람)이 될 수 있고, 0.1%의 차이가 얼굴 모양과 신체 등에서 차이를 보이는 유전적 다양성을 만든다.

　그렇다면 DNA는 어떤 과정을 거쳐 단백질을 생성하는 것일까? DNA는 단백질을 합성하는 직접적인 역할을 하지 않고, 자신의 염기서열을 RNA라고 부르는 기다란 모양의 물질을 통해 전달한다. 이러한 과정을 전사라고 한다. DNA로부터 생성된 RNA는 세포핵 밖으로 빠져나가서 본격적으로 생명현상을 발현하는 역할을 한다. RNA는 세포질에 흩어져 있는 작은 물질인 리보솜과 결합하고, RNA와 결합한 리보솜은 RNA의 염기서열을 해독하여 단백질을 합성한다. 생성된 단백질은 세포질이나 다른 세포소기관의 구성 성분이 되거나 세포의 낡은 부분을 새롭게 교체하고 외상으로 인해 훼손된 부분을 복원한다.

윗글의 내용 전개 방식으로 가장 적절한 것은?

① 특정 세포가 인체에서 맡은 역할을 나열하고 있다.
② 세포를 구성하는 요소를 기준에 따라 비교하고 있다.
③ 인간의 세포와 동물의 세포의 차이점을 나열하고 있다.
④ 세포를 종류별로 나누어 각각의 기능을 설명하고 있다.
⑤ 세포에서의 단백질 생성 과정을 순서대로 설명하고 있다.

02   세부 내용 파악하기

윗글에 대한 설명으로 적절하지 않은 것은?

① RNA는 세포핵 밖에서 리보솜과 결합한다.
② 단백질은 생명체의 항상성을 유지하는 역할을 한다.
③ 리보솜은 RNA의 염기서열을 해독하는 역할을 한다.
④ 단백질은 DNA 염기의 배열에 따라 종류가 달라진다.
⑤ RNA는 세포질이나 다른 세포소기관의 구성 성분이 된다.

중요▶ 03   자료 이해하기

윗글을 참고하여 보기 를 이해한 내용으로 적절하지 않은 것은?

보기

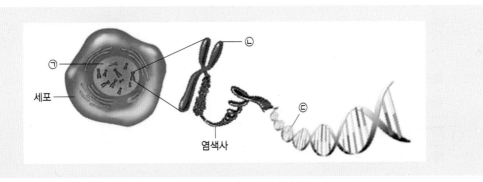

① ㉠은 세포와 생명체의 기본적인 구조와 기능을 결정한다.
② ㉡의 개수와 모양은 종마다 다르며 사람에겐 46개가 있다.
③ ㉡은 생물의 생명현상을 발현하는 유전물질을 가지고 있다.
④ ㉢은 세포의 낡은 부분을 새롭게 교체하기 위해 만들어진다.
⑤ ㉢은 단백질을 직접 합성하는 대신 염기서열을 RNA를 통해 전달한다.

서답형▶ 04   세부 내용 파악하기

빈칸에 들어갈 말을 2어절로 쓰시오.

> 사람들의 DNA 염기서열은 대부분이 동일하지만 아주 미세한 차이가 있는데, 이 차이를 통해
> (   )이/가 만들어진다.

문제풀이

18강 새해에 집에서 온 편지를 받고 _정약용

| 정답 및 해설 | 126쪽

한방에! 개념정리

한방에! 핵심정리

갈래	한시
성격	애상적
주제	유배지에서 느끼는 가족에 대한 그리움
특징	① 시어를 통해 가족간의 사랑이 드러남. ② 화자가 자신의 정서를 절제하여 표현함.
해제	이 작품은 정약용이 강진에서 유배 생활을 하던 시절에 지은 것이다. 유배지에서 가족의 편지를 받은 화자가 느끼는 그리움을 형상화하였다. 화자는 바깥세상에는 관심이 없으나 가족에게는 관심을 기울이고 있으며, 편지를 읽고 가난한 집안 형편을 안타까워하고 있다.

한방에! 어휘풀이

★ 의서(醫書): 의학에 관한 책.

※ 다음 글을 읽고 물음에 답하시오.

해가 가고 봄이 와도 전혀 모르고 있다가
새소리가 날로 변해 웬일인가 하였다네
비가 오면 집 생각이 등나무 덩굴같이 뻗고
겨울을 난 야윈 몰골 대나무 가지 같네
세상 꼴 보기 싫어 방문은 늦게 열고
찾는 손님 없을 줄 알아 이불도 늦게 개네
무료함을 메우는 법 자식들이 알았는지
의서*에 맞춰 빚은 ㉠ 술 한 단지 부쳐왔네
어린 종이 천릿길을 가지고 온 ㉡ 편지 받고
초가집 작은 등불 아래 홀로 앉아 한숨짓네
어린 자식이 농사를 배운다니 아비 반성하게 되고
병든 아내 ㉢ 옷을 꿰매 보냈으니 남편 사랑 알겠네
좋아하는 것이라고 이 멀리 ㉣ 찰밥을 싸 보내고
굶주림 면하려고 철투호를 팔았다네
답장을 쓰려 하니 달리 할 말이 없어
㉤ 뽕나무나 수백 그루 심으라고 부탁하네

歲去春來漫不知
鳥聲日變此堪疑
鄕愁値雨如藤蔓
瘦骨經寒似竹枝
厭與世看開戶晩
知無客到捲衾遲
兒曹也識銷閒法
鈔取醫書付一鴟
千里傳書一小奴
短檠茅店獨長吁
稚兒學圃能懲父
病婦縫衣尙愛夫
憶嗜遠投紅稬飯
救飢新賣鐵投壺
施裁答札無他語
飭種壓桑數百株

- 정약용, 〈새해에 집에서 온 편지를 받고〉 -

01 표현상의 특징 파악하기

윗글에 대한 설명으로 가장 적절한 것은?

① 시각적 심상을 활용하여 계절의 변화를 드러내었다.
② 비유적 표현을 활용하여 화자의 정서를 표현하였다.
③ 동일한 시구를 반복하여 화자의 상황을 강조하였다.
④ 반어적 표현을 활용하여 화자의 모습을 형상화하였다.
⑤ 대조적인 시어를 제시하여 현실의 상황을 비판하였다.

02 소재의 기능 파악하기

㉠~㉤ 중 의미가 이질적인 것은?

① ㉠   ② ㉡   ③ ㉢   ④ ㉣   ⑤ ㉤

중요 03 작품 간의 공통점, 차이점 파악하기

윗글과 보기 를 비교한 내용으로 가장 적절한 것은?

보기

請事安貧語	안빈낙도하리라 마음먹었지만
貧來却未安	정작 가난하고 보니 마음 편치 않네
妻咨文采屈	아내 한숨 소리에 문장도 꺾어지고
兒餒敎規寬	아이도 굶주리니 엄한 교육 못 하겠네
花木渾蕭颯	꽃과 나무 모두 생기 없어 보이고
詩書摠汗漫	시와 책도 요즘은 시들하기만 하네
陶莊籬下麥	부잣집 담 밑에 보리가 쌓였다지만
好付野人看	들 사람들 보기에만 좋을 뿐이라네

- 정약용, 〈탄빈〉

① 윗글은 〈보기〉와 달리 화자가 가족과 같은 공간에 있다.
② 〈보기〉는 윗글과 달리 가난을 극복하려는 행동이 드러나 있다.
③ 윗글과 〈보기〉 모두 화자가 공부에 대한 의욕을 잃은 상태이다.
④ 윗글과 〈보기〉 모두 화자의 가족의 가난한 생활이 드러나 있다.
⑤ 윗글과 〈보기〉 모두 화자가 편지를 통해 가족의 사정을 알게 된다.

서답형 04 화자의 심리, 태도 파악하기

빈칸에 들어갈 말을 골라 차례대로 쓰시오.

화자는 세상에 대해 (긍정적 / 부정적)인 태도를 보이는 한편, 자식의 소식을 듣고 (기뻐하고 / 속상해하고) 있다.

문제풀이

문학 – 극수필

어머니는 왜 숲속의 이슬을 떨었을까 _ 이순원

| 정답 및 해설 | 127쪽

한방에! 개념정리

한방에! 핵심정리

갈래	수필
성격	교훈적, 설득적, 체험적
주제	어머니의 헌신적인 사랑
특징	① 구어체를 사용하여 친근감을 형성함. ② 아버지가 아들에게 자신의 이야기를 들려주는 형식임. ③ 외부 이야기 안에 내부 이야기가 포함된 액자식 구성임.
해제	이 작품은 아버지가 아들에게 자신의 어린 시절 어머니와의 추억을 이야기해 주는 형식의 수필이다. 작가는 아들에게 자신이 어릴 때 학교 다니기를 싫어했음을 고백하고, 어머니와의 일을 계기로 더 이상 결석을 하지 않게 되었음을 밝힌다. 작가에 대한 어머니의 사랑과, 아들에 대한 작가의 사랑이 어우러져 감동을 더한다.

※ 다음 글을 읽고 물음에 답하시오.

아들아.

이제야 너에게 하는 얘기지만, 어릴 때 나는 학교 다니기 참 싫었단다. 그러니까 꼭 너만 했을 때부터 그랬던 것 같구나. 사람들은 아빠가 지금은 소설을 쓰는 사람이니까 저 사람은 어릴 때 참 착실하게 공부를 했겠구나, 생각할지 모르지만 전혀 그렇지 않았단다.

초등학교 때부터 아빠는 가끔씩 학교를 빼먹었단다. 집에서 학교까지 5리쯤 산길을 걸어가야 하는데, 학교를 가다 말고 그냥 산에서 하루를 보내고 집으로 온 날도 있었단다.

그러다 중학교에 다니면서부터는 정말 학교 다니기가 싫었단다. 학교엔 전화가 있어도 집에는 전화가 없던 시절이니까 내가 학교를 빼먹어도 집안 식구들은 아무도 몰랐단다. (중략)

오월 어느 날이었다. 그날도 나는 학교에 가기 싫다고 말했다. 어머니께서 왜 안 가냐고 물어 공부도 재미가 없고, 학교 가는 것도 재미가 없다고 말했다. 어린 아들이 그러니 어머니로서도 한숨이 나왔을 것이다.

"그래도 얼른 교복을 갈아입어라." / "학교 안 간다니까."

그 시절 나는 어머니에게 존댓말을 쓰지 않았다. 어머니를 만만히 보아서가 아니라 우리 동네 아이들 모두 그랬다. 아버지에게는 존댓말을 어머니에게는 다들 반말로 말했다.

"안 가면?" / "그냥 이렇게 자라다가 이다음 농사지을 거라고."

"에미가 신작로*까지 데려다줄 테니까 얼른 교복 갈아입어."

몇 번 옥신각신하다가 나는 마지못해 교복을 갈아입었다. 그러지 않을 수 없는 것이 어머니가 먼저 마당에 나와 내가 나오길 기다리고 섰기 때문이다. 나는 잠시 전 어머니가 싸 준 도시락까지 넣어 책가방을 챙겼다. 가방을 들고 밖으로 나오자 어머니가 지겟작대기를 들고 서 있었다. 나는 어머니가 그걸로 말 안 듣는 나를 때리려고 그러는 줄 알았다. 이제까지 어머니는 한 번도 나를 때린 적이 없었다. 그런 어머니의 모습이 조금은 낯설기도 하고 무섭기도 해 나는 신발을 신고도 마루에서 한참 동안 멈칫거리다가 마당으로 내려섰다.

"얼른 가자." / 어머니가 재촉했다. / "그런데 그 작대기는 왜 들고 있는데?"

"에미가 이걸로 널 때리기라도 할까 봐 겁이 나냐?" / "겁나긴? 때리면 도망가면 되지."

"그래. 너는 에미가 무섭지도 않지? 그래서 에미 앞에 학교 가지 않겠다는 소리도 아무렇지 않게 하고." / "학교가 머니까 그렇지. 가도 재미없고."

"공부, 재미로 하는 사람 없다. 그래도 해야 할 때에 해야 하니 다들 하는 거지."

"지겟작대기는 왜 들고 있는데?"

"너 데려다주는 데 필요해서 그러니 걱정 말고, 가방 이리 줘라."

하루 일곱 시간씩 공부하던 시절이었다. 도시락까지 넣어 가방 무게가 만만치 않았다. 나는 어머니에게 가방을 내밀었다. / 어머니는 한 손엔 내 가방을 들고 또 한 손엔 지겟작대기를 들고 나보다 앞서 마당을 나섰다. 나는 말없이 어머니의 뒤를 따랐다.

그러다 신작로로 가는 산길에 이르러 어머니가 다시 내게 가방을 내주었다.

"자, 여기서부터는 네가 가방을 들어라."

나는 어머니가, 내가 학교에 가기 싫어하니 중간에 학교로 가지 않고 다른 길로 샐까 봐 신작로 까지 데려다주는 것이라고 생각했다. 나는 어머니가 내주는 가방을 도로 받았다.

"너는 뒤따라오너라."

거기에서부터는 이슬받이*였다. 사람 하나 겨우 다닐 좁은 산길 양옆으로 풀잎이 우거져 길 한가 운데로 늘어져 있었다. 아침이면 풀잎마다 이슬방울이 조록조록 매달려 있었다.

어머니는 내게 가방을 넘겨준 다음 두 발과 지겟작대기를 이용해 내가 가야 할 산길의 이슬을 떨 어내기 시작했다. 어머니의 몸뻬* 자락이 이내 아침 이슬에 흥건히 젖었다. 어머니는 발로 이슬을 떨고, 지겟작대기로 이슬을 떨었다.

그런다고 뒤따라가는 내 교복 바지가 안 젖는 것도 아니었다. 신작로까지 15분이면 넘을 산길을 30분도 더 걸려 넘었다. 어머니의 옷도, 그 뒤를 따라간 내 옷도 흠뻑 젖었다. 어머니는 고무신을 신고 나는 검정색 운동화를 신었다. 걸음을 옮길 때마다 물에 빠졌다가 나온 것처럼 땟국이 찔꺽 찔꺽 발목으로 올라왔다. 그렇게 어머니와 아들이 무릎에서 발끝까지 옷을 흠뻑 적신 다음에야 신 작로에 닿았다.

"자, 이제 이걸 신어라." / 거기서 어머니는 품속에 넣어 온 새 양말과 새 신발을 내게 갈아 신겼 다. 학교 가기 싫어하는 아들을 위해 아주 마음먹고 준비해 온 것 같았다.

"앞으로는 매일 떨어 주마. 그러니 이 길로 곧장 학교로 가. 중간에 다른 데로 새지 말고."

그 자리에서 울지는 않았지만 왠지 눈물이 날 것 같았다.

"아니, 내일부터 나오지 마. 나 혼자 갈 테니까."

다음 날도 그 다음 날도 어머니가 매일 이슬을 떨어 준 것은 아니었다. 그러나 어떤 날 가끔 어 머니는 그렇게 내 등굣길의 이슬을 떨어 주었다. 또 새벽처럼 일어나 그 길의 이슬을 떨어 놓고 올 때도 있었다. 물론 어머니도 어머니가 아무리 먼저 그 길의 이슬을 떨어내도 집에서 신작로까지 산길을 가다 보면 내 옷과 신발도 어머니의 것처럼 젖는다는 걸 알고 있었다. 알면서도 어머니는 그 산길의 이슬을 떨어 준 것이다.

그때부터 나는 학교를 결석하지 않았다.

어른이 된 지금도 나는 그렇게 생각한다. 그때 어머니가 ⓐ 이슬을 떨어 주신 ⓑ 길을 걸어 지금 내가 여기까지 왔다고. 돌아보면 꼭 그때가 아니더라도 어머니는 내가 지나온 길 고비고비마다 이 슬떨이를 해 주셨다.

아들은 어른이 된 뒤에야 그때 어머니가 떨어 주시던 이슬떨이의 의미를 깨닫게 되었다. 아마 그 렇게 떨어내 주신 이슬만 모아도 내가 온 길 뒤에 작은 강 하나를 이루지 않을까 싶다.

㉠ 아들아.

나는 그 강을 이제 '이슬강'이라고 이름 지으려 한다. 그러나 그 강은 이 세상에 없다. 오직 내 마 음 안에만 있는 강이란다. 그때 아빠 등굣길의 이슬을 떨어 주시던 할머니의 연세가 올해 일흔넷 이다. 어쩌면 할머니는 그때 그 일을 잊고 계실지도 모른다. 그러나 아빠한테는 그 길이 이제까지 아빠가 걸어온 길 가운데 가장 아름답고도 안타까우며 마음 아픈 길이 되었단다.

- 이순원, 〈어머니는 왜 숲속의 이슬을 떨었을까〉 -

※ 전체 줄거리

'나'는 아들에게 자신의 어린 시절 이야기를 들려준다. '나'는 초등학교 때부터 학교를 결석했고, 중학교에 다니면서부터는 정말 학교에 가기 싫어 딴 길로 새거나 아예 가지 않은 날이 많았다. 그러던 어느 날, '나'는 어머니에게 학교에 가기 싫다는 말 을 한다. 어머니는 '나'에게 신작로 까지 데려다주겠다고 말하며, 자신 의 옷이 젖는 것도 아랑곳하지 않고 지겟작대기로 산길의 이슬을 떨어낸 다. '나'는 이후로 학교에 결석하지 않게 된다. 어른이 된 '나'는 어머니 가 만들어주신 '이슬강' 덕분에 고비 를 넘을 수 있었음을 회고한다.

✔ 한방에! 어휘풀이

★ 신작로(新作路): 새로 만든 길이 라는 뜻으로, 자동차가 다닐 수 있을 정도로 넓게 새로 낸 길을 이르는 말.

★ 이슬받이: 양쪽에 이슬 맺힌 풀이 우거진 좁은 길.

★ 몸뻬: 여자들이 일할 때 입는 바 지의 하나. 일본에서 들어온 옷 으로 통이 넓고 발목을 묶게 되어 있다.

01 표현상의 특징 파악하기

⑦의 기능으로 적절하지 <u>않은</u> 것은?

① 독자의 주의를 환기한다.
② 글이 편지 형식임을 드러낸다.
③ 글쓴이의 주장을 강하게 내세운다.
④ 글의 시점을 과거에서 현재로 바꾼다.
⑤ 독자가 글쓴이에게 친근감을 느끼게 한다.

02 소재의 의미 파악하기

ⓐ, ⓑ가 의미하는 것으로 가장 적절한 것은?

	ⓐ	ⓑ			ⓐ	ⓑ			ⓐ	ⓑ
①	시련	기회		②	시련	사랑		③	시련	인생
④	희망	기회		⑤	희망	인생				

중요 03 작품의 내용 파악하기

보기 는 윗글과 같은 갈래에 대한 설명이다. 밑줄 친 부분에 해당하는 내용으로 가장 적절한 것은?

> **보기**
>
> 수필은 글쓴이의 체험을 자유로운 방식으로 쓴 글을 가리킨다. 글쓴이가 자신의 체험을 중심으로 생각과 느낌을 표현하는 글이므로 글쓴이의 가치관이나 생활 등의 개성이 드러나며, 이때 글쓴이는 작품에서의 '나'가 된다. 생활 주변에서 일어나는 모든 것들이 수필의 소재가 될 수 있다.

① 글쓴이는 어머니와 매일 함께 등굣길을 걸었다.
② 글쓴이는 어머니에게 학교에 가기 싫은 이유를 숨겼다.
③ 어머니는 글쓴이가 원하는 새 양말과 새 신발을 사 주었다.
④ 어머니는 글쓴이와 함께 등굣길을 걸으며 이슬을 떨어냈다.
⑤ 어머니는 글쓴이가 학교에 도착할 때까지 가방을 들어 주었다.

서답형 04 작품의 내용 파악하기

윗글에서 글쓴이가 '자식을 향한 부모의 헌신적인 사랑'을 지칭한 말을 찾아 3음절로 쓰시오.

문제풀이

복습하기

작문

1문단	'채식하는 날' 도입에 대한 학생들의 [ ][ ]¹적 인식
2문단	'채식하는 날' 도입이 필요한 이유 ① – ²[ ][ ][ ] 섭취 증가
3문단	'채식하는 날' 도입이 필요한 이유 ② – ³[ ][ ][ ][ ] 감축
4문단	'채식하는 날' 도입의 필요성 강조

독서

1문단	다양한 ⁴[ ][ ][ ]으로 이루어진 세포
2문단	세포에서 중심적인 역할을 담당하는 ⁵[ ][ ][ ]
3문단	단백질의 역할과 DNA의 ⁶[ ][ ] 서열
4문단	DNA가 ⁷[ ][ ][ ]을 생성하는 과정

문학 – 새벽에 집에서 온 편지를 받고(정약용)

1~6행	유배지에서의 화자의 생활
7~14행	화자에 대한 가족의 사랑 – 술, 편지, 옷, ⁸[ ][ ]
15~16행	가족에 대한 화자의 그리움과 걱정 – ⁹[ ][ ][ ]를 심으라는 부탁

문학 – 어머니는 왜 숲속의 이슬을 떨었을까(이순원)

¹⁰[ ][ ]에게 자신이 어릴 때 ¹¹[ ][ ]에 가기 싫어했음을 고백함.

↓

중학생인 '나'에게 어머니가 ¹²[ ][ ][ ]까지 데려다주겠다고 말함.

↓

어머니는 신작로로 가는 산길의 ¹³[ ][ ]을 떨어 줌.

↓

그때부터 '나'는 학교를 결석하지 않음.

↓

¹⁰[ ][ ]에게 어머니가 떨어 주신 이슬을 모은 강을 ˙¹⁴[ ][ ][ ]'이라고 이름 짓겠다고 말함.

정답

1 부정   2 채소류   3 온실가스   4 소기관   5 세포핵   6 염기   7 단백질   8 찰밥   9 뽕나무   10 아들   11 학교
12 신작로   13 이슬   14 이슬강

223

19

Contents

19강

문법

문장 성분

✱ 문장이 올바르지 않은 경우
① 문장 성분 간의 호응이 이루어지
지 않은 경우
• 주어와 서술어의 호응
• 목적어와 서술어의 호응
• 부사어와 서술어의 호응

② 반드시 필요로 하는 문장 성분이
생략된 경우
• 목적어가 반드시 필요함에도 불구
하고 생략된 경우
• 부사어가 반드시 필요함에도 불구
하고 생략된 경우

※ 다음 글을 읽고 물음에 답하시오.

올바른 문장이란 문장 성분이 잘 갖추어진 문장이다. 문장 성분이란 문장 안에서 일정한 문법적 기능을 하는 각 부분들을 일컫는다. 문장 성분은 문장을 이루는 데 골격이 되는 주성분, 주로 주성분의 내용을 수식하는 부속 성분, 다른 문장 성분과 직접적인 관련이 없는 독립 성분으로 나뉜다.

주성분에는 주어, 서술어, 목적어, 보어가 있다. 주어는 문장에서 동작의 주체, 혹은 상태나 성질의 주체를 나타내는 성분이다. 서술어는 주어의 동작, 상태, 성질 따위를 풀이하는 기능을 하는 성분이다. 목적어는 서술어의 동작 대상이 되는 성분이고, 보어는 '되다, 아니다'와 같은 서술어가 필요로 하는 문장 성분 중에서 주어를 제외한 성분이다. 부속 성분에는 관형어와 부사어가 있다. 관형어는 주로 체언*을 수식하고, 부사어는 주로 용언*을 수식하는 성분이다. 독립 성분에 해당하는 독립어는 문장의 어느 성분과도 직접적인 관련이 없는 성분이다.

[A]

이러한 문장 성분들이 제대로 갖추어지지 않아서 문장이 올바르지 않은 경우는 주로 다음과 같다. 첫째, 문장 성분 간의 호응이 이루어지지 않은 경우이다. 여기에는 주어와 서술어의 호응, 목적어와 서술어의 호응, 부사어와 서술어의 호응이 이루어지지 않은 경우 등이 있다. 가령 "내가 가장 원하는 것은 자전거를 가지고 싶다."는 주어 '내가 가장 원하는 것은'과 서술어 '가지고 싶다'가 어울리지 않아 잘못된 문장이다. "지수는 시간이 나면 음악과 책을 듣는다."는 목적어 '책을'과 서술어 '듣는다'가 어울리지 않아서, "다들 시험 치느라 여간 힘들다."는 부사어 '여간'과 서술어 '힘들다'가 어울리지 않아서 잘못된 문장이다. 둘째, 반드시 필요로 하는 문장 성분이 생략된 경우이다. 여기에는 문장 안에서 목적어나 부사어가 반드시 필요함에도 불구하고 생략된 경우 등이 있다. 예컨대 "나도 읽었다."는 서술어 '읽었다'가 반드시 필요로 하는 목적어가 생략되어서, "아이가 편지를 넣었다."는 서술어 '넣었다'가 반드시 필요로 하는 부사어가 생략되어서 잘못된 문장이다.

✱ 체언(體言): 문장에서 주로 주
어, 목적어, 보어가 되는 자리에
오는 단어들.
✱ 용언(用言): 문장의 주어를 서술
하는 기능을 가진 단어들.

· 문장 성분

주성분	주어	문장에서 동작의 주체, 혹은 상태나 성질의 주체를 나타내는 성분
	서술어	주어의 동작, 상태, 성질 따위를 풀이하는 기능을 하는 성분
	목적어	서술어의 동작 대상이 되는 성분
	보어	'되다, 아니다'와 같은 서술어가 필요로 하는 문장 성분 중에서 주어를 제외한 성분
부속 성분	관형어	주로 체언을 수식
	부사어	주로 용언을 수식
독립 성분	독립어	문장의 어느 성분과도 직접적인 관련이 없는 성분

01 문장 성분 파악하기

윗글을 바탕으로 다음 문장을 분석한 내용으로 적절한 것은?

> 야호! 우리가 드디어 힘든 관문을 통과했어.

	주성분	부속 성분	독립 성분
①	우리가, 통과했어	힘든, 관문을	야호, 드디어
②	우리가, 힘든, 관문을	통과했어	야호, 드디어
③	우리가, 드디어, 통과했어	힘든, 관문을	야호
④	우리가, 관문을, 통과했어	드디어, 힘든	야호
⑤	관문을, 통과했어	우리가, 힘든	야호, 드디어

02 올바른 문장 판단하기

다음은 [A]에 대한 학습 활동지 중 일부이다. 작성한 내용으로 적절하지 않은 것은?

> **학습 활동**: 올바른 문장 표현 익히기
>
> • 잘못된 문장
> ㉠ 그는 친구에게 보냈다.
> ㉡ 이번 일은 결코 성공해야 한다.
> ㉢ 그의 뛰어난 점은 필기를 잘한다.
> ㉣ 할아버지께서 입학 선물을 주셨다.
> ㉤ 사람들은 즐겁게 춤과 노래를 부르고 있다.
>
> • 잘못된 이유
> ㉠: 서술어가 반드시 필요로 하는 목적어가 생략됐어. .... ①
> ㉡: 부사어와 서술어가 어울리지 않아. .... ②
> ㉢: 주어와 서술어가 어울리지 않아. .... ③
> ㉣: 서술어가 반드시 필요로 하는 부사어가 생략됐어.
> ㉤: 목적어와 서술어가 어울리지 않아.
>
> • 고쳐 쓴 문장
> ㉠: 그는 친구에게 답장을 보냈다.
> ㉡: 이번 일은 반드시 성공해야 한다.
> ㉢: 그의 뛰어난 점은 필기를 잘한다는 것이다.
> ㉣: 할아버지께서 어제 입학 선물을 주셨다. .... ④
> ㉤: 사람들은 즐겁게 춤을 추고 노래를 부르고 있다. .... ⑤

 **03** 문장 성분 파악하기

다음 문장에서 독립 성분을 찾아 쓰시오.

> 하지만, 민수야, 시간이 너무 부족하지 않니?

19 강

메타버스의 유형

| 정답 및 해설 | 131쪽

주제	메타버스의 네 가지 유형
해제	이 글은 메타버스의 네 가지 유형을 설명하고 있다. 메타버스는 현실에서는 하지 못하는 것들을 현실처럼 겪을 수 있는 세계로, 증강현실, 가상세계, 라이프로깅, 거울 세계의 네 가지 유형이 있다. 증강현실은 현실 공간에 2D 또는 3D로 표현한 가상 물체를 겹쳐 보이게 만들어 상호 작용하는 기술을 의미한다. 가상세계는 증강현실과 비슷하지만, 증강현실과 달리 배경과 환경이 전부 가상으로 만들어진다. 라이프로깅은 사용자가 일상생활에서 경험하는 모든 순간을 글, 영상, 소리 등으로 기록하고 그 내용을 디지털 환경에 저장하여 공유하는 것이다. 거울 세계는 실제 세상의 모습이나 정보, 구조 등을 복사하여 효율적인 정보를 더한 하나의 거울 같은 복제품 세상을 디지털 환경에 구현한 것이다.

＊문단 중심 내용

1문단	메타버스의 등장 배경과 어원
2문단	메타버스의 유형 ① - 증강현실
3문단	메타버스의 유형 ② - 가상세계
4문단	메타버스의 유형 ③ - 라이프로깅
5문단	메타버스의 유형 ④ - 거울 세계

※ 다음 글을 읽고 물음에 답하시오.

메타버스는 1992년도에 출간한 닐 스티븐슨의 소설 〈스노 크래시〉에서 나오는 가상세계의 이름으로 처음 소개되었다. 그 후 스티븐 스필버그 감독의 영화 〈레디 플레이어 원〉에서, 현실에서 하지 못하는 다양한 것들을 현실처럼 생생하게 겪을 수 있는 매력적인 세계로 묘사되면서 본격적으로 관심을 끌기 시작했다. 메타버스는 '초월'을 뜻하는 그리스어 'meta'와 '세계'를 뜻하는 영어 'universe'가 합쳐진 말로, 현실을 초월한 세계라는 뜻이다. 기술 연구 단체 ASF는 메타버스를 네 가지 유형으로 분류했다.

ⓐ 증강현실은 현실 공간에 2D 또는 3D로 표현한 가상 물체를 겹쳐 보이게 만들어 상호 작용하는 기술을 의미한다. 현실의 길거리 등지에서 튀어나오는 가상 포켓몬을 잡는 게임 '포켓몬 GO'나 2020년 이탈리아에서 출시한 '증강현실 유적지 투어'가 그 예이다. 사용자가 AR 기기를 착용하고 폼페이 등 폐허가 된 유적지를 방문하면, 가상 이미지가 고대의 장엄했던 모습을 현실에 덧씌워준다. 증강현실은 실존하는 물건이나 사람이 있어야만 구현 가능한 기술로, 현실에서도 판타지 요소를 즐기거나 유용한 정보를 가상 형태로 활용하도록 돕는다. 현실을 기반으로 삼기 때문에 가상세계에 거부감을 가진 사람에게도 익숙하게 다가가 금세 몰입하게 만드는 것이 특징이다.

ⓑ 가상세계는 크게 게임 형태와 비게임 형태로 나눌 수 있다. 게임 형태의 가상세계는 현실에서 느끼지 못하는 탐험의 성격이 강하고, 비게임 형태의 가상세계는 커뮤니티성이 강하다. 비게임 형태의 가상세계에서는 특별한 목표나 경쟁 없이 서로 대화하고 경험을 공유하면서 시간을 보낸다. 대표적으로 '세컨드 라이프', 'VR CHAT' 등이 있다. 증강현실과 종종 혼동되기도 하나, 배경과 환경이 전부 가상으로 만들어진다는 점에서 증강현실과는 차이가 있다.

ⓒ 라이프로깅은 삶을 의미하는 'life'와 기록을 의미하는 'logging'의 합성어로, '삶의 기록'을 뜻한다. 사용자가 일상생활에서 경험하는 모든 순간을 글, 영상, 소리 등으로 기록하고 그 내용을 SNS 등 디지털 환경에 저장하여 다른 사용자들과 공유하는 메타버스이다. 단순히 사용자가 저장하는 정보만을 의미하지 않고 GPS, 센서 등을 활용해 위치 정보, 생체 정보 등을 자동으로 기록하는 것도 포함하는 개념이다. 그러나 스마트폰의 대중화 이후 기술이 급격히 발달했기 때문에 단순히 SNS만 사용하는 사람들까지 모두 메타버스 참여자로 규정할 수는 없다는 이유로 라이프로깅을 메타버스로 볼 수 없다는 주장도 있다.

ⓓ 거울 세계란 실제 세상의 모습이나 정보, 구조 등을 복사하여 효율적인 정보를 더한 하나의 거울 같은 복제품 세상을 디지털 환경에 구현한 것이다. 대표적인 거울 세계인 '구글 맵'은 지구를 그대로 복사한 지도지만 각종 숙박업체와 맛집 정보를 가상 이미지로 정리해준다. '배달의 민족'이나 '에어비엔비'도 거울 세계를 활용한 예시이다. 거울 세계는 증강현실처럼 현실의 정보를 기반으로 해서 사용자의 몰입감이 높다. 다만 증강현실은 현실을 토대로 판타지적 요소를 보여주는 것을 중심으로 하지만, 거울 세계는 현실 정보를 더 편리하게 전하는 데 초점을 맞춘다. 그러나 사용자들이 증강현실이나 가상현실을 이용할 때처럼 삶의 일부를 적극적으로 거울 세계 안에서 보내진 않으므로 라이프로깅과 마찬가지로 거울 세계를 메타버스로 볼 수 없다는 주장도 있다.

01 내용 전개 방식 파악하기

윗글의 내용 전개 방식으로 적절하지 <u>않은</u> 것은?

① 메타버스의 유형을 사례를 들어 설명하고 있다.
② 메타버스의 유형 간의 차이점을 설명하고 있다.
③ 메타버스의 어원을 제시하며 뜻을 설명하고 있다.
④ 메타버스라는 용어가 등장한 배경을 설명하고 있다.
⑤ 메타버스에 내재된 문제점과 해결책을 설명하고 있다.

* **내재되다(內在되다)**: 어떤 사물이나 범위의 안에 들어 있다.

02 세부 내용 확인하기

㉠~㉣에 대한 이해로 가장 적절한 것은?

① ㉠은 ㉡과 달리 배경과 환경이 가상으로 이루어져 있다.
② ㉠과 ㉣은 모두 현실 세계를 기반으로 이루어지는 메타버스이다.
③ ㉠은 ㉣과 달리 판타지적 요소보다 현실 정보의 제공에 중심을 둔다.
④ ㉡과 ㉢은 모두 현실에서 존재하지 않는 세계를 다른 사람들과 공유한다.
⑤ ㉣은 ㉢과 달리 기술적 한계로 인해 메타버스로 볼 수 없다는 지적을 받는다.

중요 03 구체적 사례에 활용하기

윗글과 보기 를 읽고 이해한 내용으로 적절하지 <u>않은</u> 것은?

> ### 보기
>
> ⓐ 인스타그램 스토리를 올렸다.
> ⓑ 에어비앤비로 숙소를 예약했다.
> ⓒ VR 카페에서 VR기기를 체험했다.
> ⓓ 포켓몬 GO 게임에서 포켓몬을 잡았다.
> ⓔ 배달의 민족을 이용하여 저녁을 주문했다.
> ⓕ 유튜브에 공부하는 일상을 브이로그로 올렸다.
> ⓖ 브랜드의 AR 서비스를 통해 증강현실에서 제품을 착용했다.
> ⓗ 가상의 공간에서 내 캐릭터를 꾸미고 다른 사람들의 캐릭터와 대화를 나누었다.

① ⓐ~ⓗ는 모두 메타버스 기술로 인해 가능해진 일이다.
② ⓐ와 ⓕ는 사용자가 저장하지 않은 위치 정보 등이 기록될 수도 있다.
③ ⓑ와 ⓔ는 실제 세상의 모습을 복사하여 디지털 환경에 구현한 기술이다.
④ ⓒ와 ⓗ는 가상세계에 거부감을 가진 사람도 익숙하게 받아들일 수 있다.
⑤ ⓓ와 ⓖ는 실존하는 물건이나 사람이 있어야 구현 가능한 기술이다.

서답형 04 구체적 사례에 적용하기

다음의 설명이 메타버스의 네 가지 유형 중 어느 것에 해당하는지 윗글에서 찾아 쓰시오.

> 이케아 코리아는 가구를 사기 전, 공간에 미리 배치해볼 수 있는 애플리케이션인 '이케아 플레이스'를 출시하였다. 애플리케이션을 통해 소파는 물론 조명, 침대, 옷장 등 이케아 제품을 실제 사이즈로 손쉽게 원하는 공간에 배치해 볼 수 있다.

문제풀이

갈래	자유시, 서정시
성격	애상적, 절망적
주제	사랑하는 사람을 잃은 고통
특징	① 반어적인 표현을 통해 주제를 강조함. ② 추상적인 관념을 구체적으로 형상화함. ③ 객관적 상관물을 활용하여 화자의 정서를 드러냄.
해제	이 작품은 사랑하는 사람을 잃은 화자의 상실감을 겨울의 이미지로 설정하여 그리고 있다. 반어적 표현을 통해 화자가 깊은 절망 속에서 지냈음을 보여 주며, 이러한 표현은 겨울이라는 배경과도 어우러져 주제를 강조한다.

※ 다음 글을 읽고 물음에 답하시오.

㉠ 나는 이 겨울을 누워 지냈다.
사랑하는 사람을 잃어버려
염주처럼 윤나게 굴리던
㉡ 독백도 끝이 나고
바람도 불지 않아
이 겨울 누워서 편히 지냈다.

저 들에선 벌거벗은 나무들이
추워 울어도
㉢ 서로서로 기대어 숲이 되어도
나는 무관해서

㉣ 문 한 번 열지 않고
반추동물 처럼 죽음만 꺼내 씹었다.
㉤ 나는 누워서 편히 지냈다.
사랑하는 사람을 잃어버린
이 겨울.

- 문정희, 〈겨울 일기〉 -

한방에! 같이볼작품

남을 사랑하는 사람이 되고 싶었는데
남보다 나를 더 사랑하는 사람이
되고 말았다

가난한 식사 앞에서
기도를 하고
밤이면 고요히
일기를 쓰는 사람이 되고 싶었는데
구겨진 속옷을 내보이듯
매양 허물만 내보이는 사람이 되고 말았다

사랑하는 사람아
너는 내 가슴에 아직도
눈에 익은 별처럼 박혀 있고

나는 박힌 별이 돌처럼 아파서
이렇게 한 생애를 허둥거린다

- 문정희, 〈비망록〉

01 표현상의 특징 파악하기

윗글에 대한 설명으로 적절하지 <u>않은</u> 것은?

① 자연물을 제시하여 화자의 상황과 대조하고 있다.
② 비유적 표현을 활용하여 화자의 미래를 암시하고 있다.
③ 반어적 표현을 활용하여 화자의 심정을 표현하고 있다.
④ 유사한 시행을 반복하여 화자의 처지를 강조하고 있다.
⑤ 객관적 상관물을 통해 화자의 내면세계를 드러내고 있다.

02 시구의 의미 파악하기

㉠~㉤에 대한 설명으로 적절하지 <u>않은</u> 것은?

① ㉠: 화자의 상황과 계절적 배경이 서로 대응됨을 의미한다.
② ㉡: 화자가 사랑에 대해 하던 고민이 끝났음을 의미한다.
③ ㉢: 나무들이 서로 위로하며 더불어 지냄을 의미한다.
④ ㉣: 화자가 외부와의 소통을 차단했음을 의미한다.
⑤ ㉤: 화자가 실연의 고통을 극복했음을 의미한다.

중요 ▶ 03 시어의 의미 파악하기

보기 를 참고했을 때, 반추동물 이라는 시어가 나타내는 내용으로 가장 적절한 것은?

보기

'반추동물'은 소화 과정에서 한번 삼킨 먹이를 다시 게워내어 씹어먹는 특성을 가진 동물을 가리킨다. 기린, 사슴, 소, 양, 낙타 등이 여기에 속한다.

① 화자는 슬픔 때문에 식음을 전폐했다.
② 화자는 사랑하는 사람과의 추억을 곱씹었다.
③ 화자는 이별 이후 끊임없이 죽음을 생각했다.
④ 화자는 동물의 처지가 자신보다 낫다고 생각했다.
⑤ 화자는 사랑하는 사람을 떠올리며 게으르게 지냈다.

서답형 ▶ 04 표현상의 특징 파악하기

명사로 시행을 종결하여 여운을 남긴 부분이 드러난 연을 쓰시오.

19강

호질 _ 박지원

✓ 한방에! 개념정리

✓ 한방에! 핵심정리

갈래	우화 소설, 풍자 소설
성격	비판적, 우의적, 풍자적
주제	양반의 위선적인 삶과 부도덕함에 대한 비판
특징	① 인물의 행동을 우스꽝스럽게 표현하여 풍자함. ② 호랑이를 의인화하여 인간의 부도덕함을 비판함. ③ 조선 후기 양반들에 대한 부정적인 시각이 드러남.
해제	이 작품은 북곽 선생과 동리자의 이중적인 모습과, 의인화된 인물인 범을 통해 양반 계층의 부도덕함과 허위의식을 풍자하였다. 작가는 북곽 선생으로 대표되는 유학자와, 동리자로 대표되는 정절부인의 가식적인 행위를 폭로한다. 또한 범은 작가의 분신과도 같은 존재로, 작가는 범의 입을 빌려 비판의식을 드러낸다.

※ 다음 글을 읽고 물음에 답하시오.

정나라의 어떤 고을에 벼슬하기를 달갑게 여기지 않는 선비가 있었으니, 이름을 북곽 선생이라고 부른다. 나이 마흔에 자신의 손으로 교정한 책이 만 권이고, 아홉 가지 유교 경전을 부연 설명하여 다시 책으로 지은 것이 일만 오천 권이나 된다. 천자는 그 의리를 가상하게* 여기고, 제후는 그 명성을 사모하였다.

같은 읍의 동쪽에는 일찍 과부가 된 미모의 여자가 있는데, 동리자라고 부른다. 천자가 그 절개를 가상하게 여기고, 제후가 그의 현숙함*을 사모하여 그가 사는 읍 둘레 몇 리를 동리자 과부가 사는 마을이라는 뜻의 '동리과부지려'라고 봉하였다. 동리자는 수절*을 잘한다지만 사실 자식 다섯이 각기 성씨가 달랐다.

다섯 아들이 서로 하는 말이,

"냇물 북쪽에서는 닭 우는 소리가 나고, 냇물 남쪽에서는 별이 반짝이는데 우리 집 ㉠ 방에서는 사람 소리가 나니, 어쩌면 북곽 선생의 목소리를 저토록 닮았더냐?"

하고는 형제들이 번갈아 방문 틈으로 방 안을 훔쳐보았다. 어머니 동리자가 북곽 선생에게,

"오랫동안 선생님의 덕을 사모해 왔더니, 오늘 ㉡ 밤에는 선생님의 책 읽는 소리를 듣고 싶사옵니다."

하고 청한다. 북곽 선생은 옷깃을 여미고 똑바로 앉아서 시를 짓기를,

"'원앙새는 병풍에 있고 반딧불은 반짝반짝 빛나네. 용가마*, 세발솥*을 누가 저리 본떠 만들었나.' 이 시는 다른 사물을 빌려 자신의 뜻을 나타내는 흥이라는 수법의 시이지요."라고 하였다.

[A]
다섯 아들이 서로 의논하기를,

"예법에 과부가 사는 대문에는 함부로 들어가지 않는다고 했거늘, 북곽 선생은 어진 선비이니 그런 짓을 하지 않을 거야."

"내 들으니 이 고을 성문이 무너져, 여우가 거기에 산다더라."

"내가 알기로 여우가 천년을 묵으면 능히 요술을 부려 사람 모양으로 둔갑한다던데, 이게 북곽 선생으로 둔갑한 거야."

하더니 서로 꾀를 내서,

"내가 알기로 여우의 갓을 얻으면 일확천금의 부자가 될 수 있고, 여우의 신발을 얻으면 대낮에도 능히 자신의 그림자를 감출 수 있으며, 여우의 꼬리를 얻으면 잘 홀려서 남을 기쁘게 만들 수 있다 하니, 어찌 저놈의 여우를 잡아 죽여서 나누어 갖지 않을 수 있겠는가?"

하고는, 다섯 아들이 함께 포위하고 여우를 잡기 위해 들이쳤다.

북곽 선생이 소스라치게 놀라 달아나는데, 혹 사람들이 자기를 알아볼까 겁을 먹고는 한 다리를 목에 걸어 귀신 춤을 추고 귀신 웃음소리를 내었다. 문을 박차고 달아나다가 그만 들판의 ㉢ 움* 속에 빠졌는데, 그 안에는 똥이 그득 차 있었다. 겨우 버둥거리며 붙잡고 나와 머리를 내밀고 살펴보니 이번엔 범이 앞길을 막고 떡 버티고 서 있다. 범이 얼굴을 찌푸리며 구역질을 하고, 코를 가리고 머리를 돌리면서 한숨을 쉬며,

"선비, 어이구. 지독한 냄새로다."

하였다. 북곽 선생은 머리를 조아리고 엉금엉금 기어서 앞으로 나가 세 번 절하고 꿇어앉아 머리를 들며,

"범 님의 덕이야말로 참으로 지극합니다. 군자들은 범의 빠른 변화를 본받고, 제왕은 범의 걸음 걸이를 배우며, 사람의 자제들은 범의 효성을 본받고, 장수들은 범의 위엄을 취합니다. 범의 이름은 신령한 용과 함께 나란하여, 구름은 용을 따르고 바람은 범을 따릅니다. 인간 세상의 천한 사람이 감히 범 님의 영향 아래에 있습니다." / 하니 범이 호통을 치며,

"가까이 오지도 마라. 내 일찍이 들으매 선비 유 자는 아첨 유 자로 통한다더니 과연 그렇구나. 네가 평소에는 천하의 나쁜 이름이란 이름은 모두 끌어모아다가 함부로 우리 범에게 덮어씌우더니, 이제 사정이 급해지니까 면전에서 낯간지러운 아첨을 하는구나. 그래, 누가 네 말을 곧이듣 겠느냐?

대저* 천하에 이치는 하나뿐이다! 범의 성품이 악하다면 사람의 성품 역시 악할 것이요, 사람의 성품이 선하다면 범의 성품 역시 선할 것이다. 네가 말하는 천만 마디 말이 오륜을 벗어나지 않고, 남을 훈계하고 권면할* 때는 으레 예의염치를 들추어 대지만, 도성의 거리에는 형벌을 받아 코 떨어진 놈, 발뒤꿈치 없는 놈, 이마에 문신을 하고 돌아다니는 놈들이 있으니, 이들은 모두 오륜을 지키지 못한 망나니가 아니더냐.

형벌을 주는 도구인 포승줄과 먹실*, 도끼와 톱을 날마다 쓰기에 바빠 겨를이 없는데도 불구하고 사람들의 죄악을 막지 못하고 있도다. 그러나 우리 범의 세계에는 이런 형벌이란 것이 본디부터 없다. 이로써 본다면 범의 성품이 또한 사람의 성품보다 어질지 않으냐?

우리 범은 풀이나 과일 따위를 입에 대지 않고, 벌레나 생선 같은 것을 먹지 않으며, 누룩* 국물 같은 어긋나고 어지러운 음식을 좋아하지 않고, 새끼 가진 짐승이나 알 품은 짐승이나 하찮은 것들은 차마 건드리지 않는다.

산에 들면 노루나 사슴 따위를 사냥하고 들에 나가면 마소를 잡아먹되, 아직까지 입과 배를 채울 끼닛거리 때문에 남에게 비굴해지거나 음식 따위로 남과 다투어 본 적이 없다. 이러하니 우리 범의 도덕이 어찌 광명정대하지* 않다고 할 수 있는가?"

(중략)

북곽 선생은 자리를 옮겨 엎드리고 엉거주춤 절을 두 번 하고는 머리를 거듭 조아리며,

"옛글에 이르기를, '비록 악한 사람이라도 목욕재계하면 하느님도 섬길 수 있다.'라고 했으니, 인간 세상의 천한 사람에게 범 님의 가르침을 감히 받들겠습니다."

하고는 숨을 죽이고 가만히 들어 보나, 오래도록 범의 분부가 없었다. 두렵기도 하고 황송하기도 하여 손을 맞잡고 머리를 조아리며 우러러 살펴보니, 날이 밝았고 범은 이미 가 버렸다.

ⓔ 아침에 김을 매러 가는 농부가 있어서,

"북곽 선생께서 어찌하여 이른 아침부터 ⓜ 들판에 절을 하고 계십니까?"

하고 물으니 북곽 선생은,

"내가 《시경》에 있는 말을 들었으니, '하늘이 높다 이르지만 감히 등을 굽히지 않을 수 없고 땅이 두텁다 이르지만 살금살금 걷지 않을 수 없네.' 하였다네." / 라며 대꾸했다.

- 박지원, 〈호질〉 -

* 전체 줄거리

이름 높은 선비로 존경을 받는 북곽 선생과, 절개가 높아 존경을 받는 동리자가 밤에 만남을 가진다. 동리자의 아들들은 동리자의 방에 있는 북곽 선생을 여우라고 생각하고 여우를 잡기 위해 들이친다. 북곽 선생은 급하게 도망치다가 똥이 찬 구덩이에 빠지고, 범이 이를 발견한다. 북곽 선생이 범에게 아첨하자 범은 인간의 부도덕성을 지적하며 북곽 선생을 꾸짖는다. 범에게 아첨하며 목숨을 구걸한 북곽 선생은 날이 밝고 범이 사라진 것을 깨닫고는 다시 위선을 부린다.

✔ 한방에! 어휘풀이

★ 가상하다(嘉尙하다): 착하고 기특하다.
★ 현숙하다(賢淑하다): 여자의 마음이 어질고 정숙하다.
★ 수절(守節): 절의를 지킴. 과부가 재혼하지 않음.
★ 용가마: 큰 가마솥.
★ 세발솥: 다리가 세 개 달린 솥.
★ 움: 땅을 파고 위에 거적 따위를 얹어 비바람이나 추위를 막아 겨울에 화초나 채소를 넣어 두는 곳.
★ 대저(大抵): 대체로 보아서.
★ 권면하다(勸勉하다): 알아듣도록 권하고 격려하여 힘쓰게 하다.
★ 먹실: 먹물을 묻히거나 칠한 실. 조선 시대에, 얼굴이나 팔뚝의 살을 따고 홈을 내어 먹물로 죄명을 찍어 넣던 형벌인 자자형이 있었음.
★ 누룩: 술을 빚는 데 쓰는 발효제.
★ 광명정대하다(光明正大하다): 말이나 행실이 떳떳하고 정당하다.

01 말하기 방식 파악하기

범의 말하기 방식으로 가장 적절한 것은?

① 설의적 표현을 사용하여 자신의 행동을 뉘우치고 있다.

② 불가능한 상황을 가정하여 현실의 문제를 비판하고 있다.

③ 옛글을 인용하여 상대에게 행동에 나설 것을 요구하고 있다.

④ 동음이의어를 활용한 언어유희로 상대의 위선을 지적하고 있다.

⑤ 구체적인 근거를 내세우며 앞으로 일어날 일에 대해 경고하고 있다.

02 배경의 기능 파악하기

㉠~㉤에 대한 설명으로 적절하지 <u>않은</u> 것은?

① ㉠: 북곽 선생과 동리자가 부도덕한 행위를 하는 공간이다.

② ㉡: 북곽 선생과 동리자의 위선이 드러나는 시간이다.

③ ㉢: 북곽 선생이 자신의 과거를 반성하는 공간이다.

④ ㉣: 북곽 선생의 이중성을 강조하는 시간이다.

⑤ ㉤: 북곽 선생이 치부를 숨기는 공간이다.

중요 **03** 외적 준거를 참고하여 작품 이해하기

보기 를 참고하여 [A]를 이해한 내용으로 적절하지 <u>않은</u> 것은?

> 보기
>
> 동리자의 다섯 아들은 동리자의 방에서 북곽 선생의 목소리가 흘러나오는 것을 듣고, 목소리의 주인이 북곽 선생이 아닌 여우라고 생각한다. 이는 북곽 선생을 비판하기 위한 요소이다. 다섯 아들이 여우에 대해 하는 말은 북곽 선생의 특징을 드러내고, 앞으로의 전개를 암시한다.

① '여우가 천년을 묵으면 능히 요술을 부려 사람 모양으로 둔갑한다'는 말은 북곽 선생이 알려진 것과는 다르게 진정한 선비가 아님을 의미한다.

② '여우의 갓을 얻으면 일확천금의 부자가 될 수 있다'는 말은 북곽 선생이 벼슬을 하지 않고도 부정한 방법으로 돈을 모았음을 의미한다.

③ '여우의 신발을 얻으면 대낮에도 능히 자신의 그림자를 감출 수 있다'는 말은 북곽 선생이 자신의 허위를 숨기고 있음을 의미한다.

④ '여우의 꼬리를 얻으면 잘 홀려서 남을 기쁘게 만들 수 있다'는 말은 북곽 선생이 권력자에게 아첨하게 될 것을 의미한다.

⑤ '여우를 잡아 죽여서 나누어 갖자'는 말은 북곽 선생이 동리자의 다섯 아들에 의해 곤경에 처하게 될 것을 의미한다.

서답형 **04** 작품의 내용 파악하기

빈칸에 들어갈 적절한 말을 골라 차례대로 쓰시오.

> 북곽 선생은 (범 / 인간)보다 (범 / 인간)이 낫다고 말하며 아첨한다.

문제풀이

복습하기

문법

¹ ☐☐☐	문장을 이루는 데 골격이 됨. → 주어, 서술어, ² ☐☐☐, 보어
³ ☐☐☐☐	¹ ☐☐☐ 의 내용을 수식함. → ⁴ ☐☐☐, 부사어
독립 성분	다른 문장 성분과는 직접적인 관련이 없음. → 독립어
올바르지 않은 문장	• 문장 성분 간의 ⁵ ☐☐ 이 이루어지지 않음. • 반드시 필요로 하는 문장 성분이 생략됨.

독서

1문단	메타버스의 등장 배경과 어원	
2문단	메타버스의 유형 ① - ⁶ ☐☐☐☐	예 포켓몬 GO
3문단	메타버스의 유형 ② - ⁷ ☐☐☐☐	예 세컨드 라이프
4문단	메타버스의 유형 ③ - 라이프로깅	
5문단	메타버스의 유형 ④ - ⁸ ☐☐☐	예 구글 맵

문학 - 겨울 일기(문정희)

1연	사랑하는 사람을 잃은 고통 → 반어법으로 표현
2연	실연의 고통으로 인한 외부와의 단절 → '⁹ ☐☐☐'과 대조
3연	죽음과도 같은 실연의 고통 → '¹⁰ ☐☐☐☐'에 비유

문학 - 호질(박지원)

¹¹ ☐☐☐	¹² ☐☐☐
• 벼슬하기를 달갑게 여기지 않음. • 학식과 명망이 높음.	• 일찍 과부가 되어 수절함. • 자식 다섯이 성이 모두 다름.

↓

밤에 밀회를 가짐. → 비판과 풍자의 대상

정답

1 주성분   2 목적어   3 보조 성분   4 관형어   5 호응   6 증강현실   7 가상현실   8 거울 세계   9 나무들

10 반추동물   11 북곽 선생   12 동리자

20

Contents

20강

관형어와 부사어

※ 다음 글을 읽고 물음에 답하시오.

관형어와 부사어는 다른 말을 수식하는 문장 성분이다. 관형어는 체언을 수식하고 부사어는 주로 용언을 수식한다. 관형어나 부사어가 실현되는 방법은 주로 다음과 같다.

(가) 저 바다로 어서 떠나자.
(나) 찬 공기가 따뜻하게 변했다.
(다) 민지의 동생이 학교에 갔다.

(가)의 '저'와 '어서'처럼 ⓐ 관형사와 부사가 그 자체로 각각 관형어와 부사어로 쓰일 수 있다. 또한 (나)의 '찬'과 '따뜻하게'처럼 ⓑ 용언의 어간에 전성 어미가 결합하거나, (다)의 '민지의'와 '학교에'처럼 ⓒ 체언에 격 조사가 결합하여 쓰일 수도 있다.

관형어와 부사어는 문장에서 필수적인 성분이 아니므로 일반적으로 생략이 가능하다. 다만, ㉠ 의존 명사를 수식하는 관형어나 ㉡ 서술어가 필수적으로 요구하는 부사어는 생략할 수 없다. 또한 관형어와 부사어는 각각 여러 개를 겹쳐서 사용할 수 있다.

중세 국어의 관형어와 부사어도 현대 국어와 전반적으로 유사한 양상을 보였으나 격 조사가 쓰일 때 차이를 보였다. 관형격 조사의 경우, 사람이나 동물과 같은 유정 체언 중 높임의 대상이 아닌 것과 결합할 때는 '이/의'가 쓰였다. 그리고 무정 체언이나 높임의 대상이 되는 유정 체언과 결합할 때는 'ㅅ'이 쓰였다. 부사격 조사의 경우, 결합하는 체언의 끝음절 모음이 양성 모음이면 '애', 음성 모음이면 '에', 'ㅣ'나 반모음 'ㅣ'이면 '예'가 쓰였는데 특정 체언 뒤에서는 '이/의'가 쓰이기도 했다.

· 중세 국어의 관형어와 부사어
① 관형격 조사

이/의	높임의 대상이 아닌 유정 체언
ㅅ	• 무정 체언 • 높임의 대상이 되는 유정 체언

② 부사격 조사

애	결합하는 체언의 끝음절 모음이 양성 모음
에	결합하는 체언의 끝음절 모음이 음성 모음
예	결합하는 체언의 끝음절 모음이 'ㅣ'나 반모음 'ㅣ'
이/의	특정 체언 뒤

중요 ▶ 01 중세 국어의 특징 이해하기

윗글을 바탕으로 보기 의 중세 국어 자료를 이해한 내용으로 적절하지 않은 것은?

보기

• 불휘 **기픈** 남군 **브르매 아니** 뮐씨
 (뿌리가 깊은 나무는 바람에 아니 흔들리므로)

- 〈용비어천가〉

• **員(원)의 지븨** 가샤 避仇(피구)훓 소니 마리
 (원의 집에 가셔서 피구할 손의 말이)

- 〈용비어천가〉

• 뎌 **부텻** 行(행)과 願(원)과 工巧(공교)ᄒ신 方便(방편)은
 (저 부처의 행과 원과 공교하신 방편은)

- 〈석보상절〉

① '기픈'을 보니 현대 국어와 마찬가지로 용언 어간에 전성 어미가 결합한 형태의 관형어가 사용되었음을 알 수 있군.

② '브르매'를 보니 현대 국어와 달리 끝음절 모음이 양성 모음인 체언과 결합할 때는 부사격 조사 '애'가 사용되었음을 알 수 있군.

③ '아니'를 보니 현대 국어와 마찬가지로 부사 자체가 부사어로 사용되었음을 알 수 있군.

④ '員(원)의 지븨'를 보니 현대 국어와 마찬가지로 관형어가 여러 개 겹쳐서 사용되었음을 알 수 있군.

⑤ '부텻'을 보니 현대 국어와 달리 높임의 대상이 되는 유정 체언과 결합할 때는 관형격 조사 'ㅅ'이 사용되었음을 알 수 있군.

02 관형어와 부사어 이해하기

밑줄 친 부분이 ㉠, ㉡에 해당하는 예로 적절한 것은?

① ┌ ㉠: <u>작은</u> 것이 아름답다.
　└ ㉡: 내가 <u>회장으로</u> 그 회의를 주재하였다.

② ┌ ㉠: <u>그</u> 집은 주변 풍경과 잘 어울린다.
　└ ㉡: 이 그림은 가짜인데도 <u>진짜와</u> 똑같다.

③ ┌ ㉠: 친구에게 책을 <u>한</u> 권 선물 받았다.
　└ ㉡: 강아지들이 <u>마당에서</u> 뛰논다.

④ ┌ ㉠: 자라나는 어린이들은 <u>나라의</u> 보배이다.
　└ ㉡: 이삿짐을 <u>바닥에</u> 가지런히 놓았다.

⑤ ┌ ㉠: 그는 <u>노력한</u> 만큼 좋은 결과를 얻었다.
　└ ㉡: 나는 꽃꽂이를 <u>취미로</u> 삼았다.

서답형 ▶ 03 관형어와 부사어 이해하기

다음 문장의 밑줄 친 부분이 ⓐ~ⓒ 중 어느 유형에 해당하는지 차례대로 쓰시오.

<u>마당에</u> <u>핀</u> 꽃이 <u>참</u> 예쁘다.

문제풀이

✔ 한방에! 개념정리

✔ 한방에! 핵심정리

주제	야수파와 입체파의 등장
해제	이 글은 야수파와 입체파의 등장을 설명하고 있다. 야수파는 1905년의 살롱 도톤에서 처음 등장하였다. 야수파 화가들은 강렬한 색채와 대상의 변형에 주목하여 자유롭고 굵으며 거친 터치를 주로 사용하였다. 대표적인 야수파 화가로는 〈모자를 쓴 여인〉을 그린 마티스가 있다. 한편, 입체파 화가들은 사물을 그릴 때 다양한 시점에서 입체적으로 표현하였다. 대표적인 입체파 화가로는 〈아비뇽의 처녀들〉을 그린 피카소와 〈에스타크의 집〉을 그린 조르주 브라크가 있다.

문단 중심 내용

1문단	살롱 도톤이 열린 배경
2문단	야수파라는 명칭의 유래와 야수파의 특징
3문단	대표적 야수파 화가인 마티스
4문단	대표적 입체파 화가인 피카소와 입체파의 특징
5문단	입체파라는 명칭의 유래

✔ 한방에! 어휘풀이

★ 인상파(印象派): 전통적인 회화 기법을 거부하고 색채·색조·질감 자체에 관심을 두는 미술 사조. 사물이나 인물, 풍경을 있는 그대로 그리기보다 보이는 느낌, 즉 주관적인 인상에 따라 그렸다.
★ 입방체(立方體): 여섯 개의 면이 모두 합동인 정사각형으로 이루어진 정다면체.

※ 다음 글을 읽고 물음에 답하시오.

'살롱 도톤(Salon d'Automne)'은 인상파* 시대 이전부터 이어진 권위적인 살롱전에 반대하며 새로운 예술을 선보이고자 1903년부터 새롭게 열리기 시작한 전시였다. 후기 인상파 화가 중 세상을 떠난 고흐와 고갱은 이미 대가로 인정받고 있었고, 홀로 연구를 이어가고 있었던 말년의 세잔은 새로움을 추구하는 후배들에게 무한한 존경을 받았다. 그리고 이러한 변화의 흐름 속에 1905년 가을, 3회째의 살롱 도톤이 열렸다.

그때 파리 미술계가 놀랄 만큼 파격적인 색감의 작품이 미술계에 등장했다. 당대의 유명한 비평가였던 루이 보셀은 이러한 작품을 가리켜 "야수들, 야만인들이 그린 작품 같다!"라고 비난하였는데, 여기에서 야수파라는 명칭이 유래했다. 야수파 화가들은 그림의 내용에 중심을 두기보다는 강렬한 색채와 대상의 변형에 주목했으며, 자유롭고 굵으며 거친 터치 등을 주로 사용하였다. 여기에서 색채란 실제 보이는 사물의 색채가 아니라, 화가의 주관이 담긴 관념이 색채로 표현된 것을 말한다.

살롱의 갤러리에는 후일 야수파로 불리게 될 여러 화가의 작품이 걸렸지만, 그중 비평가들의 도마 위에 가장 많이 오른 작품은 마티스의 것이었다. 대표적 야수파 화가인 마티스는 〈모자를 쓴 여인〉이란 작품에서 모자와 옷을 거친 터치로 표현하고, 일반적으로 피부에 사용하는 색이 아닌 초록색이나 파란색으로 피부를 과감하게 채색하였다. 마티스는 블라맹크, 드랭과 같은 동료 화가를 만나며 예술세계를 꽃피웠는데, 그들은 그 시대에 완전히 새로운 시도를 선보인 후기 인상파 화가들을 존경하는 동시에 선배들이 선보인 예술을 색채의 해방을 통해 확장하고 싶어 했다.

한편, 피카소는 "세잔만이 나의 유일한 스승이다."라는 말을 남길 정도로 세잔을 존경했고 그 영향을 받아 입체파를 탄생시켰다. 입체파는 야수파와 달리 색채 위주로 사물을 표현하기보다는, 형태의 본질을 좀 더 객관적으로 파악하기 위해 사물을 그릴 때 다양한 시점에서 입체적으로 표현하였다. 피카소는 회화가 갖는 평면성이라는 한계를 뛰어넘기 위해 그림에 앞과 옆과 뒤를 동시에 그려 넣었는데, 평면에 여러 시점이 동시에 존재하는 이러한 그림은 동료마저 이해할 수 없을 정도로 충격적이었다.

그러나 당시 야수파로 활동하고 있던 조르주 브라크가 뛰어난 안목으로 피카소의 〈아비뇽의 처녀들〉이 가진 잠재력을 간파하며 피카소에 공감하고, 피카소와 비슷한 방법으로 완성한 신작 〈에스타크의 집〉을 1908년의 살롱 도톤에 출품함으로써 입체파가 등장했음을 세상에 알리게 되었다. 브라크의 〈에스타크의 집〉을 본 마티스는 '작은 입방체*로만 이루어진 그림'이라고 평가했는데, 여기서 입체파라는 명칭이 탄생했다. 이후 피카소의 미술은 국가별로 등장한 다양한 입체파의 예술에 기여하며 후대 미술에 큰 영향력을 끼쳤다.

01 내용 전개 방식 파악하기

윗글에 대한 설명으로 적절하지 않은 것은?

① 야수파와 입체파의 표현 방법의 차이를 설명하고 있다.

② 야수파와 입체파라는 이름이 나오게 된 배경을 설명하고 있다.

③ 20세기 서양 미술계의 사조를 기준에 따라 나누어 설명하고 있다.

④ 특정 화가의 말을 인용하여 그 화가의 예술 경향을 설명하고 있다.

⑤ 야수파와 입체파의 대표적 화가와 작품을 예로 들어 설명하고 있다.

02 세부 내용 파악하기

윗글의 내용과 일치하지 않는 것은?

① 야수파 화가들의 작품은 당대 비평가들의 비판을 받았다.

② 마티스와 피카소는 모두 후기 인상파 화가들을 존경하였다.

③ 피카소는 평면에 여러 시점이 동시에 존재하는 그림을 그렸다.

④ 마티스와 피카소의 예술은 모두 당시 미술계에서 새로움을 추구하는 경향을 보였다.

⑤ 입체파 화가들은 형태의 본질을 객관적으로 표현하기 위해 대상을 보이는 대로 표현하였다.

중요 ▶ 03 구체적 사례에 적용하기

윗글과 보기 를 이해한 내용으로 적절하지 않은 것은?

보기

㉮

㉯

① ㉮는 화자의 관념이 반영된 색으로 대상을 채색하였다.

② ㉮는 후기 인상파의 예술을 확장하려고 시도한 작품이다.

③ ㉯는 한 대상을 다양한 방향에서 바라본 것처럼 그린 작품이다.

④ ㉯는 붓을 자유자재로 움직이며 굵고 거친 터치로 대상을 묘사하였다.

⑤ ㉮와 ㉯는 모두 대상을 눈에 보이는 모습과 다르게 변형하여 나타내었다.

서답형 ▶ 04 세부 내용 파악하기

㉠, ㉡에 들어갈 연도를 찾아 차례대로 쓰시오.

> 야수파는 (㉠)년, 입체파는 (㉡)년에 처음 선보여졌다.

문제풀이

✔ 한방에! 핵심정리

갈래	서민 가사, 서사 가사, 화전 가사
성격	사실적, 서사적, 애상적, 풍류적
주제	덴동 어미의 기구한 운명
특징	① 시간의 흐름에 따라 서사적으로 전개됨. ② 인물 간의 대화를 인용하여 현장감을 부여함. ③ 외부 이야기 속에 내부 이야기가 포함된 액자식 구성임.
해제	이 작품은 경상도 지방의 화전놀이를 읊은 가사이다. 화전놀이를 하던 중, 한 젊은 과부가 신세를 한탄하자 덴동 어미가 자신의 인생에 대해 들려주는 형식의 액자식 구성으로 이루어져 있다. 조선 후기 서민 여성들의 삶이 사실적으로 묘사되며, 여성의 개가에 대한 사회적 인식이 드러난다.

✔ 한방에! 어휘풀이

★ 본고향(本故鄕): 태어나서 자라난 본디의 고향.
★ 의구하다(依舊하다): 옛날 그대로 변함이 없다.
★ 물정(物情): 세상의 이러저러한 실정이나 형편.
★ 당초(當初): 일이 생기기 시작한 처음.
★ 자웅(雌雄): 암컷과 수컷을 아울러 이르는 말.
★ 괴질(怪疾): '콜레라'를 속되게 이르는 말.
★ 열녀각(烈女閣): 열녀의 행적을 기리기 위하여 세운 누각.

※ 다음 글을 읽고 물음에 답하시오.

덴동이를 들쳐 업고 본고향*을 돌아오니
이전 강산 의구하나* 인정 물정* 다 변했네
우리 집은 터만 남아 쑥대밭이 되었구나
아는 이는 하나 없고 모르는 이뿐이로다
그늘진 은행나무 그 모습 그대로 날 기다렸네
난데없는 두견새가 머리 위에 둥둥 떠서
불여귀 불여귀 슬피 우니 서방님 죽은 넋이로다
새야 새야 두견새야 내가 올 줄 어찌 알고
여기 와서 슬피 울어 내 설움을 불러내나
반가워서 울었던가 서러워서 울었던가
서방님의 넋이거든 내 앞으로 날아오고
임의 넋이 아니거든 아주 멀리 날아가라
두견새가 펄쩍 날아 내 어깨에 앉아 우네
임의 넋이 분명하다 애고 탐탐 반가워라
나는 살아 육신이 왔네 넋이라도 반가워라
근 오십 년 이곳에서 내 오기를 기다렸나
어이할꼬 어이할꼬 후회막급 어이할꼬
새야 새야 우지 마라 **새 보기도 부끄**러워
내 팔자를 맘에 새겼다면 새 보기도 부끄럽잖지
첨에 당초*에 친정 와서 서방님과 함께 죽어
저 새와 같이 자웅* 되어 천만년이나 살아 볼걸
내 팔자를 내가 속아 기어이 한번 살아 보려고
첫째 낭군은 그네 타다 죽고 둘째 낭군은 괴질*에 죽고
셋째 낭군은 물에 죽고 넷째 낭군은 불에 죽어
이내 한 번 **잘 못 살고 내 신명이 그만**일세
첫째 낭군 죽을 때에 나도 함께 죽었거나
살더라도 수절하고 다시 가지나 말았다면
산을 보아도 부끄럽잖고 저 새 보아도 무안하지 않지
살아생전에 못된 사람 죽어서 귀신도 악귀로다
나도 수절만 하였다면 열녀각*은 못 세워도
남이라도 칭찬하고 불쌍하게나 생각할걸
남이라도 욕할 거요 친정 일가들 반가워할까

- 작자 미상, 〈덴동 어미 화전가〉 -

01 표현상의 특징 파악하기

윗글에 대한 설명으로 가장 적절한 것은?

① 설화를 활용하여 화자의 처지를 부각하고 있다.
② 반어적 표현을 통해 주제 의식을 강조하고 있다.
③ 동일한 음보를 반복하여 리듬감을 형성하고 있다.
④ 설의법을 사용하여 화자의 내적 갈등을 드러내고 있다.
⑤ 계절의 변화에 따른 화자의 태도 변화를 나타내고 있다.

02 소재의 기능 파악하기

두견새에 대한 설명으로 적절하지 않은 것은?

① 뗀동 어미의 비극적 정서를 강조하는 대상이다.
② 뗀동 어미가 자신을 빗대어 표현하는 대상이다.
③ 뗀동 어미가 사람을 대하듯 말을 거는 대상이다.
④ 뗀동 어미가 자신의 행동을 후회하게 하는 대상이다.
⑤ 뗀동 어미가 첫 남편의 분신이라고 생각하는 대상이다.

중요 03 외적 준거를 참고하여 작품 이해하기

보기를 참고하여 윗글을 이해한 내용으로 적절하지 않은 것은?

> 보기
>
> 〈뗀동 어미 화전가〉는 세 번 재혼했지만, 네 명의 남편이 모두 불행한 사고로 죽은 뗀동 어미의 인생을 다루고 있다. 고향으로 돌아온 뗀동 어미는 변해 버린 고향의 모습을 보며 상심하고, 팔자를 고쳐 보려 애썼던 과거를 반성한다. 이러한 태도 변화에는 뗀동 어미가 그간 겪었던 고생뿐만이 아니라, 재혼에 대한 당시의 사회적 인식도 영향을 미쳤다고 할 수 있다.

① 뗀동 어미의 고향이 '이전 강산 의구하나 인정 물정 다 변했'다는 것은, 뗀동 어미가 재혼으로 인해 전에 알던 사람들과 멀어졌음을 의미하는군.
② 뗀동 어미가 '그늘진 은행나무 그 모습 그대로 날 기다렸'다고 하는 것은, 변함없는 자연을 보고 느끼는 뗀동 어미의 그리움을 의미하는군.
③ 뗀동 어미가 '새 보기도 부끄'럽다고 하는 것은, 수절하지 않고 재혼한 자신에 대한 뗀동 어미의 수치심을 의미하는군.
④ 뗀동 어미가 '잘 못 살고 내 신명이 그만'이라고 하는 것은, 자신의 기구한 운명에 대한 뗀동 어미의 한탄을 의미하는군.
⑤ 뗀동 어미가 '남이라도 욕할 거요 친정 일가들 반가워'하겠냐고 하는 것은, 재혼에 대한 부정적인 인식을 의미하는군.

서답형 04 표현상의 특징 파악하기

윗글에서 'a-a-b-a' 형식이 쓰인 행을 찾아, 'a'에 해당하는 말을 1어절로 쓰시오.

※ 다음 글을 읽고 물음에 답하시오.

[앞부분 줄거리] 피란민들이 마을에서 떠난 후, 혼자 남겨진 명선은 '나'의 부모님에게 금반지를 주고 '나'의 집에 살게 된다. '나'의 부모님이 놀기만 하는 명선을 내쫓으려 하자 명선은 다시 금반지를 준다. 그러다가 명선이 여자아이임이 밝혀지고, 명선이 부잣집 딸이라는 것을 알게 된 '나'의 부모님은 남은 금반지도 차지하려는 속셈으로 금반지를 숨겨 둔 곳을 알아내기 위해 명선을 상냥하게 대한다.

심심할 때마다 명선이는 나를 끌고 끊어진 만경강 다리로 놀러 가곤 했다. 계집애답지 않게 배짱도 여간이 아니어서 그 애는 아무도 흉내 낼 수 없는 위험천만한 곡예를 부서진 다리 위에서 예사로 벌여 우리의 입을 딱 벌어지게 만드는 것이었다.

"누가 제일 멀리 가는지 시합하는 거다."

폭격으로 망가진 그대로 기나긴 다리는 방치되어 있었다. 난간이 떨어져 달아나고 바닥에 커다란 구멍들이 뻥뻥 뚫린 채 쌀뜨물보다도 흐린 싯누런 물결이 일렁이는 강심* 쪽을 향해 곧장 뻗어 나가다 갑자기 앙상한 철근을 엿가락 모양으로 어지럽게 늘어뜨리면서 다리는 끊겨져 있었다. 얽히고설킨 철근의 거미줄이 간댕간댕 허공을 가로지르고 있는 마지막 그곳까지 기어가는 시합이었다. 그리고 시합에서 승리자는 언제나 명선이었다. 웬만한 배짱이라면 구멍이 숭숭 뚫린 시멘트 바닥을 기는 것은 누구나 할 수 있는 일이었다. 하지만 시멘트가 끝나면서 강바닥이 까마득한 간격을 두고 저 아래에서 빙글빙글 맴을 도는 철골 근처에 다다르면 누구나 오금*이 굳고 팔이 떨려 한 발자국도 더는 나갈 수가 없었다. 오로지 명선이 혼자만이 얼키설키 허공을 건너지른 엿가락 같은 철근에 위태롭게 매달려 세차게 불어 대는 강바람에 누나한테 얻어 입은 치맛자락을 펄렁거리며 끝까지 다 건너가서 지옥의 저쪽 가장자리에 날름 올라앉아 귀신인 양 이쪽을 보고 낄낄거리는 것이었다. 그렇게 낄낄거리며 우리들 머스매의 용기없음을 놀릴 때 그 애의 몸뚱이는 마치 널을 뛰듯이 위아래로 훌쩍훌쩍 까불리면서* 구부러진 철근의 탄력에 한바탕씩 놀아나고 있었다.

어느 날 나는 명선이하고 단둘이서만 다리에 간 일이 있었다. 그때도 그 애는 나한테 시합을 걸어왔다. 나는 남자로서의 위신*을 걸고 명선이의 비아냥거림 앞에서 최선의 노력을 다해 봤으나 결국 강바닥에 깔린 뽕나무밭이 갑자기 거대한 팽이가 되어 어찔어찔 맴도는 걸 보고 뒤로 물러서지 않을 수 없었다. 이제 명선이한테서 겁쟁이라고 꼼짝없이 수모*를 당할 차례였다.

"야아, 저게 무슨 꽃이지?"

그런데 그 애는 놀림 대신 갑자기 뚱딴지같은 소리를 질렀다. 말 타듯이 철근 뭉치에 올라앉아서 그 애가 손바닥으로 가리키는 곳을 내려다보았다. 거대한 교각* 바로 위, 무너져 내리다 만 콘크리트 더미에 이전에 보이지 않던 꽃송이 하나가 피어 있었다. 바람을 타고 온 꽃씨 한 알이 교각 위에 두껍게 쌓인 먼지 속에 어느새 뿌리를 내린 모양이었다.

"꽃 이름이 뭔지 아니?"

난생처음 보는 듯한, 해바라기를 축소해 놓은 모양의 동전만 한 들꽃이었다.

"쥐바라숭꽃……."

나는 간신히 대답했다. 시골에서 볼 수 있는 거라면 명선이는 내가 뭐든지 다 알고 있다고 믿는 눈치였다. 쥐바라숭이란 이 세상엔 없는 꽃 이름이었다. 엉겁결에 어떻게 그런 이름을 지어낼 수 있었는지 나 자신도 어리벙벙할 지경이었다.

"쥐바라숭꽃…… 이름처럼 정말 이쁜 꽃이구나. 참 앙증맞게두 생겼다."

또 한바탕 위험한 곡예 끝에 기어코 그 쥐바라숭꽃을 꺾어 올려 손에 들고는 냄새를 맡아보다가 손바닥 사이에 넣어 대궁*을 비벼서 양산처럼 팽글팽글 돌리다가 끝내는 머리에 꽂는 것이었다. 다시 이쪽으로 건너오려는데, 이때 바람이 휙 불어 명선의 치맛자락이 훌렁 들리면서 머리에서 꽃이 떨어졌다. 나는 해바라기 모양의 그 작고 노란 쥐바라숭꽃 한 송이가 바람에 날려 싯누런 흙탕물이 도도히 흐르는 강심을 향해 바람개비처럼 맴돌며 떨어져 내리는 모양을 아찔한 현기증을 느끼며 지켜보고 있었다.

(중략)

내가 벌써 귀띔을 해 주어서 어른들은 명선이가 숙부로부터 버림받은 게 아니라 스스로 도망쳤다는 사실을 이미 알고 있었다. 전쟁이 끝나기 전에 어떻게든 명선이의 입을 열게 하려고 아버지는 수단 방법을 안 가릴 기세였다.

그날도 나는 명선이와 함께 부서진 다리에 가서 놀고 있었다. 예의 그 위험천만한 곡예 장난을 명선이는 한창 즐기는 중이었다. 콘크리트 부위를 벗어나 그 애가 앙상한 철근을 타고 거미처럼 지옥의 가장귀*를 향해 조마조마하게 건너갈 때였다. 이때 우리들 머리 위의 하늘을 두 쪽으로 가르는 굉장한 폭음이 귀빰을 갈기는 기세로 갑자기 울렸다. 푸른 하늘 바탕을 질러 하얗게 호주기* 편대*가 떠가고 있었다. 비행기의 폭음에 가려 나는 철근 사이에서 울리는 비명을 거의 듣지 못하였다. 다른 것은 도무지 무서워할 줄 모르면서도 유독 비행기만은 병적으로 겁을 내는 서울 아이한테 얼핏 생각이 미쳐 눈길을 하늘에서 허리가 동강이 난 다리로 끌어냈을 때 내가 본 것은 강심을 겨냥하고 빠른 속도로 멀어져가는 한 송이 쥐바라숭꽃이었다.

명선이가 들꽃이 되어 사라진 후 어느 날 한적한 오후에 나는 그때까지 한 번도 성공한 적이 없는 모험을 혼자서 시도해 보았다. 겁쟁이라고 비웃는 사람이 아무도 없으니까 의외로 용기가 나고 마음이 차갑게 가라앉은 것이었다. 나는 눈에 띄는 그 즉시 거대한 팽이로 둔갑해 버리는 까마득한 강바닥을 보지 않으려고 생땀을 흘렸다. 엿가락으로 흘러내리다가 가로지르는 선에 얹혀 다시 오르막을 타는 녹슨 철근의 우툴두툴한 표면만을 무섭게 응시하면서 한뼘 한뼘 신중히 건너갔다. 철근의 끝에 가까이 갈수록 강바람을 맞는 몸뚱이가 사정없이 까불렸다. 그러나 나는 천신만고 끝에 마침내 그 일을 해내고 말았다. 이젠 어느 누구도, 제아무리 쥐바라숭꽃일지라도 나를 비웃을 수는 없게 되었다.

지옥의 가장귀를 타고 앉아 잠시 숨을 고른 다음 바로 되돌아 나오려는데 이때 이상한 물건이 얼핏 시야에 들어왔다. 낚싯바늘 모양으로 꼬부라진 철근의 끝자락에다 천으로 칭칭 동여맨 자그만 헝겊 주머니였다. 명선이가 들꽃을 꺾던 때보다 더 위태로운 동작으로 나는 주머니를 어렵게 손에 넣었다. 가슴을 잡죄는 긴장 때문에 주머니를 열어 보는 내 손이 무섭게 경풍*을 일으키고 있었다. ⓐ 그리고 그 주머니 속에서 말갛게 빛을 발하는 동그라미 몇 개를 보는 순간, 나는 손에 든 물건을 송두리째 강물에 떨어뜨리고 말았다.

— 윤흥길, 〈기억 속의 들꽃〉 —

전체 줄거리

피란길에 혼자 남겨진 명선은 '나'의 집으로 따라 들어오고, 자신을 내쫓으려는 '나'의 어머니에게 금반지를 준다. '나'의 부모님이 놀고먹기만 하는 명선을 내쫓으려 하자, 명선은 다시 금반지를 내민다. 그러나 '나'의 부모님은 금반지를 길에서 주웠다는 명선의 말을 더 이상 믿지 않고 계속 추궁한다. 집을 나간 명선은 이튿날 알몸으로 나무 위에서 발견되는데, 이때 명선이 여자아이임이 밝혀진다. '나'의 부모님은 명선이 부잣집의 외동딸임을 알게 되어 남은 금반지의 행방을 알아내려 한다. 어느 날, '나'와 명선이 끊어진 만경강 다리 위에서 놀던 중 머리 위로 비행기 편대가 지나가고, 명선은 비행기 폭음에 놀라 다리에서 떨어져 죽는다. 명선이 죽은 후, '나'는 끊어진 다리 끝까지 갔다가 주머니를 발견하고, 주머니 안에 금반지가 들어 있는 것을 보는 순간 주머니를 강물에 떨어뜨리고 만다.

한방에! 어휘풀이

* 강심(江心): 강의 한복판. 또는 그 물속.
* 오금: 무릎의 구부러지는 오목한 안쪽 부분.
* 까불리다: 키질을 당하듯이 위아래로 흔들리다.
* 위신(威信): 위엄과 신망(믿음과 기대)을 아울러 이르는 말.
* 수모(受侮): 모욕을 받음.
* 교각(橋脚): 다리를 받치는 기둥.
* 대궁: '대'의 방언. 식물의 줄기.
* 가장귀: 나뭇가지의 갈라진 부분. 또는 그렇게 생긴 나뭇가지.
* 호주기(濠洲機): 6·25전쟁 때 참전한 오스트레일리아의 제트 전투기.
* 편대(編隊): 비행기 부대 구성 단위의 하나. 2~4대의 비행기로 이루어진다.
* 경풍(驚風): 어린아이에게 나타나는 증상의 하나. 경련하는 병증.

윗글의 서술상 특징으로 적절하지 <u>않은</u> 것은?

① 특정 소재를 통해 앞으로의 전개를 암시하고 있다.

② 과거형 어미를 활용하여 회상하는 말투를 취하고 있다.

③ 작품 안의 서술자가 다른 인물의 심리를 묘사하고 있다.

④ 어린아이의 시선을 통해 전쟁의 비극성을 강조하고 있다.

⑤ 시대적·공간적 배경을 알 수 있는 단어를 사용하고 있다.

02 작품의 내용 파악하기

윗글의 내용으로 가장 적절한 것은?

① '나'는 한 번도 다리 끝까지 가 보지 못했다.

② '나'는 명선의 것이었던 금반지를 집으로 가져왔다.

③ 명선은 '나'에게 금반지를 숨겨 둔 곳을 알려 주었다.

④ 명선은 쥐바라숭꽃이 실제로 존재하는 꽃이라고 생각했다.

⑤ 명선은 어른들에게 자신이 숙부에게서 도망쳤음을 밝혔다.

중요 03 소재의 의미 파악하기

㉠~㉢에 들어갈 말로 가장 적절한 것은?

들꽃	명선
쉽게 꺾이는 연약한 존재임.	연약한 어린아이임.
교각의 (㉠)에 뿌리를 내림.	전쟁통에도 살아남음.
꽃씨가 바람을 타고 날아옴.	(㉡) 중 마을로 흘러들어옴.
바람에 날려 강으로 떨어짐.	(㉢) 소리에 놀라 강으로 떨어짐.

	㉠	㉡	㉢		㉠	㉡	㉢		㉠	㉡	㉢
①	먼지	피란	폭격	②	먼지	곡예	폭격	③	먼지	피란	비행기
④	주머니	곡예	비행기	⑤	주머니	피란	비행기				

서답형 04 구절의 의미 파악하기

다음은 ⓐ의 의미를 설명한 것이다. 빈칸에 들어갈 말로 적절한 것을 골라 차례대로 쓰시오.

> ⓐ는 명선이를 죽음으로 몰고 간 전쟁과, 전쟁으로 인해 (인간성 / 형평성)을 상실한 어른들의 (고집 / 탐욕)을 비판한다.

문제풀이

복습하기

문법

관형어와 부사어	• 관형어: [1] [ ][ ]을 수식하는 문장 성분 • 부사어: [2] [ ][ ]을 수식하는 문장 성분
실현 방법	• 관형사 / 부사 그 자체 • 용언의 어미 + 전성 어미 • 체언 + [3] [ ][ ][ ]
중세 국어	• 관형격 조사: 이 / [4] [ ], ㅅ • 부사격 조사: 애, 에, 예, 이 / [4] [ ]

독서

1문단	살롱 도톤이 열린 배경
2문단	야수파라는 명칭의 유래와 야수파의 특징
3문단	대표적 야수파 화가인 [5] [ ][ ][ ]
4문단	대표적 입체파 화가인 [6] [ ][ ][ ]와 입체파의 특징
5문단	입체파라는 명칭의 유래

문학 – 덴동 어미 화전가(작자 미상)

1~14행	고향에 돌아와 만난 [7] [ ][ ][ ] – 첫 번째 남편의 넋이라고 생각함.
15~32행	덴동 어미의 한탄 – 네 명의 [8] [ ][ ]이 모두 죽음.

문학 – 기억 속의 들꽃(윤흥길)

명선이 콘크리트 더미에 피어난 꽃송이를 발견함.

↓

'나'는 엉겁결에 꽃의 이름이 [9] [ ][ ][ ][ ][ ]이라고 대답함.

↓

명선은 머리에 꽃을 꽂았으나, 바람이 불며 꽃이 [10] [ ]으로 떨어짐.

↓

'나'와 명선이 다리에서 놀던 중, 명선이 [11] [ ][ ][ ] 폭음에 놀라 떨어져 죽음.

↓

명선이 죽은 후, '나'는 혼자 도달한 다리 끝에서 금반지가 든 [12] [ ][ ][ ]를 발견함.

정답	1 체언　2 용언　3 격 조사　4 의　5 마티스　6 피카소　7 두견새　8 남편　9 쥐바라숭꽃　10 강　11 비행기 12 주머니

펴 낸 이	주민홍
펴 낸 곳	서울특별시 마포구 월드컵북로 396(상암동) 누리꿈스퀘어 비즈니스타워 10층
	㈜NE능률 (우편번호 03925)
펴 낸 날	2023년 6월 5일 초판 제1쇄
전 화	02 2014 7114
팩 스	02 3142 0356
홈 페 이 지	www.neungyule.com
	www.iap2000.com
등 록 번 호	제 1-68호
정 가	14,000원

NE 능률 IAP BOOKS
아이에이피북스

 고객센터

교재 내용 문의: https://iap2000.com/booksinquiry

제품 구매, 교환, 불량, 반품 문의 : 02-2014-7114

☎ 전화문의는 본사 업무시간 중에만 가능합니다.

한 번에
수능까지

한수

완성하는
중학국어

1. 한 권으로 국어 전 갈래를 한 번에!

2. 시험 출제 빈도가 높은 필수 지문 선정!

3. 국어의 기초체력을 키우는 문해력 개발!

정답 및 해설

- 한수 중학 국어 3-2 -

정답 및 해설

Contents

| 본문 | 9쪽

문법 안긴문장과 이어진문장

◀ 빠른 정답 체크 **01** ② **02** ⑤ **03** 동격

일반적으로 문장은 주어와 서술어의 관계에 따라 홑문장과 겹
<u>문장으로 나눌 수 있다.</u> 홑문장은 '주어-서술어'의 관계가 한 번
_{홑문장과 겹문장을 나누는 기준}
<u>만 나타나는 문장이고,</u> 겹문장은 '주어-서술어'의 관계가 두 번
_{홑문장의 정의}
<u>이상 나타나는 문장이다.</u> 겹문장은 문장의 짜임새에 따라 다시
_{겹문장의 정의}
<u>안은문장과 이어진문장으로 나뉜다.</u>
_{겹문장을 나누는 기준}

<u>다른 문장 속에 들어가 하나의 성분처럼 쓰이는 문장을 안긴문</u>
_{안긴문장의 정의}
<u>장이라고 하며,</u> <u>이 문장을 포함한 문장을 안은문장이라고 한다.</u>
_{안은문장의 정의}
<u>안긴문장은 문법 단위로는 '절'에 해당하며, 이는 크게 명사절, 관</u>
<u>형절, 부사절, 서술절, 인용절의 다섯 가지로 나뉜다.</u> 명사절은
_{안긴문장의 종류}
<u>'우리는 그가 돌아오기를 기다린다.'의 밑줄 친 부분과 같이 절 전</u>
<u>체가 명사처럼 쓰이는 것으로,</u> <u>문장에서 주어, 목적어, 보어, 부</u>
_{안긴문장 ①-명사절의 기능}   _{안긴문장 ①-명사절의 역할}
<u>사어 등의 역할을 한다.</u> 관형절은 절 전체가 관형어의 기능을 하
_{안긴문장 ②-관형절의 기능}
<u>는 것으로, '아이들이 들어오는 소리를 들었다.'의 밑줄 친 부분과</u>
<u>같이 체언 앞에 위치하여 체언을 수식하는 역할을 한다.</u> 부사절
_{안긴문장 ②-관형절의 역할}
<u>은 절 전체가 부사어의 기능을 하는 것으로, '하늘이 눈이 시리도</u>
_{안긴문장 ③-부사절의 기능}
<u>록 푸르다.'의 밑줄 친 부분과 같이 서술어를 수식하는 역할을 한</u>
_{안긴문장 ③-부사절의 역할}
<u>다.</u> 서술절은 '나는 국어가 좋아.'의 밑줄 친 부분과 같이 절 전체
<u>가 서술어의 기능을 하는 것이다.</u> 인용절은 '담당자가 "서류는 내
_{안긴문장 ④-서술절의 기능}
<u>일까지 제출하세요."라고 말했다.'의 밑줄 친 부분과 같이 화자의</u>
<u>생각 혹은 느낌이나 다른 사람의 말을 인용한 것이 절의 형식으</u>
_{안긴문장 ⑤-인용절의 기능}
<u>로 안기는 경우로, '고', '라고'와 결합하여 나타난다.</u>
_{안긴문장 ⑤-인용절의 형태}
<u>이어진문장은 둘 이상의 절이 연결 어미에 의해 결합된 문장을</u>
_{이어진문장의 정의}
<u>말한다.</u> <u>절이 이어지는 방법에 따라 대등하게 이어진문장과 종</u>
_{이어진문장을 나누는 기준}
<u>속적으로 이어진문장으로 나뉜다.</u> 대등하게 이어진문장은 앞 절
<u>과 뒤 절이 '-고', '-지만' 등의 연결 어미에 의해 이어지며, 각각</u>
_{대등하게 이어진문장의 형태}
<u>'나열', '대조' 등의 대등한 의미 관계로 해석된다.</u> 종속적으로 이
_{대등하게 이어진문장의 기능}
<u>어진문장은 앞 절과 뒤 절이 '-아서/-어서', '-(으)면', '-(으)러'</u>
_{종속적으로 이어진문장의 형태}
<u>등의 연결 어미에 의해 이어지며, 앞 절이 뒤 절에 대해 각각 '원</u>
<u>인', '조건', '목적' 등의 종속적인 의미 관계로 해석된다.</u>
_{종속적으로 이어진문장의 기능}

01 안긴문장 이해하기 답 | ②

윗글을 바탕으로 보기 를 탐구한 내용으로 적절하지 <u>않은</u> 것은?

보기

㉠ 오랫동안 여행을 떠났던 친구가 ㉡ 자신이 돌아왔음을 알리며 ㉢ 곧장 나를 만나러 오겠다고 ㉣ 기분 좋게 약속해서 나는 ㉤ 마음이 설렜다.

정답 선지 분석

② ㉡은 서술어 '알리며'의 부사어 역할을 하므로 명사절로 안긴문장으로 볼 수 있군.

㉡은 명사절로 안긴문장으로, 절 전체가 명사처럼 쓰여 서술어 '알리며'의 목적어 역할을 한다.

오답 선지 분석

① ㉠은 뒤에 오는 명사 '친구'를 수식하므로 관형절로 안긴문장으로 볼 수 있군.

㉠은 관형절로 안긴문장으로, 뒤에 오는 '친구'를 수식하는 관형어의 역할을 한다.

③ ㉢은 '고'를 사용하여 친구의 말을 인용하고 있으므로 인용절로 안긴문장으로 볼 수 있군.

㉢은 인용절로 안긴문장으로, '고'를 사용하여 친구의 말을 간접적으로 인용하고 있다.

④ ㉣은 서술어 '약속해서'를 수식하고 있으므로 부사절로 안긴문장으로 볼 수 있군.

㉣은 부사절로 안긴문장으로, 뒤에 오는 서술어 '약속해서'를 수식하는 부사어의 역할을 한다.

⑤ ㉤은 주어 '나'의 상태를 서술하는 역할을 하므로 서술절로 안긴문장으로 볼 수 있군.

㉤은 서술절로 안긴문장으로, 문장의 주어인 '나'의 상태를 서술하고 있다.

02 이어진문장 구분하기 답 | ⑤

윗글을 바탕으로 이어진문장을 구분한 내용으로 적절한 것은?

정답 선지 분석

	예문	종류	의미 관계
⑤	갑자기 문이 열려서 사람들이 놀랐다.	종속	원인

앞 절인 '갑자기 문이 열리다'와 뒤 절인 '사람들이 놀랐다'가 연결 어미 '-어서'로 이어지며, 앞 절이 뒤 절에 대해 '원인'의 종속적인 의미 관계로 해석된다.

오답 선지 분석

①	무쇠도 갈면 바늘이 된다.	종속	목적

앞 절인 '무쇠도 갈다'와 뒤 절인 '바늘이 된다'가 연결 어미 '-면'으로 이어지며, 앞 절이 뒤 절에 대해 '조건'의 종속적인 의미 관계로 해석된다.

②	하늘도 맑고, 바람도 잠잠하다.	대등	대조

앞 절인 '하늘도 맑다'와 뒤 절인 '바람도 잠잠하다'가 연결 어미 '-고'로 이어지며, 앞 절과 뒤 절이 '나열'의 대등한 의미 관계로 해석된다.

③	나는 시험공부를 하러 학교에 간다.	종속	조건

앞 절인 '나는 시험공부를 하다'와 뒤 절인 '(나는) 학교에 간다'가 연결 어미 '-러'로 이어지며, 앞 절이 뒤 절에 대해 '목적'의 종속적인 의미 관계로 해석된다.

④	함박눈이 내렸지만 날씨가 따뜻하다.	대등	나열

앞 절인 '함박눈이 내렸다'와 뒤 절인 '날씨가 따뜻하다'가 연결 어미 '-만'으로 이어지며, 앞 절과 뒤 절이 '대조'의 대등한 의미 관계로 해석된다.

보기 를 읽고 빈칸에 들어갈 말로 적절한 것을 쓰시오.

보기

관형절을 안은문장은 성분의 쓰임에 따라 다시 관계 관형절과 동격 관형절로 나눌 수 있다. 관계 관형절은 관형절의 수식을 받는 체언이 관형절의 한 성분이 되는 경우로, 성분 생략이 가능하며 어떤 명사 앞에서든 쓰일 수 있다. 반면, 동격 관형절은 관형절의 피수식어(체언)가 관형절의 한 성분이 아니라 관형절 전체의 내용을 받아 주는 관형절로 성분 생략이 불가능하며 특수한 명사 앞에서만 사용된다.

'혜린이가 합격했다는 소식을 들었다.'는 (   ) 관형절이라고 볼 수 있겠군.

정답

동격

독서 **동양 윤리와 서양 윤리**

빠른 정답 체크   **01** ⑤   **02** ⑤   **03** ②   **04** 도가

[A]

동양 윤리 사상에는 크게 유교, 불교, 도가 사상이 있다. 먼저, 유교 윤리에서는 현실적인 삶의 문제를 중시하며 도덕적 인격 수양을 바탕으로 타인과 더불어 사는 공동체를 강조한다.
<small>동양 윤리 사상의 종류 / 유교 윤리에서 강조하는 것 ① / 유교 윤리에서 강조하는 것 ②</small>
이는 현대 사회의 과도한 개인주의와 이기주의로 발생하는 다양한 윤리 문제를 해결하는 데 도움을 준다. 특히, 의로움과 청렴을 강조하는 유교 윤리는 한국 사회의 부패를 예방하는 전통 사상으로서 중심 역할을 한다. 불교 윤리에서는 만물의 상호 의존적 관계를 인식하여 모든 존재에게 자비를 베풀어야 한다고 강조한다. 자비란 남을 깊이 사랑하고 가엾게 여기는 마음이다. 불교에서는 자비의 마음으로 중생에게 행복을 베풀고, 고뇌를 제거해야 한다고 보며, 상호 의존적 관계를 바탕으로 인간을 포함한 모든 생명의 소중함을 인식하고 존중해야 한다고 가르친다. 도가 윤리에서는 인위적으로 강제하지 않는, 자연의 순리에 따르는 삶을 강조한다. 이는 인간성을 훼손하고 억압하는 사회 구조나 제도, 물질에 관한 현대인의 과도한 집착을 비판하는 기준을 제공하여, 자연스럽고 소박한 삶을 추구하는 데 기여한다. 또한 「자기중심적 사고에서 벗어나, 편견이 없는 마음으로 공정한 판단과 의사 결정을 할 수 있는 사상적 바탕을 제공」해 준다. 예부터 자연과 인

간의 조화를 중시했던 한국의 사상적 풍토는 인간을 자연의 일부로 간주하여 자연의 질서에 순응하는 삶을 중시하는 도가 사상으로부터 큰 영향을 받은 것이다.
<small>도가 윤리의 영향</small>
▶ 1문단: 동양의 윤리 사상

서양 윤리 사상은 시대별로 구분하여 그 특징을 살펴볼 수 있다.
<small>서양 윤리 사상을 구분하는 기준</small>
먼저, 고대 그리스 윤리 사상에서는 행복을 삶의 궁극적인 목적으로 보고, 그 실현 방안으로 덕 있는 삶을 제시하였다. 이는 인간으로서의 고유한 기능을 잘 발휘한 상태가 곧 '덕에 따르는 삶'이라는 의미이다. 특히 앎과 행복의 관계를 중시하였는데, 덕을 알고 행함으로써 정의로운 행위를 실천해야 함을 강조한 것이다.
<small>고대 그리스 윤리의 궁극적 목적 / 행복한 삶의 실현 방안 / 고대 그리스 윤리에서 강조하는 것 ① / 고대 그리스 윤리에서 강조하는 것 ②</small>
헬레니즘 시대의 윤리 사상에서는 세속적 가치와 육체적 쾌락에서 벗어나 정신적 쾌락과 금욕을 추구하는 것이 진정한 행복임을 일깨워 준다. 따라서 외적인 변동이나 내적인 감정에 의해 흔들리지 않는 평정심을 강조하였다. 또한 모든 인간을 이성을 지닌 평등한 존재로 보고, 다른 민족의 문화나 관습도 보편적 이성에 따른 것이므로 존중해야 한다고 주장하였다. 이는 우리가 세계 시민으로 나아가기 위한 이론적 바탕을 제시함으로써 세계화 시대에 필요한 윤리적 태도를 성찰하는 데 기여하였다.
<small>헬레니즘 시대의 윤리에서 강조하는 것 ①②③④ / 헬레니즘 시대의 윤리의 긍정적 효과</small>
중세의 그리스도교 윤리는 사랑과 배려를 나와 관계된 가까운 공동체뿐만 아니라 익명의 이웃에까지 확장해야 한다는 가르침을 주었다.
<small>중세 그리스도 윤리에서 강조하는 것</small>
이는 단순히 종교를 넘어, 우리의 윤리적 삶에 큰 영향을 미치고 있다. 서양 근대 윤리 사상에서는 도덕적 판단과 행동의 원천인 이성과 감정을 탐구하였다. 그리고 이를 통해 윤리적 삶에서 합리적 판단과 공감의 역할 및 그 중요성을 일깨워 주었다. 또한 현실의 복잡한 윤리적 상황에서도 인간이 마땅히 지켜야 할 보편적인 도덕 법칙이 있음을 강조하였다.
<small>서양 근대 윤리에서 강조하는 것 ①②③</small>
반면, 최선의 결과를 가져오는 행위가 도덕적으로 옳다는 관점에서 다수의 행복을 중시한 사상도 있다. 이는 다수를 고려해야 하는 사회 정책이나 제도의 입안 기준을 제시하여 우리 삶에 기여하고 있다.
<small>서양 근대 윤리와 반대되는 사상</small>
현대의 서양 윤리 사상은 개별 인간의 구체적인 문제를 해결하기 위해 스스로 결단하고 선택하는 주체적인 삶을 강조하였다. 또한 급격한 사회 변화에 대응하여, 우리의 삶을 실질적으로 개선하기 위한 문제 해결의 유용성을 강조하기도 하였다.
<small>현대의 서양 윤리에서 강조하는 것 ①②</small>
▶ 2문단: 서양의 윤리 사상

01 내용 전개 방식 파악하기 답 | ⑤

윗글에 대한 설명으로 가장 적절한 것은?

정답 선지 분석

⑤ 동양과 서양의 여러 사상을 구분하여 그 특징을 설명하고 있다.

윗글에서는 동양 윤리 사상으로 유교, 불교, 도가 사상을, 서양 윤리 사상으로 고대 그리스 윤리, 헬레니즘 시대의 윤리, 중세의 그리스도교 윤리, 서양 근대 윤리 사상, 서양 현대 윤리 사상을 구분하여 설명하고 있다.

오답 선지 분석

① 설명하고자 하는 사상을 창시한 인물을 소개하고 있다.

윗글에서는 사상을 창시한 인물에 대해 소개하고 있지 않다.

② 특정 사상의 관점에서 다른 사상의 주장을 비판하고 있다.

윗글에서는 다른 사상에 대해 비판하고 있지 않다.

③ 동양 사상에 영향을 받아 수정된 서양 사상을 제시하고 있다.

윗글에서는 서양 사상의 특징을 제시하고 있으나, 동양 사상에 영향을 받아 수정된 사상에 대해서는 이야기하고 있지 않다.

④ 특정 사상이 발달하기 시작한 구체적인 연도를 제시하고 있다.

윗글에서는 사상이 발달하기 시작한 구체적인 연도를 제시하고 있지 않다.

02 세부 내용 파악하기 답 | ⑤

[A]에 대한 이해로 적절하지 않은 것은?

정답 선지 분석

⑤ 도가 윤리는 인간이 제도에 구애받지 않고 행복을 추구할 수 있는 자기중심적 사고를 강조한다.

도가 윤리는 자기중심적 사상에서 벗어나 공정한 판단과 의사 결정을 할 수 있는 사상적 바탕을 제공해준다고 했으므로 적절하지 않다.

오답 선지 분석

① 유교 윤리는 도덕적 인격 수양과 공동체적 가치를 강조한다.

유교 윤리는 도덕적 인격 수양을 바탕으로 타인과 더불어 사는 공동체를 강조한다.

② 유교 윤리는 한국 사회의 부패를 예방하는 데 중심이 되는 사상이다.

유교 윤리는 한국 사회의 부패를 예방하는 전통 사상으로써 중심 역할을 하고 있다.

③ 불교 윤리는 인간을 포함한 모든 생명이 상호 의존적 관계를 지니고 있다고 본다.

불교 윤리는 만물의 상호 의존적 관계를 인식하여 모든 존재에게 자비를 베풀어야 함을 강조한다.

④ 도가 윤리는 인간을 억압하는 물질에 대한 집착을 비판하는 기준을 제공한다.

도가 윤리는 인간성을 훼손하고 억압하는 사회 구조나 제도, 물질에 관한 현대인의 과도한 집착을 비판하는 기준을 제공한다.

03 구체적 사례에 적용하기 답 | ②

윗글을 바탕으로 보기 의 '마이클 샌델'을 이해한 내용으로 가장 적절한 것은?

보기

윤리 사상가인 마이클 샌델은 서양의 윤리 사상들을 통합하여, 각 윤리 사상의 장점을 아우르는 사상 체계를 만들었다는 평가를 받고 있다. 샌델은 특정 상황에서 인간이 내리는 윤리적 결정이 어떤 지식에서 기인하는 것인지 또는 어떤 정서에서 유발되는 것인지 분석하고, 다양한 전제가 혼합된 딜레마 상황을 해결하기 위해 여러 관점들이 공통적으로 추구하는 도덕 법칙을 도출하였다. 그리고 다수의 이익을 위한 제도가 사회의 병폐가 되고 있음을 비판하였으며, 도덕적 판단은 엘리트 계층만이 내리는 것이 아니라 개인 각자가 내릴 수 있어야 한다고 주장하였다.

* 병폐(病弊): 병통(깊이 뿌리박힌 잘못이나 결점)과 폐단(어떤 일이나 행동에서 나타나는 옳지 못한 경향이나 해로운 현상)을 아울러 이르는 말.

정답 선지 분석

② 인간이 특정 상황에서 내리는 도덕적 판단을 유발하는 감정을 분석한 것은 서양 근대 윤리 사상에 영향을 받은 것이겠군.

〈보기〉에서 샌델은 특정 상황에서 인간이 내리는 윤리적 결정이 어떤 정서에서 유발되는 것인지 분석하였다고 하였고, 서양 근대 윤리 사상에서는 도덕적 판단과 행동의 원천인 이성과 감정을 탐구하였으므로 적절하다.

오답 선지 분석

① 개인의 윤리적 결정에 영향을 주는 지식을 분석한 것은 고대 그리스 윤리 사상에 영향을 받은 것이겠군.

〈보기〉에서 샌델이 특정 상황에서 인간이 내리는 윤리적 결정이 어떤 지식에서 기인하는 것인지 분석하였다고 하였는데 이는 서양 근대 윤리 사상과 관련이 있는 것이지, 고대 그리스 윤리 사상과는 관련이 없다.

③ 다수의 이익을 위한 제도의 역기능을 비판한 것은 서양의 윤리 사상들을 통합할 때 현대 윤리 사상의 한계를 그대로 수용한 것이겠군.

〈보기〉에서 샌델이 다수의 이익을 위한 제도가 사회의 병폐가 되고 있음을 비판하였다고 하였는데, 이는 근대 윤리 사상 중 다수의 행복을 중시한 사상에 해당하는 것이지, 현대 윤리 사상과는 관련이 없다.

④ 도덕적 판단은 개인 각자가 선택하고 결정해야 한다고 주장한 것은 근대의 서양 윤리 사상에 영향을 받아 주체적인 삶을 강조한 것이겠군.

〈보기〉에서 샌델이 도덕적 판단은 엘리트 계층만이 내리는 것이 아니라 개인 각자가 내릴 수 있어야 한다고 주장하였다고 하였는데, 이는 현대 서양 윤리 사상과 관련이 있는 것이지, 서양의 근대 윤리 사상과는 관련이 없다.

⑤ 복잡한 딜레마 상황을 해결하기 위해 여러 관점들이 공통적으로 추구하는 도덕 법칙을 도출한 것은 중세 그리스도교 윤리에 영향을 받은 것이겠군.

〈보기〉에서 샌델이 다양한 전제가 혼합된 딜레마 상황을 해결하기 위해 여러 관점들이 공통적으로 추구하는 도덕 법칙을 도출하였다고 하였는데, 이는 근대 윤리 사상과 관련이 있는 것이지 중세 그리스도교 윤리와는 관련이 없다.

04 세부 내용 추론하기

빈칸에 들어갈 말로 적절한 것을 골라 쓰시오.

'무위자연(無爲自然)'이란 사람의 힘이 더해지지 않은 그대로의 자연을 의미한다. (유교 / 불교 / 도가) 사상에서는 이러한 '무위자연'을 이상적인 삶의 모습으로 제시한다.

정답

도가

봄은

통일, 화합

㉠ 남해에서도 북녘에서도

△: 통일을 방해하는 외세의 힘

오지 않는다.

~: 단정적 어조 사용 → 화자의 확고한 믿음과 의지를 드러냄　▶ 통일의 주체를 제시

「너그럽고

『』: 봄(통일)의 속성

빛나는」

봄의 그 눈짓은,

통일의 기운

㉡ 제주에서 두만까지

□: 대유법 사용 – 우리나라 국토, 민족의 삶 터전을 의미

우리가 디딘

㉢ 아름다운 논밭에서 움튼다.　▶ 자주적으로 통일을 이루어야 함을 강조

겨울은,

민족의 분단, 현실

바다와 대륙 밖에서

그 매운 눈보라 몰고 왔지만

분단의 고통

이제 올

너그러운 봄은, ㉣ 삼천리 마을마다

평화적 통일

우리들 가슴속에서

통일의 주체

움트리라.　▶ 분단의 원인과 해결책을 제시

움터서,

㉤ 강산을 덮은 그 미움의 쇠붙이들

군사적 대립과 긴장

눈 녹이듯 흐물흐물

녹여 버리겠지.

대립과 갈등의 종식　▶ 통일된 조국을 염원

- 신동엽, 〈봄은〉 -

01 표현상의 특징 파악하기　답 | ③

윗글의 표현상의 특징으로 적절하지 않은 것은?

정답 선지 분석

③ 반어적인 표현을 통해 주제 의식을 강화하고 있다.

윗글에서는 반어적인 표현을 사용하고 있지 않다.

오답 선지 분석

① 단정적인 어조로 화자의 의지를 표현하고 있다.

'오지 않는다', '움튼다'와 같은 단정적인 어조를 사용하여 화자의 의지를 드러내고 있다.

② 대상을 의인화하여 시적 정서를 드러내고 있다.

'봄의 그 눈짓', '너그러운 봄'에서 '봄'을 의인화함으로써 자주적인 통일이 이루어지기를 바라는 화자의 심정을 드러내고 있다.

④ 대립적인 이미지를 활용하여 시상을 전개하고 있다.

통일을 상징하는 '봄'과 민족의 분단을 상징하는 '겨울'의 대립적 이미지를 사용하여 시상을 전개하고 있다.

⑤ 대상을 직접 언급하지 않고 다른 대상을 통해 간접적으로 제시하고 있다.

대상을 직접 언급하지 않고 그 대상이 떠오를만한 것을 대신 말하는 것은 대유법이다. 윗글에서는 대유법을 사용하여 우리나라의 국토를 '제주에서 두만', '아름다운 논밭', '삼천리 마을', '강산'으로 제시하고 있다.

02 시어의 의미 이해하기　답 | ①

㉠~㉤ 중 보기 의 밑줄 친 ⓐ와 가리키는 것이 다른 것은?

보기

껍데기는 가라.

ⓐ 한라에서 백두까지

향기로운 흙 가슴만 남고

그, 모오든 쇠붙이는 가라.

- 신동엽, 〈껍데기는 가라〉

정답 선지 분석

① ㉠

ⓐ는 대유법을 사용하여 우리나라 국토, 즉 한반도 전체를 가리키고 있다. 윗글의 ㉡, ㉢, ㉣, ㉤ 또한 우리나라의 국토이자 민족의 삶의 터전을 의미한다. 그러나 ㉠은 한반도가 아니라 우리나라를 둘러싼 외세의 힘을 가리키고 있으므로 적절하지 않다.

03 외적 준거를 참고하여 작품 이해하기　답 | ③

보기 를 참고하여 윗글을 이해한 것으로 적절하지 않은 것은?

보기

신동엽은 1960년대를 대표하는 민중 시인이다. 그가 활동하던 1960년대는 4·19 혁명과 5·16 군사 정변으로 인해 정치적 혼란이 계속되던 시기이다. 또한 남북 간의 갈등이 최고조에 달함에 따라 분단의 현실에 대한 관심이 더욱 커졌다. 신동엽은 이와 같은 현실을 작품 속에 반영하여 분단의 원인과 해결책을 제시하고, 자주적 통일에 대한 염원을 드러내고자 하였다.

정답 선지 분석

③ '눈보라'는 '삼천리 마을'에 '봄'을 가져오는 존재로, 화자가 제시하는 분단의 현실을 극복할 해결책이군.

'눈보라'는 '바다와 대륙'이 몰고 온 것으로 '봄'을 가져오는 존재가 아닌, 분단의 고통을 상징한다. 화자는 '우리들 가슴속에서', 즉 '우리'가 주체가 되어 자주적이고 주체적으로 통일을 이루어야 한다고 이야기하며 분단의 해결책을 제시한다.

오답 선지 분석

① '봄'이 '우리가 디딘 / 아름다운 논밭에서' 움트는 것은 곧, 우리 민족이 살고 있는 이 땅에서 자주적으로 통일이 이루어져야 함을 의미하는군.

'봄'은 통일을 상징하며, '아름다운 논밭'은 우리나라 국토를 상징한다. 이때 '우리가 디딘'의 '우리'는 우리 민족을 의미한다고 볼 수 있다. 따라서 '봄'이 '아름다운 논밭'에 움트는 것은 우리 민족이 살고 있는 이 땅에서 자주적으로 통일이 이루어져야 함을 의미한다고 볼 수 있다.

② '겨울'이 '바다와 대륙 밖에서' 왔다는 것은 분단의 원인을 우리 민족 내부가

아닌 외부에서 찾고 있는 것이군.

'겨울'은 민족 분단의 현실을 상징한다. 이러한 겨울이 '바다와 대륙 밖에서 / 그 매운
눈보라 몰고 왔'다는 것은 분단의 고통이 외부, 즉 외세로 인한 것임을 말하며, 분단의
원인을 우리 민족 내부에서가 아닌 외부에서 찾고 있는 것이다.

④ '강산을 덮은' '쇠붙이들'은 남과 북으로 분단된 조국의 현실을 함축적으로

표현한 것이군.

'강산을 덮은 그 미움의 쇠붙이들'은 남과 북의 군사적 대립과 긴장을 상징하는 것으
로, 남과 북으로 분단된 조국의 현실을 보여 주고 있다.

⑤ '녹여 버리겠지'는 '봄'이 옴으로써 갈등이 해소되는 것으로 통일에 대한 화

자의 염원을 드러내는 것이군.

화자는 '봄'이 '움터서, / 강산을 덮은 그 미움의 쇠붙이들'을 '녹여 버'릴 것이라고 말
하고 있다. 이는 곧 군사적 대립이 종식되고 민족의 통일이 이루어지리라는 염원을 담
고 있는 것이다.

04 세부 내용 파악하기

화자가 제시하고 있는 통일의 주체를 윗글에서 찾아 3음절로 쓰시오.

정답

우리들

문학 2   장끼전(작자 미상)

빠른 정답 체크   01 ④   02 ②   03 ①   04 진시황, 초패왕

"새벽녘 닭이 울 때 또 꿈을 꾸니, 색저고리 색치마를 이내 몸에

단장하고 푸른 산 맑은 물가에 노니는데, 난데없는 청삽사리 입
                                              검고 긴 털이 곱슬곱슬하게 난 개
술을 앙다물고 와락 뛰어 달려들어 발톱으로 허위치니* 경황실
                                                      허우적거리니
색* 갈 데 없이 삼밭으로 달아난 제, 긴 삼대 쓰러지고 굵은 삼

대 춤을 추며, 짧은 허리 가는 몸에 휘휘친친 감겼으니 이내 몸

과부되어 상복 입을 꿈이오니 제발 덕분 먹지 마오. 부디 그 콩

먹지 마오."

이 말 들은 장끼란 놈 대노하여 두 발로 이리 차고 저리 차며 하
                              가부장적 사회에서의 여성에 대한 남성의 횡포를 보여 줌
는 말이,

"화용월태* 저년 기둥서방 마다하고 다른 남자 즐기다가 참바*

올바 주황사로 뒤죽지 결박하여 이 거리 저 거리 북치며 조리돌

리고, 삼모장*과 치도곤*으로 난장* 맞을 꿈이로세. 그런 꿈 얘

기란 다시 말라! 앞 정강이 꺾어 놓을 테다."
                                   남성의 우월감으로 까투리를 업신여기고 위협함
그래도 까투리는 장끼 아끼는 마음 풀풀 나는지라, 입을 다물지
논리적으로 설득 – 가부장적 권위에 도전하는 인물
않고 하는 말이,

『"기러기 북국에 울며 날 제 갈대를 물어 나름은 장부의 조심이
『: 고사를 인용하여 군자의 염치를 본받아 콩을 먹지 말라고 장끼를 만류함
요, 봉황이 천 길을 떠오르되 좁쌀은 찍어 먹지 아니함은 군자

의 염치거늘 당신이 비록 미물이나 군자의 본을 받아 염치를 알

것이니 백이숙제 충열염치 주숙을 아니 먹고, 장자방*의 지혜
           충성스러운 열사의 염치 주나라 곡식
염치 사병벽곡*하였으니 당신도 이런 것을 본을 받아 조심을 하

려 하면 부디 그 콩 먹지 마오."』

장끼 또한 그대로 있을쏘냐.

"자네 말 참으로 무식하네. 예절을 모르는데 염치를 내 알쏘냐.

안자*님 도학 염치로도 삼십 밖엔 더 못 살고, 백이숙제의 충절

염치로도 수양산에서 굶어 죽었으며, 장자방의 사병벽곡으로도

적송자*를 따라갔으니 염치도 부질없고 먹는 것이 으뜸이로세.
                                                        장끼의 가치관을 드러냄
『호타하 보리밥을 문숙*이 달게 먹고 중흥* 천자가 되었고, 표
『: 영웅들의 고사를 인용하여 자신의 행위를 합리화함
모*의 식은 밥을 달게 먹은 한신*도 한나라의 대장이 되었으니,

나도 이 콩 먹고 크게 될 줄 뉘 알 것인가?"』/ 까투리 하는 말이,

┌ "그 콩 먹고 잘 된단 말은 내가 먼저 말하오리. 잔디찰방*
│ 수망*으로 황천부사 제수하여 푸른 산을 생이별하오리니
│ 남편이 황천의 부사 벼슬을 한다는 것은 곧 죽을 것임을 드러내는 것 → 해학적 표현
│ 내 원망은 부디 마오. 『고서를 보면 고집불통 과하다가 패가
│   △: 장끼와 유사한 인물 ○: 까투리와 유사한 인물
│ 망신한 자 그 몇이요. 천고 진시황의 몹쓸 고집 부소의 말
│   진시황의 장자, 분서갱유의 부당함을 끝까지 간함
│ 듣지 않고 민심소동 사십 년에 이세 때 나라 잃고, 초패왕의
[A]   진시황의 아들 호해 때 나라가 망함
│ 어리석은 고집 범증의 말 듣지 않다가 팔천 제자 다 죽이고
│ 무면도강동*하여 스스로 목을 베어 죽었고, 굴삼려*의 옳은
│ 말도 고집불통 듣지 않다가 진문관에 굳게 갇혀 가련 공산
│   진나라의 지명
│ 삼혼*되어 강 위에서 우는 새 어복충혼* 부끄럽다오. 당신
└ 고집 너무 피우다가 오신명* 하오리다."』
『: 고집을 부리다 패가망신한 역대 인물의 고사를 들어 장끼를 설득함
그렇지만 장끼란 놈 그 고집 버릴쏘냐.
                      □: '태'자를 반복한 언어유희
"콩 먹고 다 죽을까?『고서를 보면 콩 태 자 든 이마다 모두 귀하
                                성급한 일반화의 오류
게 되었더라. 태고적 천황씨는 일만 팔천 살을 살았고, 태호복

희씨는 풍성*이 상승하여 십오 대를 전했으며, 한 태조 당 태종

은 풍진세계*에서 창업지주*가 되었으니, 오곡백곡 잡곡 가운

데 콩 태 자가 제일일세. 강태공은 달팔십을 살았고, 시중 천

자 이태백은 고래를 타고 하늘에 올랐고 북방의 태을성은 별 중

의 으뜸이라. 나도 이 콩 달게 먹고 태공같이 오래 살고 태백같

이 상천하여 태을선관 되오리라."』
『: 유사한 내용의 나열 – 장면의 극대화
장끼 고집 끝끝내 굽히지 아니하니 까투리 할 수 없이 물러서니

장끼란 놈 거동 보소. 콩 먹으러 들어갈 제 열두 장목 펼쳐 들고
판소리의 문체
꾸벅꾸벅 고개 쪼아 주춤주춤 들어가서 반달 같은 혀 부리로 들
─: 음성 상징어를 사용하여 생동하게 표현
입다 꽉 찍으니, 두 고패 둥그러지며 머리 위에 치는 소리 박랑사

중에서 저격시황하다가 버금 수레 맞추는 '와지끈 뚝딱', '푸드덕

푸드덕' 변통 없이 치었구나.

이 꼴을 본 까투리 기가 막히고 앞이 아득하여,

"저런 광경 당할 줄 몰랐던가, 남자라고 여자 말 잘 들어도 패가하고 계집 말 안 들어도 망신하네."

까투리 거동 볼작시면, 『상하 넓은 자갈밭에 자락 머리 풀어 놓
『」: 덫에 걸린 장끼를 보며 애통해하는 까투리의 모습 - 까투리의 슬픔을 드러냄
고 당굴당굴 뒹굴면서 가슴 치고 일어나 앉아 잔디풀을 쥐어 뜯어
가며 애통하며 두 발로 땅땅 구르면서 성을 무너뜨릴 듯이 대단히
절통해 하니,』 아홉 아들 열두 딸과 친구 벗님네들이 불쌍하다 탄
식하며 조문 애곡하니 가련 공산 낙목천에 울음소리뿐이었다.
              나뭇잎 떨어진 빈 하늘
(중략)

한참 동안 통곡을 하니 장끼는 눈을 반쯤 뜨고,

"자네 너무 슬퍼 말게. 상부 잦은 자네 가문에 장가간 게 내 실
자신이 고집부리다 죽은 것을 까투리의 탓으로 돌림 - 책임 전가
수라. 이말 저말 잔말 말게. 죽은 자는 불가부생이라 다시 보기
어려울 테니 나를 굳이 보려거든 내일 아침 일찍 먹고 덫 임자
따라가면 김천 장에 걸렸거나 그렇지 아니하면, 감영도나 병영
도나 수령도의 관청고에 걸렸든지 봉물짐에 얹혔든지 사또 밥
          수령의 음식물을 넣어 두던 광
상에 오르든지, 그렇지도 아니하면 혼인 폐백 건치* 되리로다.
내 얼굴 못 보아 서러워 말고 자네 몸 수절하여 정렬부인* 되어
              여성의 개가를 금지하고 수절을 강요 - 당시 시대상을 보여 줌
주게. 불쌍하다 이내 신세 우지 마라, 우지 마라, 내 까투리 우
지 마라. 장부 간장 다 녹는구나. 자네가 아무리 슬퍼해도 죽는
나만 불쌍하네."

                                    - 작자 미상, 〈장끼전〉 -

* 경황실색(驚惶失色): 놀라고 두려워 얼굴색이 달라짐.
* 화용월태(花容月態): 아름다운 여인의 얼굴과 맵시를 이르는 말.
* 참바: 삼이나 칡 따위로 세 가닥을 지어 굵다랗게 드린 줄.
* 삼모장(三모杖): 죄인을 때리는 데 쓰던 세모진 방망이.
* 치도곤(治盜棍): 조선 시대에, 죄인의 볼기를 치는 데 쓰던 곤장의 하나.
* 난장(亂杖): 고려·조선 시대에, 신체의 부위를 가리지 아니하고 마구 매로 치던 고문.
* 장자방(張子房): '장양(한나라 건국 공신)'의 성과 호를 함께 이르는 말.
* 사병벽곡(詐病辟穀): 병을 핑계로 삼아 곡식은 안 먹고 솔잎, 대추, 밤 따위만 날로 조금씩 먹음. 또는 그런 삶.
* 안자(顔子): 공자의 제자인 '안회'를 높여 이르는 말.
* 적송자(赤松子): 신농씨 때에, 비를 다스렸다는 신선의 이름.
* 문숙(文叔): 중국 후한의 제1대 황제인 광무제의 자. 한나라를 다시 일으키고 낙양에 도읍함.
* 중흥(中興): 쇠퇴하던 것이 중간에 다시 일어남.
* 표모(漂母): 빨래하는 나이 든 여자.
* 한신(韓信): 중국 전한의 무장. 한 고조를 도와 한나라를 통일하는 데 큰 공을 세움.
* 잔디찰방(잔디察訪): 무덤의 잔디를 지킨다는 뜻으로, 죽어서 땅에 묻힘을 완곡하게 이르는 말.
* 수망(首望): 조선 시대에, 벼슬아치를 임명하기 위하여 이조와 병조에서 올리는 세 사람의 후보자 가운데 한 사람.
* 무면도강동(無面渡江東): 일에 실패하여 고향에 돌아갈 면목이 없음을 이르는 말.
* 굴삼려(屈三閭): 초나라의 굴원. 모함을 입어 자신의 뜻을 펴지 못하다가 물에 빠져 죽음.
* 삼혼(三魂): 사람의 넋.
* 어복충혼(魚腹忠魂): 물고기 배 속에 들어간 외로운 혼. 여기서는 물에 빠져 죽은 외로운 넋, 즉 굴원의 충혼을 가리킴.

* 오신명(誤身命): 몸과 목숨을 그르침.
* 풍성(風聲): 들리는 명성.
* 풍진세계(風塵世界): 편안하지 못하고 어지러운 세상.
* 창업지주(創業之主): 나라를 처음으로 세워 왕조를 연 임금.
* 건치(乾雉): 말린 꿩고기.
* 정렬부인(貞烈夫人): 조선 시대에, 정조와 지조를 굳게 지킨 부인에게 내리던 칭호.

01 서술상의 특징 파악하기   답 | ④

윗글의 서술상 특징으로 적절하지 않은 것은?

정답 선지 분석

④ 사건의 빠른 전개를 위해 간결한 문체를 사용하고 있다.
윗글은 간결한 문체를 사용하여 사건을 전개하고 있지 않다. 오히려 열거와 대구 등의 방법을 활용하여 의도적으로 길게 서술함으로써 해학성을 유발하고 있다.

오답 선지 분석

① 대화를 통해 인물의 성격을 제시하고 있다.
윗글은 '장끼'와 '까투리'의 대화를 통해 인물의 성격을 보여 주고 있다.

② 인격화된 동물을 등장시켜 사건을 진행하고 있다.
윗글은 의인화된 동물인 '장끼'와 '까투리'를 통해서 사건이 전개되고 있다.

③ 유사한 내용을 나열하며 장면을 극대화하고 있다.
윗글의 장끼가 "고서를 보면 콩 태 자 든 이마다 모두 귀하게 되었더라."라고 하며 예시를 제시하는 부분에서 유사한 내용을 나열하여 장면을 극대화하고 있음을 확인할 수 있다.

⑤ 해학성을 높이기 위해 양반 계층의 언어와 평민 계층의 언어를 모두 사용하고 있다.
윗글은 양반 계층의 언어로 볼 수 있는 한자어와 고사성어, 평민 계층의 언어인 속어와 재담을 혼용하여 사용함으로써 작품의 해학성을 높이고 있다.

02 작품의 내용 파악하기   답 | ②

윗글의 내용으로 적절하지 않은 것은?

정답 선지 분석

② 까투리는 자신의 말을 듣지 않는 장끼를 원망하며 체념하고 있다.
까투리는 덫에 걸린 장끼를 보며 애통해하고 있으나, 장끼를 원망하며 체념하고 있지는 않다.

오답 선지 분석

① 까투리는 장끼를 논리적으로 설득하며 만류하고 있다.
까투리는 고사를 인용하여 군자의 염치를 본받아 콩을 먹지 말 것을 이야기하며 콩을 먹으려는 장끼를 만류하고 있다.

③ 장끼는 자신의 잘못을 까투리의 탓으로 돌리며 책임을 전가하고 있다.
장끼는 까투리의 만류에도 불구하고 콩을 먹다 덫에 걸렸으나 이를 "상부 잦은 자네 가문에 장가간 게 내 실수라."라고 말하며 까투리의 탓으로 돌리고 있다.

④ 장끼와 까투리는 '꿈'에 대해 서로 다른 견해를 보이며 갈등을 겪고 있다.
장끼와 까투리는 까투리가 꾼 '꿈'에 대해 서로 다른 견해를 보이며 갈등을 겪고 있다.

⑤ 장끼는 고사를 인용하여 행위를 합리화하며, 자신의 가치관을 드러내고 있다.
장끼는 호타하 보리밥을 먹은 문숙이 중흥 천자가 된 고사 등을 인용하여 콩을 먹는 자신의 행위를 합리화하고, "염치도 부질없고 먹는 것이 으뜸이로세."라고 말하며 자신의 가치관을 드러내고 있다.

03 작품 간의 공통점 파악하기   답 | ①

윗글과 보기 에서 공통으로 드러내고자 하는 바로 적절한 것은?

보기

계집 다람쥐가 이 말을 듣고 크게 꾸짖어 가로되,
"(중략) 다시 생각하고 깊이 헤아려 은혜 갚기를 힘쓰고 험언의 마음을 버릴지라. 서대쥐는 본디 관후장자라 반드시 후일에 낭군을 위하여 사례를 할 날이 있으리니 비록 천한 여자의 말이니 깊이 찰납하여 후회하지 않도록 하옵소서."
다람쥐 대로하여 가로되,
"이 같이 천한 계집이 호위인사로 나를 가르치고자 하느냐. 계집이 마땅히 장부의 견욕함을 분히 여김이 옳거늘 오히려 서대쥐를 관후장자라 일컫고 날더러 포악하다 꾸짖으니 이내 형세 곤궁함을 보고 배반할 마음을 두어 서대쥐를 얻고자 함이라. 자고로 부창부수는 남녀의 정이고 여필종부는 부부의 의이거늘 부귀를 따라 이심을 둘진대, 갈려면 빨리 가고 머뭇거리지 말라."

- 작자 미상, 〈서동지전〉

* 험언(險言): 남의 흠을 들추어 헐뜯음. 또는 그런 말.
* 관후장자(寬厚長者): 너그럽고 후하며 점잖은 사람.
* 찰납하다(察納하다): 제안이나 요청을 자세히 살펴본 뒤에 받아들이다.
* 호위인사(好爲人師): 남의 스승 되기를 좋아함.
* 견욕하다(見辱하다): 욕된 일을 당하다.
* 부창부수(夫唱婦隨): 남편이 주장하고 아내가 이에 잘 따름.
* 여필종부(女必從夫): 아내는 반드시 남편을 따라야 한다는 말.
* 이심(二心): 배반하는 마음.

정답 선지 분석

① 봉건제 사회의 남성 중심적 권위주의

윗글의 '장끼'는 자신을 말리는 '까투리'의 말을 듣지 않고 까투리를 업신여기고 위협하고 있다. 〈보기〉의 '다람쥐' 역시 '계집 다람쥐'의 말을 듣지 않고 무시하고 있다. 이를 통해 윗글과 〈보기〉는 모두 봉건제 사회에서의 남성 중심적 권위주의를 비판하고 있음을 알 수 있다.

오답 선지 분석

② 당쟁 싸움으로 인한 혼란스러운 정계 상황

윗글과 〈보기〉는 모두 봉건제 사회에서의 남성 중심적 권위주의를 비판하고 있는 것이지 탐관오리들의 부정부패로 인한 서민들의 고통을 호소하고 있지 않다.

③ 유교적 사회 질서에 따른 여성의 개가 금지

윗글의 '장끼'는 "자네 몸 수절하여 정렬부인 되어 주게."라고 말하며 까투리의 개가를 금지하며 수절을 강요하고 있다. 따라서 윗글은 당시의 사회상을 보여 주며, 유교적 사회 질서에 따른 여성의 개가 금지를 비판하고 있다. 그러나 〈보기〉에서는 그러한 내용은 찾아볼 수 없다.

④ 탐관오리들의 부정부패로 인한 서민들의 고통

윗글과 〈보기〉는 모두 봉건제 사회에서의 남성 중심적 권위주의를 비판하고 있는 것이지 탐관오리들의 부정부패로 인한 서민들의 고통을 호소하고 있지 않다.

⑤ 조선 후기 신분 구조의 변화와 양반 사회의 붕괴

윗글과 〈보기〉는 모두 봉건제 사회에서의 남성 중심적 권위주의를 비판하고 있는 것이지 조선 후기 신분 구조의 변화와 양반 사회의 붕괴를 보여 주고 있지 않다.

04 세부 내용 이해하기

윗글의 [A]에서 '장끼'와 유사한 인물 두 명을 찾아 등장한 순서대로 쓰시오.

정답

진시황, 초패왕

| 본문 | 21쪽

문법 | 자립 명사와 의존 명사

명사는 자립성의 유무에 따라 자립 명사와 의존 명사로 나눌 수
〔명사 구분 기준〕
있다. 가령 '새 물건이 있다.'에서 '물건'은 관형어인 '새'가 없이 단
〔관형어〕〔자립 명사〕
독으로 쓰일 수 있기 때문에 자립 명사이다. 이와 달리 '헌 것이 있
〔관형어〕〔의존 명사〕
다.'에서 '것'은 관형어인 '헌'이 생략되면 '것이 있다.'와 같이
문법에 맞지 않는 문장이 되므로 의존 명사이다. 이처럼 의존
명사는 관형어의 수식 없이 단독으로 쓰일 수 없으며 조사와
〔의존 명사의 특징 ①〕
결합한다는 특징이 있다.
〔의존 명사의 특징 ②〕
  의존 명사는 특정한 형태의 관형어를 요구하는 선행어 제약
〔의존 명사의 선행어 제약〕
과, 특정 서술어나 격 조사와만 결합하는 후행어 제약이 있다.
〔의존 명사의 후행어 제약〕
다음 예문에서 (ㄱ)은 선행어 제약을, (ㄴ)은 후행어 제약을 보
여 준다.

  (ㄱ) 여기 (온 / *오는 / *올 / *오던) 지가 오래되었다.
  〔관형사형 어미 '-(으)ㄴ'만 결합할 수 있음〕
  (ㄴ) 나는 공부를 할 수가 있다.
  　　　　　　　　 〔주격 조사〕
  　그는 좋아서 어쩔 줄을 몰랐다.
  　　　　　　 〔목적격 조사〕
  　일어난 김에 일을 마무리하자.
  　　　　 〔부사격 조사〕
  　우리는 네게 그저 고마울 따름이다.
  　　　　　　　　　　 〔서술격 조사〕

  (ㄱ)에서 '지'를 수식하는 관형어는 관형사형 어미 '-(으)ㄴ'
과만 결합하므로 선행어가 제약된다. (ㄴ)에서 '수'는 주격 조
사 '가'와, '줄'은 목적격 조사 '을'과, '김'은 부사격 조사 '에'
와, '따름'은 서술격 조사 '이다'와만 결합하므로 후행어가 제
약된다. 이와 달리 '것'은 결합할 수 있는 격 조사의 제약이 없
〔격 조사의 제약을 받지 않음〕
이 두루 사용된다. 의존 명사가 선행어 제약이나 후행어 제약
이 있는지를 판단할 때는 의존 명사가 쓰일 수 있는 다양한 예
를 고려해야 한다.

　한편 의존 명사 중에는 '만큼'과 같이 동일한 형태가 조사
　　　　　　　　　　　 〔의존 명사, 조사 모두 사용됨〕
로도 쓰이는 경우가 있는데, 이처럼 하나의 형태가 여러 개
　　　　　　　　　　　　　　　 〔품사 통용의 개념〕
의 품사로 쓰이는 것을 품사 통용이라 한다. 예를 들어 '먹을
　　　　　　　　　　　　　　　　　　　　　　　　 〔관형어〕
[A] 만큼 먹었다.'의 '만큼'은 관형어 '먹을'의 수식을 받는 의존
　〔의존 명사〕
명사이지만, '너만큼 나도 할 수 있다.'의 '만큼'은 체언 '너'
　　　　　　　　 〔체언+조사〕
뒤에 붙는 조사이다. 이때 의존 명사는 앞말과 띄어 쓰고, 조
　　　　　　　　　　　 〔의존 명사와 조사의 차이〕
사는 앞말과 붙여 써야 한다.

---

01 의존 명사와 조사의 품사 통용 이해하기　　답 | ①

[A]를 참고할 때, 밑줄 친 단어의 띄어쓰기가 옳은지 판단한 결과로 적절하지 않은 것은?

〔정답 선지 분석〕

	예문	판단 결과
①	노력한 <u>만큼</u> 대가를 얻는다.	×

'만큼'은 관형어 '노력한'의 수식을 받는 의존 명사이므로, 앞말과 띄어 써야 한다.

〔오답 선지 분석〕

	예문	판단 결과
②	나도 형 <u>만큼</u> 운동을 잘 할 수 있다.	×

'만큼'은 체언 '형' 뒤에 붙는 조사이므로 앞말과 붙여 써야 한다.

③	그 사실을 몰랐던 <u>만큼</u> 충격도 컸다.	○

'만큼'은 관형어 '몰랐던'의 수식을 받는 의존 명사이므로, 앞말과 띄어 써야 한다.

④	시간이 멈추기를 바랄 <u>만큼</u> 즐거웠다.	○

'만큼'은 관형어 '바랄'의 수식을 받는 의존 명사이므로 앞말과 띄어 써야 한다.

⑤	그곳은 내 고향<u>만큼</u> 아름답지는 않다.	○

'만큼'은 체언 '고향' 뒤에 붙는 조사이므로 앞말과 붙여 써야 한다.

---

02 의존 명사의 선행어 및 후행어 제약 이해하기　　답 | ②

윗글을 바탕으로 보기 의 밑줄 친 단어를 이해한 내용으로 적절한 것은?

〔보기〕

ㄱ. 우리는 어찌할 <u>바</u>를 모르겠다.
ㄴ. 그들은 칭찬을 받을 <u>만</u>도 하다.
ㄷ. 그를 만난 것은 해 질 <u>무렵</u>이다.
ㄹ. 동생이 그런 일을 할 <u>리</u>가 없다.
ㅁ. 포수는 호랑이를 산 <u>채</u>로 잡았다.

〔정답 선지 분석〕

② ㄴ의 '만'은 관형사형 어미 '-(으)ㄹ'만 올 수 있으므로 선행어 제약이 있군.
　의존 명사 '만'을 수식하는 관형어는 관형사형 어미 '-(으)ㄹ'과만 결합할 수 있으므로 선행어 제약이 있다.

〔오답 선지 분석〕

① ㄱ의 '바'는 목적격 조사와만 결합할 수 있으므로 후행어 제약이 있군.
　의존 명사 '바'는 '바가'와 같이 목적격 조사 이외에 다른 조사와도 결합할 수 있으므로 후행어 제약이 없다.

③ ㄷ의 '무렵'은 서술격 조사 '이다'와만 결합할 수 있으므로 후행어 제약이 있군.
　의존 명사 '무렵'은 '무렵에'와 같이 서술격 조사 이외에 다른 조사와도 결합할 수 있으므로 후행어 제약이 없다.

④ ㄹ의 '리'는 격 조사의 제약이 없이 두루 결합할 수 있으므로 후행어 제약이 없군.
　의존 명사 '리'는 주격 조사와만 결합할 수 있으므로 후행어 제약이 있다.

⑤ ㅁの '채'는 '-(으)ㄴ' 외에 다른 관형사형 어미도 올 수 있으므로 선행어 제약이 없군.
　의존 명사 '채'를 수식하는 관형어는 관형사형 어미 '-(으)ㄴ'과만 결합할 수 있으므로 선행어 제약이 있다.

보기 1 을 참고하여 보기 2 의 빈칸에 들어갈 말로 적절한 것을 골라 차례대로 쓰시오.

보기 1

• 혹시 ㉠다른 책은 없니?
• 색이 ㉡다른 목도리를 두 개 가지고 있다.

보기 2

㉠은 뒤에 오는 '책'을 수식하는 (관형사 / 부사 / 형용사)에 해당한다. 반면, ㉡은 '다르다'의 활용형으로 문장에서 (관형사 / 부사 / 형용사)로 사용된다. 이와 같이 같은 형태의 단어가 여러 품사로 사용되는 것을 품사의 (통용 / 활용)이라 한다.

정답

관형사, 형용사, 통용

독서　　환경오염의 원인과 특성

빠른 정답 체크　01 ⑤　02 ⑤　03 ③　04 광범위하게 확산되는

환경이란 지구상의 생물과 직접 또는 간접적으로 관계를 맺는
　　　　　　　　　　환경의 정의
모든 것을 가리킨다고 볼 수 있다. 이러한 환경은 자연 상태의

자연환경과 사람의 일상에 필요한 생활 환경으로 나누어 살펴볼
환경의 종류 ① - 자연환경　　　　환경의 종류 ② - 생활 환경
수 있다. 자연환경은 지상, 지하, 지표 및 해양의 모든 생물과 이
　　　　　　　　자연환경의 개념
를 둘러싼 비생물적인 것을 모두 포함한 자연 상태를 의미한다.

반면, 생활 환경은 사람이 중심이 되어 사람의 일상생활과 관계
　　　　　　　　　　　　　　생활 환경의 개념
되는 환경으로, 의복, 주거, 도시, 산업 및 직업과 같은 인공 환경
　　　　　　　　　　　생활 환경의 종류 ① - 인공 환경
과, 정치, 경제, 종교 및 교육과 같은 사회 환경이 있다.
　　생활 환경의 종류 ② - 사회 환경　　▶1문단: 환경의 정의와 환경의 종류
그런데 산업이 발달함에 따라 인간의 생활 활동과 생산 및 소비

과정에서 발생하는 오수, 매연, 폐기물 등으로 인해 환경오염이

나날이 심각해지며 인간의 건강을 위협하고 있다. 자연생태계는
　　　　　　　　환경오염의 문제점
인간이 어떠한 처리 행위를 하지 않더라도 시간이 지나면 저절로
　　　　　　　　　　　　　　　　　자연생태계의 특성
정화되는 능력을 가지고 있다. 예를 들어 흐르는 물에 오염물질

이 유입되면 이 오염물질은 바닥에 가라앉거나 희석되기도 하고

시간이 지나면서 물속의 미생물에 의해 분해되어 사라지기도 한

다. 이처럼 소량의 오염물질은 환경에 유입된다 하더라도 자정작

용으로 인해 큰 문제가 되지 않는다. 그러나 오염물질의 발생량

이 환경의 자정능력의 한계를 벗어나게 된다면 정화가 이루어지
　　　　　　　　　　　　　　　환경오염이 발생하는 이유
지 못한 채 환경을 오염시키게 된다.
　　　　　　▶2문단: 자연생태계의 자정작용과 환경오염의 관계
환경오염의 원인으로는 산업화와 도시화를 들 수 있다. 산업화
　　　　　환경오염의 원인 ①　환경오염의 원인 ②

는 흔히 경제 성장과 같은 의미로 사용되는데, 농업국가에서 공

업 중심의 산업국가로 전환되는 과정을 의미한다. 19세기 이후
　　　　산업화의 개념
급격한 산업화로 인해 도시에 인구가 집중되고, 경제가 성장하며
　　　　　　　　　　　　　산업화로 인한 변화
풍요로운 생활이 가능해졌다. 그러나 산업시설을 건설하고 다양

한 제품을 생산하는 과정에서 많은 에너지를 필요로 하였고, 이

로 인해 자원의 고갈과 오염물질의 배출 등 심각한 환경문제가
　　　　　　　　　　　　산업화의 문제점
발생할 수밖에 없었다. 한편 농업사회에서 산업사회로 전환되는

과정에서 도시화가 가속화되었는데, 많은 인구가 도시에 집중되
　　　　　　　　　　　　　　　　도시화로 인한 변화
면서 교통은 더욱 복잡해지고 건물 및 각종 시설들에서 발생하는
　　　　　　　　　　　도시화의 문제점
폐기물에 의해 대기오염, 수질오염이 증가하는 등 여러 환경문제

가 발생하였다.
　　　　　　　　　▶3문단: 환경오염의 원인 – 산업화, 도시화
환경오염은 몇 가지 특성을 갖는데, 이에 따라 적절한 대응이

필요하다. 먼저, 환경오염은 다른 오염요인들과 복합적으로 연결
　　　　　　　　　　　　　환경오염의 특성 ①
되어 있다. 화석연료의 사용으로 발생한 온실가스의 증가는 지구

온난화를 가속화하고, 지구온난화로 인해 해수면이 상승하며 사

막화가 발생하게 된다. 이처럼 복합적으로 연결된 환경오염을 유
　　　　　　　　　　　　　　환경오염의 특성 ①에 따른 대응 방법
기적으로 처리하는 해결방식이 필요하다. 또한 환경오염은 공간

적으로 광범위한 영향권을 형성한다. 환경오염은 대기와 수계*를
　　　　　　　환경오염의 특성 ②
통해 수백 혹은 수천 킬로미터 떨어진 곳까지 이동하여 광범위한

지역으로 확산된다. 즉 환경오염은 각 나라의 개별적인 문제가

아닌, 전 세계적인 문제인 셈이다. 따라서 전 지구적 차원에서 이
　　　　　　　　　　　　　　　　　환경오염의 특성 ②에 따른 대응 방법
를 해결하기 위한 노력이 필요하다. 마지막으로 환경오염은 장시

간 축적되었다가 오랜 시간이 지난 후에야 피해가 발생하는 특성
　　　　　　　　　　　　　　　환경오염의 특성 ③
이 있다. 오염 현상이 인간에게 포착될 쯤에는 이미 환경 파괴가

광범위하게 진행되어, 해결이 어려울 수 있다. 그렇기 때문에 환

경문제는 사후 규제보다 사전 예방 대책을 마련하는 것이 바람직
　　　　　　　환경오염의 특성 ③에 따른 대응 방법
하다.
　　　　　　　　　　　　▶4문단: 환경오염의 특성과 대응 방법

* 수계(水系): 지표의 물이 점차로 모여서 같은 물줄기를 이루는 계통.

01　서술상의 특징 파악하기　　　　　　　　답 | ⑤

윗글의 서술상의 특징으로 적절한 것은?

정답 선지 분석

⑤ 환경오염을 유발하는 원인을 밝히며 환경오염이 갖는 특성을 소개하고 있다.
윗글의 3문단에서 환경오염의 원인으로 산업화와 도시화를 제시하고, 4문단에서 환경오염이 갖는 특성을 소개하며 이에 따른 대응 방안에 대해 설명하고 있다.

① 환경의 정의와 관련하여 다양한 전문가의 견해를 제시하고 있다.

    윗글에서는 환경의 정의에 대해 밝히고 있으나 이와 관련하여 다양한 전문가의 견해를 제시하고 있지 않다.

② 개인적 차원에서 환경을 지키기 위해 할 수 있는 방안을 제시하고 있다.

    윗글에서는 환경오염이 지닌 특성을 제시하며 각각의 특성에 따른 대응 방안에 대해 소개하고 있으나, 이것이 개인적 차원에서 환경을 지키기 위해 할 수 있는 방안으로 보기는 어렵다.

③ 구체적인 통계 수치를 제시하여 환경오염의 피해 현실을 드러내고 있다.

    2문단에서 산업의 발달로 인해 환경이 오염됨에 따라 인간의 건강이 위협받고 있다고 하였으나 이를 구체적인 통계 수치를 제시하여 드러내고 있지는 않다.

④ 환경오염으로 인한 피해 사례를 연도별로 나열하여 심각성을 부각하고 있다.

    윗글에서는 환경오염으로 인한 피해 사례를 연도별로 나열하고 있지 않다.

02 세부 내용 파악하기　　답 | ⑤

윗글에 대한 설명으로 적절하지 않은 것은?

⑤ 환경오염은 연쇄적으로 다른 환경오염을 유발하기 때문에 개별적인 처리 방식이 필요하다.

    4문단에서 환경오염은 다른 오염요인들과 복합적으로 연결되어 있어 유기적으로 처리하는 해결방식이 필요하다고 하였다. 즉, 환경오염은 연쇄적으로 연결되어 있어 다른 환경오염을 유발하기 때문에 개별적인 처리 방식이 아닌, 유기적인 처리 방식이 필요한 것이다.

① 인구의 밀집 현상은 더 많은 환경문제를 초래할 수 있다.

    3문단에서 산업화와 도시화로 인해 많은 인구가 도시에 집중되면서 여러 환경문제가 발생하였다고 하였기 때문에 적절하다.

② 자연환경은 어느 정도의 오염물질을 스스로 처리할 능력을 가지고 있다.

    2문단에서 자연생태계는 인간이 어떠한 처리 행위를 하지 않더라도 시간이 지나면 저절로 정화되는 능력을 가지고 있다고 하였다. 따라서 자연환경이 어느 정도의 오염물질을 스스로 처리할 능력을 가지고 있다는 것은 적절하다.

③ 오수와 매연 등의 오염물질들은 물과 공기를 통해 전 세계적으로 확산될 위험이 있다.

    4문단에서 환경오염은 대기와 수계를 통해 수백 혹은 수천 킬로미터 떨어진 곳까지 이동하여 광범위에게 확산되기 때문에 전 지구적 차원에서 환경오염을 해결하기 위한 노력이 필요하다고 하였으므로 적절하다.

④ 생활 환경은 사람을 중심으로 환경을 파악하는 것으로 인공 환경과 사회 환경을 포함한다.

    1문단에서 환경은 자연환경과 생활 환경으로 나눌 수 있고, 사람이 중심이 되어 사람의 일상생활과 관계되는 생활 환경에는 인공 환경과 사회 환경이 있음을 밝히고 있다.

03 구체적 사례에 적용하기　　답 | ③

윗글을 바탕으로 (보기) 의 'A 도시'를 이해한 내용으로 적절하지 않은 것은?

보기

    A 도시는 본래 농촌이었으며, A 도시의 사람들은 흐르는 강물에 가축의 분뇨 등을 소량씩 배출하였다. A 도시가 농촌이었을 때는 환경오염 문제가 발생하지 않았다. 그런데 국가의 발전 계획에 따라 A 도시에 공장을 건설하게 되었고, 공장의 오수가 강물에 대량 배출되면서 악취 문제가 심각해졌다. 한편 A 도시에 공장이 건설됨에 따라 인구가 집중되면서 폐기물이 넘쳐나게 되었고, 주위의 인접 지역들보다 대기의 온도가 높아지는 열섬 현상이 발생하였다.

* 열섬 현상(熱島現像): 도시의 온도가 주변의 다른 곳보다 높게 나타나는 현상. 대기 오염 및 건물의 인공열 따위가 원인이다.

③ A 도시에서 심한 악취가 발생하는 것은 장기간 축적된 악취에 대한 사후 대책이 부족했기 때문이군.

    A 도시에서 심한 악취가 발생하는 것은 공장의 오수가 강물에 대량 배출됨에 따라 나타나는 현상으로, 장기간 축적되었다가 오랜 시간이 지난 후에야 발생한 것으로 보기 어렵다. 또한 4문단에 따르면 장기간 축적되었다가 발생되는 환경오염의 경우, 사후 규제가 아닌 사전 예방 대책을 마련하는 것이 중요하기 때문에 적절하지 않다.

① A 도시는 산업화와 도시화를 겪으며 산업시설과 많은 인구로 인해 환경문제가 초래되었군.

    〈보기〉에서 국가의 발전 계획에 따라 A 도시에 공장지대가 건설되었다고 하는 것을 보아 산업화를 겪었음을 알 수 있고, 인구가 집중되었다고 하는 것을 보아 도시화를 겪었음을 알 수 있으므로 적절하다.

② A 도시에 건설된 공장의 오수가 강물에 대량 배출되면서 자연환경의 자정능력의 한계를 벗어났군.

    2문단에서 오염물질의 발생량이 많아서 자정능력의 한계를 벗어나게 되면 오염물질은 정화되지 못한 채 환경을 오염시킨다 하였는데, 〈보기〉의 A 도시에 공장이 건설됨에 따라 공장의 오수가 강물에 대량 배출되며 악취 문제가 심각해졌다고 하였으므로 적절하다.

④ A 도시가 농촌이었을 때는 오염물질이 자정작용에 의해 정화되어서 환경오염 문제가 발생하지 않았겠군.

    2문단에서 오염물질이 소량씩 환경에 유입된다면 바닥에 가라앉거나 희석되기도 하고 미생물에 의해 분해되기도 하는 등 자정작용에 의해 정화된다 하였으므로 적절하다.

⑤ A 도시가 주위의 인접 지역보다 대기의 온도가 높아지게 된 것은 폐기물과 복합적으로 연결된 현상이군.

    4문단에서 환경오염은 복합적으로 연결되어 있다고 하였다. 〈보기〉의 A 도시에서 폐기물이 증가함에 따라 A 도시가 주위의 인접 지역보다 대기의 온도가 높아지게 된 것은 폐기물로 인한 환경오염과 복합적으로 연결된 현상으로 파악할 수 있다.

04 구체적 사례에 적용하기

빈칸에 들어갈 말로 적절한 것을 골라 쓰시오.

    황사는 중국과 몽골 내륙에서 발생한 미세먼지이다. 황사가 발생하는 주된 원인은 사막화인데, 사막화는 지구온난화와 같은 기후적인 요인과 광산 개발 및 공장 건설 등의 인위적인 요인으로 인해 더욱 빠르게 진행되고 있다. 이러한 황사가 우리나라도 영향을 미치는 것은 (복합적으로 연결된 / 광범위하게 확산되는) 환경오염의 특성 때문이다.

광범위하게 확산되는

빠른 정답 체크 **01** ② 　**02** ② 　**03** ⑤ 　**04** 빈천도, 무엇하리

하늘이 만드시길 일정 고루 하련마는

어찌 된 인생이 이대도록 고초*한고
　　　　　　　　가난한 현실에 대한 원망
삼순구식*을 얻거나 못 얻거나
□: 몹시 가난한 상황을 보여 줌
십년일관*을 쓰거나 못 쓰거나

안표누공*인들 나같이 비었으며
　　　　　　안연보다 내가 더 가난하다
원헌* 가난인들 나같이 이심할가*　　　▶ 가난한 현실에 대한 한탄
『』: 성현과 비교하여 화자의 궁핍한 생활을 부각 - 설의법, 대구법 사용
춘일이 지지하여* 포곡*이 재촉하거늘

동린*에 따비* 얻고 서사*에 호미 얻고

집 안에 들어가 씨앗을 마련하니

『올벼*씨 한 말은 반 넘게 쥐 먹었고
　　　농사지을 볍씨마저 쥐가 먹음 - 설상가상(雪上加霜)
기장피 조팥은 서너 되 부쳤거늘
『』: 궁핍한 생활을 사실적으로 묘사
한아*한 식구 이리하여 어이 살리
　　　　　　　　　▶ 농사를 짓기 어려운 집안의 상황

(중략)

이 원수 궁귀*를 어이하여 여의려노
어떻게 하면 가난(궁귀)에서 벗어날 수 있겠는가 - 설의법
술에 후량*을 갖추고 이름 불러 전송*하여
극진히 대접하지 않으면 궁귀가 자신의 곁을 떠나지 않을까 봐
일길신량*에 사방으로 가라 하니
　　　　　　　궁귀를 쫓으려 함
추추분분*하야 원노하여* 이른 말이
　　　　　가난을 의인화 → 대화 상대자
┌ 『자소지로*히 희로우락을 너와로 함께하여
│　　　　기쁨, 노여움, 근심, 즐거움
[A] 죽거나 살거나 여읠 줄이 없었거늘
│
└ 어디 가 뉘 말 듣고 가라 하여 이르느뇨』
『』: 궁귀의 말 - 화자는 줄곧 가난 속에서 살아왔음 → 가난과 뗄 수 없음
우는 듯 꾸짖는 듯 온 가지로 협박커늘

돌이켜 생각하니 네 말도 다 옳도다
궁귀의 꾸짖음에 가난에 대해 화자의 인식이 변화함 → 가난을 운명으로 여기고 수용
무정한 세상은 다 나를 버리거늘
세상에 대한 화자의 부정적 인식
네 혼자 유신하여* 나를 아니 버리거든
궁귀(세상과 대조)
인위*로 피절*하여 좀꾀*로 여읠러냐

하늘 삼긴 이 내 궁*을 설마한들 어이하리
　　　체념적 어조 - 가난을 운명으로 받아들임
빈천*도 내 분이니 서러워 무엇하리
가난과 천함을 자신의 분수로 여김 - 안분지족(安分知足)
　　　　　　　　　▶ 가난에 대한 체념과 가난의 수용
　　　　　　　　　　　　　- 정훈, 〈탄궁가〉 -

* 고초(苦楚): 괴로움과 어려움을 아울러 이르는 말.
* 삼순구식(三旬九食): 삼십 일 동안 아홉 끼니밖에 먹지 못한다는 뜻으로, 몹시 가난함을 이르는 말.
* 십년일관(十年一冠): 십 년 동안 한 갓만 씀. 지독히 가난함을 이름.
* 안표누공(顔瓢屢空): 공자의 제자인 안연이 가난하여 음식을 담는 표주박이 자주 비어 있음을 일컬음.
* 원헌(原憲): 중국 춘추 시대의 노나라 사람. 공자의 제자로 청빈의 대명사적인 인물.
* 이심하다(已甚하다): 지나치게 심하다.

* 지지하다(遲遲하다): 몹시 더디다.
* 포곡(布穀): 두견과의 새.
* 동린(東鄰): 동쪽에 있는 이웃.
* 따비: 풀뿌리를 뽑거나 밭을 가는 데 쓰는 농기구.
* 서사(西舍): 서쪽에 있는 이웃.
* 올벼: 제철보다 일찍 여무는 벼.
* 한아(寒餓): 추위와 굶주림.
* 궁귀(窮鬼): 궁한 귀신.
* 후량(餱糧): 먼 길을 가는 사람이 지니고 다니는 마른 양식.
* 전송(餞送): 서운하여 잔치를 베풀고 보낸다는 뜻으로, 예를 갖추어 떠나보냄을 이르는 말.
* 일길신량(日吉辰良): 경사스러운 행사를 거행하려고 미리 받아 놓은 날짜가 길고 때가 좋음.
* 추추분분(啾啾憤憤): 시끄럽게 떠들며 화를 냄.
* 원노하다(怨怒하다): 원망하고 분노하다.
* 자소지로(自少至老): 어릴 때부터 늙을 때까지
* 유신하다(有信하다): 신의가 있다.
* 인위(人威): 사람의 위협.
* 피절(避絶): 피하여 관계를 끊음.
* 좀꾀: 좀스러운 잔꾀.
* 궁(窮): 가난한 상태. 또는 그런 기색.
* 빈천(貧賤): 가난하고 천함.

01 표현상의 특징 파악하기　　　　　답 | ②

윗글의 표현상 특징으로 적절하지 않은 것은?

정답 선지 분석

② 일상적인 소재에서 얻은 깨달음을 제시하고 있다.
　윗글에서는 '따비', '쟁기'와 같은 일상적인 소재를 제시하고 있으나, 이를 통해 깨달음을 얻고 있는 것이 아니라 화자가 현재 처한 가난한 현실을 강조하고 있다.

오답 선지 분석

① 고사를 인용하여 화자의 상황을 부각하고 있다.
　윗글에서는 '안표누공', '원헌'의 고사를 인용하여 이들보다도 더 가난한 처지에 놓인 화자의 상황을 부각하고 있다.

③ 설의적 표현을 통해 화자의 심정을 표현하고 있다.
　윗글에서는 '극심할까', '어이 살리', '어찌하리' 등 설의법을 사용하여 가난한 생활에 대한 화자의 한탄을 표현하고 있다.

④ 대조를 통해 대상에 대한 화자의 인식을 보여 주고 있다.
　윗글에서는 '가난'과 '세상'을 대조하여 가난에 대한 화자의 인식의 변화와 세상에 대한 부정적인 인식을 드러내고 있다.

⑤ 관념적인 대상을 의인화하여 현재의 상황을 드러내고 있다.
　윗글에서는 관념적 대상인 '가난'을 '궁귀'로 의인화하여 궁귀와의 대화를 통해 화자가 처한 궁핍한 현실을 효과적으로 드러내고 있다.

02 시구의 의미 파악하기　　　　　답 | ②

[A]에 대한 설명으로 적절한 것은?

정답 선지 분석

② 화자의 인식이 변화하게 된 계기가 드러난다.
　[A]는 의인화한 '궁귀'의 말이다. 궁귀는 화자와 가난이 뗄 수 없는 관계임을 이야기하며 화자를 꾸짖고, 화자는 이에 대해 '내 말도 다 옳도다'라고 말하고 있다. 즉, 궁귀의 꾸짖음으로 인해 가난에 대한 화자의 인식이 변화하였음을 알 수 있다.

① 화자에게 닥칠 미래의 일을 예견한다.

[A]는 의인화한 '궁귀'의 말로, 화자가 줄곧 가난 속에서 살아왔던 과거의 내력을 보여 주고 있다. 화자에게 닥칠 미래의 일을 예견한다는 것은 적절하지 않다.

③ 자연물에 대한 화자의 태도 변화를 보여 준다.

[A]는 의인화한 '궁귀'의 말로, 자연물에 대한 화자의 태도 변화를 보여 주고 있지 않다.

④ 대상에 대한 화자의 속마음을 간접적으로 제시한다.

[A]는 대상(궁귀)에 대한 화자의 속마음을 제시하고 있는 것이 아니라, 의인화한 '궁귀'가 화자를 꾸짖음으로써 가난에 대한 화자의 인식을 변화시키고 있다.

⑤ 부정적 현실에 대한 화자의 회피적 태도가 나타난다.

[A]는 의인화한 '궁귀'의 말로, 부정적 현실에 대한 회피적 태도를 보여 주고 있지 않다.

---

04 시구의 의미 파악하기

보기 에서 설명하고 있는 태도가 드러난 시구의 첫 어절과 마지막 어절을 윗글에서 찾아 쓰시오.

보기

'안분지족(安分知足)'은 자신의 주어진 삶과 주변 환경에 불평하지 않고 더 많은 것을 바라지 않는 자세를 의미한다.

빈천도, 무엇하리

---

03 작품 간의 공통점, 차이점 파악하기
답 | ⑤

윗글과 **보기** 를 비교한 내용으로 적절한 것은?

보기

내 빈천 싫다고 손을 내젓는다고 물러가며
남의 부귀를 부럽게 여겨 손짓한다고 나아오겠느냐
인간 어느 일이 운명 밖에 생겼겠느냐
가난하다고 지금 죽으며 부유하다고 백 년 살겠는가
원헌이는 몇 날 살고 석숭이는 몇 해나 살았던가
가난해도 원망 없기가 어렵다 하건마는
내 생활이 이러하지만 서러운 뜻은 없노라
가난한 생활이지만 만족하게 여기노라
평생 한 뜻이 배부름과 따뜻함에는 없노라
태평천하에 충효로서 일삼아
형제 간 화목하고 벗들과 믿음으로서 사귐을 그르다 할 사람 누가 있겠는가
그 밖에 남은 일이야 생긴 대로 살겠노라

- 박인로, 〈누항사〉

* 석숭(石崇): 중국 서진의 부자로, 항해와 무역으로 돈을 벌었음.

⑤ 윗글과 〈보기〉 모두 운명론적 인생관을 보여 주며 자신의 처지를 수용하고 있다.

윗글에서는 '하늘 삼긴 이 내 궁을 설마한들 어이하리 / 빈천도 내 분이니 서러워 무엇하리'라고 말하며 가난을 운명으로 받아들이고 이를 수용하고 있다. 〈보기〉에서는 '인간 어느 일이 운명 밖에 생겼겠느냐', '그 밖에 남은 일이야 생긴 대로 살겠노라'라고 말하며 가난을 원망하지 않고 받아들이며 수용하는 태도를 보이고 있다.

① 〈보기〉는 윗글과 달리 궁핍한 현실을 사실적으로 고백하고 있다.

윗글의 화자는 '올벼씨 한 말은 반 넘게 쥐 먹었고 / 기장피 조팥은 서너 되 부쳤거늘'이라고 말하며 자신이 처한 궁핍한 현실을 고백하고 있다. 또한 〈보기〉의 화자 역시 '가난한 생활이지만 만족하게 여기노라' 등을 통해 자신이 처한 궁핍한 현실을 드러내고 있다.

② 〈보기〉는 윗글과 달리 현실 세계에 대한 부정적 인식이 드러나 있다.

윗글에서는 현실 세계에 대해 '무정한 세상'이라고 표현하며 가난을 상징하는 '궁귀'와 대조하고 있다. 이를 통해 현실 세계에 대한 화자의 부정적 인식을 드러내고 있다고 볼 수 있다.

③ 윗글은 〈보기〉와 달리 자연에 은거하고자 하는 화자의 소망이 드러나 있다.

윗글과 〈보기〉 모두 자연에 은거하고자 하는 화자의 소망이 드러나 있지 않다.

④ 윗글과 〈보기〉 모두 이상 세계에 대한 동경이 드러나 있다.

윗글과 〈보기〉 모두 이상 세계에 대한 동경을 드러내고 있지 않다. 윗글은 가난을 한탄하다 결국 가난한 처지를 수용하고 있고, 〈보기〉는 소박한 삶의 태도를 드러내며 곤궁한 현실 속에서도 충효 등의 유교적 도의를 지키고자 하는 태도를 보여 주고 있다.

원과 토반*과 아전이 있어, **토색질***이나 하고 붙잡아다 때리기
_{구한말 백성들을 괴롭혔던 대상들}   _{백성을 괴롭히기만 할 뿐 정치적으로는 무능력함}
나 하고 교만이나 피우고 하되 **세미***는 국가의 이름으로 꼬박꼬
                          _{백성들을 수탈하는 관리의 모습}
박 받아 가면서 백성은 죽어야 모른 체를 하고 하는 나라의 백성
        _{백성들의 삶을 등한시하는 나라에 대한 비판}
으로도 살아 보았다.

천하 오랑캐, 애비와 자식이 맞담배질을 하고, 남매간에 혼인을
                              _{일본인을 얕잡아 봄}
하고, 뱀을 먹고 하는 왜인들이, 저희가 주인이랍시고서 교만을
                    _{일제 강점기 상황임을 드러냄}
부리고, 순사와 헌병은 칼바람에 조선 사람을 개도야지 대접을
          _{일제 강점기 때 일본인 순사, 헌병들에 의해 자행된 횡포를 보여 줌}
하고, 공출을 내어라 징용을 나가거라 야미*를 하지 마라 하면서
볶아 대고, 또 일본이 우리나라다, 나는 일본 백성이다 이런 도무
                    _{내선일체(內鮮一體)}
지 그럴 마음이 우러나지를 않는 **억지 춘향이 노릇**을 시키고 하
                          _{하기 싫은 일을 억지로 시키는 일본에 대한 반발감}
는 나라의 백성으로도 살아 보았다.

결국 그러고 보니 나라라고 하는 것은 **내 나라였건 남의 나라였건**
                              _{국가로부터 피해를 당해 왔던 한덕문의 생각}
있었댔자 백성에게 고통이나 주자는 것이지, **유익하고 고마울 것은**
                                    _{나라에 대한 비판적 인식}
조금도 없는 물건이었다. 따라서 앞으로도 **새 나라**는 말고 더한 것
                              _{독립에 대해 부정적인 인식을 보여 주고 있음}
이라도, 있어서 요긴할 것도 없어서 아쉬울 일도 없을 것이었다.

[중간 부분 줄거리] 한 생원은 술과 노름으로 인해 많은 빚을 지게 되고 결국 일본인 길천에게 논을 팔게 된다. 36년이 지난 후 일본이 항복하고, 일인들이 토지와 재산을 버리고 도망갔다는 이야기를 들은 한 생원은 논을 되찾을 수 있을 거라는 기대감을 품는다.

이 **멧갓***을 한 생원은 길천이에다가 논을 팔던 이듬해지 그 이
_{해방 이후 한덕문이 되찾을 수 있다고 생각한 대상}
듬해지, 돈은 아쉽고 한 판에 또한 어수룩이 비싼 값으로 팔아넘
겼었다.

길천은 그 멧갓에다 낙엽송을 심어, 삼십여 년이 지난 지금 와

서는 아주 한다한 산림이 되었었다.

늙은이의 총기요, 논을 도로 찾게 되었다는 것에만 정신이 팔
나이가 들어 기억력이 좋지 못함
려, 깜빡 멧갓 생각은 미처 아직 못 하였던 모양이었다.

마침 전신줏감의 쪽쪽 곧은 낙엽송이 총총들이 섰다, 베기가 아

까워 보이는 나무였다.

한 서넛이나가 한편에서부터 깡그리 베어 눕히고, 일변 우죽을

치고 한다.

"이놈, 이 불한당 놈들, 이 멧갓 벌목한다는 놈이 어떤 놈이냐?"
한덕문은 멧갓이 자신의 땅이라고 생각함
비틀거리면서 고함을 치고 쫓아오는 한 생원을, 사람들은 영문

을 몰라 일하던 손을 멈추고 뻐언히 바라다보고 섰다.
한덕문이 화를 내는 이유를 알지 못함
"이놈 너루구나?"

한 생원은 영남이라는 읍내 사람 벌목 주인 앞으로 달려들면서,

한 대 갈길 듯이 지팡이를 둘러멘다.

명색이 읍내 사람이라서, 촌 농투성이에게 무단히 해거*를 당하

면서 공수하거나 늙은이 대접을 하려고는 않는다.

"아니, 이 늙은이가 환장을 했나? 왜 그러는 거야, 왜."
한덕문이 화를 내는 이유에 대해 알지 못함
"이놈, 네가 왜, 이 멧갓을 손을 대느냐?" / "무슨 상관여?" /

"어째 이놈아, 상관이 없느냐?"

"뉘 멧갓이길래?" / "내 멧갓이다. 한덕문이 멧갓이다, 이놈아."

"허허, 내 별꼴 다 보니. 괜시리 술잔 든질렀거들랑* 고히 삭히
한덕문이 술에 취해 행패를 부리는 것이라 여김
진 아녀구서, 나이깨 먹은 것이 왜 남 일하는 데 와서 이 행악*

야 행악이. 늙은인 다리 뼉다구 부러지지 말란 법 있냐?"
한덕문이 노인이라는 이유로 봐주지는 않겠다고 위협함
"오냐 이놈, 날 죽여라. 너구 나구 죽자."

"대체 내력을 말을 해요, 무엇 때문에 야론*지 내력을 말을 해요."
한덕문이 멧갓을 자신의 땅이라 주장하는 이유를 궁금해 함
"이 멧갓이 그새까진 길천이 것이라두, 조선이 독립됐은깐 인전
해방 이전의 일제 강점기
내 것이란 말야, 이놈아."

"조선이 독립이 됐는데 어째 길천이 멧갓이 한덕문이 것이 되

는구?"

"길천인, 일인들은, 땅을 죄다 내놓구 간깐 그전 임자가 도루 차
한덕문의 주장
지하는 게 옳지 무슨 말이냐?"

"오오, 이녁*이 이 멧갓을 전에 길천이한테 다 팔았다?" / "그래서."

"그랬으니깐, 일인들이 땅을 다 내놓구 가니깐, 이녁은 팔았던
한덕문의 주장의 문제점
땅을 공짜루 도루 차지하겠다?"

"그래서."

"그 개 뭣 같은 소리 인전 엔간히 해 두구, 어서 없어져 버려요.
비속어를 사용하며 한덕문을 비난함
난 버젓이 길천 농장 산림 관리인 강태식이한테 시퍼런 돈 이천
멧갓을 사게 된 내력을 말하며 정당한 소유주임을 주장
환 주구서 계약서 받구 샀어요. 강태식인 길천이가 해 준 위임

장 가지구 팔구. ㉠ 돈 내구 산 사람이 임자지. ㉡ 저 옛날 돈 받
영남   한덕문
구 팔아먹은 사람이 임잘까?"

8·15 직후, 낡은 법이 없어져 새로운 영이 서기 전,『혼란한 틈
해방 직후 나라가 혼란스러운 상황
을 타서 잇속에 눈이 밝은 무리들이 일본인 농장이나 회사의 관

리자와 부동이 되어 가지고, 일인의 재산을 부당 처분하여 배를
영남이 정당하지 못한 방식으로 멧갓을 얻었음을 암시
불린 일이 허다하였다.』이 산판 사건도 그런 것의 하나였다.
『 』: 작가가 소설을 통해 비판하고자 하는 당시의 부조리한 행태
그 뒤 훨씬 지나서. / 일인의 재산을 조선 사람에게 판다, 이런
시간의 경과   해방 이후 새로운 법령에 따른 토지 정책 - 유상 분배
소문이 들렸다.   → 한덕문의 기대가 좌절됨

사실이라고 한다면 한 생원은 그 논 일곱 마지기를 돈을 내고 사
길천에게 팔았던 땅
지 않고서는 도로 차지할 수가 없을 판이었다. 물론 한 생원에게는

그런 재력이 없거니와, 도대체 전의 임자가 있는데 그것을 아무나
나라에서 토지를 유상 분배하는 것에 대한 한덕문의 불만
에게 판다는 것이 한 생원으로는 보기에는 불합리한 처사였다.

한 생원은 분이 나서 두 주먹을 쥐고 구장에게로 쫓아갔다.

"그래 일인들이 죄다 내놓고 가는 것을 백성들더러 돈을 내고
국가의 새로운 토지 정책에 대한 내용 → 무상 몰수,
사라고 마련을 했다면서?" 유상 분배에 대한 작가의 비판적 견해가 드러남

"아직 자세힌 모르겠어두 아마 그렇게 되기가 쉬우리라구들 하

드군요."

해방 후에 새로 난 구장의 대답이었다.

"그런 놈의 법이 어딨단 말인가? 그래, 누가 그렇게 마련을 했

는구?"

"나라에서 그랬을 테죠." / "나라?" / "우리 조선 나라요."

"나라가 다 무어 말라비틀어진 거야? 나라 명색이 내게 해 준
나라에 대한 한덕문의 냉소적 태도
게 있길래, 이번엔 일인이 내놓구 가는 내 땅을 저이가 팔아먹

으려구 들어? 그게 나라야?"

"일인의 재산이 우리 조선 나라 재산이 되는 거야 당연한 일이죠."
땅의 소유권 문제에 대해 한덕문과 차이를 보임
/ "당연?" / "그렇죠."

"흥, 가만둬 두면 저절루 백성의 것이 될 걸, 나라 명색은 가만

히 앉았다 어디서 툭 튀어나와 가지구 걸 뺏어서 팔아먹어? 그
한덕문의 말을 빌려 토지 정책에 대한 비판적 인식을 드러냄
따위 행사가 어딨다든가?"

"한 생원은 그 논이랑 멧갓이랑 길천이한테 돈을 받구 파셨으니

깐 임자로 말하면 길천이지 한 생원인가요?"
한덕문의 주장에 논리적 결함이 있음을 지적
"암만 팔았어두, 길천이가 내놓구 쫓겨 갔은깐 도루 내 것이 돼
돈을 받고 팔았으면서 공짜로 되찾고자 함 → 허황된 기대를 하는 한덕문을 풍자
야 옳지, 무슨 말야, 걸 무슨 탁에 나라가 뺏을 영으로 들어?"

"한 생원한테 뺏는 게 아니라 길천이한테 뺏는 거랍니다."

– 채만식, 〈논 이야기〉 –

* 토반(土班): 여러 대를 이어서 그 지방에서 붙박이로 사는 양반.

* 토색질(討索질): 돈이나 물건 따위를 억지로 달라고 하는 짓.

* 세미(稅米): 조세로 바치던 쌀.

* 야미: '뒷거래'를 의미하는 일본 말.
* 멧갓: 나무를 함부로 베지 못하게 가꾸는 산.
* 해거(駭擧): 괴상하고 얄궂은 짓.
* 들이지르다: 보기 흉하게 닥치는 대로 많이 먹다.
* 행악(行惡): 모질고 나쁜 짓을 행함. 또는 그런 행동.
* 야료(惹鬧): 까닭 없이 트집을 잡고 함부로 떠들어 댐.
* 이녁: 듣는 이를 조금 낮추어 이르는 이인칭 대명사.

01 서술상의 특징 파악하기 답 | ⑤

윗글의 서술상의 특징으로 적절하지 않은 것은?

정답 선지 분석

⑤ 상징적인 소재를 사용하여 개인과 집단 간의 갈등을 제시하고 있다.

윗글은 논과 멧갓을 통해 개인과 개인, 그리고 개인과 사회의 갈등을 제시하고 있는 것이지 개인과 집단 간의 갈등을 보여 주고 있지 않다.

오답 선지 분석

① 역사적 사건을 바탕으로 혼란스러운 사회상을 서술하고 있다.

윗글은 광복 직후에 시행되었던 정부의 토지 정책을 바탕으로 당시의 혼란스러운 사회상에 대해 서술하고 있다.

② 비속어를 통해 풍자의 효과를 강화하고 사실감을 높이고 있다.

윗글은 비속어를 통해 사실감을 높이고 당시 사회상에 대한 풍자와 비판을 강화하고 있다.

③ 시대 변화에 따른 인물의 내면 심리를 구체적으로 묘사하고 있다.

윗글은 구한말부터 일제 강점기 시대를 거쳐 광복 직후까지 한덕문의 대사와 생각을 통해 한덕문의 내면 심리를 구체적으로 서술하고 있다.

④ 서술자가 작품에 개입하여 사건에 대해 직접 평가를 내리고 있다.

윗글은 전지적 작가 시점으로 이야기가 전개되며, 이야기의 서술자가 이야기의 중간에 서술자가 개입하여 '이 산판 사건도 그런 것의 하나였다'와 같이 사건에 대해 직접적으로 평가를 내리고 있다.

02 작품의 내용 파악하기 답 | ②

㉠, ㉡에 대한 설명으로 적절하지 않은 것은?

정답 선지 분석

② ㉠은 새로운 토지 정책에 대해 긍정적으로 인식하고 있다.

㉠은 영남으로, 영남이 새로운 토지 정책에 대해 긍정적으로 생각하는지에 대해서는 윗글에서 찾아볼 수 없다. 영남은 새로운 토지 정책으로 멧갓을 획득한 것이 아니라 나라가 혼란한 틈을 타 일인의 재산을 부당 처분하여 배를 불린 인물이다.

오답 선지 분석

① ㉠과 ㉡은 '멧갓'을 두고 소유권 다툼을 하고 있다.

㉠은 영남, ㉡은 한덕문으로, 둘은 '멧갓'의 소유권을 두고 갈등을 겪고 있다.

③ ㉡은 독립이라는 역사적 상황에 대해 왜곡된 가치관을 가지고 있다.

㉡은 한덕문으로, 한덕문은 '앞으로도 새 나라는 말고 더한 것이라도, 있어서 요긴할 것도 없어서 아쉬운 일도 없을 것이었다.'라고 말하며 독립이라는 역사적 상황에 대해 왜곡된 가치관을 드러내고 있다.

④ ㉠은 이미 수차례 농민들에게 봉변을 당했기 때문에 ㉡을 좋게 보지 않았다.

㉠은 영남으로, 영남은 '촌 농투성이에게 무단히 해거를 당하면서 공수하거나 늙은이 대접을 하려'하지 않았다고 하였다.

⑤ ㉠은 ㉡과 달리 토지 문서를 가지고 있기 때문에 정당한 소유주임을 주장하고 있다.

㉠은 영남, ㉡은 한덕문으로, 영남은 "난 뻐젓이 길천 농장 산림 관리인 강태식이한테 시퍼런 돈 이천 환 주구서 계약서 받구 샀어요."라고 말하며 자신이 멧갓의 정당한 소유주임을 주장하고 있다.

03 외적 준거를 통해 작품 이해하기 답 | ③

보기 를 참고하여 윗글을 이해한 내용으로 적절하지 않은 것은?

보기

작가는 작품 속에서 허황된 기대를 품은 '한덕문'의 소시민적 욕심과 어리석음을 풍자하고 있다. 그러나 작가가 궁극적으로 비판하고자 한 것은 당시의 사회상이다. 작가는 동학 직후의 부패한 사회나 일인들에게 농토를 수탈당하던 일제 강점기 시대, 독립을 맞아 새로운 정부가 들어선 현재가 전혀 다르지 않음을 역설하며 해방 이후 제 역할을 하지 못하는 국가에 대해 냉소적 태도를 보인다.

정답 선지 분석

③ 한덕문은 '유익하고 고마울 것은 조금도 없는' '내 나라'와 '남의 나라'에 대해 냉소적인 태도를 유지하지만, '새 나라'에 대해서는 약간의 기대감을 드러내고 있다.

윗글의 한덕문은 '내 나라'와 '남의 나라'에 대해서 '유익하고 고마울 것은 조금도 없는 물건'이라 말하며 부정적인 인식을 드러내고 있다. 이때 '내 나라'는 구한말, '남의 나라'는 일제 강점기 때의 나라로 해석할 수 있다. 그러나 한덕문은 이어서 '새 나라는 말고 더한 것이라도, 있어서 요긴한 것도 없어서 아쉬울 일도 없'다고 말하고 있는데, 이때 '새 나라'는 광복 이후 새로운 정부를 의미하는 것이다. 이는 곧 '내 나라'와 '남의 나라', 그리고 '새 나라'가 전혀 다르지 않다는 것을 역설하며 해방 직후 제 역할을 하지 못하는 정부에 대해 냉소적 태도를 보이는 것이다.

오답 선지 분석

① '원과 토반과 아전'은 모두 동학 직후 백성들을 괴롭혔던 대상으로, 작가는 한덕문을 통해 이들의 행위를 모른 체하는 국가에 대해 비판적인 시각을 드러내고 있다.

윗글의 '원과 토반과 아전'은 동학 직후, 즉 구한말 백성들을 괴롭혔던 대상들에 해당한다. 〈보기〉에 따르면 작가는 작품 속에서 동학 직후의 부패한 사회에 대해 비판하고 있다 하였으므로 적절하다.

② 한덕문의 '억지 춘향이 노릇'이라는 독백을 통해 일제 강점기에 행해진 일본의 횡포에 대한 작가의 반발심을 살펴볼 수 있다.

윗글의 한덕문은 일제 강점기 때의 나라를 '억지 춘향이 노릇을 시키고 하는 나라'라고 말하고 있다. 〈보기〉에 따르면 작가는 작품을 통해 일인들에게 수탈당하던 일제 강점기 시대에 대해 비판하고 있다 하였다. 따라서 작가는 한덕문을 통해 일제 치하에서 일본인 순사와 헌병들에 의해 강요되었던 것들에 대한 반발심을 한덕문을 통해 드러내고 있다고 볼 수 있다.

④ 작가는 '이 산판 사건도 그런 것의 하나'라고 서술하며 해방 직후 개인적인 이득을 취하려는 영남과 같은 사람들의 부조리한 행태를 고발하고 있다.

윗글의 작가는 소설 속에서 '이 산판 사건도 그런 것의 하나였다'라고 말하며 영남이 부당한 방법으로 멧갓을 얻었음을 암시하고, 해방 직후 혼란한 틈을 타 부당한 방법으로 개인적인 이득을 취하려는 영남과 같은 사람들의 행태를 비판하고 있다.

⑤ 작가는 구장의 말을 빌려 한덕문의 주장의 결함을 지적하고 허황된 기대를 꿈꾸며 개인의 이득만 취하려 하는 어리석은 농민들을 풍자하고 있다.

윗글의 구장은 새로운 토지 정책에 대해 한덕문과 다른 견해를 지닌 인물이다. 구장은 "한 생원은 그 논이랑 멧갓이랑 길천이한테 돈을 받구 파셨으니깐 임자로 말하면 길천이지 한 생원인가요?"라고 말하며 돈을 받고 땅을 팔았다가 공짜로 되찾고자 하는 한덕문과 같은 당시 어리석은 농민들의 허황된 기대를 풍자하고 있다.

㉮와 ㉯에 들어갈 인물을 윗글에서 찾아 차례대로 쓰시오.

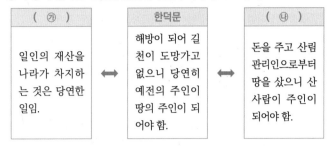

(㉮)	한덕문	(㉯)
일인의 재산을 나라가 차지하는 것은 당연한 일임.	해방이 되어 길천이 도망가고 없으니 당연히 예전의 주인이 땅의 주인이 되어야 함.	돈을 주고 산림 관리인으로부터 땅을 샀으니 산 사람이 주인이 되어야 함.

정답

구장, 영남

03강

| 본문 | 33쪽

| 화법 | 한옥의 창 |

◀ 빠른 정답 체크   **01** ⑤   **02** ④   **03** ⑤   **04** 실용적

안녕하세요? 여러분은 혹시 눈꼽재기, 벼락닫이라는 말을 들어
<u>발표 화제에 대해 질문을 던짐 → 청중의 흥미 유도</u>
보신 적이 있나요? (청중의 대답을 듣고) 모르시는 분이 많네요. 바
<u>청중의 반응을 확인</u>
로 [한옥의 창] 이름인데요. 재미있는 이름만큼 특별하게 쓰였던
<u>화제</u>
창입니다. 이 창들은 제가 며칠 전에 읽은 책을 통해 알게 되었는
<u>발표자가 화제를 접하게 된 경로</u>
데, 이 둘을 포함해서 인상 깊었던 창에 대해 여러분께 소개하고
자 합니다.
▶ 1문단: 발표의 화제를 밝힘

(㉠ 자료를 제시하며) 문 옆에 작게 달린 창이 보이시죠? (청중의
대답을 듣고) 눈꼽재기창인데, 창이 작은 것을 눈곱에 비유하여 붙
<u>한옥의 창 ①</u>   <u>눈꼽재기창의 이름의 유래</u>
인 이름입니다. (화면을 손으로 가리키며) 출입문 옆이나 다른 창
<u>비언어적 표현</u>
옆 벽면에 설치하여 큰 문을 열지 않고도 밖의 움직임을 살필 수
<u>눈꼽재기창의 특징 ①</u>
있어서, 주인들이 노비들의 동정을 넌지시 살피는 데도 쓰였다고
합니다. 작은 크기 덕분에 겨울철에 열 손실을 막으면서 환기를
<u>눈꼽재기창의 특징 ②</u>
할 수 있었습니다.
▶ 2문단: 한옥의 창 ① - 눈꼽재기창

(㉡ 자료를 제시하며) 이것은 벼락닫이창입니다. 창 윗부분에 돌
<u>한옥의 창 ②</u>
쩌귀를 달아 방 안에서 밖으로 창을 들어 올려 열어서 들창으로도
<u>들창이라는 이름의 유래</u>   <u>벼락닫이창의 다른 이름</u>
불립니다. 창을 밀었다가 손을 놓으면 창이 아래로 떨어져 닫혀서
<u>벼락닫이창의 특징</u>
버팀쇠나 막대를 괴어 고정했는데, 재미있는 것은 내외가 엄격했
던 사대부가에서는 직접 눈을 마주치는 것을 피하면서 창을 살짝
<u>벼락닫이창의 용도</u>
들어 올려 바깥에 온 손님을 확인하는 데 사용했다는 점입니다.
▶ 3문단: 한옥의 창 ② - 벼락닫이창

지금까지 「실용적 목적으로 사용된 창을 보셨는데요. 한옥을 아름
<u>눈꼽재기창, 벼락닫이창</u>   <u>꽃살창</u>
답게 꾸미기 위한 창도 있습니다.」(㉢ 자료를 제시하며) 창에 새겨진
「」: 눈꼽재기창, 벼락닫이창과 꽃살창의 차이
꽃무늬가 보이시나요? (청중의 대답을 듣고) 꽃살창은 입체적 문양
<u>한옥의 창 ③</u>
과 선명한 색채로 인해 웅장하고 화려한 느낌을 주는 창인데, 주
<u>꽃살창의 특징 ①</u>
로 궁궐이나 사찰의 정면 창으로 사용되었습니다. 꽃살창에는 연
꽃이나 국화 등의 꽃을 새겨 넣었는데 보시는 것처럼 무늬의 배
<u>꽃살창의 특징 ②</u>
치가 일정한 규칙을 가지고 있어서 무늬와 무늬 사이의 여백까지
<u>꽃살창의 특징 ③</u>
고려한 섬세함이 돋보입니다.
▶ 4문단: 한옥의 창 ③ - 꽃살창

오늘은 여러분께 한옥의 창에 대해 말씀드렸습니다. 예로부터
창은 방과 세상, 사람과 자연을 연결하여 한옥에 개방감과 멋을
<u>한옥의 창이 가지는 가치</u>
더해 주었습니다. 여러분도 한옥에 사용된 창의 종류에 대해 좀
<u>청자에게 당부하는 바</u>
더 알아보면 좋겠습니다. 이상으로 발표를 마치겠습니다.
▶ 5문단: 한옥의 창이 가지는 가치를 밝히며 발표를 마무리

---

01   발표자의 말하기 방식 파악하기   답 | ⑤

윗글에 대한 설명으로 적절하지 <u>않은</u> 것은?

정답 선지 분석

⑤ 청중의 요청에 따라 발표 내용과 관련된 추가 정보를 제공하고 있다.

윗글에는 청중의 요청이 드러나 있지 않으며 청중의 요청에 따른 추가 정보가 제공되
지 않았다.

오답 선지 분석

① 청중에게 질문을 던지며 청중의 반응을 확인하고 있다.

1문단, 2문단, 4문단에 따르면, 발표자가 청중에게 질문을 하고 청중의 대답을 들은
뒤 발표를 이어 가고 있다.

② 청중에게 바라는 바를 언급하며 발표를 마무리하고 있다.

5문단에 따르면, 한옥에 사용된 창의 종류에 대해 알아보면 좋겠다며 청중에게 바라는
바를 언급하고 있다.

③ 발표 주제와 관련된 명칭을 설명하여 청중의 이해를 돕고 있다.

2문단에 따르면, '눈꼽재기창'의 명칭을 설명하여 청중의 이해를 돕고 있다.

④ 비언어적 표현을 활용하여 청중이 발표 내용에 집중하게 하고 있다.

2문단에 '화면을 손으로 가리키며'라는 비언어적 표현을 통해 청중이 발표 내용에 집
중하게 하고 있다.

---

02   발표 자료 활용하기   답 | ④

다음은 발표자가 제시한 자료이다. 발표자의 자료 활용에 대한 설명으로 적절하지 <u>않은</u> 것은?

[자료 1]   [자료 2]   [자료 3]

정답 선지 분석

④ 꽃살창의 무늬가 상징하는 의미를 설명하기 위해 ㉢에 [자료 3]을 활용하였다.

발표에서는 꽃살창의 무늬가 상징하는 의미를 설명하고 있지 않다.

오답 선지 분석

① 눈꼽재기창의 크기와 위치를 보여 주기 위해 ㉠에 [자료 1]을 활용하였다.

[자료 1]은 눈꼽재기창의 작은 크기와 출입문 옆이라는 위치를 보여 주는 자료이므로
㉠에 사용할 수 있다.

② 벼락닫이창이 닫히지 않도록 고정하는 방법을 설명하기 위해 ㉡에 [자료 2]
를 활용하였다.

[자료 2]는 벼락닫이창을 고정하기 위해 사용되는 도구를 보여 주는 자료이므로 벼락
닫이창을 고정하는 방법을 설명하기 위해 ㉡에 사용할 수 있다.

③ 내부의 노출을 줄이면서 외부를 확인할 수 있었던 창의 용도를 설명하기 위
해 ㉡에 [자료 2]를 활용하였다.

발표에서 벼락닫이창은 내외가 엄격했던 사대부가에서 직접 눈을 마주치는 것을 피하
면서 창을 살짝 들어 올려 바깥에 온 손님을 확인하는 데 사용했다고 하였다. 따라서
㉡에 [자료 2]를 사용하여 내부의 노출을 줄이면서 외부를 확인할 수 있었던 창의 용도
를 설명할 수 있다.

⑤ 궁궐이나 사찰에 꾸밈새를 더하기 위해 사용했던 창의 무늬를 보여 주기 위
해 ㉢에 [자료 3]을 활용하였다.

[자료 3]은 꽃살창에 새겨진 꽃무늬를 보여 주는 자료이므로 ㉢에 사용할 수 있다.

보기는 윗글을 들으며 떠올린 생각들이다. **보기**에 드러난 학생들의 듣기 방식을 이해한 내용으로 가장 적절한 것은?

보기

학생 1 : 그럼 벼락닫이라는 창의 이름은 창이 떨어져서 닫히는 속도가 벼락같이 빨라서 붙여진 이름이겠구나.
학생 2 : 한옥의 여닫이창과 벽의 이음새에 달린 쇠붙이를 본 적이 있는데 그게 돌쩌귀인지 궁금하네.
학생 3 : 예전에 고궁에 갔을 때 꽃무늬가 새겨진 창이 있었는데 그게 꽃살창이었구나.

정답 선지 분석

⑤ '학생 2'와 '학생 3'은 모두 발표 내용과 관련 있는 자신의 경험을 떠올리며 듣고 있다.
　'학생 2'는 한옥의 여닫이창과 벽의 이음새에 달린 쇠붙이를 보았던 경험을 떠올렸고, '학생 3'은 궁에서 꽃살창을 보았던 경험을 떠올렸으므로 적절하다.

오답 선지 분석

① '학생 1'은 발표에서 제시된 정보를 통해 기존 지식을 수정하며 듣고 있다.
　'학생 1'은 발표에서 언급하지 않은 내용을 추론하며 듣고 있는 것이지, 발표에서 제시된 정보를 통해 기존 지식을 수정하며 듣고 있지 않다.

② '학생 2'는 발표 과정에서 생긴 궁금증을 해소할 방안을 생각하며 듣고 있다.
　'학생 2'는 발표 과정에서 궁금증이 생겼으나 이를 해소할 방안을 생각하고 있지 않으므로 적절하지 않다.

③ '학생 3'은 발표에서 알게 된 정보에 대해 긍정적으로 평가하며 듣고 있다.
　'학생 3'은 자신의 경험을 떠올리며 발표를 듣고 있는 것이지, 발표에서 알게 된 정보에 대해 긍정적으로 평가하며 듣고 있지 않다.

④ '학생 1'과 '학생 2'는 모두 발표에서 직접 언급하지 않은 내용을 추론하며 듣고 있다.
　'학생 1'은 '학생 2'와 달리 발표에서 직접 언급하지 않은 내용을 추론하며 듣고 있다.

04 발표 내용 이해하기

빈칸에 들어갈 말로 적절한 것을 윗글에서 찾아 3음절로 쓰시오.

　　눈꼽재기창과 벼락닫이창은 꽃상찰과 달리 (　　　) 목적에 의해 제작되었다.

정답

실용적

빠른 정답 체크 　 **01** ⑤ 　 **02** ⑤ 　 **03** ② 　 **04** 무한

빛이 무한히 빠르지 않고 유한한 속도를 갖는다는 새로운 발견은 역사에 남을 중요한 사건이었다. 고대 그리스 시대 이후로 사람들은 빛이 무한한 속도로 움직인다고 여겨왔다. 물론 그런 일
<small>고대 그리스 시대 이후 빛의 속도에 관한 일반적인 견해</small>
반적인 생각에 의문을 가졌던 갈릴레오 갈릴레이 같은 사람들도 있었지만, 당대의 실험 장비의 수준을 생각할 때 빛의 속도가 유한하다는 것을 증명할 길은 없었다.
▶ 1문단: 빛의 속도에 대한 일반적인 견해

그렇다면 누가 처음 빛의 속도를 제대로 측정했을까? 덴마크의 과학자인 올라우스 뢰메르는 1670년대에 목성의 위성*을 이용
<small>뢰메르가 빛의 속도를 측정하기 위해 사용한 방법</small>
하여 처음으로 빛의 속도를 측정했다. 목성은 열 개가 넘는 위성을 가지고 있는데, 뢰메르는 그중 이오(Io)라는 위성이 목성에 가려지는 월식 현상에 착안해서 빛의 속도를 재려고 했다. 그것은 아주 획기적인 아이디어였다. 월식 현상이란 주로 행성의 그림자
<small>월식 현상의 개념</small>
에 위성이 가려지는 현상으로, 월식 현상이 일어나면 보름달로 보이던 위성이 행성에 가려져서 점점 일그러지고 어둡게 된다. 이때 지구에서 목성 쪽을 보는 관찰자에게는 목성과 이오가 함께 보인다. 그러다가 목성 주위를 공전하는 이오가 목성 뒤쪽으로 들어가서 보이지 않게 되는 월식이 발생한다. 뢰메르는 목성의 월식이 일어나는 시간을 예측했다. 그런데 실제로 이오가 목성에 가려지는 월식은 뢰메르가 예측한 시간보다 조금 늦거나 조금 빠
<small>지구와 목성의 거리에 따라 빛이 지구에 도달하는 시간이 달라짐</small>
르게 일어났다. 어떻게 된 일일까?
▶ 2문단: 이오의 월식 현상을 이용하여 빛의 속도를 측정한 뢰메르

[A]

지구가 목성과 가까울 때는 예측보다 3.5분 빨리 일어났고, 지구가 목성과 멀 때는 예측보다 3.5분 늦게 이오의 월식 현상이 발생했다. 그 이유는 목성과 지구 사이의 거리가 변함
<small>월식 현상이 예측 시간과 달라진 이유</small>
에 따라 빛이 목성에서 지구까지 오는 데 걸리는 시간이 달라졌기 때문이다. 「지구가 목성에서 멀 때는 더 멀어진 거리만큼
<small>『 』: 거리에 따라 달라지는 월식의 관측 시간</small>
빛이 지구에 도달하는 시간이 길어지게 되고, 더 가까워진 거리만큼 지구에 도달하는 시간이 짧아지기 때문에 지구에 있는 관찰자의 입장에서 예측한 것보다 이오의 월식이 일찍 일어나게 된 것이다.」 즉, 달라진 거리와 측정된 시간차를 이용
<small>빛의 속도를 측정하는 방법</small>
하면 빛이 얼마나 빠르게 움직이는지를 계산할 수 있다. 뢰메르는 그 값을 이용해 빛의 속도를 구하였고, 그 속도에 따르면 빛이 지구를 1초에 7.5바퀴 돈다는 사실을 발견하였다.
▶ 3문단: 지구와 목성의 거리에 따른 시간차를 이용한 빛의 속도 측정

뢰메르가 목성과 이오를 이용하여 빛의 속도를 측정한 결과는 빛이 무한한 속도로 움직인다는 믿음을 여지없이 깨뜨리면서 물
<small>뢰메르의 실험의 의의</small>

리학의 고정관념을 무너뜨렸다. 빛의 속도가 유한하다는 사실은 지구에서 살아가는 우리의 일상에 큰 변화를 불러오지 않지만, 지구 밖으로 나가면 이 사실은 매우 중요해진다. 정보가 전달되는 속도가 아무리 빠르다 하더라도 빛의 속도를 넘어설 수 없기 때문에 빛의 속도가 유한하다는 사실은 세계에 대한 인간의 인식을
<u>정보 전달의 속도가 빛의 속도보다 빠를 수 없기 때문</u>
방해하게 된다. 예를 들어, 인간은 100광년 떨어진 별에서 지금 존재하는 어느 외계인의 모습을 평생 볼 수 없다. 왜냐하면 그 외계인의 모습을 카메라로 찍어 빛의 속도로 지구에 보낸다고 해도
<u>빛의 속도가 유한하기 때문</u>
정보 수신에 걸리는 시간이 적어도 100년이 되기 때문이다. 결국 인간과 그 외계인은 생전에 서로의 존재를 결코 알 수가 없다.
▶ 4문단: 빛의 속도의 유한함이 인간에게 미치는 영향

* 위성(衛星): 행성의 인력에 의하여 그 둘레를 도는 천체.

01 세부 내용 파악하기   답 | ⑤

윗글의 내용에 대한 이해로 적절하지 <u>않은</u> 것은?

정답 선지 분석

⑤ 뢰메르는 지구의 그림자에 이오가 가려지는 월식 현상에 착안하여 빛의 속도를 측정했다.

2문단에서 뢰메르는 목성의 주위를 도는 위성인 이오가 목성에 가려지는 월식 현상에 착안하여 빛의 속도를 측정하고자 하였다고 하였으므로 적절하지 않다.

오답 선지 분석

① 고대 그리스 시대 이후로 사람들은 빛의 속도가 유한하지 않다고 여겨왔다.

1문단에서 고대 그리스 시대 이후로 사람들은 빛이 무한한 속도로 움직인다고 여겨왔다고 하였으므로 적절하다.

② 1670년대에 들어서야 처음으로 빛의 속도를 제대로 측정하는 데 성공하게 되었다.

2문단에서 덴마크의 과학자인 올라우스 뢰메르가 1670년대에 처음으로 빛의 속도를 측정했다고 하였으므로 적절하다.

③ 뢰메르가 빛의 속도를 측정한 결과는 물리학의 오래된 고정관념을 무너뜨리게 되었다.

4문단에서 뢰메르가 빛의 속도를 측정한 결과, 빛이 무한한 속도로 움직인다는 믿음을 깨뜨리면서 물리학의 고정관념을 무너뜨렸다고 하였으므로 적절하다.

④ 이오의 월식 현상이 실제로 일어난 시간은 뢰메르가 예측한 시간과 다르게 측정되었다.

2문단에서 뢰메르는 목성의 월식이 일어나는 시간을 예측했다고 하였다. 그런데 실제로 이오가 목성에 가려지는 월식은 뢰메르가 예측한 시간보다 조금 늦거나 조금 빠르게 일어났다고 하였으므로 적절하다.

02 세부 내용 추론하기   답 | ⑤

<u>빛의 속도가 유한하다는 사실</u>에 대한 이해로 가장 적절한 것은?

정답 선지 분석

⑤ 지구에서 150광년 떨어진 별에서 빛의 속도로 전송한 정보가 지구에 수신되기 위해서는 적어도 150년이 필요하다.

4문단에서 100광년 떨어진 별에서 지구로 정보를 빛의 속도로 전송하면 정보 수신에 걸리는 시간이 적어도 100년이 된다고 하였다. 한편 광년은 빛의 속도로 1년간 이동한 거리를 의미하므로, 지구에서 150광년 떨어진 별에서 빛의 속도로 전송한 정보가 지구에 수신되기 위해서는 적어도 150년이 필요하다는 진술은 적절하다.

오답 선지 분석

① 정보가 전달되는 속도는 항상 빛의 속도와 동일하다.

4문단에서 정보가 전달되는 속도는 아무리 빨라도 빛의 속도를 넘어설 수 없다고 하였기 때문에 적절하지 않다.

② 인간의 인식은 빛의 속도와 마찬가지로 제한되지 않는다.

4문단에서 빛의 속도가 유한하다는 사실은 인간의 인식을 제한한다고 하였으므로 적절하지 않다.

③ 지구 안과 밖으로 빛의 속도가 유한하다는 사실은 일상생활에 큰 차이를 가져온다.

4문단에서 지구 안에서는 빛의 속도가 유한하다는 사실이 우리의 일상에 큰 변화를 불러오지 않지만, 지구 밖으로 나가면 빛의 속도가 유한하다는 사실이 중요해지기 시작한다 하였으므로 적절하다.

④ 빛의 속도가 지금보다 더 빨라진다면 지금과 달리 빛이 1초에 지구를 7번 돌 수도 있을 것이다.

빛의 속도는 1초에 지구를 7.5번 돌 수 있는 속도이므로, 빛의 속도가 지금보다 더 빨라진다면 지금과 달리 빛이 1초에 지구를 7.5번보다 더 돌 수 있게 된다. 따라서 빛의 속도가 지금보다 빨라진다면 빛이 1초에 7번 돌 수 있을 것이라는 진술은 적절하지 않다.

03 구체적 사례에 적용하기   답 | ②

[A]를 바탕으로 보기 의 ㉠, ㉡을 이해한 내용으로 가장 적절한 것은?

보기

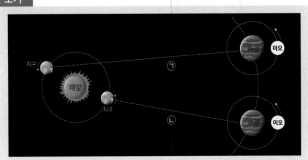

위 그림은 태양을 공전하는 행성인 지구와 목성, 그리고 목성을 공전하는 위성인 이오를 도식화한 것이다. ㉠은 지구와 목성의 거리가 멀 때, ㉡은 지구와 목성의 거리가 가까울 때이다. 단, ㉠에서 목성과 이오는 모두 태양에 의해 가려지지 않는다고 가정한다.

정답 선지 분석

② ㉠과 ㉡의 거리 차이를 측정할 수 있다면 빛의 속도를 측정할 수 있다.

<보기>의 ㉠은 지구와 목성의 거리가 멀 때, ㉡은 지구와 목성의 거리가 가까울 때에 해당한다. [A]에 따르면 ㉠과 ㉡의 달라진 거리와 거리에 따라 측정된 시간차를 이용하면 빛이 얼마나 빠르게 움직이는지를 계산할 수 있다. 이때 측정되는 시간차는 각 3.5분이므로 달라진 거리를 측정할 수 있다면 빛의 속도를 측정할 수 있다는 진술은 적절하다.

오답 선지 분석

① 빛이 목성에서 지구까지 오는 데 걸리는 시간은 ㉠과 ㉡이 같다.

[A]에 따르면 목성과 지구 사이의 거리가 변함에 따라 빛이 목성에서 지구까지 오는 데 걸리는 시간이 달라지므로 적절하지 않다.

③ 지구와 목성의 거리가 항상 같다면 이오의 월식 또한 항상 예측보다 늦게 발생할 것이다.

[A]에 따르면 목성과 지구 사이의 거리가 변하기 때문에 이오의 월식이 발생하기 시작하는 시간이 예측보다 빨라지거나 늦어지는 것이다. 그러므로 지구와 목성의 거리가 항상 같다면 이오의 월식 현상이 항상 예측보다 늦게 발생하는 것이 아니라 예측과 비슷하게 나타날 것이다.

④ ⊙은 이오의 월식이 예측보다 빨리 일어났고, ⓛ은 이오의 월식이 예측보다 늦게 일어났다.

〈보기〉의 ⊙은 지구와 목성의 거리가 멀 때, ⓛ은 지구와 목성의 거리가 가까울 때에 해당한다. [A]에 따르면 ⊙에서는 예측보다 3.5분 늦게 월식 현상이 발생하였고, ⓛ에서는 예측보다 3.5분 일찍 월식 현상이 발생하였으므로 적절하지 않다.

⑤ 빛의 속도가 무한하다면 ⊙과 ⓛ에서 이오의 월식 현상이 일어나기 시작하는 시간이 다를 것이다.

[A]에 따르면 빛의 속도가 유한하기 때문에 거리가 달라지면 목성에서 지구까지 빛이 도달하는 속도가 달라지게 되고, 월식 현상이 일어나는 시간이 달라지게 된다. 즉, 월식 현상이 일어나기 시작하는 시간이 다른 것은 빛이 유한하기 때문이므로, 만약 빛이 무한하다면 월식 현상이 일어나는 시간이 동일할 것이다.

04 세부 내용 추론하기

빈칸에 들어갈 말로 적절한 것을 2음절로 쓰시오.

> 알렉산드리아의 발명가였던 헤론은 빛의 속도가 (　　　)하다고 생각했기 때문에 별처럼 멀리 떨어진 물체를 눈을 뜸과 동시에 바로 인식할 수 있다고 주장하였다.

정답
무한

문학 1 **가난한 사랑 노래(신경림)**

◀ 빠른 정답 체크 **01** ⑤ **02** ④ **03** ① **04** 외로움, 두려움, 그리움, 사랑

□: 최소한의 인간적인 감정들
가난하다고 해서 외로움을 모르겠는가
~: 유사한 구절의 반복, 설의법 사용
너와 헤어져 돌아오는 『』: 시각적 이미지 - 하얀 '눈'과
계절적 배경 - 겨울, 쓸쓸한 분위기를 형성 　새파란 '달빛'의 색채 대비
『눈 쌓인 골목길에 새파랗게 달빛이 쏟아지는데』
　　　　　　　　　　　　▶ 달빛 아래에서 느끼는 외로움
가난하다고 해서 두려움이 없겠는가
『』: 시대적 배경을 보여 줌
『⊙ 두 점을 치는 소리
　통금 소리(두 시를 가리킴)
방범대원의 호각 소리 메밀묵 사려 소리에

눈을 뜨면 멀리 ⓛ 육중한 기계 굴러가는 소리』
　도시의 기계 문명 → 도시 노동자의 모습을 연상시킴 ▶ 현실에 대한 두려움
가난하다고 해서 그리움을 버렸겠는가

어머님 보고 싶소 수없이 뇌어 보지만
　　　　고향에 갈 수 없는 처지
집 뒤 감나무에 까치밥으로 하나 남았을
　　따뜻한 고향
ⓒ 새빨간 감 바람 소리도 그려 보지만 ▶ 떠나온 고향에 대한 그리움
시각적, 청각적 이미지-그리운 고향의 모습을 감각적으로 표현
가난하다고 해서 사랑을 모르겠는가

ⓔ 내 볼에 와 닿던 네 입술의 뜨거움
　　　　촉각적 이미지
사랑한다고 사랑한다고 속삭이던 네 숨결

돌아서는 ⓜ 내 등 뒤에 터지던 네 울음 ▶ 사랑조차 할 수 없는 아픔
청각적 이미지-가난한 현실 때문에 사랑조차 할 수 없는 슬픔을 형상화
가난하다고 해서 왜 모르겠는가

가난하기 때문에 이것들을

이 모든 것들을 버려야 한다는 것을.
인간이기에 느끼는 감정들 　　▶ 가난으로 인해 모든 것을 버려야 하는 아픔
　　　　　　　　　　　　 - 신경림, 〈가난한 사랑 노래〉 -

01 표현상의 특징 파악하기 　　　　답 | ⑤

윗글의 표현상의 특징으로 적절하지 않은 것은?

정답 선지 분석

⑤ 영탄적 어조를 사용하여 현실에 대한 극복 의지를 드러내고 있다.

윗글에서는 영탄적 어조를 사용하고 있으나 이를 통해 현실에 대한 극복 의지를 드러내는 것이 아닌, 가난으로 인해 인간적인 감정마저 버려야 하는 현실에 대한 안타까움과 이러한 삶을 살아가는 젊은이들을 위로하고 있다.

오답 선지 분석

① 유사한 시구를 반복하여 운율을 형성하고 있다.

윗글에서는 '가난하다고 해서 ~겠는가'의 구절을 반복적으로 사용함으로써 주제를 강화하고 운율을 형성하고 있다.

② 색채의 대비를 통해 시의 분위기를 조성하고 있다.

윗글에서는 하얀 '눈'과 새파란 '달빛'의 색채 대비를 통해 겨울의 쓸쓸한 분위기를 형성하고 있다.

③ 의문의 형식을 사용하여 주제 의식을 강화하고 있다.

윗글에서는 '모르겠는가'와 같은 의문의 형식을 사용하여 가난으로 인해 인간적인 감정마저 버려야 하는 현실에 대한 안타까움을 강조하고 있다.

④ 어순을 의도적으로 바꾸어 배치함으로써 여운을 남기고 있다.

윗글의 마지막 행에서는 '가난하다고 해서 왜 모르겠는가 / 가난하기 때문에 이것들을 / 이 모든 것들을 버려야 한다는 것을.'이라고 하여 어순을 의도적으로 도치시킴으로써 주제를 강화하고 여운을 남기고 있다.

02 감각적 이미지 파악하기 　　　　답 | ④

보기 의 밑줄 친 부분과 동일한 심상이 쓰인 것은?

보기

> 젊은 아버지의 서느란 옷자락에
> 열로 상기한 볼을 말없이 부비는 것이었다.
> 　　　　　　　　　 - 김종길, 〈성탄제〉 일부

정답 선지 분석

④ ⓔ

〈보기〉의 밑줄 친 부분은 감촉, 온도와 같이 촉각적인 감각을 바탕으로 하는 이미지가 사용되었다. ⓔ 역시 촉각적 이미지가 사용되고 있으므로 적절하다.

오답 선지 분석

① ⊙

⊙에서는 귀를 통해 소리를 듣는 듯한 느낌을 주는 청각적 이미지가 사용되었다.

② ⓛ

ⓛ에서는 귀를 통해 소리를 듣는 듯한 느낌을 주는 청각적 이미지가 사용되었다.

③ ⓒ

ⓒ에서는 눈을 통해 빛깔, 모양, 움직임, 크기 등을 보는 듯한 느낌을 주는 시각적 이미지와 귀를 통해 소리를 듣는 듯한 느낌을 주는 청각적 이미지가 복합적으로 사용되었다.

⑤ ⓜ

ⓜ에서는 귀를 통해 소리를 듣는 듯한 느낌을 주는 청각적 이미지가 사용되었다.

03 외적 준거를 참고하여 작품 감상하기   답 | ①

〈보기〉를 참고하여 윗글을 감상한 내용으로 적절하지 <u>않은</u> 것은?

보기

> 1970년대에 이르러 우리나라는 정부의 주도하에 경제 발전이 급속하게 진행되었고, 농촌의 많은 젊은이들은 일자리를 찾아 고향을 떠나 도시로 이동하였다. 그러나 이들이 마주한 현실은 하루 10시간이 넘는 노동과 저임금, 열악한 노동 환경이었다. 윗글의 작가는 작품을 통해 산업화 시대의 사회 구조의 모순을 지적하며, 젊은 도시 노동자들의 삶을 위로하고 있다.

정답 선지 분석

① 화자가 헤어지고 있는 대상은 고향이자 농촌으로, 도시로 이주해 온 노동자들이 고향으로 돌아갈 수 없는 안타까운 현실을 '눈 쌓인 골목길'로 표현하고 있다.

　윗글의 화자가 헤어지고 있는 대상은 사랑하는 이이다. 윗글의 '눈 쌓인 골목길'은 가난 때문에 사랑하는 이와 이별하고 돌아오는 길에 느끼는 외로움을 강화하고 있는 것이지 도시로 이주해 온 노동자들이 고향으로 돌아갈 수 없는 현실을 드러내는 것이 아니다. 또한 윗글에서 고향으로 돌아갈 수 없는 처지를 드러내는 시구는 '어머님 보고 싶소 수없이 뇌어보지만'이다.

오답 선지 분석

② '눈을 뜨면 멀리 육중한 기계 굴러가는 소리'는 도시 문명을 상징하며 새벽까지 일해야 하는 도시 노동자들의 고단한 현실을 보여 준다.

　'육중한 기계 굴러가는 소리'는 도시의 기계 문명을 상징한다. 눈을 뜨면 이러한 기계 굴러가는 소리가 들린다는 것은 새벽까지 일해야만 하는 도시 노동자들의 고단한 현실을 드러내는 것이다.

③ '새빨간 감 바람 소리'는 현재 도시에 사는 화자의 고향이 농촌임을 짐작하게 해주며 떠나온 고향에 대한 그리움을 드러내는 소재이다.

　〈보기〉에 따르면 1970년대 젊은이들은 일자리를 찾기 위해 농촌을 떠나 도시로 향하였다. 윗글에서는 '집 뒤 감나무에 까치밥으로 하나 남았을 / 새빨간 감 바람 소리'라고 하며 화자의 고향이 농촌임을 짐작하게 해줌과 동시에 따뜻한 고향에 대한 그리움을 형상화하고 있다.

④ 작가는 '내 등 뒤에 터지던 네 울음'을 통해 가난하기 때문에 사랑조차 할 수 없는 현실을 드러내며 이와 같은 삶을 살아가는 이들을 위로하고 있다.

　'내 등 뒤에 터지던 네 울음'은 가난한 현실 때문에 사랑을 이룰 수 없는 슬픔을 청각적으로 형상화한 것으로, 〈보기〉에 따르면 작가는 이와 같은 도시 노동자들을 위로하며 이들을 대신하여 안타까움을 호소하고 있다.

⑤ 작가는 '이 모든 것들'을 버려야 하는 이유를 가난으로 보며, 1970년대 경제 발전 뒤에 숨겨진 소외된 계층에 대한 안타까움을 호소하고 있다.

　윗글의 '이 모든 것들'은 외로움, 두려움, 그리움, 사랑과 같은 인간적인 감정들이다. 작가는 이러한 감정들을 버려야 하는 이유를 '가난하기 때문'이라 말하며, 1970년대 우리나라의 경제 발전 뒤에 숨겨진 가난한 도시 노동자들에 대한 안타까움을 호소하고 있다.

04 시어의 의미 파악하기

'이 모든 것들'에 해당하는 감정 네 개를 모두 찾아 윗글에 등장한 순서대로 쓰시오.

정답

외로움, 두려움, 그리움, 사랑

빠른 정답 체크　**01** ⑤　**02** ④　**03** ④　**04** 유충렬, 정한담

[앞부분 줄거리]　정한담이 호국과 내통하고 천자를 공격하자, 유충렬은 적군의 선봉장을 물리치고 천자를 구한다.

"적장 벤 장수 성명이 무엇이냐? 빨리 입시*하라."

충렬이 말에서 내려 천자 앞에서 땅에 엎드리니, 천자 급히 물어 말하기를,

"그대는 뉘신지 죽을 사람을 살리는가?"
　　　　　　　　　　　　　천자
충렬이 부친 유심의 죽음과 장인 강희주의 죽음을 절분히* 여겨 통곡하며 여쭈되,

[A]「"소장은 동성문 안에 살던 유심의 아들 충렬이옵니다. 두루 돌아다니며 빌어먹으며 만 리 밖에 있다가 아비 원수 갚으려고 여기 왔삽거니와, 폐하 정한담에게 곤핍하심*은 몽중* 이로소이다. 전일에 정한담을 충신이라 하시더니 충신도 역
　　　　　　　정한담　　　　유심, 강희주
적 되나이까?『그놈의 말을 듣고 충신을 원찬하여* 다 죽이고 이런 환을 만나시니 천지 아득하고 일월이 무광하옵니다.",
　　　　　　　『』: 왕권의 무능력함을 우회적으로 비판
　　　　　　　　　　　비유적 표현을 사용하여 억울한 심정을 드러냄
하고, 슬피 통곡하며 머리를 땅에 두드리니, 산천초목*도 슬퍼하며 진중의 군사들도 눈물을 흘리지 않는 이가 없더라.
～: 서술자의 개입
　천자 이 말을 들으시고 후회막급하나 할 말 없어 우두커니 앉았
　　　　　　　　　　　　　　유구무언(有口無言)
있더라.

[중간 부분 줄거리]　정한담은 유충렬을 금산성으로 유인하고 유충렬이 없는 틈을 타 도성을 공격하여 천자에게 항복을 요구한다.

"이봐, 명제야! 이제 네가 어디로 달아날 수 있겠느냐? 팔랑개
　　　명나라 황제, 천자
비라 하늘로 날아오르며 두더지라 땅속으로 들어가겠느냐? 네
　　　하늘로 도망칠 수도 없고, 땅속으로 도망칠 수도 없으니 빨리 항복해라
놈의 옥새를 빼앗으려고 왔는데, 이제는 어디로 달아나려느냐. 바삐 나와 항복하라."

하는 소리에 궁궐이 무너지고 혼백이 하늘로 날아오르는 듯하였다.

　한담의 고함소리에 천자가 넋을 잃고 용상*에서 떨어졌으나, 다급히 옥새를 품에 품고 말 한 필을 잡아타고 엎어지며 자빠지며 북
허둥지둥 도망가는 천자를 통해 병자호란 당시 피란을 간 인조에 대한 비판적 인식을 드러냄
문으로 빠져나와 변수 가로 도망했다. 한담이 궐내에 달려들어 천자를 찾았으나 천자는 간데없고,『태자가 황후와 태후를 모시고
　　　　　　　　　　　　　『』: 병자호란 당시 봉림대군이 포로로 잡혀간 역사적 사실 반영
도망하기 위해 나오는지라. 한담이 호령하여 달려들어 태자 일행을 잡아 호왕에게 맡긴 후,『북문으로 나와 보니 천자가 변수 가로 달아나고 있었다. 한담이 대희해 천둥 같은 소리를 지르고 순식

간에 달려들어 구 척 장검을 휘두르니 천자가 탄 말이 백사장에 거꾸러지거늘, 천자를 잡아내어 말 아래 엎어뜨리고 서리 같은 칼로 통천관*을 깨어 던지며 호통하기를,

[B]
"이봐, 명제야! 내 말을 들어 보아라. 하늘이 나 같은 영웅을 내실 때는 남경의 천자가 되게 하심이라.
<small>자신이 황제가 되려는 정한담의 야망이 드러남</small>
네 어찌 계속 천자 이기를 바랄쏘냐. 네 한 놈을 잡으려고 십 년을 공부해 변화 무궁한데, 네 어찌 순종치 아니하고 조그마한 충렬을 얻어 내 군사를 침략하느냐. 네 죄를 따진다면 지금 곧바로 죽이는 것이 마땅하나 옥새를 바치고 항서를 써서 올리면 죽지 아니하리라. 만약 그렇지 아니하면 네놈은 물론 네놈의 노모와 처자를 한칼에 죽이리라."

하니, 천자 어쩔 수 없이 하는 말이,

"항서를 쓰자 한들 종이와 붓이 없다." / 하시니, 한담이 분노해 창검을 번득이며 왈,

"용포를 찢어 떼고 손가락을 깨물어서 항서를 쓰지 못할까."

하는지라. 천자가 용포를 찢어 떼고 손가락을 깨물었으나 차마
<small>천자의 위기</small>
항서를 쓰지는 못하고 있었으니, 어찌 황천*인들 무심하리오.

이때 원수 금산성에서 적군 십만 명을 한칼에 무찌른 후, 곧바
<small>유충렬 / 충렬의 비범한 능력 ①</small>
로 호산대에 진을 치고 있는 적의 청병*을 씨 없이 함몰하려고 달려갔다. 그런데 뜻밖에 달빛이 희미해지더니 난데없는 빗방울이
<small>우연성, 불길한 징조</small>
원수의 얼굴 위에 떨어졌다. 원수 괴이하게 여겨 말을 잠깐 멈추
<small>충렬의 비범한 능력 ②</small>
고 하늘의 기운을 살펴보니, 도성에 살기 가득하고 천자의 자미
<small>충렬이 천자가 위기에 빠졌음을 알게 됨</small>
성*이 떨어져 변수 가에 비쳤거늘, 크게 놀라 발을 구르며 왈,

"이게 웬 변이냐."

하고, 갑주와 청검 갖추고 천사마* 위에 재빨리 올라타 산호 채찍을 높이 들어 정색을 하고 이르기를,

"천사마야, 네 용맹 두었다가 이런 때에 아니 쓰고 어디 쓰리오. 지금 천자께서 도적에게 잡혀 명재경각*이라. 순식간에 달려가서 천자를 구원하라."

하니, 『천사마는 본래 천상에서 내려온 비룡이라. 채찍질을 아니
<small>『』: 비현실적, 전기적 요소</small>
하고 제 가는 대로 두어도 비룡의 조화를 부려 순식간에 몇 천 리를 갈 줄 모르는데, 하물며 제 임자가 정색을 하고 말하고 또 산호 채로 채찍질하니 어찌 아니 급히 갈까. 눈 한 번 꿈쩍하는 사이에 황성 밖을 얼른 지나 변수 가에 다다랐다.』

이때 천자는 백사장에 엎어져 있고 한담이 칼을 들고 천자를 치
<small>무능력한 왕실에 대한 인식이 반영됨</small>

려 했다. 원수가 이때를 당해 평생의 기력을 다해 호통을 지르니, 천사마도 평생의 용맹을 다 부리고 변화 좋은 장성검도 삼십삼천*에 어린 조화를 다 부린다. 원수가 닿는 곳에 강산도 무너지고 큰 강과 바다도 뒤엎어지는 듯하니, 귀신인들 아니 울며 혼백인들 아니 울리오. 원수의 혼신이 불빛 되어 벼락같은 소리를 지르며 왈,

"이놈 정한담아, 우리 천자 해치지 말고 나의 칼을 받아라!"

하는 소리에, 『나는 짐승도 떨어지고 강신 하백도 넋을 잃어버릴
<small>『』: 과장된 표현</small>
지경이거든 정한담의 혼백인들 성할쏘냐.』『원수의 호통 소리에 한
<small>『』: 충렬의 비범한 능력 ③</small>
담의 두 눈이 캄캄하고 두 귀가 멍멍하여 탔던 말을 돌려 타고 도망가려다가 형산마가 거꾸러지면서 한담도 백사장에 떨어졌다.』

한담이 창검을 갈라 들고 원수를 겨누는 순간 구만장천* 구름 속
<small>충렬의 비범한 능력 ③</small>
에 번개 칼이 번쩍하면서 한담의 장창 대검이 부서졌다. 원수 달려들어 한담의 목을 산 채로 잡아 들고 말에 내려 천자 앞에 복지*했다.
<small>유충렬의 영웅적 면모와 대조되는 천자의 초라한 모습 → 유충렬의 영웅적 면모 강조, 무능한 왕실의 모습 반영</small>
이때 천자는 백사장에 엎드린 채 반생반사 기절해 누웠거늘, 원수 천자를 붙잡아 앉히고 정신을 차리게 한 후에 엎드려 아뢰길,

"소장이 도적을 함몰하고 한담을 사로잡아 말에 달고 왔나이다."

하니, 천자 황망* 중에 원수란 말을 듣고 벌떡 일어나 보니 원수가 땅에 엎드려 있는지라. 달려들어 목을 안고 말하기를,

"네가 일정 충렬이냐? 정한담은 어디 가고 네가 어찌 여기에 왔느냐? 내가 거의 죽게 되었더니, 네가 와서 살렸구나!" / 하시었다.

- 작자 미상, 〈유충렬전〉 -

* 입시(入侍): 대궐에 들어가서 임금을 뵙던 일.
* 절분하다(切忿하다): 몹시 원통하고 분하다.
* 곤핍하다(困乏하다): 아무것도 할 기력이 없을 만큼 지쳐 몹시 고단하다.
* 몽중(夢中): 꿈을 꾸는 동안.
* 원찬하다(遠竄하다): 먼 곳으로 귀양을 보내다.
* 산천초목(山川草木): 산과 내와 풀과 나무라는 뜻으로, '자연'을 이르는 말.
* 용상(龍牀): 임금이 정무를 볼 때 앉던 평상.
* 통천관(通天冠): 황제가 정무를 보거나 조칙을 내릴 때 쓰던 관.
* 황천(皇天): 우주를 창조하고 주재한다고 믿어지는 초자연적인 절대자.
* 청병(請兵): 군대의 지원을 청하거나 출병하기를 청함. 또는 청하여 온 군대.
* 자미성(紫微星): 큰곰자리 부근에 있는 자미원의 별 이름. 북두칠성의 동북쪽에 있는 열다섯 개의 별 가운데 하나로, 중국 천자의 운명과 관련된다고 한다.
* 천사마(천리마(千里馬)): 하루에 천 리를 달릴 수 있을 정도로 좋은 말.
* 명재경각(命在頃刻): 거의 죽게 되어 곧 숨이 끊어질 지경에 이름.
* 삼십삼천(三十三天): 불교에서 말하는 삼십삼 개의 하늘.
* 구만장천(九萬長天): 아득히 높고 먼 하늘.
* 복지(伏地): 땅에 엎드림.
* 황망(慌忙): 마음이 몹시 급하여 당황하고 허둥지둥하는 면이 있음.

01 서술상의 특징 파악하기 답 | ⑤

윗글의 서술상의 특징으로 적절하지 않은 것은?

정답 선지 분석

⑤ 필연적이고 인과적인 관계를 맺는 사건들이 병렬적으로 배치되어 있다.

윗글에서는 '뜻밖에 달빛이 희미해지더니 난데없는 빗방울이 원수의 얼굴 위에 떨어졌다'라고 하며 사건의 우연성과 비현실적 요소를 통해 유충렬의 비범한 능력을 강조하고 있다.

오답 선지 분석

① 발화를 통해 인물 간의 외적 갈등이 드러나고 있다.

윗글에서는 정한담의 발화를 통해 정한담과 천자의 외적 갈등이, 유충렬의 발화를 통해 유충렬과 정한담의 외적 갈등이 드러나고 있다.

② 서술자가 개입하여 작중 상황에 대해 평가하고 있다.

윗글에서는 '어찌 황천인들 무심하리오.'와 같이 서술자가 사건 전개에 개입하여 작중 상황에 대해 평가를 내리고 있다.

③ 서로 다른 장소에서 동시에 발생한 사건을 제시하고 있다.

윗글에서 정한담이 도성에 쳐들어가 천자를 위협하는 사건과 유충렬이 금산성에서 적군을 무찌르는 사건은 동시에 발생한 사건이다.

④ 전형적인 영웅의 일대기 구조를 바탕으로 이야기가 전개된다.

유충렬이 고난과 역경을 극복한 후 위기에 처한 나라를 구한 것은 전형적인 영웅의 일대기 구조에 해당한다.

02 발화 내용 파악하기 답 | ④

[A]와 [B]의 인물의 발화에 대한 설명으로 적절한 것은?

정답 선지 분석

④ [A]에서는 비유적인 표현을 사용하여 인물의 심정을 드러내고 있고, [B]에서는 자신의 능력을 과시하고 있다.

[A]에서는 "천지 아득하고 일월이 무광하옵니다."라고 하며 비유적 표현을 통해 인물의 참담한 심정을 드러내고 있으며, [B]에서는 천자를 잡기 위해 '십 년을 공부해 변화무궁'하다고 말함으로써 자신의 능력을 과시하고 있다.

오답 선지 분석

① [A]에서는 과거의 행위를 후회하고 있으며, [B]에서는 미래의 일을 예견하고 있다.

[A]에서는 과거의 행위를 후회하고 있지 않으며, [B]에서는 미래의 일을 예견하고 있지 않다.

② [A]에서는 중국의 고서를 예로 들고 있고, [B]에서는 자신의 경험을 들어 이야기하고 있다.

[A]에서는 중국의 고서를 예로 들고 있지 않으며, [B]에서는 자신의 경험을 들어 이야기하고 있지 않다.

③ [A]에서는 상대방의 동정심을 유발하고 있으며, [B]에서는 상대방에게 동정심을 느끼고 있다.

[A]에서는 아버지 유신과 강희주의 죽음을 언급하며 상대방의 동정심을 유발하고 있다고 볼 수 있으나, [B]에서는 상대방에게 동정심을 느끼고 있지 않다.

⑤ [A]에서는 인물의 잘못을 직접적으로 지적하며 원망하고 있고, [B]에서는 변명을 통해 억울함을 호소하고 있다.

[A]에서는 인물의 잘못을 직접적으로 지적하는 것이 아니라, 정한담의 말을 듣고 유심과 강희주를 유배 보낸 사실을 우회적으로 비판하며 원망하고 있으며, [B]에서는 변명을 통해 억울함을 호소하고 있지 않다.

03 외적 준거를 참고하여 작품 이해하기 답 | ④

보기 를 참고하여 윗글을 감상한 내용으로 적절하지 않은 것은?

보기

〈유충렬전〉의 창작에는 윗글의 창작 배경에는 병자호란이 바탕이 되었다는 견해가 일반적이다. 병자호란 당시 인조는 백성을 버리고 남한산성으로 피란을 갔는데, 이러한 무능력한 왕권과 위기에 처한 지배층의 초라한 모습을 작품을 통해 비판하고자 한 것이다. 또한 병자호란 패배의 굴욕을 허구적 세계 속에서 극복하고, 민족적 자존심을 회복하고자 하였다. 이외에도 충신과 간신의 대립을 통해 유교 질서를 확고히 하고자 하였으며, 세력을 잃은 양반 계층의 권력 회복에 대한 소망이 반영되었다.

정답 선지 분석

④ 정한담이 천자의 옥새를 빼앗으려 한 것은 당시 무능한 왕권에 대한 분노와 권력을 되찾고자 하는 몰락한 지배층의 야욕을 보여 주는 것이라 볼 수 있겠군.

정한담이 천자에게 '옥새를 바치'라고 한 것은 적과 내통하여 천자가 되고자 한 것일 뿐, 몰락한 지배층의 야욕을 보여 주는 것으로 볼 수 없다.

오답 선지 분석

① 유충렬의 비범한 능력으로 호국을 정벌한 것은 병자호란 당시의 고통과 패배를 문학적으로 보상받고자 한 것이군.

유충렬이 금산성에서 적군 십만 명을 한칼에 무찌르고, 정한담과의 대결에서 승리하는 것은 병자호란 당시의 굴욕을 허구의 세계인 소설을 통해 극복하고자 한 것으로 볼 수 있다.

② 정한담의 공격으로 허둥지둥 도망가는 천자의 모습을 통해 병자호란 당시 강화도로 피란을 간 임금에 대한 비판적 인식을 엿볼 수 있군.

정한담의 공격으로 '엎어지며 자빠지며' 도망가는 천자의 모습을 통해 병자호란 당시 강화도로 피란을 간 인조에 대한 비판적 인식을 엿볼 수 있다.

③ 유충렬의 영웅적 면모와 달리 백사장에 엎어져 있는 천자의 모습을 통해 유충렬의 영웅적 면모를 부각함과 동시에 왕가의 비굴함을 풍자하고 있군.

위기의 순간에 천자를 구해내고 정한담을 물리치는 유충렬의 영웅적 면모와 달리, 백사장에 엎어져 있는 천자의 초라한 모습을 통해 유충렬의 영웅적 면모를 부각함과 동시에 왕가의 비굴한 모습을 풍자하고 비판하고자 한 것으로 볼 수 있다.

⑤ 아버지와 장인이 천자에게 죽임을 당하였음에도 국가와 군주를 위해 목숨을 바치는 유충렬과, 나라를 배신한 정한담의 대결 구조를 통해 유교적 질서를 드러내는군.

아버지 유심과 장인 강희주가 억울한 누명으로 죽임을 당하였음에도 불구하고 천자와 나라를 위해 전장에 나가 싸우는 충신 유충렬과 나라를 배신하고 적과 내통한 간신 정한담의 대립을 통해 유교 사상에서 강조하는 충의 이념을 드러내고, 충신으로서의 면모를 부각하고 있다.

04 작품의 내용 파악하기

보기 의 ㉠과 ㉡에 해당하는 인물을 찾아 차례대로 쓰시오.

(단, 각각 3음절로 쓸 것.)

보기

〈유충렬전〉은 ㉠ 선과 ㉡ 악의 대립을 통해 사건이 전개되는데, 이러한 선악의 대립을 통해 권선징악의 교훈을 남긴다.

정답

유충렬, 정한담

04강

| 본문 | 45쪽

작문 알베르 카뮈의 소설 〈페스트〉

◀ 빠른 정답 체크 **01** ② **02** ②

가 작문 상황

- **작문 목적:** 도서부 선정 '3월의 책'인 〈페스트〉의 독서 〈주제〉 〈갈래〉
  감상문을 작성한다.
- **예상 독자:** 우리 학교 학생들
- **글을 쓸 때 고려할 사항**
  - 작품의 특징을 다양한 측면에서 소개한다.
  - 학생들이 〈페스트〉를 읽도록 권유한다.

나 학생의 초고

　도서부 선정 '3월의 책'은 알베르 카뮈의 소설 〈페스트〉이다.
이 책은 1947년에 발표된 작품으로 오랑이라는 도시가 페스트로
　　　　　　　　　　　　　　　　〈페스트〉의 내용
인해 봉쇄되면서 전염병에 맞서는 다양한 인간을 다룬 소설이다.
작가는 사람들이 매일같이 죽어 나가는 끔찍한 모습을 매우 담담
　　　　　　　　　　　　　　〈페스트〉의 특징①
한 어조로 서술하고 있다. 그는 오랑에서 머물던 중 전염병으로
　　　　　　　　　　　　　〈페스트〉의 바탕이 된 카뮈의 경험
수많은 사람이 죽는 것을 목격하였고 이때의 경험을 작품 속에
　　　　　　　　　　　　　　　　　　〈페스트〉의 특징②
사실적으로 담아내었다.
　　　　　　　▶ 1문단: 알베르 카뮈의 〈페스트〉의 내용과 특징

[A]
　「〈페스트〉의 등장인물은 전염병의 창궐이라는 비극적 재난
　　　　　　　　　　　　〈페스트〉의 인물 유형을 나누는 기준
상황에 대응하는 방식에 따라 두 가지 유형으로 나뉜다. 긍정
적 인물 유형으로는 보건대 조직을 제안하는 타루를 비롯하
여 의사 리외, 공무원 그랑, 성직자 파늘루, 기자 랑베르가 있
다. 이들은 동지애를 발휘하여, 페스트에 걸려 고통받는 사람
　　　　　　　　　　　　긍정적인 인물 유형의 대응 방식
들을 돕는다. 반면 부정적 인물인 코타르는 비극적 재난을 틈
　　　　　　　　　　　　　　　　부정적인 인물 유형의 대응 방식
타 밀수로 부를 축적하는 이기적인 모습을 보인다.」 이런 대조
　　　　　　　　　　　　　　　　　「」: 〈페스트〉 속 인물 유형을 두 가지로 단순화하여 제시
를 통해 카뮈는 공동체의 어려움을 이겨내기 위해서는 구성
　　　　　　　　　　　　　　　　　　　　　　　　〈페스트〉의 주제
원들의 연대 의식이 필요함을 역설한다.
　　　　　　　▶ 2문단: 〈페스트〉 속 인물들을 통해 나타나는 주제 의식
카뮈는 '탁월한 통찰과 진지함으로 우리 시대 인간의 정의를 밝
　　　　　　　　　　　　　　　　　카뮈에 대한 평가
힌 작가'라는 평을 받으며 1957년에 노벨 문학상을 수상하였다.
그는 수상 후의 연설에서, 예술은 인간의 보편적인 감정을 제시
　　　　　　　　　　　　　　알베르 카뮈의 예술관
하여 많은 사람들을 감동시키는 수단이라고 하였다. 작가가 말한
것처럼 〈페스트〉는 모두가 공감할 수 있는 현실의 모습과 정서를
　　　　　　　작품의 가치
표현하고 있다. 「따뜻한 봄이 왔지만 여전히 마음이 춥다면 〈페스
　　　　　　　　　　　　　「」: 〈페스트〉를 읽었을 때의 효용을 밝히며 읽기를 권유

트)를 읽어보자. 어려움에 처한 사람이라면 이 책을 읽고 자신의
상황에 대처할 수 있는 실마리를 얻을 수 있을 것이다.」
　　　　　　　　　　　▶ 3문단: 알베르 카뮈의 예술관과 〈페스트〉의 가치

01 초고 작성을 위한 자료 활용 파악하기　　답 | ②

보기는 윗글을 쓰기 위해 학생이 참고한 자료이다. 학생의 자료 활용에
대한 설명으로 적절하지 <u>않은</u> 것은?

보기

ㄱ. 알베르 카뮈(1913~1960)는 프랑스의 소설가로 '탁월한 통찰과 진지
함으로 우리 시대 인간의 정의를 밝힌 작가'라는 평을 받으며 1957년
에 노벨 문학상을 수상하였다. 주요 작품으로는 〈이방인〉, 〈페스트〉
등이 있다.
　　　　　　　　　　　　　- 문학가 사전의 '알베르 카뮈' 항목 중 일부

ㄴ. 제가 보기에 예술이란 고독한 향락이 아닙니다. 그것은 인간의 공통
적인 괴로움과 기쁨의 유별난 이미지를 제시함으로써 최대 다수의
사람들을 감동시키는 수단입니다.
　　　　　　　　　　　　　- 카뮈의 노벨 문학상 수상 후 연설 중 일부

ㄷ. 1941년부터 오랑에서 생활하던 카뮈는 그 지역에 장티푸스가 창궐
하여 매일같이 사람들이 죽어가는 상황과 그로 인해 발생하는 혼란
을 목격하였다. 이때의 경험은 〈페스트〉의 창작에 영감을 주었다.
　　　　　　　　　　　　　　　　　- 출판사의 책 소개 중 일부

정답 선지 분석

② ㄴ을 활용하여 예술의 필요성에 대한 작가의 인식이 작품 창작의 동기가 되
었음을 설명하고 있다.
　ㄴ은 '카뮈의 노벨 문학상 수상 후 연설 중 일부'로 이 자료를 '예술의 필요성에 대한
작가의 인식'을 드러내는 자료라고는 볼 수 있지만, 초고를 쓴 학생이 ㄴ을 '작품의 창
작 동기'와 연결 지어 활용하고 있다고 보기 어렵다.

오답 선지 분석

① ㄱ을 활용하여 작가에 대한 평가를 제시하고 있다.
　ㄱ은 문학가 사전의 '알베르 카뮈' 항목의 일부이다. 초고를 쓴 학생은 ㄱ을 활용하여
'탁월한 통찰과 진지함으로 우리 시대 인간의 정의를 밝힌 작가'와 같이 작가에 대한
평가를 제시하고 있다.

③ ㄴ을 활용하여 작품이 보편적인 공감을 획득하고 있음을 작가의 예술관과
연결하여 드러내고 있다.
　ㄴ은 카뮈의 노벨 문학상 수상 후 연설 중 일부이다. 초고를 쓴 학생은 ㄴ을 활용하여
'작가가 말한 것처럼 〈페스트〉는 모두가 공감할 수 있는 현실의 모습과 정서를 표현하
고 있다'와 같이, 작가의 예술관과 연결하여 작품이 보편적인 공감을 획득하고 있음을
제시하고 있다.

④ ㄷ을 활용하여 특정 도시가 작품 속 공간으로 설정된 배경을 드러내고 있다.
　ㄷ은 이 책을 펴낸 출판사의 책 소개 중 일부이다. 초고를 쓴 학생은 ㄷ을 활용하여 '그
는 오랑에서 머물던 중 전염병으로 수많은 사람이 죽는 것을 목격하였고 이때의 경험
을 작품 속에 사실적으로 담아내었다'와 같이 카뮈가 1941년 생활했던 오랑이 작품
속 공간으로 설정된 배경을 드러내고 있다.

⑤ ㄷ을 활용하여 전염병에 대한 작가의 경험이 작품의 사실성을 갖추는 데 기
여하였음을 밝히고 있다.
　ㄷ은 이 책을 펴낸 출판사의 책 소개 중 일부이다. 초고를 쓴 학생은 ㄷ을 활용하여 '그
는 오랑에서 머물던 중 전염병으로 수많은 사람이 죽는 것을 목격하였고 이때의 경험
을 작품 속에 사실적으로 담아내었다'라고 하며 작가의 경험이 작품이 사실성을 갖추
는 데 기여하였음을 밝히고 있다.

보기 는 선생님의 조언에 따라 [A]를 수정한 것이다. 선생님이 했을 조언으로 가장 적절한 것은?

보기

　작가는 재난이라는 상황을 부각하기보다 그 속에서 살아가는 인간의 다양한 모습에 주목한다. 최전선에서 환자를 치료하는 의사 리외, 민간 보건대 조직을 주도한 타루, 묵묵히 자신의 임무를 수행하는 말단 공무원 그랑, 신념과 다르게 돌아가는 현실 속에서 내적 갈등으로 고민하는 성직자 파늘루, 탈출을 시도하다 오랑에 남아 페스트와 싸운 기자 랑베르, 혼란 속에서 자신의 이익을 추구하는 밀수업자 코타르 등 비극적인 재난 속에서 작품의 인물들은 각자의 선택을 한다. 페스트라는 질병과의 전쟁 속에서 매일 패배하면서도 굴하지 않는 다양한 인간 군상을 통해, 카뮈는 '인간은 어떤 존재여야 하는가?'라는 질문을 던지고 그에 대한 답을 암시한다.

정답 선지 분석

② 인물 유형을 단순화하기보다는 다양한 인물의 모습을 보여 주고, 뒤 문단에서 언급된 작가에 대한 평가와 자연스럽게 연결될 수 있는 내용으로 문단을 마무리하는 게 좋겠어.
　〈보기〉의 글은 '학생의 초고'의 [A]를 선생님의 조언에 따라 수정한 것이다. [A]에서는 인물의 유형을 긍정적인 유형과 부정적 유형, 두 가지로만 나누어 인물 유형을 단순화하여 제시하고 있다. 〈보기〉에서는 인물의 유형을 단순화하기보다 작품에 드러나는 다양한 인물의 모습을 제시하고 있다. 또한 [A]는 카뮈가 '공동체의 어려움을 이겨내기 위해서 구성원들의 연대 의식이 필요함을 역설했다'와 같은 언급으로 마무리되고 있고, 〈보기〉는 '다양한 인간 군상을 통해, 카뮈는 '인간은 어떤 존재여야 하는가?'라는 질문을 던지고 그에 대한 답을 암시한다'와 같은 언급으로 마무리하고 있는데, 이는 뒤 문단에서 언급된 작가에 대한 평가와 자연스럽게 연결된다.

오답 선지 분석

① 책의 장점만 제시하기보다 책의 단점에 대해서도 언급하고, 책에 대한 균형 잡힌 시각을 드러낼 수 있는 내용으로 문단을 마무리하는 게 좋겠어.
　〈보기〉의 내용에서는 '책의 단점'과 관련된 언급을 찾을 수 없다.

③ 인물 간 갈등의 원인만 제시하기보다는 갈등의 해소 과정을 보여 주고, 갈등 상황에 대처할 때 독자가 가져야 할 태도와 마음가짐에 대한 내용으로 문단을 마무리하는 게 좋겠어.
　학생이 [A]에서 인물 간 갈등의 원인을 제시했다고 보기 어렵고, 〈보기〉의 내용이 갈등의 해소 과정을 드러냈다고 보기 어렵다. 또한 〈보기〉에서 수정된 문단의 마무리 부분에 갈등 상황에 대처할 때 가져야 할 태도에 대한 내용이 제시되었다고 보기 어렵다.

④ 인물에 대한 정보를 간략하게 제시하기보다는 소설 속 인물의 행동을 자세하게 언급하고, 우리 사회에 필요한 바람직한 인간상을 제시하는 내용으로 문단을 마무리하는 게 좋겠어.
　학생이 [A]에서 〈보기〉로 글을 수정하면서 작품의 인물에 대한 정보를 자세하게 언급한 측면이 일부 있지만, 그 내용이 수정된 글 〈보기〉에서 '우리 사회에 필요한 바람직한 인간상을 제시하는 내용'으로 연결되어 글이 마무리되고 있다고 보기는 어렵다.

⑤ 책의 내용을 자세하게 소개하는 대신 책에서 받은 인상을 간략하게 제시하고, 뒤 문단에서 언급된 독서 행위의 의미를 이끌어 낼 수 있는 내용으로 문단을 마무리하는 게 좋겠어.
　학생이 [A]에서 〈보기〉로 글을 수정한 방향을 책의 내용을 자세하게 소개하는 대신, 책에서 받은 인상을 간략하게 제시한 것으로 설명하는 것은 적절하지 않다.

빠른 정답 체크　01 ⑤　02 ④　03 ②　04 직접음, 반사음

　사람은 앞을 본 채 걷다가도 뒤에서 달려오는 친구의 발자국 소리를 들을 수 있고, 휴대전화의 벨소리가 멀리서 울리는지 가까이서 울리는지 지각할 수 있다. 기존 미디어에서는 이러한 공간감을 충분히 구현하지 못했으나 최근에는 위치감과 거리감이 느껴지는 음향 효과를 내기 위한 다양한 시도가 이루어지고 있다.
기존 미디어의 한계
입체적인 음향을 위한 노력
이렇게 공간감이 있는 음향을 입체 음향이라 하는데, 입체 음향은 어떠한 원리로 만들어질까?
입체 음향
▶ 1문단: 기존 미디어의 음향의 한계

　소리의 전달 경로는 크게 사람의 외부와 내부로 구분할 수 있다. 외부로 소리가 전달될 경우 실내의 벽이나 천장 등에 의해 소리가 반사, 회절*, 산란*되는데 이러한 전달 경로를 공간 전달계라고 부른다. 반면, 사람의 내부로 전달될 때는 인간의 머리와 귓바퀴에 의해 소리가 반사, 회절, 공진*되는데 이를 머리 전달계라고 한다. 이러한 두 전달 경로의 특성에 의해 사람은 음원에 대한 공간적 단서를 지각할 수 있게 된다.
소리의 전달 경로 ①　소리의 전달 경로 ②
공간 전달계의 특성
머리 전달계의 특성
공간 전달계와 머리 전달계의 기능
▶ 2문단: 소리의 두 가지 전달 경로

〈그림〉

『사람의 귀는 귀에서 가까이 위치한 음원의 소리를 먼저 듣기 때문에 이를 통해 음원의 위치를 파악할 수 있다.』또한 두 귀에 들어오는 소리의 시간차를 활용할 수 있다. 『동일한 음원이 짧은 시간 간격을 두고 서로 다른 방향에서 들린다면, 인간의 뇌는 먼저 소리가 들리는 곳에 음원이 있다고 판단하게 된다.』이를 '선행음 효과'라고 한다. 〈그림〉과 같이 사람의 머리를 기준으로 왼쪽에 음원이 위치할 경우 그 소리는 왼쪽 귀에 먼저 닿고, 오른쪽 귀에는 소리가 회절되어 늦게 도달하게 된다. 따라서 음원이 왼쪽에 있다고 판단하는 것이다. 선행음 효과는 직접음과 반사음에도 적용되는데, 실내에서 벽에 반사된 음원은 사람의 귀에 직접 도착하는 직접음보다 늦게 도달하기 때문에 직접음을 통해 음원의 위치를 인지할 수 있게 된다. 마지막 단서는 소리의 크기이다. 가까운 곳에서 들리는 음의 크기가 더 클 것이므로 사람의 뇌는 소리의 크기에 따라 음원과의 거리를 지각하는 것이다. 또한 왼쪽에서 발생한 소리는 왼쪽 귀에 크게 들리고 오른쪽 귀에 작게 들리기 때문에 이를 통해 방향감도 느낄 수 있다.
『_』: 음원의 위치를 파악하는 방법 ①
음원의 위치를 파악하는 방법 ②
『_』: 음원의 방향을 인지할 수 있는 선행음 효과
음원의 위치를 파악하는 방법 ③
소리의 크기의 기능 ①
소리의 크기의 기능 ②
▶ 3문단: 음원의 위치를 인지할 수 있는 방법

　입체 음향은 이러한 원리를 이용하여 만든다. 입체 음향을 만드는 가장 쉬운 방법은 사람이 있는 위치를 기준으로 사방에서 소리
음원의 위치 파악
입체감을 구현하는 방법 ①

를 들려줌으로써 공간감을 제공하는 것이다. 이를 위해서는 하나의 공간에 많은 스피커를 위치시켜 음원을 재생해야 한다. 이때 청취자는 스피커의 중심점에 있을 때 입체감을 적절히 느낄 수 있다. 그러나 이 경우 비용이 많이 든다는 단점이 있다. 한편, 양쪽 귀에

^{사방에서 소리를 들려주는 방식의 단점}
장착하는 헤드셋으로 입체감을 구현하기도 하는데, 특정 음역대의
_{입체감을 구현하는 방법 ②   헤드셋을 이용하여 입체감을 구현하는 방법 ①}
음원의 음량을 조절하거나 특정 음원의 재생 시점에 변화를 줌으
_{헤드셋을 이용하여 입체감을 구현하는 방법 ②}
로써 공간감을 부여하는 것이다.
▶ 4문단: 음원의 위치를 파악하여 입체감을 구현하는 방법

입체 음향을 구현하기 위해서는 음원의 추출 과정이 매우 중요
_{입체 음향을 구현할 때의 유의점 ①}
하다. 「음원의 거리감과 방향감을 위해서는 위치가 다른 마이크를
「: 입체 음향을 구현하기 위해 음원을 추출하는 방법
사용해 녹음하는 방식으로 음원을 추출해야 한다.」 최근에는 인간의 머리와 귀 모양을 본뜬 모형에 마이크를 심어 음원을 녹음하기도 한다. 이후 음원이 추출된 공간의 특성과 음원의 위치 정보를
_{입체 음향을 구현할 때의 유의점 ②}
고려해 수학적으로 음원을 분석하고 최적화해야 한다.
▶ 5문단: 입체 음향을 구현할 때의 유의점

* 회절(回折): 파동의 전파가 장애물 때문에 일부가 차단되었을 때 장애물의 그림자 부분에까지도 파동이 전파하는 현상.
* 산란(散亂): 파동이나 입자선이 물체와 충돌하여 여러 방향으로 흩어지는 현상.
* 공진(共振): 진동하는 계의 진폭이 급격하게 늘어남.

01 세부 내용 이해하기   답 | ⑤

윗글에 대한 설명으로 적절하지 않은 것은?

정답 선지 분석

⑤ 입체 음향을 구현하기 위해서는 다양한 방식을 통해 음원을 분석한 후 이를 추출하는 과정을 거쳐야 한다.

5문단에서 입체 음향을 구현하기 위해서는 음원을 추출하는 과정을 거친 후 추출된 공간의 특성과 음원의 위치 정보를 고려하여 수학적으로 음원을 분석하고 최적화하는 과정도 필수적이라고 하였다. 이에 따르면, 음원 분석 이전에 음원 추출이 이루어져야 한다.

오답 선지 분석

① 소리의 전달 경로에는 공간 전달계와 머리 전달계가 있다.

2문단에서 소리의 전달 경로는 사람의 외부에서의 전달 경로와 내부에서의 전달 경로로 나뉜다고 하였고, 전자를 공간 전달계, 후자를 머리 전달계라고 하였으므로 적절하다.

② 소리의 반사와 회절은 모두 소리의 전달 경로에서 일어나는 현상이다.

2문단에서 두 가지의 소리의 전달 경로 모두에서 반사와 회절이 발생한다고 하였으므로 적절하다.

③ 헤드셋에서는 음량 조절과 음원 재생 시점의 변화로 입체 음향을 구현한다.

4문단에서 헤드셋에서 입체감을 부여하기 위해 특정 음역대의 음원의 음량을 조절하거나 특정 음원의 재생 시점에 변화를 주는 방식으로 음원에 공간감을 부여한다고 하였으므로 적절하다.

④ 최근에는 인간의 머리 모형을 본뜬 모형을 활용하여 음원을 추출하기도 한다.

5문단에서 최근에는 인간의 머리와 귀 모양을 본뜬 모형에 마이크를 심어 실제 음원을 녹음하기도 한다고 하였으므로 적절하다.

02 세부 내용 추론하기   답 | ④

윗글의 <그림>에 대한 이해로 가장 적절한 것은?

정답 선지 분석

④ ⓑ와 ⓒ의 도달 시간의 차이가 있더라도 ⓑ를 통해 음원의 방향을 인지할 수 있다.

3문단에 따르면 동일한 음원이 짧은 시간 간격을 두고 서로 다른 방향에서 귀에 소리가 들어올 경우 인간의 뇌는 먼저 들리는 곳에 음원이 있다고 판단하고, 이를 통해 음원의 방향을 인지할 수 있으므로 적절하다.

오답 선지 분석

① ⓐ와 ⓑ의 도달 시간의 차이가 짧으면 서로 다른 음원으로 인지할 수 있다.

3문단에서 동일한 음원이 짧은 시간 간격을 두고 서로 다른 방향에서 귀에 소리가 들어올 경우 인간의 뇌는 먼저 들리는 곳에 음원이 있다고 판단하는 '선행음 효과'가 일어난다고 하였다. 이는 소리의 도달 시간의 차이가 짧으면 하나의 음원으로 인지한다는 것이므로 적절하지 않다.

② ⓐ와 ⓒ의 도달 시간의 차이가 없을 경우 음원의 방향을 인지하기 어려워진다.

3문단에 따르면 <그림>에서 방향감을 인지하는 것은 가장 먼저 도달하는 ⓑ를 통해 음원의 방향을 인지하는 선행음 효과 때문이다. ⓐ와 ⓒ의 도달 시간의 차이와 음원의 방향에 대한 인지는 관련이 없다.

③ ⓐ와 ⓓ의 음량의 차이가 없을 경우 음원의 방향을 인지하기 어려워진다.

3문단에 따르면 <그림>에서 방향감을 인지하는 것은 가장 먼저 도달하는 ⓑ를 통해 음원의 방향을 인지하는 선행음 효과 때문이다. ⓐ와 ⓓ의 음량의 차이와는 관련이 없다.

⑤ ⓒ와 ⓓ의 도달 시간의 차이를 통해 음원의 거리감을 인지할 수 있다.

3문단에 따르면 음원의 거리감을 인지하는 것은 귀에 소리가 도달하는 시간의 차이 때문이 아니라 소리의 크기 때문이다.

03 구체적 상황에 적용하기   답 | ②

윗글을 바탕으로 보기 를 이해한 내용으로 적절하지 않은 것은?

보기

현대 사회에서 대형 TV가 등장하면서 '사운드바'라고 불리는 길고 얇은 스피커가 인기를 끌고 있다. 사운드 바는 한 개의 스피커처럼 보이지만 내부에는 수십 개의 스피커가 들어가 있으며, 이 스피커가 실내의 각기 다른 방향과 다른 음량으로 소리를 출력한다. 이 소리들은 실내의 벽에 반사되어 청취자에게 도달함으로써 입체 음향을 구현한다.

정답 선지 분석

② 사운드바를 이용할 경우 청취자의 위치와 상관없이 최적의 공간감을 구현할 수 있다.

4문단에서 실내 곳곳에 여러 개의 스피커를 사용하는 청취자는 스피커의 중심점에 있을 때 입체감을 적절히 느낄 수 있다고 하였다. <보기>에서 사운드바의 내부 스피커들이 각기 다른 방향으로 소리를 출력할 경우 실내의 벽에 반사되어 다양한 방향으로 청취자에게 도달하게 된다. 이 경우 하나의 공간에 많은 스피커를 위치시킨 것과 유사한 효과를 가져올 수 있다. 따라서 청취자는 내부 스피커들이 출력하는 소리들이 반사되는 상황을 고려하여 스피커의 중심점에 있어야 최적의 공간감을 느낄 수 있다.

오답 선지 분석

① 사운드바로 실내 곳곳에 여러 개의 스피커를 둔 것과 유사한 효과를 거둘 수 있다.

<보기>에서 입체 음향을 구현하는 사운드바의 내부 스피커들이 실내에서 각기 다른 방향으로 소리를 출력한다고 하였다. 이 경우 소리들은 실내의 벽에 반사되어 각 내부 스피커의 음원들이 각기 다른 방향에서 시간차를 두고 청취자에게 도달하게 된다. 이는 하나의 공간에 많은 스피커를 위치시킨 것과 유사한 효과를 가져올 수 있다.

③ 사운드바에서 출력되는 소리들은 위치가 다른 여러 개의 마이크로 추출한 음원들에 해당한다.

〈보기〉에서 사운드바의 내부 스피커들이 각기 다른 방향과 음량으로 소리를 출력하는 것은 입체 음향을 구현하기 위한 것이다. 4문단에서 입체 음향을 구현하기 위해서는 여러 개의 마이크로 녹음하는 방식으로 음원을 추출한다고 하였으므로 적절하다.

④ 서로 다른 내부 스피커에서 음량이 다른 소리가 출력됨으로써 청취자는 거리감과 방향감을 느낄 수 있다.

3문단에서 다른 음원의 소리 크기 차이가 거리감과 방향감을 느끼게 한다고 하였으므로 〈보기〉에서 사운드바의 내부 스피커들이 각기 다른 음량으로 소리를 출력하는 것 역시 거리감과 방향감을 느끼게 할 수 있다.

⑤ 서로 다른 내부 스피커에서 출력되는 소리들은 청취자에게 도달하는 시간이 다르기 때문에 입체 음향을 구현하는 요소가 된다.

〈보기〉에서 사운드바의 내부 스피커들이 각기 다른 방향으로 소리를 출력한다고 하였다. 이 경우 스피커에서 나오는 각 음원들의 실내의 벽까지 도달하는 시간과 반사되어 청취자에게 도달하는 시간이 달라지게 된다. 이는 청취자로 하여금 거리감을 느끼게 하고, 거리감은 입체 음향을 구현하는 요소 중 하나이기 때문에 적절하다.

04 세부 내용 파악하기

㉠, ㉡에 들어갈 말로 적절한 것을 윗글에서 찾아 차례대로 쓰시오.

(㉠)은/는 음원으로부터 청취자에게 반사되지 않고 가장 먼저 도달하는 음을 의미하고 (㉡)은/는 벽이나 어떤 물체에 부딪히고 반사되어 생성되는 소리이다. 이러한 소리를 이용하면 음원의 위치를 파악할 수 있다.

정답

직접음, 반사음

문학 1 까마귀 눈비 맞아(박팽년)

빠른 정답 체크 01 ① 02 ④ 03 ③ 04 낙락장송

□ : 세조의 왕위 찬탈과 관련된 혼란한 시대 상황
까마귀 **눈비** 맞아 희는 듯 검노매라
부정적인 존재 → 세조의 왕위 찬탈에 동조한 사람들, 간신 ▶ 흰 듯 보이지만 검은 까마귀
야광명월*이 **밤**인들 어려우랴 ∼ : 설의법 사용
긍정적인 존재 → 단종 복위 운동을 펼친 사람들, 충신 ▶ 밤에도 밝게 빛나는 야광명월
임 향한 ㉠ 일편단심이야 변할 줄이 있으랴
단종   임(단종)을 향한 변치 않는 충성심   ▶ 임을 향한 일편단심
                              - 박팽년, 〈까마귀 눈비 맞아〉 -

* 야광명월(夜光明月): 밤에 밝게 빛나는 달.

01 표현상의 특징 파악하기

답 | ①

윗글에 대한 설명으로 가장 적절한 것은?

정답 선지 분석

① 설의적 표현을 활용하여 화자의 의지를 드러내고 있다.
윗글은 설의법을 사용하여 임을 향한 변함없는 충성심을 드러내고 있다.

오답 선지 분석

② 대조적인 시어를 사용하여 주제를 직접적으로 제시하고 있다.
윗글은 부정적인 속성을 지닌 '까마귀'와 긍정적인 속성을 지닌 '야광명월'을 대조하여 주제를 우회적으로 제시하고 있다.

③ 명암의 대비를 통해 대상에 대한 인식의 변화를 유도하고 있다.
윗글은 어두운 '까마귀'와 밝은 '야광명월'의 명암 대비를 통해 어두운 상황에서도 빛나는 '야광명월'을 강조하고 있는 것이지, 대상에 대한 인식의 변화를 유도하고 있지 않다.

④ 객관적 상관물을 사용하여 화자의 정서를 효과적으로 표현하고 있다.
객관적 상관물이란 직접적인 정서 노출 대신 간접적으로 정서를 환기할 때 대상이 되는 사물을 가리킨다. 그러나 윗글에서는 객관적 상관물을 통해 화자의 정서를 환기하고 있지 않으므로 적절하지 않다.

⑤ 음성 상징어를 활용하여 화자가 처한 상황을 생생하게 전달하고 있다.
윗글에서는 음성 상징어가 사용되고 있지 않다.

02 외적 준거를 참고하여 작품 감상하기

답 | ④

보기를 참고하여 윗글을 감상한 것으로 적절하지 않은 것은?

보기

조선의 5대 임금인 문종의 사후, 단종은 12세의 어린 나이에 왕위를 물려받는다. 그러나 단종이 왕위에 오르자 숙부인 수양대군은 왕권을 찬탈하기 위한 계획을 세우고, 단종을 보좌하던 세력들을 모두 살해, 제거하며 정권을 잡게 된다. 그가 바로 조선의 7대 임금인 세조이다. 세조가 즉위하자 많은 선비들은 죽음을 각오하고 단종의 복위 운동을 도모하지만 내부 밀고로 인해 실패로 돌아간다. 박팽년은 사육신 중 한 명으로, 세조의 회유와 고문에도 뜻을 굽히지 않고 맞서다 결국 옥에서 생을 마감하였다.

정답 선지 분석

④ '야광명월'이 떠오르는 '밤'은 화자가 기다리는 단종 복위의 날로 볼 수 있군.
'밤'은 단종 복위의 날을 의미하는 것이 아닌, '눈비'와 같은 혼란스러운 정계 상황을 보여 준다. '야광명월'은 이러한 혼란스러운 상황 속에서도 단종을 따르겠다는 화자의 의지가 반영된 것이라 볼 수 있다.

오답 선지 분석

① 화자는 세조의 회유에 넘어간 이들의 이중성을 '까마귀'에 빗대어 풍자하고 있군.
윗글의 '까마귀'는 세조를 섬기는 이들이다. 화자는 까마귀가 눈비를 맞아 흰 듯 보이지만 사실 그 속성은 검다는 점을 강조하며 단종을 섬기다가 세조의 회유에 넘어간 간신들의 이중성을 풍자하고 있다.

② 세조의 왕위찬탈로 인해 혼란한 시대 상황을 '눈비'로 보여 주는군.
윗글의 '눈비'는 세조의 왕위찬탈로 인한 정치적 격변기를 상징한다. 화자는 이러한 격변기 속에서 단종을 섬기던 이들이 세조를 섬기자 그들의 이중성을 '까마귀'를 통해 풍자하고 있다.

③ 화자는 단종을 따르는 충신들을 '야광명월'이라고 표현하고 있군.
윗글의 '야광명월'은 화자와 같은 충신들을 의미하며, 어두운 '밤', 즉 시련의 시간에도 빛을 잃지 않는 속성을 강조하며 단종에 대한 충성심을 드러내고 있다.

⑤ '임'은 단종에 해당하며 화자는 '임'에 대한 변치 않는 충성심을 드러내는군.
윗글의 '임'은 〈보기〉를 참고하였을 때 단종으로 파악할 수 있으며 화자는 단종에 대한 변치 않는 충성심을 드러내고 있다.

보기 와 윗글을 비교한 내용으로 적절하지 <u>않은</u> 것은?

보기

까마귀 싸우는 골에 **백로**야 가지 마라
성난 까마귀 흰빛을 새오나니
청강에 깨끗이 씻은 몸을 더럽힐까 하노라
　　　　　　　　　　　- 영천 이씨, 〈까마귀 싸우는 골에〉

＊새오다: 질투하다.

정답 선지 분석

③ 〈보기〉는 윗글과 달리 장소의 이동에 따른 화자의 정서 변화를 드러내고 있다.
　〈보기〉에서는 '청강'이라고 하는 긍정적인 공간이 등장하지만, 장소의 이동에 따른 화자의 정서 변화가 나타나고 있지는 않다.

오답 선지 분석

① 〈보기〉는 윗글과 달리 대상을 의인화하여 나타내고 있다.
　〈보기〉 '백로'가 청강에 몸을 씻는다고 하며 백로를 의인화하여 표현하고 있으나, 윗글에서는 '까마귀'와 '야광명월'에 상징적 의미를 부여하고 있을 뿐, 대상을 의인화하여 나타내고 있는 것은 아니기 때문에 적절하다.

② 〈보기〉는 윗글과 달리 대상을 경계하는 이유에 대해 명확히 밝히고 있다.
　윗글과 달리 〈보기〉에서는 간신인 '까마귀'를 경계하는 이유에 대해 성난 까마귀가 백로의 흰 속성을 질투하기 때문이라고 밝히고 있다.

④ 〈보기〉의 '백로'는 윗글의 '야광명월'과 같은 속성을 지닌 대상이다.
　윗글의 '야광명월'은 충신을 의미하는 긍정적인 대상이다. 〈보기〉의 '백로' 역시 '흰빛'을 지닌 존재이므로 긍정적인 대상으로 볼 수 있다.

⑤ 윗글과 〈보기〉 모두 4음보의 안정된 리듬감을 형성하고 있다.
　윗글과 〈보기〉는 모두 평시조로, 윗글은 '까마귀 / 눈비 맞아 / 희는 듯 / 검노매라'로, 〈보기〉는 '까마귀 / 싸우는 골에 / 백로야 / 가지 마라'로 4음보의 안정된 리듬감을 형성하고 있다.

윗글의 ⊙과 유사한 의미를 갖는 시어를 보기 에서 찾아 쓰시오.

보기

이 몸이 죽어 가서 무엇이 될꼬 하니
봉래산 제일 높은 봉에 낙락장송 되어 있어
흰 눈이 천지 가득할 때 홀로 푸르고 푸르리라
　　　　　　　　　　　- 성삼문, 〈이 몸이 죽어 가서〉

정답

낙락장송

[앞부분 줄거리]　성남이 재개발된다는 소문을 들은 권 씨는 거금을 들여 철거민으로부터 전매권을 산다. 그러나 입주 전매자의 권리를 인정해 주지 않는 당국의 압박에 밀려 입주는커녕 직장과 재산을 모두 잃게 되고 '나'의 집 문간방에서 셋방살이를 시작한다. 어느 날 권 씨가 '나'의 학교로 찾아와 아내의 수술비를 빌려 달라고 부탁한다.

"지금 내 형편에 현금은 어렵군요. 원장한테 바로 전화 걸어서 내 ┌ 돈을 빌려 달라는 권 씨의 부탁을 거절함
가 보증을 서마고 약속할 테니까 권 선생도 다시 한번 매달려 보
세요. <u>의사도 사람인데 설마 사람을 생으로 죽게야 하겠습니까.</u>
　　　　　　　　　　　형식적인 위로의 말
달리 변통할＊ 구멍이 없으시다면 그렇게 해 보세요."

내 대답이 지나치게 더디 나올 때 이미 눈치를 챈 모양이었다.

<u>도전적이던 기색</u>이 슬그머니 죽으면서 그의 착하디착한 눈에 다
돈을 빌리러 온 부끄러움을 감추기 위한 모습
시 수줍음이 돌아왔다. 그는 고개를 좌우로 흔들어 보였다.

"원장이 어리석은 사람이길 바라고 거기다 희망을 걸기엔 너무
　　　　　　　　인정을 베푸는 사람이길 기대하고 – 반어적 표현
늦었습니다. <u>그 사람은 나한테서 수술 비용을 받아 내기가 수월
　　　　　　　　　　　　　　　　　병원장의 이해타산적인 모습
치 않다는 걸</u> 입원시키는 그 순간에 벌써 알아차렸어요."

얼굴에 흐르는 진땀을 훔치는 대신 <u>그는 오른발을 들어 왼쪽 바</u>
　　　　　　　　　　　　　　　자존심을 회복하기 위한 권 씨의 행동
<u>짓가랑이 뒤에다 두어 번 문질렀다.</u> 발을 바꾸어 같은 동작을 반
복했다.

"바쁘실 텐데 실례 많았습니다."
'나'와 함께 근무하는 동료 교사의 별명
'썰면'처럼 두툼한 입술이 선잠에서 깬 어린애같이 움씰거리더니
　　　　　　　　　　　　　　'나'에게 더 하려던 말이 있으나 말을 하지 않음
겨우 인사말이 나왔다. 무슨 말이 더 있을 듯싶었는데 그는 이
내 돌아서서 휘적휘적 걷기 시작했다. <u>나는 내심 그 입에서 끈끈
한 가래가 묻은 소리가, 이를테면, 오 선생 너무하다든가 잘 먹고
　　　　　　　　　권 씨가 '나'를 원망할 것이라고 생각함 → 스스로 양심의 가책을 느끼고 있음을 암시
잘 살라든가 하는 말</u>이 날아와 내 이마에 탁 눌어붙는 순간에 대
비하고 있었는지도 모른다. 그래서 그가 갑자기 돌아서면서 나를
똑바로 올려다봤을 때 그처럼 흠칫 놀랐을 것이다.

"⊙오 선생, 이래 봬도 나 대학 나온 사람이오."
　　　　가난으로 인해 돈을 빌리러 왔지만, 자존심은 지키고자 함
그것뿐이었다. 내 호주머니에 촌지를 밀어 넣던 어느 학부형같
이 그는 수줍게 그 말만 건네고는 언덕을 내려갔다. 별로 휘청거
릴 것도 없는 작달막한 체구를 연방 휘청거리면서 <u>내딛는 한 걸
음 한 걸음마다 땅을 저주하고 하늘을 저주하는 동작</u>으로 내
　　　　　권 씨가 스스로의 상황을 한탄하고 있을 것이라고 생각하며 연민의 시선으로 바라봄
눈에 그는 비쳤다. <u>산 고팽이를 돌아</u> 그의 모습이 벌거벗은 황
　　　　　　　　　　　권 씨의 처지를 보여 주는 배경
토의 언덕 저쪽으로 사라지는 찰나, <u>나는 뛰어가서 그를 부르고</u>
　　　　　　　　　　　　　　　　　권 씨의 부탁을 거절한 것을 후회함

싶은 충동을 느꼈다. 「돌팔매질을 하다 말고 뒤집힌 삼륜차로 달려

『」: 권 씨의 부탁을 거절하고 난 후에야 지식인으로서의 양심을 자각하고 있음

들어 아귀아귀 참외를 깨물어 먹는 군중을 목격했을 당시의 권 씨

처럼, 이건 완전히 나체구나 하는 느낌이 팍 들었다.」 그리고 내가

지식인으로서 이웃의 어려움을 외면한 것에 대한 '나'의 부끄러움

그에게 암만의 빚을 지고 있음을 퍼뜩 깨달았다. 전셋돈도 일종의

권 씨가 세들어 사는 문간방의 전세 보증금

빚이라면 빚이었다. 왜 더 좀 일찍이 그 생각을 못 했는지 모른다.

원 산부인과에서는 만단의 수술 준비를 갖추고 보증금이 도착

사람의 생명보다 돈을 우선시함 - 물질 만능주의 비판

되기만을 기다리고 있었다. 학교에서 우격다짐으로 후려 낸 가불

에다 가까운 동료들 주머니를 닥치는 대로 떨어 간신히 마련한

일금 십만 원을 건네자 금테의 마비츠 안경을 쓴 원장이 바로 마

외국 명품 안경을 쓴 원장의 외양 묘사를 통해 탐욕스러운 성격임을 드러냄

취사를 부르도록 간호원에게 지시했다. 원장은 내가 권 씨하고

아무 척분*도 없으며 다만 그의 셋방 주인일 따름인 걸 알고는 혀

병원장의 이해타산적 모습 - 권 씨 아내의 수술비를 대신 지불하는 '나'를 이해하지 못함

를 찼다.

"아버지가 되는 방법도 정말 여러 질이군요. 보증금을 마련해

수술비를 제대로 마련하지 못한 권 씨를 비꼬고 있음

오랬더니 오전 중에 나가서는 여태껏 얼굴 한 번 안 비치지 뭡

니까."

[중간 부분 줄거리] 권 씨 아내의 수술비를 대신 내준 날 '나'의 집에 강도

권 씨

가 들어온다. '나'는 어설픈 강도의 말과 행동에 강도가 권 씨임을 눈치챈

다. '나'는 그를 배려하기 위해 문간방으로 들어가려는 강도에게 대문의

위치를 알려주지만, '나'의 말에 권 씨는 오히려 자존심에 상처를 입는다.

정체가 탄로 났기 때문

"무슨 일이라도 있었나요?"

"아무것도 아냐."

잃은 물건이 하나도 없다. 돼지 저금통도 화장대 위에 그대로

있다. 아무것도 아닐 수밖에. 다시 잠이 들기 전에 나는 아내에게

도둑맞은 물건이 하나도 없기 때문

수술 보증금을 대납해 준 사실을 비로소 이야기했다. 한참 말이

없다가 아내는 벽 쪽으로 슬그머니 돌아누웠다.

(중략)

이튿날 아침까지 권 씨는 귀가해 있지 않았다. 출근하는 길에

권 씨가 종적을 감춤

병원에 들러 보았다. 수술 보증금을 구하러 병원 문밖을 나선 이

'나'가 수술 보증금을 대납했다는 사실을 아직 알지 못함

후로 권 씨가 거기에 재차 발걸음한 흔적은 어디에서도 찾아볼

수 없었다.

그다음 날, 그 다음다음 날도 권 씨는 귀가하지 않았다. 그가 행

방불명이 된 것이 이제 분명해졌다. 그리고 본의는 그게 아니었

다 해도 결과적으로 내 방법이 매우 졸렬했음도 이제 확연히 밝

소외된 이웃에 대한 배려가 부족했음을 인식하고 후회함

혀진 셈이었다. 복면 위로 드러난 두 눈을 보고 나는 그가 다름 아

닌 권 씨임을 대뜸 알아차릴 수 있었다. 밝은 아침에 술이 깬 권

씨가 전처럼 나를 떳떳이 대할 수 있게 하자면 복면의 사내를 끝

'나'는 권 씨가 부끄러워하지 않도록 나름대로 배려함

까지 강도로 대우하는 그 길뿐이라고 판단했었다. 그래서 「아무

일도 없었던 듯이 병원에 찾아가서 죽지 않은 아내와 새로 얻은

세 번째 아이를 만날 수 있게 되기를 기대했던 것이다.」 현관에서

『」: '나'가 의도했던 것

그의 구두를 확인해 보지 않은 것이 뒤늦게 후회되었다. 문간방

구두의 광택을 보면 권 씨의 심리를 알 수 있기 때문

으로 들어가려는 그를 차갑게 일깨워 준 것이 영 마음에 걸렸다.

어떤 근거인지는 몰라도 구두의 손질의 정도에 따라 그의 운명을

예측할 수도 있지 않았을까 하는 생각이 드는 것이었다. 구두코

가 유리알처럼 반짝반짝 닦여 있는 한 자존심은 그 이상으로 광발

구두가 권 씨의 자존심을 상징한다고 생각함

이 올려져 있었을 것이며, 그러면 나는 안심해도 좋았던 것이다.

「그때 그가 만약 마지막이란 걸 염두에 두고 있었다면 새끼들이

자는 방으로 들어가려는 길을 가로막는 그것이 그에게는 대체 무

엇으로 느껴졌을 것인가.」 아내가 병원을 다니러 가는 편에 아이들을 죄다 딸려 보낸 다음

『」: 자신의 정체가 탄로나자 다시 돌아오지
않을 것을 마음먹고 마지막으로 아이
들을 보려고 했을 것일지도 모른다고 추측

나는 문간방을 샅샅이 뒤졌다.

(중략)

가장 값나가는 세간의 자격으로 장롱 따위가 자리 잡고 있을 꼭

권 씨가 구두를 소중하게 여겼음을 알 수 있음

그런 자리에 아홉 켤레나 되는 구두들이 사열*받는 병정들 모양

으로 가지런히 놓여 있었다. 정갈하게 닦인 것이 여섯 켤레, 그리

고 먼지를 덮어쓴 게 세 켤레였다. 모두 해서 열 켤레 가운데 마

음에 드는 일곱 켤레를 골라 한꺼번에 손질을 해서 매일매일 갈

아 신을 한 주일의 소용에 당해 온 모양이었다. 잘 닦인 일곱 중

에서 비어 있는 하나를 생각하던 중 나는 한 켤레의 그 구두가 그

권 씨의 가출을 의미

렇게 쉽사리 돌아오지 않으리란 걸 알딸딸하게 깨달았다.

상처 입은 권 씨의 자존심이 쉽게 회복되지 않을 것이라고 생각

- 윤흥길, 〈아홉 켤레의 구두로 남은 사내〉 -

* 변통하다(變通하다): 형편과 경우에 따라서 일을 융통성 있게 잘 처리하다.
* 척분(戚分): 성이 다르면서 일가가 되는 관계.
* 사열(査閱): 부대의 훈련 정도나 장비 유지 상태를 검열하는 일.

01 작품의 내용 파악하기   답 | ②

윗글에 대한 설명으로 적절하지 않은 것은?

정답 선지 분석

② '권 씨'는 돈을 빌려주려 하지 않는 '나'에게 적개심을 드러내고 있다.

'권 씨'는 돈을 빌려주려 하지 않는 '나'에게 자존심을 지키고자 "오 선생, 이래 봬도 나 대학 나온 사람이오."라고 말하고 있을 뿐 적개심을 드러내고 있지 않다.

오답 선지 분석

① '권 씨'는 '나'가 수술 보증금을 대신 납부했다는 사실을 알지 못했다.

'권 씨'가 '나'의 집에 강도 복장에 들어온 다음 날, '나'가 병원에 찾아갔지만 '권 씨'가 수술 보증금을 구하러 병원 문밖을 나선 이후로 재차 발걸음한 흔적을 찾아볼 수 없었다고 했다. 이는 곧 '권 씨'는 아직 '나'가 수술비를 대납했다는 사실을 알지 못했다는 것을 의미하며, 그렇기 때문에 '권 씨'가 '나'의 집에 강도로 변장하여 들어 온 것으로 유추할 수 있다.

③ '나'는 강도의 정체를 모른 척하는 것이 강도를 배려하는 것이라 생각했다.
'나'는 강도의 정체가 '권 씨'임을 알고 있었으나 '권 씨'가 나를 떳떳이 대할 수 있게 하기 위해서는 강도를 끝까지 강도로 대우하는 것이 그를 위한 배려라고 생각했다.

④ '나'는 '권 씨'의 어려운 상황을 외면한 것에 대해 부끄러움을 느끼고 있다.
'나'는 '권 씨'의 부탁을 거절하고 난 이후에 '이건 완전히 나체구나 하는 느낌'을 받았다. 이는 지식인으로써 이웃인 '권 씨'의 어려움을 외면한 것에 대해 부끄러움을 느꼈기 때문이다.

⑤ '병원장'은 권 씨 아내의 수술 비용을 대신 내주는 '나'의 행동을 이해하지 못했다.
'병원장'은 '나'와 '권 씨'가 아무 척분도 없으면서 단지 그의 셋방 주인임에도 '권 씨'의 아내의 수술 비용을 내주는 '나'의 행동에 혀를 찼다. 이는 '나'의 행동을 이해하지 못하는 병원장의 이해타산적인 모습이라 볼 수 있다.

02 인물의 심리 추론하기
답 | ⑤

'권 씨'가 ㉠과 같이 말한 이유로 적절한 것은?

정답 선지 분석

⑤ 돈을 빌리러 온 처지임에도 지식인으로서의 자존심만은 지키고 싶었기 때문이다.
'권 씨'는 스스로 대학에 나온 지식인이라는 자부심을 가진 인물로, 가난으로 인해 돈을 빌리러 온 상황에서도 '나'에게 거절당하자 지식인으로서의 자존심을 잃지 않기 위해 ㉠과 같이 말한 것이다.

오답 선지 분석

① '나'를 협박해서라도 돈을 빌려야 했기 때문이다.
'권 씨'가 ㉠과 같이 말한 것은 지식인으로서의 자존심을 잃지 않기 위해서이지 '나'를 협박하기 위함이 아니다.

② 돈을 제때 갚을 수 있다는 확신을 주기 위해서이다.
'권 씨'가 ㉠과 같이 말한 것은 지식인으로서의 자존심을 잃지 않기 위해서이지 '나'에게 돈을 갚을 수 있다는 확신을 주기 위함이 아니다.

③ '나'가 자신을 무시하는 것 같아 억울했기 때문이다.
'권 씨'가 ㉠과 같이 말한 것은 지식인으로서의 자존심을 잃지 않기 위해서이지 '나'가 '권 씨'를 무시한 것에 대한 억울함을 표현한 것이 아니다.

④ 학교 선생인 '나'와 자신이 동일한 위치에 있음을 강조하고 싶었기 때문이다.
'권 씨'가 ㉠과 같이 말한 것은 지식인으로서의 자존심을 잃지 않기 위해서이지 자신이 '나'와 동등한 위치에 있음을 강조하기 위함이 아니다.

03 외적 준거를 참고하여 작품 이해하기
답 | ④

보기 를 참고하여 윗글을 이해한 내용으로 적절하지 않은 것은?

보기

《아홉 켤레의 구두로 남은 사내》는 산업화와 도시화로 개발이 진행 중이던 1970년대 성남시를 배경으로 한다. 급속한 사회 변화로 인해 도시 인구가 급증하면서 빈민 문제, 노동 문제 등 여러 가지 사회 문제가 발생한다. 당시의 저임금 정책으로 인해 노동자들은 더 많은 희생을 강요받았고, 우리 사회는 빠른 속도로 경제 성장을 이루어냈지만 도시 빈민들의 삶은 더욱 절박해질 수밖에 없었다. 윗글의 '권 씨'는 돈을 모아 입주 전매권을 구입하였으나 정부의 불합리한 정책으로 인해 전매권을 인정받지 못하고 전과자 신세가 된다. 작가는 이러한 '권 씨'의 삶을 통해 1970년대 경제 성장 속 사회 모순을 들춰냄과 동시에 물질 만능주의적 가치관과 소시민들의 허위의식을 작품 속에서 고발하고자 하였다.

정답 선지 분석

④ 생존을 위해 강도가 될 수밖에 없던 '권 씨'의 모습에서 인간성을 상실하고 마는 이기적이고 개인주의적인 사회 현실을 드러내고 있다.
윗글에서는 돈이 없어 강도가 될 수밖에 없던 '권 씨'를 통해 사회적 약자가 생존을 위해 강도질을 하게 만드는 사회 현실을 비판하고 있는 것이지, 인간성을 상실하고 마는 이기적이고 개인주의적인 사회 현실을 보여 준다고 보기는 어렵다. 윗글에서는 비인간적이고 개인주의적인 사회 현실을 드러내기 위해 '병원장'을 등장시키고 있다.

오답 선지 분석

① 아내의 수술비마저 마련하지 못하는 '권 씨'를 통해 도시 빈민층의 가난한 삶을 고발하고 있다.
윗글의 '권 씨'는 1970년대 급격한 사회 변화 속에서 소외된 소시민을 대표하는 인물이다. 따라서 아내의 수술비를 마련하지 못해 '나'에게 돈을 빌리고, 결국 강도 짓을 할 수밖에 없던 '권 씨'를 통해 소외된 도시 빈민층의 삶을 보여 주는 것이다.

② 전매권을 구매하였으나 정부의 불합리한 조치로 소외될 수밖에 없던 '권 씨'를 통해 사회 현실의 부조리함을 고발하고 있다.
〈보기〉에 따르면 '권 씨'는 전매권을 구입하였으나 정부의 불합리한 정책으로 인해 전과자 신세가 된다. 즉 1970년대 급격한 경제 성장 속의 희생을 강요받던 '권 씨'와 같은 빈민층의 모습을 통해 사회 현실의 부조리함을 고발하고 있는 것이다.

③ '권 씨'의 사정을 딱하게 생각하면서도 '권 씨'의 부탁을 거절하는 '나'의 이중적인 모습을 통해 지식인의 허위의식을 포착할 수 있다.
윗글의 '나'는 '권 씨'의 사정을 딱하게 생각하지만 수술비를 빌려 달라는 '권 씨'의 부탁을 거절한다. 자신이 손해볼까 두려운 '나'의 이중적 모습을 통해 결국 자신의 이익을 생각할 수밖에 없는 소시민적 지식인의 허위의식을 보여 주는 것이다.

⑤ 사람의 목숨이 걸린 일 앞에서 보증금이 올 때까지 수술을 진행하지 않는 '병원장'을 통해 돈을 가장 우선시하는 당대 세태관을 비판하고 있다.
윗글의 '병원장'은 산모와 태아 모두가 위급한 상황에서도 수술비를 마련하기 전에는 수술을 할 수 없다는 의견을 내비친다. 또한 수술비를 마련하지 못하고 '나'에게 돈을 빌린 '권 씨'를 비꼬고 있다. 즉, 생명보다 자신의 이익을 중요시하는 '병원장'을 통해 1970년대 물질 만능주의적 가치관을 비판하고 있는 것이라 볼 수 있다.

04 세부 내용 추론하기

빈칸에 들어갈 말로 적절한 것을 3어절로 쓰시오

'권 씨'는 열 켤레의 구두 중 일곱 켤레를 한꺼번에 손질하여 일주일을 신었다. 깨끗하게 손질된 '권 씨'의 구두는 곧 지식인으로서의 '권 씨'의 자존심을 상징하는 것이었다. 따라서 '나'가 문간방에 찾아갔을 때 (   )만이 놓여 있었던 것은 '권 씨'의 상처 입은 자존심을 상징한다고 볼 수 있다.

정답

아홉 켤레의 구두

문법   높임 표현

◀ 빠른 정답 체크   **01** ②   **02** ③   **03** 주체, 따님

'I like you.'를 번역할 때, 듣는 이가 친구라면 '난 널 좋아해.'라고 하겠지만, 할머니라면 '저는 할머니를 좋아해요.'라고 할 것이다. 왜냐하면 우리말은 상대에 따라 높임 표현이 달리 실현되기 때문이다.

'높임 표현'이란 말하는 이가 어떤 대상을 높이거나 낮추는 정도
<u>높임 표현의 개념</u>
를 구별하여 표현하는 방법을 말한다. 국어에서 높임 표현은 높임의 대상에 따라 주체 높임, 상대 높임, 객체 높임으로 나누어진다.
<u>높임의 대상에 따른 높임 표현의 종류</u>
주체 높임은 서술의 주체를 높이는 방법이다. 주체 높임을 실현
<u>주체 높임의 개념</u>
하기 위해 선어말 어미 '-(으)시-'를 사용하며, 주격 조사 '이/가'
<u>주체 높임의 실현 방법 ①</u>   <u>주체 높임의 실현 방법 ②</u>
대신에 '께서'를 쓰기도 한다. 그 밖에 '계시다', '주무시다' 등과
                          <u>주체 높임의 실현 방법 ③</u>
같은 특수 어휘를 사용하여 높임을 드러내기도 한다. 그리고 주체 높임에는 직접 높임과 간접 높임이 있다. 직접 높임은 높임의 대상인 주체를 직접 높이는 것이고, ㉠ <u>간접 높임</u>은 높임의 대상
        <u>직접 높임의 개념</u>
인 주체의 신체 일부, 소유물, 가족 등을 높임으로써 주체를 간접
                        <u>간접 높임의 개념</u>
적으로 높이는 것이다.

상대 높임은 말하는 이가 듣는 이를 높이거나 낮추어 말하는 방법
<u>상대 높임의 개념</u>
이다. 상대 높임은 주로 종결 표현을 통해 실현되는데, 아래와 같
              <u>상대 높임의 실현 방법</u>
이 크게 격식체와 비격식체로 나뉜다.

	하십시오체	예 합니다, 합니까? 등
격식체	하오체	예 하오, 하오? 등
	하게체	예 하네, 하는가? 등
	해라체	예 한다, 하냐? 등
비격식체	해요체	예 해요, 해요? 등
	해체	예 해, 해? 등

격식체는 격식을 차리는 자리나 공식적인 상황에서 주로 사용
              <u>격식체를 사용하는 경우</u>
하며, 비격식체는 격식을 덜 차리는 자리나 사적인 상황에서 주
              <u>비격식체를 사용하는 경우</u>
로 사용한다. 그렇기 때문에 같은 대상이라도 공식적인 자리인지 사적인 자리인지에 따라 높임 표현이 달리 실현되기도 한다.

객체 높임은 목적어나 부사어가 지시하는 대상, 즉 서술의 객
<u>객체 높임의 개념</u>
체를 높이는 방법이다. 객체 높임은 '모시다', '여쭈다' 등과 같은
                          <u>객체 높임의 실현 방법 ①</u>
특수 어휘를 통해 실현되며, 부사격 조사 '에게' 대신 '께'를 사용
                              <u>객체 높임의 실현 방법 ②</u>
하기도 한다.

---

01   높임 표현 이해하기   답 | ②

다음 문장 중 ㉠의 예로 적절한 것은?

정답 선지 분석

② 교수님께서는 책이 많으시다.
> '교수님'의 소유물인 '책'을 높임으로써 높여야 할 대상인 '교수님'을 간접적으로 높이고 있다.

오답 선지 분석

① 아버지께서 요리를 하셨다.
> 주격 조사 '께서'와 선어말 어미 '-시-'를 사용하여 주체를 직접적으로 높이고 있다.

③ 어머니께서 음악회에 가셨다.
> 주격 조사 '께서'와 선어말 어미 '-시-'를 사용하여 주체를 직접적으로 높이고 있다.

④ 선생님께서 우리의 이름을 부르신다.
> 주격 조사 '께서'와 선어말 어미 '-시-'를 사용하여 주체를 직접적으로 높이고 있다.

⑤ 할아버지께서는 마을 이장이 되셨다.
> 주격 조사 '께서'와 선어말 어미 '-시-'를 사용하여 주체를 직접적으로 높이고 있다.

---

02   높임 표현 탐구하기   답 | ③

윗글을 바탕으로 보기 의 ⓐ~ⓔ를 탐구한 내용으로 적절하지 않은 것은?

보기

(복도에서 친구와 만난 상황)

성호: 지수야, ⓐ <u>선생님께서 발표 자료 가져오라고 하셨어.</u>

지수: 지금 바빠서 ⓑ <u>선생님께 자료 드리기 어려운데,</u> 네가 가져다 드리면 안 될까?

성호: ⓒ <u>네가 선생님을 직접 뵙고,</u> 자료를 드리는 게 좋을 것 같아.

지수: 알았어.

(교무실로 선생님을 찾아간 상황)

선생님: 지수야, 이번 수업 시간에 발표해야지? 발표 자료 가져왔니?

지수: 여기 있어요. ⓓ <u>열심히 준비했어요.</u>

선생님: 그래, 준비한 대로 발표 잘 하렴.

(수업 중 발표 상황)

지수: ⓔ <u>이상으로 발표를 마치겠습니다.</u>

성호: 궁금한 점이 있는데, 질문해도 되겠습니까?

정답 선지 분석

③ ⓒ: 특수 어휘 '뵙다'를 사용하여 서술의 주체인 선생님을 높이고 있군.
> 특수 어휘 '뵙다'를 사용하여 서술의 객체인 '선생님'을 높이고 있으므로 객체 높임이 실현된 것이다.

오답 선지 분석

① ⓐ: 조사 '께서'와 선어말 어미 '-시-'를 사용하여 서술의 주체인 선생님을 높이고 있군.
> '선생님께서'에서 조사 '께서'가, '하셨어'에서 선어말 어미 '-시-'가 사용되어 서술의 주체인 선생님을 높이고 있다.

② ⓑ: 조사 '께'와 특수 어휘 '드리다'를 사용하여 서술의 객체인 선생님을 높이고 있군.
> '선생님께'에서 조사 '께'가, '드리기'에서 특수 어휘 '드리다'가 사용되어 서술의 객체인 선생님을 높이고 있다.

④ ⓓ: 듣는 사람인 선생님을 높이기 위해 '준비했어요'라는 종결 표현을 사용하고 있군.
'준비했어요'는 해요체의 상대 높임으로, 듣는 사람인 선생님을 높이기 위해 사용된 것이다.

⑤ ⓔ: 수업 중 발표하는 공식적인 상황이므로 '마치겠습니다'라고 격식체를 사용하고 있군.
'마치겠습니다'는 격식체인 하십시오체로, 수업 중 발표하는 공식적인 상황이기 때문에 친구 사이임에도 격식체를 사용하고 있다.

03 높임 표현 이해하기

다음은 보기 의 문장에 쓰인 간접 높임을 설명한 것이다. ㉮, ㉯에 들어갈 말을 차례대로 쓰시오.

(단, ㉮에 들어갈 말은 '주체', '객체', '상대' 중에서 골라 쓸 것.)

보기

따님이 참 똑똑하십니다.

〈보기〉에서는 (㉮)의 가족인 '딸'에 대해 '(㉯)', '똑똑하십니다'라는 높임 표현을 사용하여 높임으로써 (㉮)을/를 간접적으로 높이고 있다.

정답
주체, 따님

| 독서 | 현대미술 |

빠른 정답 체크 01 ③ 02 ③ 03 ③ 04 매체

'현대미술'은 무슨 의미일까? 우리는 현대를 어떻게 정의하고 있을까? 작품이 구시대적으로 보이기 시작하는 때는 언제부터일까? 사실 이러한 질문에 엄격하게 정해진 정답은 없다. 현대미술의 개념은 1930년대의 근대미술로 거슬러 올라가야 한다. 근대미술은 전통과 단절을 선언하며 이전보다 훨씬 전위적인 태도를
근대미술의 등장 배경
보이며 등장했다. 근대미술 이후에 등장한 현대미술은 '현재'에 기반을 두고 끊임없이 앞으로 나아가며 변화하는 예술을 이룩하
근대미술이 전통과 단절을 선언했기 때문
고 있다.
▶ 1문단: 근대미술과 현대미술의 등장

역사가들은 대체로 팝아트와 미니멀리즘, 퍼포먼스, 미디어아트
현대미술의 예시
가 미술계의 흐름을 주도했던 1960~70년대가 현대미술이 폭발
현대미술이 성장한 시기
적으로 성장한 중요한 시기라고 여긴다. 과거의 예술은 한 시기에 하나의 일관된 사조를 특정 집단이 지속적으로 발전시켜왔지만,
현대미술 이전의 예술 사조의 특징
이때부터는 어느 한 도시, 어느 한 특정 집단이 예술 사조의 주도
현대미술의 특징 ①
적인 위치를 점하지 못하였다. 「현대미술가들이 생산하는 작품은
「」: 현대미술의 특징 ②

무척 다양하고 서로 달라서 새로운 전시 콘셉트를 가진 작은 운동이 얼마든지 나타났다가 해체되는 일이 가능해졌다.」 이것이 현대미술이 세분화된 전문용어나 더욱 명확하게 구분된 예술운동
현대미술의 특징 ③
까지 모두 포함하게 된 이유이다. 현대미술이라는 한 단어는 오늘날 예술이 취하는 무수히 많은 형태를 하나의 범주로 흡수하고 있다.
▶ 2문단: 이전과 다른 현대미술의 특징

그런 의미에서 현대미술인지 아닌지 구분하는 기준은 단순히 시간이 아니라 작품의 주제에 달려있다. 오늘날 일반적으로 통용
현대미술인지 아닌지 구분하는 기준
되고 있는 현대미술의 개념은 좁은 의미에선 제2차 세계대전 후
좁은 의미에서의 현대미술
의 미술, 곧 20세기 후반기의 미술을 가리키고, 근대미술은 19세기 미술을 포함한 20세기 전반기까지의 미술을 의미하는 것으로
좁은 의미에서의 근대미술
받아들여지고 있다. 그러나 이러한 연대에 의한 규정은 그 자체가 임의적인 것만 아니라 오히려 개념상의 혼란을 가져올 우려가 있다. 예술을 관람하는 관람객들은 십중팔구 작품의 설명을 보지
작품의 주제에 집중하기 때문
않고도 작품을 보는 순간 현대미술인지 아닌지 구분할 수 있다. 현대미술은 동시대성을 바탕으로 현대 사회를 반영하고, 다양한
현대미술의 특징 ④
문화와 진보된 과학기술을 사는 현대 사회에 끊임없이 질문을 던지고 있기 때문이다.
▶ 3문단: 현대미술과 현대미술이 아닌 것을 구분하는 기준

현재라는 순간을 해석하는 작업은 좀처럼 쉽지 않고 현대라는 사회를 이해하는 일 역시 혁신적인 기술과 새로운 접근 방식을 요구한다. 현대미술가들은 자기 생각을 가장 적절하게 묘사할 수만 있다면 그림이든 조각이든 영화든 사진이든 퍼포먼스든 아니면 완전히 새로운 과학기술이든 어떠한 매체라도 이용할 것이다.
현대미술가들이 자신의 생각을 표현하기 위한 방법
때로 어떤 작품은 미적 가치보다 아이디어, 정치적 관심, 감정의 자극으로 주목을 받을 수도 있다. 사실 지난 수십 년 동안 많은 예술작품은 특정 이슈와 관련이 있거나 혹은 응용 철학의 한 형
현대미술의 기능
태로 인간의 상태를 연구하는 수단이 되었다. 현대미술은 우리가 사는 세계가 직면한 쟁점들을 되새겨 보고 고민해 볼 수 있는 계
현대미술의 의의 ①
기를 마련해 주었으며, 새로운 쟁점을 만들어 내거나 논의를 시
현대미술의 의의 ②
작하게 되는 계기가 되기도 하였다. 현대미술가들은 오늘날 우리 사회가 변화하는 방식에 적극적으로 대응하고 있다. 세상이 앞으
현대미술가들의 역할
로 나아감에 따라 우리의 의견도 진화하고 관점도 달라지듯이 현대미술도 같은 길을 걷고 있다.
▶ 4문단: 현대미술의 의의

01 서술상의 특징 파악하기
답 | ③

윗글에 대한 설명으로 가장 적절한 것은?

정답 선지 분석

③ 설명하고자 하는 대상과 대상이 아닌 것을 구분하는 기준을 제시하고 있다.

윗글에서 설명하고자 하는 대상은 현대미술이다. 3문단에서 현대미술인지 아닌지 구분
하는 기준은 단순히 시간이 아니라 작품의 주제가 무엇이냐에 달려있다고 하였으므로 현
대미술과 현대미술이 아닌 것을 구분하는 기준은 '주제'임을 알 수 있다.

오답 선지 분석

① 설명하고자 하는 대상의 부정적인 측면을 비판하고 있다.

윗글에서 현대미술의 부정적 측면은 제시되고 있지 않다.

② 설명하고자 하는 대상과 관련한 이론을 제창한 인물을 소개하고 있다.

윗글의 2문단에서 현대미술과 관련된 이론을 제시하고 있으나, 그것을 제창한 인물에
대해 소개하고 있지는 않다.

④ 설명하고자 하는 대상의 개념에 대한 다양한 학자들의 견해를 제시하고 있다.

윗글에서는 현대미술의 개념을 정의하는 다양한 학자들의 견해를 제시하고 있지는
않다.

⑤ 설명하고자 하는 대상과 관련된 현상을 구체적인 통계 자료를 근거로 제시
하고 있다.

윗글에서는 현대미술과 관련된 현상을 구체적인 통계 자료를 근거로 제시하고 있지
않다.

02 세부 내용 파악하기
답 | ③

윗글을 통해 알 수 있는 내용으로 적절하지 <u>않은</u> 것은?

정답 선지 분석

③ 현대미술은 작품의 주제가 중요하므로, 작품 설명을 보아야만 그것이 현대
미술이라는 것을 파악할 수 있다.

3문단에서 관람객들은 십중팔구 작품의 설명을 보지 않고도 작품을 보는 순간 그것이
현대미술인지 아닌지 구분할 수 있다고 하였다. 이는 작품이 연대에 따라 구분되는 것
이 아닌, 표현하고자 하는 주제에 따라 구분됨을 의미한다.

오답 선지 분석

① 현대미술은 현재에 기반을 두고 끊임없이 앞으로 나아가는 예술을 의미한다.

1문단에서 현대미술은 '현재'에 기반을 두고 끊임없이 앞으로 나아가며 변화하는 예술
을 의미한다고 하였다.

② 1960년대와 1970년대에 이르러 현대미술이 폭발적으로 성장하며 다양한
작품이 등장하였다.

2문단에서 역사가들은 팝아트와 미니멀리즘, 퍼포먼스, 미디어아트가 미술계의 흐름
을 주도했던 1960~70년대가 현대미술이 폭발적으로 성장한 중요한 시대라고 여긴다
하였다. 또한 현대미술가들이 생산하는 작품은 무척 다양하고 서로 달랐다고 하였으므
로 적절하다.

④ 현대미술은 특정한 전문용어나 예술 사조 운동을 포함하며 예술이 취하는
많은 형태를 하나의 범주로 수용한다.

2문단에서 현대미술은 세분화된 전문용어나 더욱 명확하게 구분된 예술운동까지 모두
포함하고 있다고 하였고, 현대미술이라는 단어는 오늘날 예술이 취하는 무수히 많은
형태를 하나의 범주로 흡수하고 있다고 하였으므로 적절하다.

⑤ 현대미술가는 자신의 생각을 가장 적절하게 묘사할 수 있다면 어떠한 매체
라도 예술의 수단으로 이용할 수 있다.

4문단에서 현대미술가들은 자기 생각을 가장 적절하게 묘사할 수만 있다면 그림이든
조각이든 영화든 사진이든 퍼포먼스든 아니면 완전히 새로운 과학기술이든 어떠한 매
체라도 이용할 것이라 하였다.

03 외적 준거를 바탕으로 세부 내용 이해하기
답 | ③

윗글을 바탕으로 보기 의 '티노 세갈'을 이해한 내용으로 가장 적절한 것은?

보기

티노 세갈의 퍼포먼스가 예술이 되기 위해서는 관객의 미술관 입장이
필수로 요구된다. 미술관 안으로 들어서는 관객에게 미술관 관리자가 뛰
어와 온몸을 흔들면서 '이것은 무척 현대적이야, 현대적이고말고.'를 외
치고서는 원래의 자리로 되돌아간다. 관리자는 관객이 미술관을 방문했
을 때 일반적으로 거치는 흐름을 가로막으며 작품 개개인의 참여를 유도
한다. 관객은 미술관의 가장 깊은 곳에 도달해서야 비로소 티노 세갈의
작품이 단순한 머그잔 하나라는 점과 티노 세갈의 작품은 단순한 머그잔
하나가 아니라는 점을 동시에 깨닫는다. 티노 세갈의 작품을 계기로 퍼
포먼스가 작품에 포함되었을 때 작품의 범위는 어디까지인지 논의되기
시작하였다.

정답 선지 분석

③ 티노 세갈의 작품은 혁신적인 아이디어를 통해 새로운 쟁점을 제시하며 예
술과 관련된 새로운 논의의 시작을 알렸군.

〈보기〉에 따르면 티노 세갈의 작품을 계기로 퍼포먼스가 작품에 포함되었을 때 작품의
범위가 어디까지인지 논의되기 시작하였으며, 현대미술이 재정의되기 시작하였다. 그
리고 윗글의 4문단에서 현대미술은 새로운 쟁점을 만들어 내거나 논의를 시작하게 되
는 계기를 마련해 주었다고 하였다.

오답 선지 분석

① 티노 세갈의 '머그잔'은 뛰어난 미적 가치로 관객의 주목을 받을 수 있었겠군.

〈보기〉에 따르면 티노 세갈의 '머그잔'은 단순히 머그잔에 불과하기 때문에 뛰어난 미
적 가치로 관객의 주목을 받았다고는 볼 수 없다.

② 티노 세갈의 작품에 속한 퍼포먼스는 고도로 진보된 과학기술을 통해 실현
될 수 있었겠군.

〈보기〉에 따르면 티노 세갈의 퍼포먼스는 단순히 전시장 관리자가 온몸을 흔들면서 대
사를 외치는 것이므로 고도로 진보된 과학기술을 필요로 하지 않는다.

④ 티노 세갈이 선보인 새로운 전시 콘셉트는 작은 운동으로 시작하여 한 시대
를 주도하는 예술 사조로 성장할 수 있겠군.

윗글의 2문단에서 현대미술가들이 생산하는 작품은 무척 다양하고 서로 달라서 새로
운 전시 콘셉트를 가진 작은 운동이 얼마든지 생겨났다가 해체되는 일이 가능해졌다고
하였고, 과거의 예술과 다르게 현대미술은 어느 한 도시, 어느 한 특정 집단이 예술 사
조의 주도적 위치를 차지하지 못하였다고 하였으므로 적절하지 않다.

⑤ 티노 세갈의 작품은 전통과 현대를 접목했다는 점에서 근대미술과 그 이전
의 예술이 교차하고 있는 작품으로 평가할 수 있겠군.

1문단에 따르면 근대미술은 전통과 단절을 선언하며 등장하였다. 또한 티노 세갈의 작품
이 전통과 현대를 접목했는지에 대해서는 〈보기〉를 통해 알 수 없으므로 적절하지 않다.

04 세부 내용 파악하기

빈칸에 들어갈 말로 적절한 것을 윗글에서 찾아 2음절로 쓰시오.

요안 부르주아는 프랑스 판데옹에서 〈기울어진 사람들〉을 선보였다. 이
것은 계단을 오르다 떨어지고, 트램펄린의 탄력을 이용해 다시 계단을 오
르는 무용수의 모습을 통해 성공에 오르기 위한 수많은 과정과 방법을 표
현한 것이다. 이러한 퍼포먼스를 통해 현대미술가들이 자신의 생각을 적
절하게 묘사하기 위해 어떠한 (   )라도 이용한다는 점을 알 수 있다.

정답

매체

내 고장 칠월은
공간적 배경 시간적 배경
㉠ **청포도**가 익어 가는 시절
풍요롭고 아름다운 고향의 삶을 상징 ▶ 청포도가 익어가는 고향에 대한 회상
○: 푸른색 이미지-희망, 평화로움

『이 마을 전설이 주저리주저리 열리고
과거의 평화롭던 삶   의태어 - 청포도가 풍요롭게 매달린 모습
먼 데 ㉡ **하늘**이 꿈꾸며 알알이 들어와 박혀』
소망, 동경, 이상 『』: 전설과 하늘이 청포도로 열매를 맺음
                   - 지금은 잃어버린 고향의 모습
▶ 청포도처럼 열매를
맺는 고향의 모습

하늘 밑 ㉢ **푸른 바다**가 가슴을 열고
희망과 이상의 세계
㉣ **흰 돛단배**가 곱게 밀려서 오면
이상과 현실을 연결해 주는 소재
□: 흰색 이미지-순수함, 깨끗함, 정성
▶ 희망적인 미래의 모습

고난과 시련을 겪은 우리 민족
내가 바라는 **손님**은 **고달픈 몸**으로
화자가 기다리는 대상 - 조국의 광복
㉤ **청포**를 입고 찾아온다 했으니
▶ 손님을 기다리는 마음

내 그를 맞아 이 포도를 따 먹으면

두 손을 함뿍 적셔도 좋으련
화자의 자기희생적 태도
▶ 손님을 맞이할 기쁨

아이야 우리 식탁엔 ㉥ **은쟁반**에
손님에 대한 화자의 정성 ①
㉦ **하이얀 모시 수건**을 마련해 두렴
손님에 대한 화자의 정성 ② 손님이 올 것을 확신함
▶ 손님을 기다리며 준비하는 자세
– 이육사, 〈청포도〉 –

01 표현상의 특징 파악하기   답 | ③

윗글에 대한 설명으로 적절하지 않은 것은?

정답 선지 분석

③ 자연물과의 교감을 통해 얻은 깨달음을 간접적으로 전달하고 있다.
　윗글은 '청포도', '하늘', '푸른 바다'와 같은 자연물이 제시되고 있으나, 이러한 자연물과의 교감을 통해 화자가 깨달음을 얻고 있는 것이 아니라 자연물에 상징적인 의미를 부여하여 시상을 전개하고 있다.

오답 선지 분석

① 상징적인 소재를 사용하여 화자의 염원을 형상화하고 있다.
　윗글은 '청포도', '손님'과 같은 상징적인 소재를 사용하여 평화롭고 풍요로운 삶에 대한 소망, 즉 조국의 광복에 대한 화자의 염원을 형상화하고 있다.

② 각 연을 같은 수의 행으로 구성해 구조적 안정감을 형성하고 있다.
　윗글은 각 연을 2행으로 배열함으로써 구조적인 안정감을 형성하고 있다.

④ 음성 상징어를 사용하여 대상의 모습을 생동감 있게 표현하고 있다.
　윗글의 2연에서는 '주저리주저리', '알알이' 등의 의태어를 사용하여 '청포도'의 모습을 생동감 있게 표현하고 있다.

⑤ 시적 청자에게 말을 건네는 방식을 사용하여 화자의 기대감을 드러내고 있다.
　윗글의 6연에서는 '아이야'라고 하며 '아이'를 시적 청자로 설정하고 말을 건네는 방식을 사용하여 손님, 즉 광복을 기다리는 화자의 기대감을 드러내고 있다.

02 시어의 의미 파악하기   답 | ③

(가), (나)에 해당하는 ㉠~㉦을 적절하게 분류한 것은?

　윗글에서는 (가) 이상 세계를 상징하는 푸른색과 (나) 그리움을 상징하는 흰색의 대비를 통해 화자의 소망을 감각적으로 드러내고 있다.

정답 선지 분석

	(가)	(나)
③	㉠, ㉡, ㉢, ㉤	㉣, ㉥, ㉦

　윗글의 화자는 푸른색과 흰색의 색채 대비를 통해 풍요로운 세계에 대한 간절한 소망과 염원을 드러내고 있다. 이때 푸른색 이미지로 대표되는 '청포도', '하늘', '푸른 바다', '청포'는 평화, 풍요로움, 이상, 희망을 상징하며, 흰색 이미지로 대표되는 '흰 돛단배', '은쟁반', '하이얀 모시 수건'은 순수함, 깨끗함, 정성, 기다림을 상징한다.

03 외적 준거를 참고하여 작품 이해하기   답 | ⑤

보기 1 과 보기 2 를 참고하여 윗글을 이해한 내용으로 적절하지 않은 것은?

보기 1

　문학 작품을 감상할 때는 작품 자체를 중심으로 파악하기도 하고, 작품과 현실 세계를 중심으로 파악하기도 한다. 전자는 내재론적 관점으로, 작품을 오직 독자적인 존재로 여기며 작품을 이해하기 위한 모든 정보를 작품 내부에서 찾으려 한다. 반면 후자는 반영론적 관점으로, 현실 세계가 작품 속에 어떻게 반영되었는지를 중심으로 작품을 이해하고자 한다.

보기 2

　〈청포도〉는 일제 강점기에 창작된 작품으로, 당시 우리 민족은 일제의 극심한 탄압으로 인해 고통을 받아야 했다. 이육사는 이러한 시대를 대표하는 시인이자, 일제 식민 통치에 격렬히 저항하던 독립운동가로, 윗글을 통해 고국으로 향하는 끝없는 향수와 미래에 대한 희망을 드러내고 있다.

정답 선지 분석

⑤ 반영론적 관점에 따르면 화자가 '두 손을 함뿍 적셔도 좋으련'이라 말한 것은 일제의 통치하에 지식인으로서 느끼는 좌절감을 표현한 것이다.
　반영론적 관점으로 작품을 감상한다면 화자가 '두 손을 함뿍 적셔도 좋으련'이라 말한 것은 일제에 의한 오랜 탄압 끝에 이룩된 조국의 광복을 마음껏 누린다는 기대감과 함께, '좋으련'이라는 표현을 통해 아직 조국의 광복이 이룩된 것이 아니라 미래의 어느 때에 이루어질 것이라는 기대감을 표현한 것이다. 또한 화자가 '청포도'를 얻을 수 있다면 자신의 손을 적셔도 좋다는 것은 조국의 광복을 위해서라면 자신을 희생해도 좋다는 자기희생적 의지를 드러내고 있는 것이지, 일제의 통치하의 지식인으로서 느끼는 좌절감을 표현한 것이 아니다.

오답 선지 분석

① 내재론적 관점에 따르면 '청포도'는 평화로운 고향을 회복하고자 하는 화자의 소망이다.
　내재론적 관점으로 작품을 감상한다면 '청포도'는 풍요롭고 아름다운 '내 고장', 즉 고향의 모습을 나타낸다. 작품 속 화자는 이러한 '청포도'를 보며 평화로운 고향을 회복하고자 하는 의지를 드러내고 있으므로 적절하다.

② 내재론적 관점에 따르면 '손님'은 고향을 떠난 친구이며 '은쟁반'과 '하이얀 모시 수건'을 통해 친구를 기다리는 화자의 순수한 마음을 나타내고 있다.
내재론적 관점으로 작품을 감상한다면 '손님'은 고향을 떠나 다른 곳으로 간 친구를 상징한다고 볼 수 있다. 만약 '손님'을 고향을 떠난 친구로 이해한다면 6연에서 화자가 '은쟁반'과 '하이얀 모시 수건'을 마련해 두라 한 것은 떠난 친구를 기다리는 화자의 순수한 마음을 상징한다고 볼 수 있다.

③ 반영론적 관점에 따르면 '흰 돛단배'는 이상과 현실을 연결해 주는 매개체로, 조국의 광복을 가져올 소재이다.
반영론적 관점으로 작품을 감상한다면 작품의 배경이 일제 강점기인 것과, 작가가 독립운동가였다는 점을 고려하여 '손님'이 '흰 돛단배'를 타고 온다는 것이 조국의 광복을 상징한다고 볼 수 있다. 따라서 '흰 돛단배'는 현실과 이상을 연결해 주는 매개체로, 조국의 광복을 가져오는 소재로 이해할 수 있다.

④ 반영론적 관점에 따르면 '고달픈 몸'은 시련과 고난을 겪은 존재로, 일제 강점하에 고통받는 우리 민족을 가리킨다.
반영론적 관점으로 작품을 감상한다면 '손님'이 '고달픈 몸'으로 찾아온다는 것은 조국의 광복이 결코 막연한 기다림만으로 오는 것이 아니라 많은 사람의 희생과 헌신을 거친 후에야 올 수 있음을 의미한다. 따라서 '고달픈 몸'은 시련과 고난을 겪는 우리 민족으로 이해할 수 있다.

04 표현상의 특징 이해하기

다음에서 설명하고 있는 시어를 윗글에서 찾아 쓰시오.

> 시인은 대상을 효과적으로 표현하기 위해 의도적으로 단어를 늘여 쓰거나 줄여 쓸 수 있다.

정답

하이얀

문학 2	채봉감별곡(작자 미상)

빠른 정답 체크 01 ② 02 ① 03 ⑤ 04 추풍감별곡

[앞부분 줄거리] 김 진사 내외는 오래도록 자식이 없다가 뒤늦게 채봉을 얻어 금지옥엽으로 기른다. 채봉이 시집갈 나이가 되자 김 진사는 채봉의 배필을 찾아 서울로 향한다. 한편 채봉은 시비 추향과 함께 꽃구경에 갔다가 선천 부사의 자제인 장필성을 만나 연정을 품게 된다. 그러나 벼슬을 탐낸 김 진사는 채봉을 허 판서의 첩으로 보내려 한다.

"아니, 장 선천 부사 아들과 정혼했어? 그 거지 다 된 것하고?
_{필성}   이해득실만을 중시하여 필성을 무시함 → 물질 만능주의
흥, 내 참 기가 막혀서……. 서울에서 기막힌 사위를 정하고 내
                        _{허 판서}
려왔으니, 채봉이를 데리고 우리 서울로 올라가서 삽시다."

부인이 이 소리를 듣고 눈이 휘둥그레져서,

"기막힌 사위라니 어떤 사람이란 말이오?"

하고 물으니, 김 진사 혀를 휘휘 내두르며 허풍을 떤다.

"누군지 알면 뒤로 자빠질 것이오. 누군고 하니, 사직골 허 판

서 댁이오. 세도*가 이 나라에서 제일이지."

부인이 이 말을 듣고 한편으론 끔찍하고 한편으로는 기가 막혀서
                        _{허 판서의 나이 등에 대해서 이미 알고 있음}
다시 묻는다.

"허 판서면 첫째 부인이요, 둘째 부인이요?"

"첫째 부인도, 둘째 부인도 아니오. 첩이라오."
_{여러 명의 첩을 거느릴 수 있었던 당시 양반들의 결혼 문화를 알 수 있음}
"나는 못 하겠소. 허 판서 아니라 허 정승이라도……."

"왜 못 해!"

"서울 가시더니 정신이 돌아 버렸구려. 예전에는 얌전한 신랑을

택해 슬하에 두고 걱정 근심 없이 재미있게 살자고 늘 말씀하시

더니 오늘은 이게 무슨 날벼락이오. 그래, 채봉이 그것을 금이
                        _{딸을 첩으로 보내는 것에 대해 거부감을 드러냄}
야 옥이야 길러서 남의 첩으로 준단 말이오."

"허허, 아무리 남의 첩이 되더라도 호강하고 몸 편하면 됐지."
                        _{김 진사의 물질주의적 가치관을 드러냄}
"첩이란 것은 눈엣가시 되는 것이 아니오? 언제 무슨 해를 당할

지 모르니 비단 방석에 앉아도 바늘방석 같을 텐데, 호강만 하
        _{물질적 측면을 중시하는 김 진사와 달리 정신적 행복을 중시하는 이 부인}
면 제일이란 말이오? 나는 죽어도 그런 호강 아니 시키겠소."

김 진사 이 말을 듣고 열이 나서 무릎을 탁 치며 큰소리를 친다.

"그래, 그런 자리가 싫어? 저런 복 찰 사람을 보았나. 딴소리 말

고 내 말 좀 들어 보오. 우선 춤출 일이 있으니……."

"무엇이 그리 좋은 일이 있어 춤을 춘단 말이오?"

『"벼슬 없이 늙던 내가 허 판서의 주선으로 벼슬길에 나서게 됐
『』: 김 진사가 채봉을 허 판서의 첩으로 보내려는 이유
지, 또 내일모레면 과천 현감을 하지, 이제 채봉이가 그리 들어

가 살면 평생 호강하거니와, 내가 감사도 되고 참판도 되고 판

서도 될 것인즉, 부인이야 정경부인은 따 놓은 당상이니 이런

경사가 어디 있소. 두말 말고 데리고 올라갑시다."』

첩이란 말에 펄펄 뛰던 이 부인도 그 말엔 솔깃하여,
                _{정경부인이 될 수 있다는 말에 설득됨}
"영감이 기어코 하려 드시면 낸들 어찌하겠소마는, 채봉이가 말
        _{김 진사의 말을 수용하려는 표면적 이유}
을 들을지 모르겠소."

[중간 부분 줄거리] 김 진사 내외와 채봉이 서울로 가던 중 채봉은 평양으로 도망가고, 김 진사 내외는 도적의 습격을 받아 전 재산을 잃는다. 이 사실을 알게 된 허 판서는 김 진사를 옥에 가둔다. 채봉은 아버지를 구할 돈을 마련하기 위해 '송이'라는 이름의 기생이 된다. 이때 평양 감사 이보국이 채봉의 글재주를 보고 자신의 집으로 데려오고, 이 소식을 들은 장필성은 이방*이 되어 채봉의 곁을 맴돈다.

사람이 늙으면 잠이 없는 법이다. 이때 이 감사는 나이가 여든
        _{서술자의 개입}   _{평양 감사 이보국}
일 뿐 아니라, 한 지방의 수령이 되어 밤이나 낮이나 어떻게 하면
                        _{이 감사의 관리로서의 훌륭한 면모}
백성의 원성이 없을까, 어떻게 하면 나라의 은혜에 보답할까, 잠

을 이루지 못하고 누웠는데 갑자기 송이의 방에서 흐느끼는 소리

가 들리니, 깜짝 놀라 속으로 짐작하길,

채봉의 기생 이름

　　'지금 송이의 나이 열여덟이니 분명 무슨 사정이 있으리라.' /

하고 가만히 나와 본다.

　　창은 열려 있고 송이는 책상머리에 엎드려 누웠는데, 불 켜진

책상 위에 종이가 펼쳐져 있다. 이상한 생각이 들어 가만들 들어

가 펼치고 보니 '추풍감별곡'이라.

　　대강 보고 손으로 송이를 흔들어 깨우니, 송이가 깜짝 놀라 눈

을 떠 보니 이 감사다. 눈앞에 서 있는 감사를 보고 어찌할 줄 몰

라 급히 일어서는데, 이 감사가 종이를 말아 들고,

　　『"송이야, 놀라지 마라. 비록 위아래가 있으나 내가 너를 친딸이

이 감사와 송이(채봉)의 신분 차이

나 다름없이 아끼니, 무슨 사정이 있거든 나에게 말을 해라. 마

음속에 맺힌 것이 있으면 다 말하여라. 나는 너를 딸같이 사랑

하는데 너는 나를 아비같이 생각지 않고 이 같은 원한을 가지고

도 말 아니하고 있단 말이냐."』

『 』: 채봉을 배려하는 자상한 이 감사의 인물됨이 드러남

(중략)

　　"이처럼 물어보시니 어찌 거짓을 말하겠습니까?"

하고, 눈물을 닦고 두 손을 모아 단정히 선 다음,『처음 후원에서

장필성과 글을 주고받았던 일에서부터 모친이 장필성을 불러 혼

약한 일을 말한 뒤, 김 진사가 서울로 올라가서 벼슬을 구하려고

허 판서와 관계한 일이며, 허 판서의 첩 자리를 마다하고 장필성

과의 약속을 지키기 위해 만리교에서 도망하였다가 몸을 팔아 부

친을 구한 일, 기생이 된 후에도 장필성을 잊지 아니하고 있다가

글을 통해 장필성을 만난 이야기를 다 한다.

『 』: 사건을 요약적으로 제시

　　"대감의 하늘 같은 은혜는 결초보은*하여도 잊지 못하겠나이

다." / 하며 엎드려 운다.

　　감사가 송이의 등을 정답게 어루만지며,

　　"송이야, 송이야, 울지 마라. 네 사정이 그런 줄 몰랐느니라. 그러

나 오늘에야 알게 되었으니 어찌 네 소원을 못 풀어 주겠느냐.

행복한 결말을 예고

이제 보니 장필성도 사정이 있어서 이방으로 들어온 게로구나.

채봉을 만나기 위해 신분의 하락을 감수하고 이방이 된 필성

내일은 장필성을 불러 만나게 해 주겠다."

　　눈물이라 하는 것은 사람 마음의 지극한 이슬이라. 그래서 억울

서술자의 개입

하고 그리워도 눈물이 나는 것이요, 좋고 반가워도 눈물이 나는

법이니라. 송이는 이 감사의 정겨운 말을 듣고 다시 눈물을 떨군

다. 그러다가 부모 생각이 새로 나서 다시 감사에게 말을 한다.

　　"이렇게 보살펴 주시니 몸 둘 바를 모르겠습니다. 그런데 소녀

의 부모가 소녀로 인해 곤경에 처하였으나, 아직 소실을 모르오

채봉이 만리교에서 도망쳤기 때문

니 이 또한 원한입니다."

　　감사가 이 말을 듣고 송이를 더욱 기특하게 여겨,

　　"허허, 부모를 생각하는 마음이 더욱 가상하구나. 효열지심, 이

른바 천심에서 나오는 말이로다. 오냐, 그것도 급히 주선해 알

게 할터이니 염려 말거라."

하고, 안방으로 건너와 혼자 누워 송이가 쓴 '추풍감별곡'을 여러

번 보며 칭찬을 그치지 않는다.

　　　　　　　　　　　　　　　 - 작자 미상, 〈채봉감별곡〉 -

* 세도(勢道): 정치상의 권세. 또는 그 권세를 마구 휘두르는 일.
* 이방(吏房): 조선 시대에, 각 지방 관아에 속한 육방 가운데 인사 관계의 실무를
　맡아보던 부서.
* 결초보은(結草報恩): 죽은 뒤에라도 은혜를 잊지 않고 갚음을 이르는 말.

---

01 서술상의 특징 파악하기　　　　　　　　　　답 | ②

윗글에 대한 내용으로 적절하지 않은 것은?

정답 선지 분석

② 비현실적인 사건을 계기로 이야기가 전개되고 있다.

윗글은 비현실적인 요소에 바탕을 둔 기존의 고전 소설들과 달리 현실적 차원에서 이
루어지는 사건의 전개와 함께 사실에 가까운 표현법을 사용하고 있다.

오답 선지 분석

① 과거의 사건을 요약적으로 제시하고 있다.

윗글의 채봉은 무슨 사정이 있었는지 묻는 이 감사에게 과거에 있었던 사건을 요약하
여 제시하고 있다.

③ 남녀의 애정을 주제로 형상화한 애정 소설에 해당한다.

윗글은 채봉과 필성의 애정을 주제로 형상화한 애정 소설이다.

④ 인물 간의 대화를 통해 당시 사회 모습이 제시되고 있다.

윗글에서는 김 진사와 이 부인의 대화를 통해, 벼슬을 사고파는 것이 가능했던 당시 사
회상이 제시되고 있다.

⑤ 작품 밖의 서술자가 작중 상황에 대해 평가를 내리고 있다.

윗글은 전지적 작가 시점으로, 작품 밖의 서술자가 작중 상황과 인물에 대해 평가를 내
리고 있다.

---

02 세부 내용 파악하기　　　　　　　　　　　답 | ①

윗글의 인물에 대한 설명으로 적절하지 않은 것은?

정답 선지 분석

① 채봉은 필성과 다시 만나기 위해 기생이 되고자 하였다.

채봉이 기생이 된 이유는 몸을 팔아 부친을 구하기 위해서이지 필성을 다시 만나고자
했기 때문이 아니다.

오답 선지 분석

② 김 진사는 자신의 이득만을 고려하여 채봉의 혼사를 진행시킨다.

김 진사는 채봉을 허 판서의 첩으로 보낸다면 자신이 '감사도 되고 참판도 되고 판서도
될 것'이라며, 채봉을 혼인을 이미 약속한 장 선천 부사 아들 대신 허 판서의 첩으로 보
내자고 이 부인을 설득하고 있으므로 자신의 이득만을 고려하여 채봉의 혼사를 진행시
키고 있다.

③ 이 감사는 채봉의 과거 사연을 듣고 채봉과 필성의 재회를 돕는다.

이 감사는 '송이의 방에서 흐느끼는 소리'를 듣고 송이, 즉 채봉의 방을 찾아가고, 채봉으로부터 필성과의 사연을 듣게 된다. 이에 이 감사는 채봉에게 '장필성을 불러 만나게 해 주겠'다고 말하며 채봉과 필성의 재회를 돕는다.

④ 필성은 채봉과 정혼하였으나 김 진사의 반대로 채봉과 이별하게 된다.

김 진사의 "아니, 장 선천 부사 아들과 정혼했어?"를 통해 필성과 채봉이 정혼하였음을 알 수 있고, 채봉을 허 판서의 첩으로 보내려 하는 김 진사로 인해 둘이 잠시 이별하게 되고 이후 채봉의 글을 통해 장필성을 다시 만나게 되었다.

⑤ 이 부인은 딸을 첩으로 보내자는 김 진사의 말에 처음에는 거부감을 드러낸다.

이 부인은 '첫째 부인도, 둘째 부인도 아'닌 첩이라는 김 진사의 말에 "나는 못 하겠소.", "채봉이 그것을 금이야 옥이야 길러서 남의 첩으로 준단 말이오."라고 말하며 처음에는 거부감을 드러냈다.

04 세부 내용 파악하기

빈칸에 들어갈 말로 적절한 것을 윗글에서 찾아 쓰시오.

> 윗글의 '(   )'은/는 채봉의 정서를 드러내는 작품으로, 이 감사가 채봉의 사연을 알게 되는 매개체이다.

정답

추풍감별곡

03 외적 준거를 참고하여 작품 이해하기 답 | ⑤

보기 를 참고하여 윗글을 이해한 내용으로 적절하지 않은 것은?

보기

조선 후기는 정치적으로 대혼란기를 맞이하던 시기였다. 그동안 조선 사회를 굳건히 지켜오던 신분제가 서서히 붕괴되고 있었으며 안동 김씨 가문에 권력이 집중됨에 따라 정상적인 과정을 통해 벼슬을 얻는 것이 아닌, 돈으로 관직을 사고파는 매관매직이 성행하였기 때문이다. 조선 말기에 창작된 〈채봉감별곡〉은 이러한 시대 상황을를 배경으로 뿌리깊게 자리 잡았던 조선의 봉건 제도의 모순과 부패를 고발하며, 스스로 운명을 개척하는 채봉을 통해 새로운 여성상을 제시하고 있다.

정답 선지 분석

⑤ 딸을 첩으로 보내는 것에 대해 거부감을 드러내며 세속적인 욕망에 굴하지 않는 이 부인을 통해 부당한 권력에 맞서는 진취적인 여성의 모습을 드러내고 있다.

이 부인은 금지옥엽으로 키운 채봉을 첩으로 보내는 것에 대해 거부감을 드러내고, 물질적인 이익만을 중시하는 김 진사와 달리 정신적인 행복을 중시하며 허 판서와의 혼인에 대해 부정적인 견해를 드러냈다. 그러나 정경부인이 될 수 있다는 김 진사의 말에 채봉을 허 판서의 첩으로 보낼 것을 찬성하고 있으므로 부당한 권력에 맞서는 진취적인 여성으로 볼 수 없다.

오답 선지 분석

① 채봉을 받는 대가로 현감 자리를 주기로 약속한 허 판서를 통해 관직을 사고파는 일이 성행했던 당대 세태를 고발하고 있다.

채봉을 첩으로 맞는 대가로 허 판서에게 '과천 현감' 자리를 받기로 하였다는 김 진사의 말을 통해 조선 후기에 매관매직이 성행했음을 고발하였다고 볼 수 있다.

② 양반임에도 기생인 채봉을 위해 이방이 된 필성을 통해 신분제의 관습이 비교적 자유로워진 조선 후기의 사회상을 엿볼 수 있다.

장 선천 부사의 아들 필성은 기생인 채봉과 재회하기 위해 자신의 신분을 낮추어 이방이 되어 관아로 들어온다. 이는 조선 후기에 이르면 견고하게 자리 잡고 있던 신분제가 동요하였음을 의미하며, 필성을 통해 신분제의 관습으로부터 비교적 자유로워진 조선 후기의 사회상을 제시하였다고 볼 수 있다.

③ 필성과의 인연을 위해 도망을 간 뒤 부친을 구하기 위해 기생이 되기를 자처한 채봉을 통해 주체적인 근대적 여성상을 새롭게 제시하고 있다.

채봉은 '장필성과의 약속을 지키기 위해 만리교에서 도망하였다가 몸을 팔아 부친을 구'하였다. 이러한 채봉의 모습을 통해 스스로 운명을 개척하고자 하며, 부친을 구하기 위해 주체적으로 행동하는 근대적 여성의 모습을 제시하였다고 볼 수 있다.

④ 사회의 변화 속에서도 딸의 혼사를 강제로 결정하는 김 진사의 태도를 통해 여전히 가부장적 권위와 봉건적 가치관이 건재했음을 보여 주고 있다.

벼슬을 받기 위해 딸 채봉의 혼사를 강제로 결정하는 김 진사를 통해 가부장적 권위와 봉건적 가치관이 여전히 남아 있음을 보여 주며, 이러한 시대적 한계를 비판하고 있다고 볼 수 있다.

06 강

문법 한글 맞춤법

빠른 정답 체크 **01** ⑤ **02** ① **03** 표의주의, 표음주의

[A]
　　현대 국어의 표기는 '표준어를 소리대로 적되, 어법에 맞도록 함을 원칙으로 한다.'라는 한글 맞춤법 규정을 따른다. 표준어를 소리대로 적는다는 것은 표준어를 발음 나는 대로 적는 표음주의를, 어법에 맞도록 한다는 것은 각 형태소의 본 모양을 밝혀 적는 표의주의를 채택한 것이다. 그런데 일반적인 활용 규칙에서 어긋나는 경우, 합성어나 파생어를 구성함에 있어서 구성 요소가 본뜻에서 멀어진 경우 등에는 표음주의가 채택된다.

<small>한글맞춤법 규정 / '표준어를 소리대로 적는다' / '어법에 맞도록 한다' / 표음주의가 채택되는 경우 ① / 표음주의가 채택되는 경우 ②</small>

　　이러한 표기 원칙이 제정되기 전 국어의 표기 방식은 이어적기, 끊어적기, 거듭적기 등의 다양한 방식으로 나타났다. 자음으로 끝나는 체언이 모음으로 시작되는 조사를 만나거나 자음으로 끝나는 용언의 어간이나 어근이 모음으로 시작되는 어미나 접사를 만날 때, 이어적기는 앞 형태소의 끝소리를 뒤 형태소의 첫소리로 옮겨 적는 방식이고, 끊어적기는 실제 발음과는 달리 형태소의 본 모양을 밝혀서 끊어 적는 방식이다. 그리고 거듭적기는 앞 형태소의 끝소리를 뒤 형태소의 첫소리에도 다시 적는 표기 방식으로, '말씀+이'를 '말씀미'와 같은 방식으로 적는 것이다. 한편 'ㅋ, ㅌ, ㅍ'을 'ㄱ, ㄷ, ㅂ'과 'ㅎ'으로 나누어 표기하는 방식인 재음소화 표기가 나타나기도 했는데, '깊이'를 '깁히'와 같이 적는 경우를 예로 들 수 있다.

<small>이어적기 방식 / 끊어적기 방식 / 거듭적기 방식 / 재음소화 표기 방식 / 재음소화 표기의 예시</small>

01 한글 맞춤법 이해하기 답 | ⑤

보기 는 '한글 맞춤법'의 일부를 정리한 학습지이다. [A]를 바탕으로 **보기** 의 ㉠~㉤을 이해한 내용으로 적절하지 <u>않은</u> 것은?

보기

제15항 용언의 어간과 어미는 구별하여 적는다. 예 ㉠ 먹고, ㉡ 좋아
　　　　[붙임] 두 개의 용언이 어울려 한 개의 용언이 될 적에, 앞말의 본뜻이 유지되고 있는 것은 그 원형을 밝히어 적고, 그 본뜻에서 멀어진 것은 밝히어 적지 아니한다.
　　　　(1) 앞말의 본뜻이 유지되고 있는 것 예 돌아가다
　　　　(2) 본뜻에서 멀어진 것 예 ㉢ 사라지다, 쓰러지다

제18항 다음과 같은 용언들은 어미가 바뀔 경우, 그 어간이나 어미가 원칙에 벗어나면 벗어나는 대로 적는다.
　　　　1. 어간의 끝 'ㅂ'이 'ㅜ'로 바뀔 적 예 ㉣ 쉽다, 맵다
　　　　2. 어간의 끝음절 '르'의 '_'가 줄고, 그 뒤에 오는 어미 '-아/-어'가 '-라/-러'로 바뀔 적 예 ㉤ 가르다, 부르다

정답 선지 분석

⑤ ㉤은 활용할 때, '갈라'와 같이 일반적인 활용 규칙에서 어긋난 경우에는 표의주의 방식으로 표기하고 있군.
　　1문단에서 일반적인 활용 규칙에서 어긋나는 경우에는 표음주의를 채택된다고 하였다. ㉤은 이에 해당하는 예로서, 어간에 어미 '-아'가 붙을 때 '갈라'와 같이 형태소의 본 모양을 밝혀 적지 않는 표음주의 표기를 하고 있으므로 적절하지 않다.

오답 선지 분석

① ㉠은 단어의 기본형인 '먹다'와 마찬가지로 표의주의 방식을 채택하고 있군.
　　㉠인 '먹고'는 형태소 '먹-'과 '-고'가 합쳐진 것이고, 기본형 '먹다'는 형태소 '먹-'과 '-다'가 합쳐진 것이다. 따라서 '먹고'와 '먹다'는 각 형태소의 본 모양을 밝혀 적은 표의주의 표기를 하고 있으므로 적절하다.

② ㉡은 어간과 어미를 구별하여 형태소의 본 모양을 밝혀 적는 방식으로 표기하고 있군.
　　㉡인 '좋아'는 어간인 '좋-'과 어미인 '-아'의 형태를 밝혀 적고 있는 표의주의 방식을 채택하고 있으므로 적절하다.

③ ㉢은 합성어를 구성함에 있어서 앞말이 본뜻에서 멀어져 발음 나는 대로 적는 방식을 채택하고 있군.
　　㉢인 '사라지다'는 '살다'와 '지다'가 연결 어미 '-아'에 의해 어울려 한 개의 용언이 된 합성어로, 앞말이 본뜻에서 멀어져서 원형을 밝혀 적지 않고 소리 나는 대로 적는 표음주의 표기를 하고 있으므로 적절하다.

④ ㉣은 활용할 때, '쉽고'와 같은 표의주의 표기와 '쉬우니'와 같은 표의주의 표기를 모두 확인할 수 있군.
　　㉣인 '쉽다'는 어간에 어미 '-고'가 붙을 때는 '쉽고'와 같이 형태소의 본 모양을 밝혀 적는 표의주의 표기를 사용하고 있는데, 어간에 어미 '-으니'가 붙을 때는 '쉬우니'와 같이 형태소의 본 모양을 밝혀 적지 않는 표음주의 표기를 사용하고 있으므로 적절하다.

02 중세국어의 표기 원칙 이해하기 답 | ①

윗글을 바탕으로 **보기** 의 ⓐ~ⓖ를 탐구한 내용으로 적절하지 <u>않은</u> 것은?

보기

• 머리셔 부라매 ⓐ 노피 하놀해 다핫고 갓가이셔 보니 아수라히 하놀햇 ⓑ 므레 줌곗ᄂ니
　(멀리서 바람에 높이 하늘에 닿았고 가까이서 보니 아스라이 하늘의 물에 잠겼나니) － 〈번역박통사〉

• 고경명은 광쥬 ⓒ 사름이니 임진왜난의 의병을 슈챵ᄒ야 금산 ⓓ 도적 글 티다가 패ᄒ여
　(고경명은 광주 사람이니 임진왜란에 의병을 이끌어 금산 도적을 치다가 패하여) － 〈동국신속삼강행실도〉

• ⓔ 븕은 긔운이 하놀을 쮜노더니 이랑이 소리를 ⓕ 놉히 ᄒ야 나를 불러 져긔 믈 밋ᄎᆯ 보라 웨거놀 급히 눈을 ⓖ 드러보니
　(붉은 기운이 하늘을 뛰놀더니 이랑이 소리를 높이 하여 나를 불러 저기 물 밑을 보라 외치거늘 급히 눈을 들어 보니) － 〈의유당관북유람일기〉

① ⓐ는 이어적기를 하고 있는 반면 ⓕ는 거듭적기를 하고 있군.

ⓐ인 '노피'의 경우는 '높-'과 '-이'가 결합할 때 '높-'의 끝소리인 'ㅍ'이 '-이'의 첫소리로 옮겨 적는 이어적기를 하고 있는 예이다. 그러나 ⓕ인 '놉히'의 경우는 '높이'에서 'ㅍ'을 'ㅂ'과 'ㅎ'으로 나누어 표기하는 재음소화 표기에 해당하는 예이므로 이를 거듭적기라고 한 진술은 적절하지 않다.

② ⓑ는 앞 형태소의 끝소리를 뒤 형태소의 첫소리로 옮겨 적고 있군.

ⓑ인 '므레'는 체언 '믈'에 조사 '에'가 붙은 것으로, '믈'의 끝소리인 'ㄹ'이 '에'의 첫소리로 옮겨 적은 이어적기에 해당하므로 적절하다.

③ ⓒ는 체언과 조사가 결합할 때 형태소의 본 모양을 밝혀서 끊어 적고 있군.

ⓒ인 '사룸이니'는 체언 '사룸'과 조사 '이니'가 결합할 때 형태소의 본 모양을 밝혀 적은 끊어적기에 해당하므로 적절하다.

④ ⓓ는 앞 형태소의 끝소리를 뒤 형태소의 첫소리에도 다시 적고 있군.

ⓓ인 '도적글'은 '도적'의 끝소리 'ㄱ'을 '을'의 첫소리에도 다시 적는 거듭적기에 해당하므로 적절하다.

⑤ ⓔ와 ⓖ는 용언의 어간이 모음으로 시작하는 어미를 만날 때 표기하는 방식이 서로 다르군.

ⓔ인 '붉은'은 어간 '붉-'과 어미 '-은'의 형태를 밝혀 적는 끊어적기에 해당하고, ⓖ인 '드러'는 어간 '들-'과 어미 '-어'가 결합할 때, '들-'의 끝소리 'ㄹ'이 '-어'의 첫소리로 옮겨 적은 이어적기에 해당하므로 적절하다.

03 한글 맞춤법 이해하기

빈칸에 들어갈 말로 적절한 것을 골라 차례대로 쓰시오.

'얼음'은 (표음주의 / 표의주의) 방식을, '무덤'은 (표음주의 / 표의주의) 방식을 채택하였다.

표의주의, 표음주의

독서 하늘에 관한 순자의 인식

빠른 정답 체크 **01** ⑤ **02** ⑤ **03** ④ **04** 인간

㉠ 고대 중국인들은 인간이 행하지 못하는 불가능한 일은 그들이 신성하다고 생각한 하늘에 의해서 해결 가능하다고 보았다. 그리하여 하늘은 인간에게 자신의 의지를 심어 두려움을 갖고 복종하게 하는 존재뿐만이 아니라 인간의 모든 일을 책임지고 맡아서 처리하는 존재로까지 인식되었다. 그 당시에 하늘은 인간에게
<small>고대 중국인들의 하늘에 대한 인식 ①</small>
행운과 불운을 가져다 줄 수 있는 힘이고, 인간의 개별적 또는 공
<small>고대 중국인들의 하늘에 대한 인식 ②</small>
통적 운명을 지배하는 신비하고 절대적인 존재라는 믿음이 형성되었다. 이러한 하늘에 대한 인식은 결과적으로 하늘을 권선징악의 주재자로 보고, 모든 새로운 왕조의 탄생과 정치적 변천까지도 그것에 의해 결정된다는 믿음의 근거로 작용하였다. 하지만 그러한 하늘에 대한 인식은 인간 지혜의 성숙과 문명의 발달로

인한 새로운 시대의 요구에 의해서 대폭 수정될 수밖에 없었다.
▶1문단: 하늘에 대한 고대 중국인들의 인식

순자의 하늘에 대한 주장은 그 당시까지 진행된 하늘의 논의와 엄격히 구분될 뿐만 아니라 그것을 매우 새롭게 변모시킨 하나의
<small>순자의 주장에 대한 의의</small>
획기적인 사건으로 규정지을 수 있다. 『순자는 하늘을 단지 자연현상으로 보았다. 그가 생각한 하늘은 별, 해와 달, 사계절, 추위와 더위, 바람 등의 모든 자연현상을 가리킨다. 따라서 하늘은 사람을 가난하게 만들 수도 없고, 병들게 할 수도 없고, 재앙을 내릴 수도 없고, 부자로 만들 수도 없으며, 길흉화복을 줄 수도 없다.』 사람
<small>『 』: 순자의 하늘에 대한 인식 – 하늘은 단지 자연현상일 뿐임</small>
들이 치세*와 난세*를 하늘과 연결시키는 것은 심리적으로 하늘에 기대는 일일 뿐이다. 치세든 난세든 그 원인은 사람에게 있는
<small>모든 세상일은 하늘이 아닌 사람에게서 비롯됨</small>
것이지 하늘과는 무관하다. 사람이 받게 되는 재앙과 복의 원인도 모두 자신에게 있을 뿐 불변의 질서를 갖고 있는 하늘에 있지 않다.
▶2문단: 하늘에 대한 순자의 인식

하늘은 그 자체의 운행 법칙을 따로 갖고 있어 인간의 길과 다
<small>순자가 생각하는 하늘</small>
르다. 천체의 운행은 불변의 정규 궤도에 따른다. 해와 달과 별이 움직이고 비가 내리고 바람이 부는 것은 모두 제 나름의 길이 있다. 사계절은 말없이 주기에 따라 움직일 뿐이다. 물론 일식과 월식이 일어나고 비바람이 아무 때나 일고 괴이한 별이 언뜻 출현하는 경우는 있을 수 있다. 하지만 이런 일이 항상 벌어지는 것은 아니며 하늘이 이상 현상을 드러내 무슨 길흉을 예시하는 것은 더더욱 아니다. 즉, 하늘은 아무 이야기도 하지 않는데 사람들은 하늘과 관련된 이야기를 만들어 낸다는 것이다. 그래서 순자는 천재지변이 일어난다고 해서 하늘의 뜻이 무엇인지 알려고 노
<small>하늘의 이상 현상은 자연현상의 일부분으로만 보아야 함</small>
력할 필요가 없다고 말한다. 그것이 바로 순자가 말하는 '불구지천(不求知天)'의 본뜻이다.
▶3문단: 순자가 주장하는 불구지천의 개념

순자가 말한 '불구지천'은 자연현상으로서의 하늘이 아니라 하늘에 무슨 의지가 있다고 주장하고 그것을 알아내겠다고 덤비는 종
<small>'불구지천'의 목적</small>
교적 사유의 접근을 비판하려는 것이다. 그러니까 억지로 하늘의 의지를 알려고 힘을 쏟을 필요가 없다. 사람들은 자연현상에 대해 특별한 의미를 부여하지 말고 오직 인간사회에서 스스로가 해야 할 일을 열심히 해야 한다. 즉, 재앙이 닥치면 공포에 떨며 기도나 하는 것이 아니라 적극적인 행위로 그것을 이겨내야 한다는
<small>문제를 해결하기 위해서는 하늘에 의지하는 것이 아니라 적극적인 행동을 취해야 함</small>
것이다.
▶4문단: 불구지천의 의의

* 치세(治世): 잘 다스려져 태평한 세상.
* 난세(亂世): 전쟁이나 사회의 무질서 따위로 어지러운 세상.

01 서술상의 특징 파악하기   답 | ⑤

윗글의 내용 전개 방식에 대한 설명으로 적절한 것은?

정답 선지 분석

⑤ 상반된 입장을 함께 제시함으로써 글의 내용에 대한 독자의 이해를 돕고 있다.

고대 중국인들과 순자의 '하늘'에 대한 상반된 입장을 제시하면서 내용을 전개하고 있다.

오답 선지 분석

① 묻고 답하는 형식을 활용하여 내용을 전개하고 있다.

윗글은 묻고 답하는 형식으로 내용을 설명하고 있지 않다.

② 비유를 통해 자신이 말하고자 하는 바를 드러내고 있다.

비유적 방식을 사용하여 주제 의식을 드러내고 있지 않다.

③ 권위 있는 사람의 의견을 반박하며 새로운 주장을 제시하고 있다.

윗글은 하늘에 대한 순자의 인식을 제시하고 있을 뿐, 순자의 인식에 반박하며 새로운 주장을 제시하고 있지 않다.

④ 질문을 통해 호기심을 유발함으로써 앞으로 이어질 내용을 예고하고 있다.

질문을 통해 독자의 호기심을 유발하지 않으며, 앞으로 이어질 내용을 예고하고 있지도 않다.

02 세부 내용 파악하기   답 | ⑤

하늘에 대한 ⑦의 인식으로 적절하지 않은 것은?

정답 선지 분석

⑤ 하늘이 결정한 모든 일은 인간이 책임지고 맡아 처리해야 한다.

⑦은 고대 중국인들이다. 1문단에 따르면, 고대 중국인들은 인간이 아니라 하늘이 인간의 모든 일을 책임지고 맡아서 처리한다고 인식하였다.

오답 선지 분석

① 하늘은 인간의 길흉화복을 결정짓는 주체이다.

1문단에 따르면, 고대 중국인들은 하늘에게는 인간에게 행운과 불운을 가져다 줄 수 있는 힘이 있다고 인식하였다.

② 하늘은 선과 악, 옳고 그름 등을 판단하여 처리한다.

1문단에 따르면, 고대 중국인들은 하늘을 권선징악의 주재자로 인식하였다.

③ 하늘은 인간이 두려움을 갖고 복종해야 하는 존재이다.

1문단에 따르면, 고대 중국인들은 하늘이 인간에게 자신의 의지를 심어, 인간이 하늘에 두려움을 갖고 복종하게끔 한다고 인식하였다.

④ 하늘은 인간의 힘으로 거스를 수 없는 신비한 존재이다.

1문단에 따르면, 고대 중국인들은 하늘을 인간의 운명을 지배하는 신비한 존재로 인식하였다.

03 본문을 바탕으로 외적 준거 비판하기   답 | ④

보기와 관련하여 '순자'가 제시할 수 있는 비판적 의견으로 적절하지 않은 것은?

보기

주나라 때 최고의 신은 '천(天)'이었다. 주나라 사람들은 '천'을 우주 삼라만상을 창조한 조물주, 천지자연의 법칙을 운행하고 인간사를 제어하는 규제자, 덕이 있는 사람에게 천명을 내리는 절대자 등으로 인식하고 숭배했다. 이에 따라 군주는 천명을 받아 하늘의 뜻을 대행하는 존재로 여겨졌다. 주나라 사람들은 인간사와 자연의 변화가 상호 연결되어 있다는 사고방식에 기초해 천에 순응하고 인심도 따라야 비로소 천명을 유지할 수 있다고 생각했다.

정답 선지 분석

④ 하늘의 의지를 알기 위해선 군주를 따르는 것이 아니라 하늘의 운행 법칙을 파악해야 한다.

3문단에 따르면, 순자는 하늘은 그 자체의 운행 법칙을 따로 갖고 있어 인간의 길과 다르다고 주장하였다. 또한 4문단에서 억지로 하늘의 의지를 알려고 힘을 쏟을 필요가 없다고 하였으므로 적절하지 않다.

오답 선지 분석

① 인간의 운명이 '천'에 의해 제어된다고 생각해서는 안 된다.

4문단에 따르면, 순자는 사람들은 자연현상에 대해 특별한 의미를 부여하지 말고 오직 인간사회에서 스스로가 해야 할 일을 열심히 해야 한다고 주장하였다.

② '천'을 우주 삼라만상을 창조하는 신비로운 대상으로 여겨서는 안 된다.

3문단에 따르면, 순자는 하늘은 그 자체의 운행 법칙을 따로 갖고 있어 인간의 길과 다르다고 주장하였다.

③ 인간사와 자연의 변화가 상호 연결되어 있다는 생각에서 벗어나야 한다.

3문단에 따르면, 순자는 하늘은 단지 자연현상이거나 정규 궤도에 따라 움직이는 것일 뿐이라고 보았다.

⑤ '천'을 숭배의 대상으로만 보지 말고, 인간의 적극적인 노력과 능력으로 천재지변을 극복해야 한다.

4문단에 따르면, 순자는 하늘에 무슨 의지가 있다고 주장하고 그것을 알아내겠다고 덤비는 종교적 사유의 접근을 비판하면서 사람들은 자연현상에 대해 특별한 의미를 부여하지 말고 적극적인 행위로 그것을 이겨내야 한다고 주장하였다.

04 구체적 사례에 적용하기

보기1을 참고하여 보기2의 빈칸에 들어갈 말로 적절한 것을 골라 쓰시오.

보기 1

옛날에는 일식을 하늘이 군주에게 내리는 벌의 하나로 보는 경향이 강했다. 조선 시대에는 일식이 예보되면 왕이 신하들에게 무엇이 잘못되었는지 조언을 구하곤 했다. 백성들에게도 이 같은 사실을 알려 마을에서 풍악을 금했으며 반찬의 가짓수를 줄이는 등 나라 전체가 조심스럽게 처신했다.

보기 2

순자는 하늘을 인간의 운명을 지배하는 절대적인 존재로 인식하는 〈보기 1〉의 왕과 달리 (인간 / 자연) 중심적 사고를 하며 하늘의 뜻을 알려고 노력할 필요가 없음을 강조하였다.

정답

인간

> **거친 밭** 언덕 쓸쓸한 곳에
> 촉규화가 피어 있는 곳 → 척박하고 아무도 찾지 않는 곳
> **탐스러운 꽃송이** 가지 눌렀네.
> 촉규화 → 화자의 학문적 경지를 상징
> 장맛비 그쳐 향기 날리고
> 완숙한 학문적 경지를 상징
> 보리 바람에 그림자 흔들리네.
> ▶ 쓸쓸한 곳에 탐스럽게 핀 촉규화
>
> **수레와 말 탄 사람** 누가 보아 주리
> 고귀한 신분 → 자신의 능력을 알아줄 사람
> **벌 나비**만 부질없이 찾아드네.
> 보잘것없는 사람
> **천한 땅**에 태어난 것 스스로 **부끄러워**
> 신분으로 인한 소외감
> 사람들에게 버림받아도 **참고 견디네.**
> 한탄, 체념
> ▶ 아무도 알아주지 않는 것에 대한 한탄
>
> 寂寞荒田側 (적막황전측)
> 繁花壓柔枝 (번화압유지)
> 香輕梅벌歇 (향경매우헐)
> 影帶麥風欹 (영대맥풍의)
> 車馬誰見賞 (거마수견상)
> 蜂蝶徒相窺 (봉접도상규)
> 自慙生地賤 (자참생지천)
> 堪恨人棄遺 (감한인기유)
>
> — 최치원, 〈촉규화〉 —

01 표현상의 특징 파악하기 답 | ⑤

윗글에 대한 설명으로 적절하지 <u>않은</u> 것은?

정답 선지 분석

⑤ 문장의 어순을 의도적으로 바꿈으로써 주제를 강화하고 있다.
윗글에서는 문장의 어순을 바꾸는 도치법이 사용되고 있지 않다.

오답 선지 분석

① 화자의 정서가 직접적으로 제시되어 있다.
윗글의 '천한 땅에 태어난 것 스스로 부끄러워'를 통해 신분으로 인한 부끄러움을 직접적으로 제시하고 있으며, '사람들에게 버림받아도 참고 견디네'를 통해 신분으로 인해 인정받지 못하는 것을 참고 견딘다며 체념의 정서를 드러내고 있다.

② 선경후정의 방식으로 시상이 전개되고 있다.
윗글의 1~4행에서는 거친 밭에 고독하게 피어 있는 촉규화의 모습을 그려내고, 5~8행에서는 자신의 가치를 인정받지 못하는 현실에 대한 서러움의 감정을 드러내고 있다.

③ 자연물에 감정을 이입하여 정서를 드러내고 있다.
윗글의 화자는 촉규화에 자신의 감정을 이입하여 고독하고 쓸쓸한 감정을 드러내고 있다.

④ 설의법을 활용하여 화자의 의도를 표현하고 있다.
윗글에서는 '수레와 말 탄 사람 누가 보아 주리'라고 설의적으로 표현함으로써 자신의 능력을 누군가 알아봐주길 바라지만 아무도 알아보지 못하는 것을 한탄하고 있다.

02 표현상의 특징 파악하기 답 | ①

윗글의 화자의 정서와 동일한 것은?

정답 선지 분석

⑤ 오동잎에 바람 이니 장사의 마음 괴로운데 / 희미한 등불에 풀벌레 소리 차가워라
그 누군가 나의 글을 읽어 / 책에 좀이 슬어 가루가 되지 않도록 해줄 것인가
— 이하, 〈추래〉

〈추래〉는 자신의 시가 당시 사람들에게 쉽게 받아들여지지 않음을 알고 이를 한탄하고 있다. 윗글의 화자 역시 자신의 능력을 알아줄 사람이 없어 한탄하고 있으므로 적절하다.

오답 선지 분석

① 두류산 양단수를 옛날에 듣고 이제 와 보니
도화 뜬 맑은 물에 산영조차 잠겨 있구나
아이야 무릉도원이 어디오 나는 여기인가 하노라
— 조식, 〈두류산 양단수를〉

〈두류산 양단수를〉은 '두류산 양단수'의 절경을 예찬하며 자연에서의 귀의를 노래하고 있다.

② 산에서 우는 작은 새여 / 꽃이 좋아 / 산에서 / 사노라네
산에는 꽃 지네 / 꽃이 지네 / 갈 봄 여름 없이 / 꽃이 지네
— 김소월, 〈산유화〉

〈산유화〉는 산유화가 피고 지는 자연 현상을 관찰하며 그 속에 담긴 인생의 근원적인 고독을 노래하고 있다.

③ 유원순의 문장, 이인로의 시, 이공로의 사륙변려문
(중략) 금의가 배출한 옥처럼 빼어난 문하생들
아, 나까지 몇 분입니까
— 한림제유, 〈한림별곡〉

〈한림별곡〉은 '유원순의 문장, 이인로의 시, 이공로의 사륙변려문'과 같이 객관적 사물들을 나열함으로써 신진 사대부들의 문학적 경지와 자부심을 노래하고 있다.

④ 수양산 바라보며 이제를 한하노라
주려 주글진들 채미를 먹겠는가
비록 푸새엣 것인들 그것이 누구 땅에서 났는가
— 성삼문, 〈수양산 바라보며〉

〈수양산 바라보며〉는 '주려 주글진들 채미를 먹겠는가'라고 하며 굶어 죽더라도 '누구 땅'에서 난 것은 먹지 않겠다는 굳은 절의를 노래하고 있다.

03 외적 준거를 참고하여 작품 이해하기 답 | ④

보기 를 참고하여 윗글을 이해한 것으로 적절하지 <u>않은</u> 것은?

보기

최치원은 6두품 출신으로, 12세에 당나라로 유학을 떠나 5년 만에 빈공과에 장원으로 급제하였다. 최치원이 23세가 되던 해 당나라에서는 황소의 난이 일어났다. 최치원은 〈격황소서〉를 지어 황소를 꾸짖었고, 이 일을 계기로 당나라에서 문장가로 이름을 떨치게 되었다. 그러나 이방인으로서의 외로움을 느낀 최치원은 29세에 신라로 돌아오게 된다. 이 무렵 신라 사회는 전국 각지에서 도적 떼와 농민 반란이 일어나 혼란스러운 상태였다. 최치원은 '시무 10조'를 건의하며 개혁 의지를 내보였으나 신분의 한계로 인해 인정받지 못하였고, 골품제의 모순에 회의감을 느낀 최치원은 40여 세의 나이에 관직을 버리고 은거하였다.

정답 선지 분석

④ '벌 나비'는 위기에 처한 나라를 구하고자 하는 최치원의 노력을 가로막는 대상들으로 최치원은 이들을 원망하고 있다.
윗글에서 화자를 기웃거리며 알아보는 것은 '벌 나비'라고 하였다. 그러나 정작 '수레와 말 탄 사람'은 알아보지 않고 있음을 한탄하고 있으니 윗글의 '벌 나비'는 최치원의 노력을 가로막는 대상들이 아닌 최치원에게 도움이 되지 않는 하찮은 존재이다.

① '거친 밭'은 당나라로 유학을 간 최치원이 느끼는 고독한 현실을 상징한다.

　'거친 밭'은 촉규화가 피어 있는 척박한 곳으로, 〈보기〉를 참고하였을 때 당나라로 유학을 간 최치원이 느끼는 고독한 현실을 상징한다고 볼 수 있다.

② '탐스러운 꽃송이'는 최치원이 자기 자신을 비유한 것으로, 최치원이 지닌 뛰어난 학문적 능력을 표현한 것이다.

　'탐스러운 꽃송이'는 척박한 땅에 자란 촉규화이다. 이는 〈보기〉에 따르면 당나라에서 이방인의 외로움을 느끼는, 혹은 신라에서 신분제의 한계로 인해 인정받지 못하는 최치원 자기 자신을 비유한 것으로, 어려운 환경 속에서도 훌륭하게 피어 있는 꽃을 통해 최치원의 뛰어난 학문적 능력을 보여 준다.

③ '수레와 말 탄 사람'은 지위가 높은 관직에 있는 사람이지만 최치원의 능력을 알아주지 않는 사람들이다.

　화자는 '수레와 말 탄 사람 그 누가 보아 주리'라고 말하며 한탄하고 있다. 〈보기〉를 참고하였을 때 '수레와 말 탄 사람'은 높은 관직에 있는 사람들로, 최치원의 능력을 알아주지 않는 사람들이다.

⑤ '천한 땅'은 최치원의 고국으로, 신분의 한계로 인해 목표를 달성하지 못한 화자의 비통한 심정이 드러난다.

　〈보기〉를 참고하였을 때 '천한 땅'은 최치원의 고국인 신라로, 신분의 한계로 인해 꿈을 펼칠 수 없는 화자의 비통한 심정이 드러나는 공간이다.

04 시어의 의미 파악하기

윗글의 '탐스러운 꽃송이'와 의미하는 바가 같은 시어를 찾아 쓰시오.

정답

향기

문학 2 　직립 보행(법정)

빠른 정답 체크 　01 ④ 　02 ⑤ 　03 ① 　04 나그네

오늘은 볼일이 좀 있어 세상 바람을 쐬고 돌아왔다. 산에서 가장 가까운 도시래야 백사십 리 밖에 있는 광주시. 늘 그렇듯이 세상은 시끄러움과 먼지를 일으키며 바쁘게 돌아가고 있었다. 우체국에
　　　　　　　　　　　　　글쓴이가 바라본 도시의 모습
서 볼일을 마치고, 나온 걸음에 시장에 들러 찬거리*를 좀 사고, 눈 속에서 신을 털신도 한 켤레 골랐다. 그리고 화장품 가게가 눈에 띄길래 손 튼 데 바르는 약도 하나 샀다. 돌아오는 길에는 차 시간이 맞지 않아 다른 데로 가는 차를 타고 도중에 내려 삼십 리 길을 걸어서 왔다.

　논밭이 텅 빈 초겨울의 들길을 휘적휘적 걸으니, 차 속에서 찌
　추수가 끝난 시점
뿌드드하던 머리도 말끔히 개어 상쾌하게 부풀어 올랐다. 걷는
것은 얼마나 자유스럽고 주체적인 동작인가. 밝은 햇살을 온몸에
걷기의 의미 ① - 자유스럽고 주체적인 동작임
받으며 상쾌한 공기를 마음껏 마시고 스적스적* 활개를 치면서
걷는다는 것은 참으로 유쾌한 일이다. 걷는 것은 어디에도 의존
　　　　　　　　　　　　　　걷기의 의미 ② - 자기 힘으로 이동하는 일임
하지 않고 내가 내 힘으로 이동하는 일이다.

　　흥이 나면 휘파람도 불 수 있고, 산수가 아름다운 곳에 이르면 걸음을 멈추고 눈을 닦을 수도 있다. 길벗이 없더라도 무방하리라. 치수가 맞지 않는 길벗은 오히려 부담이 되니까,
[A]　　　　　　　　　　　생각이나 가치관이 맞지 않는
　　좀 허전하더라도 그것은 나그네의 체중 같은 것. 혼자서 걷는
　　　　　　　　　　　　혼자 걷는 사람을 비유함
　　길이 생각에 몰입할 수 있어 좋다. 살아온 자취를 되돌아보고
　　　　　　　　　　　　걷기의 가치 ① - 살아온 삶을 성찰하고 살아갈 삶에 대해 생각하게 함
└ 앞으로 넘어야 할 삶의 고개를 헤아린다.

　인간이 사유하게 된 것은, 모르긴 하지만 걷는 일로부터 시작
　걷기의 가치 ② - 인간에게 사유의 계기를 마련해 줌
됐을 것이다. 한곳에 멈추어 생각하면 맴돌거나 망상에 사로잡히기 쉽지만, 걸으면서 궁리를 하면 막힘없이 술술 풀려 깊이와 무게를 더할 수 있다. 칸트나 베토벤의 경우를 들출 것도 없이, 위
　　　　　　　　　　　　산책을 즐긴 대표적인 철인과 예술가
대한 철인이나 예술가들이 즐겨 산책길에 나선 것도 따지고 보면 걷는 데서 창의력을 일깨울 수 있었기 때문일 것이다.

　그런데 언제부턴가 우리들은 잃어 가고 있다. 이렇듯 당당한 직립 보행을. 인간만이 누릴 수 있다는 그 의젓한 자세를. 더 말할 나위도 없이 자동차라는 교통수단이 생기면서 우리들은 걸음을
　　　　　　　　　편리한 현대 문명　　　　　　　현대 문명으로 인해 빼앗긴 것 ①
조금씩 빼앗기고 말았다. 그리고 생각의 자유도 서서히 박탈당하
　　　　　　　　　　　현대 문명으로 인해 빼앗긴 것 ②
기 시작했다. 붐비는 차 안에서는 긴장을 풀 수 없기 때문에 생각을 제대로 펴 나갈 수가 없다. 이름도 성도 알 수 없는 몸뚱이들에게 떠밀려 둥둥 떠 있어야 한다.

　그리고 운전기사와 안내양*이 공모하여 노상 틀어 대는 소음 장치 때문에 우리는 머리를 비워 주어야 한다. 차가 내뿜는 매연의 독소는 말해 봐야 잔소리이니 덮어 두기로 하지만, 편리한 교통수단이라는 게 이런 것인가. 편리한 만큼 우리는 귀중한 무엇인가를
　　　　　　　　　　　　　　　　　　　　　걸음과 생각의 자유
잃어 가고 있다.

　삼십 리 길을 걸어오면서, 이 넓은 천지에 내 몸 하나 기댈 곳을 찾아 이렇게 걷고 있구나 싶으니 새나 짐승, 곤충들까지도 그 귀
　　　　　　　　　　　　　　　　　　　삼십 리 길을 걸어오면서 깨달은 생각
소의 길을 방해해서는 안 되겠다는 생각이 들었다. 그들도 저마다 기댈 곳을 찾아 부지런히 길을 가고 있을 테니까.

　나는 오늘 차가 없이 걸어온 것을 고맙고 다행하게 생각한다. 내가 내 길을 내 발로 디디면서 모처럼 직립 보행을 할 수 있었다. 언젠가 읽었던 한 시인의 글이 생각난다.

　'현대인은 자동차를 보자 첫눈에 반해 그것과 결혼하였다. 그래서 영영 목가적*인 세계로 돌아오지 못하게 되었다.'

　　　　　　　　　　　　　　　　　　　　　- 법정, 〈직립 보행〉 -

---

* 찬거리(饌거리): 반찬을 만드는 데에 쓰는 여러 가지 재료.

* 스적스적: 물건이 서로 맞닿아 자꾸 비벼지는 소리. 또는 그 모양.

* 안내양(案內孃): 예전에, 버스의 여차장을 이르던 말.

* 목가적(牧歌的): 농촌처럼 소박하고 평화로우며 서정적인 것.

01 서술상의 특징 파악하기   답 | ④

윗글에 대한 설명으로 가장 적절한 것은?

정답 선지 분석

④ 글쓴이가 자신이 체험한 일을 바탕으로 얻은 깨달음을 표현하고 있다.

글쓴이가 자신이 체험한 일을 바탕으로 얻은 깨달음을 표현하는 것은 수필의 특징이다. 윗글은 수필에 해당하므로 적절하다.

오답 선지 분석

① 글쓴이가 현실에 있을 법한 사건을 상상하여 서술하고 있다.

글쓴이가 현실에 있을 법한 사건을 상상하여 서술하는 것은 소설의 특징이다.

② 글쓴이가 작품 밖에서 인물의 행동에 대해 평가를 내리고 있다.

글쓴이가 작품 밖에서 인물의 행동에 대해 평가를 내리는 것은 전지적 작가 시점으로 쓰여진 소설의 특징이다.

③ 글쓴이가 느낀 감정을 압축하여 운율감이 느껴지도록 구성하고 있다.

글쓴이가 느낀 감정을 압축하여 운율감이 느껴지도록 구성하는 것은 시의 특징이다.

⑤ 글쓴이가 전달하고자 하는 교훈을 인격화한 동식물을 통해 나타내고 있다.

글쓴이가 전달하고자 하는 교훈을 인격화한 동식물을 통해 나타내는 것은 우화 소설의 특징이다.

02 세부 내용 파악하기   답 | ⑤

윗글의 내용으로 적절하지 않은 것은?

정답 선지 분석

⑤ 글쓴이는 가치관이 다른 벗과 걷는 것이 혼자 걷는 것보다 의미있음을 강조하고 있다.

윗글의 글쓴이는 길벗이 없어도 무방하다고 말하며, 치수가 맞지 않는 길벗은 오히려 부담이 된다고 이야기하였다. 이때 치수가 맞지 않는 길벗은 글쓴이와 생각이나 가치관이 맞지 않는 벗으로, 글쓴이는 생각이나 가치관이 맞지 않는 벗과 함께 걸을 바에는 혼자 걷는 것이 생각에 몰입할 수 있으므로 더 좋다고 말하고 있다.

오답 선지 분석

① 글쓴이는 걷기를 주체적이고 자립적인 동작으로 여기고 있다.

글쓴이는 걷는 것은 '자유스럽고 주체적인 동작'이며, '어디에도 의존하지 않고 내가 내 힘으로 이동하는 일'이라고 하였다. 즉, 글쓴이는 걷기를 주체적이고 자립적인 동작으로 여기고 있으므로 적절하다.

② 글쓴이는 걸음과 생각의 자유를 잃어 가는 현대 사회에 대해 한탄하고 있다.

윗글의 글쓴이는 편리한 교통수단으로 인해 '귀중한 무엇인가를 잃어 가고 있다'고 말하였다. 이때 '귀중한 무엇인가'는 걸음과 생각의 자유를 의미한다고 볼 수 있다. 즉, 글쓴이는 편리한 현대 사회에서 걸음과 생각의 자유를 잃어가는 것에 대해 한탄하며 걷기의 가치를 다시 한 번 상기시키고 있으므로 적절하다.

③ 글쓴이는 자동차로 대표되는 교통수단에 대해 비판적인 인식을 드러내고 있다.

윗글의 글쓴이는 편리한 교통수단을 대표하는 자동차를 예시로 들며, 교통수단으로 인해 인간의 걸음과 생각의 자유가 박탈당하고 있는 현대 사회의 모습을 한탄하고 이러한 교통수단을 비판적으로 바라보고 있다.

④ 글쓴이는 시인의 말을 인용하여 전하고자 하는 바를 함축적으로 제시하고 있다.

윗글의 글쓴이는 한 시인의 글을 인용함으로써 편리한 교통수단을 이용하게 되면서 깊이 생각하며 걸을 수 있는 기회를 잃게 되었음을 강조하며 차가 없어서 걸을 수 있음에 대해 다행스럽게 여기고 있다.

03 작품 간의 공통점, 차이점 파악하기   답 | ①

윗글과 (보기) 를 비교한 내용으로 적절한 것은?

보기

건강한 삶은 우리 모두의 꿈이다. 모든 것을 다 가져도 건강을 잃으면 아무 소용이 없다. 건강하게 장수하기 위해서는 올바른 식생활과 규칙적인 운동이 필요하다. 만약 누군가 수많은 운동 중 몸에 좋은 운동을 한 가지만 추천해 달라고 한다면 나는 주저 없이 '걷기'라고 말하고 싶다. 걷기 운동은 건강에 미치는 효과가 매우 뛰어나며 남녀노소 누구나 언제 어디서든 간편하게 할 수 있는 운동이기 때문이다.

(중략)

모든 운동이 그렇듯이 걷기 운동도 자세가 중요하다. 걸을 때에는 상체를 바로 세우고 팔과 다리는 자연스럽게 앞뒤로 움직인다는 기분으로 건는다. 이때 유의할 점은 걸을 때 지면에 닿는 발동작이다. 발뒤꿈치가 먼저 닿고 그다음 발바닥 전체가 닿은 뒤, 마지막으로 발의 앞 끝이 들리는 순서로 걸어야 한다.

– 남상남, 〈걷기 운동의 효과와 방법〉

정답 선지 분석

① 〈보기〉는 윗글과 달리 걷기에 대해 객관적으로 해설하고 있다.

윗글은 걷기와 관련된 개인적인 체험을 바탕으로 서술되었기 때문에 글쓴이의 주관적인 견해가 반영되어 있다. 그러나 〈보기〉는 걷기 운동의 긍정적 효과와 올바른 걷기의 자세에 대해 설명하고 있기 때문에 객관적이고 해설적인 것이 특징이다.

오답 선지 분석

② 윗글은 〈보기〉와 달리 구체적인 수치를 들어 주장을 뒷받침하고 있다.

윗글과 〈보기〉 모두 구체적인 수치를 통해 주장을 뒷받침하고 있지 않다.

③ 윗글은 걷기의 효과를, 〈보기〉는 걷기의 가치를 서술하고 있다.

윗글은 생각의 자유를 누릴 수 있는 걷기의 가치에 대해, 〈보기〉는 걷기가 건강에 미치는 효과에 대해 설명하고 있다.

④ 윗글과 〈보기〉 모두 올바른 걷기의 방법에 대해 소개하고 있다.

올바른 걷기 방법에 대해 소개하고 있는 것은 〈보기〉에 해당한다.

⑤ 윗글과 〈보기〉 모두 화제와 관련된 글쓴이의 깨달음을 전달하고 있다.

윗글과 〈보기〉는 '걷기'라는 동일한 화제에 대해 이야기하고 있다. 윗글은 걷기에 대한 글쓴이의 경험과 깨달음을 서술하고 있으나, 〈보기〉는 건강을 위한 운동으로서의 걷기에 대해 소개하고 있을 뿐, 걷기를 통한 깨달음을 전달하고 있지는 않다.

04 세부 내용 이해하기

윗글의 [A]에서 '혼자 걷는 사람'을 비유한 말을 찾아 3음절로 쓰시오.

정답

나그네

| 본문 | 81쪽

매체   지구를 지키기 위한 실천, '기후 행동'

빠른 정답 체크   **01** ④   **02** ④   **03** 수거, 경각심

가

지구를 지키기 위한 실천, '기후 행동'

지구의 기온이 1℃만 올라가도 기후 변화로 인해 해수면 상승, 자연재해, 생태계 <u>지구의 기온이 올라갈 때 나타나는 현상</u> 파괴와 같은 심각한 위기들이 나타납니다. 이러한 <u>기후 변화의 위기에 대응하기 위한 실천들</u>이 바로 기후 행동 <u>기후 행동의 개념</u> 입니다. 최근에는 청소년들이 주체가 되어 적극적으로 기후 행동에 나서고 있는데, 우리 지역 내의 동아리들도 다양한 활동에 참여하고 있습니다.

1950년 30건 +1℃ → 2010년 520건

[지구 표면 온도 상승에 따른 자연재해 발생 건수 증가 추이] ㄴ 내용을 도식화하여 심각성을 알기 쉽게 드러냄

[인근 하천에 버려진 페트병 사진]

우리 학교 사회 참여 동아리에서는 플라스틱 수거 캠페인을 진행 중입니다. 이는 <u>우리 학교 사회 참여 동아리의 기후 행동</u> 왼쪽 사진과 같이 버려진 페트병을 수거하고, 플라스틱 사용이 지구 온난화에 끼치 <u>플라스틱 수거 캠페인 내용</u> 는 영향에 대한 경각심을 일깨우는 활동입니다. 인근 학교의 동아리에서는 『소비자들이 친환경 소재로 만들어진 『 』: 인근 학교 동아리의 기후 행동 옷을 선택할 수 있도록 옷에도 환경 인증 등급을 적용해 달라는 정책을 제안했습니다.』 이런 동아리들의 활동은 기후 위기에 효과적으로 대응할 수 있는 바탕이 될 것입니다.

무엇보다 기후 행동은 개인의 일상적 실천의 확산이 가장 중요합니다. <u>실내 적정 온도 유지하기, 불필요한 전등 끄기</u> <u>개인이 일상적으로 실천할 수 있는 기후 행동</u> 등을 꾸준히 실천하고 이것이 우리 모두의 실천으로 이어진다면 기후 위기로부터 지구를 지킬 수 있을 것입니다.

김○○ 학생 기자

나

1	2
[화면 구성] 	[화면 구성] **기후 행동 체크리스트** 항목 / 체크 빈 교실 전등 끄기 ✓ 급식 남기지 않기 교실 계절별 적정 온도 유지하기 ✓
[화면 설명] 이미지와 문구를 활용하여 시작 화면을 제시함.	[화면 설명] 구체적 항목들을 제시하여 자신의 실천 여부를 표시할 수 있도록 함.
3	4
[화면 구성]  기후 행동 실천 ⑦일째 / 사진 올리기 / 공유하기	[화면 구성]  식생활 정책 제안 / 내용 작성 / 전송
[화면 설명] 자신의 실천 일지를 다른 이용자들과 공유할 수 있도록 함.	[화면 설명] 자신의 아이디어를 정리하여 관련 기관에 제안할 수 있도록 함.

01 매체 표현 방식 분석하기

답 | ④

(가)에 나타난 표현 방식에 대한 설명으로 가장 적절한 것은?

정답 선지 분석

④ 지구의 온도 상승에 따른 자연재해 건수의 양적 변화를 도식화하여 나타내었다.

(가)에 지구의 온도 상승에 따른 자연재해 발생 건수 증가 추이를 도식화하여 나타내었으므로 적절하다.

오답 선지 분석

① 기후 변화가 인간에게 끼치는 영향을 이모티콘을 활용하여 강조하였다.

(가)에서 기후 변화가 인간에게 끼치는 영향을 이모티콘을 활용하여 강조한 부분을 찾을 수 없다.

② 인근 학교 동아리의 페트병 수거 현황을 소제목을 사용하여 부각하였다.

(가)에 따르면 페트병 수거 활동을 진행하는 주체는 인근 학교 동아리가 아닌 글쓴이의 학교의 사회 참여 동아리이며, 이는 소제목이 아니라 글자의 굵기를 달리하는 방식으로 부각되고 있다.

③ 기후 행동의 국가 간 차이를 글자의 굵기와 크기를 달리하여 제시하였다.

(가)에서 글자의 굵기와 크기를 달리하여 제시한 내용은 기후 행동의 국가 간 차이가 아닌, 지구 표면 온도 상승에 따른 자연재해 발생 건수 증가 추이이다.

⑤ 기후 행동에 주체적으로 참여하는 청소년들의 모습을 사진 자료를 사용하여 보여 주었다.

(가)에서는 기후 행동에 주체적으로 참여하는 청소년들의 모습이 아닌, 인근 하천에 버려진 페트병 사진을 자료로 제시함으로써 버려진 페트병이 지구 온난화에 끼치는 영향에 대한 경각심을 일깨우고 있다.

02 매체 자료 내용 구성 추론하기　　　　답 | ④

(가)를 참고하여 (나)를 만드는 과정에서 애플리케이션 제작자가 고려했을 내용으로 적절하지 않은 것은?

정답 선지 분석

④ (가)에 제시된 동아리의 정책 제안 활동을 참고하여, 청소년이 관련 기관에 제안한 정책에 대한 평가를 확인할 수 있는 기능을 제공해 기후 행동에 참여하도록 해야겠어.

　(가)의 2문단에서 '인근 학교의~정책을 제안했습니다.'라고 밝히며 동아리의 정책 제안 활동이 제시되어 있지만, (나)의 '4' '화면 구성'에는 청소년이 관련 기관에 제안한 정책에 대한 평가를 확인할 수 있는 기능은 제공하고 있지 않으므로 적절하지 않다.

오답 선지 분석

① (가)에 제시된 개인의 일상적 실천 사례를 참고하여, 학교에서 실천할 수 있는 체크리스트를 구성해 자신의 생활 습관을 점검하도록 해야겠어.

　(가)의 3문단 '실내 적정~전등 끄기'에 개인의 일상적 실천 사례가 제시되어 있고, (나) '2'의 '화면 구성'에 학교에서 실천할 수 있는 체크리스트를 구성하고 있으므로 적절하다.

② (가)에 제시된 기후 행동의 개념을 참고하여, 기후 위기를 보여 주는 이미지와 문구로 시작 화면을 구성해 상황의 심각성을 인식하도록 해야겠어.

　(가)의 1문단 '이러한 기후 변화의~기후 행동입니다.'에 기후 행동의 개념이 제시되어 있고, (나) '1'의 '화면 구성'에 기후 위기를 보여 주는 이미지와 문구로 시작 화면을 구성하고 있으므로 적절하다.

③ (가)에 제시된 꾸준한 기후 행동의 필요성을 참고하여, 자신의 성공적인 실천 결과를 누적할 수 있는 일지를 제공해 지속적으로 실천이 이어지도록 해야겠어.

　(가)의 3문단 '꾸준히 실천하고~지킬 수 있을 것입니다'에 꾸준한 기후 행동의 필요성이 제시되어 있고, (나) '3'의 '화면 구성'에 자신의 성공적인 실천 결과를 누적할 수 있는 일지를 제공하고 있으므로 적절하다.

⑤ (가)에 제시된 기후 행동 확산의 중요성을 참고하여, 자신의 실천 사례를 다른 사람들과 공유할 수 있는 기능을 제공해 개인의 실천이 다른 사람의 동참을 이끌어 내도록 해야겠어.

　(가)의 3문단 '무엇보다 기후 행동은~가장 중요합니다.'에 기후 행동 확산의 중요성이 제시되어 있고, (나) '3'의 '화면 구성'에 자신의 실천 사례를 공유할 수 있는 기능을 제공하고 있으므로 적절하다.

03 매체 자료 내용 이해하기

빈칸에 들어갈 말로 적절한 것을 골라 차례대로 쓰시오.

　(가)에 따르면, 우리 학교 사회 참여 동아리에서 진행하는 플라스틱 (수거 / 분리) 캠페인은 플라스틱 사용이 지구 온난화에 끼치는 영향에 대한 (동정심 / 경각심)을 일깨우기 위한 활동이다.

정답

수거, 경각심

독서　민주주의와 법치주의의 성립과 발전

빠른 정답 체크　01 ③　02 ④　03 ③　04 권력 분립 제도

　현대 민주 국가에서 국가 질서 및 헌법의 기반을 이루는 두 축은 ㉠ 민주주의와 ㉡ 법치주의이다. 민주주의는 국민의 뜻에 따라 국가의 의사를 결정해야 한다는 이념이다.
〔민주주의의 개념〕
민주주의의 목적은 자유와 평등의 이념을 토대로 인간의 존엄성을 보장하는 것으로,
〔민주주의의 목적〕
이에 따라 국민은 헌법을 제정하여 국가를 만들고, 대통령과 국
〔민주주의에 기반한 국민의 정치 활동 ①〕
회 의원 등을 선출하여 국가 기관을 구성하며, 국가 기관에 정당
〔민주주의에 기반한 국민의 정치 활동 ②〕　〔민주주의에 기반한 국민의 정치 활동 ③〕
성을 부여한다. 그뿐만 아니라 정당이나 여론을 통해 국가의 정
〔민주주의에 기반한 국민의 정치 활동 ④〕
치적 의사 결정 과정에 영향력을 행사하고, 직접 선거에 출마하
〔민주주의에 기반한 국민의 정치 활동 ⑤〕
기도 한다.
　　　　　　　　　　　　▶ 1문단: 민주주의의 개념

　한편 법치주의는 법에 근거하여 국가 기관을 구성하고 운영해
〔법치주의의 개념〕
야 한다는 이념이다. 법치주의의 목적은 국민의 자유와 권리를
〔법치주의의 목적〕
보장하는 것이다. 이를 위하여 법치주의는 권력 분립 제도를 기
〔법치주의의 기반〕
초로 하며, 헌법에 따라 입법권을 행사하고 헌법과 법률에 근거
〔법치주의의 내용 ①〕　　　　　〔법치주의의 내용 ②〕
하여 행정 및 재판이 이루어져야 한다는 것을 그 내용으로 한다.
　　　　　　　　　　　　▶ 2문단: 법치주의의 개념

　우리 헌법은 민주주의와 법치주의를 헌법의 기본 원리로 채택
〔헌법의 기본 원리〕
하고 있다. 민주주의는 국민의 뜻에 따라 국가를 구성하고 운영
해야 한다는 점에서 법에 따라 국가를 구성하고 운영해야 한다는
법치주의와 특정한 사안에서 대립적일 수 있다. 그러나 민주주의
〔국가 운영의 주체가 다르기 때문에〕
와 법치주의는 인간의 존엄성 보장과 이것을 구체화한 국민의 자
〔민주주의와 법치주의의 공통 목적 ①〕
유와 권리 보장이라는 같은 목적을 추구한다. 그리고 이 목적을
〔민주주의와 법치주의의 공통 목적 ②〕
달성하기 위해서 상호 보완적으로 기능한다.
　　　　　　　　　　　　▶ 3문단: 민주주의와 법치주의의 목적

　'다수 시민에 의한 지배'를 의미하는 민주 정치는 민주주의와
〔민주 정치의 내용〕
법치주의 이념을 기반으로 역사적으로 변화하고 발전해 왔다. 민
주 정치의 뿌리는 고대 그리스의 도시 국가인 아테네의 정치에서
〔현대 민주 정치의 기원〕
찾을 수 있다. 아테네에서는 모든 시민이 한곳에 모여 공동체의
중요한 일을 직접 결정하고, 시민이면 누구나 정치에 참여하고
선거를 통해 공직*을 맡을 수 있었다. 시민 생활에 필요한 생산은
노예가 담당하므로 시민은 공적 생활에 전념할 수 있었다. 그러
나 당시 시민은 아테네의 성인 남자로 한정되어, 노예 계급 등은
〔성별과 계급에 따라 정치에 참여할 수 있는 권리가 부여됨〕
정치에서 제외되었다. 이러한 점에서 현대 민주 정치와는 차이가
〔성별과 계급과 관계없이 모든 국민이 정치 참여가 가능함〕
있다. 오늘날과 같은 민주 정치는 근대에 들어와 정립되기 시작
하였다.
　　　　　　　　　　　　▶ 4문단: 아테네의 민주 정치

　한때 중세 봉건제와 절대 왕정 시대를 거치며 사라졌던 민주 정
치는 독립 혁명, 프랑스 혁명 등의 근대 시민 혁명을 계기로 다시
〔근대 시민 혁명의 사례〕

형성되고 발전하기 시작했으며,「권력의 정당성이 시민에게서 나
「 」: 근대 시민 혁명의 의의 ① - 민주주의와 대의제 발달
온다는 국민 주권에 기반을 둔 민주주의와 이러한 민주주의를 실

현하기 위한 구체적 제도로 대의제*가 발달하였다.」이와 더불어

「절대 군주의 자의적*인 법 집행을 의미하는 인치*를 대신하여 국
「 」: 근대 시민 혁명의 의의 ② - 법치주의 확립
가 권력이 법에 따라 행사되어야 한다는 법치주의가 확립되었다.」

그뿐만 아니라「사회 구성원의 합의를 담은 헌법에 시민의 자유와
「 」: 근대 시민 혁명의 의의 ③ - 입헌주의에 기반한 근대 정치 체제 성립
권리를 규정하고, 이를 보장하기 위하여 국가 기관이 헌법에 따

라 구성되고 운영되어야 한다는 원리인 입헌주의를 특징으로 하

는 근대 정치 체제가 성립하였다.」

▶ 5문단: 근대 시민 혁명의 의의

* 공직(公職): 국가 기관이나 공공 단체의 일을 맡아보는 직책이나 직무.
* 대의제(代議制): 국민이 스스로 선출한 대표자를 통하여 국가 권력을 행사하는
  정치 제도.
* 자의적(恣意的): 일정한 질서를 무시하고 제멋대로 하는 것.
* 인치(人治): 사람의 지배.

01 내용 전개 방식 파악하기 답 | ③

윗글에 대한 설명으로 가장 적절한 것은?

정답 선지 분석

③ 민주주의가 발달하기 시작한 계기를 제시하고 있다.

4문단에 따르면 민주주의를 기반으로 한 민주 정치의 뿌리는 고대 그리스의 아테네에
서 찾을 수 있으며, 5문단에서 중세 봉건제와 절대 왕정 시대를 거치며 사라졌던 민주
정치는 독립 혁명, 프랑스 혁명 등이 근대 시민 혁명을 계기로 다시 형성되고 발전했다
고 하였으므로 적절하다.

오답 선지 분석

① 현대 법치주의의 한계를 제시하고 있다.

윗글은 현대 법치주의를 설명하고 있을 뿐, 그 한계를 제시하고 있지는 않다.

② 민주주의를 채택한 현대 국가를 나열하고 있다.

민주주의를 채택한 현대 국가를 나열한 내용은 윗글에서 제시하고 있지 않다.

④ 현대 민주주의를 대체할 수 있는 이념을 설명하고 있다.

윗글에서 현대 민주주의에 대한 설명을 제시하고 있으나, 그것을 대체할 수 있는 이념
은 제시하고 있지 않다.

⑤ 법치주의를 명시한 헌법 조항의 대표적인 예를 제시하고 있다.

윗글에서 법치주의를 명시한 헌법 조항의 대표적인 예를 제시하고 있지 않다.

02 핵심 내용 파악하기 답 | ④

㉠, ㉡에 대한 설명으로 적절하지 않은 것은?

정답 선지 분석

④ ㉠과 ㉡은 항상 상호 대립적으로 기능한다.

3문단에서 민주주의와 법치주의는 같은 목적을 추구하며 특정한 사안에서는 대립적일
수 있으나, 그 목적을 달성하기 위해서 상호 보완적으로 기능한다고 하였으므로 적절
하지 않다.

오답 선지 분석

① ㉠의 목적은 인간의 존엄성을 보장하는 것이다.

1문단에서 민주주의의 목적은 인간의 존엄성을 보장하는 것이라고 하였으므로 적절
하다.

② ㉠은 현대 민주 국가의 의사 결정에 영향을 미친다.

1문단에서 현대 민주 국가에서 국가 질서 및 헌법의 기반을 이루는 두 축으로 민주주
의와 법치주의가 있다고 하였고, 민주주의는 국민의 뜻에 따라 국가의 의사를 결정해
야 한다는 이념이라고 하였으므로 적절하다.

③ ㉡의 목적은 국민의 자유와 권리를 보장하는 것이다.

2문단에서 법치주의의 목적은 국민의 자유와 권리를 보장하는 것이라고 하였으므로
적절하다.

⑤ ㉠과 ㉡은 민주 정치 발전의 기반이 되는 이념이다.

4문단에서 민주 정치는 민주주의와 법치주의 이념을 기반으로 역사적으로 변화하고
발전해 왔다고 하였으므로 적절하다.

03 구체적 사례에 적용하기 답 | ③

윗글을 바탕으로 보기 의 인권선언을 이해한 내용으로 적절하지 않은 것은?

보기

프랑스 혁명의 이념은 인권선언에 잘 표현되어 있는데 여기에는 재산,
신체, 의견, 양심, 종교의 자유와 같은 기본권을 규정하고 있다.

제1조 인간은 자유롭고 평등한 권리를 지니고 태어나서 살아간다. 사회
적 차별은 오로지 공공 이익에 근거할 경우에만 허용될 수 있다.
제3조(국민 주권의 원칙) 모든 주권의 원리는 본질적으로 국민에게 있다.
어떤 단체나 개인도 국민으로부터 직접 나오지 않는 어떤 권력도 행사
할 수 없다.
제6조(모든 공직의 선거) 법은 일반의지의 표현이다. 모든 시민에게는 직
접 또는 대표자를 통해 법의 제정에 참여할 권리가 있다. 법은 보호하
는 경우든 처벌하는 경우든 간에 모든 사람들에게 똑같이 적용되어야
한다.(후략)
제16조(권력 분립에 입각한 대의제) 법의 준수가 보장되지 않거나 권력
분립이 확정되지 않은 사회는 결코 헌법을 갖추지 못한다.

정답 선지 분석

③ 제1조에서 사회적 차별이 허용된다고 한 것은 프랑스 혁명 이후에도 인간의
존엄성은 보장되지 못했음을 나타내는군.

1문단에서 민주주의의 목적은 자유와 평등의 이념을 토대로 인간의 존엄성을 보장하
는 것이라고 하였고, 5문단에서 민주 정치는 프랑스 혁명 등의 근대 시민 혁명을 계기
로 다시 형성되었으며 민주주의가 발달하게 되었다고 하였다. 〈보기〉에서 사회적 차별
이 허용되는 것은 오로지 공공 이익에 근거할 경우에만 허용된다고 하였으므로 이를
인간의 존엄성이 보장되지 못하는 것이라 볼 수 없다.

① 중세 봉건제와 절대 왕정 시대를 거치며 사라졌던 민주 정치를 다시 형성하게 된 계기가 되었겠군.

5문단에서 민주 정치는 중세 봉건제와 절대 왕정 시대를 거치며 사라졌다가, 프랑스 혁명 등과 같은 근대 시민 혁명을 계기로 다시 형성되고 발전하기 시작하였다고 하였다. 〈보기〉에서 인권선언은 프랑스 혁명의 이념을 잘 표현하고 있다고 하였으므로 적절하다.

② 제1조에서 시민의 자유와 기본권을 천명한 것은 입헌주의를 특징으로 하는 근대 정치 체제의 기반이 되었군.

〈보기〉의 인권선언 제1조는 시민의 자유와 평등한 권리를 보장하였다. 5문단에서 근대 시민 혁명의 결과 헌법에 시민의 자유와 권리를 규정하고, 이를 보장하기 위하여 국가 기관이 헌법에 따라 구성되고 운영되어야 한다는 원리인 입헌주의를 특징으로 하는 근대 정치 체제가 성립하였다고 하였으므로 적절하다.

④ 제3조와 제16조의 국민 주권의 원칙과 대의제는 현대 민주주의를 실현하기 위한 구체적 제도로 발달하게 되었군.

〈보기〉의 인권선언 제3조는 국민 주권의 원칙, 제16조는 대의제를 의미한다. 5문단에서 프랑스 혁명 이후 권력의 정당성이 시민에게서 나온다는 국민 주권에 기반을 둔 민주주의와 이러한 민주주의를 실현하기 위한 구체적 제도로 대의제가 발달하였다고 하였으므로 적절하다.

⑤ 제6조의 선거를 통해 공직을 맡을 수 있다는 이념은 고대 아테네의 정치에서 그 뿌리를 찾을 수 있군.

4문단에서 민주 정치의 뿌리는 고대 그리스의 도시 국가인 아테네의 정치에서 찾을 수 있다고 하였고, 당시 아테네는 선거를 통해 공직을 맡을 수 있었다고 하였다. 〈보기〉의 인권선언 제6조 또한 모든 시민에게는 직접 또는 대표자를 통해 법의 제정에 참여할 권리가 있다고 하였으므로 적절하다.

04 세부 내용 파악하기

법치주의의 기반이 되는 제도를 윗글에서 찾아 3어절로 쓰시오.

정답

권력 분립 제도

빠른 정답 체크   01 ④   02 ③   03 ③   04 이곳

㉠ <u>껍데기</u>는 가라. ~: 동일한 시행 반복-주제 강조, 운율 형성
△: 허위와 가식, 부정한 세력
사월도 ㉡ <u>알맹이</u>만 남고
4·19 혁명   ○: 민족의 순수한 정신
껍데기는 가라.
▶ 껍데기와 같은 부정한 세력의 거부와 사월(4·19 혁명)의 순수한 정신 강조

껍데기는 가라.

동학년 곰나루의, 그 <u>아우성</u>만 살고
동학 농민 운동
껍데기는 가라.
▶ 동학년에 일어난 동학 농민 운동의 순수한 아우성 강조

┌ 그리하여, 다시
│ 껍데기에 대한 거부를 재차 강조함
│ 껍데기는 가라.
│
│ **이곳**에선, 두 가슴과 그곳까지 내논
│ 한반도   인간 본연의 순수한 모습
[A] **아사달 아사녀**가
│ 분단된 우리 민족을 상징
│ **중립의 초례청** 앞에 서서
│ 이념을 초월한 화합의 장소
│ **부끄럼** 빛내며
│ 민족 간의 화합에 따른 순수한 아름다움
└ 맞절할지니
  화합과 통일   ▶ 우리 민족의 순수함과 화합에 대한 열망

껍데기는 가라.

한라에서 백두까지
        한반도 전체
향그러운 흙 가슴만 남고

그, 모오든 **쇠붙이**는 가라.
▶ 쇠붙이와 같은 부정한 세력의 거부와 분단 극복에 대한 열망
- 신동엽, 〈껍데기는 가라〉 -

* 동학년(東學年): 동학 농민 운동이 일어난 1894년을 이르는 말.
* 곰나루: 충청남도 공주의 옛 이름. 동학 농민 운동 당시 우금치 전투가 있었던 곳.
* 아사달 아사녀: 석가탑 창건 설화에 등장하는 인물들의 이름. 부부였지만 헤어져 살다가 비극적인 결말을 맞음.
* 초례청(醮禮廳): 전통적인 혼례식을 치르는 장소.

윗글에 대한 설명으로 적절하지 않은 것은?

정답 선지 분석

④ 역사적 사건을 차례대로 나열하여 객관성을 드러내고 있다.

   윗글은 '사월', '동학년' 등 역사적 사건을 차례대로 나열하고 있으나, 이를 통해 객관성을 드러내고 있지는 않다.

오답 선지 분석

① 상징적 시어를 통해 화자의 염원을 나타내고 있다.

   윗글은 '껍데기', '알맹이', '아사달 아사녀' 등 상징적 시어를 통해 순수한 민족 본연의 삶을 살길 바라는 화자의 염원을 나타내고 있다.

② 반복적인 표현을 통해 작품의 주제를 부각하고 있다.

   윗글은 '껍데기는 가라'의 반복을 통해 운율을 형성하고 허위와 가식, 부정한 세력이 사라지고 순수한 정신만이 깃들길 바라는 작품의 주제를 부각하고 있다.

③ 명령형 어조를 활용하여 화자의 의지를 강조하고 있다.

   윗글은 명령형 어조인 '가라'의 반복을 통해 부정한 세력이 사라지기를 바라는 화자의 의지를 강조하고 있다.

⑤ 직설적인 표현을 통해 화자의 부정적 인식을 표현하고 있다.

   윗글에서는 화자가 부정적으로 인식하는 '껍데기'를 '가라' 하고, 화자가 긍정하는 대상인 '알맹이'와 '아우성'은 남아 있으라는 표현을 통해 허위와 가식을 의미하는 껍데기에 대한 화자의 부정적 인식을 드러내고 있다.

02 시어의 의미 파악하기   답 | ③

㉠, ㉡에 대한 설명으로 가장 적절한 것은?

정답 선지 분석

③ ㉠은 부정한 세력의 허위와 가식을 의미하는 대상이고, ㉡은 순수한 민족정신을 상징하는 대상이다.

   ㉠은 '껍데기'로, 허위와 가식, 부정한 세력 등 화자가 부정적으로 인식하는 대상이고, ㉡은 이와 대조적으로 화자가 긍정하는 대상이다. 따라서 순수한 민족 본연의 정신을 의미한다고 볼 수 있다.

오답 선지 분석

① ㉠은 화자가 경계하는 대상이고, ㉡은 현재 화자가 처한 어려움을 상징하는 대상이다.

   ㉠은 화자가 부정하는 대상으로, 경계한다고 볼 수 있으나, ㉡이 화자가 처한 어려움을 상징한다고 보기는 어렵다. ㉡은 ㉠과 대조적인 대상으로, 민족의 순수한 정신을 의미한다.

② ㉠은 화자의 자유를 억압하는 대상이고, ㉡은 억압에 대한 화자의 저항을 표현하는 대상이다.

   ㉠를 부정한 세력이라 본다면 화자의 자유를 억압한다고 볼 수도 있겠으나, ㉡은 순수한 민족 정신을 의미하는 대상으로, 억압에 대한 화자의 저항을 의미하지는 않는다.

④ ㉠은 부정적인 현실을 드러내는 대상이고, ㉡은 현재 상황과 대조되었던 과거를 예찬하는 대상이다.

   ㉠은 가식과 허위, 부정한 세력을 의미하므로 부정적인 현실을 드러낸다고 볼 수 있겠으나, ㉡을 과거를 예찬하는 대상이라고 볼 수는 없다.

⑤ ㉠은 화자의 염원을 방해하는 대상이고, ㉡은 세상에 타협하지 않는 화자의 신념을 나타내는 대상이다.

   ㉠은 순수한 민족 본연의 삶을 추구하는 화자의 염원을 방해하는 대상이라 볼 수 있겠으나, ㉡이 세상에 타협하지 않는 화자의 신념을 나타내지는 않는다.

03 외적 준거를 바탕으로 작품 이해하기   답 | ③

보기 를 바탕으로 윗글을 이해한 내용으로 적절하지 않은 것은?

보기

   윗글은 군부 독재로 인한 국민의 억압이 심해지고, 남북 분단의 상처가 더욱 깊어져 가던 시기인 1960년대에 창작되었다. 4·19 혁명과 동학 농민 운동의 정신이 회복되길 바라는 소망과 이러한 정신을 훼손하는 모든 불의와 거짓이 사라지길 바라는 마음을 강렬하게 외치고 있다. 분단된 민족의 현실을 극복하고 순수한 정신을 회복하고자 하는 염원을 표출하고 있다.

정답 선지 분석

③ '중립의 초례청' 앞에서 느끼는 '부끄럼'은 순수한 정신을 훼손하는 가식과 허위를 의미한다.

   윗글에서 '중립의 초례청'은 '아사달 아사녀'가 '맞절'을 하는 장소로, 이때 '부끄럼'은 순수한 정신을 훼손하는 가식과 허위가 아닌, 민족의 화합으로 인한 순수한 아름다움을 의미한다고 볼 수 있다.

오답 선지 분석

① '사월'의 '알맹이'와 '동학년'의 '아우성'은 각각 4·19 혁명과 동학 농민 운동에서 비롯된 순수한 정신을 의미한다.

   〈보기〉에서 윗글은 4·19 혁명과 동학 농민 운동의 순수한 정신이 회복하길 바라는 소망을 나타내고 있다고 하였으므로, '사월'은 4·19 혁명을, '동학년'은 동학 농민 운동을 의미하는 것이다. 이때 화자가 남아 있길 바라는 대상인 '알맹이'와 '아우성'은 '껍데기'와 대조적인 시어로, 불의와 거짓이 아닌 순수한 정신을 의미한다고 볼 수 있다.

② '아사달 아사녀'의 '맞절'은 분단된 우리 민족의 화합과 민족의 순수한 삶의 회복을 의미한다.

   '아사달 아사녀'는 부부임에도 헤어져 비극적인 결말을 맞은 인물들로, 〈보기〉을 고려한다면 남북으로 분단된 우리 민족을 의미하며, 이들의 '맞절'은 민족들의 화합을 의미한다고 볼 수 있다. 또한 순수한 정신을 회복하고자 하는 소망을 의미한다고 볼 수도 있다.

④ '향그러운 흙 가슴'이 '한라에서 백두까지' 널리 퍼지는 것은 한반도 전체에 순수한 정신이 깃들길 바라는 화자의 열망을 의미한다.

   '향그러운 흙 가슴'은 '껍데기'와 달리 화자가 긍정하는 대상으로, 민족의 순수한 정신을 의미한다고 볼 수 있다. 따라서 이러한 정신이 '한라에서 백두까지' 남아 있길 바라는 것은 한반도 전체에 순수한 정신이 깃들길 바라는 화자의 열망을 의미한다고 볼 수 있다.

⑤ '쇠붙이'는 전쟁의 속성과 관련이 있는 시어로, 당시 군사 정권의 억압을 의미한다.

   '쇠붙이'는 무기와 같이 전쟁의 속성과 관련 있는 시어로, 〈보기〉에 따르면 윗글은 군부 독재와 외세의 간섭으로 남북 분단이 심화되던 시기인 1960년대에 창작되었으므로 이를 고려할 때 당시 군사 정권의 억압을 의미한다고 볼 수 있다.

04 시어의 의미 파악하기

[A]에서 한반도를 의미하는 시어를 찾아 2음절로 쓰시오.

정답

이곳

[앞부분 줄거리] 명나라 상서 화욱에게는 첫째 부인 심 씨의 아들 화춘, 둘째 부인 요 씨의 딸 화빙선, 셋째 부인 정 씨의 아들 화진이 있었는데, 요 씨는 딸 화빙선을 낳고 일찍 죽는다. 성 부인은 화욱의 누이로, 남편과 사별한 뒤 화욱의 집에서 지낸다. 화욱은 용렬한* 화춘보다 영특한 화진을 편애하여 심 부인과 화춘의 불만을 산다. 시간이 흘러 화욱, 정 부인이 죽게 되자, 심 씨는 화진과 화빙선을 모질게 구박한다.

○: 선인 △: 악인

성 부인이 잠시 옛집으로 떠난 뒤 심 씨는 비로소 주먹을 휘두
└ 가부장의 역할을 대신하던 성 부인이 잠시 떠나자 심 씨가 가문의 주도권을 잡음
르고 아귀를 씰룩거리며 승냥이처럼 으르렁거렸다. 시녀 계향과

난향 등도 그 뜻을 받들어 분주하게 날뛰었다. 어느 날 요 부인의

유모 취선이 소저를 보고 울면서 한탄했다.
        └ 화빙선
"지극히 인자하시던 선노야*와 선부인께서 소저와 공자를 생각
            └ 화욱   └ 정 부인
하지 아니하고 돌아가셨습니다. 그리하여 문득 두 외로운 골육*
                        └ 화진과 화빙선
에게 쓰라린 고통을 안긴 나머지, 주옥같은 목숨이 언제 끊어
        └ 화욱과 정 부인의 죽음 이후 심 씨는 화진과 화빙선을 모질게 학대함
질지 모르는 처지로 떨어지고 말았습니다. 진실로 바라거니와

노신이 먼저 죽어 그 참혹한 광경을 보지 않으렵니다."
└ 취선
소저는 **눈물만 삼킬 뿐 대꾸를 하지 않았다.**

취선이 다시 울면서 말했다.

"성 부인께서 한번 부중*을 떠나신 뒤로 수선루 시녀들 중에는
                └ 정 부인이 기거하던 곳
혹독한 형벌을 받은 자가 무수히 많답니다. 그 밖의 사람들도

또한 숨을 죽인 채 오금을 펴지 못하니, 그 운명이 마치 그물에
                    └ 마음 놓고 지내지 못하니
걸린 토끼와 같습니다. 아아! 정 부인께서 언제 남에게 악한 일
    └ 매우 위태로운 상황임   └ 심 씨의 포악한 성품이 드러남
을 하신 적이 있었기에 지금 저희가 이러한 고통을 당하는 것입

니까?"

그러나 소저는 이번에도 역시 아무 말도 하지 않았다. 그때 마

침 난향이 창밖에서 몰래 그 말을 엿듣고는 재빨리 뛰어가 **심 씨**
                    └ 심 씨와 화진, 화빙선의 갈등을 증폭시키는 계기가 됨
에게 고했다. 심 씨는 난향과 계향으로 하여금 소저를 끌어오게

한 뒤 발을 쾅쾅 구르며 꾸짖었다.
        └ 분노에 찬 심 씨의 행동
『천한 계집 빙선아! 흉악한 마음을 품고 천한 자식의 편에 서서
                                └ 화진
감히 적자*의 지위를 빼앗고자 하여, 먼저 적모*부터 없애버리
            └ 화춘
려고 천한 종년 취선이와 함께 은밀하게 일을 꾸미느냐?』
『 』: 심 씨가 화춘이 지닌 장자의 권위를 화진, 화빙선에게 뺏기지 않으려 함
소저는 기가 막혀 아무 말도 하지 못하고 구슬 같은 눈물만 줄
                            └ 화빙선의 억울한 심정이 드러남
줄 흘렸다. 심 씨는 다시 공자를 불러 마당에 무릎을 꿇게 했다.
                └ 화진
그리고 쇠몽둥이로 난간을 쳐부수며 큰소리로 죄를 꾸짖었다.

"천한 자식 진아! 성 부인의 세도*를 믿고 선군*을 우롱해 적장
            └ 화욱의 화진에 대한 편애로부터 비롯된 질투심으로 인한 근거 없는 모함

자의 지위를 빼앗으려 했으나, 하늘이 악인을 도울 리 없어 대

사*가 실패로 돌아가자, 이제는 도리어 요망한 누이 흉악한 종년
                        └ 화빙선   └ 취선
과 함께 짜고 흉측한 짓을 저지르려 하느냐?"

공자는 통곡하면서 심 씨를 바라보고 대답했다.

[A]
┌ "인생 천지에 오륜*이 중하고 오륜 가운데서는 부자가 더욱
│   └ 오륜의 부자 간의 도리를 근거로 들어 심 씨의 모함을 해명함
│ 중합니다. 그런데 아버지와 어머니는 일체이십니다. 소자
│ 가 비록 무상하나 모친께서 어찌 차마 그런 말씀을 하실 수
│   └ 억측으로 자신과 화빙선을 몰아세우자 억울한 심정에서 그 이유를 따져 물음
│ 가 있습니까? 소자는 선군자*의 혈속*으로서 모부인* 슬하
│ 에 있는 자입니다. 그런 말씀을 어떻게 소자에게 하실 수가
│   └ 유교적 가치관을 중시했던 당대 사회상이 드러남
│ 있다는 말입니까? 매씨가 비록 취선이와 함께 수작한* 바는
│   └ 화빙선
│ 있었으나, 사사로운 정으로 주고받은 말은 본래 큰 죄가 될
│ 수 없습니다. 그리고 원망에 찬 말을 했다 하더라도 그 죄는
│ 취선에게 있을 것입니다. 매씨가 언제 참견이나 한 적이 있
│ 었습니까? 또한 『규수의 몸은 남자와 다르니 오명을 덮어씌
│   『 』: 화빙선이 여자라는 것을 근거로 선처를 바라고 있음─동정에 호소함
│ 우는 말씀은 더욱 삼가해야 할 것입니다. 천만 바라건대 조
└ 금 측은하게 여겨 주시기 바랍니다.』

소저도 마침내 강개한* 목소리로 입을 열었다.

『형이나 동생이나 같은 골육입니다. 여기서 빼앗아 저기에 주다
『 』: 형제간의 우애와 부모에 대한 효라는 유교적 가치관을 내세워 억울함을 드러냄
니, 그러한 의리가 어찌 있을 수 있겠습니까? 또한 두 어머니께

서 모두 돌아가시고 한 어머니만이 단지 남으셨으니, 장수를 축

원함*이 사람으로서의 당연한 도리입니다.』 오늘 하교*는 **전혀**

이치에 맞지 않는 말씀입니다."

심 씨는 크게 노해 스스로 쇠채찍을 들고 급히 소저를 치려 했

다. 그러자 공자는 목을 놓아 슬피 울부짖었고, 임 소저도 심 씨
                                └ 화춘의 아내이자, 심 씨의 며느리
의 손을 잡고 눈물을 흘리며 소저를 보호하려 했다.

[중간 부분 줄거리] 이때 빙선의 남편 유생이 화진과 화빙선에게 일어
난 일을 알게 되고, 화춘에게 이를 전달한다.

심 씨는 화춘이 들어오는 것을 발견하고는 손뼉을 쳐 가며 펄펄
        └ 화춘
뛰면서 진노해* 마지않았다. 또한 취선이 소저에게 한 이야기를

꾸미고 부풀려 가면서 화춘을 격분하게 했다. 이윽고 화춘이 대

답했다.

[B]
┌ "진이 남매가 그런 마음을 품고 있다는 것은 소자도 오래
│ 전부터 알고 있었습니다. 그렇지만 저 두 사람이 성 고모에
│   └ 성 부인의 위세가 대단하다는 상황을 염려하여 심 부인의 행동을 만류하고 있음
│ 게 붙어 있으니 형편상 갑자기 제거할 수 없을 것입니다. 그
└ 리고 방금 전에 보니 유생이 이미 이 변고*를 알고 있어 사

색*이 곱지를 않았습니다. 또한 성 고모께서 머지않아 돌아

오시면 반드시 큰 난리를 부릴 것입니다. 우선 분을 참고 그

대로 두었다가 훗날을 기다리심이 옳을 것입니다."

심 씨는 손으로 가슴을 치면서 땅바닥을 뒹굴며 발악했다.

"성씨 집의 늙은 과부가 우리 집에 버티고 앉아 음흉한 뜻을 품
<u>성 부인</u>

고 있으니, 반드시 우리 모자를 <u>죽이고야 말 것</u>이다. 내가 비록

힘은 없으나 저 늙은 과부와 더불어 한번 사생을 결단할 것이니

라. 또한 유생은 다른 집 자식이나 어떻게 우리 집안 내부의 일

을 알 수가 있었겠느냐? 필시 진이 유생에게 고하여 나의 부덕*
<u>또 다시 죄 없는 화진을 거짓으로 음해하고 있음</u>

을 누설했기 때문일 것이다. 이 분을 풀지 못한다면 네가 보는

앞에서 당장 스스로 목숨을 끊고야 말 것이니라."

<u>화춘은 마지못해 공자를 잡아다가 매를 혹독하게 치게 했다.</u> 공
<u>어리석은 형이 어진 동생을 학대함</u>

자는 그 어미와 형을 어떻게 할 수 없다는 것을 이미 잘 알고 있

으므로 변명 한마디 하지 않고 이십여 대의 매를 맞고서는 정신

을 잃고 말았다.

- 조성기, 〈창선감의록〉 -

---

* **용렬하다(庸劣하다):** 사람이 변변하지 못하고 졸렬하다.
* **노야(老爺):** 남을 높여 이르는 말.
* **골육(骨肉):** 부자, 형제 등의 육친.
* **부중(府中):** 높은 벼슬아치의 집안.
* **적자(嫡子):** 정실이 낳은 아들.
* **적모(嫡母):** 서자가 큰아버지의 정실을 이르는 말. 큰어머니.
* **세도(勢道):** 정치상의 권세. 또는 그 권세를 마구 휘두르는 일.
* **선군(先君):** 남에게 돌아가신 자기 아버지를 이르는 말.
* **대사(大事):** 다루는 데 힘이 많이 들고 범위가 넓은 일. 또는 중대한 일.
* **오륜(五倫):** 유학에서, 사람이 지켜야 할 다섯 가지 도리.
* **선군자(先君子):** 남에게 돌아가신 자기 아버지를 이르는 말.
* **혈속(血屬):** 혈통을 이어 가는 살붙이.
* **모부인(母夫人):** 남의 어머니를 높여 이르는 말.
* **매씨(妹氏):** 자기의 손위 누이를 이르는 말.
* **수작하다(酬酌하다):** 서로 말을 주고받다.
* **강개하다(慷慨하다):** 의롭지 못한 것을 보고 의기가 북받쳐 원통하고 슬프다.
* **축원하다(祝願하다):** 희망하는 대로 이루어지기를 마음속으로 원하다.
* **하교(下敎):** 윗사람이 아랫사람에게 가르침을 베풂.
* **진노하다(瞋怒하다):** 성을 내며 노여워하다.
* **변고(變故):** 갑작스러운 재앙이나 사고.
* **사색(辭色):** 말과 얼굴빛을 아울러 이르는 말.
* **부덕(不德):** 덕이 없거나 부족함.

---

01 작품의 내용 파악하기
답 | ③

윗글에 대한 이해로 적절하지 <u>않은</u> 것은?

정답 선지 분석

③ 화진의 대사가 실패한 이유는 적장자의 지위를 화진에게 물려주지 않으려는 심 씨의 시기심 때문이다.

윗글에서 화진이 대사를 꾸며 적장자의 지위를 빼앗으려 했다는 심 씨의 말은 심 씨의 모함일 뿐 실제로 일어난 일이 아니므로 적절하지 않다.

오답 선지 분석

① 취선이 소저에게 한탄하는 것은 화욱과 정 부인의 죽음에서 비롯된 것이다.

윗글에서 취선은 '선노야와 선부인께서 소저와 공자를 생각하지 아니하고 돌아가'신 후, '두 외로운 골육에게 쓰라린 고통을 안'겼다면서, 심 씨에게 모질게 학대당하는 화진과 화빙선의 상황에 대해 한탄하고 있으므로 적절하다.

② 성 부인이 잠시 옛집으로 떠나는 것은 심 씨가 화진과 화빙선을 학대하는 계기가 된다.

윗글에서 '성 부인이 잠시 옛집으로 떠난 뒤 심 씨는 비로소 주먹을 휘두르고 아귀를 씰룩거리며 승냥이처럼 으르렁거렸다'고 하였고, 이후 취선이 화빙선에게 한 말을 빌미로 삼아 화진과 화빙선을 학대하고 있으므로 적절하다.

④ 심 씨가 화진과 화빙선을 학대하는 근본 원인은 화춘이 지닌 장자의 자리를 확고하게 굳히려 하기 때문이다.

윗글에서 심 씨는 화빙선이 '흉악한 마음을 품고 천한 자식의 편에 서서 감히 적자의 지위를 빼앗고자' 하였다는 명목으로 화진과 화빙선을 괴롭히고 있다. 따라서 화춘이 지닌 장자의 자리를 화진과 화빙선에게 빼앗기지 않기 위해 학대하고 있다고 보는 것은 적절하다.

⑤ 임 소저가 심 씨로부터 화빙선을 보호하려 하는 것을 통해 화진과 화빙선의 처지에 공감하고 있음을 알 수 있다.

윗글에서 임 소저가 쇠채찍으로 화빙선을 치려 하는 심 씨의 손을 잡고 눈물을 흘리며 화빙선을 보호하려 한 것은 화진과 화빙선의 처지에 공감한 것으로 볼 수 있으므로 적절하다.

02 말하기 방식 파악하기
답 | ②

[A]와 [B]의 말하기 방식에 대한 설명으로 적절한 것은?

정답 선지 분석

② [A]는 연민에 호소하여, [B]는 제삼자의 권위를 내세워 청자의 행동 변화를 유도하고 있다.

[A]에서 화진은 '규수의 몸은 남자와 다르니~천만 바라건대 조금 측은하게 여겨 주시기 바랍니다.'를 통해 누이 화빙선이 여자라는 것을 근거로 심 씨의 선처를 바라고 있으므로 연민에 호소하여 심 씨의 행동 변화를 유도하고 있고, [B]에서 화춘은 '저 두 사람이 성 고모에게 붙어 있으니 형편상 갑자기 제거할 수 없을 것입니다.', '또한 성 고모께서 머지않아 돌아오시면 반드시 큰 난리를 부릴 것입니다.'를 통해 제삼자인 성 부인의 권위를 내세워 화진과 화빙선을 향한 심 씨의 학대를 만류하고 있으므로 적절하다.

오답 선지 분석

① [A]는 청자를 향한 질문을 통해, [B]는 자문자답을 통해 자신의 억울함을 호소하고 있다.

[A]에서 화진이 '소자가 비록 무상하나 모친께서 어찌 차마 그런 말씀을 하실 수가 있습니까?', '그런 말씀을 어떻게 소자에게 하실 수가 있다는 말입니까?'와 같이 청자인 심 씨에게 질문함으로써 자신의 억울함을 호소하고 있는 것은 적절하나, [B]에서는 자문자답의 형식이 드러나지 않고, 또한 화춘이 자신의 억울함을 호소하고 있지 않으므로 적절하지 않다.

③ [A]는 자신의 잘못을 인정함으로써, [B]는 타인의 잘못을 고발함으로써 자신을 옹호하고 있다.

[A]의 '매씨가 비록 취선이와 함께 수작한 바는 있었으나, 사사로운 정으로 주고받은 말은 본래 큰 죄가 될 수 없습니다.'에서 화진은 자신의 잘못을 인정하는 것이 아니라 오히려 심 씨의 모함에 따른 누이의 잘못된 행동을 두둔하고 있고, [B]에서 화춘은 타인의 잘못을 고발하고 있지도 않으며 자신 또한 옹호하고 있지 않다.

④ [A]는 과거의 일을 근거로 삼아, [B]는 미래의 일을 예견함으로써 청자의 태도를 비판하고 있다.

[A]는 '매씨가 비록 취선이와 함께 수작한 바는 있었으나~'를 통해 과거의 일을 언급하고는 있으나, 이를 근거로 청자의 태도를 비판하는 것은 아니다. 또한 [B]에서 화춘이 '성 고모께서 머지 않아 돌아오시면 반드시 큰 난리를 부릴 것입니다.'를 통해 미래의 일을 예견하는 것은 맞으나, 이를 통해 청자인 심 씨의 태도를 비판하고 있지는 않으므로 적절하지 않다.

⑤ [A]는 청자의 호기심을 자극함으로써, [B]는 청자의 발언에 반박함으로써 자신의 주장을 강화하고 있다.

[A]에서 화진은 청자인 심 씨의 호기심을 자극하는 말하기 방식을 활용하지 않았고, [B] 또한 화춘이 청자인 심 씨의 발언에 반박함으로써 자신의 주장을 강화하고 있지 않다.

03 외적 준거를 통해 작품 감상하기   답 | ④

보기 를 참고하여 윗글을 감상한 내용으로 적절하지 <u>않은</u> 것은?

보기

이 작품은 일부다처제와 대가족 제도하에서 유교적 덕목과 가부장적 가치관을 중시하는 가족 사이의 갈등을 다루고 있다는 점에서 가정 소설의 범주에 속한다. 대부분의 가정 소설에서는 처첩 간의 갈등이나 고부 간의 갈등이 선인과 악인의 대립적 구도 속에서 펼쳐지는데, 악인끼리의 결탁을 통한 악행이라는 이야기 요소를 일반적으로 확인할 수 있다. 또한 가부장, 첫 번째 부인, 장자의 결함 혹은 부재를 통해 갈등을 야기하기도 한다.

정답 선지 분석

④ 화빙선이 심 씨의 말에 대해 '전혀 이치에 맞지 않는'다면서, 심 씨를 어머니로 인정하지 않으려는 것을 통해 일부다처제의 문제점이 나타나고 있군.

〈보기〉에 따르면 가정 소설은 일부다처제와 대가족 제도하에서 벌어지는 가족 간의 갈등을 그려내고 있다. 그러나 윗글에서 화빙선이 심 씨의 말에 대해 '전혀 이치에 맞지 않는 말씀'이라 한 것은 심 씨의 모함에 대한 억울함에서 비롯된 것이지, 심 씨를 어머니로 인정하지 않으려는 것을 드러내지는 않는다.

오답 선지 분석

① 심 씨와 화진, 화빙선 사이의 갈등은 선인과 악인의 대립적 구도 속 가정 소설의 일반적 갈등 상황에 해당하겠군.

〈보기〉에 따르면 대부분의 가정 소설에서는 처첩 간의 갈등, 고부 간의 갈등이 선인과 악인의 대립적 구도 속에서 펼쳐진다. 윗글 또한 선인인 화진과 화빙선, 악인인 심 씨와 난향 등의 대립적 구도 속에서 갈등 상황이 펼쳐지고 있으므로 적절하다.

② 화빙선이 심 씨에게 불만을 느끼면서도 '눈물만 삼킬 뿐 대꾸를 하지 않'은 것은 유교적 덕목을 지키려는 것에서 비롯된 것이군.

〈보기〉에서 윗글은 일부다처제와 대가족 제도 하에서 유교적 덕목과 가부장적 가치관을 중시하는 가족 사이의 갈등을 다루었다고 하였으므로, 화빙선이 자신과 화진을 학대하는 심 씨의 행동을 비판하는 취선의 말에 아무런 대꾸를 하지 않고 눈물만 삼킨 것은 어머니인 심 씨에 대한 효라는 유교적 덕목을 지키려는 곳으로 볼 수 있다.

③ 난향이 화빙선과 취선의 대화를 '몰래 엿듣고' '심 씨에게 고'한 것은 악인인 심 씨와 난향의 결탁으로 가문 내 갈등이 증폭되는 계기가 되었군.

〈보기〉에 따르면 가정 소설에서는 악인끼리의 결탁을 통한 악행이라는 이야기 요소를 확인할 수 있다. 취선과 화빙선의 대화를 심 씨에게 전달한 난향 또한 악인에 해당하며, 이로 인해 심 씨와 화진, 화빙선 간의 갈등이 심화되고 있으므로 적절하다.

⑤ 성 부인이 심 씨와 화춘을 '죽이고야 말 것'이라는 심 씨의 대사를 통해 성 부인이 가정 내 가부장의 역할을 화춘에게 물려주지 않을 것이라는 심 씨의 불안감이 드러나고 있군.

〈보기〉에 따르면 가정 소설은 가부장의 부재를 통해 갈등을 야기한다. 윗글에서 가부장인 화욱이 죽은 뒤 가부장의 역할을 대신하던 성 부인에 대해 심 씨가 자신과 화춘을 죽이고야 말 것이라며 견제하는 것 또한 가부장의 부재를 통해 생겨난 갈등 상황으로, 이를 통해 성 부인이 가정 내 가부장의 역할을 화춘에게 물려주지 않을 것이라는 심 씨의 불안감이 드러나고 있다고 볼 수 있다.

04 구절의 의미 파악하기

빈칸에 들어갈 말로 적절한 것을 윗글에서 찾아 3어절로 쓰시오.

화욱과 정 부인이 죽은 뒤 심 씨가 화진과 화빙선을 학대하는 것은 취선의 한탄을 통해 드러나는데, 특히 이들의 운명이 마치 '(   )'와/과 같다는 비유적 표현을 통해 화진과 화빙선이 매우 위태로운 상황임을 알 수 있다.

정답

그물에 걸린 토끼

08강

| 문법 | 음운 변동 |

빠른 정답 체크 01 ③ 02 ⑤ 03 새벽녘, 나팔꽃

가 ○○고등학교 국어 자료실 게시판

묻고 답하기 _ □ ×

질문 '국'은 [국]으로 발음하는데, 왜 '국물'은 [궁물]로 발음하나요?

답변 '국물'은 비음화가 일어난 경우입니다. '국물'의 받침 'ㄱ'이 비음 'ㅁ' 앞에서 비음 'ㅇ'으로 바뀌어 [궁물]로 발음됩니다.

나

우리말에는 (가)의 사례처럼 한 음운이 일정한 환경에 따라 다르게 발음되는 경우가 있다. 이런 현상을 '음운 변동'이라고 하며 비음화, 거센소리되기, 모음 탈락 등이 이에 해당한다.

<u>비음화</u>는 비음이 아닌 'ㄱ, ㄷ, ㅂ'이 뒤에 오는 비음 'ㄴ, ㅁ'의 _{비음화의 개념} 영향을 받아 각각 비음인 'ㅇ, ㄴ, ㅁ'으로 바뀌어 발음되는 현상을 말한다. 이것은 한 음운이 다른 음운의 영향을 받아 비슷하거나 같은 소리로 바뀌는 원리로, '밥만', '닫는'도 각각 [밤만], [단는]으로 발음된다. 또한 '담력[담ː녁]', '종로[종노]'처럼 'ㄹ'이 비음 'ㅁ, ㅇ' 뒤에서 비음 'ㄴ'으로 바뀌어 발음되는 것도 비음화이다.

<u>거센소리되기</u>는 'ㄱ, ㄷ, ㅂ, ㅈ'이 'ㅎ'과 합쳐져 거센소리인 _{거센소리되기의 개념} 'ㅋ, ㅌ, ㅍ, ㅊ'으로 발음되는 현상을 말한다. 예로 '축하'는 'ㄱ' 과 'ㅎ'이 합쳐져서 하나의 음운인 'ㅋ'이 되어 [추카]로 발음되 _{'축하'의 거센소리되기 과정} 며, 음운의 개수도 5개에서 4개로 줄어든다. _{음운 변동에 의해 음운의 개수가 변하기도 함} <u>모음 탈락</u>은 두 모음이 이어질 때 그중 한 모음이 탈락하는 현상 _{모음 탈락의 개념} 을 말한다. '가-+-아서'가 '가서[가서]'가 되거나 '담그-+-아'가 '담가[담가]'가 되는 경우가 그 예이다.

[A] ┌ 그리고 우리말에서 『음절의 끝에서 발음되는 자음은 'ㄱ, ㄴ, │ 『』: 음절의 끝소리 규칙의 개념 │ ㄷ, ㄹ, ㅁ, ㅂ, ㅇ'뿐이므로 그 이외의 자음이 음절의 끝에 오 │ 면 앞에 제시된 자음 중 하나로 발음하게 되는데, 이것도 음 └ 운 변동 현상에 해당한다. '부엌[부억]', '옷[옫]'이 그 예이다.

한편 『음운 변동은 한 단어 안에서 한 번만 일어나기도 하고, 『』: 음운 변동 현상의 특징 ⊙ 여러 차례 일어나기도 한다., 예를 들어 '앞마당'은 먼저 음절 끝의 자음 'ㅍ'이 'ㅂ'으로 바뀐 후 비음화가 일어나 [암마당]으로 발음된다.

---

01 음운 변동 탐구하기 답 | ③

보기 는 윗글을 바탕으로 탐구한 자료이다. ⓐ, ⓑ에 들어갈 단어를 바르게 짝지은 것은?

보기

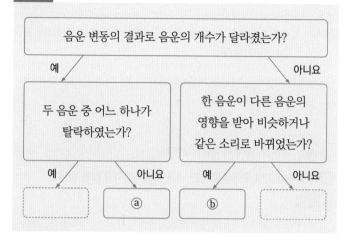

정답 선지 분석

	ⓐ	ⓑ
③	맏형[마텽]	식물[싱물]

이 글에 제시된 음운 변동 중 ⓐ에는 거센소리되기, ⓑ에는 비음화가 일어나는 단어가 들어가야 한다. '맏형[마텽]'은 'ㄷ'과 'ㅎ'이 합쳐져 거센소리 'ㅌ'으로 발음되므로 ⓐ에 해당하고, '식물[싱물]'은 'ㄱ'이 비음 'ㅁ'의 영향을 받아 비음 'ㅇ'으로 바뀌어 발음되므로 ⓑ에 해당한다.

오답 선지 분석

① 창밖[창박] 능력[능녁]
'창밖[창박]'은 음절 끝의 자음 'ㄲ'이 'ㄱ'으로 발음된다. '능력[능녁]'은 비음화가 일어난다.

② 놓다[노타] 다섯[다섣]
'놓다[노타]'는 거센소리되기가 일어난다. '다섯[다섣]'은 음절 끝의 자음 'ㅅ'이 'ㄷ'으로 발음된다.

④ 쓰-+-어→써[써] 법학[버팍]
'쓰-+-어 → 써[써]'는 모음 탈락이, '법학[버팍]'은 거센소리되기가 일어난다.

⑤ 타-+-아라→타라[타라] 집념[짐념]
'타-+-아라 → 타라[타라]'는 모음 탈락이, '집념[짐념]'은 비음화가 일어난다.

---

02 음운 변동 탐구하기 답 | ⑤

밑줄 친 단어 중 ⊙에 해당하는 예로 적절한 것은?

정답 선지 분석

⑤ 물감을 <u>섞는[성는]</u> 방법에 따라 표현 효과가 달라진다.
'섞는[성는]'은 음절 끝의 자음 'ㄲ'이 'ㄱ'으로 바뀐 후, 비음화가 일어나므로 ⊙의 예에 해당한다.

오답 선지 분석

① 그는 자신의 뜻을 <u>굽히지[구피지]</u> 않았다.
'굽히지[구피지]'는 거센소리되기만 일어난다.

② 올 가을에는 <u>작년[장년]</u>보다 단풍이 일찍 물들었다.
'작년[장년]'은 비음화만 일어난다.

③ 미리 준비하지 <u>않고[안코]</u> 이제야 허둥지둥하는구나.
'않고[안코]'는 거센소리되기만 일어난다.

④ 우리 집 정원에는 개나리, <u>장미꽃[장미꼳]</u> 등이 있다.
'장미꽃[장미꼳]'은 음절 끝의 자음 'ㅊ'이 'ㄷ'으로 발음되는 음운 변동만 일어난다.

03 음운 변동 파악하기

보기 의 밑줄 친 부분 중, [A]에 해당하는 것 두 개를 찾아 차례대로 쓰시오.

보기

새벽녘에 피어나 아침에 지는 나팔꽃은 매년 여름마다 우리에게 찾아옵니다.

정답

새벽녘, 나팔꽃

독서 | **면역 체계**

빠른 정답 체크 **01** ④ **02** ③ **03** ⑤ **04** 적응성 면역

우리 몸의 면역 체계는 ㉠ 선천성 면역과 ㉡ 적응성 면역으로 구성되어 있다. 선천성 면역의 경우, 외부에서 적이 침입하면 즉각
_{선천성 면역의 특징 ①}
적으로 반응이 일어난다. 반면 적응성 면역은 선천성 면역이 발생한 이후에 일어나므로 반응이 일어나는 데 걸리는 시간이 더 길지
_{적응성 면역의 특징 ①}
만, 더 정밀하게 적들을 공격한다. 이것이 선천성 면역과 적응성 면역을 구분하는 가장 큰 특징이다. 또한 선천성 면역은 모든 생
_{선천성 면역의 특징 ②}
명체에 존재하지만, 적응성 면역은 척추동물에만 존재한다는 점
_{적응성 면역의 특징 ②}
에서 또 다른 차이가 있다.
▶ 1문단: 선천성 면역과 적응성 면역의 특징

선천성 면역의 주요 구성 요소가 되는 세포는 대식세포와 자연
_{선천성 면역의 주요 구성 세포}
살해 세포이다. 대식세포는 외부에서 침입한 세균 등을 잡아서
_{대식세포의 기능}
소화하는 세포로, 백혈구가 대표적이다. 반면 자연 살해 세포는 주로 우리 몸의 세포 중 이상을 일으키는 것을 공격하는 세포이
_{자연 살해 세포의 개념}
다. 예를 들면 정상 세포에 이상이 생겨 세포가 죽지 않고 무한히 증식하는 암세포나, 제 기능을 하지 못하여 염증을 유발하고 있
_{자연 살해 세포의 공격 대상 ①} _{자연 살해 세포의 공격 대상 ②}
는 우리 몸의 세포 등이 대표적인 자연 살해 세포의 표적이다.
▶ 2문단: 대식세포와 자연 살해 세포의 개념과 기능

선천성 면역과 적응성 면역의 징검다리 역할을 해주는 세포도 있다. 이는 수지상세포로, 면역세포가 공격해서 싸워야 할 적을
_{수지상세포의 역할}
알려주는 역할을 한다. 수지상세포처럼 특정한 대상을 적군이라
_{항원 제시의 개념}
고 알려주는 것을 '항원 제시'라고 하며, 이런 기능을 수행하는 세
_{특정한 대상을 적군이라 알려주는 것}
포를 특별히 '항원 제시 세포'라고 부른다. 항원 제시 세포가 적을 확인하는 방법은 이름에서 알 수 있듯이 항원을 통해서다. 항원은 바이러스나 세균이 가지고 있는 특이적인 단백질로, 적군임
_{항원의 개념}
을 알려주는 일종의 표지 물질이다. 수지상세포는 적응성 면역의 주요 구성 요소가 되는 세포인 T세포에게 특정 세포가 항원을 가
_{수지상세포의 기능}
지고 있다는 것을 알려주어 그 대상이 적군임을 귀띔해준다.
▶ 3문단: 수지상세포의 개념과 기능

T세포는 우리 몸의 면역계에서 핵심 역할을 하는 세포다. T세포는 도움 T세포와 세포독성 T세포로 나뉘는데, 실제로 적군과
_{T세포의 종류}
싸우는 T세포는 세포독성 T세포이다. 세포독성 T세포는 퍼포린이라는 세포 용해 단백질을 분비하여 바이러스나 세균의 세포막
_{세포독성 T세포의 기능}
에 구멍을 뚫어 대상 세포를 제거한다.
▶ 4문단: 세포독성 T세포의 기능

세포독성 T세포가 침입해 들어오는 세균이나 바이러스, 또는 암과 같은 이상세포를 제거한다면 'PD-1'과 같은 면역관문 단백
_{면역관문 단백질의 종류}
질은 세포의 지나친 활성을 막는 기능을 한다. 이들은 모두 단백
_{면역관문 단백질의 기능}
질의 형태로 T세포 표면에 존재하며 면역 반응을 정교하게 조절
_{세포독성 T세포와 면역관문 단백질의 공통점}
하는 데 도움을 주는데, 만약 세포독성 T세포가 존재하지 않는다면 즉각적으로 적과 싸울 수 없을 것이며 면역관문 단백질이 없다면 과도하게 활성화된 T세포로 인해 우리 몸의 정상 세포까지 공격을 받을 수 있다. 이처럼 인체 면역계가 과도하게 활성화돼
_{면역관문 단백질이 없을 경우의 문제점}
정상 세포를 공격해 발병하는 질병을 '자가면역질환'이라고 부른다. 다시 말해 면역관문 단백질은 우리 몸의 정상 세포를 보호하
_{면역관문 단백질의 의의}
기 위한 일종의 안전장치로 볼 수 있다.
▶ 5문단: 면역관문 단백질의 특징과 자가면역질환

---

01 핵심 내용 파악하기 답 | ④

㉠, ㉡에 대한 설명으로 가장 적절한 것은?

정답 선지 분석

④ ㉡은 ㉠과 달리 모든 생명체에 존재하지는 않는다.

1문단에서 선천성 면역은 모든 생명체에 존재하지만, 적응성 면역은 척추동물에만 존재한다고 하였으므로 적절하다.

오답 선지 분석

① ㉠은 ㉡보다 정밀한 공격을 수행할 수 있다.

1문단에서 적응성 면역이 선천성 면역보다 더 정밀하게 적들을 공격한다고 하였으므로 적절하지 않다.

② 외부에서 적이 침입하면 ㉠보다 ㉡이 먼저 반응한다.

1문단에 따르면 외부에서 적이 침입하면 선천성 면역의 경우 즉각적으로 반응이 일어나지만 적응성 면역은 선천성 면역이 발생한 이후에 일어나므로 반응이 일어나는 데 걸리는 시간이 더 길다고 하였으므로 적절하지 않다.

③ ㉡은 ㉠과 달리 암세포를 공격할 수 있다.

2문단에서 암세포는 대표적인 자연 살해 세포의 표적인데, 자연 살해 세포는 선천성 면역에 속한다고 하였으므로 적절하지 않다.

⑤ 침입한 세균을 잡아서 소화하는 세포는 ㉡에 속한다.

2문단에 따르면 침입한 세균을 잡아서 소화하는 세포는 대식세포로, 선천성 면역에 속하므로 적절하지 않다.

수지상세포에 대한 설명으로 가장 적절한 것은?

정답 선지 분석

③ 바이러스나 세균이 가지고 있는 특이적인 단백질을 통해 적을 확인한다.

3문단에 따르면 항원은 바이러스나 세균이 가지고 있는 특이적인 단백질로, 수지상세포는 항원을 통해 적을 확인하므로 적절하다.

오답 선지 분석

① 항원을 직접 파괴하는 기능을 수행한다.

3문단에 따르면 수지상세포는 항원을 직접 파괴하는 것이 아니라 T세포에게 특정 세포가 항원을 가지고 있음을 알려주는 역할을 하므로 적절하지 않다.

② 바이러스나 세균이 가지고 있는 항원을 숨겨 주기도 한다.

3문단에 따르면 수지상세포는 바이러스나 세균이 가지고 있는 항원을 통해 공격해야 하는 대상을 파악하여 T세포에게 알려주는 역할을 하므로 적절하지 않다.

④ 우리 몸의 세포가 바이러스나 세균에게 공격받지 않도록 표지 물질을 분비한다.

3문단에 따르면 바이러스나 세균이 가지고 있는 특이적인 단백질인 항원이 수지상세포에게 일종의 작용하여 공격해야 하는 대상을 파악할 수 있으므로 적절하지 않다.

⑤ 선천성 면역과 적응성 면역 중 한 가지만 발동되도록 면역 체계를 단절하는 역할을 한다.

3문단에 따르면 수지상세포는 선천성 면역과 적응성 면역의 징검다리 역할을 해주는 세포이다. 따라서 면역 체계를 단절하는 것이 아니라 서로 이어주는 역할을 하므로 적절하지 않다.

03 구체적 사례에 적용하기 답 | ⑤

윗글을 바탕으로 보기 의 '환자 A'를 이해한 내용으로 적절하지 않은 것은?

보기

환자 A는 여러 관절이 붓고 통증이 발생하여 병원에서 검사를 통해 류머티즘 관절염을 진단받았다. 류머티즘 관절염은 손과 손목, 발과 발목 등을 비롯한 여러 관절에서 염증이 나타나는 만성 염증성 질환으로, 자가면역질환의 대표적인 사례이다. 과도하게 활성화된 세포독성 T세포가 관절을 감싸고 있는 막 세포들을 공격하여 막 세포가 제 기능을 하지 못하게 되면 염증을 유발하게 되고, 그 관절로 자연 살해 세포 등이 모여들며 관절이 붓고 통증이 발생한다.

정답 선지 분석

⑤ 여러 관절이 붓고 통증이 발생한 이유는 자연 살해 세포가 염증을 유발하는 막 세포를 외부에서 침입한 세균으로 판단했기 때문이었겠군.

2문단에서 제 기능을 하지 못하여 염증을 유발하고 있는 우리 몸의 세포 등이 대표적인 자연 살해 세포의 표적이라고 하였다. 따라서 환자 A의 자연 살해 세포가 문제의 관절로 모여든 것은 염증을 유발하고 있는 막 세포를 외부에서 침입한 세균으로 판단했기 때문이 아니라, 제 기능을 하지 못하는 막 세포를 제거하기 위해서이다.

오답 선지 분석

① T세포의 표면에 존재하는 면역관문 단백질에 오류가 생겼겠군.

5문단에서 면역관문 단백질이 없다면 과도하게 활성화된 T세포로 인해 우리 몸의 정상 세포까지 공격을 받을 수 있다고 하였고, 이로 인해 발병하는 질병을 '자가면역질환'이라고 부른다고 하였다. 〈보기〉의 류머티즘 관절염 또한 자가면역질환에 해당하는 질병이므로 적절하다.

② 신체의 면역 반응을 정교하게 조절하기 위한 장치가 정상적으로 작동하지 않았겠군.

5문단에서 세포독성 T세포와 면역관문 단백질 모두 면역 반응을 정교하게 조절하는 데 도움을 준다고 하였다. 따라서 이러한 기능이 정상적으로 작동하지 않는다면 〈보기〉의 류머티즘과 같은 자가면역질환이 일어날 것이므로 적절하다.

③ 과도하게 활성화된 세포독성 T세포가 우리 몸의 정상 세포인 막 세포를 공격했겠군.

5문단에 따르면 자가면역질환은 과도하게 활성화된 T세포로 인해 정상 세포를 공격하여 발병하는 질병이므로 적절하다.

④ 막 세포가 제 기능을 하지 못하게 된 것은 세포독성 T세포가 세포 용해 단백질인 퍼포린을 분비했기 때문이었겠군.

4문단에서 세포독성 T세포는 퍼포린이라는 세포 용해 단백질을 분비하여 바이러스나 세균의 세포막에 구멍을 뚫는다고 하였고, 〈보기〉에서 과도하게 활성화된 세포독성 T세포가 관절을 감싸고 있는 막 세포들을 공격하여 막 세포가 제 기능을 하지 못하게 되면 염증을 유발하게 된다고 하였으므로 적절하다.

04 세부 내용 파악하기

빈칸에 들어갈 말로 적절한 것을 윗글에서 찾아 2어절로 쓰시오.

전갈은 무척추동물로, (   ) 없이 선천성 면역만 존재하기 때문에 독을 통해 미생물을 차단하여 스스로를 방어한다.

정답

적응성 면역

문학 1 | 사미인곡(정철)

빠른 정답 체크 **01** ⑤ **02** ④ **03** ② **04** 연지분

임금(선조)
이 몸 생겨날 때 임을 따라 생겼으니
　　임과 화자의 깊은 인연
㉠ 한평생 연분이며 하늘 모를 일이던가
　　임과 화자의 만남이 운명적임을 드러냄
㉡「나 하나 젊어 있고 임 하나 날 사랑하시니
　『 』: 임과 화자가 이별하기 전 행복했던 과거
이 마음 이 사랑 견줄 데 전혀 없다」

　　　　　　　　　　　　　　　　　　▶ 임과 화자의 인연

「평생에 원하기를 함께 살자 하였더니
『 』: 임과 멀리 떨어져 있는 화자의 현재 상황
늙어서야 무슨 일로 외따로 두고 그리는고」

엊그제 임을 모셔 **광한전***에 올랐는데
　　　　　　　　임금이 계신 곳
그 사이에 어찌하여 **하계***에 내려오니
　　　　　　　　화자가 낙향하여 지내던 곳
㉢ 올 적에 빗은 머리 흐트러진 지 삼 년일세
㉣: 화자가 여성임을 드러내는 소재　　└ 임과 이별한 지 삼 년이 지남

[A]
　　<u>연지분</u> 있다마는 누굴 위하여 곱게 할꼬
　　　　　　단장한 화자의 모습을 봐 줄 임이 없으므로
　　마음에 맺힌 시름 첩첩이 쌓여 있어

　　짓느니 한숨이요 흐르느니 눈물이라　　▶ 임과 이별한 화자의 슬픔과
　　　대구법, 임의 부재로 한숨과 눈물로 세월을 보냄　　임에 대한 그리움
인생은 유한한데 시름도 끝이 없다

<u>무심한 세월은 물 흐르듯 하는구나</u>
　　　　세월의 무상함

염냥*이 때를 알아 가는 듯 다시 오니
　　　계절의 순환에 따른 시간의 흐름
듣거니 보거니 느낄 일도 많기도 많구나
　　　　　　　▶ 계절의 순환에 따른 세월의 무상함
동풍*이 문득 불어 적설*을 헤쳐 내니
계절적 배경-봄
창밖에 심은 매화 두세 가지 피었구나
객관적 상관물, 임에 대한 화자의 정성과 사랑
㉣ 가뜩 냉담한데 암향*은 무슨 일인고
　　　부정적 현실 속 임금에 대한 화자의 충정 강조
황혼에 달이 따라와 베갯머리에 비치니
　　　　　임금
흐느끼는 듯 반기는 듯 임이신가 아니신가

저 매화 꺾어 임 계신 데 보내고자
자신의 변함없는 충성심을 임금에게 알리고픈 화자의 심정
임이 너를 보고 어떻다 여기실까
　　　　　　　▶ 임에게 매화를 보내고 싶은 화자의 마음
꽃 지고 새잎 나니 녹음*이 깔렸는데
　　　계절적 배경-여름
㉤ 나위* 적막하고 수막*이 비어 있다
　　　임이 없어 적막한 상태
부용*을 걷어 놓고 공작*을 둘러 두니
　　　고독을 해소하기 위한 화자의 행동
가뜩이나 시름 많은데 날은 어찌 길던고

원앙금* 베어 놓고 오색실 풀어내어

금자*로 재어서 임의 옷을 지어 내니

솜씨는 물론이고 격식도 갖추었구나
자화자찬-화자의 뛰어난 능력을 은연중에 드러냄
산호수 지게 위에 백옥함에 담아 두고

임에게 보내려고 임 계신 데 바라보니

산인가 구름인가 험하기도 험하구나
△: 화자와 임 사이의 장애물
천리만리 길을 뉘라서 찾아갈까

가거든 열어 두고 나인가 반기실까
옷이 담긴 백옥함을 　　　　▶ 임에게 옷을 지어 보내고 싶은 화자의 마음
　　　　　　　　　　　　　　- 정철, 〈사미인곡〉 -

* 광한전(廣寒殿): 달의 선녀인 항아가 산다는 누각.
* 하계(下界): 천상계에 상대하여 사람이 사는 이 세상을 이르는 말.
* 염냥(炎涼): 더움과 서늘함.
* 동풍(東風): 봄철에 불어오는 바람.
* 적설(積雪): 쌓여 있는 눈.
* 암향(暗香): 그윽하게 풍겨 오는 향기.
* 녹음(綠陰): 푸른 잎이 우거진 나무나 수풀. 또는 그 나무의 그늘.
* 나위(羅幃): 비단으로 만든 장막.
* 수막(繡幕): 수를 놓아 장식한 장막.
* 부용(芙蓉): 연꽃을 그리거나 수놓은 비단 휘장.
* 공작(孔雀): 공작이 그려진 병풍.
* 원앙금(鴛鴦衾): 원앙을 수놓은 이불.
* 금자(金자): 금으로 만든 자.

01 표현상의 특징 이해하기　　　　　　　　답 | ⑤

윗글에 대한 설명으로 적절하지 <u>않은</u> 것은?

정답 선지 분석

⑤ 화자를 어린아이로 설정하여 작품의 주제를 효과적으로 전달하고 있다.

윗글의 화자는 어린아이가 아닌 여성으로, 이를 통해 임금에 대한 그리움과 일편단심을 효과적으로 드러내고 있다.

오답 선지 분석

① 계절 변화에 따른 화자의 정서를 표현하고 있다.

윗글에서는 봄과 여름을 나타내는 시어를 통해 계절의 변화에 따른 화자의 정서를 표현하고 있다.

② 비유적 표현을 활용하여 대상을 형상화하고 있다.

윗글에서 화자는 임에 대한 사랑과 정성을 '매화'에 빗대어 표현하고 있으므로 적절하다.

③ 4음보의 형식을 통해 규칙적인 운율을 드러내고 있다.

윗글의 갈래는 가사로, 가사의 특징인 4음보의 율격을 활용하여 운율을 드러내고 있다.

④ 설의적 표현을 활용하여 화자의 현재 상황을 나타내고 있다.

윗글의 '평생에 원하기를 임과 함께 살자 하였더니 / 늙어서야 무슨 일로 외따로 두고 그리는고'에서는 설의적 표현을 활용하여 임과 멀리 떨어져 있는 화자의 현재 상황을 드러내고 있다.

02 구절의 의미 파악하기　　　　　　　　답 | ④

㉠~㉤에 대한 설명으로 적절하지 <u>않은</u> 것은?

정답 선지 분석

④ ㉣: 임이 부재한 화자의 부정적인 상황 속 화자의 외로움을 드러내고 있군.

㉣은 매화에 대한 화자의 감상으로, '냉담'하다는 것은 임이 부재한 화자의 부정적 현실을, '암향'은 그윽한 향기로, 임을 향한 화자의 사랑을 의미한다. 따라서 ㉣은 임이 부재한 화자의 부정적인 상황 속에서 화자의 외로움을 드러내는 것이 아닌, 임을 향한 화자의 사랑을 드러내는 구절이라 볼 수 있다.

오답 선지 분석

① ㉠: 임과 화자의 깊은 인연을 드러냄으로써 천생연분이라는 운명론적 사고관을 드러내고 있군.

㉠에서 화자는 임과 자신을 '한평생 연분'이라 지칭하고 있으며, '하늘 모를 일이던가'라는 물음을 통해 임과 화자의 만남이 하늘도 알 만한 운명적인 만남임을 드러내고 있으므로 적절하다.

② ㉡: 임과 이별하기 전 행복했던 과거의 상황을 드러내고 있군.

㉡은 임이 젊은 화자를 사랑하는 상황을 나타낸 것으로, 임과 이별하기 전 과거의 행복한 상황을 드러내는 구절로 볼 수 있다.

③ ㉢: 화자가 임과 이별한 지 삼 년이 넘는 시간이 흘렀음을 드러내고 있군.

㉢은 화자가 임과 이별하고 '하계'로 내려올 때 빗은 머리가 흐트러진 지 삼 년이 지났다는 의미로, 이를 통해 임과 화자가 이별한 지 삼 년이 넘는 시간이 흘렀음을 알 수 있다.

⑤ ㉤: 계절이 변화하였음에도 임이 없어 적막한 상황을 드러내고 있군.

㉤ 이전의 '꽃 지고 새잎 나니 녹음이 깔렸는데'라는 구절을 통해 계절적 배경이 봄에서 여름으로 바뀌었음을 알 수 있다. ㉤에서는 '나위'와 '수막' 두 장막이 '적막'하다고 함으로써 임의 부재를 확인할 수 있다. 따라서 ㉤은 계절이 변화하였음에도 임이 없어 적막한 상황을 드러내는 구절이라 볼 수 있다.

보기를 바탕으로 윗글을 이해한 내용으로 적절하지 <u>않은</u> 것은?

보기

윗글은 작가 정철이 탄핵으로 인해 낙향한 시절에 창작된 작품이다. 윗글에서 임금에 대한 그리움은 임과의 이별로 인한 슬픔으로 표출되며 이 과정에서 화자를 여성으로, 임금을 남성으로 형상화하여 군신 관계를 우의적으로 드러내고 있다. 또한 임금에 대한 연모의 감정을 표현함으로써 다시 정계에 복귀하길 바라는 욕구도 드러내었는데, 이는 임금에 대한 충정을 적극적으로 표현할 수 없는 작가의 처지에서 기인한다.

정답 선지 분석

② 화자의 '베갯머리에 비치'는 '달'은 화자와의 이별로 인한 임의 슬픔이자, 화자가 정계에 다시 복귀하길 바라는 임금의 소망을 상징한다.
　윗글에서 화자는 자신의 '베갯머리에 비치'는 '달'을 보고 임을 떠올리고 있다. 그러나 이를 임이 화자와의 이별로 인한 슬픔을 드러내는 것이라 볼 수 없으며, 정계에 다시 복귀하길 바라는 임금의 소망을 상징한다고도 볼 수 없다.

오답 선지 분석

① 화자가 임과 함께 '광한전'에 올랐다가 자신만 '하계'로 내려왔다는 것은 탄핵으로 인한 낙향을 상징적으로 드러내는 표현이다.
　〈보기〉를 참고하여 윗글이 정철이 탄핵으로 인해 낙향한 시절에 창작된 작품임을 고려한다면, 윗글에서 임을 모시고 '광한전'에 올랐다 화자만 '하계'로 내려오게 된 상황은 탄핵으로 인한 낙향을 상징하는 것으로 볼 수 있다.

③ '오색실'로 만든 '옷'은 화자가 임에게 보내고자 하는 것으로 임금에 대한 화자의 정성과 충정을 드러내는 소재이다.
　〈보기〉에 따르면 정철은 임금에 대한 충정을 적극적으로 표현할 수 없는 처지로 인해 화자를 여성으로, 임금을 남성으로 형상화하여 군신 관계를 우의적으로 드러냈다. 따라서 윗글의 화자가 여성임을 드러내는 소재인 '오색실'을 사용하여 임에게 '옷'을 보내고자 하는 것은 임금에 대한 화자의 정성과 충정을 의미한다고 볼 수 있다.

④ '솜씨는 물론이고 격식도 갖추었구나'는 화자의 뛰어난 능력을 은연중에 드러내는 표현으로 정계에 다시 복귀하길 바라는 화자의 욕구가 드러난다.
　〈보기〉에 따르면 윗글에는 정계에 다시 복귀하기 바라는 화자의 욕구가 드러나는데, 자신이 만든 옷을 보고 '솜씨는 물론이고 격식도 갖추었구나'라고 하는 것은 자신의 능력을 자찬하는 것이라 볼 수 있으며, 이를 통해 능력을 임금에게 드러냄으로써 정계에 다시 복귀하기 바라는 화자의 소망이 나타난다고 볼 수 있다.

⑤ 탄핵으로 인해 낙향한 화자의 상황을 고려한다면, 임과 화자 사이를 방해하는 '산'과 '구름'은 임금 주위의 간신 세력을 의미한다.
　윗글에서 '산'과 '구름'은 화자가 임을 만나러 갈 수 없게 방해하는 장애물로, 화자가 탄핵으로 인해 낙향했다는 〈보기〉의 내용으로 볼 때 이는 자신을 탄핵시킨 세력을 의미한다고 볼 수 있다.

04 시어의 의미 파악하기

[A]에서 화자가 여성임을 드러내는 시어를 찾아 3음절로 쓰시오.

정답

연지분

[앞부분 줄거리] 어렵게 장만한 집의 욕실에서 물이 새자, 그와 아내는 이웃의 소개를 받아 욕실 공사를 임 씨에게 맡긴다. 임 씨의 본업이 연탄 장수임을 알게 되어 임 씨에게 공사를 맡긴 것을 후회했던 그는, 성실하게 일을 해내는 임 씨를 보며 임 씨를 의심했던 것을 부끄러워한다. 공사가 끝나갈 무렵 임 씨는 수리할 곳이 있으면 더 고쳐 주겠다고 하고, 그와 아내는 옥상 방수 공사를 부탁한다.

<u>몇 번씩이나 옥상에 얼굴을 디밀고 일의 진척 상황을 살피던</u> 아
　<small>임 씨가 제대로 일하는지 감시하기 위해</small>
내도 마침내 질렸다는 듯 입을 열었다.

"대강 해 두세요. 날도 어두워졌는데 어서들 내려오시라구요."

"다 되어 갑니다, 사모님. 하던 일이니 <u>깨끗이 손봐 드려야지요</u>."
　　　　　　　　　　　<small>맡은 일을 끝까지 해내려는 임 씨의 책임의식</small>
『다시 방수액을 부어 완벽을 기하고* 이음새 부분은 손가락으로
『 」: 꼼꼼하고 책임감 있는 임 씨의 태도
몇 번씩 문대어보고 나서야 임 씨는 허리를 일으켰다.』 임 씨가 일
에 몰두해 있는 동안 그는 숨소리조차 내지 않고 일하는 양을 지
켜보았다. 저 <u>열 손가락에 박인 공이*</u>의 대가가 기껏 <u>지하실 단칸</u>
　　　　<small>임 씨의 궁핍한 처지에 대한 그의 연민</small>
<u>방</u>만큼의 생활뿐이라면 좀 너무하지 않나 하는 안타까움이 솟아
오르기도 했다. 목욕탕 일도 그러했지만 이 사람의 손은 특별한
　　　　　<small>그가 임 씨에게 처음 맡겼던 일</small>
데가 있다는 느낌이었다. 자신이 주무르고 있는 일감에 한 치의
틈도 없이 밀착되어 날렵하게 움직이고 있는 임 씨의 열 손가락
　　　　　　　　　　　　　　　　<small>그는 임 씨의 솜씨에 대해 감탄함</small>
은 손가락 이상의 그 무엇이었다. 처음에는 이 사내가 견적대로
<u>의 돈을 다 받기가 민망하여 **우정*** 지어내 보이는 열정</u>이라고 여
　　　　　　　　　　<small>임 씨에 대한 그의 오해</small>
겼었다. 옥상 일의 중간에 잠시 집에 내려갔을 때 아내도 그런 뜻
을 표했다.

"예상외로 ㉠ <u>옥상 일이 힘든가 보죠? 저 사람도 이제 **세상에**</u>
　　　　　　<small>임 씨에 대한 아내의 오해 - 공사비만 많이 받고 일을 대충 할 것이라 생각함</small>
공돈*<u>은 없다</u>는 사실을 깨달았을 거예요."

하지만 우정 지어낸 열정으로 단정한다면 당한 쪽은 되려 그들
　　　　　　　　<small>열심히 일한 임 씨를 오해하여 심리적 부담을 느낀 쪽은 그와 그의 아내이므로</small>
이었다. 밤 여덟 시가 지나도록 잡역부* 노릇에 시달린 그도 고생
이었고, <u>부러 만들어 시킨 일</u>로 심적 부담을 느끼기 시작한 그의
　　　　　<small>옥상 공사</small>
아내 역시 안절부절못했으니까.

[중간 부분 줄거리] 공사가 끝난 뒤 그와 아내는 임 씨가 공사비를 많이 받으려 할까 봐 그를 경계한다.

"사모님, 내 뽑아 드린 ㉡ <u>견적서</u> 좀 줘 보세요. 돈이 좀 틀려질
겁니다."

아내가 손에 쥐고 있던 견적서를 내밀었다. <u>인쇄된 정식 견적</u>
<u>용지가 아닌, 분홍 밑그림이 아른아른 내비치는 유치한 편지지를</u>
_{욕실 공사와 같은 것이 임 씨의 본업이 아님을 알 수 있음}
<u>사용한 그것을 임 씨가 한참씩이나 들여다보았다.</u> 그와 그의 아
내는 임 씨의 입에서 나올 말에 주목하여 잠깐 긴장하였다.
_{임 씨가 예상 견적보다 공사비를 올려 받을까 봐 긴장함}
"술을 마셨더니 눈으로는 계산이 잘 안 되네요."

임 씨는 분홍 편지지 위에 엎드려 아라비아 숫자를 더하고 빼
_{견적서를 고치는 임 씨의 꼼꼼한 모습}
고, 또는 줄을 긋고 하였다.

<u>그는 빈 술병을 흔들어 겨우 반 잔을 채우고는 서둘러 잔을 비</u>
_{긴장감을 억누르기 위한 그의 행동}
웠다. 임 씨의 머릿속에서 굴러다니고 있을 숫자들에 잔뜩 애를
_{성실한 임 씨와 달리 계산적인 자신에 대한 자조적 태도}
태우고 있는 스스로가 정말이지 역겨웠다.

"됐습니다, 사장님. 이게 말입니다. 처음엔 파이프가 어디서 새
는지 모르니 전체를 뜯을 작정으로 견적을 뽑았지요. 아까도 말
씀드렸지만 <u>일이 썩 간단하게 되었다 이 말씀입니다.</u> 그래서 노
_{공사비가 줄어든 이유}
임*에서 사만 원이 빠지고 시멘트도 이게 다 안 들었고, 모래도
그렇고, 에, 쓰레기 치울 용달차도 빠지게 되죠. 방수액도 타일
도 반도 못 썼으니 여기서도 요게 빠지고 또……."

임 씨가 볼펜 심으로 쿡쿡 찔러 가며 조목조목 남는 것들을 설
명해 갔지만 그의 귀에는 제대로 들리지 않았다. **뭔가 단단히 잘**
못되었다는 기분, 이게 아닌데, 하는 느낌이 어깨의 뻐근함과 함
_{자신의 예상과 달리 공사비를 낮추려는 임 씨에 대한 미안함 때문에}
께 그를 짓누르고 있을 뿐이었다.

"그렇게 해서 모두 칠만 원이면 되겠습니다요."

선언하듯 임 씨가 ⓒ 분홍 편지지를 아내에게 내밀었다. 놀란
_{금액이 수정된 견적서}
것은 그보다 아내 쪽이 더 심했다. 그녀는 분명 칠만 원이란 소리
_{임 씨가 제시한 공사비가 너무 적기 때문에}
가 믿기지 않는 모양이었다.

"칠만 원요? 그럼 옥상은……."

"옥상에 들어간 재료비도 여기에 다 들어 있습니다. 그거야 뭐
몇 푼 되나요."

"<u>그럼 우리가 너무 미안해서…….</u>"
_{임 씨가 한 일에 비해 너무 적은 금액이므로}
아내가 이번에는 호소하는 눈빛으로 그를 쳐다보았다. 할 수 없
_{예상보다 적은 공사비가 청구되자 아내는 임 씨에게 미안함을 느낌}
이 그가 끼어들었다.

"계산을 다시 해 봐요. 처음에는 <u>십팔만 원</u>이라고 했지 않소?"
_{공사 전 예상 견적비}
"이거 돈을 더 내시겠다 이 말씀입니까? 에이, 사장님도. 제가
어디 공일* 해 줬나요. 조목조목 다 계산에 넣었습니다요. 옥상
일한 품값은 지가 ⓒ 써비스로다가……."

"써비스?"

그는 아연해서* 임 씨의 말을 되받았다.

"그럼요. 저도 써비스할 때는 써비스도 하지요."

그는 입을 다물어 버렸다. 뭐라 대꾸할 말이 없었다.
_{일한 만큼만 받는다며 금액을 낮춘 임 씨에 대해 놀라움을 느낌}
"토끼띠면서도 사장님이 왜 잘사는가 했더니 역시 그렇구만요.
다른 집에서는 노임 한 푼이라도 더 깎아 보려고 온갖 트집을
다 잡는데 말입니다. 제가요, 이 무식한 노가다*가 한 말씀 드
리자면요, 앞으로 이 세상 사시려면 그렇게 마음이 물러서는 안
_{계산적이고 속물적인 부부에 대한 임 씨의 순박한 충고}
됩니다요. 저는요, **받을 것 다 받**은 거니까 이따 겨울 돌아오면
우리 ⓜ 연탄이나 갈아 주세요."

임 씨는 아내가 내민 7만 원을 주머니에 쑤셔 넣고 자리에서 일
어섰다. <u>그는 일 층 현관까지 내려가 임 씨를 배웅하기로 했다.</u>
_{임 씨에 대한 미안함과 고마움이 담긴 행동}
어두워진 계단을 앞서거니 뒤서거니 내려가면서 임 씨는 연장 가
방을 몇 번이나 난간에 부딪쳤다. 시원한 밤공기가 현관 앞을 나
서는 두 사람을 감쌌고 그는 무슨 말로 이 사내를 배웅할 것인가
를 궁리해 보았다. 수고했다는 말도, 고맙다는 말도 이 사내의 그
_{그는 정직한 임 씨를 보며 부끄러움을 느끼고, 자신의 속물근성을 반성함}
<u>'써비스'</u>에 대면 너무 초라하지 않을까.

- 양귀자, 〈비 오는 날이면 가리봉동에 가야 한다〉 -

* 기하다(期하다): 이루어지도록 기약하다.
* 공이: '옹이'의 방언.
* 우정: '일부러'의 방언.
* 공돈(空돈): 노력의 대가로 생긴 것이 아닌, 거저 얻거나 생긴 돈.
* 잡역부(雜役夫): 여러 가지 자질구레한 일에 종사하는 남자.
* 노임(勞賃): '노동 임금'을 줄여 이르는 말.
* 공일(空일): 보수를 받지 않고 거저 하는 일.
* 아연하다(啞然하다): 너무 놀라거나 어이가 없어서 또는 기가 막혀서 입을 딱 벌리고 말을 못 하는 상태이다.
* 노가다: '막일꾼'의 비표준어. 막일을 하는 것을 직업으로 하는 사람.

01 서술상의 특징 파악하기

답 | ③

윗글에 대한 설명으로 적절한 것은?

정답 선지 분석

③ 특정 인물에 초점을 맞추어 사건의 전개를 서술하고 있다.
윗글은 등장인물인 '그'의 시선으로 사건의 전개를 서술하고 있으므로 적절하다.

오답 선지 분석

① 인물 간 갈등을 통해 새로운 사건이 발생하고 있다.
윗글에서는 인물 사이의 갈등이 드러나지 않으며, 이를 통해 새로운 사건이 발생하고 있지도 않다.

② 서술자의 독백으로 인물들의 과거를 제시하고 있다.
윗글의 시점은 전지적 작가 시점이지만 등장인물인 '그'에게 초점을 맞추어 서술하고 있으며, 이를 통해 인물들의 과거를 제시하고 있지는 않다.

④ 장면의 빈번한 전환을 통해 작품의 긴장감을 고조시키고 있다.
윗글에서는 장면의 빈번한 전환이 드러나지 않는다.

⑤ 상징적 소재를 통해 작품의 주제를 다양한 각도에서 드러내고 있다.
윗글에서는 주제를 다양한 각도에서 드러내는 상징적 소재가 등장하지 않았다.

02 세부 내용 파악하기   답 | ②

⑦~⑩에 대한 설명으로 적절하지 <u>않은</u> 것은?

정답 선지 분석

② 임 씨가 그와 그의 아내에게 ⑦을 ②이라고 한 것은 자신의 노임이 만족스럽지 않던 임 씨의 책임의식에서 비롯된 것이다.

임 씨가 그와 그의 아내에게 ⑦을 ②이라 한 것은 임 씨의 책임의식이 아닌, 일한 만큼만 받는 임 씨의 정직함과 순박함에서 비롯된 것이다.

오답 선지 분석

① 그가 임 씨를 바라보는 태도가 바뀐 것은 ⑦과 © 때문이다.

그는 처음 임 씨에 대해 예상보다 큰 액수의 공사비를 받고 맡은 일을 성실히 하지 않을 것이라 생각했으나, 욕실 공사를 마친 뒤 ⑦까지 책임감 있게 해내는 모습을 보고 자신이 오해하였음을 깨달았다. 또한 ©에 표시된 금액을 받는 것이 아닌, 자신의 양심에 따라 달라진 공사비를 ©에 써서 내미는 모습을 보고 임 씨에 대한 미안함을 드러내고 있다.

③ 그의 아내가 임 씨에게 건넨 ©에는 ©보다 훨씬 높은 가격이 책정되어 있었다.

그의 아내가 건넨 ©에 적힌 공사비는 십팔만 원이었지만, 실제로 공사를 한 뒤 임 씨가 다시 계산한 ©의 공사비는 칠만 원이었다.

④ 그와 그의 아내는 임 씨가 건넨 ©에 ⑦의 공사 비용이 청구되어 있지 않은 것에 대해 의아해하고 있다.

그와 그의 아내는 임 씨가 제시한 ©이 예상 견적비였던 십팔만 원보다 훨씬 적은 가격인 칠만 원임을 알게 되고 의아해하며, ⑦이 금액에 책정되지 않았는지 궁금해했다.

⑤ ⑩은 욕실 공사가 임 씨의 본업이 아니라는 것을 드러내는 소재로, ©으로 공사비를 청구하는 것과 관련 있다.

임 씨가 공사비를 ©과 같은 정식 견적 용지가 아닌, ©에 제시하는 것을 통해 욕실 공사와 같은 노임이 임 씨의 본업이 아님을 알 수 있다. 또한 예상보다 적은 공사비에 미안해하는 그와 그의 아내에게, 다음 겨울에 ⑩을 갈아 달라는 말을 통해 연탄 장사가 임 씨의 본업임을 추측할 수 있다.

03 외적 준거를 참고하여 작품 이해하기   답 | ③

보기 를 참고하여 윗글을 감상한 내용으로 적절하지 <u>않은</u> 것은?

보기

윗글의 배경인 원미동은 1970~80년대 산업화로 인해 서울로부터 밀려난 사람들이 살게 되는 공간으로, 열심히 일하지만 빈곤하게 살아가는 서민의 삶을 조명한다. 이와 더불어 자신의 이익만 챙기며 속물적으로 살아가는 인물들과 양심을 지키며 순수하게 살아가는 사람들을 함께 등장시킴으로써 산업화 과정의 이면을 보여 주는 한편, 인간다운 삶이란 무엇인가에 대한 고찰을 이끌어 낸다.

정답 선지 분석

③ '세상에 공돈은 없다'는 아내의 말은 빈곤한 삶에도 양심을 지키며 순수하게 살아가야 함을 드러내는군.

'세상에 공돈은 없다'는 아내의 말은 임 씨의 노고를 인정하기보다는, 비싼 공사 비용의 대가로 일부러 옥상 일을 시킨 것을 미안해하지 않으려는 아내의 이해타산적인 면모를 드러내는 말이다. 빈곤한 삶에도 양심을 지키며 순수하게 살아가야 함을 드러낸다고 볼 수 없다.

오답 선지 분석

① 임 씨가 '열 손가락에' '공이'가 박이도록 일해도 '지하실 단칸방'에서 사는 것은 열심히 일해도 가난을 벗어나지 못하는 당시 서민의 삶과 관련 있겠군.

윗글에서 그는 임 씨가 손가락에 공이, 즉 굳은살이 박이면서까지 성실하고 열심히 일하지만, 그에 따른 대가가 '기껏 지하실 단칸방만큼의 생활'이라는 것에 대해 안타까움을 드러내고 있다. 〈보기〉에서도 윗글은 열심히 일하지만 빈곤하게 살아가는 서민의 삶을 조명하고 있다 하였으므로 적절하다.

② 그가 임 씨의 행동을 '우정 지어내 보이는 열정'이라 생각한 것을 통해 금전적 이익을 중요시하는 그의 속물적인 면모를 알 수 있군.

윗글에서 그는 임 씨가 일하는 모습을 보기 전까지 임 씨의 행동을 '견적대로의 돈을 다 받기가 민망하여' '우정 지어내 보이는 열정'이라고 여겼다. 이를 통해 그가 〈보기〉에 언급된, 자신의 이익만 챙기며 속물적으로 살아가는 인물의 면모를 지녔음을 알 수 있다.

④ 그가 공사비를 적게 받는 임 씨에게서 '뭔가 단단히 잘못되었다'고 느낀 이유는 금전적 이익을 추구하는 것보다 양심을 지키는 것이 더욱 인간다운 삶이라는 것을 깨달았기 때문이겠군.

임 씨가 견적 금액보다 훨씬 적은 금액을 제시하자 그가 '뭔가 잘못되었다는 기분'을 느끼는 것은 임 씨가 제시한 비용이 여태까지 임 씨가 한 일에 비해 적은 금액이며 그에 따른 미안함 때문이라 볼 수 있다. 이는 그가 금전적 이익을 추구하는 것보다 양심을 지키는 것이 더욱 인간다운 삶임을 깨달았기 때문이라 볼 수 있다.

⑤ 애초 예상한 공사비보다 훨씬 적게 받고도 '받을 것 다 받'았다고 생각하는 임 씨는 양심을 지키며 정직하게 살아가는 사람들에 해당하겠군.

예상 견적비인 십팔만 원에 훨씬 못 미치는 금액인 칠만 원을 받고 '받을 것 다 받'았다고 말하며, 옥상 일에 대해 '써비스'라고 하는 임 씨의 모습을 통해 양심을 지키며 정직하게 살아가는 사람들을 그려내고 있음을 알 수 있다.

04 문장의 의미 파악하기

빈칸에 들어갈 말로 적절한 것을 윗글에서 찾아 3음절로 쓰시오.

임 씨의 '( )'(이)라는 말은 그와 그의 아내가 임 씨에 대해 놀라움을 느끼게 되며, 이해타산적인 자신들과 달리 성실하고 정직한 임 씨를 보며 부끄러움을 느끼게 되는 단어다.

정답

써비스

09강

| 문법 | 서술어의 자릿수

빠른 정답 체크 01 ③   02 ②   03 두 자리

서술어에 따라 완전한 문장을 이루기 위해 필요로 하는 문장 성분의 개수가 다른데, 이를 서술어의 자릿수라 한다.

'한 자리 서술어'는 주어만을 필요로 한다.
                    한 자리 서술어가 필요로 하는 문장 성분
예 아기가 운다.
   주어   서술어
'두 자리 서술어'는 주어 외에 목적어, 보어, 필수적 부사어 중
                두 자리 서술어가 필요로 하는 문장 성분
에서 하나의 문장 성분을 더 필요로 한다.

예 경찰이 도둑을 잡았다.
   주어   목적어   서술어
물이 얼음이 되었다.
주어   보어   서술어
아들이 아빠와 닮았다.
주어   부사어   서술어
'세 자리 서술어'는 주어, 목적어, 필수적 부사어를 반드시 필요
              세 자리 서술어가 필요로 하는 문장 성분
로 한다.

예 그녀는 그 아이를 제자로 삼았다.
   주어   목적어   부사어   서술어
위 문장에서 부사어인 '아빠와', '제자로'는 필수적 성분으로서,
생략되었을 경우 불완전한 문장이 된다. 이러한 부사어를 ㉠ 필수
              필수적 부사어의 특징
적 부사어라 한다.

한편 문장에서 사용되는 의미의 차이에 따라 그 자릿수를 달리
하는 서술어도 있다.

예 ㉮ 나는 그녀를 생각한다.
   주어   목적어   서술어
㉯ 나는 그녀를 선녀로 생각한다.
   주어   목적어   부사어   서술어
㉮의 '생각하다'는 '사람이나 일 따위에 대하여 기억하다'는 뜻
으로 주어와 목적어를 필요로 하는 두 자리 서술어이다. 이에 비
해 ㉯의 '생각하다'는 '의견이나 느낌을 가지다'는 뜻으로 주어,
목적어, 부사어를 필요로 하는 세 자리 서술어이다.

01 사전을 통해 문장 성분과 서술어 자릿수 이해하기 답 | ③

보기는 국어사전의 일부이다. 윗글을 바탕으로 ⓐ~ⓓ를 이해한 것으로 적절한 것은?

보기

듣다01 [-따] 〔들어, 들으니, 듣는[든-]〕
「동사」
[1] 【…을】
　　사람이나 동물이 소리를 감각 기관을 통해 알아차리다.
　　¶ 나는 숲에서 새소리를 ⓐ 듣는다.

[2] 【…에게 …을】
　　주로 윗사람에게 꾸지람을 맞거나 칭찬을 듣다.
　　¶ 그 아이는 누나에게 칭찬을 자주 ⓑ 듣는다.
[3] 【…을 …으로】
　　어떤 것을 무엇으로 이해하거나 받아들이다.
　　¶ 그들은 고지식해서 농담을 진담으로 ⓒ 듣는다.

듣다02 [-따] 〔들어, 들으니, 듣는[든-]〕
「동사」
【…에】
　　눈물, 빗물 따위의 액체가 방울져 떨어지다.
　　¶ 차가운 빗방울이 지붕에 ⓓ 듣는다.

정답 선지 분석
③ ⓒ는 주어 외에 두 개의 문장 성분을 더 필요로 한다.
ⓒ의 '듣는다'는 주어 '그들은' 이외에 목적어 '농담을'과 부사어 '진담으로'를 더 필요로 하므로 '주어 외에 두 개의 문장 성분을 필요로 한다.'는 올바른 이해이다.

오답 선지 분석
① ⓐ는 세 자리 서술어이다.
ⓐ는 주어와 목적어를 필수적으로 요구하는 두 자리 서술어이다.
② ⓑ는 주어와 목적어만을 필수적으로 요구하는 서술어이다.
ⓑ는 주어와 목적어 외에 부사어를 필수적으로 필요로 한다. 부사어 '누나에게'를 생략할 경우 불완전한 문장이 된다.
④ ⓐ와 ⓓ는 필요로 하는 문장 성분이 서로 같다.
ⓐ는 주어와 목적어를 필요로 하는 서술어이고, ⓓ는 주어와 부사어를 필요로 하는 서술어이므로, ⓐ와 ⓓ는 서로 다른 문장 성분을 필요로 하는 서술어이다.
⑤ ⓑ와 ⓓ는 의미에 차이가 있지만 서술어 자릿수는 같다.
ⓑ와 ⓓ는 사전적 의미가 서로 다른 동음이의어이다. ⓑ는 주어, 목적어, 부사어를 필요로 하는 세 자리 서술어이고, ⓓ는 주어, 부사어를 필요로 하는 두 자리 서술어이다.

02 필수적 부사어와 수의적 부사어 구별하기 답 | ②

밑줄 친 부분이 ㉠에 해당되지 않는 것은?

정답 선지 분석
② 승윤이는 통나무로 식탁을 만들었다.
'통나무로'의 경우 '만들었다'의 재료를 의미하는 부사어로서 생략하여도 문장이 성립하기 때문에 ㉠이라 할 수 없다.

오답 선지 분석
① 그 아이는 매우 영리하게 생겼다.
'영리하게'를 생략하였을 때 '그 아이는 매우 생겼다.'와 같이 의미가 불완전한 문장이 되므로 ㉠에 해당한다.
③ 이 지역의 기후는 벼농사에 적합하다.
'벼농사에'를 생략하였을 때 '이 지역의 기후는 적합하다.'와 같이 의미가 불완전한 문장이 되므로 ㉠에 해당한다.
④ 나는 이 일을 친구와 함께 의논하겠다.
'친구와'를 생략하였을 때 '나는 이 일을 함께 논의하겠다.'와 같이 의미가 불완전한 문장이 되므로 ㉠에 해당한다.
⑤ 작년에 부모님께서 나에게 큰 선물을 주셨다.
'나에게'를 생략하였을 때 '작년에 부모님께서 큰 선물을 주셨다.'와 같이 의미가 불완전한 문장이 되므로 ㉠에 해당한다.

03 서술어의 자릿수 파악하기

보기의 빈칸에 들어갈 말로 적절한 것을 골라 쓰시오.

보기

'그는 얼마 전 국가대표로 올림픽에 ⓐ 출전했다.'에서 ⓐ는 (한 자리 / 두 자리 / 세 자리) 서술어이다.

정답

두 자리

독서 근이완제의 작용 원리

빠른 정답 체크 01 ⑤ 02 ② 03 ④ 04 근육, 이완

근이완제는 경직된 근육을 이완시키는 작용을 하는 약물이다.
<u>근이완제의 개념</u>
알려진 최초의 근이완제는 남아메리카 원주민들이 독화살에 묻혀 쓰곤 했던 물질인 큐라레로, 유럽 탐험가들에 의해 발견되었
<u>최초의 근이완제</u>
다. 근이완제는 사용 목적과 효능에 따라 중추*신경에 작용하는
중추성 근이완제, 말초신경에 작용하는 말초성 근이완제, 그리고
<u>근이완제의 종류 ①</u> <u>근이완제의 종류 ②</u>
근소포체 억제제로 분류된다.
<u>근이완제의 종류 ③</u> ▶ 1문단: 근이완제의 종류
중추성 근이완제는 근육이 뭉치거나 결렸을* 때 가장 흔하게 병
원에서 처방받거나 약국에서 일반의약품으로 복용하는 약으로,
감각 기관과 운동 반응을 이어주는 <u>신경세포에 작용한다</u>. 근육은
<u>중추성 근이완제의 작용 부위</u>
대뇌로부터 척수를 통해 신경에서 근육으로 명령을 전달받아 움
<u>근육의 작동 과정: 대뇌 → 척수 → 근육</u>
직인다. 이때 신경근 접합부는 뇌와 연결된 신경과 근육이 만나
는 곳으로, 신경에 자극을 주면 이곳에서 전달되는 신경전달물질
아세틸콜린이 근육 수축을 일으킨다. 중추성 근이완제는 이러한
<u>아세틸콜린의 효과</u>
아세틸콜린의 작용을 막아 근육을 이완해준다. 이완 작용이 중
<u>중추성 근이완제의 작용 원리</u>
추에서 작용하기 때문에 졸음과 어지러움 같은 부작용이 나타날
<u>중추성 근이완제의 부작용</u>
수 있으므로 복용 후 운전과 같이 위험한 기계 조작과 음주는 피
해야 한다. 중추성 근이완제의 작용 시간은 최소 3시간에서 최대
12시간이다.
▶ 2문단: 중추성 근이완제의 작용 원리와 활용
말초성 근이완제는 아세틸콜린 수용체에서 아세틸콜린의 흡수
를 줄인다. 수용체는 신경전달물질을 받아들이는 곳으로, 특정한
신경전달물질을 받아들이기 위해 그 물질의 구조와 짝이 맞는 모
<u>아세틸콜린 수용체의 특징</u>
습으로 설계되어 있다. 말초성 근이완제는 다른 아세틸콜린과 결
합하여 아세틸콜린의 모습을 바꾸어 그것이 수용체에서 받아들
<u>말초성 근이완제의 작용 원리 ①</u>
여지지 않게 하거나, 아세틸콜린과 비슷한 모습을 취함으로써 수
<u>말초성 근이완제의 작용 원리 ②</u>
용체에서 아세틸콜린으로 착각하게 하여 아세틸콜린 대신 흡수

하게끔 만들어 아세틸콜린의 흡수가 줄어들게 만든다. 말초성 근
이완제는 마취 수술을 돕는 용도로만 쓰이며 주로 정맥 주사제로
<u>말초성 근이완제의 활용</u>
사용하고, 작용 시간은 최대 2시간 정도이다.
▶ 3문단: 말초성 근이완제의 작용 원리와 활용
전신 마취를 할 때는 반드시 마취제와 말초성 근이완제를 함께
사용해야 한다. 마취제만 사용하여 전신 마취를 시행할 경우 <u>의식</u>
과 감각만 제거하기 때문에 근육이 많은 부위는 마취 후에도 근
<u>마취 후에도 근육이 긴장하는 이유</u>
육의 힘이 그대로 유지되어 수술하기가 까다롭기 때문이다. 이를
해결하기 위해 마취제 양을 늘려 근육의 이완을 유도하여도 <u>마취</u>
제 과량 사용으로 인한 부작용과 근육이 완전히 풀어지지 않는
<u>마취제만으로 근육을 이완할 때의 문제점</u>
문제가 발생한다. 말초성 근이완제는 이러한 문제를 해결할 뿐만
아니라 인체의 깊숙한 곳까지 수술을 가능케 하여 ⓐ 외과 의학
<u>근육이 많은 부위의 이완이 가능해졌으므로</u>
이 급속도로 발전하는 결과를 가져왔다.
▶ 4문단: 말초성 근이완제의 의의
근육 중에는 칼슘을 이용해 근육을 수축시키는 수용체가 있는
데, 근소포체 억제제는 이러한 근육 세포에 직접 작용해 이완과
<u>근소포체 억제제의 작용 원리</u>
수축에 필요한 칼슘 이온이 빠져나가는 것을 줄여 뭉친 근육을
풀어준다. ㉠ 만약 척수 신경이 절단된 마비 환자의 근육이 뭉쳤
<u>아세틸콜린은 척수 신경을 통해 작용하므로</u>
다면, 이는 아세틸콜린의 분비와 흡수로 인한 것이 아닐 것이다.
이러한 환자는 근소포체 억제제를 통해 치료해야 한다.
▶ 5문단: 근소포체 억제제의 작용 원리

* 이완(弛緩): 굳어서 뻣뻣하게 된 근육 따위가 원래의 상태로 풀어짐.
* 중추(中樞): 신경 기관 가운데, 신경세포가 모여 있는 부분.
* 결리다: 숨을 크게 쉬거나 몸을 움직일 때에, 몸의 어떤 부분이 뜨끔뜨끔 아프거나 뻐근한 느낌이 들다.

---

01 핵심 내용 이해하기 답 | ⑤

윗글을 통해 알 수 있는 내용으로 적절하지 <u>않은</u> 것은?

정답 선지 분석

⑤ 말초성 근이완제와 달리 중추성 근이완제는 졸음, 어지러움과 같은 부작용이 없다.

2문단에서 중추성 근이완제는 중추에 작용하기 때문에 졸음, 어지러움 같은 부작용이 올 수 있으므로 복용 후 운전과 같이 위험한 기계 조작과 음주는 피해야 한다고 하였다.

오답 선지 분석

① 신경전달물질인 아세틸콜린은 신경근 접합부에서 전달된다.

2문단에서 아세틸콜린은 신경근 접합부에서 전달된다고 하였으므로 적절하다.

② 중추성 근이완제는 말초성 근이완제보다 인체에 작용하는 시간이 길다.

2문단에서 중추성 근이완제의 작용 시간은 최소 3시간에서 최대 12시간이라 하였고, 3문단에서 말초성 근이완제의 작용 시간은 최대 2시간 정도라고 하였으므로 적절하다.

③ 중추성 근이완제와 달리 말초성 근이완제는 주로 정맥 주사제로 사용한다.

2문단에서 중추성 근이완제는 주로 먹는 약으로 사용한다고 하였고, 3문단에서 말초성 근이완제는 주로 정맥 주사제로 사용한다고 하였으므로 적절하다.

④ 중추성 근이완제는 감각 기관과 운동 반응을 이어주는 신경세포에 작용한다.

2문단에서 중추성 근이완제는 감각 기관과 운동 반응을 이어주는 신경세포에 작용한다고 하였으므로 적절하다.

02 세부 내용 추론하기   답 | ②

㉠의 이유로 가장 적절한 것은?

② 근육 수축을 유발하는 요인 중 아세틸콜린은 척수의 신경을 통해 전달되기 때문이다.

    2문단에서 신경전달물질인 아세틸콜린은 근육 수축을 일으키며 척수의 신경을 통해 근육으로 전달된다고 하였다. 따라서 아세틸콜린은 척수 신경이 절단된 마비 환자에게 작용할 수 없으므로 ㉠의 이유로 적절하다.

① 아세틸콜린이 흡수되는 과정에서는 칼슘 이온이 직접 필요하기 때문이다.

    윗글에서는 아세틸콜린이 흡수되는 과정에서 칼슘 이온이 직접 필요하다는 내용을 찾을 수 없으므로 적절하지 않다.

③ 아세틸콜린은 대뇌로부터 신경계를 통해 근육으로 전달되는 물질이 아니기 때문이다.

    2문단에서 아세틸콜린은 대뇌에서 분비되어 척수의 신경을 통해 근육으로 전달된다고 하였으므로 적절하지 않다.

④ 척수 신경이 절단되면 근육으로 뇌의 명령이 전달될 수 없어 근육이 뭉칠 수 없기 때문이다.

    ㉠은 척수 신경이 절단된 마비 환자의 근육이 뭉친 상황이므로 적절하지 않다.

⑤ 아세틸콜린은 근육 세포의 칼슘 이온이 빠져나가는 것을 줄여 근육 뭉침을 풀어주기 때문이다.

    2문단에서 아세틸콜린은 근육 수축을 일으키는 신경전달물질이라고 하였으므로 적절하지 않다.

03 구체적 사례에 적용하기   답 | ④

윗글을 바탕으로 보기 를 이해한 내용으로 적절하지 <u>않은</u> 것은?

보기

    말초성 근이완제는 다시 탈분극성 근이완제와 비탈분극성 근이완제로 나뉘는데, 탈분극성 근이완제는 신경과 근육이 만나는 곳에서 아세틸콜린 수용체에 붙어 아세틸콜린 대신 흡수되어 근육 이완 목적으로 사용된다. 탈분극성 근이완제는 효과가 빨리 나타나는 대신에 작용 시간이 5~10분으로 짧다. 그래서 마취를 시작할 때 산소를 공급하기 위한 호스를 환자의 기도에 삽입할 때 사용한다. 반면 아세틸콜린이 수용체에 붙지 못하도록 방해해서 근육 이완 작용을 하는 것을 비탈분극성 근이완제라고 한다. 비탈분극성 근이완제는 탈분극성 근이완제보다 효과가 늦게 나타나지만, 작용 시간이 2시간 정도로 비교적 길다.

* 탈분극(脫分極): 화학적 또는 물리적 자극을 주면 세포 내외로 전하의 이동이 일어나 세포막을 경계로 조성되었던 분극이 깨지는 현상.

④ 비탈분극성 근이완제는 아세틸콜린 수용체의 구조 자체를 바꾸어 아세틸콜린과 짝이 맞지 않게 하여 흡수율을 낮추겠군.

    〈보기〉에서 비탈분극성 근이완제는 아세틸콜린이 수용체에 붙지 못하도록 방해한다고 하였는데, 3문단에서 말초성 근이완제는 다른 아세틸콜린과 결합함으로써 아세틸콜린의 모습을 바꾸어 수용체에 붙지 못하도록 한다고 하였으므로 아세틸콜린 수용체의 구조 자체를 바꾼다는 설명은 적절하지 않다.

① 탈분극성 근이완제와 비탈분극성 근이완제는 모두 마취 수술을 돕는 용도로만 사용되겠군.

    〈보기〉에서 탈분극성 근이완제와 비탈분극성 근이완제는 말초성 근이완제에 속한다 하였고, 3문단에서 말초성 근이완제는 마취 수술을 돕는 용도로만 사용한다고 하였으므로 적절하다.

② 약물의 빠른 작용이 필요할 때는 비탈분극성 근이완제보다 탈분극성 근이완제가 효과적이겠군.

    〈보기〉에서 비탈분극성 근이완제보다 탈분극성 근이완제가 효과가 빨리 나타난다고 하였으므로 적절하다.

③ 기도 주변 근육이 긴장되어 있으면 환자의 기도에 호스를 삽입하기 어려워 근이완제를 사용하겠군.

    1문단에서 근이완제는 경직된 근육을 이완시키는 작용을 한다고 하였고, 〈보기〉에서 마취를 시작할 때 산소를 공급하기 위한 호스를 환자의 기도에 삽입할 때 사용한다고 하였으므로 기도 주변 근육이 긴장되어 있으면 산소를 공급하기 위한 호스를 환자의 기도에 삽입하기 어려워 근이완제를 사용할 것이라고 추론할 수 있다.

⑤ 탈분극성 근이완제는 아세틸콜린과 비슷하게 생긴 모습을 가진 물질을 사용하여 수용체에서 아세틸콜린 대신 흡수되게 하겠군.

    〈보기〉에서 탈분극성 근이완제는 아세틸콜린 수용체에 붙어 아세틸콜린처럼 작용한다고 하였고, 3문단에서 말초성 근이완제는 수용체에서 아세틸콜린 대신 흡수하게 하는 원리로 아세틸콜린과 비슷하게 생긴 모습을 가져 수용체에서 착각하게 한다고 하였으므로 적절하다.

04 세부 내용 파악하기

빈칸에 들어갈 말로 적절한 것을 골라 차례대로 쓰시오.

    ⓐ의 이유는 근이완제로 인해 (근육 / 신경세포)이/가 많은 부위의 (이완 / 수축)이 가능해졌기 때문이다.

근육, 이완

문학 1   묵화(김종삼)

빠른 정답 체크   01 ③   02 ②   03 ②   04 소

물 먹는 ⓢ목덜미에   ━ 할머니와 소의 교감이자
할머니와 함께 살아가는 동반자적 관계   소에 대한 할머니의 연민
할머니 손이 얹혀졌다.
                        ▶ 소의 목덜미를 쓰다듬는 할머니

이 하루도
할머니와 소가 오랜 세월을 함께했음을 알 수 있음
함께 **지났다고,**   ~: 서로 위로가 되는 동병상련의 관계임을 나타냄
□: 끝을 생략하는 불완전한 문장으로 여백의 공간 형성
서로 **발잔등이** **부었다고,**
             고된 삶을 사는 할머니
서로 **적막하다고*,**
소가 할머니의 유일한 벗임을 알 수 있음
                      ▶ 할머니와 소의 교감
                  - 김종삼, 〈묵화*〉 -

* 적막하다: 고요하고 쓸쓸하다.
* 묵화(墨畫): 먹으로 짙고 엷음을 이용하여 그린 그림.

01 표현상의 특징 파악하기 답 | ③

윗글에 대한 설명으로 적절한 것은?

③ 구체적 상황을 생략하고 대상과 배경을 단순하게 제시하고 있다.

윗글에서는 구체적인 상황 맥락이 제시되어 있지 않고 소에게 전하는 할머니의 위로의 마음만 드러나 있다. 이를 통해 작품에서 여백의 미를 드러내고 있으므로 적절하다.

① 역설적 표현을 통해 작품의 주제를 효과적으로 드러내고 있다.

윗글에서는 역설적 표현이 사용되지 않았다.

② 종결 어미를 반복하여 시적 화자의 굳은 의지를 전달하고 있다.

윗글의 4~6행에서 종결 어미 '-다고,'가 반복되고 있음을 알 수 있다. 그러나 이는 화자의 굳은 의지를 전달하는 것이 아닌, 불완전한 문장으로 여백의 공간을 형성함으로써 할머니와 소의 동반자적 관계가 지속될 것임을 암시한다.

④ 현재형 시제를 통해 작품의 분위기를 생동감 있게 조성하고 있다.

윗글은 현재형 시제가 아닌 과거형 시제로 시상이 전개되고 있다.

⑤ 대상에 인격을 부여함으로써 대상에 대한 화자의 친근감을 표현하고 있다.

윗글에서는 소에 인격을 부여하고 있지 않다.

02 작품 감상하기 답 | ②

윗글에 대한 감상으로 적절하지 않은 것은?

② 지친 소에게 기대는 할머니의 이기적인 마음이 드러나는군.

윗글의 '물 먹는 소 목덜미에 / 할머니 손이 얹혀'진 것은 할머니와 소의 교감을 의미하는 것으로, 지친 소에게 기대는 할머니의 이기적인 마음이라고 볼 수 없다.

① 일을 마친 뒤의 적막하고 쓸쓸한 분위기가 드러나는군.

윗글의 '이 하루도 / 함께 지났다고,'를 통해 일을 마친 늦은 저녁임을 알 수 있으며, '서로 적막하다고'를 통해 적막하고 쓸쓸한 분위기가 드러나고 있으므로 적절하다.

③ 할머니는 소와 육체적인 노동의 피로에 대한 교감을 나누고 있군.

윗글의 '물 먹는 소 목덜미에 / 할머니 손이 얹혀졌다.'를 통해 할머니와 소가 교감하는 모습을, '서로 발잔등이 부었다고'를 통해 할머니와 소의 노동으로 인한 피로를 드러내고 있으므로 적절하다.

④ 할머니와 소는 오랜 세월을 함께 살아온 가족처럼 정을 나누고 있군.

윗글의 '이 하루도 / 함께 지났다고,'를 통해 할머니와 소가 하루를 지낸 날이 처음이 아님을 알 수 있으며, 할머니와 소가 서로 교감을 나누고 있으므로 적절하다.

⑤ 서로 말이 통하지 않지만 고단하고 힘겨운 삶을 위로하는 할머니와 소의 마음을 알 수 있군.

윗글에서 할머니는 소에게 '이 하루도 / 함께 지났다고, / 서로 발잔등이 부었다고'라는 위로를 '물 먹는 소 목덜미에' 손을 얹음으로써 표현하고 있으므로 적절하다.

03 외적 준거를 바탕으로 작품 이해하기 답 | ②

보기 를 바탕으로 윗글을 이해한 내용으로 적절하지 않은 것은?

보기

이 시는 고단하고 쓸쓸하게 하루를 지낸 할머니의 심정을 통찰하며 작품을 끝맺음으로써 말이 통하지 않는 할머니와 소 사이에 이루어지는 내면의 교감을 사실적으로 드러낸다. 묵화와 같이 어떤 화려한 채색도 가하지 않고, 여백의 공간을 만듦으로써 부리고, 부림을 당하는 관계였던 인간과 가축 사이의 갈등이 새로운 관계 설정을 통해 '위로와 교감'의 맥락 효과를 불러일으키고 있는 것이다.

② 소가 할머니와 함께 오랜 세월을 보내는 것은 부림을 당하는 가축의 전형을 드러낸다.

〈보기〉에서 윗글은 부리고, 부림을 당하는 관계였던 인간과 가축 사이의 갈등이 새로운 관계 설정을 통해 '위로와 교감'의 맥락 효과를 불러일으키고 있다고 하였다. 윗글에서 할머니는 소와 함께 노동한 뒤 소의 목덜미를 쓰다듬으며 '이 하루도 / 함께 지났다고, / 서로 발잔등이 부었다고', 소에게 말하고 있다. 이는 〈보기〉에서 언급한, 새로운 관계 설정을 통한 '위로와 교감'에 해당한다고 볼 수 있으므로 적절하지 않다.

① 할머니와 소의 모습을 사실적으로 전달하는 것은 묵화의 특징을 반영한 것이다.

묵화는 먹만을 이용하여 그린 그림으로, 〈보기〉에서 윗글은 어떤 화려한 채색도 없이 작품이 전개되고 있다고 하였으므로, 윗글에서 할머니와 소의 모습을 사실적으로 전달하는 것은 묵화의 특징을 따르는 것이라 볼 수 있다.

③ 소의 목덜미에 '할머니 손이 얹혀'지는 것은 인간과 가축 사이에 새로운 관계를 설정하는 것이라 볼 수 있다.

〈보기〉에서 윗글은 기존의 인간과 가축 사이의 새로운 관계 설정을 통해 '위로와 교감'의 맥락 효과를 불러일으키고 있다 하였고, 소의 목덜미에 손을 얹는 할머니의 행동은 부림과 부림을 당하는 관계에서 벗어나 새로운 관계 설정을 한 것이라 볼 수 있으므로 적절하다.

④ '지났다고,'와 같이 시행을 의도적으로 불완전하게 끝내는 것은 여백의 공간을 통해 소와 할머니의 교감을 드러내기 위한 것이다.

윗글의 4~6행은 '지났다고,', '부었다고,', '적막하다고'와 같이 쉼표로 불완전하게 시행을 종결하고 있는데, 〈보기〉에 따르면 윗글은 여백의 공간을 만듦으로써 말이 통하지 않는 할머니와 소 사이에 이루어지는 내면의 교감을 드러낸다고 하였으므로 적절하다.

⑤ 할머니의 '발잔등이 부었다'는 것은 고된 삶을, '적막하다'는 것은 소가 할머니의 유일한 벗임을 의미하는 말로, 할머니의 쓸쓸한 삶이 드러난다.

할머니는 소의 목덜미에 손을 얹으며 '서로 발잔등이 부었다고' 하는데, 이를 통해 할머니와 소의 고된 삶을 확인할 수 있으며, '서로 적막하다'는 말을 통해 쓸쓸한 삶을 알 수 있다. 〈보기〉 또한 윗글이 고단하고 쓸쓸하게 하루를 지낸 할머니의 심정을 통찰하고 있다 하였으므로 적절하다.

04 작품의 내용 파악하기

빈칸에 들어갈 말로 적절한 것을 골라 쓰시오.

보기

너는 사모할 줄을 모르나, / 플라타너스, / 너는 네게 있는 것으로 그늘을 늘인다.
먼 길을 올 제, / 홀로 되어 외로울 제, / 플라타너스, / 너는 그 길을 나와 같이 걸었다.

- 김현승, 〈플라타너스〉

〈보기〉의 '플라타너스'가 화자와 동반자적 관계를 맺고 있음을 고려할 때, 윗글의 (할머니 / 소)와 그 의미가 같다고 볼 수 있다.

소

[앞부분 이야기] 심생은 어느 날 길을 가다가 우연히 한 소녀와 눈이 마주치고 한순간에 반하여 뒤를 따라가 그녀가 사는 곳과, 그녀가 중인*의 딸이라는 것을 알아낸다. 그 후 심생은 매일 밤 소녀의 집 담장을 넘어 그녀의 방문 앞에서 기다린다. 소녀는 심생이 매일 자신의 방문 앞에서 기다리는 것을 알고 거절하기 위해 자물쇠로 뒷문을 잠그지만, 심생은 이에 굴하지 않고 계속 찾아온다.

심생은 이튿날에도 가고 그 이튿날에도 갔다. 그러나 감히 잠긴
(소녀가 거절의 뜻을 전했음에도 불구하고 계속 소녀의 집에 찾아감)
문을 열어 달라고는 하지 못했다. 비 오는 날이면 비옷을 입고 갔으
(심생의 곧은 심지)
며 옷자락 젖는 것쯤 마다하지 않았다. 이렇게 또 열흘이 지났다.

한밤중이었다. 온 집안이 모두 달게 잠들었고 소녀 또한 등불을 끈 지 오래였다. 그런데 소녀가 갑자기 벌떡 일어나더니 여종에
(소녀의 심경에 변화가 일어남)
게 불을 켜라 이르고 이렇게 말했다.

"너희들, 오늘 밤은 내당*에 가서 자거라!"

두 여종이 문을 나서자, 소녀는 벽 위에서 열쇠를 가져다 자물
(심생의 마음을 받아들이기로 함)
쇠를 풀더니 뒷문을 활짝 열고 심생을 불렀다.

"낭군! 방으로 들어오셔요."

심생은 생각해 볼 겨를도 없이 어느새 몸이 먼저 방에 들어와 있었다. 소녀가 다시 문을 잠그고 심생에게 말했다.

"잠시만 앉아 계셔요."

마침내 내당으로 가더니 부모님을 모시고 왔다. ㉠ 소녀의 부모
(부모의 허락을 받고 심생과 연애하고자 함)
는 심생을 보고 깜짝 놀랐다. 소녀가 말했다.
(소녀의 방에 낯선 남자가 있으므로)

┌ "놀라지 마시고 제 말을 들어 보셔요. 제 나이 열일곱, 그동
│ 안 문밖에 나가 본 적이 없었지요. 그러다가 지난달 처음으
│ 로 집을 나서 임금님의 행차를 구경하고 돌아오던 길이었어
│ 요. 소광통교에 이르렀을 때, 불어온 바람에 보자기가 걷혀
│ 올라가 마침 초립*을 쓴 낭군 한 분과 얼굴을 마주치게 되
│ 었지요. 그날 밤부터 그분이 매일 밤 오셔서 뒷문 아래 숨어
│   (심생)
│ 기다리신 게 오늘로 이미 삼십 일이 되었네요. 비가 와도 오
│ (『 』: 심생과 소녀와의 일을 요약적으로 제시함)
│ 고 추워도 오고 문을 잠가 거절해도 또한 오셨어요.
│
│ 제가 이리저리 요량해* 본 지 이미 오래되었답니다. 만일
│ 소문이 밖에 퍼져 이웃에서 알게 되었다 쳐보세요. 저녁에
│
└ 들어와 새벽에 나가니 누군들 낭군이 그저 창밖의 벽에 기
(이웃들에게 남자와 몰래 만나는 여인으로 소문날까 걱정함)
대 있기만 했다고 여기겠어요? 실제로는 아무 일이 없었건

만 저는 추악한 이름을 뒤집어써서 개에게 물린 꿩 신세가
                        (속담을 통해 자신의 의견을 피력함)
되고 마는 거지요.

[A]
저분은 사대부 가문의 낭군으로, 한창나이에 혈기를 진정하
        (심생의 신분)
지 못하고 벌과 나비가 꽃을 탐하는 것만 알아 바람과 이슬 맞
는 근심을 돌아보지 않으니 얼마 못 가 병이 들지 않겠어요?
                    (『 』: 심생이 상사병에 걸려 죽을 것을 걱정함)
병들면 필시 일어나지 못할 테니, 그리된다면 제가 죽인 건
아니지만 결국 제가 죽인 셈이 되지요. 남들이 알지 못하더
라도 언젠가는 이에 대한 앙갚음을 당하고 말 거예요.

게다가 저로 말할 것 같으면 중인 집안의 처녀에 지나지 않
                        (심생과 소녀의 신분 차이가 드러남)
지요. 절세의 미모를 가진 것도 아니요, 물고기가 숨고 꽃
이 부끄러워할 만큼 아름다운 얼굴도 아니잖아요. 그렇건만
(수화-중국의 4대 미인인 양귀비 / 침어-중국의 4대 미인인 서시)
낭군은 못난 솔개*를 보고 송골매라 여기고 이처럼 제게
              (소녀가 생각하는 자신 / 심생이 생각하는 소녀)
지극정성을 다하시니, 이런데도 낭군을 따르지 않는다면
                    (자신의 의견을 분명하게 전달하여 부모를 설득함)
늘이 저를 미워하고 복이 제게 오지 않을 게 분명해요.

제 뜻은 결정되었어요. 아버지, 어머니도 걱정 마셔요. 아
                        (『 』: 부모님에 대한 소녀의 효 사상이 드러남)
아! 부모님은 늙어 가시는데 자식이라곤 저 하나뿐이니, 사
위를 맞아 그 사위가 살아 계실 적엔 봉양*을 다하고 돌아
가신 뒤엔 제사를 모셔 준다면 더 바랄 게 뭐 있겠어요? 일
이 어쩌다 이렇게 되고 말았지만 이것도 하늘의 뜻입니다.
                            (운명론적 사고관)
└ 더 말해 무엇하겠어요?"

소녀의 부모는 더욱 어안이 벙벙했으나 달리 할 말이 없었고, 심생은 더욱 아무 말도 못 했다. 그래서 그날부터 심생은 밤마다
                        (심생과 소녀가 인연을 맺음)
소녀를 만났다. 애타게 사모하던 끝에 그 기쁨이야 오죽하였으리오. 그날 밤 이후로 심생은 저물녘에 집에서 나갔다가 새벽에 돌아왔다.

소녀의 집은 본래 부유했다. 그로부터 심생을 위하여 산뜻한 의
                        (『 』: 심생은 처녀와의 인연을 다른 이들에게 숨김)
복을 정성껏 마련해 주었으나, 그는 집에서 이상하게 여길까 보
아서 감히 입지 못하였다.

그러나 심생이 아무리 조심을 하여도 심생의 부모는 그가 바깥
(소녀와의 인연을 부모께 들키지 않으려는 심생의 소극적인 모습)
에서 자고 오래 돌아오지 않는데 의심하지 않을 수 없었다. 그리
하여 절에 가서 글을 읽으라는 명이 내리었다. 심생은 마음에 몹
        (소녀와 이별하게 되는 이유)
시 불만이었으나, 부모의 압력을 받고 또 친구들에게 이끌리어
책을 싸들고 북한산성으로 올라갔다.
(『 』: 적극적으로 행동하지 못하는 심생-심생과 처녀의 비극적 결말의 원인이 됨)
선방*에 머문 지 근 한 달 가까이 되었다. 심생에게 소녀의 한글
편지를 전해 주는 사람이 있었다. 편지를 펴 보니 유서로 영영 이
                                (비극적 결말 암시)
별하는 내용이 아닌가. 소녀는 이미 죽은 것이다.

(중략)

심생은 이 편지를 받고 자기도 모르게 울음과 눈물을 쏟았다. 이제 비록 슬프게 울어 보나 무엇하겠는가. 그 뒤에 심생은 <u>붓을 던지고 무변*이 되어 벼슬이 금오랑*에 이르렀으나</u> 역시 일찍 죽고 말았다.

<small>문과 급제를 그만둠</small>

<u>매화외사* 가로되,</u> 내가 열두 살 때에 시골 서당에서 글을 읽는

<small>이옥의 호-작가 자신을 드러냄으로써 이야기의 사실감을 부여함</small>

데 매일 동접*들과 더불어 이야기 듣기를 좋아하였다. 어느 날 선생이 심생의 일을 자세히 이야기해 주시고,

"심생은 나의 소년시 동창이다. 그가 절에서 편지를 받고 통곡할 때에 나도 곁에서 지켜보았더랬다. 급기야 심생이 겪은 일을 듣게 되었고 지금까지 잊지 못하고 있구나."

하시고, 이어서

『내가 너희들에게 이 풍류 소년을 본받으라는 것이 아니다. 사

<small>『 』: 의지를 갖고 계속해서 노력하면 결국 목표를 이룰 수 있다는 교훈</small>

람이 일에 당해서 진실로 꼭 이루겠다는 뜻을 세우면 규방 여인의 마음도 얻을 수 있거늘, 하물며 문장이나 과거야 왜 안 되겠느냐."』

하시었다.

우리들은 그 당시 듣고 매우 새로운 이야기로 여겼는데, 훗날 〈정사*〉를 읽어 보니 이와 비슷한 이야기가 많았다. <u>이에 이것을 〈정사〉의 이야기 중 하나로 추가하려 한다.</u>

<small>이 글을 쓴 목적</small>

- 이옥, 〈심생전〉 -

---

* 중인(中人): 조선 시대에, 양반과 평민의 중간에 있던 신분 계급.
* 내당(內堂): 안주인이 거처하는 방.
* 초립(草笠): 예전에, 주로 어린 나이에 관례를 한 사람이 쓰던 갓.
* 요량하다(料量하다): 앞일을 잘 헤아려 생각하다.
* 솔개: 수릿과의 새.
* 봉양(奉養): 부모나 조부모와 같은 웃어른을 받들어 모심.
* 선방(禪房): 절에 있는 참선하는 방.
* 무변(武弁): 무과 출신의 벼슬아치.
* 금오랑(金吾郞): 조선 시대에, 의금부에 속한 도사(都事)를 이르던 말.
* 매화외사(梅花外史): 조선 후기 문인 이옥의 호이자, 이옥의 전·잡저 등을 수록한 시문집.
* 동접(同接): 같은 곳에서 함께 공부함. 또는 그런 사람이나 관계.
* 정사(情史): 명나라 때의 문인 풍몽룡이 남녀 애정과 관련된 중국 역대의 이야기를 모아 엮은 책.

---

01 작품의 내용 파악하기 답 | ③

윗글에 대한 설명으로 적절하지 <u>않은</u> 것은?

정답 선지 분석

③ 소녀는 심생에게 자신의 상황을 시를 통해 드러내었다.

소녀는 한글 편지를 통해 심생에게 유서를 보내고 있으므로 적절하지 않다.

오답 선지 분석

① 글쓴이는 심생과 함께 선방에서 글을 읽었다.

글쓴이는 심생과 소녀와의 일을 소개하면서, '그가 절에서 편지를 받고 통곡할 때에 나도 곁에서 지켜보았'다고 하였으므로 적절하다.

② 소녀의 부모는 소녀와 심생 간의 결연을 인정하였다.

소녀의 부모는 소녀의 말을 듣고 '어안이 벙벙했으나 달리 할 말이 없었'다고 하였으므로 소녀와 심생 간의 결연을 인정한 것으로 볼 수 있다.

④ 심생은 소녀를 본 첫날부터 소녀의 집에 드나들기 시작했다.

소녀는 부모에게 심생과 있었던 일을 말하면서, 심생이 소녀와 처음 만난 그날 밤부터 '매일 밤 오셔서 뒷문 아래 숨어 기다'렸다고 하였으므로 적절하다.

⑤ 소녀는 문을 여닫는 것을 통해 심생에 대한 마음을 표현하였다.

소녀의 '그날 밤부터 그분이 매일 밤 오셔서~문을 잠가 거절해도 또한 오셨어요.'를 통해 소녀는 문을 잠금으로써 심생의 마음을 거절했다는 것을 알 수 있으며, 소녀의 거절 후에도 심생이 집 앞을 기다리자 소녀가 '벽 위에서 열쇠를 가져다 자물쇠를 풀더니 뒷문을 활짝 열고 심생을 불'러 방안으로 들여보내는 것을 통해 심생의 마음을 받아들였음을 알 수 있다.

02 구절의 의미 파악하기 답 | ②

[A]에 나타나는 '소녀'의 말하기 방식에 대한 설명으로 적절하지 <u>않은</u> 것은?

정답 선지 분석

② 심생의 신분을 근거로 들어 자신의 억울함을 해소하고 있다.

소녀가 심생에 대해 '사대부 가문의 낭군'이라 한 것은 맞으나, 이를 통해 자신의 억울함을 해소하고 있지는 않다.

오답 선지 분석

① 미래에 일어날 긍정적 상황을 근거로 들어 설득하고 있다.

[A]는 소녀가 부모에게 하는 말로, '아! 부모님은 늙어 가시는데 자식이라곤 저 하나뿐이니, 사위를 맞아 그 사위가 살아 계실 적엔 봉양을 다하고 돌아가신 뒤엔 제사를 모셔 준다면 더 바랄 게 뭐 있겠어요?'를 통해 심생과 자신이 인연을 맺는다면 부모님의 봉양을 할 수 있음을 근거로 들고 있으므로 적절하다.

③ 자신과 심생 사이에서 일어났던 일을 요약하여 제시하고 있다.

소녀의 '지난달 처음으로 집을 나서 임금님의 행차를 구경하고 돌아오던 길이었어요.~그날 밤부터 그분이 매일 밤 오셔서 뒷문 아래 숨어 기다리신 게 오늘로 이미 삼십 일이 되었네요.'를 통해 자신과 심생 사이에 있던 일을 요약적으로 제시하고 있음을 알 수 있다.

④ 비유적 표현을 활용하여 자신에 대한 심생의 사랑을 드러내고 있다.

소녀는 심생이 '못난 솔개를 보고는 송골매라 여'긴다면서, 심생이 자신에게 지극정성을 다하고 있음을 드러내고 있다.

⑤ 자신이 심생을 받아들이지 않을 경우 일어날 부정적 상황을 가정하고 있다.

소녀는 자신이 만약 심생을 받아들이지 않는다면 심생이 '얼마 못 가 병이 들' 것이라면서, '병들면 필시 일어나지 못할 테니, 그리된다면 제가 죽인 건 아니지만 결국 제가 죽인 셈이' 될 것이라 하고 있으므로 적절하다.

보기 를 참고하여 윗글을 감상한 내용으로 적절하지 않은 것은?

보기

윗글이 창작된 시기는 조선 후기로, 새로운 사상의 발달로 여러 사회 제도가 동요하던 시기였다. 남녀가 자유롭게 사랑을 나누는 자유연애 사상, 여성 의식의 성장, 신분 질서의 동요, 중인층의 경제적 성장 등 조선 후기의 사회상이 반영되어 있는데, 이러한 변화에도 불구하고 신분의 벽을 넘지 못하는 두 남녀의 사랑 이야기를 통해 봉건적 신분 질서에 대한 비판 의식을 드러내고 있다.

정답 선지 분석

① 소녀가 부모님께 심생과의 결연을 허락받는 것은 여성 의식의 성장에 한계가 있었음을 보여 준다.

소녀가 부모님께 심생과의 결연을 허락받는 것은 여성 의식 성장의 한계를 보여 주는 것이 아닌, 자신이 인연을 맺을 남자를 결정하여 부모님을 설득하고 있는 것이므로 오히려 여성 의식의 성장을 보여 주고 있다.

오답 선지 분석

② 심생과 소녀의 사랑이 비극적으로 끝난 것은 완고한 봉건적 신분 질서를 넘어서지 못했음을 의미한다.

〈보기〉에서 작가는 조선 후기 사상의 변화에도 불구하고 신분의 벽을 넘지 못하는 남녀의 사랑 이야기를 통해 봉건적 신분 질서에 대한 비판 의식을 드러낸다고 하였으므로, 심생과 소녀가 결국 이루어지지 못하는 것은 이러한 의식을 반영한 것이라 볼 수 있다.

③ 소녀가 자신과 심생의 신분을 언급한 것은 소녀와 심생의 결연이 사회적으로 인정받기 어려울 것이라는 걱정 때문이다.

〈보기〉에서 작가는 봉건적 신분 질서에 대한 비판 의식을 드러낸다고 하였다. 윗글에서 소녀의 신분은 중인 집안의 자녀이고, 심생은 사대부 가문의 낭군이므로 소녀의 말은 이러한 신분 차이가 사회적으로 인정받기 어려울 것이라는 걱정이 드러난 것이라 볼 수 있다.

④ 심생이 소녀를 만나기 위해 매일 밤 소녀의 집에 방문하는 것에는 남녀가 자유롭게 연애하던 당시 사회상이 반영되어 있다.

〈보기〉에 따르면 조선 후기에는 남녀가 자유롭게 사랑을 나누는 자유연애 사상이 등장하였다고 했다. 이에 따라 심생이 소녀를 만나기 위해 매일 밤 소녀의 집에 방문한 것은 자유연애 사상이 반영된 것이라 볼 수 있다.

⑤ 소녀의 집이 본래 부유했다는 것과 심생에게 지어 준 의복을 고려할 때 당시 중인 계층이 경제적으로 성장하고 있음을 알 수 있다.

〈보기〉에 따르면 조선 후기 사회에서 중인 계층이 경제적 성장을 이루었다고 하였다. 윗글에서 중인인 소녀의 집은 원래 부유했으며, '그로부터 심생을 위하여 산뜻한 의복을 정성껏 마련해' 주었다고 한 것을 통해 이를 드러내고 있음을 알 수 있다.

04 소재의 의미 파악하기

빈칸에 들어갈 말로 적절한 것을 윗글에서 찾아 2음절로 쓰시오.

심생은 소녀가 자신에게 보낸 (   )의 내용이 유서임을 알고 소녀가 죽은 것을 깨달았다.

정답

편지

| 본문 | 117쪽

화법 식품 포장지의 표시사항

빠른 정답 체크 **01** ③ **02** ④ **03** ③

안녕하세요? 식품 안전 연구소의 ○○○입니다. 여러분은 식품
_{강연을 시작하기에 앞서 자신의 정체를 밝힘}
을 구매할 때 식품 포장지에서 어떤 정보를 주로 보시나요? (청중
_{청중에게 강연과 관련된 질문을 건넴으로써 청중의 관심을 환기하고 상호작용함}
의 대답을 듣고) 네, 주로 영양 성분을 보시는군요. 하지만 식품 포
_{청중이 식품 포장지에서 주로 보는 정보}
장지에는 영양 성분 외에도 유익한 정보가 많이 있습니다. 오늘
은 식품 포장지의 표시사항에 대해 알려드리겠습니다.
_{강연 내용}
(㉠ 자료 제시) 지금 보시는 화면은 식품을 구매할 때 통상적으
_{강연자가 제시한 자료 ①}
로 보게 되는 주표시면입니다. 이렇게 주표시면에는 제품명과 내
용량 및 열량, 그리고 상표 등이 표시돼 있습니다. 특히 여기에서
_{주표시면에 표시된 정보}
눈여겨볼 부분이 있는데요. 제품명에 '향' 자가 보이시나요? 제품
명에 특정 맛이나 향이 표시되어 있고 그 맛이나 향을 내기 위한
_{제품명에 '향' 자가 들어가는 이유}
원재료로 합성 향료만을 사용했기 때문에 보시는 것처럼 '복숭아
향'이라고 적혀 있습니다. 그리고 합성 향료가 첨가되었다는 문
_{주표시면에서 확인할 수 있는 내용}
구도 제품명 주위에서 확인할 수 있습니다.

그럼 다음 화면을 보시죠. (㉡ 자료 제시) 이 화면은 다른 식품의
_{강연자가 제시한 자료 ②}
주표시면인데, 여기에서는 어떤 정보를 알 수 있을까요? 제품명
을 보고 소고기만으로 만든 식품이라고 생각하시는 분들이 많을
텐데요. 아래쪽을 보시면, 소고기와 함께 돼지고기도 일부 포함
_{주표시면에서 확인할 수 있는 또 다른 내용}
되어 있음을 알 수 있습니다. 이 식품과 같이 식육가공품은 가장
많이 사용한 식육의 종류를 제품명으로 사용할 수 있는데요. 이
_{돼지고기가 포함되어 있음에도 소고기와 관련된 제품명을 사용한 이유}
런 경우에는 식품에 포함된 모든 식육의 종류와 함량이 주표시면
_{식육가공품의 표시사항과 관련된 강연자의 당부}
에 표시되어 있으니 꼭 확인해 보세요.

(㉢ 자료 제시) 이 화면은 앞서 보신 식품 포장지의 다른 면을 확
_{강연자가 제시한 자료 ③-자료 ②의 다른 면}
대한 것입니다. 여기에는 식품 유형, 원재료명, 유통기한, 주의사
_{정보표시면에서 확인할 수 있는 정보}
항 등 다양한 정보가 있는데요. 이렇게 표시사항을 한데 모아 표
시한 면을 정보표시면이라고 합니다. 이 중 일부만 살펴보겠습
니다. 여기 바탕색과 다르게 표시된 부분이 보이시죠? 이곳은 알
레르기 표시란인데요. 알레르기 유발물질의 양과 관계없이 원재
_{알레르기 표시란에서 확인할 수 있는 정보}
료로 사용된 모든 알레르기 유발물질이 표시됩니다. 또한 식품에
사용된 원재료가 아니어도 알레르기 유발물질이 식품을 제조하
는 과정에서 불가피하게 섞여 들어갈 우려가 있을 수 있습니다.
이 경우에는 화면에서 보시는 것처럼 알레르기 유발물질이 혼입
_{알레르기 유발물질이 불가피하게 혼합될 경우 알레르기 표시란에 기입되는 내용}

될 수 있다는 의미의 주의사항 문구가 쓰여 있으니 특정 알레르
기가 있는 분들은 유의해서 살펴보시기 바랍니다.

마지막으로 날짜 표시에 대해 알려드리겠습니다. 여기 원재료
_{유통기한이 표시된 위치}
명 아래 유통기한이 표시되어 있는데요. 관련 법률이 개정되어
앞으로는 식품을 유통할 수 있는 기한인 유통기한 대신 소비기한
이 표시됩니다. 소비기한은 식품에 표시된 보관 방법을 준수했을
_{소비기한의 개념}
때 식품을 섭취해도 안전에 이상이 없는 기한을 말합니다. 그러
니 식품에 표시된 보관 방법에 신경 쓰시면 도움이 될 것입니다.

『여러분, 건강하고 안전한 식생활을 위해 식품 포장지의 정보를
_{『』: 청중들에게 강연자가 당부하고 싶은 내용을 말하며 강연을 마무리함}
꼼꼼히 확인하여 자신에게 적합한 식품을 잘 구매하시기 바랍니
다. 이상으로 강연을 마치겠습니다.』

01 강연자의 말하기 방식 파악하기 답 | ③

윗글의 강연자의 말하기 방식으로 가장 적절한 것은?

정답 선지 분석

③ 강연 내용과 관련된 질문을 하여 청중의 주의를 환기하고 있다.

강연자가 '여러분은 식품을 구매할 때 식품 포장지에서 어떤 정보를 주로 보시나요?',
'제품명에 '향' 자가 보이시나요?'와 같이 강연 내용과 관련된 질문을 하여 청중의 주의
를 환기하고 있으므로 적절하다.

오답 선지 분석

① 강연을 하게 된 소감을 밝히며 강연을 시작하고 있다.

위 강연에서는 강연자가 강연을 하게 된 소감을 밝히며 강연을 시작하는 것이 아니라,
청중에게 강연에 관련된 질문을 함으로써 강연을 시작하고 있다.

② 강연 내용을 요약하여 마무리하며 주제를 강조하고 있다.

6문단에서 강연자는 '건강하고 안전한 식생활을 위해 식품 포장지의 정보를 꼼꼼히 확
인하여 자신에게 적합한 식품을 잘 구매하시기 바랍니다.'라고 말하며 강연을 마무리
할 뿐, 강연 내용을 요약하여 마무리하고 있지는 않다.

④ 강연에 사용한 자료의 출처를 언급하여 신뢰성을 확보하고 있다.

위 강연에서는 강연자가 강연에 사용한 자료의 출처를 언급하지 않고 있다.

⑤ 강연 순서를 처음에 안내하여 청중이 내용을 예측하게 하고 있다.

위 강연에서 강연자는 '오늘은 식품 포장지의 표시사항에 대해 알려드리겠습니다.'처
럼 강연의 내용을 안내할 뿐, 강연 순서를 안내하고 있지는 않다.

다음은 윗글의 강연자가 제시한 자료이다. 강연자의 자료 활용에 대한 설명으로 적절하지 않은 것은?

	[자료 1]	[자료 2]	[자료 3]

식품유형	분쇄가공육
원재료명	소고기 ○○% 돼지고기 ○○% 마늘 ⋮ 소고기, 돼지고기, 밀 함유
유통기한	2022. ××. ×× . 까지
주의사항	대두, 우유, 혼입 가능 −18℃ 이하 냉동 보관

정답 선지 분석

④ 식품 제조 과정에서 불가피하게 혼입될 수 있는 알레르기 유발물질이 알레르기 표시란을 통해 표시되는 방식을 설명하기 위해 ⓒ에 [자료 3]을 활용하였다.

4문단에서 ⓒ에 [자료 3]을 활용하여 알레르기 표시란을 설명하는 내용이 나타나 있지만 알레르기 표시란에는 원재료로 사용된 모든 알레르기 유발물질이 표시되므로 적절하지 않다.

오답 선지 분석

① 주표시면을 구성하고 있는 요소를 보여 주기 위해 ㉠에 [자료 1]을 활용하였다.

2문단에서 ㉠에 [자료 1]을 활용하여 '이렇게 주표시면에는~표시돼 있습니다.'라고 하였으므로 적절하다.

② 제품명에 특정 글자가 사용된 이유를 설명하기 위해 ㉠에 [자료 1]을 활용하였다.

2문단에서 ㉠에 [자료 1]을 활용하여 '제품명에 '향' 자가~적혀 있습니다.'라고 하였으므로 적절하다.

③ 식육가공품에서 제품명에 원재료명이 포함된 경우 주표시면에 추가로 표시되는 요소를 보여 주기 위해 ㉡에 [자료 2]를 활용하였다.

3문단에서 ㉡에 [자료 2]를 활용하여 '제품명을 보고~확인해 보세요.'라고 하였으므로 적절하다.

⑤ 식품 포장지에 표기되는 날짜 표시와 관련된 정보를 제공하기 위해 ⓒ에 [자료 3]을 활용하였다.

5문단에서 ⓒ에 [자료 3]을 활용하여 '마지막으로 날짜 표시에~도움이 될 것입니다.'라고 하였으므로 적절하다.

다음은 위 강연을 들은 청중의 반응이다. 강연의 내용을 고려하여 청중의 반응을 이해한 내용으로 적절하지 않은 것은?

보기

• 청자 1: 지난번에 어떤 식품을 샀는데 보관 방법 표시가 눈에 잘 띄지 않았어. 식품에 따라 보관 방법이 어떻게 표시되는지 자세히 설명해 주지 않아서 아쉬웠어.

• 청자 2: 그동안 열량만 보고 식품을 구매했었는데, 다른 중요한 정보들도 많이 있다는 것을 알게 되어 유익했어. 동생에게 알려 주기 위해 오늘 배운 내용을 잘 정리해 봐야겠어.

• 청자 3: 수업 시간에 식품 표시사항을 점자로 표시하는 경우도 있다는 것을 배웠어. 오늘 알게 된 내용이 점자로 어떻게 표시되어 있는지 사례를 조사해 봐야겠어.

정답 선지 분석

③ 청자 3은 강연의 내용을 통해 기존의 지식을 수정하고 있다.

청자 3은 강연의 내용을 통해 기존의 지식을 수정하고 있지 않으므로 적절하지 않다.

오답 선지 분석

① 청자 1은 강연에서 구체적으로 설명하지 않은 정보가 있는 것에 대해 부정적으로 평가하고 있다.

청자 1은 식품에 따라 보관 방법이 어떻게 표시되는지 자세히 설명해 주지 않았다고 하면서 구체적으로 설명하지 않은 정보에 대해 아쉬웠다고 부정적으로 평가하고 있으므로 적절하다.

② 청자 2는 강연에서 새롭게 알게 된 정보를 긍정적으로 수용하고 있다.

청자 2는 열량 외에도 다른 중요한 정보들도 많이 있다는 것을 알게 되었다고 하면서 새롭게 알게 된 정보에 대해 유익했다고 긍정적으로 수용하고 있으므로 적절하다.

④ 청자 1과 청자 2는 모두 강연 내용과 관련된 자신의 경험을 떠올리고 있다.

청자 1은 지난번에 어떤 식품을 샀는데 보관 방법 표시가 눈에 잘 띄지 않았던 경험을 떠올리고 있고, 청자 2는 그동안 열량만 보고 식품을 구매했었던 경험을 떠올리고 있으므로 적절하다.

⑤ 청자 2와 청자 3은 모두 강연 내용을 바탕으로 추가적인 활동을 계획하고 있다.

청자 2는 동생에게 알려 주기 위해 오늘 배운 내용을 잘 정리해 봐야겠다고 하고 있고, 청자 3은 오늘 알게 된 내용이 점자로 어떻게 표시되어 있는지 사례를 조사해 봐야겠다고 하며 추가적인 활동을 계획하고 있으므로 적절하다.

울산 울주에는 한국 미술사의 첫 장을 장식하는 암각화*가 있다.

이것에는 넓고 평평한 돌 위에 상징적인
<u>울산 울주 암각화의 특징</u>
기호와 사실적으로 표현된 동물들의 모

습이 새겨져 있다. 한편 한국 조형 미술

을 대표하는 것으로 금강역사상과 같은

석굴암의 부조상들이 있다. 이것들 또한   〈금강역사상〉
<u>부조상 또한 암각화와 유사한 특징을 지님</u>
돌에 형상을 새긴 것이다. 이들의 표현 방법에 대해 살펴보도록
        <u>암각화와 부조상</u>
하자.

▶ 1문단: 암각화와 부조상의 특징

암각화에는 <u>선조와 요조</u>가 사용되었다. 선조는 선으로만 새긴 것
    <u>암각화의 표현 방법</u>   <u>선조의 개념</u>
을 말하며, 요조는 형태의 내부를 표면보다 약간 낮게 쪼아내어
            <u>요조의 개념</u>
형태의 윤곽선을 표현한 것이다. 이러한 점에서 요조는 쪼아 낸

면적만 넓을 뿐이지 기본적으로 <u>선조의 범주에 든다고 하겠다.</u>
              <u>요조 또한 선조처럼 선으로 대상을 표현했으므로</u>
따라서 <u>선으로 대상을 표현했다는</u> 점에서 암각화는 조각이 아니
    <u>암각화를 조각이 아닌 회화로 보는 이유</u>
라 회화라고 볼 수 있다.

▶ 2문단: 암각화의 표현 방법 - 선조와 요조

한편 조각과 회화의 성격을 모두 띠고 있는 것으로 부조가 있다.
    <u>부조의 특성 ①-입체적이면서 평면적인 성격을 띰</u>
부조는 벽면 같은 곳에 부착된 형태로 도드라지게 반입체를 만드
          <u>부조의 개념</u>
는 것이다. 평면에 밀착된 부분과 평면으로부터 솟아오른 부분 사

이에 생기는 미묘하고도 섬세한 그늘은 <u>삼차원적인 공간 구성을</u>
                        <u>부조의 특성 ②</u>
<u>통한 실재감*</u>을 주게 된다. 빛에 따라 질감이 충만한 부분과 빈 부
          <u>부조를 통해 실재감을 느끼는 이유</u>
분이 드러나서 상대적인 밀도를 지각할 수 있게 되는 것이다. 이

처럼 부조는 평면 위에 입체로 대상을 표현하므로 <u>중량감*</u>을 수
                      <u>부조에서 볼 수 있는 조각의 측면 ①</u>
반하게* 되고 공간과 관련을 맺는다. 이것이 부조에서 볼 수 있는
          <u>부조에서 볼 수 있는 조각의 측면 ②</u>
조각의 측면이다.

▶ 3문단: 부조의 표현 방법

이러한 부조의 특성을 완벽하게 소화하여 평면에 가장 입체적

으로 승화시킨 것이 석굴암 입구 좌우에 있는 ㉠ <u>금강역사상</u>이
                      <u>부조의 특성을 활용한 작품</u>
다. 이들은 제각기 다른 자세로 금방이라도 벽 속에서 튀어나올

것 같은 착각을 준다.『팔이 비틀리면서 평행하는 사선의 팽팽한
            『 』: 금강역사상의 특징
근육은 힘차고, 손가락 끝의 오므리며 온 힘이 한곳에 응결된 왼

손의 손등에 솟은, 방향과 높낮이를 달리하는 다섯 갈래 뼈의 강

인함은 실로 눈부시다』

▶ 4문단: 부조의 특성을 활용하여 만든 금강역사상

부조는 <u>신전의 벽면을 장식하기 위한 목적</u>으로 제작되기 시작
          <u>부조의 제작 목적</u>
했다. <u>그리스 신전과 이집트 피라미드 등</u>에서는 부조로 벽면을
          <u>부조의 활용 사례</u>
장식하여 신비스러운 종교적 분위기를 형성하고 있다. 이처럼
    평면적 특성   부조의 효과   입체적 특성
ⓐ <u>이차원적 제한성에도 불구하고 삼차원적 효과를 극대화한 부</u>

조는 제작 환경과 제작 목적에 맞게 최적화된 독특한 조형 미술
                <u>부조의 의의</u>
의 양식이다.

▶ 5문단: 부조의 효과와 의의

* 암각화(巖刻畫): 바위, 단애, 동굴의 벽면 따위에 칠하기, 새기기, 쪼기 등의 수법
  으로 그린 그림.
* 실재감(實在感): 그려진 물건이 실물인 듯한 느낌.
* 중량감(重量感): 물체의 무게에서 오는 묵직한 느낌.
* 수반하다(隨伴하다): 어떤 일과 더불어 생기다. 또는 그렇게 되게 하다.

01 내용 전개 방식 파악하기   답 | ①

윗글의 내용 전개 방식으로 적절하지 <u>않은</u> 것은?

정답 선지 분석

① 암각화의 조각 방식의 발전 과정을 통시적으로 설명하고 있다.

2문단에서는 암각화의 표현 방법인 선조와 요조를, 3문단에서는 부조를 설명하고 있
으나 암각화의 조각 방식의 발전 과정을 통시적으로 설명하고 있지는 않다.

오답 선지 분석

② 구체적인 묘사를 통해 대상의 특징을 효과적으로 드러내고 있다.

4문단에서 부조의 방식을 사용한 금강역사상에 대해 구체적으로 묘사하며 부조가 갖
는 특징을 효과적으로 드러내고 있으므로 적절하다.

③ 부조가 실제로 사용된 공간을 예시로 들어 제작 목적을 밝히고 있다.

5문단에서 부조는 신전의 벽면을 장식하기 위한 목적으로 제작되기도 하였으며 그리
스 신전이나 이집트 피라미드 등에서 부조를 발견할 수 있다고 하였으므로 적절하다.

④ 조각의 회화적 표현 방식과 관련된 용어의 개념을 밝히며 이해를 돕고 있다.

2문단에서는 선조와 요조의 방식에 대해 설명하고 있고 3문단에서는 부조의 방식에
대해 설명하며 이해를 돕고 있으므로 적절하다.

⑤ 암각화와 부조상의 대조를 통해 부조상이 갖는 예술적 가치에 대해 설명하
고 있다.

2문단과 3문단에서 암각화와 부조상의 회화 방식의 차이점을 밝히며 부조상이 조각과
회화의 성격을 모두 갖고 있다고 하였다. 또한 5문단에서 부조는 이차원적인 제한성을
극복하여 삼차원적 효과를 극대화한 독특한 조형 미술 양식이라 소개하며 부조상이 갖
는 예술적 가치에 대해 설명하고 있으므로 적절하다.

02 세부 내용 파악하기   답 | ⑤

윗글에 대한 내용으로 적절하지 <u>않은</u> 것은?

정답 선지 분석

⑤ 석굴암의 부조상에는 사실적으로 표현된 동물들의 모습이 새겨져 있다.

1문단에서 넓고 평평한 돌 위에 상징적인 기호와 사실적으로 표현된 동물들이 새겨져
있는 것은 울산 울주의 암각화라고 하였으므로 적절하지 않다.

오답 선지 분석

① 요조는 선조보다 바위를 쪼아낸 면적이 넓다.

2문단에 따르면 선조는 선으로만 새긴 것이고, 요조는 형태의 윤곽선을 표현한 것이므
로 요조 또한 쪼아 낸 면적이 넓을 뿐 선조의 범주에 든다고 하였으므로 적절하다.

② 부조는 이차원적인 제한성을 극복한 조형 미술 양식이다.

5문단에서 부조는 이차원적 제한성에도 불구하고 삼차원적 효과를 극대화했다고 하였
으므로 부조는 이차원적인 제한성을 극복한 조형 미술의 양식이라고 볼 수 있다.

③ 부조는 여러 문화권에서 종교 건축물의 장식에 사용되었다.

5문단에서 부조는 그리스 신전과 이집트 피라미드 등의 벽면을 장식하여 신비스러운
종교적인 분위기를 형성한다고 하였으므로 적절하다.

④ 암각화의 선조는 조각이 아니라 회화로 보는 것이 적절하다.

2문단에서 선조는 선으로 새긴 것을 말하며 선으로 대상을 표현했다는 점에서 조각이
아니라 회화라고 볼 수 있다고 하였으므로 적절하다.

03 구체적 사례에 적용하기
답 | ④

윗글을 참고하여 보기 와 ㉠을 비교한 내용으로 적절하지 않은 것은?

보기

▲〈울산 울주 반구대 암각화〉 중 일부

정답 선지 분석

④ ㉠과 〈보기〉 모두 대상의 중량감을 입체적으로 표현할 수 있다.

3문단에 따르면 부조는 평면 위에 입체로 대상을 표현하기 때문에 중량감을 수반한다고 밝히고 있다. 그러나 〈보기〉는 암각화로 입체적으로 표현하는 것이 아닌 선으로만 대상을 표현한 것이기 때문에 중량감을 표현하지 못한다.

오답 선지 분석

① ㉠은 〈보기〉와 달리 그늘을 통해 현실감을 높이고 있다.

3문단에 따르면 부조는 평면에 밀착된 부분과 평면으로부터 솟아오른 부분 사이에 생기는 미묘하고도 섬세한 그늘은 삼차원적인 공간 구성을 통한 실재감을 준다고 밝히고 있다. ㉠은 부조이기 때문에 회화에 가까운 〈보기〉보다 섬세한 그늘을 통해 현실감을 높일 수 있다.

② ㉠은 〈보기〉와 달리 벽 속에서 튀어나올 것 같은 착각을 일으킨다.

4문단에서 부조의 특성을 완벽하게 소화한 ㉠은 평면에 가장 입체적으로 표현함으로써 제각기 다른 자세로 금방이라도 벽 속에서 튀어나올 것 같은 착각을 준다고 하였으므로 적절하다.

③ ㉠은 〈보기〉와 달리 빛을 이용하여 대상의 질감을 표현할 수 있다.

3문단에 따르면 부조는 빛에 따라 질감이 충만한 부분과 빈 부분이 드러나서 상대적인 밀도를 지각할 수 있게 된다고 밝히고 있다. ㉠은 부조이기 때문에 이차원적으로 새겨진 〈보기〉와 달리 빛을 이용하여 대상의 질감을 표현할 수 있다.

⑤ ㉠과 〈보기〉 모두 돌에 그림을 새겨 회화의 성격을 띤다고 볼 수 있다.

2문단에 따르면 암각화는 조각이 아닌 회화라고 볼 수 있다고 언급하고 있고 3문단에서는 부조는 조각과 회화의 성격을 모두 띠고 있다고 밝히고 있다. 따라서 암각화에 해당하는 〈보기〉는 회화의 작품으로 인식할 수 있고 부조에 해당하는 ㉠은 조각이면서 회화의 성격을 모두 가진 작품으로 볼 수 있다.

04 세부 내용 파악하기

다음은 ⓐ의 이유를 설명한 것이다. 빈칸에 들어갈 말로 적절한 것을 윗글에서 찾아 차례대로 쓰시오.

평면에 (   )(으)로 대상을 표현하기 때문에 (   )을/를 가지면서 공간과 관련을 맺기 때문이다.

정답

입체, 중량감

문학 1 제망매가(월명사)

◀ 빠른 정답 체크 01 ④ 02 ⑤ 03 ① 04 [E]

```
    ┌─  『생사 길은
[A] │   『」: 죽음의 갈림길이 가까이 있음을 의미
    └─  예 있으매 머뭇거리고,』
           누이    죽음에 대한 말하는 이의 두려움
    ┌─  나는 간다는 말도
[B] │   누이 입장에서의 말
    └─  못다 이르고 어찌 갑니까.
           누이의 죽음에 대한 화자의 슬픔        ▶ 누이의 죽음으로 인한 슬픔
    ┌─  어느 가을 이른 바람에
[C] │   누이의 때 이른 죽음
    └─  이에 저에 떨어질 잎처럼,
           죽은 누이
    ┌─  한 가지에 나고
[D] │   누이와 자신이 한 부모에게서 태어났음을 의미
    └─  가는 곳 모르온저.
           ▶ 누이의 이른 죽음에 따른 삶의 허무함과 무상함
    ┌─  『아아, 미타찰*에서 만날 나
[E] │   『」: 종교적 힘으로 슬픔을 극복하려는 의지적 태도가 드러남
    └─  도 닦아 기다리겠노라.』
           ▶ 죽은 누이와 미타찰에서 다시 만날 것을 기대함
```

生死路隱

此矣有阿米次肹伊遣

吾隱去內如辭叱都

毛如云遣去內尼叱古

於內秋察早隱風未

此矣彼矣浮良落尸葉如

一等隱枝良出古

去奴隱處毛冬乎丁

阿也彌陀刹良逢乎吾

道修良待是古如

- 월명사, 〈제망매가〉 -

* 미타찰(彌陀刹): 아미타불이 있는 극락세계.

01 표현상의 특징 이해하기
답 | ④

윗글에 대한 설명으로 적절하지 않은 것은?

정답 선지 분석

④ 색채어를 대비하여 주제를 효과적으로 드러내고 있다.

윗글에서는 색채어가 등장하지 않는다.

오답 선지 분석

① 삶과 죽음에 대해 깊이 있게 성찰하고 있다.

윗글의 '한 가지에 나고 / 가는 곳 모르온저'에서 한 부모에게서 태어났지만 죽음은 다르게 일어난다는 것을 통해 삶과 죽음에 대한 화자의 성찰이 드러난다.

② 누이에 대한 안타까움을 종교적으로 승화하고 있다.

윗글은 누이의 죽음에 대한 슬픔을 드러내면서도, 누이와 자신이 불교에서의 극락세계를 의미하는 '미타찰'에서 만날 것을 기약하고 있으므로 슬픔을 종교적으로 승화하고 있음을 알 수 있다.

③ 감탄사를 통해 화자의 고조된 정서를 표현하고 있다.

  윗글의 '아아, 미타찰에서 만날 나'를 통해 누이의 죽음으로 인한 슬픔을 고조시키고 있으며, 이를 종교적 의지로 승화하겠다는 화자의 의지가 드러난다.

⑤ 자연 현상을 활용하여 인생의 무상함을 표현하고 있다.

  윗글에서 죽은 누이를 '이른 바람'에 '떨어질 잎'이라 표현함으로써 인생의 무상함을 가을이 되어 나무에 달려 있던 잎이 떨어지는 자연 현상에 비유하고 있다.

02 외적 준거를 참고하여 작품 이해하기   답 | ⑤

보기 를 참고하여 윗글을 이해한 내용으로 적절하지 <u>않은</u> 것은?

보기

선생님: 이 작품은 신라 경덕왕 때 승려 월명사가 갑작스레 죽은 누이를 추모하기 위해 지은 노래입니다. 누이를 잃은 슬픔과 고뇌를 종교적으로 승화하여 감동을 주며, 특히 비유적 표현을 통해 이를 심화하고 있습니다.

정답 선지 분석

⑤ '가는 곳'은 죽은 누이와 화자가 미래에 만날 곳을 의미하겠군.

  '가는 곳 모르온저'의 이전 시행인 '한 가지에 나고'는 화자와 누이가 같은 부모에게서 태어났음을 의미한다. 이를 고려한다면 '가는 곳'은 누이가 죽은 뒤 이르는 곳으로, '가는 곳 모르온저'는 한 부모에게서 태어났음에도 서로 다른 인생을 살며 누이가 죽은 뒤 이르는 곳조차 알지 못한다는 의미로 해석할 수 있다.

오답 선지 분석

① '머뭇거리고'는 죽음에 대한 화자의 두려움을 의미하겠군.

  윗글에서 화자는 '생사 길'이 '예' 있기 때문에 '머뭇거'린다고 하였다, 이때 '생사 길'은 삶과 죽음을 구분하는 길이며, 이렇게 삶과 죽음은 구분되어 있기 때문에 죽은 누이를 따르지 못한다는 것을 '머뭇거리고'라고 표현한 것으로 볼 수 있다. 따라서 죽음에 대한 화자의 두려움을 의미한다고 볼 수 있다.

② '이른 바람'은 누이가 일찍 세상을 떠났다는 것을 의미하겠군.

  윗글의 '나는 간다는 말도 / 못다 이르고 어찌 갑니까.'를 통해 누이가 갑작스럽게 죽게 되었음을 알 수 있으므로, '이른 바람'은 누이가 이른 나이에 세상을 떠났다는 것을 의미한다고 볼 수 있다.

③ '떨어질 잎'은 죽은 누이를 의미하겠군.

  윗글이 누이를 잃은 슬픔과 고뇌를 드러냈다는 〈보기〉의 설명을 볼 때, '이른 바람'에 '떨어질 잎'은 죽은 누이를 의미한다고 볼 수 있다.

④ '한 가지'는 화자와 죽은 누이가 한 부모에게서 태어났음을 의미하겠군.

  〈보기〉에서 윗글은 죽은 누이를 추모하기 위해 지은 노래라는 것을 고려한다면 '한 가지'는 같은 부모를 의미한다고 볼 수 있다.

03 작품의 구성 이해하기   답 | ①

보기 를 바탕으로 ㉮~㉰를 이해한 내용으로 적절하지 <u>않은</u> 것은?

보기

㉮		㉯		㉰
1~4행	—	5~8행	—	9~10행

정답 선지 분석

① ㉮와 ㉯에 등장하는 '나'는 누이의 죽음으로 인해 슬픔을 느끼고 있다.

  ㉮의 '나는 간다'는 화자가 죽은 누이의 말을 인용한 것으로, 이때 '나'는 죽은 누이를 의미한다고 볼 수 있다.

오답 선지 분석

② ㉯의 감정은 ㉮의 상황으로 인해 촉발된 것이다.

  ㉯에서는 누이의 죽음으로 인해 삶의 무상함을 느끼고 있는 화자의 모습이 드러난다. 이는 ㉮에서 누이의 죽음을 알게 된 뒤 일어난 상황이므로 적절하다.

③ ㉰에서는 ㉯에서 느낀 감정을 종교적 신념을 통해 극복하고 있다.

  ㉯에서는 누이의 죽음에 대한 화자의 슬픔을, ㉰에서는 누이의 죽음에 대한 슬픔을 종교적 신념을 통해 해소하려는 화자의 모습이 드러나므로 적절하다.

④ ㉰에서 누이를 대하는 화자의 태도는 ㉮, ㉯와 대조적이다.

  ㉮, ㉯에서는 죽은 누이에 대해 화자가 느끼는 태도가 드러나지만, 누이와의 재회를 기약하고 있으므로 적절하다.

⑤ ㉰에서 화자는 ㉯의 누이가 가기를 바라는 곳을 구체적으로 드러내고 있다.

  ㉯에서 화자는 누이가 '가는 곳'을 모른다고 하였고, ㉰에서 누이와 '미타찰'에서 만나기를 바라고 있으므로 적절하다.

04 시어의 의미 파악하기

[A]~[E]중 보기 의 @와 관련된 부분의 기호를 쓰시오.

보기

님은 갔습니다. 아아 사랑하는 나의 님은 갔습니다. (중략)

  그러나, 이별을 쓸데없는 눈물의 원천으로 만들고 마는 것은 스스로 사랑을 깨치는 것인 줄 아는 까닭에, 걷잡을 수 없는 슬픔의 힘을 옮겨서 새 희망의 정수박이에 들이부었습니다. / @ 우리는 만날 때에 떠날 것을 염려하는 것과 같이, 떠날 때에 다시 만날 것을 믿습니다. (후략)

                                   - 한용운, 〈님의 침묵〉

정답

[E]

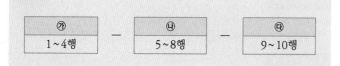

빠른 정답 체크   01 ③   02 ③   03 ③   04 석교천 방죽

문학 2   **도요새에 관한 명상(김원일)**

[앞부분 줄거리] 서울의 명문 국립 대학교 사회 계열에 재학하던 병국('나')은 불온 유인물을 제작하여 배포하였다가 긴급 조치법 위반으로 제적된 뒤 고향인 석교 마을로 돌아온다. 이후 병국은 실향민인 아버지, 오로지 재산을 늘려 가는 데만 관심이 있는 어머니, 그리고 재수를 하는 동생 병식과 더불어 살게 된다. 고향에 내려온 이후 절망적인 삶을 살아가던 병국은 동진강 일대의 환경 문제에 관심을 둔다.

「나는 **석교천 물을 떠 온 미터글라스***에 종이를 붙이고 볼펜으로
「」: 동진강 하구의 오염 원인을 밝히기 위한 행동
날짜와 시간을 적었다. 코르크 마개로 주둥이를 닫고 시험관 꽂이에 꽂았다.」시험관 꽂이를 들고 둑길로 올라섰다. <u>갈대와 풀이</u>
<u>죄 말라 버린 만여 평의 공한지</u>*가 양쪽으로 펼쳐져 있었다. 벌레
                오염으로 인해 황폐화된 땅들
는 물론이고 지렁이류의 환형동물조차 살 수 없는 버려진 땅이었
다. 이 땅에도 <u>내년이면 연간 오만 톤의 아연을 생산할 아연 공장</u>
                     급격하게 산업화가 진행되고 있음

착공식이 있을 예정이란 신문 기사를 읽었다. 내가 중학을 졸업

하던 해까지 이 들녘은 일등호답*이었다. 가을이면 알곡을 매단
　　　　　　　산업화 이전의 풍요로운 모습
볏대가 가을바람에 일렁였다. 참새 떼의 근접을 막느라 허수아비

가 섰고 사방으로 쳐진 비닐 띠가 햇살에 반짝였다. 바다를 끼고

있었지만 석교 마을은 어업보다 농업 종사자가 많은 부촌이었다.

　마을 입구 들길에서 나는 산책 나온 임 영감을 만났다.

　— "이곳도 참 많이 변했죠?"

　마을 경로회 부회장인 임 영감에게 물었다.

　"공업 단지가 들어서고 말이지."
　　　　황폐화의 원인
　임 영감은 회갑 연세로 석교 마을에서 삼대째 살고 있는 읍

서기 출신이었다.

　"변하다마다. 십 년이면 강산도 변한다지 않는가. 공업 단지

가 들어선 지도 벌써 팔 년째네."

　"언제부터 농사를 못 짓게 됐나요?"

　"공단*이 들어서고 이태 동안은 그럭저럭 농사를 지었더랬

지. 그런데 이듬해부터 농사를 망치기 시작했어. 못자리에
　　　공단으로 인해 농사를 못 짓게 된 지 칠 년이 지남
기름 물이 스며들지 않나, 모를 내도 뿌리째 썩어 버리니,

결국 폐농*했지." / "보상 문제는 어떻게 해결 지었나요?"
공업 단지가 들어선 결과
　"관에 폐수 분출 금지 가처분* 신청인가 뭔가도 냈지. 그러

나 폐농한 마당에 소장*이 문젠가. 용지 보상 대책 위원회

를 만들어 시청과 공단 측에 항의했더랬지. 공장에서 쏟아

내는 기름 찌꺼기 때문에 땅을 망쳤다구 말야. 일 년을 넘어

끌다 끝장에는 동남만 개발 공사에서 땅을 사들이기로 해

서, 삼 년 연차로 보상을 받긴 받았지. 우리만 손해를 봤지

뭔가. 옛날부터 그런 사람들과 싸워 촌무지렁이*가 이긴 적

[A]　이 있던가."
　　　　현실적인 지위와 힘이 없는 자신의 처지를 자조함
　"공단 측은 수수방관한* 셈입니까?"
　　　　공단에 대한 비판적 태도가 드러남
　"그때나 지금이나 그 사람들 세도는 대단해. 지도에 등재도

안 된 촌이 자기네들 입주로 크게 발전을 했는데 그까짓 피
　　　　　　　　　　성장 중심의 가치관
해가 대수롭냐는 게지. 땅값이 천정부지로 올랐으니 팔자

고치지 않았느냐구 우기더군. 이젠 귀에 익은 소리지만 그

때만 해도 생경한* 수출입국*이니, 중공업 시대니, 지엔피*

니 하는 소리를 귀에 딱지가 앉도록 들었다. 공단 측은 마을

대책 위원과 촌로*들을 초청해서 술 사주며 선심을 쓰다,
　　　　　　　　　　　　　　　공단의 회유책 ①
나중에는 마을 청장년을 자기네 공장에 취직시켜 주겠다고
　　　　　　　　　　　　　　　공단의 회유책 ②
해서 흐지부지 끝났어." / "어르신 댁도 혜택을 봤나요?"

"우리 집 둘째 놈이 제대하고 와 있던 참이라 피브이시

(PVC) 공장엔가 들어갔어. 제 놈이 배운 기술이 있어야지.

월급 몇 푼 받아 와야 제 밑 닦기 바빠. 딸년은 바람이 들어

서울로 떠났지. 거기서 공장 노동자 짝을 얻어 월세방 살아."

임 영감이 기침 돋워 가래침을 뱉었다.

　"여보게 젊은 양반, 이 가래침 봐. 새까맣지 않은가. 서남풍

이 불 때면 굴뚝 매연이 이쪽으로 날아와 우리 마을만 해도

해소병*처럼 기관지병 걸린 사람이 한둘이 아니라네. 어디

사람 살 동넨가 말일세."

[중간 부분 줄거리]　병국은 동진강 주변의 환경 문제에 계속 몰두한다.

어느 날, 병국은 동생 병식이 철새 도래지에서 새들을 독살하는 이들과

한패일 것이라는 의심을 한다.

　　　　　병국이 새를 밀렵하고 오던 병식과 마주친 장소
　— "너 그날 석교천 방죽에서 말이야, 새를 독살하고 오던 길이
　　　　　　　　　　　　병국은 병식이 새를 밀렵하였다고 의심함
었지?"

　"그래서, 그게 뭘 어쨌다는 거야?"
　　　　병식의 뻔뻔한 태도
　병식 표정에서 비로소 장난기가 사라졌다. 그는 조금 전 애

기의 종호처럼 아주 당당한 얼굴이었다.
　　병식의 친구로, 병식과 함께 비윤리적인 행동을 하고도 당당한 태도를 보임
　"뻔뻔스런 자식. 언제부터 그 짓 했냐? 그건 그렇고, 왜 새

를 죽여. 죽인 새로 뭘 해?"

　병국의 목청이 높아졌다.
　새를 독살했느냐는 물음에 대수롭지 않게 대답하는 병식에게 화가 남
　주모가 술 주전자와 안주를 날라 왔다.

　"나 원, 별 말코* 같은 소릴 다 듣는군. 아니, 날아다니는 새
　병식은 새를 죽인 것을 문제 삼는 병국의 태도를 못마땅하게 여김
도 임자 있나? 형, 이 지구에 사는 새를 누가 몽땅 사들였

어? 아님 형이 매입했다는 거야?"
　　　　새를 생명체가 아닌 오직 물질적 이익의 수단으로 취급함
　병식이 스테인리스 잔을 형 앞으로 밀었다. 잔에 술을 쳤다*.

[B]　"형, 우선 한 잔 꺾지*. 형제 우정을 위해서."
　　　　　병국과의 갈등을 피하기 위해 화제를 돌림
　"누가 네게 그 일을 시키고 있어? 그 사람부터 대!"

　병국이 술잔을 밀며 소리쳤다.

　"왜 그래? 두루미나 크낙새 같은 보호조가 아닌, 흔해 빠진

잡새 죽였다고 고발할 테야? 날아다니는 **새 잡아 박제**해서
　　　　　　　　　　　　　　　　병식이 새를 죽인 목적
호구* 잇는 건 죄가 되구, 돈 많은 놈 허가 낸 사냥총으로 새

를 잡아 영양 보충하는 건 죄가 안 된다 이 말씀이야?"

　병식이 코웃음을 치곤 술을 들이켰다.

　"이 지구상에 희귀조*가 계속 멸종되는 건 너도 알지? 인간
　　　　　　병식의 논리를 반박하기 위해 병국이 내세운 논리
이 새로운 새를 창조해 낼 수는 없어."

"그 개떡 같은 이론은 집어치워. 내가 알기론 이 지구상에는

삼십 억이 넘는 새들이 살아. 그중 내가 오십 마리쯤 죽였다
<u>병식은 새를 밀렵한 것에 대해 아무런 문제의식을 느끼지 못함</u>
치자. 그게 형은 그렇게 안타까워? 그렇담 숫제* 참새구이

도 없애 버리지 뭘. 가축인 닭도 진화를 도와 하늘로 해방시
<u>병국의 논리가 지닌 한계를 지적하며 자신의 행위를 정당화함</u>
키고."

"박제하는 놈을 못 대겠어?"
<u>병식을 추궁하는 병국</u>
병국이가 의자에서 일어나 아우 멱살을 틀어쥐었다. 주모가 달
<u>새의 죽음을 놓고 형제간의 갈등이 격화됨</u>
려와 둘 사이에 끼어들었다. 개시도 안 한 술집에서 웬 행패냐고

주모가 다그쳤다.

- 김원일, 〈도요새에 관한 명상〉 -

* 미터글라스: 유리 용기에 눈금을 새긴 액체의 부피 측정 기구.
* 공한지(空閑地): 농사를 지을 수 있는데도 아무것도 심지 않고 놀리는 땅.
* 일등호답(一等好畓): 물을 대기가 좋아 농사짓기에 좋은 논.
* 공단(工團): '공업 단지'를 줄여 이르는 말.
* 폐농(廢農): 농사를 그만둠.
* 가처분(假處分): 민사 소송법에서, 금전 채권이 아닌 청구권에 대한 집행을 보전
  하거나 권리 관계의 다툼에 대하여 임시적인 지위를 정하기 위하여 법원이 행하
  는 일시적인 명령.
* 소장(訴狀): 소송을 제기하기 위하여 제일심 법원에 제출하는 서류.
* 촌무지렁이(村무지렁이): 촌에 살아 세상 물정과 이치에 어둡고 어리석은 사람
  이라는 뜻으로, 시골 사람을 낮잡아 이르는 말.
* 수수방관하다(袖手傍觀하다): 간섭하거나 거들지 아니하고 그대로 버려두다.
* 생경하다(生硬하다): 익숙하지 않아 어색하다.
* 수출입국(輸出立國): 수출로 국가를 번영시킨다는 뜻으로, 1970년대 국가에서
  추진했던 수출 주도형 산업화 전략.
* 지엔피: GNP. 한 나라에서 일정 기간 동안 생산된 재화와 서비스의 총량을 시
  장 가격으로 평가한 총액. 그 나라의 경제 규모를 재는 척도.
* 촌로(村老): 시골에 사는 늙은이.
* 해소병(해수병(咳嗽病)): 기침을 심하게 하는 병.
* 말코: 변변치 못한 사람.
* 치다: 적은 분량의 액체를 따르거나 가루 따위를 뿌려서 넣다.
* 꺾다: 술을 마시다.
* 호구(糊口): 입에 풀칠을 한다는 뜻으로, 겨우 끼니를 이어 감을 이르는 말.
* 희귀조(稀貴鳥): 드물어서 매우 귀한 새.
* 숫제: 처음부터 차라리. 또는 아예 전적으로.

01 세부 내용 이해하기 답 | ③

윗글의 인물에 대한 설명으로 적절하지 <u>않은</u> 것은?

정답 선지 분석

③ 병식은 자신의 잘못을 인정함으로써 갈등 상황에서 벗어나려 하고 있다.

병식은 새를 독살했느냐는 병국의 물음에 '그게 뭘 어쨌다는 거야?'라고 대수롭지 않
게 답하며 자신에게 분노하는 병국에게 술잔을 내민다. 이는 자신의 잘못을 인정함으
로써 갈등 상황에서 벗어나려 하는 것이 아닌, 새를 독살한 자신의 행위를 대수롭지 않
게 생각하기 때문에 보인 반응이다.

오답 선지 분석

① 병국은 희귀조 멸종이 인간의 책임이라고 생각한다.

병국은 돈을 벌기 위해 새를 독살하는 병식에게 '희귀조가 계속 멸종'된다면서, '인간
이 새로운 새를 창조해 낼 수는 없'다고 말하고 있다. 따라서 병국은 희귀조의 멸종이
인간의 책임이라고 생각하고 있음을 알 수 있다.

② 병국은 이전과 다르게 변해버린 고향의 모습을 보며 안타까움을 느낀다.

병국은 황폐화된 땅을 바라보며, 자신이 '중학을 졸업하던 해까지 이 들녘은 일등호답
이었다'고 하며 과거 농촌의 풍요로운 모습을 떠올리고 있다. 따라서 병국은 이전과 다
르게 변해버린 고향의 모습을 보며 안타까움을 느끼고 있음을 알 수 있다.

④ 병식은 병국의 논리에 대한 한계를 지적하며 자신의 행동을 정당화하고 있다.

'이 지구상에는 삼십 억이 넘는 새들이' 산다면서, 자신이 그중 오십 마리쯤 죽이는 것
이 문제가 되냐고 묻고, 그렇다면 참새구이를 없애고 가축인 닭도 해방시켜야 한다고
주장한다. 이는 병국의 논리에 대한 한계를 지적하며 새를 밀렵한 자신의 행동을 정당
화하는 것이라고 볼 수 있다.

⑤ 임 영감은 석교 마을이 변하게 된 원인을 공업 단지가 들어섰기 때문이라고
생각한다.

임 영감은, '이곳도 참 많이 변했'다는 병국의 말에 '공업 단지가 들어서고'부터 마을이 변
했다고 말하고 있으므로 석교 마을이 변화한 원인을 공업 단지로 보고 있음을 알 수 있다.

02 서술상의 특징 파악하기 답 | ③

[A], [B]에 대한 설명으로 적절한 것은?

정답 선지 분석

③ [A]에서는 산업화로 인해 황폐화된 농촌의 모습을, [B]에서는 새에 대한 병식
의 가치관을 파악할 수 있다.

[A]에서는 임 영감의 서술을 통해 황폐화된 농촌의 모습을, [B]에서는 병국과 병식의
대화를 통해 새에 대한 병국과 병식의 상반된 가치관을 파악할 수 있다.

오답 선지 분석

① [A]에서는 고향에 얽힌 병국의 추억을, [B]에서는 병국과 병식이 나눴던 과거
대화를 제시하고 있다.

[A]에서 병국은 고향을 바라보며 자신이 중학교 때까지만 해도 이곳이 일등호답이었으
며, '가을이면 알곡을 매단 볏대가 가을바람에 일렁였'다고 서술하고 있으므로 적절하
지만, [B]에서 병국과 병식이 나눴던 과거 대화를 제시하고 있지는 않다.

② [A]에서는 임 영감의 자식에 대한 사랑을, [B]에서는 병국과 병식의 형제간의
우애를 확인할 수 있다.

[A]에서는 임 영감의 자녀들에 대한 근황을 통해 황폐화된 농촌의 모습을 알 수 있으
며, [B]에서는 형제간의 우애가 아닌 새로 인한 형제간의 갈등을 확인할 수 있다.

④ [A]에서는 임 영감의 외양 묘사를 통해, [B]에서는 병식의 대사를 통해 인물
의 성격을 간접적으로 드러내고 있다.

[B]에서 새를 독살했냐는 병국의 질문에 '그게 뭘 어쨌다는 거야?'라고 응수한 것과,
'날아다니는 새 잡아 박제해서 호구 잇는 건 죄가 되구, 돈 많은 놈 허가 낸 사냥총으로
새를 잡아 영양 보충하는 건 죄가 안 된다 이 말씀이야?'와 같은 대사를 통해 생명보다
물질적 가치를 더 중시하는 병식의 성격을 알 수 있으나, [A]에서는 임 영감의 외양 묘
사가 드러나 있지 않으므로 적절하지 않다.

⑤ [A]에서는 환경을 지키려는 병국의 노력을, [B]에서는 새 죽음의 원인을 밝히
려는 병식의 노력을 확인할 수 있다.

[A]에서는 황폐화된 농촌에 대한 병국의 안타까움을, [B]에서는 새 죽음의 원인을 밝
히려는 병국의 노력을 확인할 수 있으므로 적절하지 않다.

03 외적 준거를 참고하여 작품 이해하기

답 | ③

〈보기〉를 참고하여 윗글을 감상한 내용으로 적절하지 않은 것은?

보기

병국에게 '새'는 자기 자신의 모습을 투영하는 소재다. 병국은 도요새를 비롯한 새들이 환경 오염과 물질 만능주의로 인해 사라져 가는 안타까운 현실이, 자신이 꿈꾸어 오던 이상이 현실적 제약에 의해 좌절된 상황과 동일하다고 여긴다. 그래서 새 보호에 온 힘을 다하고, 새의 죽음의 원인을 밝히기 위해 모든 위험을 감수하는 것이다.

정답 선지 분석

③ '참새구이'와 '닭'은 현실적 제약에 의해 이상이 좌절된 상황을 드러내는 것으로, 병국이 위험을 감수하고 되찾고자 하는 것이다.

'참새구이'와 '닭'은 병국의 논리에 대해 병식이 반박하고자 든 예시로, 현실적 제약에 의해 이상이 좌절된 상황으로 볼 수 없으며, 병국이 되찾고자 하는 것으로 볼 수도 없다.

오답 선지 분석

① '석교천 물을 떠' '미터글라스'에 넣는 것은 강 수질 오염의 원인을 찾기 위한 것으로, 새를 보호하기 위한 병국의 행동에 해당한다.

'석교천 물을 떠' '미터글라스'에 넣는 것은 동진강 하구의 수질 오염을 밝히기 위한 병국의 행동으로, 환경 오염 문제를 해결하기 위한 것이다. 〈보기〉에서 병국은 새들이 환경 오염으로 인해 사라져 가는 안타까운 현실을 보고, 새를 보호하기 위해 온 힘을 다한다고 하였으므로 적절하다.

② 병식이 '호구'를 잇기 위해 '새'를 '잡아 박제'하는 것은 병국이 목격한, 새가 사라져 가는 안타까운 현실을 의미한다.

병국은 새를 왜 독살했냐는 병국의 물음에, '날아다니는 새'를 '잡아 박제해서 호구'를 이었다고 진술했다. 이는 새가 사라져 가는 현실을 드러낸 것으로 볼 수 있다. 〈보기〉에 따르면 병국은 환경 오염과 물질 만능주의로 새가 사라져 가는 안타까운 현실을 보았다고 하였으므로 적절하다.

④ 병국이 '박제하는 놈'의 정체를 알려 하는 것은 새의 죽음의 원인을 밝히기 위한 것으로, 좌절된 이상을 되찾기 위한 행동이라 볼 수 있다.

병국이 병식에게 새를 독살하는 사람의 이름을 대라고 하는 것은 새가 죽은 원인을 찾고자 하는 것이며, 〈보기〉에서 병국은 자신이 꿈꾸던 이상을 지키기 위해 새 보호에 온 힘을 다 하고 있다 하였으므로 적절하다.

⑤ 병국이 '멱살을 틀어쥐'고 병식과 대립하는 것은 새에 대한 상반된 가치관의 충돌로 인한 것으로 볼 수 있다.

병국이 병식에 말을 듣고 '멱살을 틀어쥐'는 것은 병국의 말에 대한 병식의 반박에 분노하였기 때문이다. 이는 새에 대한 병국과 병식의 가치관 차이에서 기인한 충돌로 볼 수 있다.

04 소재의 의미 파악하기

다음에서 설명하고 있는 단어를 윗글에서 찾아 2어절로 쓰시오.

- 병국과 병식이 마주친 장소
- 병국으로 하여금 병식이 새를 독살했다고 의심하게 되는 장소

정답

석교천 방죽

| 본문 | 129쪽

| 작문 | 그린워싱

[그린워싱의 예시]

• 작문 상황

지역 신문의 독자 기고란에 그린워싱과 관련해 주장하는 글을
                                  글의 중심 소재
쓰려고 함.

• 학생의 초고

최근 친환경 제품에 대한 소비자의 관심이 높아지면서 친환경
               그린워싱의 증가 배경
제품 소비가 활성화되고 있는데 이 과정에서 그린워싱이 증가하

고 있다. '그린워싱(greenwashing)'이란 기업이 소비자로 하여

금 제품이나 제품 생산 과정 등을 친환경적인 것으로 오해하도록

하는 경우를 말한다. 이는 소비자가 정확한 정보를 제공받을 권
      그린워싱의 개념
리를 침해하고, 친환경 제품 생산 업체에 피해를 주어 친환경 제
        그린워싱의 문제점 ①
품 시장의 공정한 경쟁 질서를 저해할 수 있다.
       그린워싱의 문제점 ②

그린워싱이 증가하는 원인은 무엇일까? 우선 기업이 환경 문제에

대한 소비자의 관심을 단순히 마케팅의 수단으로 이용하기 때문
          그린워싱의 증가 원인 ①-기업의 측면
이다. 더불어 제도적 측면에서 친환경을 평가할 수 있는 법률적

기준이 빠르게 변화하는 시장 상황에 대처할 수 있을 정도로 구
          그린워싱의 증가 원인 ②-제도적 측면
체화되어 마련되지 않았기 때문이다. 또한 소비자는「친환경적인

소비에 관심은 있으나 상대적으로 환경마크를 비롯한 친환경 제

품과 관련된 정보에 대해 잘 알지 못해 친환경 제품을 제대로 선

별하여 구매하지 못하는 경우가 많기 때문」이다.
「 」: 그린워싱의 증가 원인 ③-소비자의 측면
그린워싱을 해결하기 위해서는 무엇보다 기업은 기업 윤리를

재정립하고 소비자가 환경과 관련된 제품 정보를 오해하지 않도
          그린워싱의 해결 방안 ①-기업의 측면
록 정보를 투명하게 공개해야 한다. 정부는 시장 상황을 고려해

친환경과 관련된 법률적 기준을 보완함으로써 소비자들이 그린
          그린워싱의 해결 방안 ②-제도적 측면
워싱을 명확히 인식할 수 있도록 지원해야 한다. 소비자는 그린

워싱 여부를 판단할 수 있도록 친환경 제품에 대한 정확한 정보
          그린워싱의 해결 방안 ③-소비자의 측면
를 찾아보는 태도를 지녀야 한다.

```
    ┌ 기업 성장과 발전은 국가 경제를 이끌어 가는 원동력이다.
    │
[A] │「그린워싱은 소비자를 기만하는 행위이다. 그러므로 사회 구
    │ 「 」: 글의 내용을 요약하고 주제를 강조하며 글을 마무리함
    └ 성원 모두가 협력하여 그린워싱을 해결해야 한다.」
```

01   글쓰기 계획의 반영 여부 파악하기   답 | ①

**다음은 초고를 작성하기 전에 학생이 떠올린 생각이다. ⓐ~ⓔ 중 학생의
초고에 반영되지 않은 것은?**

> • 공정한 경쟁 질서에 대한 소비자와 기업의 입장을 대조하여 제시해야
>   겠어. ·· ⓐ
> • 문답의 방식을 활용해 그린워싱의 증가 원인을 제시해야겠어. ······ ⓑ
> • 예상 독자의 이해를 돕기 위해 그린워싱의 개념을 제시해야겠어. ·· ⓒ
> • 그린워싱이 미치는 부정적인 영향을 소비자와 생산 업체의 측면에서
>   제시해야겠어. ·· ⓓ
> • 그린워싱의 해결 방안을 기업, 정부, 소비자의 측면으로 나누어 체계
>   적으로 제시해야겠어. ··· ⓔ

정답 선지 분석

① ⓐ

공정한 경쟁 질서에 대한 소비자와 기업의 입장을 대조하여 제시하지 않으므로 적절하
지 않다.

오답 선지 분석

② ⓑ

2문단에서 '그린워싱이 증가하는~많기 때문이다.'라고 문답의 방식을 활용해서 그린
워싱의 증가 원인을 제시하고 있으므로 적절하다.

③ ⓒ

1문단에서 지역 신문의 독자라는 예상 독자의 이해를 돕기 위해 '그린워싱이란 기업
이~경우를 말한다.'라고 개념을 제시했으므로 적절하다.

④ ⓓ

1문단에서 '이는 소비자가 정확한 정보를 제공 받을 권리를 침해하고, 친환경 제품 생
산 업체에 피해를' 준다는 것에서 그린워싱이 미치는 부정적인 영향을 소비자와 생산
업체의 측면에서 제시했으므로 적절하다.

⑤ ⓔ

3문단에서 '기업은~공개해야 한다.', '정부는~지원해야 한다.', '소비자는~지녀야 한
다.'라고 해결 방안을 기업, 정부, 소비자의 측면으로 나누어 체계적으로 제시하고 있
으므로 적절하다.

보기는 [A]를 쓴 학생이 친구에게 보낸 이메일이다. ㉠에 들어갈 내용으로 가장 적절한 것은?

보기

네가 준 의견 중 (㉠)해 보라는 말을 고려해 초고의 마지막 문단을 아래와 같이 수정해 봤어. 확인해 줄래?

> 그린워싱은 소비자를 기만하는 행위이다. 그러므로 사회구성원 모두가 협력하여 그린워싱을 해결해야 한다. 그린워싱을 해결하면 사회가 지향하는 친환경적 가치를 실현할 수 있을 것이다.

정답 선지 분석

① 기업 성장과 발전의 의의는 삭제하고, 그린워싱 해결의 의의는 추가
〈보기〉에서 [A]에 있던 '기업 성장과~이끌어 가는 원동력이다.'라는 기업 성장과 발전의 의의에 대한 서술이 삭제되었으므로 적절하다. 그리고 [A]에는 그린워싱 해결의 의의가 언급되지 않았는데, 〈보기〉에서 '그린워싱을 해결하면~실현할 수 있을 것이다.'가 추가되었으므로 적절하다.

오답 선지 분석

② 기업 성장과 발전의 의의는 삭제하고, 환경 문제가 인간에게 미치는 영향은 추가
[A]와 〈보기〉 모두 환경 문제가 인간에게 미치는 영향에 대한 내용을 찾을 수 없으므로 적절하지 않다.

③ 기업 성장과 발전의 의의는 삭제하고, 그린워싱 해결을 위한 경제적 지원 방안은 추가
[A]와 〈보기〉 모두 그린워싱 해결을 위해 '사회 구성원 모두가 협력'해야 한다는 내용을 언급할 뿐, 그린워싱 해결을 위한 경제적 지원 방안에 대한 내용은 찾을 수 없으므로 적절하지 않다.

④ 친환경 기업이 지켜야 할 윤리적 가치는 삭제하고, 그린워싱 해결의 의의는 추가
〈보기〉에서 '그린워싱을 해결하면 사회가 지향하는 친환경적 가치를 실현할 수 있을 것이다.'를 통해 그린워싱 해결의 의의에 대한 내용이 언급된 것은 맞으나, [A]에서 친환경 기업이 지켜야 할 윤리적 가치에 대한 내용이 언급되어 있지 않으므로 적절하지 않다.

⑤ 친환경 기업이 지켜야 할 윤리적 가치는 삭제하고, 그린워싱 해결을 위한 경제적 지원 방안은 추가
[A]와 〈보기〉 모두 그린워싱 해결을 위한 경제적 지원 방안에 대한 언급을 찾을 수 없으므로 적절하지 않다.

03　글쓰기 내용 이해하기

빈칸에 들어갈 말로 적절한 것을 골라 차례대로 쓰시오.

> 윗글은 그린워싱의 해결 방안을 세 가지 측면으로 나누어 제시하고 있는데, (기업 / 소비자)의 경우 그린워싱 여부를 판단할 수 있도록 (친환경 / 일회용) 제품에 대한 정확한 정보를 찾아보는 태도를 지닐 것을 주장하고 있다.

정답

소비자, 친환경

독서　유럽의 절대왕정

빠른 정답 체크　01 ②　02 ⑤　03 ①　04 프랑스 혁명

　11세기 유럽은 주종관계*와 장원제를 바탕으로 한 봉건 사회였다. 봉건적 생산 양식을 바탕으로 한 봉건제는 영주와 농노*를 기본계급으로 하였는데, 이때 『영토를 소유한 영주는 봉건 귀족의 신분으로 자체적으로 기사를 양성해 군사력을 보유했으며 자신의 영토에 사는 농노에게는 각종 노역을 시키고 수확물을 걷었다.』 이에 따라 영주는 자신의 영토, 즉 장원에서 왕과 같은 권력을 누렸다. 그러나 <u>도시와 상업의 발달로 화폐가 널리 사용되고</u>, <u>흑사병이 유행하자 농노의 노동력이 부족해지며</u> 봉건제가 쇠퇴하기 시작하였다. 또한 <u>르네상스 운동의 부흥으로</u> 인간 중심적 사상과 상업과 교역 활동이 발달하게 되었으며 교통의 요지, 특히 해상무역의 거점인 항구 지역에서 큰 도시들이 성장했다. 이에 따라 상대적으로 땅과 농노에 기반한 봉건 귀족들의 힘은 약화될 수밖에 없었다.
　『』: 봉건제의 특징
　봉건제의 쇠퇴 원인 ①
　봉건제의 쇠퇴 원인 ②
　봉건제의 쇠퇴 원인 ③
　　　　　　　　　　　　　　▶ 1문단: 봉건제의 특징과 쇠퇴

　이와 더불어 로마 가톨릭 교회의 쇄신*을 요구하며 일어난 <u>종교개혁 운동으로 교회가 구교와 신교로 나뉘면서 30년 전쟁과 같은 종교전쟁이 일어나는 등</u> 혼란이 극심했다. 이러한 상황에서 <u>국왕은 봉건 귀족과 교회가 행사하던 정치 권력을 흡수</u>하면서 왕권을 점차 강화해 나갔고, 이에 군주가 강력한 권한을 행사하는 절대왕정이 등장했다. 절대왕정은 군주가 자기 영토 내에서 그야말로 '절대적인' 권한을 행사하는 정치 지배 체제를 말하며, 이러한 시대를 절대주의 시대라 한다. 절대왕정에서 『군주는 군대를 지휘하는 군 통수권, 법을 만들어 시행하는 사법권, 정책을 집행하는 행정권, 세금을 걷어 재정을 만드는 조세 징수권 등의 핵심적인 정치 권력을 모두 갖고 자유롭게 행사했다.』 군주의 권력은 누구에게도 나누어 줄 수 없으며, <u>법의 제약 또한 받지 않았다.</u>
　봉건제의 쇠퇴 원인 ④
　절대왕정의 등장 배경
　『』: 절대왕정에서 군주의 권한 ①
　절대왕정에서 군주의 권한 ②　　　▶ 2문단: 절대왕정의 등장과 개념

　절대왕정의 정당성을 뒷받침한 건 바로 왕권신수설이었다. 왕권신수설은 『군주는 신의 대리인이며 왕권은 신에게서 받은 권한이기 때문에 오직 왕만이 강력한 힘을 발휘할 수 있다는 논리로써』, 절대주의 시대 군주들은 <u>여러 장엄한 의식을 통해 자신</u>을 거의 신과 같은 존재로 만들며 초인적*인 이미지를 구축했다. 또한 <u>자신의 명령을 효율적으로 실행할 수 있는 관료제와 언제든 동원할 수 있는 상비군</u>을 통해 국가를 다스렸다. 관료제와 상
　절대왕정에서 군주가 강력한 권한을 행사할 수 있는 근거
　『』: 왕권신수설의 내용
　절대왕정의 특징 ①
　절대왕정의 특징 ②

비군을 유지하기 위해 절대 군주는 막대한 비용이 필요했는데, 이에 조세* 제도를 정비하였으며 수출을 장려하고* 관세를 높여 수입을 줄이는 중상주의 정책을 실시하였다. <u>수출을 장려하고* 관세를 높여 수입을 줄이는</u> 중상주의 정책의 개념 이와 더불어 신대륙의 식민지 건설을 지원함으로써 국가의 경제력을 늘리고자 하였다. 이에 따라 상공 시민 계층은 절대 군주에게 재정을 지원하는 대신 상공업 활동을 보호받음으로써 더욱 성장하였다. 이처럼 봉건제의 쇠퇴로 인한 절대왕정은 18세기 프랑스 혁명 이전까지 지속되었다.

▶ 3문단: 절대왕정의 특징

* **주종관계(主從關係)**: 주인과 부하의 관계.
* **농노(農奴)**: 중세 봉건 사회에서, 봉건 영주에게 예속된 농민.
* **쇄신(刷新)**: 그릇된 것이나 묵은 것을 버리고 새롭게 함.
* **초인적(超人的)**: 보통 사람으로는 생각할 수 없을 만큼 뛰어난 것.
* **조세(租稅)**: 국가 또는 지방 공공 단체가 필요한 경비로 사용하기 위하여 국민이나 주민으로부터 강제로 거두어들이는 금전.
* **장려하다(獎勵하다)**: 좋은 일에 힘쓰도록 북돋아 주다.

01 내용 전개 방식 파악하기   답 | ②

윗글의 내용 전개 방식으로 적절한 것은?

정답 선지 분석

② 중심 소재가 확립된 배경과 그 특징을 서술하고 있다.

1문단에서 봉건제의 쇠퇴 원인을 제시하고, 2~3문단에서 봉건제가 쇠퇴하면서 등장한 절대왕정의 특징을 서술하고 있다.

오답 선지 분석

① 중심 소재의 문제점과 해결책을 서술하고 있다.

윗글은 절대왕정의 문제점과 그 해결책을 서술하고 있지 않다.

③ 중심 소재의 개념을 비슷한 사례에 빗대어 서술하고 있다.

윗글에서는 중심 소재인 절대왕정의 개념을 비슷한 사례에 빗대어 서술하고 있지 않다.

④ 중심 소재와 대조되는 소재의 역사적 의의를 서술하고 있다.

윗글의 3문단에서 절대왕정의 의의를 서술하고 있다고 볼 수 있으나, 이와 대조되는 소재인 봉건제의 역사적 의의에 대해서는 찾아볼 수 없다.

⑤ 중심 소재의 변천과 몰락 과정을 시간의 흐름에 따라 서술하고 있다.

윗글에서는 절대왕정의 등장 과정을 시간의 흐름에 따라 서술할 뿐, 몰락 과정까지 서술하지는 않았다.

02 세부 내용 파악하기   답 | ⑤

윗글에 대한 반응으로 적절하지 않은 것은?

정답 선지 분석

⑤ 중상주의 정책은 봉건 귀족과 상공 시민 계층 모두에게 환영받는 정책이었군.

3문단에 따르면 중상주의 정책은 상공업을 육성하고 수출을 장려하는 정책으로, 상공 시민 계층은 군주에게 재정을 지원하는 대신 상공업 활동을 보호받음으로써 더욱 성장하였다. 그러나 봉건 귀족들의 반응이 어떠했는지는 윗글에서 언급되지 않았다.

오답 선지 분석

① 절대왕정보다 봉건 사회에서 영주의 권한이 강했군.

1문단에 따르면 봉건 사회에서 영주는 장원에서 왕과 같은 권력을 누렸으나, 3문단에서 혼란이 극심했던 시기 국왕이 봉건 귀족과 교회가 행사하던 정치 권력을 흡수함으로써 절대왕정이 등장하였다고 하였으므로 영주의 권력은 절대왕정보다 봉건 사회에서 더욱 강했다고 볼 수 있다.

② 로마 가톨릭 교회의 폐단은 종교개혁의 원인이 되었군.

2문단에 따르면 종교개혁 운동은 로마 가톨릭 교회의 쇄신을 요구하며 일어났다고 하였으므로 로마 가톨릭 교회의 폐단이 종교개혁의 원인이 되었다고 볼 수 있다.

③ 관료제와 상비군은 절대왕정을 공고히 하는 수단 중 하나였군.

3문단에 따르면 관료제는 군주의 명령을 효율적으로 실행하게 하며, 상비군은 군주의 명령이면 언제든 동원될 수 있는 군대이므로 이를 통해 절대왕정이 유지되었다고 볼 수 있다.

④ 절대왕정은 군주가 영주의 영토와 군사력을 흡수함으로써 등장하였군.

1문단에서 영주는 봉건 귀족의 신분으로 자체적으로 기사를 양성해 군사를 보유했으며, 자신의 영토에서 왕과 같은 권력을 누렸다고 하였다. 그리고 2문단에서 혼란이 극심했던 시기 국왕이 봉건 귀족과 교회가 행사하던 정치 권력을 흡수함으로써 절대왕정이 등장하였다고 하였으므로 적절하다.

03 구체적 사례에 적용하기   답 | ①

윗글을 참고하여 보기 를 이해한 내용으로 적절하지 않은 것은?

보기

국왕의 대관식은 축성식이라고도 불렸는데, 프랑스의 경우 랭스라는 도시의 대성당에서 열렸다. 예비 국왕이 즉위 선서를 하면 왕관, 칼, 왕홀 등을 포함해 국왕의 권력을 상징하는 물건 일곱 가지를 받았다. 이어서 성스러운 기름인 성유가 머리에 부어지면 비로소 국왕으로 정식 선포되었다.

당시 사람들은 성유로 세례를 받은 왕에게는 치유 능력이 있다고 믿었다. 마치 예수 그리스도가 병자들을 치유하는 능력을 가졌던 것처럼 국왕의 손길로도 병이 치유된다고 믿은 것이다. 대관식이 끝난 후 국왕이 치유 의식을 행하면 구름 같은 인파가 몰렸고 루이 15세의 치유 의식에는 2000명이 넘게 모였다.

정답 선지 분석

① 〈보기〉는 30년 전쟁과 같은 극심한 혼란을 야기했다.

2문단에 따르면 30년 전쟁은 로마 가톨릭 교회가 구교와 신교로 나뉘어 대립하면서 일어난 종교전쟁으로, 이는 절대왕정의 등장 배경이 되었으므로 적절하지 않다.

오답 선지 분석

② 〈보기〉는 절대왕정의 정당성을 뒷받침하기 위한 의식이다.

5문단에 따르면 절대주의 시대 군주들은 절대왕정의 정당성을 뒷받침하는 왕권신수설을 바탕으로 여러 장엄한 의식을 통해 자신을 거의 신과 같은 존재로 만들었으므로 적절하다.

③ 〈보기〉는 왕을 초인적인 존재로 보이기 위해 행하는 것이다.

절대주의 시대 군주들은 장엄한 의식을 통해 자신을 거의 신과 같은 존재로 만들며 초인적인 이미지로 구축했다고 하였고, 〈보기〉의 축성식은 왕을 신과 같은 존재로 보이게 하기 위해 치러진 의식이라 볼 수 있으므로 적절하다.

④ 〈보기〉에서 성유를 머리에 붓는 것은 군주가 신의 대리인임을 나타내는 것이다.

〈보기〉에서 국왕은 성스러운 기름인 성유가 머리에 부어지면 비로소 국왕으로 정식 선포된다 하였고, 왕권신수설에 따르면 국왕은 신의 대리인이므로 적절하다.

⑤ 〈보기〉에서 일곱 가지 물건은 군 통수권, 사법권, 행정권, 조세 징수권 등을 나타낸다.

2문단에 따르면 군주는 군 통수권, 사법권, 행정권, 조세 징수권 등의 핵심적인 정치 권력을 모두 갖고 자유롭게 행사하였다. 〈보기〉에서 국왕이 받은 왕관, 칼, 왕홀 등은 국왕의 권력을 상징한다 하였으므로 적절하다.

04 세부 내용 파악하기

윗글에서 알 수 있는, 절대왕정의 쇠퇴 원인으로 적절한 것을 찾아 2어절로 쓰시오.

정답

프랑스 혁명

문학 1   산에 언덕에(신동엽)

빠른 정답 체크   01 ①   02 ②   03 ④   04 그, 행인

○ : 4·19 혁명으로 희생된 사람들
그리운 ⑦의 얼굴 다시 찾을 수 없어도 ┐
　그리움, 추모의 대상　　'그'의 부재 확인 ①　│ 유사한 문장 구조 반복
화사한 그의 꽃　　　　　　　　　　　　│　(1, 2, 5연)
　부활한 '그'의 화신 – 민주주의에 대한 의지
산에 언덕에 피어날지어이. ┘
〜 : 조국(대유법)　□ : 동일한 종결 어미의 반복 – 화자의 믿음 강조
　　　　　　　　　　　　▶ 그가 화사한 꽃으로 부활할 것을 소망함
　　자유와 정의의 외침
그리운 그의 노래 다시 들을 수 없어도
　　　　　　　　'그'의 부재 확인 ②
맑은 그 숨결
　'그'의 정신
들에 숲속에 살아갈지어이.
　　　　　　　　　　　　▶ 그가 맑은 숨결로 살아갈 것을 소망함

쓸쓸한 마음으로 들길 더듬는 행인아.
　'그'에 대한 그리움　　　　▶ 그의 죽음을 슬퍼하는 행인

┌ 눈길 비었거든 바람 담을지네.
[A] '그'를 찾는 시선에 그가 보이지 않거든　│ 연쇄법, 대구법
└ 바람 비었거든 인정 담을지네.
　　　'그'가 남긴 뜻
　　　　　　　　　　　　▶ 행인에 대한 위로

그리운 그의 모습 다시 찾을 수 없어도
　　　　　　　'그'의 부재 확인 ③
『울고 간 그의 영혼』 : 그의 죽음이 헛되지 않게 새로운
　'그'의 비극적인 삶　　　세상이 올 것임을 확신
들에 언덕에 피어날지어이.
　　　　　　　　　▶ 그의 소망이 실현될 것이라는 확신
　　　　　　　　　　　　 – 신동엽, 〈산에 언덕에〉 –

01 표현상의 특징 이해하기   답 | ①

윗글에 대한 설명으로 적절하지 <u>않은</u> 것은?

정답 선지 분석

① 의인법을 활용하여 화자의 소망을 드러내고 있다.

윗글에서 '그'는 사물을 사람처럼 표현한 것이 아닌, 안타까운 죽음을 맞이한 사람을 의미하므로 적절하지 않다.

오답 선지 분석

② 유사한 문장 구조의 반복과 변주로 운율감을 부여하고 있다.

윗글의 1연에서는 '그리운 그의 얼굴 다시 찾을 수 없어도~피어날지어이', 2연에서는 '그리운 그의 노래 다시 들을 수 없어도~살아갈지어이'와 같이 유사한 문장 구조를 반복 또는 변주함으로써 그리운 '그'가 부활하기를 소망하고 있으므로 적절하다.

③ 동일한 종결 어미의 반복을 통해 화자의 의지를 강조하고 있다.

윗글은 '-ㄹ지어이'의 반복을 통해 운율을 형성하며, '그'의 부활에 대한 화자의 소망을 강조하고 있다.

④ 상징적 의미를 가진 시어를 통해 작품의 주제를 형상화하고 있다.

윗글에서는 다시 찾을 수 없는 '그의 얼굴'이 '꽃'이 되어 '산에 언덕에 피어날' 것이며, 다시 들을 수 없는 '그의 노래'가 '숨결'이 되어 '들에 숲속에 살아갈' 것이라고 하는 등 '그'의 부활을 상징하는 시어를 통해 그리운 '그'가 다시 부활하기를 바라고 있다.

⑤ 첫 연과 마지막 연을 유사하게 설정하여 작품에 안정감을 부여하고 있다.

윗글은 첫 연과 마지막 연이 비슷한 형태를 띠는 수미상관의 구조를 통해 작품에 안정감을 부여하고 있다.

02 표현상의 특징 파악하기   답 | ②

[A]에 쓰인 두 표현법이 모두 나타난 작품으로 적절한 것은?

정답 선지 분석

② 고인도 날 못 보고 나도 고인 못 봐 / 고인을 못 봐도 가던 길 앞에 있네
　　　　　　　　　　　　　　　　　　 – 이황, 〈도산십이곡〉

'눈길 비었거든 바람 담을지네 / 바람 비었거든 인정 담을지네'에서는 앞 구절의 끝말을 다시 뒤 구절에 놓는 연쇄법, 가락이 비슷한 어구를 나란히 놓아 운율을 형성하는 대구법이 활용되었다. '고인도 날 못 보고 나도 고인 못 봐'에서는 대구법이, '고인을 못 봐도 가던 길 앞에 있네'에서는 앞 구절에서 등장한 '고인'이 뒤에 반복되고 있으므로 연쇄법이 활용되었음을 알 수 있다.

오답 선지 분석

① 까마귀 눈비 맞아 희는 듯 검노매라 / 야광명월이 이 밤인들 어두우랴
　　　　　　　　　　　　　　　　　　 – 박팽년, 〈까마귀 눈비 맞아〉

연쇄법과 대구법 모두 쓰이지 않았으므로 적절하지 않다.

③ 오백 년 도읍지를 필마로 돌아드니 / 산천은 의구하되 인걸은 간 데 없다
　　　　　　　　　　　　　　　　　　 – 길재, 〈오백 년 도읍지를〉

'산천은 의구하되 인걸은 간 데 없다'를 통해 대구법을 확인할 수 있으나, 연쇄법이 쓰이지 않았으므로 적절하지 않다.

④ 묏버들 가려 꺾어 보내노라 님의 손에 / 자시는 창밖에 심어 두고 보소서
　　　　　　　　　　　　　　　　　　 – 홍랑, 〈묏버들 가려 꺾어〉

연쇄법과 대구법 모두 쓰이지 않았으므로 적절하지 않다.

⑤ 잔 들고 혼자 앉아 먼 산을 바라보니 / 그리던 님이 온들 반가움이 이러하랴
　　　　　　　　　　　　　　　　　　 – 윤선도, 〈만흥〉

연쇄법과 대구법 모두 쓰이지 않았으므로 적절하지 않다.

보기를 바탕으로 윗글을 감상한 내용으로 적절하지 <u>않은</u> 것은?

보기

신동엽의 시는 민족과 역사 현실이 그 배경을 이루고 있다. 윗글이 발표된 1963년은 민주주의를 외치며 독재 정권에 항거하였던 4·19 혁명의 불꽃이 타오르던 시기였다. 경찰과의 충돌 끝에 많은 학생과 시민들이 희생된 이 혁명은 작가가 현실 비판적 의식 속에서 민주주의를 지키고자 하는 참여적인 시를 쓰는 계기가 되었다. 참여 시인으로서 작가는 암담한 현실 상황을 작품에 녹여냈으나, 이러한 현실을 비판하면서도 다가올 미래만은 낙관적으로 바라봤다.

* 항거하다(抗拒하다): 순종하지 아니하고 맞서서 반항하다.

정답 선지 분석

④ '쓸쓸한 마음으로 들길 더듬는 행인'은 '그'와 같이 4·19 혁명으로 인한 희생자들을 의미하겠군.

'쓸쓸한 마음으로 들길 더듬는 행인'은 4·19 혁명으로 죽음을 맞이한 희생자들이 아닌, '그'의 발자취를 좇으며 추모하는 사람으로 볼 수 있으므로 적절하지 않다.

오답 선지 분석

① '다시 찾을 수 없'는 '그의 얼굴'과 '그의 모습'을 그리워 하는 것은 4·19 혁명 희생자에 대한 작가의 안타까움이라 볼 수 있겠군.

〈보기〉를 통해 작가인 신동엽이 많은 학생과 시민들이 희생되었던 4·19 혁명을 계기로 참여적인 시를 쓰게 되었음을 알 수 있다. 따라서 '다시 찾을 수 없'는 '그의 얼굴'과 '그의 모습'은 '그'의 죽음을 의미하며, 이는 4·19 혁명 희생자에 대한 화자의 안타까움으로 볼 수 있다.

② '화사한 그의 꽃'이 '산에 언덕에' 피어나고, '맑은 그 숨결'이 '들에 숲속에' 살아가리라는 표현에는 미래에 대한 작가의 낙관적인 시선이 드러나는군.

〈보기〉에서 화자는 암담한 현실을 비판하면서도 다가올 미래를 낙관적으로 바라보았다고 하였으므로, '그'가 '꽃'이 되어 다시 피어나고, '숨결'이 되어 다시 살아가리라는 것은 다가올 미래에 대한 작가의 낙관적인 시선이라 볼 수 있다.

③ '그'가 부른 '노래'에는 독재 정권에 대항한 '그'의 자유와 정의의 외침이 담겨 있겠군.

〈보기〉를 고려할 때 '그'는 4·19 혁명으로 인한 희생자로, '그의 노래'는 독재 정권에 대항한 자유와 정의의 외침으로 볼 수 있다.

⑤ '그의 영혼'이 '울고 간' 이유는 경찰과의 충돌로 인해 비극적인 죽음을 맞이했기 때문이겠군.

〈보기〉에 따르면 4·19 혁명으로 인해 많은 학생들과 시민들이 희생되었으므로, '그'가 '울고 갔다는 것은 이러한 그의 죽음을 의미한다고 볼 수 있다.

04 시어의 의미 파악하기

㉠, ㉡에 들어갈 시어로 적절한 것을 윗글에서 찾아 차례대로 쓰시오.

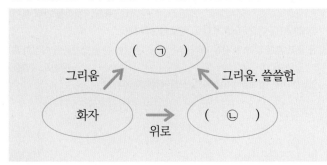

정답

그, 행인

<table>
<tr><td>문학 2</td><td>광문자전(박지원)</td></tr>
</table>

빠른 정답 체크   **01** ③   **02** ②   **03** ②   **04** 밥

<u>광문</u>이라는 자는 거지였다. 일찍이 <u>종루</u>*의 <u>저잣거리</u>*에서 빌
신분이 낮은 거지가 주인공으로 제시됨   공간적 배경이 한양임을 알 수 있음
어먹고 다녔는데, 거지 아이들이 광문을 추대하여 패거리의 우두

머리로 삼고, <u>소굴</u>을 지키게 한 적이 있었다.
    거지들이 지내는 곳
하루는 날이 몹시 차고 눈이 내리는데, 거지 아이들이 다 함께

빌러 나가고 그중 한 아이만이 병이 들어 따라가지 못했다. 조금

뒤 그 아이가 추위에 떨며 거듭 흐느끼는데 그 소리가 몹시 처량

하였다. <u>광문이 너무도 불쌍하여 몸소 나가 밥을 빌어 왔는데,</u> 병
          병든 아이를 불쌍히 여기는 따뜻한 마음씨를 지님
든 아이를 먹이려고 보니 아이는 벌써 죽어 있었다. 거지 아이들

이 돌아와서는 광문이 그 애를 죽였다고 의심하여 다 함께 광문

을 두들겨 쫓아내니, 광문이 밤에 엉금엉금 기어서 마을의 어느

집으로 들어가다가 그 집 개를 놀라게 하였다. <u>집주인이 광문을</u>
                광문을 도둑이라 의심하였기 때문에
<u>잡아다 꽁꽁 묶으니,</u> 광문이 외치며 하는 말이,

"나는 <u>날 죽이려는 사람들</u>을 피해 온 것이지 감히 도적질을 하
    광문이 병든 아이를 죽였다고 의심하는 거지 아이들
러 온 것이 아닙니다. 영감님이 믿지 못하신다면 내일 아침에

저자에 나가 알아보십시오."

하는데, 말이 몹시 순박하므로 집주인이 내심 광문이 도적이 아

닌 것을 알고서 새벽녘에 풀어 주었다. 광문이 고맙다는 인사를

하고는, ㉠ <u>떨어진 거적</u>*을 달라 하여 가지고 떠났다. <u>집주인이</u>
          죽은 아이의 시체를 수습하기 위해
끝내 몹시 이상히 여겨 그 뒤를 밟아 멀찍이서 바라보니, 거지 아
도적이 아닌데도 밤중에 남의 집에 들어오게 된 사연이 궁금했기 때문에
이들이 시체 하나를 끌고 <u>수표교</u>*에 와서 그 시체를 다리 밑으로

던져 버리는데,「광문이 숨어 있다가 떨어진 거적으로 그 시체를
          집주인에게 떨어진 거적을 달라 한 이유
싸서 가만히 짊어지고 가, 서쪽 교외 공동묘지에다 묻고서 울다

가 중얼거리다가 하는 것이었다.」「」: 광문의 의로운 성격이 드러남
죽은 아이에 대한 광문의 안타까운 심정
이에 집주인이 광문을 붙들고 사유를 물으니, 광문이 그제야

ⓐ <u>그전에 한 일과 어제 그렇게 된 상황을 낱낱이 고하였다.</u>「집주

인이 내심 광문을 의롭게 여겨, 데리고 집에 돌아와 ㉡ <u>의복</u>을 주

며 후히 대우하였다. 그리고 마침내 광문을 약국을 운영하는 어
        「」: 광문의 의로운 행동에 대한 집주인의 대응
느 부자에게 천거하여* 고용인으로 삼게 하였다.」

오랜 후 어느 날「그 부자가 문을 나서다 말고 자주자주 뒤를 돌아
         「」: 광문이 거지였기 때문에 선입견을 가짐
보다, 도로 다시 방으로 들어가서 ㉢ <u>자물쇠가 걸렸나 안 걸렸나를</u>

살펴본 다음 문을 나서는데, 마음이 몹시 미심쩍은 눈치였다.」얼마

후 돌아와 깜짝 놀라며, 광문을 물끄러미 살펴보면서 ㉣ <u>무슨 말</u>
   돈이 없어진 것을 발견함   돈이 없어진 것과 관련된 말
을 하고자 하다가, 안색이 달라지면서 그만두었다. 광문은 실로

<u>무슨 영문인지 몰라서 날마다 아무 말도 못 하고 지냈는데,</u> 그렇
         자신을 의심하는 부자의 행동에 의아해하면서도 묵묵히 지냄

다고 그만두겠다고 말할 수도 없었다.

『그 후 며칠이 지나, 부자의 처조카가 ㉤ <u>돈</u>을 가지고 와 부자에
『 』: 광문에 대한 부자의 의심이 사라지는 계기가 됨
게 돌려주며,

"얼마 전 제가 아저씨께 돈을 빌리러 왔다가, 마침 아저씨가 계

시지 않아서 제멋대로 방에 들어가 가져갔는데, 아마도 아저씨

는 모르셨을 것입니다."

하는 것이었다. 이에 부자는 광문에게 너무도 <u>부끄러워서</u> 그에게,
　　　　　　　　　　　　　　　　　　광문을 의심했기 때문에

『"나는 ㉥ <u>소인</u>이다. ㉠ <u>장자</u>*의 마음에 상처를 주었으니 나는 앞
『 』: 부자가 자신의 잘못을 인정하고 사과함
으로 너를 볼 낯이 없다."

하고 사죄하였다. 그러고는 『알고 지내는 여러 사람들과 다른 부
　　　　　　　　　　　　　　　　『 』: 광문에 대한 소문이 퍼지게 됨
자와 큰 장사치들에게 광문을 의로운 사람이라고 두루 칭찬을 하

고, 또 여러 종실*의 빈객*들과 공경* 문하*의 측근들에게도 지나

치리만큼 칭찬을 해대니, 공경 문하의 측근들과 종실의 빈객들이

모두 이야깃거리를 만들어 밤이 되면 자기 주인에게 들려주었다.』

그래서 두어 달이 지나는 사이에 사대부들까지도 모두 <u>광문이 옛</u>

<u>날의 훌륭한 사람들과 같다는 이야기</u>를 듣게 되었다. 그 당시에
　　　　　　　　　　　　　　　　광문에 대한 소문이 과장되게 남
서울 안에서는 모두, 전날 광문을 후하게 대우한 집주인이 현명하

여 사람을 알아본 것을 칭송함과 아울러, 약국의 부자를 ◎ <u>장자</u>

라고 더욱 칭찬하였다. (중략)
　　　　　　　　　　　　　　　결혼을 하지 않았음
　광문은 나이 마흔이 넘어서도 ㉣ <u>머리</u>를 땋고 다녔다. 남들이

장가를 가라고 권하면, 하는 말이

『"잘생긴 얼굴은 누구나 좋아하는 법이다. 그러나 사내만 그런
『 』: 광문은 결혼과 이성에 연연하지 않음
　것이 아니라 비록 여자라도 역시 마찬가지다. 그러기에 나는 본
　　　　　　　　광문의 남녀평등 의식-근대적 가치관
　래 못생겨서 아예 용모를 꾸밀 생각을 하지 않는다."

하였다. 남들이 집을 가지라고 권하면,

『"나는 부모도 형제도 처자도 없는데 집을 가져 무엇하리. 더구
『 』: 욕심에 얽매이지 않고 자유롭게 살아가고자 함
　나 나는 아침이면 소리 높여 노래를 부르며 저자에 들어갔다가,

　저물면 ㉢ <u>부귀한 집 문간</u>에서 자는 게 보통인데, 서울 안에 집

　호수가 자그마치 팔만 호다. 내가 날마다 자리를 바꾼다 해도

　내 평생에는 다 못 자게 된다."

하였다.

　서울 안에 명기*들이 아무리 곱고 아름다워도, 광문이 성원해*
　　　　　　　　　　　　　　　　　　광문의 높은 안목을 알 수 있음
주지 않으면 그 값이 한 푼어치도 못 나갔다. 예전에 궁중의 우림

아*, 각 전의 별감*, 부마도위*의 청지기*들이 옷소매를 늘어뜨리

고 운심의 집을 찾아간 적이 있다. 운심은 유명한 기생이었다. 대

청에서 술자리를 벌이고 거문고를 타면서 운심더러 춤을 추라고

재촉해도, <u>운심은 일부러 늑장을 부리며 선뜻 추지 않았다.</u> 광
　　　　　　　자존심 강한 운심의 도도한 태도

문이 밤에 그 집으로 가서 대청 아래에서 어슬렁거리다가, 마침

내 자리에 들어가 스스로 상좌*에 앉았다. 광문이 비록 해진 옷을
　　　　　　　　　　　　　　　　　누추한 행색에도 당당하게 행동함
<u>입었으나 행동에는 조금의 거리낌도 없이 의기가 양양하였다.</u> 눈

가는 짓무르고 눈곱이 끼었으며 취한 척 구역질을 해대고, 헝클

어진 머리로 북상투*를 튼 채였다. 온 좌상이 실색하여* 광문에

게 눈짓을 하며 쫓아내려고 하였다. 광문이 더욱 앞으로 나아가

무릎을 치며 곡조에 맞춰 높으락낮으락 콧노래를 부르자, <u>운심</u>

<u>이 곧바로 일어나 옷을 바꿔 입고 광문을 위하여 칼춤을 한바탕</u>
　　　　　　　　　　　운심은 외모보다는 내면의 가치를 중시함
<u>추었다.</u> 그리하여 온 좌상이 모두 즐겁게 놀았을 뿐 아니라, 또한

광문과 벗을 맺고 헤어졌다.

　　　　　　　　　　　　　　　　　- 박지원, 〈광문자전〉 -

* 종루(鐘樓): 오늘날 종로 네거리에 있는 종각.
* 저잣거리: 가게가 죽 늘어서 있는 거리.
* 거적: 짚을 두툼하게 엮거나, 새끼로 날을 하여 짚으로 쳐서 자리처럼 만든 물건.
* 수표교(水標橋): 조선 세종 때에, 서울의 청계천에 놓은 다리.
* 천거하다(薦擧하다): 어떤 일을 맡아 할 수 있는 사람을 그 자리에 쓰도록 소개하거나 추천하다.
* 장자(長者): 덕망이 뛰어나고 경험이 많아 세상일에 익숙한 어른.
* 종실(宗室): 임금의 친족.
* 빈객(賓客): 귀한 손님.
* 공경(公卿): 삼공과 구경을 아울러 이르는 말. 높은 벼슬아치.
* 문하(門下): 문객이 드나드는 권세가 있는 집.
* 명기(名妓): 이름난 기생.
* 성원하다(聲援하다): 하는 일이 잘되도록 격려하거나 도와주다.
* 우림아(羽林兒): 궁궐의 호위를 맡은 친위 부대 중의 하나인 우림위 소속의 군인들을 말함.
* 별감(別監): 궁중의 각종 행사 및 차비에 참여하고 임금이나 세자가 행차할 때 호위하는 일을 맡아보던 하인.
* 부마도위(駙馬都尉): 임금의 사위에게 주던 칭호.
* 청지기(廳지기): 양반집에서 잡일을 맡아보거나 시중을 들던 사람.
* 상좌(上座): 윗사람이 앉는 자리.
* 북상투: 아무렇게나 막 끌어 올려 짠 상투.
* 실색하다(失色하다): 놀라서 얼굴빛이 달라지다. 간장 따위의 액체를 담아서 옮길 때에 쓰는 그릇.

01　작품의 내용 파악하기　　　　　　　　　답 | ③

윗글에 대한 이해로 적절한 것은?

정답 선지 분석

③ 운심은 노래에 맞춰 콧노래를 부르는 광문을 보고 나서야 비로소 춤을 추었다.

　운심은 '궁중의 우림아, 각 전의 별감, 부마도위의 청지기' 등이 와서 춤을 추라고 재촉하여도 늑장을 부리며 추지 않았으나, 광문이 노래에 맞춰 콧노래를 부르는 모습을 보고서 '옷을 바꿔 입고 광문을 위하여 칼춤을 한바탕 추었다'고 하였으므로 적절하다.

① 광문은 자신을 쫓아낸 거지 아이들을 피해 부자의 집으로 숨어들었다.

광문이 거지 아이들을 피해 숨어든 곳은 부자의 집이 아니다. 부자는 광문이 숨어든 집의 집주인이 소개해준 약국의 주인이다.

② 집주인은 광문의 의로움을 높이 사 광문을 자신의 약국에 고용하고자 하였다.

광문을 약국에 고용한 사람은 집주인이 아닌 부자이다. 집주인은 광문이 약국에서 일할 수 있도록 도와주기만 하였다.

④ 부자의 처조카는 부자로 하여금 광문이 돈을 훔쳐갔다고 생각하도록 일을 꾸몄다.

부자의 처조카는 부자의 돈을 몰래 가져갔을 뿐, 부자가 광문이 돈을 훔쳐갔다고 생각하게 속이지는 않았다. 오히려 자신의 잘못을 부자에게 실토하였다.

⑤ 집주인은 광문이 떨어진 거적을 도적질해 가는 것을 보고 그를 잡아다 추궁하였다.

광문은 떨어진 거적을 도적질한 것이 아닌, 집주인에게 허락을 맡고 가져갔다.

02 소재의 의미 파악하기 답 | ②

㉠~㉨에 대한 설명으로 적절하지 <u>않은</u> 것은?

② ㉢은 부자의 꼼꼼하고 치밀한 성격을 드러내는 소재이며, ㉤은 광문이 부자에게 돌려주고자 한 것이다.

㉢은 자물쇠로, 부자는 집을 나갈 때면 자물쇠가 제대로 걸려 있는지 확인하고 나갔다고 하였으므로 광문에 대한 의심과 선입견을 드러내는 소재이다. ㉤은 광문이 아닌 부자의 처조카가 부자에게 돌려주고자 한 것이다.

① ㉠은 광문이 죽은 아이의 시체를 수습하기 위해 집주인에게 얻은 것이고, ㉡은 광문의 행동에 대한 집주인의 보상이다.

㉠는 떨어진 거적으로, 수표교에 떨어진 죽은 아이의 시체를 감싸기 위해 광문이 집주인으로부터 얻은 것이다. ㉡은 의복으로, 광문의 의로운 행동을 목격한 집주인이 광문에게 감동하여 수여한 것이므로 적절하다.

③ ㉣은 광문에 대한 부자의 의심을 의미하며, ㉥은 광문을 의심한 부자가 자신을 질책하는 말이다.

㉣은 돈이 없어진 것에 대해 부자가 광문에게 추궁하려던 말이며, ㉥은 광문이 돈을 훔쳐갔다고 의심한 자신을 일컫는 말이다.

④ ㉦은 광문을, ㉧은 부자의 덕망을 칭송하는 단어이다.

㉦, ㉧ 모두 장자를 가리키며 이때 ㉦은 부자가 광문의 덕망을, ㉧은 사람들이 광문을 알아본 부자의 현명함을 칭송하는 말이다.

⑤ ㉩은 광문이 결혼하지 않았음을 드러내며, ㉪은 광문이 밤마다 머무는 장소이다.

㉩은 머리로, 머리를 땋고 다녔다는 것은 광문이 결혼하지 않았다는 것을 드러낸다. ㉪은 해가 저물면 광문이 자는 곳이다.

03 외적 준거를 통해 작품 감상하기 답 | ②

보기 를 참고하여 윗글을 감상한 내용으로 적절하지 <u>않은</u> 것은?

광문은 고전 소설에서 흔히 볼 수 있는 인물과 달리 고귀한 혈통을 가지고 태어나거나 비범한 능력을 소유하지 않았으나, 어진 성품으로 주위 사람을 감동시킨다. 작가 박지원은 이러한 인물을 통해 새로운 시대의 인물상을 제시하며, 남녀가 서로 평등하고 신분이나 지위보다는 성실하고 신의 있는 사람이 필요하다는 근대적 가치관을 드러냄으로써 당시 조선 사회를 풍자하고자 하였다.

② 광문의 말에 따라 기생들의 가치가 변하는 것을 통해 허례허식을 중요시하는 당시 사회에 대한 비판적 시각을 드러내는군.

윗글의 '서울 안에 명기들이 아무리 곱고 아름다워도, 광문이 성원해 주지 않으면 그 값이 한 푼어치도 못 나갔다'는 설명은 광문의 높은 안목을 보여주는 것이지, 허례허식을 중요시하는 당시 사회를 비판적으로 바라본 것이라 볼 수는 없다.

① 죽은 거지 아이를 묻어주고, 울어주기까지 하는 광문의 일화를 통해 신의가 중요한 삶의 덕목임을 드러내는군.

광문이 죽은 거지 아이의 시체를 홀로 수습하고, 울어주기까지 하는 것은 광문의 따뜻한 마음씨와 신의를 드러낸다. 이를 통해 신의 있는 사람을 중요시하는 근대적 가치관과, 신의가 중요한 삶의 덕목임을 드러낸다고 볼 수 있다.

③ 여자 또한 사내처럼 잘생긴 얼굴을 좋아한다는 말을 통해 여자 또한 인간으로서 대등한 권리를 지녀야 한다는 의식을 보여 주는군.

장가를 들라는 사람들의 권유에, '잘생긴 얼굴은 누구나 좋아하는 법이다. 그러나 사내만 그런 것이 아니라 비록 여자라도 역시 마찬가지다.'라고 한 광문의 말은 남녀가 대등하다는 작가의 의식을 드러낸다.

④ 욕심 없이 모든 사람과 어울려 지내는 인물을 주인공으로 설정함으로써 가식적이고 권위적인 탐욕에 빠진 양반 계층을 풍자하는군.

〈보기〉에서 신분이나 지위보다는 인물이 바른 사람을 더욱 중요시하는 작가의 가치관을 알 수 있는데, 이러한 인물상을 통해 가식적이고 권위적이었던 당시 양반 계층을 풍자하는 것으로도 볼 수 있다.

⑤ 거지의 신분이지만 어진 인품을 가진 광문을 주인공으로 내세운 것에서 신분이나 지위보다 품성과 인격이 더 중요하다는 근대적 가치관이 드러나는군.

신분이 고귀하고 용모가 아름다운 인물을 주인공으로 삼았던 기존의 소설과 달리, 거지의 신분이지만 어진 인품을 가진 광문을 주인공으로 내세움으로써 성실하고 신의 있는 사람을 더 중요시하는 작가의 근대적 가치관을 알 수 있다.

04 세부 내용 파악하기

빈칸에 들어갈 말로 적절한 것을 윗글에서 찾아 쓰시오.

ⓐ는 광문이 병든 아이를 위해 (   )을/를 빌러 나간 사이에 그 아이가 죽었는데, 자신이 죽인 것으로 오해를 받아 거지 무리에게 두들겨 맞고 무리에서 쫓겨났다는 것이다.

밥

| 본문 | 141쪽

| 문법 | **국어의 시제** |

◀ 빠른 정답 체크 **01** ④ **02** ⑤ **03** 푸르던, 뒤덮였다

국어의 시제는 과거, 현재, 미래가 있는데, 이는 발화시와 사건 ┌국어의 시제를 나누는 기준─┐ 시라는 시점을 기준으로 나눈 것이다. 발화시는 말하는 이가 말 └──발화시의 개념──┘ 하는 시점을 뜻하고, 사건시는 동작이나 상태가 나타나는 시점 └────사건시의 개념────┘ 을 가리킨다. 발화시보다 사건시가 앞서면 '과거 시제', 발화시와 └──발화시〈사건시──┘ 사건시가 일치하면 '현재 시제', 발화시보다 사건시가 나중이면 └발화시=사건시┘ '미래 시제'라고 한다. └발화시〉사건시┘
시제는 다음과 같이 어미나 시간 부사를 통해 실현된다.

시제의 종류 / 문법 요소	과거 시제	현재 시제	미래 시제
선어말 어미	-았-/-었-, -았었-, -었었-, -더-	• 동사: -는-, -ㄴ- • 형용사: 없음	-겠-, -(으)리-
관형사형 어미	• 동사: -(으)ㄴ, -던 • 형용사: -던	• 동사: -는 • 형용사: -(으)ㄴ	-(으)ㄹ
시간 부사	어제, 옛날 등	오늘, 지금 등	내일, 곧 등

시간을 표현하는 문법 요소는 항상 특정한 시제만 표현하는 것 은 아니다. 예를 들어 '-았-/-었-'은 주로 과거 시제를 표현하지 └──'-았-/-었-'의 쓰임 ①─┘ 만, 과거에 이루어진 어떤 상태가 현재까지 지속되는 경우에 쓰 └───'-았-/-었-'의 쓰임 ②───┘ 이기도 하고, ㉠ 미래의 상황을 표현하는 경우에 쓰이기도 한다. └──'-았-/-었-'의 쓰임 ③──┘

> ㉮ 찬호는 어려서부터 아빠를 닮았다.
> └──과거의 상태가 현재까지 지속되는 경우─┘
> ㉯ 네가 지금처럼 공부하면 틀림없이 대학에 붙었다.
> └──미래의 상황을 표현하는 경우─┘

㉮는 '찬호와 아빠의 닮음'이라는 과거의 상태가 현재까지도 지 속되고 있음을 보여준다. 한편 ㉯의 '붙었다'에서 과거 시제 선어 말 어미 '-었-'이 쓰였지만, 발화시에서 볼 때 '대학에 붙는 일'은 앞으로 벌어질 미래의 사건이다.

---

01 시간 표현의 문법 요소 탐구하기   답 | ④

윗글을 읽고 보기 의 ⓐ~ⓒ를 탐구한 내용으로 가장 적절한 것은?

> **보기**
> ⓐ 아기가 새근새근 잘 잔다.
> ⓑ 영주는 어제 영화를 한 편 봤다.
> ⓒ 전국적으로 비가 곧 내리겠습니다.

정답 선지 분석

④ ⓑ: 시간 부사와 선어말 어미를 활용한 시간 표현이 나타난다.
   시간 부사 '어제'와 선어말 어미 '-았-'을 사용하여 과거 시제를 표현하고 있다.

오답 선지 분석

① ⓐ: 발화시보다 사건시가 나중인 시간 표현이 사용되었다.
   '잔다'에 현재 시제 선어말 어미 '-ㄴ-'이 쓰였다. 현재 시제는 발화시와 사건시가 일 치하는 시제이다.

② ⓐ: 관형사형 어미와 선어말 어미를 활용한 시간 표현이 나타난다.
   '잔다'에 현재 시제 선어말 어미 '-ㄴ-'이 쓰였으나 관형사형 어미는 찾을 수 없다.

③ ⓑ: 발화시와 사건시가 일치하는 시간 표현이 사용되었다.
   시간 부사 '어제'와 '봤다'에 쓰인 과거 시제 선어말 어미 '-았-'을 통해 과거 시제임을 알 수 있다. 발화시와 사건시가 일치하는 것은 현재 시제이므로 적절하지 않다.

⑤ ⓒ: 발화시보다 사건시가 앞선 시간 표현이 사용되었다.
   '내리겠습니다'에 미래 시제 선어말 어미 '-겠-'이 쓰였고, '곧'이라는 시간 부사로 미 래 시제를 나타내고 있다. 미래 시제는 발화시보다 사건시가 나중인 시간 표현이다.

---

02 시간 표현의 다양한 표현 효과 파악하기   답 | ⑤

㉠의 사례로 가장 적절한 것은?

정답 선지 분석

⑤ 어린 동생과 싸웠으니 난 이제 어머니께 혼났다.
   과거 시제 선어말어미 '-았-/-었-'은 대체로 과거 시제를 표현하지만 반드시 그런 것 은 아니다. '어머니께 혼났다.'에서 '어머니께 혼나는 일'은 아직 실현되지 않은 미래에 벌어질 일인데, 그것을 마치 이미 정해진 사실인 것처럼 확신을 가지고 표현할 때에도 과거 시제 선어말어미 '-았-/-었-'을 사용하기도 한다.

오답 선지 분석

① 그는 여행을 떠나기로 결심했다.
   '결심했다'에 사용된 '-았-/-었-'이 과거 시제를 표현하고 있다.

② 1919년 3월 1일, 만세운동이 일어났다.
   '일어났다'에 사용된 '-았-/-었-'이 과거 시제를 표현하고 있다.

③ 봄날 거리에 개나리가 흐드러지게 피었다.
   '피었다'에 사용된 '-았-/-었-'은 '과거에 이루어진 어떤 상태가 현재까지 지속되는 경우'를 표현하고 있다.

④ 학생들이 운동장에서 축구공을 차고 있었다.
   '있었다'에 사용된 '-았-/-었-'이 과거 시제를 표현하고 있다.

03 시간 표현의 다양한 표현 효과 파악하기

보기의 밑줄 친 부분 중 과거 시제가 사용된 것 두 개를 찾아 차례대로 쓰시오.

보기

<u>푸르던</u> 하늘이 어느새 먹구름으로 <u>뒤덮였다</u>. 아마도 비가 <u>올 것 같다</u>.

정답

푸르던, 뒤덮였다

독서 투자자 보호 제도

빠른 정답 체크 01 ④ 02 ① 03 ② 04 1,300만 원

한 남자가 서점을 연다고 가정해보자. 먼저 가게와 책을 사기 위해 친구에게 1,000만 원을 빌리기로 한다. 서점을 연 뒤에도 급히 돈이 필요할 수 있으므로 이를 대비해「남자는 친구에게 돈을 1년 후에 갚되, 1년 뒤에 이자 100만 원을 주겠다
「」: 채권을 통한 기업의 자금 조달
[A] 고 약속하며 돈을 빌릴 것이다.」혹은「친구에게 서점에 대한
「」: 주식을 통한 기업의 자금 조달
권리 일부분을 인정해 주어 서점에서 이익이 나면 이익금의 10%를 주고, 경영에 대한 10%의 발언권을 주겠다고 약속함으로써 돈을 빌릴 수도 있다.」전자는 채권을 통한 자금 조달*, 후자는 주식을 통한 자금 조달에 해당한다.
▶ 1문단: 채권과 주식을 통한 자금 조달의 예시

채권은 <u>국가, 지방자치단체, 회사 등이 필요한 자금을 차입하</u>
채권의 개념
<u>기* 위해 발행하는 차용증서*</u>이며, 주식은 <u>주식회사의 주주*가</u>
주식의 개념
<u>출자자*로서 회사에 대해 갖는 지분</u>을 의미한다. 남자가 만약 채권의 방식으로 친구에게 돈을 빌린다면 서점의 이익과 관계없이
채권은 기업의 이익과 관계없이 약속한 돈을 갚아야 함
친구에게 1,100만 원을 갚아야 하지만 주식과 같은 방식으로 친
주식은 이익이 날 경우에만 이익금을 줄 수 있음
구에게 돈을 빌린다면, 서점에서 이익이 나지 않는 경우 돈을 주지 않아도 된다. 이런 점에서 채권이 주식보다 안정적이라 할 수 있다.
▶ 2문단: 채권과 주식의 개념

이러한 안정성에도 불구하고 채권이나 주식은 기업이 부도가 날 경우 투자금을 회수받지 못할 수가 있는데, 이를 방지하기 위해 <u>공시 제도</u>가 등장하였다. 공시 제도는 <u>주식의 투자판단</u>
채권과 주식 투자자를 보호하기 위한 제도
에 중대한 영향을 미칠 수 있는 중요한 기업 내용의 정보를 공시
공시 제도의 목적
하도록 하여 <u>투자자가 투자자의 자유로운 판단과 책임하에 투자</u>
공시 제도의 효과 ①
<u>결정을 할 수 있도록</u> 하는 제도로서, <u>증권시장 내의 정보의 불균</u>
공시 제도의 효과 ②
<u>형을 해소하고 증권시장의 공정성을 확보</u>하여 투자자를 보호한다. 이때 비전문가는 재무제표와 같은 기업 정보를 분석하기가

쉽지 않으므로 '자본 시장과 금융투자업에 관한 법률 제47조'에 따라 주식이나 채권을 판매하는 증권회사가 금융 투자 상품의 내용, 투자에 따르는 위험, 그 밖에 대통령령으로 정하는 사항을 투자자가 이해할 수 있도록 설명하게 함으로써 투자자를 보호한다.
▶ 3문단: 채권과 주식 투자자를 보호하기 위한 공시 제도

㉠ <u>그렇다면 예금은 안전할까?</u> 결론적으로 말하자면 매우 안전하다. 예금은 은행 등 법률이 정하는 금융기관에 돈을 맡기는 계약으로, 채권이나 주식과 달리 원금이 보장되기 때문이다. 우선
채권, 주식과 대조적인 예금의 특징
예금 상품은 은행이나 상호저축은행만 취급할 수 있는데, 만약 은
예금 취급 기관
행의 재무 상태가 악화되면 국가는 금융위원회를 통해 은행의 업
예금의 원금이 보장되는 이유 ①
무를 정지시킨다. 또한 지급 준비 제도를 통해 일정 금액 이상의
예금의 원금이 보장되는 이유 ②
지급 준비금을 중앙은행*에 예치하도록 의무화하고 있다. 예금
지급 준비 제도의 내용
자 보호 제도는 은행의 예금 지급 불능 시 예금자에게 예금 지급
예금의 원금이 보장되는 이유 ③   예금자 보호 제도의 내용
을 보장하는 제도로, 예금자 1인당 5,000만 원까지는 예금보험공사에서 보장한다. 이렇게 <u>예금은 채권이나 주식보다 안정</u>
예금의 특징
<u>성이 높은 것에 비해 이자율은 낮은 편이다.</u> 따라서 투자자는 여러 투자 상품의 장단점을 잘 살펴보고 합리적인 투자를 해야 한다.
▶ 4문단: 예금의 안정성을 뒷받침하는 다양한 제도

* **조달(調達)**: 자금이나 물자 따위를 대어 줌.
* **차입하다(借入하다)**: 돈이나 물건을 꾸어 들이다.
* **차용증서(借用證書)**: 남의 돈이나 물건을 빌린 것을 증명하는 문서.
* **주주(株主)**: 주식을 가지고 직접 또는 간접으로 회사 경영에 참여하고 있는 개인이나 법인.
* **출자자(出資者)**: 자금을 낸 사람.
* **중앙은행(中央銀行)**: 한 나라의 금융과 통화 정책의 주체가 되는 은행.

---

01 세부 내용 파악하기

답 | ④

윗글에 대한 이해로 적절하지 않은 것은?

정답 선지 분석

④ 은행이 예금을 지급하기 불가능한 상황에는 금융위원회가 예금자에게 예금을 지급한다.

4문단에 따르면 예금자 보호 제도는 은행의 예금 지급 불능 시 예금자에게 예금 지급을 보장하는 제도로, 금융위원회가 아니라 예금보험공사에서 지급한다.

오답 선지 분석

① 지급 준비 제도는 예금자를 보호하기 위한 제도이다.

4문단에 따르면 지급 준비 제도는 예금자의 지급 요구에 응하기 위해 일정 금액 이상을 미리 준비해 놓은 지급 준비금을 중앙은행에 예치해 놓는 것으로, 예금이 중앙은행에 예치되어 있어 은행이 부도가 나더라도 예금자의 예금은 보장이 될 것이므로 지급 준비 제도는 예금자를 보호하기 위한 제도라 할 수 있다.

② 주식을 산 투자자는 해당 회사에 대한 발언권을 가진다.

1문단에서 남자의 서점이 이익이 나면 이익금의 10%를 주고, 경영에 대한 10%의 발언권을 주겠다고 약속하는 것이 주식을 통한 자금 조달이라고 하였으므로, 주식을 산 투자자는 해당 회사에 대한 발언권을 가질 것으로 볼 수 있다.

③ 채권을 발행하는 기관은 국가, 지방자치단체, 회사 등이다.

2문단에 따르면 채권이란 국가, 지방자치단체, 회사 등이 필요한 자금을 빌리기 위해 발행하는 증서를 의미하므로 적절하다.

⑤ 채권을 발행한 기관이 이익을 내지 못해도 투자자에게 정해진 만큼의 이자를 주어야 한다.

2문단에서 만약 남자가 채권의 방식으로 친구에게 돈을 빌린다면 서점의 이익과 관계없이 친구에게 이익을 포함한 1,100만 원을 갚아야 한다고 하였으므로 채권은 이익과 관계없이 원금과 약속한 이자를 갚아야 한다는 것을 알 수 있다.

02 세부 내용 추론하기 답 | ①

⑦의 이유로 적절하지 않은 것은?

정답 선지 분석

① 이자율과 안전성은 비례하기 때문이다.

4문단에 따르면 예금은 채권이나 주식보다 안전성이 높지만 이자율은 낮은 편으로, 이자율과 안전성이 비례한다고 할 수 없다.

오답 선지 분석

② 지급 준비 제도를 의무화하고 있기 때문이다.

4문단에서 지급 준비 제도는 일정 금액 이상의 지급 준비금을 중앙은행에 예치하도록 의무화함으로써 예금자를 보호하고 있으므로 안전하다.

③ 채권이나 주식과 달리 원금이 보장되기 때문이다.

4문단에서 예금은 채권이나 주식과 달리 원금이 보장된다고 하였으므로 안전하다고 볼 수 있다.

④ 금융위원회가 은행의 재무 상태를 파악하고 조치하기 때문이다.

4문단에서 국가는 금융위원회를 통해 은행의 재무 상태가 안 좋아지면 은행 업무를 정지시킨다고 하였으므로 예금이 안전한 이유에 해당한다고 볼 수 있다.

⑤ 예금자 보호 제도를 통해 1인당 일정 금액까지는 보장을 받을 수 있기 때문이다.

4문단에 따르면 예금자 보호 제도를 통해 1인당 5,000만 원까지는 보장을 받을 수 있으므로 자산의 안전성이 지켜진다. 따라서 이 또한 예금이 안전한 이유라고 볼 수 있다.

03 구체적 사례에 적용하기 답 | ②

윗글을 참고하여 보기를 이해한 내용으로 적절하지 않은 것은?

보기

투자 경험이 없는 A는 B 증권이 채권 투자를 권유하자 원금 손실을 걱정하였으나, '일반 예금보다 더 많은 수익을 얻을 수 있다'는 B 증권의 말에 따라 자세한 설명을 듣지 못한 채 C 건설의 채권 1억 원어치를 구입했다. 그러나 3개월 뒤 C 건설은 부도가 났고, A는 투자금의 90%를 날리고 말았다. 이에 A는 B 증권을 상대로 손해배상을 청구했다.

정답 선지 분석

② A는 예금자 보호 제도에 따라 5,000만 원까지는 원금을 돌려 받을 수 있겠군.

〈보기〉에서 A는 채권을 구입했다고 하였는데, 4문단에 따르면 예금자 보호 제도는 법률이 정한 금융기관에 돈을 맡긴 예금자를 보호하기 위한 제도이다. 채권에 투자한 A에게 적용되지는 않는다.

오답 선지 분석

① A는 재무제표를 분석할 수 있는 전문가가 아니군.

〈보기〉에서 A는 투자 경험이 없다 하였고, 3문단에서 비전문가는 재무제표와 같은 기업 정보를 분석하기 쉽지 않다고 하였으므로 적절하다.

③ A는 B 증권의 설명이 투자자와 증권사 간 정보의 불균형을 해소하지 못했다고 보았군.

A가 B 증권을 상대로 손해배상을 요구한 것은 B 증권 측이 A에게 투자 상품에 대한 설명을 충분히 하지 않아 투자자와 증권자 사이의 정보의 불균형을 해소하지 않았기 때문이다.

④ A는 C 건설의 채권이 원금 손실 가능성이 있음을 알고도 섣부르게 투자했다는 과실이 있군.

〈보기〉에서 A는 B 증권으로부터 채권 투자를 권유받았을 때 원금 손실을 걱정하였다고 한 것을 통해, A가 원금 손실의 가능성을 인지하였으면서도 투자했음을 알 수 있으므로 본인의 섣부른 판단에 대한 과실 책임이 있다고 볼 수 있다.

⑤ B 증권은 C 건설 채권에 대한 자세한 설명을 A에게 하지 않았으므로, A는 B 증권으로부터 손해를 배상받을 수 있겠군.

〈보기〉에서 B 증권은 채권 상품에 대한 설명 없이 일반 예금보다 더 많은 수익을 얻을 수 있다는 말로써 A에게 채권 투자를 권유하였다. 이는 '자본 시장과 금융투자업에 관한 법률 제47조'에 위반되는 사항으로, A는 B 증권을 상대로 한 손해배상 청구를 통해 손해를 배상받을 수 있을 것이다.

04 세부 내용 파악하기

윗글의 [A]에서, '남자'가 친구에게 돈을 빌린 뒤 3,000만 원의 이익이 났을 경우, 친구에게 주어야 하는 돈은 총 얼마인지 쓰시오.

(단, 단위를 포함하여 쓸 것.)

정답

1,300만 원

문학 1 탄로가(신계영)

빠른 정답 체크 01 ③ 02 ④ 03 ② 04 거울

아이 적 늘은이 보고 백발을 비웃더니
　　　　과거 화자의 행동　　　　　　　　　⎤ 과거와 현재의
그동안에 아이들이 날 웃을 줄 어이 알리　⎦ 대조적 상황
　　현재 화자를 향한 아이들의 행동
아이야 하 웃지 마라 나도 웃던 아이로다
　　　　　　　　　늙음에 대한 한탄, 세월의 무상함
▶ 늙음에 대한 한탄과 자신을 비웃는 아이들에 대한 충고
〈제1수〉

　　　　　　현재 화자의 상황을 인식하게 하는 매개체
사람이 늙은 후에 거울이 원수로다
　　　　　　　　늙은 자신의 처지 한탄
마음이 젊었으니 옛 얼굴만 여겼더니
　　　　　　　과거 젊었던 화자의 얼굴
센* 머리 찡그린 모습 보니보니 다 죽은 듯하여라
　　늙고 추한 화자의 현재 얼굴
▶ 옛 얼굴과 대조적으로 늙어버린 자신의 모습에 대한 탄식
〈제2수〉

늙고 병이 드니 백발을 어이 하리
　　　　늙음에 대한 체념적 태도(설의법)
소년행락*이 어제인 듯 하다마는

어디 가 이 얼굴 가지고 옛 나로다 하겠는가
　　　　　늘은 현재의 모습　　　　늙음에 대한 탄식(설의법)
▶ 지난간 소년행락의 과거에 대한 아쉬움과 탄식
〈제3수〉

- 신계영, 〈탄로가〉 -

* 세다: 머리카락이나 수염 따위의 털이 희어지다.

* 소년행락(少年行樂): 젊었을 때 즐겁게 노는 것.

윗글에 대한 설명으로 적절하지 <u>않은</u> 것은?

정답 선지 분석

③ 상징적 시어를 통해 화자가 내적 갈등을 해소하는 과정을 드러내고 있다.

윗글에서는 '백발', '센 머리 찡그린 모습'과 같이 늙음을 상징하는 시어가 등장하지만, 이를 통해 화자가 내적 갈등을 해소하고 있지는 않다.

오답 선지 분석

① 시어의 반복을 통해 의미를 강조하고 있다.

윗글에서는 세월의 흐름을 의미하는 '백발'을 반복적으로 제시함으로써 화자의 늙음을 강조하고 있다.

② 설의적 표현을 통해 체념의 정서를 드러내고 있다.

윗글의 '백발을 어이 하리', '옛 나로다 하겠는가'와 같은 설의적 표현을 통해 늙음에 대한 탄식과 화자의 체념적 정서를 드러내고 있다.

④ 명령형 종결 어미를 활용하여 현재 상황에 대한 화자의 정서를 표출하고 있다.

윗글에서 늙어버린 자신을 비웃지 말라는 '아이야 하 웃지 마라'에서 명령형 종결 어미를 활용하여 늙음에 대한 화자의 한탄을 표출하고 있다.

⑤ 과거와 현재를 함께 제시함으로써 시간의 흐름에 따른 화자의 변화를 서술하고 있다.

윗글의 '아이 적 늙은이 보고 백발을 비웃더니 / 그동안에 아이들이 날 웃을 줄 어이 알리'를 통해 과거 젊었던 자신과 늙어버린 자신을 함께 제시함으로써 시간의 흐름에 따라 나이가 들어버린 화자의 변화를 알 수 있다.

보기 를 참고하여 윗글을 이해한 내용으로 적절하지 <u>않은</u> 것은?

보기

	화자	타자
과거	ⓐ	
현재	ⓑ	ⓒ

정답 선지 분석

④ 〈제2수〉에서 '마음이 젊'은 주체는 ⓐ이고 '센 머리 찡그린 모습'은 ⓑ의 모습을 가리킨다.

〈제2수〉에서 '센 머리 찡그린 모습'은 현재 화자의 모습(ⓑ)을 가리키는 말이며, '마음이 젊'은 주체 또한 '옛 얼굴'과 달리 마음만은 여전히 젊은 현재 화자(ⓑ)를 가리키는 것이므로 적절하지 않다.

오답 선지 분석

① 〈제1수〉에서는 ⓐ, ⓑ, ⓒ가 모두 등장하고 있다.

〈제1수〉에서는 늙은이를 보고 백발을 비웃었던 과거의 화자와, 아이들에게 비웃음을 사고 있는 현재의 화자, 그리고 늙은 화자를 보고 웃고 있는 '아이들'이 모두 등장하므로 ⓐ, ⓑ, ⓒ가 모두 등장한다.

② 〈제1수〉에서 '늙은이 보고 백발을 비웃'던 주체는 ⓐ이며, '웃지 마라'라고 요구받는 청자는 ⓒ이다.

〈제1수〉에서 '늙은이'를 '보고 백발을 비웃'던 주체는 '아이 적'의 화자(ⓐ)이고, '웃지 마라'라는 말을 듣는 대상은 현재 화자의 늙은 모습을 놀리는 '아이들'(ⓒ)이므로 적절하다.

③ 〈제2수〉에서 '거울'을 '원수'라고 여기는 주체는 ⓑ이고, '옛 얼굴'은 ⓐ의 모습을 가리킨다.

〈제2수〉에서 늙어버린 자신을 비추는 '거울'을 '원수'라고 여기는 주체는 현재의 화자(ⓑ)이고, 화자가 젊은 자신의 마음만큼 얼굴 또한 옛 얼굴이라 여겼다고 하였으므로 이때 옛 얼굴은 과거 화자(ⓐ)의 모습을 의미하므로 적절하다.

⑤ 〈제3수〉에서 '소년행락'과 '옛 나'의 주체는 ⓐ이고 '이 얼굴'의 주체는 ⓑ이다.

〈제3수〉에서 현재의 화자가 '소년행락'이 어제와 같다고 탄식하는 것으로 보아 '소년행락'을 즐겼던 주체는 과거의 화자(ⓐ)일 것이고, '어디 가 이 얼굴 가지고 옛 나로다 하겠는가'에서 '옛 나'는 과거 화자(ⓐ)의 모습을, '이 얼굴'은 현재 화자(ⓑ)의 모습을 가리키므로 적절하다.

보기 와 윗글을 비교한 내용으로 적절한 것은?

보기

한 손에 막대 집고 또 한 손에 가시 쥐고
늙는 길 가시로 막고 오는 백발 막대로 치려 하니
백발이 제 먼저 알고 지름길로 오더라

춘산에 눈 녹인 바람 잠깐 불고 간 데 없다
잠깐 빌려다가 머리 위에 불게 하고 싶구나
귀밑에 해묵은 서리를 녹여 볼까 하노라

- 우탁, 〈탄로가〉

정답 선지 분석

② 윗글과 〈보기〉 모두 일상에서 쉽게 접할 수 있는 소재를 활용하여 현실감을 드러내고 있다.

윗글과 〈보기〉 모두 '백발'이라는 일상적 소재를 통해 세월의 흐름과 늙음을 현실감있게 드러내고 있으므로 적절하다.

오답 선지 분석

① 윗글과 〈보기〉 모두 젊음만을 최고의 가치로 여기는 화자의 가치관을 반영하고 있다.

윗글과 〈보기〉 모두 늙어버린 자신에 대한 화자의 한탄과 탄식이 드러날 뿐, 젊음만을 최고의 가치로 여기는지는 알 수 없다.

③ 〈보기〉는 윗글과 달리 인간의 노력으로는 늙음을 막을 수 없다는 체념을 드러내고 있다.

〈보기〉의 화자는 봄산의 눈을 녹인 따뜻한 바람을 잠깐 빌려다가 자신의 머리 위에 불기 하여 해묵은 서리, 즉 젊음을 되찾고 싶은 마음을 비유적으로 표현하고 있다.

④ 윗글은 〈보기〉와 달리 기발한 상상력을 통해 부정적 상황을 긍정적으로 받아들이고 있다.

기발한 상상력을 통해 부정적 상황을 긍정적으로 받아들이는 것은 윗글이 아닌 〈보기〉로, 〈보기〉에서는 늙음이 오지 못하게 '막대'와 '가시'로 막으려 하는 모습과 봄산의 눈을 녹인 바람으로 자신의 젊음을 되찾고 싶어 하는 모습을 통해 기발한 상상력을 활용하여 늙음에 대한 회한을 극복하고자 하는 자세가 드러난다.

⑤ 윗글은 〈보기〉와 달리 세월의 무상함에 따른 회한을 이겨내려는 화자의 강한 의지가 나타나고 있다.

윗글과 〈보기〉 모두 세월의 무상함에 따른 한탄과 탄식을 드러낼 뿐, 이를 이겨내려는 화자의 의지적 태도가 드러나지는 않는다.

〈제2수〉에서, 화자가 자신의 현재 상황을 인식하게 되는 매개체를 찾아 2음절로 쓰시오.

정답

거울

저녁 어스름이 내리고 있을 무렵이었다. 돌확*에 곱게 간 보리
　　　넷째 아들이 태어난 날의 풍경
쌀을 솥에 안쳐 한소끔* 끓여 내놓고서 쌀 한 줌과 끓여 낸 보리
　　　　　　　　　　　　　　　　　　　　　　'그'의 어머니
쌀을 섞으려고 허리를 구부리는 순간 산기*가 느껴졌다. 아낙은

서두르지 않고 침착하게 쌀과 보리를 섞은 다음 아궁이에 불을
산기를 느꼈음에도 당황하지 않고 차분하게 저녁 식사 준비를 함
지펴 놓고 텃밭으로 갔다.

　장에 간 남편은 어디서 술을 한잔하는지 저녁이 되어도 돌아오

지 않고 이제 곧 세상에 나오려고 신호를 보내기 시작한 뱃속의
　　　　　　　　　　　　　　　　　　곧 태어날 아이는 넷째 아이임
아기 위로 셋이나 되는 아이들은 저녁의 골목에서 제 어미가 저

녁밥 먹으라고 부르기를 기대하며 와자하게* 놀고 있었다.

　　　아낙은 저녁 찬거리로 텃밭의 가지와 호박을 따다가 잠시

　　땅바닥에 쭈그리고 앉았다. 뱃속의 아기가 이번에는 좀 더 강
　　　　　　　　　　　진통이 더 심해졌기 때문에　　　출산이 임박함
　　한 신호를 보내왔다. 아낙은 진통이 가시기를 기다려 찬거리

　　를 안아 들고 텃밭을 나왔다. 아궁이에서 밥이 끓기 시작하자

　　텃밭에서 따 온 가지를 끓고 있는 밥물 위에 올려놓고 호박과

　　호박잎을 뚝뚝 썰어 톱톱하게* 받아 놓은 뜨물*에 된장국을

　　끓이고 오이채를 썰어 매콤한 오잇국을 만들어서 저녁상을

　　차렸다. 그러고 나서 아이 낳을 채비를 하기 시작했다.

　　　『물을 데워 놓고 끓는 물에 아기 탯줄 자를 가위를 소독하고
　　　　　『 』: 아낙이 홀로 출산을 준비함-과거에는 병원이 아닌 집에서 출산이 이루어짐
[A]　미역도 담가 놓고 안방 바닥에 짚을 깔고 그 위에 드러누웠

　　다.』장에 가서 술 한잔 걸치고 뱃노래를 흥얼거리며 아낙의

　　남편이 막 사립문을 들어섰을 때 안방 쪽에서 갓 태어난 아
　　　　　　　　　　　　　　　　　　넷째 아이가 태어남
　　기 울음소리가 들려오고 있었다. 순산이었다. 『남편은 늘 그래

　　왔듯이, 첫째 때도 둘째 때도 셋째 때도 그러했듯이, 술 취한
　　　　　　　　　　　　　　　　　『 』: 남편은 아내가 출산할 때마다 미역국을 끓임
　　기분에도 부엌으로 들어가 아내가 미리 물에 담가 둔 미역을

　　씻어 첫국밥*을 끓였다.』 첫국밥을 끓여서 아내에게 들여놓아

　　주고 나서 남편은 사립문 양쪽에 대나무를 세우고 새끼줄에
　　　　　　　　　　　　　　　　　넷째 아들이 태어났음을 알림
　　검은 숯과 붉은 고추를 끼워 대나무에 매달았다. 넷째 아들이

──태어나던 날 밤.

　ⓐ그의 어머니는 그렇게 팔 남매를 낳았다. 집은 토담집*이었
'나'가 아닌 '그'가 등장하는 3인칭 시점이 활용됨　　　　　　　　'그'가 태어나고 자란 곳
다. 그의 아버지와 어머니가 신접살림* 나면서 손수 지은 집이

었다. 판판한 주춧돌* 위에 튼튼한 소나무 기둥을 세우고 지붕을

만들었다. 마을에서는 그렇게 새집 짓는 일을 '성주* 모신다'고

했다. 마을 남정네들은 집 짓는 일을 돕고 아낙들은 음식을 만들

었다. 황토에 논흙을 섞고 짚을 썰어 지붕 흙 만들고 몇 사람은

지붕 위로 올라가고 몇 사람은 마당에 길게 서서 다 이겨진 흙을

지붕 위로 올렸다.

　대나무나 뽕나무로 미리 살*을 만들어 놓은 위에 차진 흙이 발

라졌다. 흙이 마르면 노란 짚을 엮어 지붕을 이었다. 이제 그 지

붕은 아무리 비가 많이 와도 아무리 거센 바람이 불어도 끄떡없

을 것이었다. 지붕이 다 만들어지자 벽을 만들었다. 지붕에서처

럼 대나무로 살을 만들고 흙을 바르고 그리고 구들장*을 놓았다.

노란 송판을 반들반들하게 켜서 마루도 만들었다.

　그와 그의 형제들은 바로 그 집에서 나고 그 집에서 컸다. 노란

흙벽, 노란 초가지붕, 노란 마루, 노란 마당, 정다운 노란 집. 그 집

의 봄 여름 가을 겨울. 봄 여름 가을 겨울의 아침과 낮과 저녁과
　　　　　　　　　　　그 집 아이들은 자연과 조화를 이루며 성장함
밤이 그 집 아이들의 성장에 함께 있었다. 그는 그 집의 봄 여름

가을 겨울과 봄 여름 가을 겨울의 어느 아침과 낮과 저녁과 밤을

먼 훗날까지 그의 영혼 깊은 곳에 간직해 두고서는 몹시 힘들고

고달픈 도시에서의 봄 여름 가을 겨울의 어느 아침과 낮과 저녁

과 밤에 마음속의 보석처럼 소중한 그 추억들을 끄집어내 보고는
　　　　　　　　　　　　　　　　　　　토담집에서의 추억
했다.

　㉠그 집은 그 집 아이들에게 작은 우주였다. 그곳에는 많은 비
그 집은 아이들에게 단순히 거주하는 공간을 넘어서서, 자라면서 경험하는 세계였음
밀이 있었다. 자연 속에는 눈에 보이는 것 말고도 눈에 보이지 않

는 무한한 비밀이 감춰져 있었다. 그는 그 집에서 크면서 자연 속
　　　　　　　　　　　　　　　　　　자연의 섭리에 따라 자연 친화적으로 살아옴
에 감춰진 비밀들을 깨달아 갔다.

　석양의 북새*, 혹은 낮게 깔리는 굴뚝 연기를 보고 그는 비설거
　　　　　　　　　　　　　　　　　　'그'의 어릴 적 토담집에서의 추억 ①
지*를 했다. 그런 다음 날은 틀림없이 비가 올 것이므로. 비가 온

날 저녁에는 또 지렁이가 밤새 운다는 것을 그는 알고 있었다. 똑
　　　　　　　'그'의 어릴 적 토담집에서의 추억 ②
또르 똑또르 하는 지렁이 울음소리. 냄새와 소리와 맛과 색깔과

형태들이 그 집에서는 선명했다. 모든 것들이 말이다. 왜냐하면

봄과 여름과 가을과 겨울과 아침과 낮과 저녁과 밤이 그 집에서
　　　　　　　모든 것이 뚜렷한 자연처럼 토담집에서 사는 사람들의 삶도 명료했음
는 뚜렷했으므로. ㉡자연이 그러한 것처럼 사람들의 삶이 명료

했다.

　㉢이제 그 집을 떠난 그에게는 모든 것이 불분명하다. 아침과
　　　　　　　　　　　　　자연과 단절된 공간에서 자연의 이치를 거스르며 살아가기 때문에
저녁이 불분명하고 사계절이 불분명하고 오감이 불분명하다. 병
　　　　　　　　　　　모든 것이 명료했던 토담집에서의 삶과 대조적임
원에서 태어나 수십 군데 이사를 다니고 나서 겨우 장만한 아파

트. 그 사각진 콘크리트 벽 속에 살고 있는 ⓑ그의 아이는 여름
　　　　　　　　　　　　　　아파트
에 긴팔 옷을 입고 겨울에 반팔 옷을 입는다.
　　자연의 섭리를 거스르며 살아감
　돈은 은행에서 나고 먹을 것은 슈퍼에서 나는 것으로 아는 아이

는, 『수박이 어느 계절의 과일인지 분간하지 못하는 아이는 그래
　　　　『 』: 자연 친화적 삶을 살았던 '그'의 유년 시절과 대조됨
서 봄 여름 가을 겨울을 알지 못한다. 아침저녁의 냄새와 소리와

맛과 형태와 색깔이 어떻게 다른지 알지 못한다.』

어머니의 부음*을 듣고 그는 그가 나고 성장한 그 노란 집으로
_{토담집}
갔다. 팔 남매를 낳고 기르느라 조그마해질 대로 조그마해진 어

머니는 바로 자신의 아이들을 낳았던 그 자리에 자신의 몸을 부
_{자신이 살아온 집에서 죽음을 맞이함}
려 놓고 있었다.

ⓔ 그 집, 노란 그 집에 탄생과 죽음이 있었다. 그 집 안주인의
_{'그'를 비롯한 '그'의 형제들의 탄생과 어머니의 죽음}
죽음 이후 그 집은 적막해졌다. 아무도 그 집에 들어와 살지 않을

것이며 누구도 아이를 그 집에서 낳지 않을 것이며 그러므로 죽

음 또한 그 집에서는 일어나지 않을 것이다. 그 집의 역사는 그렇

게 끝이 난 것이다.

우리들의 어머니의 죽음과 함께 조왕신*과 성주신이 살지 않는
_{서술 시점의 변화('그'→'우리들')-'그'의 이야기가 우리 모두의 이야기로 확대됨}
우리들의 집은 이제 적막하다. 더 이상의 탄생과 죽음이 없는 우

리들의 집은 쓸쓸하다.

ⓜ 우리는 오늘 밤도 쓸쓸한 집으로 돌아들 간다.
_{탄생과 죽음이 없어 쓸쓸한 집}
- 공선옥, 〈그 시절 우리들의 집〉 -

* 돌확: 돌로 만든 조그만 절구.
* 한소끔: 한 번 끓어오르는 모양.
* 산기(産氣): 달이 찬 임신부가 아이를 낳으려는 기미.
* 와자하다: 정신이 어지러울만큼 떠들썩하다.
* 톱톱하다: 국물이 묽지 아니하고 바특하다.
* 뜨물: 곡식을 씻어 내 부옇게 된 물.
* 첫국밥: 아이를 낳은 뒤에 산모가 처음으로 먹는 국과 밥.
* 토담집(土담집): 토담만 쌓아 그 위에 지붕을 덮어 지은 집.
* 신접살림(新接살림): 처음으로 차린 살림살이.
* 주춧돌: 기둥 밑에 기초로 받쳐 놓은 돌.
* 성주: 가정에서 모시는 신의 하나. 집의 건물을 수호하며, 가신 가운데 맨 윗자
리를 차지한다.
* 살: 창문이나 연, 부채, 바퀴 따위의 뼈대가 되는 부분.
* 구들장(구들張): 방고래 위에 깔아 방바닥을 만드는 얇고 넓은 돌.
* 북새: '북풍'의 방언.
* 비설거지: 비가 오려고 하거나 올 때, 비에 맞으면 안 되는 물건을 치우거나 덮는 일.
* 부음(訃音): 사람이 죽었다는 것을 알리는 말이나 글.
* 조왕신(竈王神): 부엌을 맡는다는 신. 늘 부엌에 있으면서 모든 길흉을 판단한다
고 한다.

01 작품의 내용 이해하기 답 | ⑤

ⓐ와 ⓑ를 비교한 내용으로 적절하지 않은 것은?

정답 선지 분석

⑤ ⓐ, ⓑ 모두 집에 살면서 자연 속에 감춰진 비밀들을 깨달아 갔군.

집에 살면서 자연 속에 감춰진 비밀들을 깨닫고, 이를 통해 자연과 조화를 이루며 살아
간 사람은 ⓐ뿐이다.

오답 선지 분석

① ⓐ는 토담집에서, ⓑ는 병원에서 태어났군.

ⓐ는 '그'이고, ⓑ는 '그의 아이'이다. ⓐ의 집은 토담집으로 ⓐ와 ⓐ의 형제들은 '그 집
에서 나고 그 집에서 컸'지만, ⓑ는 '병원에서 태어나 수십 군데 이사를 다니고 겨우 장
만한 아파트'에서 살고 있으므로 적절하다.

② ⓐ는 자연의 섭리를 따르며, ⓑ는 자연의 섭리를 거스르며 살아왔군.

ⓐ는 토담집에서 크면서 '자연 속에 감춰진 비밀들을 깨달아 갔'으며, 사계절이 뚜렷
한 것처럼 사람들의 삶 또한 명료했다 하였으므로 자연의 섭리에 따랐음을 알 수 있다.
반면 ⓑ는 '여름에 긴팔 옷을 입고 겨울에 반팔 옷을 입는' 등 불분명한 삶을 살고 있다
하였으므로 적절하다.

③ ⓐ는 어린 시절 자연과 조화된 삶을, ⓑ는 자연과 단절된 삶을 살았군.

ⓐ는 유년 시절 토담집에서 사계절이 뚜렷한 자연을 따라 '석양의 북새, 혹은 낮게 깔
리는 굴뚝 연기를 보고' 비설거지를 하거나, 비가 오면 지렁이가 밤새 운다는 것을 알
고 있었으므로 자연과 조화된 삶을 살았으나, ⓑ는 '봄 여름 가을 겨울을 알지 못'하며,
'아침저녁의 냄새와 소리와 맛과 형태와 색깔이 어떻게 다른지 알지 못한다'고 하였으
므로 적절하다.

④ ⓐ, ⓑ 모두 현재 역사가 없는 곳에서 살고 있군.

ⓐ, ⓑ 모두 현재 아파트에 살고 있으며, 아파트는 토담집과 달리 탄생과 죽음이 없는
곳이므로 역사가 없는 곳이다.

02 구절의 의미 파악하기 답 | ②

㉠~㉤에 대한 설명으로 적절하지 않은 것은?

정답 선지 분석

② ㉡: 토담집이 자연의 이치를 거스르던 사람들의 삶을 명료하게 변화시켰음
을 의미한다.

㉡에서 사람들의 삶이 명료해진 것은 자연과 조화를 이루는 공간인 토담집 덕분이라고
볼 수 있으나, 과거 사람들이 자연의 이치를 거슬렀는지는 알 수 없으므로 적절하지 않다.

오답 선지 분석

① ㉠: 토담집이 단순히 거주하는 공간을 넘어서서 아이들이 알아가고 경험하
는 세계였음을 의미한다.

㉠에서 아이들에게 있어서 토담집이 작은 우주였다는 것은, 그 집에서 살면서 자연 속
에 감춰진 비밀들을 깨달아 갔기 때문이다. 따라서 아이들에게 토담집은 단순히 거주
하는 공간을 넘어, 알아가고 경험하는 세계였다.

③ ㉢: 현재 그가 토담집에서의 삶과 대조적인 삶을 살고 있음을 의미한다.

㉢에서 모든 것이 명료했던 과거 토담집에서의 삶과 달리, 토담집을 떠난 그의 삶은
'모든 것이 불분명하다'고 하였으므로 자연의 섭리를 따르며 자연 친화적 삶을 살아온
과거와 달리 자연이 단절된 공간에서 자연의 이치를 거스르며 살고 있음을 의미한다.

④ ㉣: 과거의 집이 인간의 탄생에서 죽음에 이르기까지 삶의 모든 과정이 담긴
공간이었음을 의미한다.

㉣의 토담집은 '그'를 비롯한 그의 형제들의 탄생과 '그'의 어머니의 죽음이 일어난
곳이므로, 인간의 삶의 모든 과정이 담긴 공간이라 할 수 있다.

⑤ ㉤: 어머니의 죽음 이후 더 이상의 탄생과 죽음이 없어진 집처럼 오늘날 우
리들의 집에도 탄생과 죽음이 없음을 의미한다.

㉤에서 '쓸쓸'하다는 것은 탄생과 죽음이 없는 것을 의미하므로, 어머니의 죽음 이후
역사가 끝나 쓸쓸한 토담집처럼, 오늘날 우리들의 집 또한 탄생과 죽음이 없음을 의미
한다.

03 표현상의 특징 파악하기   답 | ③

보기 의 빈칸에 들어갈 말로 적절한 것은?

보기

> 수필은 일정한 형식을 따르지 않고 일상생활에서 글쓴이의 체험이나 느낌을 서술한 글이다. 글쓴이 자신이 직접 겪은 일이나 자신의 생각이 솔직하게 서술되어 있기 때문에 수필에 등장하는 '나'는 보통 글쓴이 자신을 의미한다. 그러나 윗글은 대부분의 수필과는 달리, [   ] 이야기의 객관성을 확보하고 있다.

정답 선지 분석

③ 3인칭 시점을 사용하여 서술함으로써

〈보기〉에서 수필에 등장하는 '나'는 보통 글쓴이 자신을 의미하는데, 윗글은 대부분의 수필과는 차이를 보인다고 하였다. 실제로 윗글에서는 '나'가 아닌 '그'라는 인물을 등장시킴으로써 3인칭 시점을 사용하고 있고, 이를 통해 작품의 객관성을 확보하고 있으므로 적절하다.

오답 선지 분석

① 다양한 일화를 제시함으로써

〈보기〉의 빈칸에는 윗글이 가진, 대부분의 수필과 다른 특징을 설명하는 내용이 들어가야 한다. 〈보기〉에 따르면 글쓴이가 겪은 일이나, 글쓴이의 생각과 같은 다양한 일화를 제시하는 것은 대부분의 수필이 가진 특징이므로 적절하지 않다.

② 비유적 표현을 활용함으로써

윗글에서 토담집에 대해 '작은 우주'라는 비유적 표현을 활용하고 있으나, 이를 통해 객관성을 확보하는 것은 아니다.

④ 글쓴이의 생각과 타인의 생각을 대조함으로써

윗글에서는 글쓴이의 생각과 타인의 생각을 대조한 부분을 찾을 수 없다.

⑤ '그'의 이야기를 '우리들'의 이야기로 확대함으로써

윗글에서는 '우리들의 집', '우리'와 같은 표현을 통해 '그'의 이야기를 '우리들'의 이야기로 확대하고 있으나, 이는 '그'의 이야기가 특수한 이야기가 아닌, 보편적인 이야기라는 점을 드러낼 뿐, 객관성을 확보하는 데 도움을 주고 있지는 않다.

04 장면의 의미 파악하기

빈칸에 들어갈 말로 적절한 것을 골라 차례대로 쓰시오.

> [A]는 아낙이 넷째 아이를 출산하는 모습으로, 이를 통해 과거에는 출산을 (일상생활 / 행사)이/가 아니라 (일상생활 / 행사)의 한 부분으로 여겼음을 알 수 있다.

정답

행사, 일상생활

| 문법 | 언어의 역사성 |

빠른 정답 체크 01 ⑤ 02 ③ 03 ㄱ, ㄷ

언어학자인 소쉬르는 '시간은 모든 것을 변화시킨다. 언어라고 해서 이 보편 법칙을 벗어날 리가 없다.'라고 했다. 이처럼 <u>시간의 흐름에 따라 언어가 변화하기도 하는데 이를 언어의 특성 중</u>
_{언어의 역사성}
역사성이라고 한다. 이러한 언어의 역사성을 의미와 형태 측면에서 살펴보자.

단어의 의미 변화 양상에는 의미의 확대, 축소, 이동이 있다. <u>의미 확대는 단어 본래의 의미보다 그 뜻의 사용 범위가 넓어지</u>
_{단어의 의미 변화 양상 ① 의미 확대}
는 것이고, 반대로 <u>의미 축소는 본래의 의미보다 그 뜻의 사용</u>
_{단어의 의미 변화 양상 ② 의미 축소}
범위가 좁아지는 것이다. 그리고 <u>단어의 의미가 조금씩 달라져</u>
_{단어의 의미 변화 양상 ③ 의미 이동}
서 본래의 의미와 거리가 먼 다른 의미로 바뀌기도 하는데, 이를 ㉠ 의미 이동이라고 한다.

단어의 형태 변화는 ㉡ 음운의 변화로 인한 것과 유추로 인한 것 등이 있다. 중세 국어의 음운 중 'ㆍ', 'ㅿ', 'ㅸ' 등이 시간이 지
_{단어의 형태 변화 양상 ① 음운의 변화}
나면서 다른 음운으로 바뀌거나 소실되었는데, 이에 따라 단어의 형태도 바뀌게 되었다. 'ㆍ'는 첫째 음절에서는 'ㅏ'로, 둘째 음절 이하에서는 'ㅡ'로 주로 바뀌었으며 'ㅿ' 은 대부분 소실되었고
_{중세 국어 음운의 변화}
'ㅸ'은 주로 반모음 'ㅗ/ㅜ'로 바뀌었다. 한편 <u>유추란 어떤 단어가 의미적 혹은 형태적으로 비슷한 다른 단어를 본떠 변화하는 것을</u>
_{단어의 형태 변화 양상 ② 유추}
말한다. 『과거에 '오다'의 명령형은 '오다'에만 결합하는 명령형
_{『 』: 유추로 인한 단어의 형태 변화 예시}
어미 '-너라'가 결합한 '오너라'였으나, 사람들이 일반적인 명령형 어미인 '-아라'가 쓰일 것이라고 유추하여 사용한 결과 현재에는 '-아라'가 결합한 '와라'도 쓰인다.』

⎡ 이와 같은 역사성뿐만 아니라 언어의 특성에는 <u>언어의 내용</u>
│ <u>인 '의미'와 그것을 나타내는 형식인 '말소리' 사이의 관계가</u>
│   _{언어의 자의성}
│ <u>필연적이지 않다는 자의성, 말소리와 의미는 사회의 인정을</u>
[A]   _{언어의 사회성}
│ <u>통해 관습적으로 결합되어 있어 그 결합은 개인이 함부로 바</u>
│ <u>꿀 수 없는 약속이라는 사회성, 언어를 통해 연속적인 대상이</u>
│   _{언어의 분절성}
⎣ <u>나 개념을 분절적으로 인식하게 된다는 분절성</u> 등이 있다.

---

01 언어의 특성 탐구하기   답 | ⑤

[A]를 바탕으로 추론한 내용으로 적절하지 않은 것은?

정답 선지 분석

⑤ '차다'라는 말소리가 '(발로) 차다', '(날씨가) 차다', '(명찰을) 차다' 등 다양한 의미에 대응하는 것은 연속적인 개념을 언어로 나누어 인식하고 있는 것이겠군.

'차다'라는 하나의 말소리가 '(발로) 차다', '(날씨가) 차다', '(명찰을) 차다' 등의 다양한 의미에 대응하는 것은 말소리와 의미의 관계가 필연적이지 않고 자의적임을 보여 주는 언어의 자의성에 해당하는 사례이다.

오답 선지 분석

① 경계가 뚜렷하지 않은 '무지개'의 색을 일곱 가지 색으로 구분하는 것은 언어를 통해 대상을 분절적으로 인식하는 것이겠군.

언어를 통해 연속적인 대상이나 개념을 분절적으로 인식하는 언어의 분절성에 대한 사례이므로 적절하다.

② 여러 사람들이 '소리 없이 빙긋이 웃는 웃음'을 '미소'라고 말하는 것은 의미와 말소리가 관습적으로 결합되어 있기 때문이겠군.

말소리와 의미가 관습적으로 결합되어 있어 그 결합은 개인이 함부로 바꿀 수 없는 약속임을 보여 주는 언어의 사회성에 대한 사례이므로 적절하다.

③ 동일한 의미의 대상을 한국어로는 '개', 영어로는 'dog'라고 말하는 것은 의미와 말소리의 관계가 필연적이지 않기 때문이겠군.

말소리와 의미의 관계가 필연적이지 않음을 보여 주는 언어의 자의성에 대한 사례이므로 적절하다.

④ '바다'의 의미를 '나무'라는 말소리로 표현하면 의사소통이 제대로 안 되는 것은 언어가 개인이 함부로 바꿀 수 없는 사회적 약속이기 때문이겠군.

말소리와 의미가 관습적으로 결합되어 있어 그 결합은 개인이 함부로 바꿀 수 없는 약속임을 보여 주는 언어의 사회성에 대한 사례이므로 적절하다.

---

02 언어의 역사성 탐구하기   답 | ③

보기 는 언어의 역사성과 관련하여 학생이 수집한 자료이다. ⓐ~ⓔ 중 윗글의 ㉠과 ㉡에 모두 해당하는 것은?

보기

· '어리다'는 '나이가 적다'라는 의미인데 예전에는 '어리석다'라는 의미를 나타냈고, 예전에도 '어리다'의 형태로 쓰였다. ························· ⓐ

· '서울'은 '나라의 수도'와 '한반도의 중심부에 있는 도시'를 의미하는데 과거에는 '나라의 수도'만을 의미했고, '셔블'의 형태로 쓰였다. ······· ⓑ

· '싸다'는 '비용이 보통보다 낮다'라는 뜻의 단어인데 예전에는 '그 정도의 값어치가 있다'라는 의미를 나타냈고, '쓰다'의 형태로 쓰였다. ···· ⓒ

· '마음'은 '사람이 본래부터 지닌 성격이나 품성'을 뜻하는 단어인데 예전에는 이와 함께 '심장'을 의미하기도 했고, '무숨'의 형태로 쓰였다. ···· ⓓ

· '서로'는 '짝을 이루는 상대'라는 뜻으로, 예전에 '서르'라고 썼는데 사람들이 일반적으로 부사가 '-로'로 끝나는 것에서 추측하여 사용한 결과 '서르'는 '서로'로 변했다. ························· ⓔ

정답 선지 분석

③ ⓒ

'싸다'는 '그 정도의 값어치가 있다'에서 '비용이 보통보다 낮다'로 의미가 이동했으며, 첫째 음절에서 'ㆍ'가 'ㅏ'로 바뀌어 음운의 변화로 인한 형태 변화를 겪었으므로 ㉠과 ㉡에 모두 해당한다.

오답 선지 분석

① ⓐ

'어리다'는 의미 이동이 일어났으나 형태 변화는 일어나지 않은 단어이므로 적절하지 않다.

② ⓑ

‘서울’은 음운의 변화로 인한 형태 변화가 일어났으나 의미가 확대된 단어이므로 적절하지 않다.

④ ⓓ

‘마음’은 음운의 변화로 인한 형태 변화가 일어났으나 의미가 축소된 단어이므로 적절하지 않다.

⑤ ⓔ

‘서로’는 유추에 의한 형태 변화가 일어난 단어이므로 적절하지 않다.

03 단어의 의미 변화 파악하기

다음 중 의미 확대에 해당하는 사례의 기호 두 개를 골라 쓰시오.

ㄱ. 영감: 당상관에 해당하는 벼슬을 지낸 사람 → 남자 노인

ㄴ. 놈: 평범한 남자를 이르는 말 → 남자를 낮잡아 이르는 말

ㄷ. 놀부: 〈흥부전〉에 나오는 인물 → 심술궂은 사람을 비유적으로 이르는 말

ㄹ. 언니: 남녀를 불문하고 손윗사람을 이르는 말 → 여성 손윗사람을 이르는 말

정답

ㄱ, ㄷ

독서 **파마의 원리**

빠른 정답 체크 **01** ③ **02** ② **03** ④ **04** 황, 염기성, 산소

머리카락은 ‘케라틴’이라는 단백질로 구성되어 있다. 머리카락 한 올을 뽑아서 당겨 보면 탄력성이 좋고 일정한 모양을 유지하는 것을 볼 수 있는데, 이는 케라틴에 포함된 ‘시스틴’이라는 아미노산 때문이다.
<u>머리카락을 탄력 있게 하고 모양을 유지함</u>

▶ 1문단: 머리카락을 구성하는 케라틴에 포함된 시스틴

시스틴은 ‘시스테인’이라는 분자가 2개 이상 결합해 만들어지는데, 하나의 시스테인 분자는 ‘HS-CH₂-CH(NH₂)-COOH’와
<u>시스틴의 구성</u>   <u>시스테인 분자의 화학식</u>
같은 모양으로 이루어져 있다. ㉠ 시스테인은 이웃하고 있는 다른 시스테인과 결합하면서 다음과 같은 모양을 이룬다. 이때 공기 중 산소의 산화*력에 의해 시스테인 분자의 수소(H)가 빠져나
<u>다리 결합</u>   <u>산화 반응이 일어남</u>
오게 되는데, 이렇게 해서 시스틴이 만들어진다.

㉡ $COOH\text{-}CH(NH_2)\text{-}CH_2\text{-}S\text{-}\text{-}\text{-}S\text{-}CH_2\text{-}CH(NH_2)\text{-}COOH$

▶ 2문단: 시스틴이 만들어지는 원리

여기에 황(S) 원자 2개가 ‘-S---S-’ 모양으로 결합한 것을 볼
<u>시스틴에서의 다리 결합</u>
수 있는데, 이를 ‘다리 결합’이라고 한다. 다리 결합이란 사슬 모양으로 결합해 있는 원자와 원자 사이에 다리를 걸치는 방식으로 형성되는 결합이다. 이 때문에 머리카락은 탄력적이고 일정한
<u>다리 결합의 개념</u>

모양을 유지할 수 있다. 그런데 ㉢ 다리 결합을 이룬 물질에 염기성* 물질인 파마약을 가하면, 황이 염기성 물질(OH-) 안의 수소
<u>다리 결합이 끊어짐</u>
와 결합하면서 다음과 같은 반응이 일어난다.

$COOH\text{-}CH(NH_2)\text{-}CH_2\text{-}S\text{-}\text{-}\text{-}S\text{-}CH_2\text{-}CH(NH_2)\text{-}COOH$
다리 결합을 이룸
+ 파마약(OH-)
염기성 물질

↓

㉣ $HS\text{-}CH_2\text{-}CH(NH_2)\text{-}COOH + HS\text{-}CH_2\text{-}CH(NH_2)\text{-}COOH$

▶ 3문단: 다리 결합과 파마약을 가했을 때의 결과

이 화학 반응식을 보면, 염기성 물질인 파마약과의 반응으로 시스틴의 다리 결합이 끊어졌다. 머리카락의 탄력성을 유지해 주던 다리 결합이 끊어졌으므로 머리카락은 더 이상 일정한 모양을 유지할 수 없다. 이때 컬 클립 등으로 원하는 모양의 머리를 만드는 것이
<u>머리카락을 고불고불하게 만듦</u>
다. 그런데 다리 결합의 힘이 사라진 상태이기 때문에 시간이 지난 뒤 컬 클립을 빼면 머리카락은 고불고불한 모양을 유지할 수
<u>다리 결합으로 머리카락의 모양이 유지되기 때문</u>
없다. ㉤ 그렇기 때문에 중화제를 뿌리는데, 중화제는 산소(O) 성분이 들어 있으므로 앞에서 일어난 것과는 반대의 반응이 일어
<u>산화 반응이 일어남</u>
난다.

$HS\text{-}CH_2\text{-}CH(NH_2)\text{-}COOH + HS\text{-}CH_2\text{-}CH(NH_2)\text{-}COOH$
+ 중화제(O 성분 함유)

↓

$COOH\text{-}CH(NH_2)\text{-}CH_2\text{-}S\text{-}\text{-}\text{-}S\text{-}CH_2\text{-}CH(NH_2)\text{-}COOH$

▶ 4문단: 중화제를 뿌리는 이유

중화제를 뿌리면 이처럼 머리카락의 탄력성을 유지해 주는 다리 결합(-S---S-)이 다시 생긴다. 중화제 속 산소의 산화력에 의
<u>다리 결합이 있는 시스틴 분자가 만들어짐</u>
해 시스테인 분자의 수소가 빠져나오는 산화 반응이 일어나 다시 다리 결합이 있는 시스틴 분자가 만들어진 것이다. 고불고불해진 머리카락은 다리 결합으로 인해 머리를 감아도 풀리지 않고 그
<u>파마의 원리</u>
상태를 유지하게 된다.

▶ 5문단: 중화제를 뿌렸을 때의 결과

* 산화(酸化): 어떤 물질이 산소와 결합하거나 수소를 잃는 일.
* 염기성(鹽基性): 염기가 지니는 기본적 성질. 원래는 산의 작용을 중화하고 산과 작용하여 염과 물만을 만드는 성질을 뜻한다.

01 내용 전개 방식 파악하기
답 | ③

윗글의 내용 전개 방식으로 적절한 것은?

정답 선지 분석

③ 화학 반응이 일어나는 원리와 과정을 설명하고 있다.

윗글은 파마약의 염기성에 의해 시스틴의 다리 결합이 끊어지는 과정과, 중화제로 인한 산화 반응으로 다시 다리 결합이 이루어지는 원리와 과정을 설명하고 있다.

오답 선지 분석

① 시간의 흐름에 따른 발전 양상을 설명하고 있다.

윗글이 시간의 흐름에 따라 설명하고 있다고 보기 어려우며, 발전 양상을 설명하고 있지도 않다.

② 다양한 사례를 제시해 구체적으로 설명하고 있다.

윗글은 다양한 사례를 제시하고 있지 않다.

④ 유사한 성질의 화학 반응끼리 분류하여 설명하고 있다.

윗글은 화학 반응을 유사한 성질에 따라 분류하여 설명하고 있지 않다.

⑤ 두 화학 반응의 공통점과 차이점을 중심으로 설명하고 있다.

윗글은 화학 반응을 설명하고 있기는 하지만, 공통점과 차이점을 중심으로 설명하고 있지는 않다.

02 세부 내용 파악하기
답 | ②

윗글의 내용과 일치하는 것은?

정답 선지 분석

② 공기 중의 산소에 의해 시스테인이 시스틴으로 만들어진다.

2문단에서 공기 중 산소의 산화력에 의해 시스테인 분자의 수소가 빠져나와 시스틴이 만들어진다고 하였다.

오답 선지 분석

① 시스테인은 다리 결합으로 구성되어 있다.

2~3문단에 따르면, 다리 결합으로 구성된 것은 시스테인이 아닌 시스틴이다.

③ 다리 결합이 끊어지면 머리를 감아도 일정한 모양이 유지된다.

4문단에 따르면, 다리 결합이 끊어지면 머리카락은 더 이상 일정한 모양을 유지할 수 없다.

④ 머리카락의 탄력성이 유지되는 것은 수소 원자의 결합 때문이다.

3문단에 따르면, 머리카락의 탄력성이 유지되는 것은 수소 원자가 아닌 황 원자의 다리 결합 때문이다.

⑤ 머리카락에 파마약을 바르고 컬 클립으로 고정한 후 빼면 파마를 유지할 수 있다.

4문단에 따르면, 머리카락에 파마약을 바르면 시스틴의 다리 결합이 끊어지기 때문에 컬 클립으로 원하는 모양의 머리를 만들어도 모양을 유지할 수 없다

03 구체적 사례와 비교하기
답 | ④

㉠~㉤ 중 보기 의 ⓐ와 같은 과정이 일어나지 않는 것을 모두 고른 것은?

보기

머리를 다양한 색깔로 염색할 때 염색약 속에는 과산화 수소(H_2O_2)와 암모니아, 염색 물질이 들어 있다. 염색약 속의 암모니아는 머리카락의 각질층을 들뜨게 하는 작용을 하는데, 이 틈으로 과산화 수소가 침투해 머리카락 속의 검은색 색소인 멜라닌과 산화 반응을 일으킨다.

과산화 수소 속의 산소는 매우 불안정하여 반응을 일으키기 쉬운데, 이 산소가 멜라닌 색소와 결합하는 ⓐ 산화 반응을 일으켜 멜라닌 색소를 파괴한다. 이로써 머리카락의 검은색은 탈색되고 그 대신 염색 물질이 들어가 특정한 색을 띠게 된다. 갈색 염료를 쓰면 갈색 머리가, 노란색 염료를 쓰면 노란색 머리가 만들어진다.

정답 선지 분석

④ ㉢, ㉣

㉢ ㉢에서는 다리 결합을 이룬 물질에 염기성 물질인 파마약을 가하여, 황이 염기성 물질 안의 수소와 결합하면서 다리 결합이 끊어진다. ㉤에서 산화 반응이 일어나고, '앞에서(㉢에서) 일어난 것과는 반대의 반응이 일어난다'고 하였으므로 ㉢은 산화 반응이 일어나지 않은 것이다.

㉣ ㉣은 ㉢을 화학식으로 나타낸 것이므로 산화 반응이 일어나지 않은 것이다.

오답 선지 분석

㉠ ㉠에서는 시스테인이 이웃하고 있는 다른 시스테인과 결합하고, 이때 공기 중 산소의 산화력에 의해 시스테인 분자의 수소가 빠져나온다고 하였다. 따라서 산화 반응이 일어난 것이다.

㉡ ㉡은 ㉠을 화학식으로 나타낸 것이므로 산화 반응이 일어난 것이다.

㉤ ㉤에서는 산소 성분이 든 중화제를 뿌리면 중화제 속 산소의 산화력에 의해 시스테인 분자의 수소가 빠져나오는 산화 반응이 일어난 것이다.

04 세부 내용 파악하기

빈칸에 들어갈 말을 차례대로 골라 쓰시오.

- 다리 결합 상태의 (황 / 산소) 원자+(산성 / 염기성) 물질 → 다리 결합이 끊어짐.
- 끊어진 다리 결합+(산소 / 수소) 성분이 든 중화제 → 다리 결합이 생김.

정답

황, 염기성, 산소

빠른 정답 체크   01 ③   02 ②   03 ④   04 보드라운 종이

거미 새끼 하나 방바닥에 나린 것을 나는 아무 생각 없이 ㉠ 문밖
　　　　　　　　　화자가 문밖으로 내보낸 거미 ①　　　　□: 거미에 대한 화자의 감정
으로 쓸어 버린다

차디찬 밤이다

▶ 거미 새끼를 아무 생각 없이 문밖에 버림

어니젠가* 새끼 거미 쓸려 나간 곳에 큰 거미가 왔다
　　　　　　화자의 방 안　　　화자가 문밖으로 내보낸 거미 ②
나는 가슴이 짜릿한다

나는 또 「큰 거미를 쓸어 ㉡ 문밖으로 버리며」
「　」: 큰 거미와 거미 새끼를 만나게 하려는 행동
찬 밖이라도 새끼 있는 데로 가라고 하며 서러워한다
　문밖　　　　　　　▶ 큰 거미를 문밖에 버리며 서러워함

이렇게 해서 아린 가슴이 싹기도* 전이다
　　　　큰 거미로 인해 가슴이 아림
어데서 좁쌀알만 한 알에서 가제* 깨인 듯한 발이 채 서지도 못
　　　　　　　　　　알에서 갓 태어난 듯한
한 무척 작은 새끼 거미가 이번엔 큰 거미 없어진 곳으로 와서 아
화자가 문밖으로 내보낸 거미 ③　　　　　화자의 방 안
물거린다*

나는 가슴이 메이는 듯하다

내 손에 오르기라도 하라고 나는 손을 내어 미나 분명히 울고불
　　　　　　새끼 거미에 대한 화자의 연민
고할 이 **작은 것**은 나를 무서우이 달아나 버리며 나를 서럽게 한다

나는 이 작은 것을 고이 보드라운 종이에 받아 또 ㉢ 문밖으로
　　　　　　　화자의 정성스러운 태도가 드러남
버리며

이것의 엄마와 누나나 형이 가까이 이것의 걱정을 하며 있다가

쉬이 만나기나 했으면 좋으련만 하고 슬퍼한다
가족 공동체의 회복을 희망함
▶ 새끼 거미를 문밖으로 버리며 가족과의 재회를 기대함
　　　　　　　　　　　　　　　　　- 백석, 〈수라〉 -

* **어니젠가**: '언젠가'의 평안도 방언. 여기서는 '어느 사이엔가'라는 뜻으로 쓰였다.
* **싹다**: 가라앉다.
* **가제**: 방금. 막.
* **아물거리다**: 작거나 희미한 것이 보일 듯 말 듯 하게 조금씩 자꾸 움직이다.

---

01 표현상의 특징 파악하기　　　　답 | ③

윗글에 대한 설명으로 가장 적절한 것은?

정답 선지 분석

③ 현재형 어미를 주로 사용하여 현장감을 살리고 있다.
　윗글은 '-(ㄴ)다', '-이다' 등 현재형 어미를 주로 사용하여 현장감을 살리고 있다.

오답 선지 분석

① 의문문을 활용하여 시적 상황을 비판하고 있다.
　윗글에서 의문문을 활용한 부분은 찾아볼 수 없다.

② 동일한 시행의 반복을 통해 운율을 나타내고 있다.
　윗글에서는 거미를 문밖으로 쓸어 버리는 화자의 행위가 반복되고 있을 뿐, 동일한 시
　행의 반복을 통해 운율을 나타내고 있지 않다.

④ 공간의 이동에 따른 화자의 태도 변화가 드러나고 있다.
　윗글의 1연~3연에 걸쳐 거미에 대한 화자의 태도 변화가 드러나고 있기는 하지만, 이
　는 공간의 이동에 따른 것이 아니라 시간의 흐름에 따른 것이다.

⑤ 사람이 아닌 것을 사람처럼 표현하여 시적 청자로 삼고 있다.
　윗글의 '분명히 울고불고할 이 작은 것은' 등에서 거미를 사람처럼 표현한 부분을 찾을
　수 있지만, 거미를 청자로 삼고 있지는 않다.

---

02 공간을 중심으로 작품 이해하기　　　　답 | ②

㉠~㉢에 대한 설명으로 적절하지 않은 것은?

정답 선지 분석

② ㉠은 거미에 대한 화자의 죄책감이 드러나는 곳이다.
　1연에서 화자는 '아무 생각 없이' '거미 새끼'를 '문밖으로 쓸어 버'렸으므로 ㉠은 거미
　에 대한 화자의 죄책감이 드러나는 곳이라고 할 수 없다.

오답 선지 분석

① ㉠은 거미 가족이 처음으로 흩어지게 된 곳이다.
　1연에서 화자는 '거미 새끼 하나 방바닥에 나린 것'을 '문밖으로 쓸어 버'리는데, 이는
　화자가 처음으로 거미를 쓸어 버린 것이므로 ㉠은 거미 가족이 처음으로 흩어지게 된
　곳이다.

③ ㉡은 화자가 큰 거미와 새끼의 재회를 기대하는 곳이다.
　2연에서 화자는 '찬 밖이라도 새끼 있는 데로 가라고 하'며 '큰 거미를 쓸어 문밖으로
　버'리므로 ㉡은 화자가 큰 거미와 새끼의 재회를 기대하는 곳이다.

④ ㉢은 거미 가족의 공동체가 실현될 수 있는 곳이다.
　3연에서 화자는 '작은 것'을 '문밖으로 버리며' '이것의 엄마와 누나나 형이 가까이 ~
　쉬이 만나기나 했으면 좋'겠다고 생각하므로 ㉢은 거미 가족의 공동체가 실현될 수 있
　는 곳이다.

⑤ ㉡, ㉢은 모두 화자가 거미를 내보낸 곳이다.
　2연에서 화자는 '큰 거미를 쓸어 문밖으로 버'렸고, 3연에서는 '작은 것을 고이 보드라
　운 종이에 받아 또 문밖으로 버'렸으므로 ㉡, ㉢은 모두 화자가 거미를 내보낸 곳이다.

보기를 바탕으로 윗글을 감상한 내용으로 적절하지 **않은** 것은?

보기

　'수라'는 불교 용어인 '아수라(阿修羅)'의 약칭으로, '눈 뜨고 볼 수 없을 만큼 끔찍하게 흩어져 있는 현장'을 의미한다. 〈수라〉가 쓰인 1930년대는 일제 강점기로, 일본의 수탈로 인해 삶의 터전을 잃고 떠돌아다니는 사람들이 많았다. 이 과정에서 우리 민족은 가족 공동체가 해체되는 아픔을 겪어야 했다.

* 약칭(略稱): 정식 명칭을 간략히 줄여 이름. 또는 그렇게 줄인 명칭.

정답 선지 분석

④ '작은 것'이 '무서우이 달아나 버'리는 것은 일제의 수탈과 같이 가족 공동체가 해체되는 원인이 되는군.
　'작은 것'이 '무서우이 달아나 버'렸다는 것은 '무척 작은 새끼 거미'가 '나'가 내민 손을 피해 달아났다는 의미일 뿐, 가족 공동체가 해체되는 원인이 되지는 않는다.

오답 선지 분석

① '차디찬 밤'은 1930년대의 일제 강점기를 상징하는군.
　〈보기〉에서 윗글은 우리 민족이 가족 공동체가 해체되는 아픔을 겪었던 1930년대의 일제 강점기를 배경으로 한다고 하였다. '차디찬 밤'은 거미 가족이 헤어지게 된 시간적 배경이므로 1930년대의 일제 강점기를 상징한다고 볼 수 있다.

② '찬 밖이라도 새끼 있는 데로 가라'는 것은 가족 공동체를 재결합시키기 위한 것이군.
　〈보기〉를 참고하면, 거미 가족은 일본의 수탈로 인해 가족 공동체가 해체되는 아픔을 겪은 우리 민족을 의미한다. 2연에서 '나'는 '큰 거미를 쓸어 문밖으로 버리'는데, '문밖'은 1연에서 '나'가 '거미 새끼'를 '쓸어 버린' 장소이므로 '찬 밖이라도 새끼 있는 데로 가라'는 것을 해체된 가족 공동체를 재결합시키기 위한 것으로 해석하는 것은 적절하다.

③ '내 손에 오르기라도 하라고' '손을 내어 미'는 것에는 흩어진 거미 가족에 대한 연민이 담겨 있군.
　3연에서 '나'는 '무척 작은 새끼 거미'를 보고 '가슴이 메이는 듯'한 기분을 느끼며 '내 손에 오르기라도 하라고' '손을 내어 미'는데, 이 행위에는 1연에서의 자신의 행위로 인해 흩어지게 된 거미 가족에 대한 연민이 담겨 있다.

⑤ '이것의 엄마나 누나나 형'과 '쉬이 만나기나 했으면 좋'겠다는 것은 가족 공동체의 재결합을 희망하는 것이군.
　'나'는 '작은 것'을 '문밖으로 버리'는데, '문밖'은 1연의 '거미 새끼'와 2연의 '큰 거미'를 쓸어 버린 장소이기도 하다. 이에 따르면, '나'가 '작은 것'에 대해 '이것의 엄마나 누나나 형'과 '쉬이 만나기나 했으면 좋'겠다고 하는 것은 가족 공동체의 재결합을 희망하는 것이다.

04 시어의 기능 파악하기

3연에서 새끼 거미에 대한 화자의 정성스러운 태도를 나타내는 시어를 찾아 2어절로 쓰시오.

정답

보드라운 종이

「"나으리, 생각이 전혀 없소. 밤중에 유부녀 희롱 가오면서
〔배비장은 애랑을 찾아갈 준비를 하고 있음〕
비단옷 입고 저리 하고 가다가는 될 일도 안 될 것이니, 그

의관 다 벗으시오."

"벗으면 초라하지 않겠느냐?" / "초라하거든 가지 마옵시다."

"이 애야, 요란히 굴지 마라. 내 벗으마."

활짝 벗고 알몸으로 서서, / "어떠하냐?"

[A]　"그것이 참 좋소마는, 누가 보면 한라산 매 사냥꾼으로 알겠

소. 제주 인물 복색으로 차리시오."

"제주 인물 복색은 어떤 것이냐?" / "개가죽 두루마기에 노

펑거지*를 쓰시오."

"그것은 너무 초라하구나." / "초라하거든 그만두시오."

"말인즉 그러하단 말이다. 개가죽이 아니라, 도야지가죽이
〔방자의 제안을 적극적으로 수용할 의사를 표현함〕
라도 내 입으마."」

하더니, 구록피* 두루마기에 노펑거지를 쓰고 나서서 앞뒤를 살
〔배비장이 우스꽝스러운 복장을 하게 됨〕
펴보며,

"이 애야, 범이 보면 개로 알겠다. 군기총 하나만 내어 들고 가자."
〔배비장의 모습이 개와 비슷해짐〕
"무섭거든 가지 마옵시다."

"이 애야, 그러하단 말이냐? 네 성정 그러한 줄 몰랐구나. ⊙ 정 못

갈 터이면, 내 업고라도 가마."
『 』: '방자의 제안→배비장의 주저→방자의 부추김→배비장의 수용'이 반복됨
배비장이 뒤따라가며 하는 말이,

"기약 둔 사랑하는 여자, 어서 가 반겨 보자."
〔애랑〕
서쪽으로 낸 대나무로 얽은 창 돌아들어, 동쪽에 있는 소나무로

만든 댓돌*에 다다르니, 북쪽 창에 밝게 켠 등불 하나만이 외로이

섰는데, 밤은 깊은 삼경이라. 높은 담 구멍 찾아가서 방자 먼저

기어들며,

"쉬. 나리 잘못하다가는 일 날 것이니, 두 발을 한데 모아 요령

있게 들이미시오."

배비장이 방자 말을 옳게 듣고 두 발을 모아 들이민다. 『방자놈

이 안에서 배비장의 두 발목을 모아 쥐고 힘껏 잡아당기니, 부른

배가 딱 걸려서 들도 나도 아니하는구나.』배비장 **두 눈을 희게 뜨**
『 』: 배비장이 우스꽝스러운 상황에 처함
고 이를 갈며,

"좀 놓아다고!" / 하면서, **죽어도 문자는 쓰던 것이었다.**

"포복불입하니 출분이기사로다*."
한자어 대사 → 배비장의 허세를 풍자함

(중략)

배비장이 한편 좋기도 하고 한편 조심도 되어, **가만가만 자취 없이 들어가서 이리 기웃 저리 기웃** 문 앞에 가서 사뿐사뿐 손가
_{4음보 율격의 반복}
락에 침을 발라 문 구멍을 배비작 배비작 뚫고 한 눈으로 들여다 보니, 깊은 밤 등불 아래 앉은 저 여인, 나이 겨우 이팔의 고운 태도라, 『켜 놓은 등불이 밝다 한들 너를 보니 어두운 듯, 피는 복숭
_{『』: 대구법}
아꽃이 곱다 하되 너를 보니 무색한 듯, **저 여인 거동 보소** 김해
_{판소리 창자(소설의 서술자)의 목소리가 나타남}
간죽* 백통관에 삼등초를 서뿐 담아 청동 화로 백탄* 불에 사뿐 질러 빨아낸다. 『향기로운 담배 연기가 한 오라기 보랏빛으로 피
_{『』: 비유법}
어나니 붉은 안개 피어 돋는 듯』한 오리 두 오리 풍기어서 창 구멍으로 돌아 나온다. 배비장이 그 담뱃내를 손으로 움키어 먹다가 생 담뱃내가 콧구멍으로 들어가서 재채기 한 번을 악악 하니,

저 여인이 놀라는 체하고 문을 펄쩍 열뜨리고*,
_{배비장이 온 것을 알았으면서도 모른 척함}
"도적이야." / 소리 하니, 배비장이 엉겁결에,
_{『』: 애랑을 몰래 찾아갔다가 들킨 배비장의 우스꽝스러운 모습}
"문안드리오." / 저 여인이 보다가 하는 말이,

"호랑이를 그리다가 솜씨 서툴러서 강아지를 그림이로고, 아마도 뉘 집 미친개가 길 잘못 들어 왔나 보다."
_{배비장을 개로 표현함}
인두판*으로 한 번 지끈 치니 배비장이 하는 말이, / "나는 개가 아니오."

"그러면 무엇이냐?" / "배 걸덕쇠요."』

[중간 부분 줄거리] 방자는 문밖에서 애랑의 남편을 가장하여 애랑과 외간 남자를 모두 벌하겠다며 호통을 치고, 애랑은 겁먹은 척한다. 방자와 애랑의 꾀에 넘어간 배비장은 혼비백산한다.

배비장 애걸하며 이른 말이,

"ⓛ 옛날 진 궁녀는 형가의 큰 주먹에 소매 잡혀 죽을 진왕 탄금하
_{고사를 인용하여 도움을 요청함}
여 살렸으니, 낭자도 의사 내어 날 살리게. 제발 덕분 날 살리게."

ⓐ 저 계집 흉계 꾸며 큰 자루는 언제 하여 두었던지 가로 아구
_{애랑}
리*를 벌리며,

"여기나 드시오." / "거기는 왜 들어가라오?"

"ⓒ 그리 들어가면 자연 살 도리가 있으니 어서 바삐 드시오."
_{배비장을 곤경에 빠뜨리기 위함}
배비장이 절에 간 새악시* 모양이라, 반색 못 하고 들어가니, 그
_{싫어도 남이 하라는 대로 할 수밖에 없는 처지}
계집이 배비장을 자루에 담은 후 자루 끝을 모두어, 상투에 감아매어 등잔 뒤 방구석에 세워 놓고 불 켜 놓으니, ⓑ 저놈이 왈칵
_{방자}
문을 열며 서뿐 들어서 사면을 둘러보더니,

"저 방구석에 세워 둔 것이 무엇이냐?" / "그것은 알아 무엇 할
_{배비장이 든 자루}
라오."

"이년아, 내가 물으면 대답을 할 것이지 반색이 무엇이냐. 주리 방망이 맛을 보고 싶어서."

"거문고에 새 줄 달아 세웠읍네."
_{자루에 거문고가 들어 있다고 거짓말을 함}
저놈이 눙치는* 체하고,

"ⓔ 응 거문고여, 그러면 좀 쳐 보세."
_{애랑의 거짓말을 믿는 척함}
하며, **대꼭지***로 배부른 통을 탁 치니, 배비장이 질색하여 아프기 측량없으되* 참 거문고인 체하고 자루 속에서,

"둥덩둥덩."
_{곤경을 빠져나가기 위해 거문고 소리를 내는 배비장 → 희화화}
"그 거문고 소리 장히 웅장하고 좋다. 대현을 쳤으니 소현 또 쳐 보리라."

냅다 코를 탁 치니, / "둥덩 지덩."

"그 거문고 이상하다. 아래를 쳐도 위에서 소리가 나고, 위를 쳐
_{소리를 내는 배비장의 입이 위에 있기 때문}
도 위에서 소리가 나니 괴상하다."

저 계집 대답하되,

"무식한 말 하지도 마오. 옛적 여화씨* 적에 생황* 오음 육률*을 내실 적에 궁상각치우*를 청탁으로 울리오니 상청음*도 화답이랍네."

이놈이 옳게 듣는 듯이,

"네 말이 당연하다. 세사는 금삼척이요, 생애는 주일배라. 사정 강상월이요, 동각 설중매라*. 술 한잔 날 권하고 줄 골라라. 오늘 밤에 놀아 보자. ⓜ 내 소피*하고 들어오마."

하고, 문밖에 나와 서서 기척 없이 귀를 기울이고 엿듣는다.
_{실제로는 소피하러 나간 것이 아님}

— 작자 미상, 〈배비장전〉 —

---

* 노평거지: 노벙거지. 실, 삼, 종이 따위를 가늘게 비비거나 꼰 줄로 엮어서 만든 벙거지.
* 구록피(狗鹿皮): 사슴의 가죽처럼 부드럽게 만든 개의 가죽.
* 댓돌(臺돌): 집채의 낙숫물이 떨어지는 곳 안쪽으로 돌려 가며 놓은 돌.
* 포복불입하니 출분이기사로다: 배가 불러 들어갈 수 없으니 똥이 나와 죽겠구나.
* 간죽(竿竹): 담배통과 물부리 사이에 끼워 맞추는 가느다란 대.
* 백탄(白炭): 빛깔은 맑지 못하고 흰 듯하며 화력이 매우 센 참숯.
* 열뜨리다: '열다'를 강조하여 이르는 말.
* 인두판(인두板): 인두질할 때, 다리는 물건을 올려놓는 기구.
* 아구리: '아가리'의 비표준어.
* 새악시: '새색시'의 방언.
* 눙치다: 어떤 행동이나 말 따위를 문제 삼지 않고 넘기다.
* 대꼭지: '담배통'의 방언.
* 측량없다(測量없다): 한이나 끝이 없다.
* 여화씨: 중국 고대 전설의 제왕인 복희씨의 누이동생.
* 생황(笙簧): 아악에 쓰는 관악기의 하나.
* 오음 육률(五音六律): 예전에, 중국 음악의 다섯 가지 소리와 여섯 가지 율.
* 궁상각치우(宮商角徵羽): 동양 음악에서, 오음의 각 이름.
* 상청음(上清音): 거문고의 넷째 줄에서 나는 음.
* 세사는 금삼척이요~동각 설중매라: 세상만사는 삼척 거문고에 부치고, 생애는 한 잔 술에 맡겼네. 서쪽 정자는 강 위의 달이요, 동쪽 누각은 눈 속에 매화 핀 곳일세.

* 소피(所避): '오줌'을 완곡하게 이르는 말.

01 말하기 방식 파악하기
답 | ④

[A]에 대한 설명으로 적절하지 <u>않은</u> 것은?

정답 선지 분석

④ 인물의 고집 있는 모습을 드러내어 비판하고 있다.

　[A]에서 배비장은 방자의 제안을 바로 받아들이지 않고 주저하나, 방자의 부추김을 받자 이를 수용하고 '개가죽 두루마기에 노펑거지를 쓰'게 된다. 따라서 [A]는 인물의 고집 있는 모습을 드러내어 비판하는 것이 아니라, 인물이 욕망을 추구하는 모습을 드러내어 비판하고 있는 것이다.

오답 선지 분석

① 사건이 일어나는 시간적 배경이 드러나 있다.

　방자의 첫 번째 발화에서 '밤중에'라고 하여 사건이 일어나는 시간적 배경이 드러나 있다.

② 동일한 재담 구조가 반복적으로 제시되어 있다.

　'방자의 제안 → 배비장의 주저 → 방자의 부추김 → 배비장의 수용'이라는 동일한 재담 구조가 반복적으로 제시되어 있다.

③ 대화가 이루어지고 있는 목적이 언급되어 있다.

　방자의 첫 번째 발화에서 '밤중에 유부녀 희롱 가오면서'라고 한 것을 통해 대화의 목적이 애랑을 희롱하러 가는 복장을 정하는 데 있음을 언급하고 있다.

⑤ 체면보다 욕망을 중시하는 인물의 모습이 나타나 있다.

　배비장은 처음에는 '비단옷'을 입고는 "벗으면 초라하지 않겠느냐?", "그것은 너무 초라하구나."라고 하며 체면을 차리려고 하다가, 방자가 "초라하거든 그만두시오."라고 하자 체면을 버리고 "개가죽이 아니라, 도야지가죽이라도 내 입으마."라고 말한다.

02 발화의 의미 파악하기
답 | ⑤

㉠~㉤에 대한 설명으로 적절하지 <u>않은</u> 것은?

정답 선지 분석

⑤ ㉤: 인물이 상황에서 벗어나도록 자리를 피해 주고 있다.

　방자가 '소피하고 들어오'겠다고 하는 것은 배비장이 상황에서 벗어나도록 자리를 피해 주는 것이 아니다. 방자가 '문밖에 나와 서서 기척 없이 귀를 기울이고 엿듣는다'는 서술을 볼 때, 이는 방에 애랑과 단둘이 남은 배비장이 어떻게 행동할지 확인하기 위한 것이다.

오답 선지 분석

① ㉠: 목적 달성에 대한 강한 의지를 드러내고 있다.

　방자가 "무섭거든 가지 마웁시다."라고 하며 애랑의 집에 가지 않겠다는 듯한 의사를 표현하자, 배비장은 "정 못 갈 터이면, 내 (너를) 업고라도 가마."라고 하며 애랑에게 찾아가겠다는 강한 의지를 드러내고 있다.

② ㉡: 고사를 인용하며 상대에게 도움을 요청하고 있다.

　배비장은 '진 궁녀'가 '형가'로부터 '진왕'을 구한 고사를 인용하며 애랑에게 도움을 요청하고 있다.

③ ㉢: 인물을 곤경에 빠뜨리기 위해 거짓으로 돕고 있다.

　애랑은 배비장을 곤경에 빠뜨리기 위해 자루에 들어가 몸을 피하라고 하며 거짓으로 돕고 있다.

④ ㉣: 상황을 모른 척하며 인물을 곤경에 빠뜨리고 있다.

　방자는 자루 안에 든 것이 거문고라는 애랑의 말을 믿는 것처럼 행동하며 배비장을 곤경에 빠뜨리고 있다.

03 외적 준거를 바탕으로 작품 감상하기
답 | ④

보기 를 바탕으로 윗글을 감상한 내용으로 적절하지 <u>않은</u> 것은?

보기

　〈배비장전〉은 판소리계 소설로, 리듬감 있는 율문체의 서술과 판소리 창자의 말투가 드러난다. 판소리계 소설은 주로 평민층에 의해 향유되던 것으로서 대부분 양반을 우스꽝스럽게 표현하며, 양반의 위선에 대한 비판과 신분 평등을 향한 욕구가 나타난다. 〈배비장전〉에서는 특히 방자의 말과 행동을 통해 해학과 풍자를 연출하고, 배비장의 약점을 폭로한다.

정답 선지 분석

④ 애랑이 양반인 배비장을 가리켜 '뉘 집 미친개'라고 하는 것에서 신분제의 동요를 확인할 수 있군.

　애랑이 양반인 배비장을 가리켜 '뉘 집 미친개'라고 하는 것은, 방자의 말에 의해 비단옷을 벗고 구록피 두루마리에 노펑거지를 쓰고 나선 배비장을 조롱하는 것이다. 신분제의 동요와는 관련이 없다.

오답 선지 분석

① 배비장이 '두 눈을 희게 뜨고 이를 갈며' '죽어도 문자는 쓰'는 것에서 양반을 우스꽝스럽게 표현한 것을 확인할 수 있군.

　배비장은 밤중에 애랑을 찾아가기 위해 담 구멍으로 들어가려다가, 구멍에 몸이 끼자 '두 눈을 희게 뜨고 이를 갈며' "포복불입하니 출분이기사로다."라고 하면서 '죽어도 문자는 쓰'는 모습을 보인다. 〈보기〉에 따르면, 이는 양반을 우스꽝스럽게 표현하여 양반의 위선을 비판한 것이다.

② '가만가만 자취 없이 들어가서 이리 기웃 저리 기웃'에서 4음보를 반복하는 율문체 서술을 확인할 수 있군.

　'가만가만 자취 없이 들어가서 이리 기웃 저리 기웃'은 '가만가만 / 자취 없이 / 들어가서 / 이리 기웃 / 저리 기웃'과 같이 4음보가 규칙적으로 반복되고 있다. 〈보기〉에 따르면, 이는 판소리계 소설의 특징인 리듬감 있는 율문체의 서술이 드러난 것이다.

③ '저 여인 거동 보소'에서 인물을 묘사할 때 판소리 창자의 목소리가 직접 드러나는 것을 확인할 수 있군.

　'저 여인 거동 보소'는 화자가 독자에게 직접 말을 거는 것이다. 〈보기〉에 따르면, 이는 판소리계 소설의 특징인 판소리 창자가 청중에게 말하는 목소리가 직접 드러난 것이다.

⑤ 방자가 '대꼭지로 배부른 통을 탁 치'고 '냅다 코를 탁 치'는 것에서 양반에 대한 풍자를 확인할 수 있군.

　방자는 '대꼭지로 배부른 통을 탁 치'고 '냅다 코를 탁 치'는 등, 자루 안의 거문고를 쳐 보겠다는 명목하에 배비장을 때린다. 〈보기〉에 따르면, 이는 방자의 말과 행동을 통해 풍자를 연출한 것이다.

04 작품의 내용 파악하기

ⓐ, ⓑ가 가리키는 인물의 이름을 각각 2음절로 쓰시오.

정답

애랑, 방자

14강

| 본문 | 165쪽

매체 △△군 특색 숙박 시설 조성

▶ 빠른 정답 체크 **01** ③ **02** ③

○○초등학교, 특색 있는 숙박 시설로 다시 태어난다
_{기사 제목}
폐교가 지역 관광 거점으로… 지역 경제 활성화 기대
_{기사 부제}
지난 1일 △△군은 폐교된 ○

○초등학교 시설을 '△△군 특
_{기사의 중심 내용}
색 숙박 시설'로 조성하겠다고

사진: ○○초등학교 시설 전경

밝혔다. 지역 내 유휴시설을 활용해 지역만의 특색을 살

린 숙박 시설을 조성하고, 지역을 대표하는 관광 자원으

로 활용하겠다는 것이다.

이번 사업을 통해 ○○초등학교 시설은 ☆☆마을 등 주

변 관광 자원과 연계해 지역의 새로운 관광 거점으로 조

성될 계획이다. 건물 내부는 객실·식당·카페·지역 역사
_{△△군 특색 숙박 시설 조성 계획-내부}
관 등으로 꾸미고, 운동장에는 캠핑장·물놀이장을 조성
_{△△군 특색 숙박 시설 조성 계획-외부}
한다. △△군은 내년 상반기까지 시설 조성을 완료하고

내년 하반기부터 운영을 시작할 예정이다.

해당 시설에 인접한 ☆☆마을은 2015년부터 캐릭터 동

산, 어린이 열차 등 체험 관광 시설을 조성하여 특색 있는
_{☆☆마을의 특징}
지역 관광지로서 인기를 끌고 있으나 인근에 숙박 시설
_{관광지로서의 ☆☆마을의 한계}
이 거의 없어 체류형 관광객을 유인하는 데 한계가 있다

는 평가를 받아 왔다.

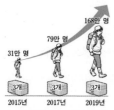
△△군관광객 및 시설 수 추이
• 자료: △△군 문화관광체육과 (2019)

여행 1회당 지출액(2018년 기준)
• 자료: 문화체육관광부 (2019)

시각 자료 → 체류형 관광 지출액의 증가 현상 부각

이번 사업을 둘러싼 우려가 전혀 없는 것은 아니지만

대다수 지역 주민들은 이를 반기는 분위기다. 지역 경제

전문가 오□□ 박사는 「"당일 관광보다 체류형 관광에서
_{「 」: 전문가의 말을 인용함}

여행비 지출이 더 많다"며 "인근 수목원과 벚꽃 축제,

빙어 축제 등 주변 관광지 및 지역 축제와 연계한 시너

지 효과로 지역 경제 활성화에 도움이 될 것"이라고 말

했다.

2021.06.02. 06:53:01 최초 작성 / 2021.06.03. 08:21:10 수정
_{기사 작성 시간과 수정 시간 제시}
△△군민신문 이◇◇ 기자
기사에 대한 수용자의 선호도를 확인할 수 있음

👍 좋아요(213) 👎 싫어요(3) ↗ SNS에 공유 📋 스크랩

관련 기사(아래를 눌러 바로 가기)
수용자의 선택에 따라 추가 정보를 확인할 수 있음
• 학령 인구 감소로 폐교 증가…인근 주민들, "유휴 시설로 방치되어

골칫거리"

• [여행 전문가가 추천하는 지역 명소 ①] ☆☆마을… 다섯 가지

매력이 넘치는 어린이 세상

💬 댓글 21   ♥ 공감하기 102
기사의 내용에 대해 수용자들이 의견을 나눌 수 있음

방랑자: 가족 여행으로 놀러 가면 좋을 것 같아요.
ㄴ 나들이: 맞아요. 우리 아이가 물놀이를 좋아해서 재밌게 놀 수 있
을 것같아요. 캠핑도 즐기고요.
ㄴ 방랑자: 카페에서 이야기도 나눌 수 있고요.

---

01 뉴미디어의 특성 파악하기   답 | ③

위 화면을 통해 매체의 특성을 이해한 학생의 반응으로 가장 적절한 것은?

정답 선지 분석

③ 기사와 연관된 다른 기사를 열람할 수 있으니, 수용자의 선택에 따라 정보를
추가로 확인할 수 있겠군.
웹 페이지 화면 하단부에 '관련 기사(아래를 눌러 바로 가기)' 꼭지를 제공하여 기사와
연관된 다른 기사를 열람할 수 있도록 하였다. 수용자는 제시된 기사 중에서 관심이 있
는 기사를 선택하여 정보를 추가로 확인할 수 있다.

오답 선지 분석

① 기사를 누리 소통망[SNS]에 공유할 수 있으니, 기사 내용을 직접 수정할 수
있겠군.
웹 페이지 화면 하단부에 'SNS에 공유' 기능을 제공하고 있지만, 이는 기사 내용을 수
정하는 것과는 관계없다.

② 기사에 대한 수용자들의 선호를 확인할 수 있으니, 기사에 제시된 정보의 신
뢰도를 검증할 수 있겠군.
웹 페이지 화면 하단부에 '좋아요'와 '싫어요' 숫자를 제시하여 기사에 대한 수용자들
의 선호를 확인할 수 있지만, 이는 기사에 제시된 정보의 신뢰도와는 관계없다.

④ 기사가 문자, 사진 등 복합 양식으로 구성되어 있으니, 시각과 청각을 결합하
여 기사 내용을 이해할 수 있겠군.
기사를 문자, 사진 등 복합 양식으로 구성하고 있지만, 영상 등 청각을 활용하는 매체
는 사용되지 않았다.

⑤ 기사의 최초 작성 시간과 수정 시간이 명시되어 있으니, 다른 수용자들이 기
사를 열람한 시간을 확인할 수 있겠군.
기사 마지막 부분에 '최초 작성'과 '수정' 시간을 명시하고 있지만, 이는 다른 수용자들
이 기사를 열람한 시간과는 관계없다.

다음은 학생이 과제 수행을 위해 작성한 메모이다. 메모를 반영한 영상 제작 계획으로 적절하지 않은 것은?

수행 과제: 우리 지역 소식을 영상으로 제작하기

바탕 자료: '○○초등학교, 특색 있는 숙박 시설로 다시 태어난다' 인터넷 기사와 댓글

영상 내용: 새로 조성될 숙박 시설 소개

- **첫째 장면(#1):** 기사의 제목을 활용한 영상 제목으로 시작
- **둘째 장면(#2):** 시설 조성으로 달라질 전후 상황을 시각·청각적으로 대비시켜 표현
- **셋째 장면(#3):** 건물 내부와 외부에 조성될 공간의 구체적 모습을 방문객의 동선에 따라 순차적으로 제시
- **넷째 장면(#4):** 지역 관광 거점으로서의 지리적 위치와 이를 통한 기대 효과를 한 화면에 제시
- **다섯째 장면(#5):** 기사의 댓글을 참고해서 시설을 이용할 방문객들의 모습을 그림으로 그려 연속적으로 제시

정답 선지 분석

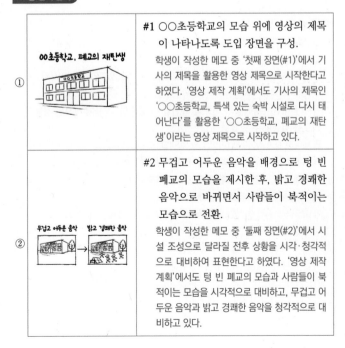

영상 제작 계획	
장면 스케치	장면 구성
③	#3 숙박 시설에 대한 정보를 건물 내·외부 공간으로 나누어 한눈에 볼 수 있도록 항목화하여 제시. 학생이 작성한 메모 중 '셋째 장면(#3)'에서는 건물 내·외부에 조성될 공간의 구체적 모습을 방문객의 동선에 따라 순차적으로 제시한다고 하였다. 하지만 '영상 제작 계획'의 셋째 장면(#3)에서는 메모의 내용과 달리 주요 시설을 건물 내부 공간과 외부 공간으로 나누어 한눈에 볼 수 있도록 항목화하여 제시하고 있다.

오답 선지 분석

①	#1 ○○초등학교의 모습 위에 영상의 제목이 나타나도록 도입 장면을 구성. 학생이 작성한 메모 중 '첫째 장면(#1)'에서 기사의 제목을 활용한 영상 제목으로 시작한다고 하였다. '영상 제작 계획'에서도 기사의 제목인 '○○초등학교, 특색 있는 숙박 시설로 다시 태어난다'를 활용한 '○○초등학교, 폐교의 재탄생'이라는 영상 제목으로 시작하고 있다.
②	#2 무겁고 어두운 음악을 배경으로 텅 빈 폐교의 모습을 제시한 후, 밝고 경쾌한 음악으로 바뀌면서 사람들이 북적이는 모습으로 전환. 학생이 작성한 메모 중 '둘째 장면(#2)'에서 시설 조성으로 달라질 전후 상황을 시각·청각적으로 대비하여 표현한다고 하였다. '영상 제작 계획'에서도 텅 빈 폐교의 모습과 사람들이 북적이는 모습을 시각적으로 대비하고, 무겁고 어두운 음악과 밝고 경쾌한 음악을 청각적으로 대비하고 있다.

④	#4 숙박 시설을 중심으로 인근 관광 자원의 위치를 표시하고, 관광 자원과의 연계로 기대되는 효과를 자막으로 구성. 학생이 작성한 메모 중 '넷째 장면(#4)'에서는 지역 관광 거점으로서의 지리적 위치와 이를 통한 기대 효과를 한 화면에 제시한다고 하였다. '영상 제작 계획'에서도 마인드맵의 형식으로 인근 관광 자원의 위치를 표시하고, 관광 자원과의 연계로 기대되는 효과를 제시하고 있다.
⑤	#5 가족 단위 관광객이 물놀이장, 캠핑장, 카페 등을 즐겁게 이용하는 모습을 제시. 앞의 그림이 사라지면서 다음 그림이 나타나도록 구성. 학생이 작성한 메모 중 '다섯째 장면(#5)'에서는 기사의 댓글을 참고해서 시설을 이용할 방문객들의 모습을 그림으로 그려 연속적으로 제시한다고 하였다. '영상 제작 계획'에서도 기사의 댓글에서 언급되었던 물놀이, 캠핑, 카페를 가족 여행을 온 사람들이 즐기는 모습을 그림으로 제시하고 있다.

독서　　국내의 배터리 산업

▶ **빠른 정답 체크**　　**01** ④　　**02** ③　　**03** ③　　**04** 저렴한, 낮다

미래 산업의 핵심으로 꼽히는 배터리는 한 번 방전되면 재사용
　　　　　　　　　　　　　　배터리의 종류 ① – 일차전지
할 수 없는 <u>일차전지</u>와 충전을 반복하며 사용할 수 있는 <u>이차전지</u>
　　　　　　　　　　　　　　배터리의 종류 ② – 이차전지
로 구분된다. 이차전지는 <u>휴대전화를 비롯한 소형 가전</u>에서 주로
　　　　　　　　　　　　　　이차전지의 사용처 ①
사용되었는데, 최근 <u>전기차 시장</u>이 확대되며 중·대형 이차전지
　　　　　　　　　　　　이차전지의 사용처 ②
수요가 연평균 10% 이상 급증하는 추세이다.
　　　　　　　　　　　　　　　▶ 1문단: 배터리의 종류

한국은 2011년부터 휴대전화를 비롯한 IT 기기에 사용되는 소형 이차전지 세계시장에서 점유율 1위를 유지하고 있다. 한국이 세계 이차전지 시장에서 성과를 거둘 수 있었던 건 주력상품
인 ⊙ <u>삼원계 배터리</u> 덕분이다. 삼원계 배터리는 <u>리튬을 기반으</u>
　　　한국의 주력상품　　　　　　　　삼원계 배터리의 개념
로 세 가지 물질을 사용한 배터리를 일컫는데, 일반적으로 <u>코발</u>
<u>트·망간·니켈을 사용</u>한다. 삼원계 배터리는 <u>생산단가가 높으나,</u>
삼원계 배터리의 원료　　　　　　　　　삼원계 배터리의 단점
<u>에너지를 많이 저장할 수 있고 부피가 작다</u>는 장점이 있어 전기
　　　　　삼원계 배터리의 장점
차에 주로 장착된다. 삼원계 배터리 시장을 선점한 덕분에 한국은 2021년 유럽에서 배터리 판매율 1위(시장 점유율 71.4%)를 달성했다.
　　　　　　　　　▶ 2문단: 한국의 주력상품인 삼원계 배터리

한국 배터리의 시장 점유율은 높은 편이지만, 업계에선 한계 역시 뚜렷하다고 지적한다. 가장 큰 문제는 <u>배터리 원자재의 해외</u>
　　　　　　　　　　　　　　　한국의 배터리 산업의 한계 ①
<u>의존도가 높다</u>는 점이다. 배터리 생산 비용의 70~80%가 원료 구매비인 만큼 원자재는 <u>배터리의 가격 경쟁력을 결정짓는 중요한</u>
　　　　　　　　　　　　　原자재 확보가 중요한 이유

요소이다. 이차전지에 흔히 사용되는 핵심원료로는 리튬·니켈·코발트·흑연·망간·구리 등이 있다. 문제는 이들 원료를 구하기 위해서는 경쟁국인 중국을 거쳐야만 한다는 점이다. 리튬, 니켈, 코
_{한국과 중국은 배터리 산업에서 경쟁하고 있음}
발트 광산들은 중국 기업 소유라 중국이 한국을 견제하기 위해 배
_{배터리 원자재의 해외 의존도를 낮춰야 하는 이유}
터리 원료 수출을 규제할 경우 타격이 클 것으로 예상된다.
▶ 3문단: 한국의 배터리 산업의 한계 ① - 배터리 원자재의 해외 의존도
타국의 신제품 개발 양상도 무시할 수 없다. 중국은 삼원계 배
_{한국의 배터리 산업의 한계 ②}
터리가 아닌 LFP 배터리를 주력으로 생산한다. LFP 배터리는
_{중국의 주력상품}
코발트보다 저렴한 철과 인산으로 제작되기 때문에 삼원계 배터리에 비해 생산원가가 70~80% 정도 낮다. 대신 LFP 배터리는
_{LFP 배터리의 장점}
부피가 크고 에너지 저장량이 낮아 그동안 널리 쓰이지 않았으나
_{LFP 배터리의 단점}
최근 중국이 기술 개발을 통해 LFP 배터리의 효율을 삼원계 배
_{중국은 LFP 배터리의 단점을 해결함}
터리의 70% 선까지 끌어올려 현재 테슬라, 벤츠, 포드 등 전기차 생산 기업들이 생산원가를 줄이기 위해 LFP 배터리 도입을 재고하는 것으로 알려졌다.
▶ 4문단: 한국의 배터리 산업의 한계 ② - 타국의 신제품 개발 양상
국내 기업들은 이에 대응해 코발트 비중을 낮춘 코발트 제로
_{기업 차원의 노력 ①}
배터리를 개발하고 해외 광산업체들과 계약을 체결해 공급망 다
_{기업 차원의 노력 ②}
변화에 힘쓰고 있다. 정부 역시 배터리를 반도체, 백신과 함께 경제 안보와 직결된 국가 전략기술로 보고, 해당 분야에 투자하는
_{정부 차원의 노력}
기업에는 세액* 공제* 혜택을 주는 등 한국 배터리의 국제 경쟁력 향상에 앞장서고 있다.
▶ 5문단: 한계를 극복하기 위한 노력

* 세액(稅額): 조세의 액수.
* 공제(控除): 받을 몫에서 일정한 금액이나 수량을 뺌.

01   내용 전개 방식 파악하기   답 | ④

윗글에 대한 설명으로 가장 적절한 것은?

정답 선지 분석

④ 대상의 한계와 이에 대한 해결책을 제시하고 있다.
　윗글은 한국의 배터리 산업을 다루고 있다. 3~4문단에서 한국의 배터리 산업의 한계를 제시하고, 5문단에서 이에 대한 해결책을 제시하고 있다

오답 선지 분석

① 대상에 대한 통념을 반박하고 있다.
　윗글에는 한국의 배터리 산업에 대한 통념이 드러나 있지 않으며, 이를 반박하고 있지도 않다.

② 대상의 구성 요소를 기능별로 분석하고 있다.
　윗글은 배터리의 재료를 분석하고 있기는 하지만, 구성 요소를 기능별로 분석하고 있지는 않다.

③ 대상의 발달에 대한 상반된 관점을 소개하고 있다.
　윗글에는 한국의 배터리 산업의 발달에 대한 상반된 관점이 소개되어 있지 않다.

⑤ 대상에 대한 전문가의 상반된 견해를 인용하고 있다.
　윗글에는 대상에 대한 전문가의 견해가 인용되어 있지 않다.

02   세부 내용 파악하기   답 | ③

㉠에 대한 설명으로 적절하지 않은 것은?

정답 선지 분석

③ 한국과 중국이 이차전지 시장에서 경쟁하는 주력상품이다.
　2문단에서 한국의 주력상품으로 삼원계 배터리를 언급하기는 했지만, 4문단에서 중국은 삼원계 배터리가 아닌 LFP 배터리를 주력으로 생산한다고 하였다.

오답 선지 분석

① 원자재의 해외 의존도가 높다는 한계가 있다.
　3문단에 따르면, 한국의 배터리는 배터리 원자재의 해외 의존도가 높다는 한계가 있으며 2문단을 통해 삼원계 배터리가 한국의 주력상품임을 알 수 있다.

② 리튬을 기반으로 세 가지 물질을 사용한 배터리이다.
　2문단에 따르면, 삼원계 배터리는 리튬을 기반으로 세 가지 물질을 사용한 배터리를 일컫는다.

④ 한국이 이차전지 시장에서 높은 점유율을 갖게 한 상품이다.
　2문단에 따르면, 한국은 삼원계 배터리 시장을 선점한 덕분에 2011부터 소형 이차전지 세계시장에서 점유율 1위를 유지하고 있다.

⑤ LFP 배터리보다 부피가 작지만 더 많은 에너지를 저장할 수 있다.
　2문단과 4문단에 따르면, 삼원계 배터리는 LFP 배터리에 비해 부피가 작고 더 많은 에너지를 저장할 수 있다.

03   구체적 사례에 적용하기   답 | ③

윗글을 참고할 때, 보기 와 같은 상황에 대한 대응으로 적절하지 않은 것은?

보기

　한국의 주력상품인 삼원계 배터리에는 코발트가 사용되는데, 전체 매장량이 70%가 콩고민주공화국에 있다. 콩고민주공화국의 대규모 코발트 광산들은 중국 기업 소유이기 때문에 한국은 코발트의 87%를 중국을 통해 수입하고 있다. 하지만 최근 중국이 한국에 대해 수출을 규제하기 시작했다.

정답 선지 분석

③ 국내 기업이 배터리 산업을 국가 전략기술로 분류한다.
　5문단에 따르면, 배터리 원자재의 해외 의존도라는 한계를 극복하기 위해 배터리 산업을 국가 전략기술로 분류하는 방법이 제시되어 있으나 이 주체는 국내 기업이 아닌 정부이다.

오답 선지 분석

① 국내 기업이 코발트 제로 배터리를 개발한다.
　5문단에 따르면, 국내 기업은 코발트 비중을 낮춘 코발트 제로 배터리를 개발하고 있다. 〈보기〉에서 중국을 통해 코발트를 수입하는 것이 어려워진 상황을 제시하고 있으므로 이에 대응하는 방법으로 적절하다.

② 국내 기업이 해외 공급망을 다변화하도록 노력한다.
　5문단에 따르면, 국내 기업은 해외 광산업체들과 계약을 체결해 공급망 다변화에 힘쓰고 있다. 〈보기〉에서 콩고민주공화국의 대규모 코발트 광산들은 중국 기업 소유인데, 중국이 한국에 대해 수출을 규제하기 시작했다는 상황을 제시하고 있으므로 이에 대응하는 방법으로 적절하다.

④ 정부가 국내 기업에 세액 공제 혜택을 주어 국가 경쟁력을 높인다.
　5문단에 따르면, 정부는 배터리 분야에 투자하는 기업에 세액 공제 혜택을 주고 있다. 〈보기〉에서 배터리 원자재를 해외에 의존하고 있는 상황을 제시하고 있고, 3문단에서 원자재는 배터리의 가격 경쟁력을 결정짓는 중요한 요소라고 했으므로 이에 대응하는 방법으로 적절하다.

⑤ 정부가 주도하여 배터리 분야에 대한 국내 기업의 투자를 장려한다.
　5문단에 따르면, 정부는 배터리 분야에 투자하는 기업에 세액 공제 혜택을 주어 기업이 배터리 분야에 투자할 수 있는 환경을 만들고 있다. 〈보기〉에서 배터리 원자재를 해외에 의존하고 있는 상황을 제시하고 있고, 3문단에서 원자재는 배터리의 가격 경쟁력을 결정짓는 중요한 요소라고 했으므로 이에 대응하는 방법으로 적절하다

빈칸에 들어갈 말을 골라 차례대로 쓰시오.

> 중국의 LFP 배터리는 삼원계 배터리보다 (비싼 / 저렴한) 원료로 제작되기 때문에 생산원가가 (높다 / 낮다).

정답

저렴한, 낮다

문학 1   **봉선화가(작자 미상)**

빠른 정답 체크   **01** ④   **02** ③   **03** ④   **04** 향기, 나비, 벌

규방에 일이 없어 백화보*를 펼쳐 보니
□: 화자가 여성임을 알 수 있는 시어
㉠ 봉선화 이 이름을 누가 지었는가

신선의 옥소* 소리 자연*으로 사라진 후에
피리를 잘 불던 농옥이 신선이 되어 하늘로 올라갔다는 고사 인용
규중에 남은 인연 한 가지 꽃에 머무르니
농옥이 지상에서의 인연을 봉선화에 머물게 함
『㉡ 유약한 푸른 잎은 봉황의 꼬리가 넘노는 듯
『』: 봉선화라는 이름의 유래   ○: 직유법
자약히* 붉은 꽃은 자하군*을 헤쳐 놓은 듯』
▶ 백화보에서 본 봉선화 이름의 유래

┌ 백옥섬* 깨끗한 흙에 촘촘히 심어 내니
│ 춘삼월이 지난 후에 향기 없다 웃지 마소
[A] │   정숙함
│ 취한 나비 미친 벌이 따라올까 저어하네*
│ 방탕하고 경박스러운 남자
└ 정정한* 저 기상을 여자 외에 뉘 벗할까
봉선화의 기상은 여자만이 알 수 있음   ▶ 향기 없는 봉선화
㉢ 옥난간에서 긴긴 날 보아도 다 못 보아
봉선화를 보아도 보아도 질리지 않음
사창*을 반쯤 열고 차환*을 불러내어

다 핀 꽃을 캐어다가 수상자*에 담아 놓고

바느질을 끝낸 후에 안채에 밤이 깊고 납촉*이 밝았을 제
시간적 배경
차츰차츰 꼿꼿이 앉아 흰 구슬을 갈아서
백반
빙옥 같은 손 가운데 난만히* 개어 내어

『㉣ 파사국* 저 제후의 홍산호를 헤쳐 놓은 듯
『』: 봉선화의 붉은색을 비유적으로 묘사함
심궁* 풍류 절구의 홍수궁*을 빻아 낸 듯』

『섬섬한* 열 손가락을 수실로 감아 내니
『』: 봉선화로 손톱에 물을 들임
종이 위의 붉은 물이 희미하게 스미는 모양이

미인의 얇은 뺨에 홍노*를 끼친 듯
홍조가 어리는 듯
단단히 봉한 모양 춘나옥자* 일봉서*를 왕모*에게 부치는 듯
▶ 손톱에 봉선화 물을 들이는 과정
봄잠을 늦게 깨어 차례로 풀어 놓고
손톱에 감았던 실과 종이를 풀어냄
옥경대*를 대하여서 눈썹을 그리려니

난데없이 붉은 꽃이 가지에 붙어 있는 듯
손톱에 든 봉선화 물

손으로 잡으려니 분분히 흩어지고
손톱에 든 봉선화 물을 꽃으로 생각하여 잡으려고 함
입으로 불려 하니 안개에 섞여 가리는구나
거울에 서린 입김
여자 친구를 서로 불러 낭낭히* 자랑하고

꽃 앞에 나아가서 두 빛깔 비교하니

㉤ 쪽잎의 푸른 물이 쪽보다 더 푸르단 말 이 아니 옳을쏜가
청출어람 → 손톱에 물들인 빛깔이 진짜 봉선화의 빛깔보다 더 붉음
▶ 봉선화 물이 든 손의 아름다움
- 작자 미상, 〈봉선화가〉 -

* 백화보(百花譜): 온갖 꽃에 대한 설명을 쓴 책.
* 옥소(玉簫): 옥으로 만든 퉁소.
* 자연(紫煙): 보랏빛 연기.
* 자약히(自若히): 큰일을 당해서도 놀라지 아니하고 보통 때처럼 침착하게.
* 자하군(紫霞裙): 신선의 옷.
* 백옥섬(白玉섬): 희고 고운 섬돌.
* 저어하다: 염려하거나 두려워하다.
* 정정하다(貞靜하다): 여자의 행실이 곧고 깨끗하며 조용하다.
* 사창(紗窓): 여인이 지내는 방의, 비단으로 바른 창.
* 차환(叉鬟): 주인을 가까이에서 모시는 젊은 계집종.
* 수상자(繡箱子): 수놓는 도구들을 넣어 놓는 상자.
* 납촉(蠟燭): 밀랍으로 만든 초.
* 난만히(爛漫히): 광채가 강하고 선명하게.
* 파사국(波斯國): 페르시아.
* 심궁(深宮): 깊은 대궐 안.
* 홍수궁(紅守宮): 붉은 도마뱀.
* 섬섬하다(纖纖하다): 가냘프고 여리다.
* 홍노(紅露): 붉은 이슬.
* 춘나옥자(春羅玉字): 비단에 옥으로 박은 글씨.
* 일봉서(一封書): 봉투에 넣어서 봉한 한 통의 편지.
* 왕모(王母): 신선이 산다는 곤륜산에 사는 선녀.
* 옥경대(玉鏡臺): 옥으로 된 화장대.
* 낭낭히(朗朗히): 즐거운 마음으로.

---

01 표현상의 특징 파악하기   답 | ④

윗글에 대한 설명으로 가장 적절한 것은?

정답 선지 분석

④ 특정한 행위의 과정을 묘사하여 구체적으로 드러내고 있다.
'차츰차츰 꼿꼿이 앉아 흰 구슬을 갈아서~단단히 봉한 모양 춘나옥자 일봉서를 왕모에게 부치는 듯'에서 봉선화 꽃으로 손톱에 물을 들이는 행위의 과정을 묘사하여 구체적으로 드러내고 있다.

오답 선지 분석

① 시각적 이미지를 사용하여 대상을 비판하고 있다.
'유약한 푸른 잎은', '자약히 붉은 꽃은' 등에서 시각적 이미지를 사용했으나 이는 대상을 묘사하고 있는 것이지, 대상을 비판하고 있는 것이 아니다.

② 평범한 소재를 활용하여 반성적인 태도를 보이고 있다.
'봉선화'라는 평범한 소재를 활용했으나 반성적인 태도를 보이는 것은 아니다.

③ 공간의 이동을 통해 대상의 변화 과정을 묘사하고 있다.
'백옥섬 깨끗한 흙에 촘촘히 심어 내니', '다 핀 꽃을 캐어다가'에서 봉선화의 변화 과정을 묘사했다고 할 수는 있지만, 공간의 이동이 드러나지는 않는다.

⑤ 여성적 시어를 사용하여 대상에 대한 그리움을 표현하고 있다.
'규방', '사창', '수상자' 등 여성적 시어를 사용했으나 이를 통해 봉선화에 대한 그리움을 표현하고 있는 것은 아니다.

02 시구의 의미 파악하기   답 | ③

㉠~㉤에 대한 설명으로 적절하지 않은 것은?

정답 선지 분석

③ ㉢: 과장법을 활용하여 봉선화를 기다리는 마음을 드러내고 있다.
'옥난간에서 긴긴 날 보아도 다 못 보아'는 봉선화를 아무리 보아도 질리지 않는 마음을 드러내는 것이다. 봉선화를 기다리는 마음을 드러내는 것이 아니다.

오답 선지 분석

① ㉠: 설의법을 활용하여 문답의 형식으로 내용을 전개할 것을 알 수 있다.
㉠에서 의문문의 형식을 취한 설의법을 활용하여 봉선화라는 이름의 유래가 이어질 것을 알 수 있다.

② ㉡: 비유법을 활용하여 봉선화라는 이름의 유래를 설명하고 있다.
㉡에서 비유법(직유법)을 활용하여 봉선화라는 이름의 '봉'이 잎사귀의 모양이 봉황의 꼬리가 닮았기 때문에 붙여진 것임을 설명하고 있다.

④ ㉣: 비유법을 활용하여 봉선화 꽃잎의 빛깔을 예찬하고 있다.
㉣에서 비유법(직유법)을 활용하여 봉선화의 붉은색을 페르시아 제후의 홍산호에 비견하여 예찬하고 있다.

⑤ ㉤: 관용적 표현을 활용하여 손톱의 빛깔을 강조하고 있다.
㉤에서 '청출어람'과 관련된 관용적 표현을 활용하여 손톱의 붉은색이 봉선화 꽃의 붉은색보다 짙음을 강조하고 있다.

03 작품의 다른 부분과 비교하기   답 | ④

보기 는 윗글의 뒷부분이다. 윗글과 보기 를 비교한 내용으로 적절하지 않은 것은?

보기

창문을 급히 열고 꽃 수풀을 살펴보니
땅 위에 붉은 꽃이 가득히 수놓았다
암암히 슬퍼하고 낱낱이 주워 담아
꽃에게 말 붙이기를 그대는 한스러워 마소
해마다 꽃 빛은 의구하니
하물며 그대 자취 내 손에 머물렀지
동산의 도리화는 편시춘을 자랑 마소
이십 번 꽃바람에 적막히 떨어진들 뉘라서 슬퍼할까
규중에 남은 인연 그대 한 몸뿐이로세
봉선화 이 이름을 누가 지었는가 이러하여 지었구나

* 암암히(黯黯히): 속이 상하여 시무룩하게.
* 의구하다(依舊하다): 옛날 그대로 변함이 없다.
* 도리화(桃李花): 복숭아꽃과 자두꽃을 아울러 이르는 말.
* 편시춘(片時春): 잠깐 지나는 봄.

정답 선지 분석

④ 윗글과 〈보기〉 모두 대구법을 활용하여 봉선화를 묘사하고 있다.
윗글은 '유약한 푸른 잎은 봉황의 꼬리가 넘노는 듯 / 자약히 붉은 꽃은 자하군을 헤쳐 놓은 듯' 등에서 대구법을 활용하여 봉선화를 묘사하고 있지만, 〈보기〉에서는 대구법을 활용하지 않았다.

오답 선지 분석

① 〈보기〉는 윗글과 달리 봉선화와 다른 꽃을 비교하고 있다.
〈보기〉는 '해마다 꽃 빛은 의구하'고 자취가 화자의 손에 머무른 봉선화와, '이십 번 꽃바람에 적막히 떨어진들' 슬퍼할 사람이 없는 '동산의 도리화'를 비교하고 있다. 윗글에서는 봉선화와 다른 꽃을 비교하고 있지 않다.

② 〈보기〉는 윗글과 달리 봉선화에게 말을 거는 모습이 나타나고 있다.
〈보기〉는 '꽃에게 말 붙이기를'이라고 하며 '그대는 한스러워 마소~그대 한 몸뿐으로세'라고 봉선화에게 말을 걸고 있다. 윗글에서는 봉선화에게 말을 거는 모습이 나타나지 않았다.

③ 윗글은 〈보기〉와 달리 봉선화를 다른 대상에 비유하여 표현하고 있다.
윗글은 '유약한 푸른 잎은 봉황의 꼬리가 넘노는 듯 / 자약히 붉은 꽃은 자하군을 헤쳐 놓은 듯' 등에서 봉선화를 다른 대상에 비유하여 표현하고 있다. 〈보기〉에서는 봉선화를 다른 대상에 비유하여 표현하지 않았다.

⑤ 윗글과 〈보기〉 모두 색채 이미지를 활용하여 봉선화를 묘사하고 있다.
윗글은 '푸른 잎', '붉은 꽃', '붉은 물' 등에서 색채 이미지를 활용하여 봉선화를 묘사하고 있고, 〈보기〉 또한 '땅 위에 붉은 꽃이 가득히 수놓았다'에서 색채 이미지를 활용하여 봉선화를 묘사하고 있다.

04 작품의 내용 파악하기

ⓐ~ⓒ에 들어갈 말을 윗글에서 찾아 차례대로 쓰시오.
(단, ⓐ와 ⓑ는 2음절, ⓒ는 1음절로 쓸 것.)

[A]에서 화자가 정숙한 여인을 (ⓐ)이/가 없는 봉선화에, 방탕하고 경박스러운 남자들을 (ⓑ)와/과 (ⓒ)에 비유하고 있다고 해석할 수 있다.

정답

향기, 나비, 벌

문학 2   꺼삐딴 리(전광용)

빠른 정답 체크   01 ④   02 ⑤   03 ④   04 일본말

1945년 8월 하순*.
　　현재 시점
아직 해방의 감격이 온 누리를 뒤덮어 소용돌이칠 때였다.
　　　　　　　　　　　　해방 직후임을 알 수 있음
말복*도 지난 날씨언만 여전히 무더웠다. 이인국 박사는 이 며
칠 동안 불안과 초조에 휘둘려 잠도 제대로 자지 못했다. 무엇인
　　　　　　　　　자신의 친일 행위 때문에 불안해함
가 닥쳐올 사태를 오들오들 떨면서 대기하는 상태였다.
　　친일파 청산
그렇게 붐비던 환자도 얼씬하지 않고 쉴 사이 없던 전화도 뜸하
　　　　　　　　　이인국의 병원은 주로 일본인 환자를 대상으로 함
여졌다. 입원실은 최후의 복막염 환자였던 도청의 일본인 과장이
　　　　　　　　　　　　　　해방 직후 일본인들이 보복을 받았음
끌려간 후 텅 비었다.

조수와 약제사*는 궁금증이 나서 고향에 다녀오겠다고 떠나갔
고 서울 태생인 간호원 혜숙만이 남아 빈집 같은 병원을 지키고
　　　후에 이인국과 결혼함
있었다.

이 층 십 조 다다미방에 훈도시*와 유카타* 바람에 뒹굴고 있던
　　　　　　　　　　　　　　일본식 복장
이인국 박사는 견디다 못해 부채를 내던지고 일어났다.

그는 목욕탕으로 갔다. 찬물을 펴서 대야째로 머리에서부터 몇
번이고 내리부었다. 등줄기가 시리고 몸이 가벼워졌다.

그러나 수건으로 몸을 닦으면서도 무엇인가 짓눌려 있는 것 같
<u>은 가슴 속의 갑갑증을 가셔 낼 수는 없었다.</u>
몸은 시원해졌으나 마음은 여전히 답답함

그는 창문으로 기웃이 한길* 가를 내려다보았다. 우글거리는 군
중들은 아직도 소음 속으로 밀려가고 있다.

굳게 닫혀 있는 은행 철문에 붙은 벽보가 한길을 건너 하얀 윤
곽만이 두드러져 보인다.

아니 그곳에 씌어 있는 구절. / '친일파, 민족 반역자를 타도하자*.'
해방 직후 조선의 분위기

옆에 붙은 동그라미를 두 겹으로 친 글자가 그대로 눈앞에 선명
하게 보이는 것만 같다.

어제 저물녘에 그것을 처음 보았을 때의 전율이 되살아왔다.

순간 이인국 박사는 방 쪽으로 머리를 홱 돌렸다. / '나야 괜찮
자신의 잘못을 반성하지 않음
겠지…….'

혼자 뇌까리면서 그는 다시 부채를 들었다. 그러나 벽보를 들여
다보고 있을 때 자기와 눈이 마주치는 순간, 일그러지는 얼굴에
<u>경멸인지 통쾌인지 모를 웃음을 비죽이 흘리면서 아래위로 훑어</u>
이인국에 대한 춘석의 태도
보던 그 춘석이 녀석의 모습이 자꾸만 머릿속으로 엄습하여 어두
육 개월 전에 이인국의 병원을 찾아온 환자
운 밤에 거미줄을 뒤집어쓴 것처럼 께름칙칙하기만 했다.

그깐놈 하고 머리에서 씻어 버리려 해도 거머리처럼 자꾸만 감
아 붙는 것만 같았다.

벌써 육 개월 전의 일이다.
과거 회상 → 일제 강점기
형무소에서 병보석*으로 가출옥되었다는* 중환자가 업혀서 왔
다. / 휑뎅그런 눈에 앙상하게 뼈만 남은 몸을 제대로 가누지도
못하는 환자. 그는 간호원의 부축으로 겨우 진찰을 받았다.

청진기의 상아 꼭지를 환자의 가슴에서 등으로 옮겨 두 줄기의
고무줄에서 감득되는* 숨소리를 감별하면서도, 이인국 박사의 머
릿속은 <u>최후 판정의 분기점*</u>을 방황하고 있었다.
환자를 입원시킬지 거절할지 고민함
입원시킬 것인가, 거절할 것인가……

<u>환자의 몰골이나 업고 온 사람의 옷매무새로 보아 경제 정도는</u>
환자의 경제 사정이 좋지 않을 것이라고 판단함
뻔한 일이라 생각되었다.

그러나 그것보다도 더 마음에 켕기는 것이 있었다. 「일본인 간부
급들이 자기 집처럼 들락날락하는 이 병원에 이런 사상범*을 입
이인국의 병원의 특징
원시킨다는 것은 관선* 시의원이라는 체면에서도 떳떳지 못할뿐
독립운동을 한 사람을 입원시킨다는 것
더러, 자타가 공인하는 모범적인 황국 신민*의 공든 탑이 하루아
이인국은 친일파였음
침에 무너지는 결과를 가져오는 것이라는 생각이 들었다.」
『 』: 이인국이 환자의 입원을 거절한 이유
순간 그는 이런 경우의 가부 결정에 일도양단하는* 자기식으로
환자를 거절하기로 함

찰나적인 단안*을 내렸다.

그는 응급 치료만 하여 주고 입원실이 없다는 가장 떳떳하고도
반어법 → 실제로는 핑계임
정당한 구실로 애걸하는 환자를 돌려보냈다. / 환자의 집이 병원
에서 멀지 않은 건너편 골목 안에 있다는 것은 후에 간호원에게
환자와 이인국은 언제든지 다시 마주칠 수 있었음
서 들었다. 그러나 그쯤은 예사로운 일이었기에 <u>그는 그대로 아</u>
무렇지도 않게 흘려 버렸다.
환자의 집이 가깝다는 것을 신경 쓰지 않음

(중략)

갑자기 밖이 왁자지껄 떠들어 대었다. 머리에 깍지를 끼고 비스
듬히 누워서 갈피를 잡을 수 없는 생각에 골몰하던 이인국 박사
는 일어나 앉아 한길 쪽에 귀를 기울였다. 들끓는 소리는 더 커갔
다. 궁금증에 견디다 못해 그는 엉거주춤 꾸부린 자세로 밖을 내
다보았다. 포도*에 뒤끓는 사람들은 손에 손에 태극기와 적기*를
당시 소련은 공산주의 국가였음
들고 환성을 울리고 있었다.

'무엇일까?' / 그는 고개를 갸웃하며 다시 자리에 주저앉았다.

계단을 구르며 급히 올라오는 발자국 소리가 들려 왔다. 혜숙이다.

"아마 소련군이 들어오나 봐요. 모두들 야단법석이에요……."

숨을 헐떡이며 이야기하는 혜숙이의 말에 이인국 박사는 아무
대꾸도 없이 눈만 껌벅이며 도로 앉았다. 여러 날에 라디오에서
<u>오늘 입성* 예정이라고 했으니 인제 정말 오는가보다 싶었다.</u>
소련군이 들어온다는 소식에 놀라지 않음
혜숙이 내려간 뒤에도 이인국 박사는 한참 동안 아무 거동도 못
하고 바깥쪽을 내다보고만 있었다. / 무엇을 생각했던지 그는 움
찔 자리에서 일어났다. 그리고는 벽장문을 열었다. 안쪽에 손을
뻗쳐 액자들을 끄집어내었다.
여기에서의 '국어'는 일본어를 의미함
'국어 상용의 가(家)' / 해방되던 날 떼어서 집어넣어 둔 것을 그
친일을 한 과거를 숨기기 위한 행동 ①
동안 깜박 잊고 있었다.

그는 액자의 뒤를 열어 음식점 면허장 같은 두터운 모조지를 빼
내어 글자 한 자도 제대로 남지 않게 손끝에 힘을 주어 꼼꼼히 찢
친일을 한 과거를 숨기기 위한 행동 ②
었다.

이 종잇장 하나만 해도 일본인과의 교제에 있어서 얼마나 떳떳
'국어 상용의 가'가 쓰인 종이   조선인이지만 친일파로서 인정받았기 때문
한 구실을 할 수 있었던 것인가. 야릇한 미련 같은 것이 섬광처럼
일제 강점기에 누린 혜택을 아쉬워함
머릿속을 스쳐 갔다.

「환자도 일본말 모르는 축은 거의 오는 일이 없었지만 대외 관계
『 』: 이인국이 '국어 상용의 가' 액자를 받게 된 배경
는 물론 집안에서도 일체 일본말만을 써왔다. 해방 뒤 부득이 써
오는 제 나라 말이 오히려 의사 표현에 어색함을 느낄 만큼 그에
조선어
게는 거리가 먼 것이었다.
그동안 일본어만 써 왔기 때문에 조선어가 더 어색함

마누라의 솔선수범하는 내조지공도 컸지만 애들까지도 곧잘 지
켜 주었기에 이 종잇장을 탄 것이 아니던가.」 그것을 탄 날은 온

집안이 무슨 경사나 난 것처럼 기뻐들 했다.

"잠꼬대까지 국어로 할 정도가 아니면 이 영예로운 기회야 얻을
　　　　일본어　　　　　　　　　　'국어 상용의 가' 액자를 받는 것
수 있겠소." 하던 국민 총력 연맹 지부장의 웃음 띤 치하* 소리가
떠올랐다.

- 전광용, 〈꺼삐딴 리〉 -

* 하순(下旬): 한 달 가운데 21일에서 말일까지의 동안.
* 말복(末伏): 삼복(三伏) 가운데 마지막에 드는 복날.
* 약제사(藥劑師): '약사'의 전 용어.
* 훈도시: 일본의 전통적인 남성용 속옷.
* 유카타: 집 안에서 또는 여름철 산책할 때에 주로 입는 일본의 전통 의상.
* 한길: 사람이나 차가 많이 다니는 넓은 길.
* 타도하다(打倒하다): 어떤 대상이나 세력을 쳐서 거꾸러뜨리다.
* 병보석(病保釋): 구류 중인 미결수가 병이 날 경우 그를 석방하는 일.
* 가출옥되다(假出獄되다): '가석방되다'의 전 용어.
* 감득되다(感得되다): 느껴서 알게 되다.
* 분기점(分岐點): 사물의 속성 따위가 바뀌어 갈라지는 지점이나 시기.
* 사상범(思想犯): 현존 사회 체제에 반대하는 사상을 가지고 개혁을 꾀하는 행위
를 함으로써 성립하는 범죄. 또는 그런 죄를 지은 사람. 여기에서는 독립운동을
하는 사람을 의미함.
* 관선(官選): 예전에, 선거를 통하여 뽑는 기구의 성원 가운데 일부를 당국에서
직접 임명하던 일.
* 황국 신민(皇國臣民): 일제 강점기에, 천황이 다스리는 나라의 신하 된 백성이라
하여 일본이 자국민을 이르던 말.
* 일도양단하다(一刀兩斷하다): 어떤 일을 머뭇거리지 아니하고 선뜻 결정하다.
* 단안(斷案): 어떤 사항에 대한 생각을 딱 잘라 결정함. 또는 그렇게 결정된 생각.
* 포도(鋪道): 사람이나 자동차가 다닐 수 있도록 꾸민 비교적 넓은 길.
* 적기(赤旗): 공산주의를 상징하는 기.
* 입성(入城): 성안으로 들어감.
* 치하(致賀): 남이 한 일에 대하여 고마움이나 칭찬의 뜻을 표시함. 주로 윗사람
이 아랫사람에게 한다.

01 서술상의 특징 파악하기　　　　답 | ④

윗글의 서술상의 특징으로 가장 적절한 것은?

정답 선지 분석

④ 현재의 시점에서 과거의 사건을 회상하여 서술하고 있다.

'1945년 8월 하순'이라는 현재의 시점에서, '벌써 육 개월 전의 일이다.'라고 하며 과
거의 사건을 회상하여 서술하고 있다.

오답 선지 분석

① 대화를 통해 인물 사이의 갈등이 드러나고 있다.

윗글에는 대화가 나타나지 않는다.

② 작품 속 관찰자가 주인공의 변화를 표현하고 있다.

윗글은 3인칭 전지적 작가 시점으로, 작품 속의 관찰자가 드러나지 않는다.

③ 주인공의 시점에서 행동과 심리를 직접 전달하고 있다.

윗글의 주인공은 이인국이지만, 주인공의 시점이 아닌 작품 외부의 서술자의 시점에서
이인국의 행동과 심리를 전달하고 있다.

⑤ 대사에 비속어를 사용하여 인물의 성격을 암시하고 있다.

윗글에서 대사에 비속어를 사용한 부분은 찾을 수 없다.

02 작품의 내용 파악하기　　　　답 | ⑤

이인국에 대한 설명으로 적절하지 않은 것은?

정답 선지 분석

⑤ 병원에 환자가 없자 돈을 벌지 못해 초조해하였다.

'그렇게 붐비던 환자도 얼씬하지 않고 쉴 사이 없던 전화도 뜸하여졌다.'라고 하였으
므로 병원에 환자가 없는 상황인 것은 맞다. 그러나 '입원실은 최후의 복막염 환자였
던 도청의 일본인 과장이 끌려간 후 텅 비었다.', '환자도 일본말 모르는 축은 거의 오
는 일이 없었지만'을 통해 이인국의 병원에 오는 환자는 거의 일본인이었으며, 해방이
되었기 때문에 일본인 환자가 병원에 오지 못하게 되었음을 알 수 있다. 이인국이 초조
해하는 것은 병원에 환자가 없어 돈을 벌지 못하기 때문이 아니라, 자신의 친일 행위로
인해 피해를 보게 될까 봐 불안해서이다.

오답 선지 분석

① 핑계를 대어 환자의 입원을 거절하였다.

'그는 응급 치료만 하여 주고 입원실이 없다는 가장 떳떳하고도 정당한 구실로 애걸하
는 환자를 돌려보냈다.'에서 이인국이 입원실이 없다는 핑계를 대어 환자의 입원을 거
절했음을 알 수 있다.

② 환자의 겉모습을 보고 경제력을 판단하였다.

'환자의 몰골이나 업고 온 사람의 옷매무새로 보아 경제 정도는 뻔한 일이라 생각되었
다.'에서 이인국이 환자의 겉모습을 보고 경제 사정이 좋지 않을 것이라고 판단했음을
알 수 있다.

③ 소련군이 온다는 소식을 듣고도 놀라지 않았다.

"아마 소련군이 들어오나 봐요. 모두들 야단법석이에요……."라는 혜숙의 말에 '아무
대꾸도 없이 눈만 껌벅이며 도로 앉았다.', '여러 날에 라디오에서 오늘 입성 예정이라
고 했으니 인제 정말 오는가보다 싶었다.'라고 하는 것에서 이인국이 소련군이 온다는
소식을 듣고도 놀라지 않았음을 알 수 있다.

④ 일제 강점기 때 아이들이 일본어를 쓰게 하였다.

'집안에서도 일체 일본말만을 써왔다.'라고 하는 것과, '국어 상용의 가' 종이에 대해
'애들까지도 곧잘 지켜 주었기에 이 종이장을 탄 것이 아니던가.'라고 하는 것에서 이
인국이 일제 강점기 때 아이들이 일본어를 쓰게 하였음을 알 수 있다.

03 작품의 구성 파악하기　　　　답 | ④

보기 는 윗글의 구성을 정리한 것이다. 보기 를 바탕으로 윗글을 이해한
내용으로 적절하지 않은 것은?

보기

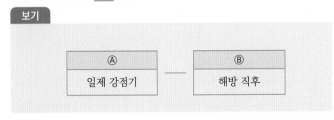

Ⓐ	Ⓑ
일제 강점기	해방 직후

정답 선지 분석

④ Ⓑ에서 이인국은 Ⓐ에서의 행동에 대한 죄책감을 느끼고 있다.

Ⓐ에서 이인국은 '자타가 공인하는 모범적인 황국 신민'으로 살아가는 등 적극적으로
친일을 했다. 그러나 Ⓑ에서 이인국은 '일본인과의 교제에 있어서' '떳떳한 구실을 할
수 있게 해 준 '국어 상용의 가' 종이를 찢으며 '야릇한 미련'을 느끼고, '해방 뒤 부득
이 써 오는 제 나라 말'에 '오히려 의사 표현에 어색함을 느'끼고 있다. Ⓐ에서의 행동
에 대한 죄책감을 느끼고 있다는 근거는 찾아볼 수 없다.

오답 선지 분석

① Ⓐ에서 이인국은 양심보다 외부의 시선을 더 신경 쓰는 모습을 보였다.

Ⓐ에서 이인국은 '형무소에서 병보석으로 가출옥되었다는 중환자'의 입원을 거절하는
데, 이는 '관선 시의원이라는 체면에서도 떳떳하지 못할뿐더러, 자타가 공인하는 모범적
인 황국 신민의 공든 탑이 하루아침에 무너지는 결과를 가져오는 것'이라고 생각했기
때문이다. 의사임에도 환자의 입원을 거절했다는 점에서, 이인국은 양심보다 외부의
시선을 더 신경 썼음을 알 수 있다.

② Ⓐ에서 이인국은 권력층의 눈에 드는 방법으로 언어를 활용하였다.

　Ⓐ에서 이인국은 '대외 관계는 물론 집안에서도 일체 일본말만을 써왔'고, '국어 상용의 가' 종이를 받아 '일본인과의 교제에 있어서' '떳떳한 구실을 할 수 있었'다. 이를 통해 이인국이 일제 강점기의 권력층인 일본인의 눈에 드는 방법으로 언어를 활용했음을 알 수 있다.

③ Ⓑ에서 이인국은 Ⓐ에서의 행동으로 인해 불안함을 느끼고 있다.

　Ⓐ에서 이인국은 적극적으로 친일 행위를 했고, 그렇기 때문에 Ⓑ에서 '불안과 초조에 휘둘려 잠도 제대로 자지 못'하고 '무엇인가 닥쳐올 사태를 오들오들 떨면서 대기하'게 되었다.

⑤ Ⓑ에서 이인국은 Ⓐ에서의 행동의 흔적을 없애고 있다.

　Ⓐ에서 이인국은 적극적으로 친일 행위를 했고, Ⓑ에서 '국어 사용의 가' 종이를 '글자 한 자도 남지 않게 손끝에 힘을 주어 꼼꼼히 찢'어 친일의 흔적을 없애고 있다.

 04 소재의 기능 파악하기

'국어 상용의 가'에서 '국어'가 가리키는 언어를 윗글에서 찾아 3음절로 쓰시오.

정답

일본말

| 본문 | 177쪽

문법 조사의 종류

빠른 정답 체크 ◀ **01** ② **02** ④ **03** 접속, 부사격, 서술격

조사는 일반적으로 체언 뒤에 붙어서 문법적인 관계를 나타
<u>조사의 개념</u>
내거나 의미를 추가하는 의존 형태소로서, 기능과 의미에 따라

격 조사, 접속 조사, 보조사로 나눌 수 있다.
<u>기능과 의미에 따른 조사의 종류</u>
__격 조사__는 체언이 문장 안에서 일정한 자격을 가지게 해 주는
<u>격 조사의 개념</u>
조사로서, 주격, 목적격, 관형격, 부사격, 서술격, 보격, 호격 조

사로 나눌 수 있다. 주격 조사는 '이/가, 에서' 등으로, 체언이 주
~ : 격 조사의 종류
어의 자격을 가지게 하며, 목적격 조사는 '을/를'로, 체언이 목

적어의 자격을 가지게 한다. 관형격 조사는 '의'로, 체언이 관형

어의 자격을 가지게 하며, 부사격 조사는 '에, 에게, 에서, (으)로,

와/과' 등으로, 체언이 부사어의 자격을 가지게 한다. 보격 조사

는 '이/가'로, 서술어 '되다, 아니다' 앞에 오는 체언이 보어의 자

격을 가지게 한다. 서술격 조사는 '이다'로 체언이 서술어의 자격

을 가지게 하고, 호격 조사는 '아/야, (이)시여' 등으로 체언이 호

칭어가 되게 하는 조사이다.

__접속 조사__는 두 단어를 같은 자격으로 이어 주는 조사로
<u>접속 조사의 개념</u>
'와/과'가 대표적이며 '하고, (이)며' 등이 여기에 속한다. __보조사__

는 특별한 의미를 덧붙여 주는 조사로 '도, 만, 까지, 요' 등이 속
<u>보조사의 개념</u>
한다. 보조사는 체언 뒤는 물론이고, 여러 문장 성분 뒤에도 나타
<u>보조사의 특징</u>
날 수 있다.

조사는 서로 겹쳐 쓰기도 하는데, 이를 __조사의 중첩__이라 한다.

그러나 겹쳐 쓸 때 순서가 있다. 주격 조사, 목적격 조사, 보격 조

사, 관형격 조사는 서로 겹쳐 쓸 수 없으나 보조사와는 겹쳐 쓸
<u>주격 조사, 목적격 조사, 보격 조사, 관형격 조사의 중첩</u>
수 있는데, 대체로 보조사의 뒤에 쓴다. 부사격 조사는『부사격 조

사끼리 겹쳐 쓸 수 있고 다른 격 조사나 보조사와도 겹쳐 쓸 수

있는데, 일반적으로 다른 격 조사나 보조사의 앞에 쓴다.』보조사
『 』: 부사격 조사의 중첩
는『보조사끼리 겹쳐 쓸 수 있고 순서도 자유로운 편이지만, 의미
『 』: 보조사의 중첩
가 모순되는 보조사끼리는 겹쳐 쓰기 어렵다.』

---

01 조사의 종류와 특징 파악하기
답 | ②

윗글을 바탕으로 밑줄 친 부분을 분석한 내용으로 적절하지 않은 것은?

정답 선지 분석

② '나는 아버지보다 어머니<u>와</u> 닮았다.'의 '와'는 '어머니'와 '닮았다'를 이어 주
는 접속 조사이다.
'나는 아버지보다 어머니와 닮았다.'에서의 '와'는 부사격 조사로 쓰였다.

오답 선지 분석

① '비가 오는데 바람<u>까지</u> 분다.'의 '까지'는 다시 그 위에 더한다는 의미를 가진
보조사이다.
'까지'는 특별한 의미를 덧붙여 주는 조사인 보조사로, 다시 그 위에 더한다는 의미를
가진다.

③ '우리 동아리<u>에서</u> 학교 축제에 참가하였다.'의 '에서'는 단체 명사 뒤에 쓰이
는 주격 조사이다.
'에서'는 체언이 주어의 자격을 가지게 하는 주격 조사로, 단체 명사 뒤에 쓰인다.

④ '신<u>이시여</u>, 우리를 보살피소서.'의 '이시여'는 어떤 대상을 정중하게 부를 때
쓰는 호격 조사이다.
'이시여'는 체언이 호칭어가 되게 하는 호격 조사로, 어떤 대상을 정중하게 부를 때 쓰
인다.

⑤ '철수는<u>요</u> 밥을<u>요</u> 먹어야 하거든<u>요</u>.'의 '요'는 다양한 문장 성분의 뒤에 쓰여
청자에게 존대의 뜻을 나타내는 보조사이다.
'요'는 특별한 의미를 덧붙여 주는 조사인 보조사로, 청자에게 존대의 뜻을 나타낸다.

---

02 조사의 중첩 이해하기
답 | ④

㉠~㉤을 통해 조사의 중첩을 이해한 내용으로 적절하지 않은 것은?

보기

㉠ 길을 걷다가 철수가를* 만났다.

㉡ 그 말을 한 것이 당신만이(당신이만*) 아니다.

㉢ 그녀는 전원에서의(전원의에서*) 여유로운 삶을 꿈꾼다.

㉣ 모든 관심이 나에게로(나로에게*) 쏟아졌다.

㉤ 빵만도* 먹었다.

*는 비문 표시임.

정답 선지 분석

④ ㉣에서는 부사격 조사와 보조사가 결합할 때 부사격 조사가 보조사 앞에 쓰
였군.
㉣에 쓰인 조사 '에게'와 '로'는 모두 부사격 조사이다.

오답 선지 분석

① ㉠에서는 주격 조사와 목적격 조사는 겹쳐 쓸 수 없음을 확인할 수 있군.
'길을 걷다가 철수가를* 만났다.'에서 주격 조사 '가'와 목적격 조사 '를'은 서로 겹쳐
쓸 수 없다.

② ㉡에서는 보조사와 보격 조사가 결합할 때 보격 조사가 뒤에 쓰였군.
'그 말을 한 것이 당신만이(당신이만*) 아니다.'에서 보조사 '만'과 보격 조사 '이'가 함
께 쓰일 때는 보격 조사가 보조사의 뒤에 쓰인다.

③ ㉢에서는 부사격 조사와 관형격 조사가 결합할 때 관형격 조사가 뒤에 쓰였군.
'그녀는 전원에서의(전원의에서*) 여유로운 삶을 꿈꾼다.'에서 부사격 조사는 다른 격
조사와 겹쳐 쓸 때 다른 격 조사의 앞에 쓰이므로, 부사격 조사 '에서'와 관형격 조사
'의'가 결합할 때 관형격 조사는 부사격 조사의 뒤에 쓰인다.

⑤ ㉤에서는 유일함을 뜻하는 '만'과 더함을 뜻하는 '도'의 의미가 모순되어 겹
쳐 쓰기 어렵군.
'빵만도* 먹었다.'에서 의미가 모순되는 보조사는 겹쳐 쓰기 어려우므로 '만'과 '도'는
겹쳐 쓰지 못한다.

03 조사의 종류 파악하기

ⓐ~ⓒ에 들어갈 말을 차례대로 쓰시오.

(단, 격 조사의 경우 종류를 정확히 밝혀 쓸 것.)

'그 책은 한국과 미국에만 판매된 것이다.'에서 '과'는 (ⓐ) 조사, '에'는 (ⓑ) 조사, '이다'는 (ⓒ) 조사이다.

정답

접속, 부사격, 서술격

독서 | 사진의 초점

빠른 정답 체크 01 ③ 02 ② 03 ① 04 깊게, 전체적으로

사진을 찍을 때는 어디에 초점을 맞추는 게 좋을까? 초점은 노출*과 더불어 사진의 주제를 드러내는 가장 효과적인 방법일 뿐만
초점의 특징 ①
아니라, 명확한 초점은 사진에 힘을 실어준다. 특히 초점은 사진을 보는 사람의 시선을 집중시켜서 주제의 의미를 강조한다. 따라서
초점의 특징 ②
초점을 맞출 때는 사진의 주제를 가장 잘 나타낼 수 있는 피사체*를 기준으로 삼는 것이 좋다. 물론, 동물이나 사람을 찍을 때 눈동자에 초점을 맞추는 것처럼 형태나 대상에 따라 선명하게 표현해야 하는 지점이 관행적*으로 정해져 있는 경우도 있다. 반면에 의미적인 초점은 사진을 찍는 사람의 주장이나 전하고 싶은 이야
의미적인 초점
기를 중심으로 초점을 선택하는 것을 뜻한다. 이 경우에 초점은 관점과 주제에 따라 달라진다.
▶ 1문단: 초점의 특징

예를 들어 많은 사람이 모인 장소에서 한 사람의 얼굴에만 초점을 맞추고 다른 사람들의 모습을 흐릿하게 표현한 사진을 본다
초점이 맞은 사람에게 집중하게 됨
면, 우리는 사진을 찍은 사람이 그 사람의 표정이나 모습을 통해서 어떤 의미나 이야기를 전하고 싶어 한다는 것을 느끼고 그 사람의 얼굴에 집중하게 된다. 반면, 사람뿐만 아니라 배경까지 선
배경도 중요하다고 생각하게 됨
명하게 보이는 사진을 보면서는 그 둘이 비슷한 정도의 의미를 가지며, 인물 못지않게 배경도 중요하다고 생각하게 된다. 초점을 통해 평면인 사진에 입체감을 표현할 수도 있다. 초점이 맞은 부분을 기준으로 멀어질수록 흐림의 정도가 심해지는데, 이 차이
초점을 통해 사진에 입체감을 표현하는 방법
를 통해서 사진에 입체감이 생기기 때문이다.
▶ 2문단: 초점을 달리할 때의 결과

사진을 찍을 때 배경을 흐릿하게 하고 특정 대상만 선명하게 찍
아웃포커스 기법
는 것을 '아웃포커스'라고 한다. 이는 초점이 맞는 범위를 좁게 설정하고 그 부분을 기준으로 앞이나 뒤에 위치한 사물을 흐릿하게 표현한 사진으로, 다른 말로는 '심도가 얕은 사진'이라고 할

수 있다. '심도', 즉 '피사계 심도'는 사진 안에서 초점이 맞는 범위
피사계 심도의 개념
를 뜻한다. 초점이 맞는 범위가 넓은 경우에 '심도가 깊다'라고 한다. 주로 주변 배경을 생략하고 주제에 대한 집중도를 높이고
사진의 심도를 얕게 하는 경우
자 할 때 사진의 심도를 얕게 한다. 이는 배경이 주제를 설명하는 데 도움을 주지 못하거나 오히려 방해할 경우 효과적인 방법이다. 또 특정 부분에만 초점을 맞춤으로써 사진을 찍는 사람이 강
아웃포커스 기법의 주관성
조하고 싶은 주제를 드러내기 때문에 주관적인 성격을 띤다.
▶ 3문단: 사진의 기법 ① – 아웃포커스

이와 반대로 주제와 배경이 잘 어우러지고 배경이 상황을 잘 설명해 줄 경우 사진 전체가 선명하게 보이도록 심도를 깊게 찍
팬포커스 기법
기도 하는데, 이를 '팬포커스'라 한다. 이때는 가까운 곳부터 먼
아웃포커스는 초점이 맞는 범위가 좁음
곳까지 초점이 맞는 범위가 아주 넓다. 이렇게 심도가 깊은 사진은 사진을 찍은 사람의 주관적 생각이나 이야기를 강조하기보다 보는 사람에게 전체 상황을 잘 보여줌으로써 직접 판단하게 하려
팬포커스 기법의 객관성
는 경우에 효과적이다. 신문에 나온 사진 대부분은 팬포커스로 찍힌 사진이며, 여기에는 신문을 보는 독자가 직접 사진이나 상황에 대한 판단을 내리게 하려는 의도가 담겨 있다. 사람의 눈은 자동으로 모든 것에 초점을 맞추기 때문에 팬포커스 사진은 사람
팬포커스 기법의 특징
의 눈으로 보는 모습과 비슷하다.
▶ 4문단: 사진의 기법 ② – 팬포커스

* 노출(露出): 사진기에서, 렌즈로 들어오는 빛을 셔터가 열려 있는 시간만큼 필름이나 건판에 비추는 일.
* 피사체(被寫體): 사진을 찍는 대상이 되는 물체.
* 관행적(慣行的): 사회에서 예전부터 해 오던 대로 하는 것.

---

01 내용 전개 방식 파악하기

답 | ③

윗글의 내용 전개 방식으로 적절하지 않은 것은?

정답 선지 분석

③ 초점을 조절하는 방법을 순서대로 설명하고 있다.

윗글에 카메라의 초점을 조절하는 방법은 나와 있지 않다.

오답 선지 분석

① 사진 기술에 관한 용어의 정의를 설명하고 있다.

3문단에서 아웃포커스와 피사계 심도, 4문단에서 팬포커스의 정의를 설명하고 있다.

② 사례를 들어 초점 조절의 효과를 설명하고 있다.

2문단에서 많은 사람이 모인 장소에서 한 사람의 얼굴에만 초점을 맞추고 다른 사람들의 모습을 흐릿하게 표현한 사진과, 사람뿐만 아니라 배경까지 선명하게 보이는 사진을 예시로 들어 초점 조절의 효과를 설명하고 있다.

④ 특정 초점을 주로 활용할 수 있는 경우를 설명하고 있다.

3문단에서 아웃포커스는 주제에 대한 집중도를 높이고 사진을 찍는 사람이 강조하고 싶은 주제를 드러내고 싶을 경우에, 4문단에서 팬포커스는 보는 사람에게 전체 상황을 잘 보여줌으로써 직접 판단하게 하려는 경우에 효과적이라고 하였다.

⑤ 초점 조절 방법에 따라 달라지는 사진 효과의 차이를 설명하고 있다.

3~4문단에서 초점 조절 방법에 따라 달라지는 사진 효과의 차이를 설명하고 있다.

02 세부 내용 파악하기 답 | ②

윗글에 대한 설명으로 적절하지 않은 것은?

정답 선지 분석

② 초점이 멀어질수록 사진이 흐려져 입체감이 생긴다.

2문단에 따르면, 초점이 맞은 부분을 기준으로 멀어질수록 사진이 흐려져 입체감이 생긴다. 초점이 멀어질수록 사진이 흐려지는 것은 아니다.

오답 선지 분석

① 초점의 범위에 따라 심도가 정해진다.

3문단에서 초점이 맞는 범위가 넓으면 '심도가 깊다'고 한다고 하였다.

③ 초점은 사진의 주제를 드러내는 효과적인 방법이다.

1문단에서 초점은 노출과 더불어 사진의 주제를 드러내는 가장 효과적인 방법이라고 하였다.

④ '심도가 깊은 사진'은 사람의 눈으로 보는 것과 비슷하다.

4문단에서 팬포커스 사진은 심도를 깊게 찍은 사진이며, 사람의 눈으로 보는 모습과 비슷하다고 하였다.

⑤ 사람이나 동물을 찍을 때는 관행적으로 정해진 초점이 있다.

1문단에서 동물이나 사람을 찍을 때 눈동자에 초점을 맞추는 것처럼 형태나 대상에 따라 선명하게 표현해야 하는 지점이 관행적으로 정해져 있는 경우도 있다고 하였다.

03 구체적 사례에 적용하기 답 | ①

윗글을 바탕으로 보기 를 해석한 내용으로 적절하지 않은 것은?

보기

㉮ ㉯

정답 선지 분석

① ㉮와 ㉯는 모두 심도를 얕게 할수록 입체적인 사진이 된다.

㉮는 아웃포커스 사진으로, 심도가 얕은 사진이다. ㉯는 팬포커스 사진으로, 심도가 깊은 사진이다. 그리고 2문단에서 초점이 맞은 부분을 기준으로 멀어질수록 흐림의 정도가 심해지기 때문에 사진에 입체감이 생긴다는 것을, 3문단에서 초점이 맞는 범위가 넓은 경우에 '심도가 깊다'고 한다는 것을 알 수 있다. 이를 종합해 보면, ㉮와 ㉯ 모두 심도를 얕게 할수록 입체적인 사진이 된다는 설명은 적절하지 않다.

오답 선지 분석

② ㉮는 사진가가 강조하려는 주제를 드러내는 데 적합하다.

3문단에 따르면, 아웃포커스 사진은 특정 부분에만 초점을 맞춤으로써 사진을 찍는 사람이 강조하고 싶은 주제를 드러낸다.

③ ㉯는 신문에 싣는 사진으로 사용하기 적합하다.

4문단에 따르면, 신문에 실린 팬포커스 사진은 신문을 보는 독자가 직접 사진이나 상황에 대한 판단을 내릴 수 있도록 한다.

④ ㉮는 아웃포커스 사진이고, ㉯는 팬포커스 사진이다.

㉮는 배경을 흐릿하게 하고 특정 대상만 선명하게 찍었으므로 아웃포커스 사진이고, ㉯는 사진 전체가 선명하게 보이므로 팬포커스 사진이다.

⑤ ㉮는 초점이 맞는 범위가 좁고, ㉯는 초점이 맞는 범위가 넓다.

3문단에서 아웃포커스 사진은 초점이 맞는 범위가 좁다고 하였고, 팬포커스 사진은 초점이 맞는 범위가 아주 넓다고 하였다.

04 핵심 내용 파악하기

빈칸에 들어갈 말을 골라 차례대로 쓰시오.

사진의 심도를 (깊게 / 얕게) 하면 (특정 대상이 / 전체적으로) 선명하게 찍힌 사진이 되며, 사진을 찍은 사람의 주관적 생각이 배제되는 편이다.

정답

깊게, 전체적으로

문학 1 **들판이 적막하다(정현종)**

빠른 정답 체크 **01** ③ **02** ③ **03** ⑤ **04** 그런데,

『가을 햇볕에 공기에
『」: 풍요로운 가을 풍경 (↔ 적막한 들판)
익은 벼에

눈부신 것 천지인데,』

그런데,
시상의 전환
아│, 들판이 적막하다―
청각적 이미지 → 부정적인 현실 ①
메뚜기가 없다│!│
들판이 적막한 이유   ▶ 풍요롭지만 메뚜기가 없어 적막한 들판

□: 영탄법
오│이 불길한 고요―
청각적 이미지 → 부정적인 현실 ②
㉠ 생명의 황금 고리가 끊어졌느니……
먹이 사슬이 파괴됨 → 환경 문제의 심각성 환기   ▶ 끊어진 생명의 황금 고리
                          - 정현종, 〈들판이 적막하다〉 -

01 표현상의 특징 파악하기 답 | ③

윗글의 표현상의 특징으로 적절하지 않은 것은?

정답 선지 분석

③ 시각적 심상을 활용하여 부정적인 현실을 표현하였다.

'가을 햇볕', '익은 벼에 / 눈부신 것'에서 시각적 심상을 사용하고 있으나, 이는 풍요로운 가을 풍경을 묘사하기 위한 것이다. 윗글에서는 자연이 파괴된 부정적인 현실을 표현하기 위해 '아, 들판이 적막하다―', '오 이 불길한 고요―'와 같이 청각적 심상을 사용하고 있다.

오답 선지 분석

① 비유적 표현을 통해 주제를 제시하였다.

먹이 사슬을 '생명의 황금 고리'에 비유하여 생태계 파괴라는 주제를 제시하였다.

② 영탄법을 활용하여 화자의 감정을 강조하였다.

'아, 들판이 적막하다―', '메뚜기가 없다!', '오 이 불길한 고요―'에서 느낌표와 감탄사를 통해 영탄법을 활용하여 화자의 감정을 강조하였다.

④ 풍경을 묘사하고 이에 대한 화자의 감상을 제시하였다.

1연에서 풍요롭지만 메뚜기가 없는 풍경을 묘사하고, 2연에서 이에 대해 화자가 느끼는 위기감을 제시하였다.

⑤ 다양한 문장 부호를 사용하여 화자의 정서를 나타내었다.

줄표(―), 느낌표, 말줄임표 등 다양한 문장 부호를 사용하여 화자의 정서를 나타내었다.

㉠에 담긴 화자의 태도에 대한 설명으로 가장 적절한 것은?

정답 선지 분석

③ 메뚜기의 부재로 드러난 환경 문제의 심각성을 환기하고 있다.
   화자는 '메뚜기가 없는' 상황이 '생명의 황금 고리', 즉 먹이 사슬이 끊어졌기 때문이라고 생각하며 환경 문제의 심각성을 환기하고 있다.

오답 선지 분석

① 가을날의 아름다운 풍경이 돌아오기를 바라고 있다.
   1연에서 가을날의 아름다운 풍경을 묘사했지만, ㉠에서 생태계 파괴에 대한 우려를 나타나고 있을 뿐 가을날의 아름다운 풍경이 돌아오기를 바라고 있는 것은 아니다.

② 현대인의 물질적 풍요에 대한 집착을 비판하고 있다.
   화자가 현대인의 물질적 풍요를 비판하는 입장인지는 알 수 없다.

④ 가을의 풍요로움을 시각적으로 묘사하며 자연을 예찬하고 있다.
   화자는 자연을 소중히 하고 있지만, '생명의 황금 고리'는 먹이 사슬을 의미하므로 가을의 풍요로움을 시각적으로 묘사하는 것은 관계가 없다.

⑤ 자연 파괴는 인간의 힘으로 해결할 수 있다는 의지를 드러내고 있다.
   화자는 인간에 의한 자연 파괴를 걱정할 뿐, 자연 파괴는 인간의 힘으로 해결할 수 있다는 의지를 드러내고 있지 않다.

03 외적 준거를 바탕으로 작품 감상하기   답 | ⑤

보기를 바탕으로 윗글을 이해한 내용으로 적절하지 않은 것은?

보기

     〈들판이 적막하다〉는 풍요로운 가을 풍경과 대조적으로 적막한 들판의 모습을 제시함으로써 인간의 욕심으로 인해 파괴된 자연의 현실을 고발하고 있다. 주제에 따라 분류한다면 생태 시에 속한다고 할 수 있는데, 생태 시는 생태적 위기에 대한 인식을 전제하고 자연과 인간의 조화를 지향하는 시를 뜻한다.

정답 선지 분석

⑤ '생명의 황금 고리'는 자연과 인간의 조화를 상징하는군.
   '생명의 황금 고리'는 자연과 인간의 조화가 아닌, 먹이 사슬을 상징한다.

오답 선지 분석

① '눈부신 것'은 풍요로운 가을 풍경을 의미하는군.
   '익은 벼'와 '눈부신 것'은 풍요로운 가을 풍경을 의미한다.

② '들판이 적막'한 것은 묘사된 풍경과는 대조적이군.
   1~3행에서 풍요로운 가을 풍경을 묘사하고, '들판이 적막'하다고 하여 이와 대조적인 모습을 제시하였다.

③ '메뚜기가 없'는 것은 자연이 파괴되었기 때문이군.
   가을 풍경은 풍요로우나 '들판이 적막하'고 '메뚜기가 없'는 상황은 자연이 파괴된 현실을 가리킨다.

④ '불길한 고요'는 생태적 위기에 대한 인식을 드러내는군.
   '불길한 고요'는 '메뚜기가 없'는 상황, 즉 생태적 위기에 대한 인식을 드러낸다.

04 시행의 기능 파악하기

윗글에서 시상을 전환하는 행을 찾아 쓰시오.

정답

그런데,

문학 2   숙영낭자전(작자 미상)

빠른 정답 체크   **01** ④   **02** ③   **03** ⑤   **04** 그리운, 있었다.

     하지만 부모는 늘 아들이 공부에 뜻이 없는 것을 탄식하였다.
                    선군
그러던 차에 마침 알성과*를 실시한다는 방이 나붙었다. 이것을
               백공이 선군에게 과거를 보라고 말하게 된 계기
계기로 부친은 아들 선군을 불러놓고 조용히 타일렀다.

     "나라에서 이번에 과거를 실시한다 하니 너도 꼭 응시하여라.

다행히 **급제하게 된다면 조상을 빛내고 부모도 영화롭**지 않겠
          자식의 출세를 가문의 영예를 위한 수단으로 생각함
느냐?"

     부친의 타이름을 들은 선군은 정좌한 채로 여쭈었다.

     "아버님, 불효 불측한* 자식 굽어살피소서. 과거며 공명은 모두

가 한낱 속물이 탐하는 헛된 욕심이옵니다. 『우리 집에는 수천
                    선군이 과거에 응시하지 않으려는 이유 ①
석을 헤아리는 전답*이 있삽고, 비복* 등이 천여 명이나 되며,

하고자 하는 일을 마음대로 할 수 있사온데 무슨 복이 또 부족

하여 과거에 급제하여 벼슬아치 되기를 바라시나이까?』 만약에
                         『 』: 선군의 가문은 이미 영화로움
제가 **과거에 응시하고자 집을 나선다면 낭자와는 이별하게 될**
         선군이 과거에 응시하지 않으려는 이유 ② - 개인적인 욕망
것이온즉 사정이 절박하옵니다."

하고는 동별당으로 돌아와 낭자에게 부친의 과거 응시 권고를 말

하였다. 그 말을 듣고 낭자는 조용히 미소를 지으며 사랑이 그윽

한 눈길로 선군을 타이르는 것이었다.

     "과거를 보시지 않겠다는 낭군님의 말씀이 그릇된 줄로 아옵니

다. **대장부가 세상에 나면 입신양명하여* 부모님을 영화롭게 하**
             선군이 과거에 응시해야 하는 이유 ① - 전통적 가치관을 따름
여 드리는 것이 자식 된 도리입니다. 그리하온데 낭군께서는 어

찌하여 저 같은 규중처자*에 얽매인 나머지 장부의 당당한 일을

포기하고자 하시니, 이것은 불효가 되고 그 욕이 마침내 저에게
                       선군이 과거에 응시해야 하는 이유 ②
돌아오니 결코 마땅한 일이 아닌 줄로 아옵니다. 하오니 낭군께

서는 깊이 생각하시어 속히 과거 준비를 하시고 상경하여* 남의

웃음을 면하시도록 유념하소서."

     이처럼 충고하면서 또한 과거에 응시할 차림과 여정의 행장을

갖추어 주는 것이었다. 행장이 차려지자 낭자는 다시 강경한 다

짐을 선군에게 하는 것이었다.

     "㉠ 낭군께서 이번 과거에 급제하시지 못하고 낙방 거사*가 되
               선군이 과거 급제에만 집중하기를 희망함
어 돌아오신다면 저는 결코 살지 아니할 것이옵니다. 하오니,

다른 잡념 일체를 버리시고 오직 시험에 대한 일념으로 상경하

셔서 꼭 급제하여 돌아오시기 바라옵니다."

부모에게 듣던 말보다도 낭자에게 들으니 선군의 급제는 스스
              사랑하는 숙영의 말에서 더 큰 설득력을 느낌
로 더욱 절실하게 생각되었다. 할 수 없이 부모님께 하직 인사를

올리고 떠나려 하다가 다시 낭자에게 들려 말하기를,

"내가 과거 급제하여 돌아올 때까지 부디 부모님 잘 모시고 편
　　　　개인적인 욕망을 억누르고 효를 행하고자 함
안한 마음으로 기다리시오."

하고는 평범한 말로 이별을 고하였다. 「겉으로는 태연한 척하였지만, 사랑하는 아내를 두고 떠나려 하니 걸음이 옮겨지지 않아 한 걸음에 멈추어 서고 두 걸음에 뒤를 돌아다 보며 애련한* 정을 뿌리치지 못하였다.

이를 보고 낭자가 중문 밖에까지 따라 나가 배웅을 하면서 남편과 마찬가지로 기쁨과 슬픔을 억제하지 못하였다.」선군은 마침내
　　　　　　　　　　　　　　　　　　　　　「」: 선군과 숙영이 서로 슬퍼하며 이별함
눈물이 앞을 가려 처절한 정경을 보이면서 사랑하는 숙영 낭자와 이별하였으나 ⓛ 발걸음이 떨어지지 않아 그 날은 하루 종일 삼
　　　　　　　　　　　　　숙영과 이별하여 발걸음이 떨어지지 않음
십 리밖에 가지 못하였다.

주막집을 찾아들어 저녁상을 받고서도 오직 낭자 생각에만 골몰하여 음식조차 먹을 수가 없었다. 이를 본 하인이 민망히 여기어 근심을 토로하였다.

"그토록 식사를 아니 하시면, 앞으로 천 리 길을 어떻게 가시려 하나이까?"

"아무리 먹으려 해도 밥이 목구멍으로 넘어가질 않는구나."
　　　　　　　　　　　　　　　　　　숙영에 대한 그리움 때문
하고는 길게 탄식할 뿐이었다. ⓒ 적막한 주막집 방을 좌정하고* 앉으니 더욱 마음이 산란해지는 것이었다.

「마치 낭자가 곁에 있는 듯하여 껴안아 보면 허공뿐이라 허전하
「」: 선군이 느끼는 그리움이 점점 깊어짐
기 이를 데 없고, 낭자의 소리가 들려오는 듯하여 숨을 멈추고 귀를 기울이면 낭자의 목소리 대신 창밖의 소슬한* 바람 소리가 공허한 적막감을 더욱 무겁게 해줄 뿐이었다.」밤이 깊어갈수록 점점 더 잠이 오지 않아 그 허전한 마음은 결국 실신한 것만 같았다.

시간이 흐를수록 낭자의 생각이 간절해진 선군은 하인이 잠들기를 기다려 부랴부랴 신발을 둘러메고 날걸음으로 집에 돌아와, 담을 넘어 아내의 방으로 들어갔다. 잠자리에 누워 있던 낭자가
　그리움을 이기지 못하고 몰래 숙영을 찾아옴
크게 놀라며 일어나 앉았다.

"이 밤중에 어인 일이오이까? 아침에 떠나신 분이 어느 곳에 계시다가 다시 돌아오셨나요?"

하고는, 선군의 손을 이끌어 금침* 속으로 끌어들여 밤이 다하도록 애틋한 정회를 풀었다.

이때 부친 백공이 아들을 서울로 과거 응시를 보내고는 심사*가 허전하여 잠을 못 이루다가 도적을 살피려고 청려장*을 짚고 마당 안을 돌아다니며 문단속을 살피고 동정*을 가늠하였다. ⓔ 그런데 동별당에 이르러 본 낭자의 방안에서 갑자기 다정하게 주고받
　　　　　　　　　　　　　　　　　　숙영과 선군이 대화하는 소리

말소리가 들리지 않는가? 남편인 아들이 집을 비우고 없는 이 마
　　　　　　　　　　백공이 숙영을 의심하게 됨
당에 며느리 방에서 웬 남자의 목소리가 들리다니 백공은 기절초풍을 면치 못할 지경이었다. 한편으로는 귀를 의심하면서도 한편으로는 해괴한 생각을 금할 수가 없었다.

'ⓜ 며느리 숙영이는 얼음같이 차갑고 옥같이 맑은 마음과 송
　　　　　　　　　　　숙영에 대한 긍정적인 평가
죽*처럼 곧은 절개를 가진 숙녀이거늘, 어찌 외간 남자를 끌어들여 음행한* 짓을 하랴? 하지만 세상일이란 알 수 없는 것이니 한 번 알아봐야겠구나.'

하고는 속으로 불길한 생각을 가지며, 가만가만 별당 앞으로 다가가서 귀를 기울이고 방 안에서 들려오는 목소리를 엿들어 보았다. 그때 숙영이 소리를 낮추어 말하는 것이었다.

"시아버님께서 문밖에 와 계신 듯하니, 당신은 이불 속에 몸을
　　　　　　　　　　　　　　　　　　　선군
깊이 숨기십시오."

하고는, 잠에서 깨어나는 아이를 달래면서 하는 말이,

"아가 아가 착한 아가, 어서 어서 자려무나. 아빠께서 장원급제하여 영화롭게 돌아오신다. 우리 아가, 착한 아가, 어서 어서 자려무나."

백공은 마침내 크게 의심하였으나 며느리의 방안을 뒤져서 외
　숙영이 하는 말을 듣고 외간 남자를 끌어들였다고 생각함
간 남자를 적발해 낼 수도 없고 하여 그냥 꾹 참고 돌아왔다. 이때 숙영 낭자는 시아버지가 창밖에서 엿듣는 기척을 재빨리 알았기 때문에 남편을 재촉하여 강경히 충고하였다.

"장부로서 과거 길을 떠나다가 규중처자 하나를 못 잊고 다시
　　　　　　　　　　　　　　　숙영 자신
돌아옴은 군자의 도리가 아니오며, 만약 시부모님께서 이 사실을 아신다면 저를 요망한 계집이라고 책망하실 터이니 날이 밝기 전에 어서 돌아가사이다."

선군은 숙영의 말을 옳게 여겨 다시 옷을 주워 입고 담을 넘어
　　　　날이 밝기 전에 돌아가야 한다는 데 동의함
도망치듯이 주막집으로 달려갔다. 그리운 임을 보고자 오가는 길
　　　　　　　　　　　　　선군이 늦지 않게 주막집으로 돌아옴
은 천 리가 지척 같아 걸음도 빨라서, 주막에 돌아오니 아직도 하인이 잠속에 깊이 빠져 있었다.

　　　　　　　　　　　　　　　　　　- 작자 미상, 〈숙영낭자전〉-

---

* 알성과(謁聖科): 조선 시대에, 임금이 문묘에 참배한 뒤 실시하던 비정규적인 과
　거 시험.
* 불측하다(不測하다): 생각이나 행동 따위가 괘씸하고 엉큼하다.
* 전답(田畓): 논과 밭을 아울러 이르는 말.
* 비복(婢僕): 계집종과 사내종을 아울러 이르는 말.
* 입신양명하다(立身揚名하다): 출세하여 이름을 세상에 떨치다.
* 규중처자(閨中處子): 집 안에 들어앉아 있는 처녀.
* 상경하다(上京하다): 지방에서 서울로 가다.
* 낙방 거사(落榜居士): 과거 시험에 응하였다가 떨어진 사람.
* 애련하다(哀憐하다): 애처롭고 가엾다.
* 좌정하다(坐定하다): 자리 잡아 앉다.

* 소슬하다(蕭瑟하다): 으스스하고 쓸쓸하다.
* 금침(衾枕): 이부자리와 베개를 아울러 이르는 말.
* 심사(心思): 어떤 일에 대한 여러 가지 마음의 작용.
* 청려장(靑藜杖): 명아줏대로 만든 지팡이.
* 동정(動靜): 일이나 현상이 벌어지고 있는 낌새.
* 송죽(松竹): 소나무와 대나무를 아울러 이르는 말.
* 음행하다(淫行하다): 음란한 짓을 하다.

01 작품의 내용 파악하기

답 | ④

윗글의 내용으로 가장 적절한 것은?

정답 선지 분석

④ 숙영은 선군이 과거에 응시하지 않으면 자신까지 욕보이는 것이라고 설득하였다.

숙영은 선군이 과거에 응시하지 않으려고 하자 "이것이 불효가 되고 그 욕이 마침내 저에게 돌아오니 결코 마땅한 일이 아닌 줄로 아옵니다."라고 말하였다. 즉, 과거에 응시하지 않으면 부모에 대한 불효이며 자신 또한 욕보이게 되는 것이라고 설득한 것이다.

오답 선지 분석

① 선군은 어지러운 현실에 뜻이 없어 과거에 응시하지 않으려고 하였다.

선군은 과거에 응시하지 않으려는 이유를 말하며 '하고자 하는 일을 마음대로 할 수 있사온데 무슨 복이 또 부족하'겠냐고 하고, '집을 나선다면 낭자와는 이별하게' 된다고 말한다. 즉, 이미 집안이 영화로워 과거에 급제하기까지 할 필요가 없으며, 숙영과 이별하고 싶지 않기 때문에 과거에 응시하지 않겠다고 한 것이지, 어지러운 현실에 뜻이 없어 응시하지 않으려고 한 것이 아니다.

② 숙영은 백공이 자신과 선군의 대화를 듣고 있다는 사실을 알지 못하였다.

숙영은 선군에게 "시아버님께서 문밖에 와 계신 듯하니, 당신은 이불 속에 몸을 깊이 숨기십시오."라고 말하였으며, '시아버지가 창밖에서 엿듣는 기척을 재빨리 알았'다고 하였다. 따라서 숙영은 백공이 자신과 선군의 대화를 듣고 있다는 사실을 알고 있었다.

③ 선군은 과거에 응시하기로 마음을 먹은 뒤 모진 말로 숙영을 떼어내었다.

선군은 '평범한 말로 이별을 고하였'을 뿐, 모진 말로 숙영을 떼어내지 않았다. 오히려 '눈물이 앞을 가려 처절한 정경을 보이면서 사랑하는 숙영 낭자와 이별하였'다.

⑤ 선군은 숙영이 자신을 돌려보내려고 하자 숙영에 대해 나쁜 마음을 가지게 되었다.

숙영이 선군을 돌려보내기 위해 '남편을 재촉하여 강경히 충고하'자, 선군은 '숙영의 말을 옳게 여겨 다시 옷을 주워 입고 담을 넘어 도망치듯이 주막집으로 달려갔다'고 하였으므로 숙영에 대해 나쁜 마음을 가지게 되었다고 할 수 없다.

02 구절의 의미 파악하기

답 | ③

㉠~㉤에 대한 설명으로 적절하지 않은 것은?

정답 선지 분석

③ ㉢: 선군이 과거에 급제하지 못할까 봐 불안해함을 알 수 있다.

선군이 적막한 주막집 방에서 더욱 마음이 산란해진 것은 과거에 급제하지 못할까 봐 불안해서가 아니라, 숙영에 대한 그리움 때문이다.

오답 선지 분석

① ㉠: 선군이 과거 급제에 집중하기를 바라는 숙영의 마음이 담겨 있다.

숙영은 선군이 '낙방 거사가 되어 돌아'온다면 자신은 '살지 아니할 것'이라고 말하는데, 여기에는 선군이 과거 급제에 집중하여 반드시 급제하기를 바라는 마음이 담겨 있다.

② ㉡: 선군이 숙영과의 이별에 대해 느끼는 슬픔을 표현하고 있다.

선군이 '발걸음이 떨어지지 않'아 '하루 종일 삼십 리밖에 가지 못'한 것은 숙영과 헤어져 과거 길에 오른 뒤 숙영에 대한 그리움과 슬픔으로 괴로워했기 때문이다.

④ ㉣: 백공이 숙영이 음행을 저지른다고 의심하는 계기가 된다.

백공은 숙영이 선군과 대화하는 소리를 듣고 '남편인 아들이 집을 비우고 없는 이 마당에 며느리 방에서 웬 남자의 목소리가 들리'자 숙영이 음행을 저지른다고 의심하게 되었다.

⑤ ㉤: 백공이 숙영을 긍정적으로 평가하고 있었음이 드러난다.

백공은 숙영을 가리켜 '얼음같이 차갑고 옥같이 맑은 마음과 송죽처럼 곧은 절개를 가진 숙녀'라고 하는데, 이는 숙영에 대한 긍정적인 평가이다.

03 외적 준거를 참고하여 작품 이해하기

답 | ⑤

보기 를 참고했을 때, 윗글에 대한 이해로 적절하지 않은 것은?

보기

〈숙영낭자전〉에는 부모와 자식 사이의 갈등이 드러나 있다. 선군의 부모는 자식에게 효를 요구하면서, 자식의 출세를 가문의 영예를 위한 수단으로 여긴다. 반면 선군은 출세를 부부간의 애정을 방해하는 장애물로 판단한다. 효는 유교적 가치관에 바탕을 둔 것이며, 애정의 추구는 개인적인 욕구를 긍정하는 것임을 고려할 때, 이러한 갈등 구조는 전통적 가치관이 약화되던 조선 후기 가치관의 변화를 반영하고 있다고 할 수 있다.

정답 선지 분석

⑤ 숙영이 '장부로서 과거 길을 떠나다가 규중처자 하나를 못 잊고 다시 돌아옴은 군자의 도리가 아니'라고 하는 것은, 전통적 가치관의 약화를 보여 주는 것이군.

숙영은 과거 길에 올랐으면서도 자꾸만 자신을 보러 돌아오는 선군에게 "장부로서 과거 길을 떠나다가 규중처자 하나를 못 잊고 다시 돌아옴은 군자의 도리가 아니오며,~날이 밝기 전에 어서 돌아가사이다."라고 말한다. 〈보기〉에 따르면, 이는 부모에 대한 효를 다하기 위해 개인적인 욕구인 부부간의 애정을 억누르기를 요구하는 것이며, 효는 전통적 가치관과 관련이 있으므로 숙영의 말이 전통적 가치관의 약화를 보여 준다고 할 수 없다.

오답 선지 분석

① 백공이 선군이 '급제하게 된다면 조상을 빛내고 부모도 영화롭'게 된다고 하는 것은, 자식의 출세를 수단으로 여기는 것이군.

선군의 부친인 백공은 선군에게 과거에 응시하라고 하면서 "다행히 급제하게 된다면 조상을 빛내고 부모도 영화롭지 않겠느냐?"라고 말한다. 〈보기〉에 따르면, 이는 자식의 출세를 가문의 영예를 위한 수단으로 여기는 것이다.

② 선군이 '과거에 응시하고자 집을 나선다면 낭자와는 이별하게 될 것'이라고 하는 것은, 출세를 애정의 장애물로 판단한 것이군.

선군은 과거에 응시하라는 백공에게 "만약에 제가 과거에 응시하고자 집을 나선다면 낭자와는 이별하게 될 것이온즉 사정이 절박하옵니다."라고 말하며 과거에 응시하지 않겠다는 뜻을 밝힌다. 〈보기〉에 따르면, 이는 출세를 애정의 장애물로 판단한 것이다.

③ 숙영이 '대장부가 세상에 나면 입신양명하여 부모님을 영화롭게 하여 드리는 것이 자식 된 도리'라고 하는 것은, 선군에게 효를 요구하는 것이군.

선군이 과거에 응시하지 않겠다는 뜻을 밝히자, 숙영은 "대장부가 세상에 나면 입신양명하여 부모님을 영화롭게 하여 드리는 것이 자식 된 도리입니다."라고 말한다. 〈보기〉에 따르면, 이는 자식의 출세를 가문의 영예를 위한 수단으로 여기며 자식에게 효를 요구하는 것과 같은 입장이므로 선군에게 효를 요구하는 것이다.

④ 선군이 '과거 급제하여 돌아올 때까지 부디 부모님 잘 모시고 편안한 마음으로 기다리'라고 하는 것은, 효를 위해 개인적인 욕구를 억누르기로 한 것이군.

선군은 숙영의 말을 듣고 과거에 응시하기로 하여 떠나면서 "내가 과거 급제하여 돌아올 때까지 부디 부모님 잘 모시고 편안한 마음으로 기다리시오."라고 말한다. 〈보기〉에 따르면, 이는 부모에 대한 효를 다하기 위해 개인적인 욕구인 부부간의 애정을 억누른 것이다.

04 구절의 의미 파악하기

다음에서 설명하는 구절을 찾아 첫 어절과 마지막 어절을 쓰시오.

• 선군이 숙영의 얼굴을 보고 돌아오는 길을 나타냄.
• 숙영에 대한 선군의 그리움과 애정이 드러남.
• 비유법을 사용함.

정답

그리운, 있었다.

| 본문 | 189쪽

문법 **능동과 피동**

◀ 빠른 정답 체크 **01** ② **02** ⑤ **03** 듣-, -리-, 파생적

주어가 스스로 동작이나 행위를 하는 것을 능동이라 하고, 주어
　　　　　　능동의 개념
가 다른 대상에 의해 동작이나 행위를 당하게 되는 것을 피동이
　　　　　　　　피동의 개념
라 한다. 능동문이 피동문으로 바뀔 때 능동문의 주어는 피동문

의 부사어가 되고, 능동문의 목적어는 피동문의 주어가 된다.
　　　　능동문을 피동문으로 바꿀 때의 변화

피동은 크게 피동사 피동과 '-아/-어지다' 피동으로 나뉜다.

피동사 피동은 파생어인 피동사에 의한다고 하여 파생적 피동이

라고 부르기도 하는데, 피동사는 능동사 어간을 어근으로 하여
　　　　　　　　　　　　　피동사 피동이 이루어지는 방법
피동 접미사 '-이-, -히-, -리-, -기-'가 붙어 만들어진다. 이때

'(건반을) 누르다'가 '눌리다'로 바뀌는 것처럼 동사의 불규칙 활
　　　　　　　　　　　　　　　　　　　피동사 피동의 특징
용 형태로 나타나는 경우도 있다.

그러나 모든 능동사가 피동사로 파생될 수 있는 것은 아니다.

『던지다, 지키다'와 같이 어간이 'ㅣ' 모음으로 끝나는 동사의 경
『』: 피동사로 파생되지 않는 능동사
우에는 피동 접미사가 결합하기 어렵고, '만나다'나 '싸우다'와

같이 대칭되는 대상이 필요한 동사, '알다'나 '배우다'와 같이 주

체의 지각과 관련된 동사 등은 피동사로 파생되지 않는다.』

'-아/-어지다' 피동은 동사의 어간에 보조적 연결 어미 '-아/-
　　　　　　　　　　　　　'-아/-어지다' 피동이 이루어지는 방법
어'에 보조 동사 '지다'가 결합한 '-아/-어지다'가 붙어서 이루어

지는데, 이를 통사적 피동이라고도 부른다. 동사에 '-아/-어지

다'가 결합되면 피동의 의미를 나타내지만, 형용사에 '-아/-어지

다'가 결합되면 동사화되어 상태의 변화를 나타낼 뿐 피동의 의
　　　　　　　　　　　　　'-아/-어지다' 피동은 동사에서만 이루어짐
미를 나타내지 않는다.

15세기 국어에서도 피동 표현이 사용되었다. 파생적 피동은 능

동사 어간을 어근으로 하여 피동 접미사 '-이-, -히-, -기-'가 붙
　　　　　　　　　15세기 국어의 피동 표현 ①
어 만들어졌는데, 이때 'ㄹ'로 끝나는 어간에 피동 접미사 '-이-'

가 결합하면 이어적지 않고 분철하여 표기하였다. 통사적 피동은

보조적 연결 어미 '-아/-어'와 보조 동사 '디다'가 결합한 '-아/-
　　　　　　　　　　　　　15세기 국어의 피동 표현 ②
어디다'가 사용되었다. 한편, 15세기 국어에는 피동 접미사와 결

합하지 않고도 피동의 의미를 나타내는 동사가 현대 국어보다 많
　　　　　　　　　15세기 국어의 피동 표현 ③
이 존재했다.

---

01 피동 표현 이해하기　　　　　　　　　답 | ②

윗글을 이해한 내용으로 적절하지 않은 것은?

정답 선지 분석

② '(소리가) 작아지다'는 용언의 어간에 '-아지다'가 결합하여 피동의 의미를
나타낸다.
　'(소리가) 작아지다'는 형용사 '작다'의 어간 '작-'에 '-아/-어지다'가 결합하여 동사
　화된 것으로 상태의 변화를 나타낸 것일 뿐 피동의 의미를 나타내지 않는다.

오답 선지 분석

① '(물건이) 실리다'는 피동사 파생이 동사의 불규칙 활용 형태로 나타난 것이다.
　'(물건이) 실리다'는 동사 '싣다'의 어간 '싣-'이 피동 접미사 '-리-'와 결합할 때 어간
　의 받침 'ㄷ'이 'ㄹ'로 바뀌는 불규칙 활용을 한 것이다.

③ '(줄이) 꼬이다'는 동사 어간 '꼬-'에 피동 접미사 '-이-'가 결합하여 피동사
로 파생되었다.
　'(줄이) 꼬이다'는 동사 어간 '꼬-'에 피동 접미사 '-이-'가 결합하여 피동사가 되었다.

④ '경찰이 도둑을 잡다.'가 피동문으로 바뀔 때에는 능동문의 목적어가 피동문
의 주어로 바뀐다.
　'경찰이 도둑을 잡다.'의 능동문이 피동문인 '도둑이 경찰에게 잡히다.'로 바뀔 때 능동
　문의 목적어인 '도둑을'이 피동문의 주어인 '도둑이'로 바뀌게 된다.

⑤ '(아버지와) 닮다'는 대칭되는 대상이 필요한 동사로 피동 접미사와 결합하여
파생되지 않는다.
　'(아버지와) 닮다'는 피동 접미사와 결합하여 파생어가 될 수 없는, 대칭되는 대상이 필
　요한 동사이다.

---

02 중세 국어의 피동 표현 이해하기　　　　답 | ⑤

윗글을 바탕으로 보기 의 ⓐ~ⓓ를 탐구한 내용으로 적절하지 않은 것은?

보기

· 風輪에 ⓐ 담겨(담-+-기-+-어)
　[풍륜에 담겨]
· 뫼해 살이 ⓑ 박거늘(박-+-거늘)
　[산에 화살이 박히거늘]
· 옥문이 절로 ⓒ 열이고(열-+-이-+-고)
　[옥문이 절로 열리고]
· 드트리 두외이 ⓓ 븟아디거늘(브ᅀ-+-아디-+-거늘)
　[티끌이 되어 부수어지거늘]

정답 선지 분석

⑤ ⓑ와 ⓓ는 모두 피동 접미사를 사용하지 않았으므로 통사적 피동에 해당하는군.
　통사적 피동은 어간에 '-아/-어디다'가 결합하여 만들어지는 것이므로 '븟아디거늘'
　은 통사적 피동이다. 그러나 '박거늘'은 피동 접미사나 '-아/-어디다'가 결합하지 않
　고 피동의 의미를 실현하는 것이므로 통사적 피동이 아니다.

오답 선지 분석

① ⓐ는 능동사 어간에 접미사 '-기-'가 결합하여 피동사가 되었군.
　'담겨'는 능동사 어간 '담-'에 파생 접미사 '-기-'가 결합하여 피동사가 된 것이다.

② ⓑ는 파생적 피동이 일어난 단어가 아님에도 피동의 의미를 나타내고 있군.
　'박거늘'은 피동 접미사가 결합하지 않고 피동의 의미가 실현된 것이다.

③ ⓒ는 'ㄹ'로 끝나는 어간에 접미사 '-이-'가 결합한 후 분철되어 표기되었군.
　'열이고'는 동사 어간 '열-'이 'ㄹ'로 끝나므로 접미사 '-이-'가 결합한 후 분철되어 표
　기된 것이다.

④ ⓓ는 동사 어간 '브ᅀ-'에 '-아디-'가 붙어 피동의 의미를 나타내고 있군.
　'븟아디거늘'은 동사 어간 '브ᅀ-'에 보조적 연결 어미 '-아'와 보조 동사 '디다'가 결합
　된 '-아디-'를 사용하여 피동의 의미를 나타내고 있다.

피동 표현 이해하기

㉠, ㉡에 들어갈 말을 차례대로 쓰고, 빈칸에 들어갈 말을 골라 쓰시오.

> '방에서 노래가 들리다'의 '들리다'는 능동사의 어간 '(㉠)'에 피동
> 접미사 '(㉡)'가 결합한 (파생적 / 통사적) 피동이다.

정답
들-, -리-, 파생적

독서 | 벤담과 밀의 공리주의

빠른 정답 체크 **01** ⑤ **02** ④ **03** ⑤ **04** 쾌락

공리주의는 19세기 영국에서 자본주의가 발달하면서 빈부 격
차 등 여러 가지 사회 문제가 나타나자 이에 대한 해법을 찾는 가
└ 공리주의의 등장 배경
운데 등장한 윤리적 사상이다.
▶ 1문단: 공리주의의 등장 배경
'최대 다수의 최대 행복'은 ㉠제레미 벤담이 주장한 양적 공리
└ 양적 공리주의의 특성을 나타내는 말
주의의 특성을 잘 나타낸 말이다. 벤담은 인간 행위의 목적이 쾌
└ 벤담의 주장 ①
락의 증대와 고통의 감소에 있다고 주장했다. 즉, 어떤 행위가 윤
리적으로 옳은 행위가 되기 위해서는 행위자와 그 행위에 관련된
모든 사람의 쾌락을 최대한으로 증가시키고 고통을 최소한으로
└ 윤리적으로 옳은 행위의 조건
감소시켜야 한다는 것이다. 벤담은 쾌락을 추구하고 고통을 피하
려는 인간의 자연성에 따라 행동하는 것이 개인은 물론 개인의
└ 벤담의 관점에서의 인간의 특성
집합체인 사회에도 최대의 행복을 가져다준다고 보았다. 또한 벤
담은 쾌락에 질적인 차이를 매기지 않고, 쾌락을 계량 가능한 것
으로 파악했다. 벤담에 따르면, 사회는 개인의 집합체이므로 개 └ 벤담의 주장 ②
인의 행복을 합치면 사회 전체의 행복을 계산할 수 있다.
└ 벤담의 주장 ③
▶ 2문단: 벤담의 양적 공리주의
하지만 양적 공리주의는 전체주의*로 흘러 개인의 희생을 강요
└ 양적 공리주의의 문제점
할 위험성이 있다. 양적 공리주의는 행위의 옳고 그름을 판단하
는 기준을 개인이 아니라 전체의 최대 행복에 두기 때문에, 전체
를 위한 개인의 희생을 정당화하는 논리로 이용될 수 있다.
▶ 3문단: 양적 공리주의의 문제점
반면 또 한 명의 공리주의자인 ㉡존 스튜어트 밀은 자신의
대부이자 스승이었던 벤담의 영향을 받아 공리주의를 사상의
기초로 하였으나, 쾌락의 계량 가능성을 주장한 벤담과는 달리
쾌락의 질적인 차이를 주장하며 벤담의 사상을 수정하였다. 이를
└ 밀의 주장 ①
질적 공리주의라고 부른다. 밀은 인간이 동물적인 본성 이상의 능
력을 가지고 있으므로 질적으로 높고 고상한 쾌락을 추구한다고 보
└ 밀의 관점에서의 인간의 특성
았다. 물질에 대한 욕심, 지배욕과 같은 동물의 쾌락은 얻으려 하면

할수록 다른 사람들에게 피해가 돌아간다. 따라서 질적으로 더 높
└ 동물의 쾌락이 질적으로 낮은 쾌락인 이유
은 인간의 쾌락이 그보다 못한 동물의 쾌락보다 훨씬 바람직하다.
└ 밀의 주장 ②
즉, '만족한 돼지보다 불만족한 소크라테스가 낫다'는 것이다. 그
└ 질적 공리주의의 특성을 나타내는 말
리고 법률에 의한 정치적 제재를 중시한 벤담과는 달리, 밀은 양
심의 내부적인 제재로서 인간이 가지는 인류애를 중시하였다.
▶ 4문단: 밀의 질적 공리주의
하지만 밀의 질적 공리주의도 문제점은 있다. '대중음악을 듣는
것이 클래식 음악을 듣는 것보다 못한가? 오페라를 보는 것은 영
화를 보는 것보다 좋은가? 한국의 판소리와 외국의 팝송 중 어느
것이 더 큰 쾌락을 주는가?' 등 무엇이 질적으로 나은지에 대한
└ 질적 공리주의의 문제점
답을 결정할 근거가 없기 때문이다.
▶ 5문단: 질적 공리주의의 문제점

* 전체주의(全體主義): 개인의 모든 활동은 민족·국가와 같은 전체의 존립과 발전
을 위하여서만 존재한다는 이념 아래 개인의 자유를 억압하는 사상.

---

01 세부 내용 파악하기 답 | ⑤

윗글의 내용과 일치하지 않는 것은?

정답 선지 분석
⑤ 밀은 사회 전체의 행복은 개인의 행복을 모두 더한 값과 같다고 보았다.
2문단에 따르면, 개인의 행복을 합치면 사회 전체의 행복을 계산할 수 있다고 한 사람
은 밀이 아닌 벤담이다.

오답 선지 분석
① 벤담은 밀과 달리 행복을 양적으로 계산할 수 있다고 보았다.
2문단에 따르면, 벤담은 쾌락을 계량 가능한 것으로 파악했다.
② 벤담은 많은 사람이 행복해지는 것이 도덕적으로 옳다고 보았다.
2문단에 따르면, 벤담은 어떤 행위가 윤리적으로 옳은 행위가 되기 위해서는 행위자와
그 행위에 관련된 모든 사람의 쾌락을 최대한으로 증가시키고 고통을 최소한으로 감소
시켜야 한다고 하였다.
③ 밀은 동물적 쾌락보다 인간적 쾌락이 더 질 높은 쾌락이라고 보았다.
4문단에 따르면, 밀은 질적으로 더 높은 인간의 쾌락이 그보다 못한 동물의 쾌락보다
훨씬 바람직하다고 보았다.
④ 밀은 다른 쾌락보다 질적으로 높고 고상한 쾌락이 존재한다고 보았다.
4문단에 따르면, 밀은 쾌락의 계량 가능성을 주장한 벤담과는 달리 쾌락의 질적인 차
이를 주장하며 인간은 질적으로 높고 고상한 쾌락을 추구한다고 보았다.

---

02 구체적 사례에 적용하기 답 | ④

보기를 읽고 ㉠의 주장과 관련하여 이해한 내용으로 적절하지 않은 것은?

보기
> 가장 행복한 도시가 있다. 그 행복을 유지하기 위해선 조건이 하나 있
> 는데, 죄 없는 아이 하나가 빛 하나 들어오지 않는 지하실 방에 평생 갇
> 혀 있어야 한다는 것이다. 그 아이가 세상으로 나오면 도시의 행복은 끝
> 난다. 어떻게 하겠는가?

정답 선지 분석

④ ⊙은 아이의 고통이 증가하므로 아이의 희생을 정당화할 수 없다고 하겠군.

2문단에 따르면, 벤담은 어떤 행위가 도덕적으로 옳은 행위가 되기 위해서는 행위자와 그 행위에 관련된 모든 사람의 쾌락을 최대한으로 증가시키고 고통을 최소한으로 감소시켜야 한다고 하였다. 또한 3문단에 따르면, 벤담의 양적 공리주의는 전체를 위한 개인의 희생을 정당화하는 논리로 이용될 수 있다고 하였다. 〈보기〉의 상황은 아이(개인)를 희생시킴으로써 도시(사회)의 행복이 보장되므로, 벤담은 최대 다수의 최대 행복을 위해 아이의 희생을 정당화할 것이다.

오답 선지 분석

① ⊙은 한 아이를 희생시키는 선택이 도덕적으로 옳다고 하겠군.

2문단에 따르면, 벤담은 어떤 행위가 도덕적으로 옳은 행위가 되기 위해서는 행위자와 그 행위에 관련된 모든 사람의 쾌락을 최대한으로 증가시키고 고통을 최소한으로 감소시켜야 한다고 하였다. 〈보기〉에서 아이의 희생을 통해 도시의 행복을 유지할 수 있다고 했으므로 벤담은 한 아이를 희생시키는 선택이 도덕적으로 옳다고 할 것이다.

② ⊙은 아이의 행복과 도시민들의 행복에 질적 차이는 없다고 보고 있군.

2문단에 따르면, 벤담은 쾌락에 질적인 차이를 매기지 않았으므로 〈보기〉에서 아이의 행복과 도시민들의 행복에 질적 차이는 없다고 볼 것이다.

③ ⊙은 이 도시의 평화를 유지하기 위해 법률과 같은 방법을 쓰려 하겠군.

4문단에 따르면, 벤담은 법률에 의한 정치적 제재를 중시하였으므로 적절하다.

⑤ ⊙은 소수인 아이의 행복보다 도시민 전체의 행복이 더 크다고 생각하겠군.

2문단에 따르면, 벤담은 쾌락을 계량 가능한 것으로 파악하고, 사회는 개인의 집합체이므로 개인의 행복을 합치면 사회 전체의 행복을 계산할 수 있다고 하였다. 따라서 〈보기〉에서 소수인 아이의 행복보다 도시민 전체의 행복이 더 크다고 생각할 것이다

03 구체적 사례에 적용하기
답 | ⑤

보기 의 사례를 ⓛ의 주장과 관련하여 이해한 내용으로 적절하지 **않은** 것은?

보기

ⓐ 조선을 침략해 식민지로 삼고 지배한 일본

ⓑ 자기 수입의 일부를 어려운 이웃에게 기부하고 얻은 뿌듯함

ⓒ 병원 생활을 오래 한 환자들에게 무료 공연을 해주고 환자들의 웃는 모습을 보는 기쁨

정답 선지 분석

⑤ ⓛ의 관점에서는 ⓐ와 ⓒ의 쾌락 가운데 어느 것이 더 질 높은 것인지 판단할 수 없다.

ⓐ는 지배욕에 해당하므로 4문단에 따르면 동물의 쾌락이고, ⓒ는 인간의 쾌락이다. 밀은 동물의 쾌락보다 인간의 쾌락이 질적으로 높다고 보았으므로 ⓛ의 관점에서 ⓐ와 ⓒ의 쾌락 가운데 어느 것이 더 질 높은 것인지 판단할 수 없다는 내용은 적절하지 않다.

오답 선지 분석

① ⓛ은 ⓐ보다 ⓑ가 더 질적으로 높은 쾌락이라고 본다.

ⓐ는 동물의 쾌락이고, ⓑ는 인간의 쾌락이다. 밀은 동물의 쾌락보다 인간의 쾌락이 더 질적으로 높은 쾌락이라고 보았다.

② ⓛ은 ⓐ, ⓑ, ⓒ의 쾌락 간에는 질적인 차이가 있다고 본다.

ⓐ는 동물의 쾌락이고, ⓑ와 ⓒ는 인간의 쾌락이다. 밀은 동물의 쾌락보다 인간의 쾌락이 더 질적으로 높은 쾌락이라고 보았다.

③ ⓛ에 따르면 ⓐ의 쾌락은 그것을 추구할수록 다른 사람에게 피해를 준다고 본다.

ⓐ는 동물의 쾌락이다. 밀은 동물의 쾌락은 얻으려 하면 할수록 다른 사람들에게 피해가 돌아간다고 보았다.

④ ⓛ에 따르면 ⓑ와 ⓒ는 인간이 가지는 인류애를 바탕으로 한 것이라 볼 수 있다.

ⓑ와 ⓒ는 인간의 쾌락이다. 밀은 인간이 동물적인 본성 이상의 능력을 가지고 있다고 보았으며, 양심의 내부적인 제재로서 인간이 가지는 인류애를 중시하였다.

04 세부 내용 파악하기

빈칸에 들어갈 말을 찾아 2음절로 쓰시오.

> 벤담과 밀은 인간이 모두 (　　　)을/를 추구한다고 보았다.

정답

쾌락

문학 1	매화사(안민영)

빠른 정답 체크　**01** ②　**02** ①　**03** ⑤　**04** 달, 잔

매영*이 부딪친 창에 옥인금차* 빗겼는데

두셋 백발옹*은 거문고와 노래로다
매화를 감상하며 풍류를 즐기는 주체
이윽고 잔 들어 권할 제 달이 또한 오르더라
　　　　　　　풍류를 즐기는 모습　　　　　　　▶ 매화 그림자와 풍류
　　　　　　　　　　　　　　　　　　　　　　　　〈제1수〉

┌ 어리고 성긴 매화 너를 믿지 않았더니
│　　　　　　　　　　매화가 필 것이라고 믿지 않음
[A]　눈 기약 능히 지켜 두세 송이 피었구나
│　　눈이 올 때 피겠다는 약속　　영탄법
└ 촉* 잡고 가까이 사랑할 제 암향부동* 하더라
　　　　매화에 대한 애정　　　　　　　▶ 매화의 고결함 예찬
　　　　　　　　　　　　　　　　　　　　　　　〈제2수〉

빙자옥질*이여 눈 속에 너로구나
　　　　　　　눈 속에 핀 매화
가만히 향기 놓아 **황혼월***을 기약하니
　　　　　　　　　○: 매화의 기품을 높임
아마도 아치고절*은 너뿐인가 하노라
　　　　　　　　　　　　　▶ 매화의 멋과 절개 예찬
　　　　　　　　　　　　　　　　　　　　　　〈제3수〉

눈으로 기약하더니 네 과연 피었구나
　　　　　　매화를 신의 있는 대상으로 생각함
황혼에 달이 오니 그림자도 성기구나
　　　　□: 매화를 즐기는 흥취를 더하는 소재
청향*이 잔에 떴으니 취하고 놀려 하노라
　　　　　풍류를 즐기려 함　　　　▶ 매화와 더불어 즐기는 풍류
　　　　　　　　　　　　　　　　　　　　　〈제4수〉

바람이 눈을 몰아 산창*에 부딪히니
△: 시련
찬 기운 새어들어 자는 매화를 침노하니*
　　　　　　　　　　　　설의법 → 앗을 수 없음
아무리 얼리려 한들 봄 뜻이야 앗을쏘냐
　　　　　　　　　봄이 왔음을 알리려는 의지　　▶ 매화의 강인한 의지 예찬
　　　　　　　　　　　　　　　　　　　　　　〈제6수〉

동각*에 숨은 꽃이 **철쭉**인가 **두견화**인가
△: 아직 피지 않은 꽃(↔ 매화)

건곤*이 눈이거늘 제 어찌 감히 피리
　철쭉과 두견화는 눈 속에서 필 수 없음
알괘라 백설양춘*은 매화밖에 뉘 있으리
　알겠노라　　　　　눈 속에서도 피는 매화를 예찬함　　▶ 매화의 절개 예찬
〈제8수〉

- 안민영, 〈매화사〉 -

* 매영(梅影): 매화 그림자.
* 옥인금차(玉人金叉): 미인의 금비녀.
* 백발옹(白髮翁): 머리가 흰 노인.
* 촉(燭): 불빛을 내는 데 쓰는 물건의 하나.
* 암향부동(暗香不動): 그윽한 향기가 은근히 떠돎.
* 빙자옥질(氷姿玉質): 얼음같이 맑고 깨끗한 살결과 구슬같이 아름다운 자질.
* 황혼월(黃昏月): 저녁에 뜨는 달.
* 아치고절(雅致孤節): 우아한 멋과 높은 절개.
* 청향(淸香): 맑은 향기.
* 산창(山窓): 산에 있는 집의 창.
* 침노하다(侵撈하다): 성가시게 달라붙어 손해를 끼치거나 해치다.
* 동각(東閣): 동쪽에 있는 누각.
* 건곤(乾坤): 하늘과 땅을 아울러 이르는 말.
* 백설양춘(白雪陽春): 흰 눈이 날리는 이른 봄.

01　시어의 의미 파악하기　　　　　답 | ②

윗글의 시어에 대한 설명으로 적절하지 <u>않은</u> 것은?

정답 선지 분석

② '황혼월'은 매화와 비교되는 소재이다.
　〈제3수〉의 '황혼월'은 매화가 기다리는 대상으로, 매화의 기품을 높이는 소재이지 매화와 비교되는 소재가 아니다.

오답 선지 분석

① '백발옹'은 매화를 감상하는 주체이다.
　〈제1수〉의 '백발옹'은 '거문고와 노래'로 대변되는 풍류를 즐기면서, '잔 들어 권'하며 '매영이 부딪친 창'을 바라보는, 즉 매화를 감상하는 주체이다.
③ '청향'은 매화의 아름다움을 나타낸다.
　〈제4수〉의 '청향'은 매화의 맑은 향을 의미하는 것으로, 매화의 아름다움을 나타낸다.
④ '바람'은 매화를 괴롭히려는 시련이다.
　〈제6수〉의 '바람'과 '찬 기운'은 '매화를 침노하'여 '얼리려' 하는 존재로, 매화를 괴롭히려는 시련이다.
⑤ '철쭉'은 매화와 대조적으로 제시된 소재이다.
　〈제8수〉의 '철쭉'과 '두견화'는 '백설양춘'에 핀 매화와 달리 '감히 피'지 않은 꽃으로, 매화와 대조적으로 제시된 소재이다.

02　화자의 심리 파악하기　　　　　답 | ①

[A]에서 화자의 심리 변화로 가장 적절한 것은?

정답 선지 분석

① 불신 - 감탄 - 애정
　[A]의 초장에서 화자는 '어리고 성긴 매화'를 '믿지 않았'다고 하였으므로 이때 화자의 심리는 불신이라고 할 수 있다. 중장에서 '눈 기약 능히 지켜 두세 송이 피'어난 매화를 보며 '피었구나'에서 영탄법을 사용하였으므로 이때 화자의 심리는 감탄이라고 할 수 있다. 종장에서 매화를 '가까이 사랑'한다고 하였으므로 이때 화자의 심리는 애정이라고 할 수 있다.

03　작품 간의 공통점, 차이점 비교하기　　　　　답 | ⑤

윗글과 보기 를 비교한 내용으로 가장 적절한 것은?

보기

꽃이 무한하되 매화를 심은 뜻은
눈 속에 꽃이 피어 한 빛인 것이 귀하도다
하물며 그윽한 향기는 아니 귀하고 어이리

- 이신의, 〈사우가〉

정답 선지 분석

⑤ 윗글과 〈보기〉는 모두 추위를 이기는 매화의 속성을 예찬하고 있다.
　윗글은 〈제6수〉에서 '바람'과 '찬 기운'에도 얼지 않는 매화의 모습을 드러내고, 〈제8수〉에서 '건곤이 눈'임에도 피어난 매화를 예찬하고 있다. 〈보기〉 또한 '눈 속에 꽃이 피'는 매화의 속성을 예찬하고 있다.

오답 선지 분석

① 〈보기〉는 윗글과 달리 매화를 의인화하고 있다.
　매화를 의인화하고 있는 것은 〈보기〉가 아닌 윗글로, 〈제2수〉~〈제4수〉에서 매화를 '너'라고 표현하며 의인화하고 있다.
② 〈보기〉는 윗글과 달리 후각적 심상을 활용하고 있다.
　〈보기〉의 '그윽한 향기'에서 후각적 심상을 활용하였고, 윗글에서도 '가만히 향기 놓아', '청향이 잔에 떴으니'에서 후각적 심상을 활용하고 있다.
③ 윗글은 〈보기〉와 달리 매화와 자신을 동일시하고 있다.
　윗글과 〈보기〉 모두 매화와 자신을 동일시하고 있지 않다.
④ 윗글은 〈보기〉와 달리 매화를 심은 이유를 밝히고 있다.
　매화를 심은 이유를 밝히고 있는 것은 윗글이 아닌 〈보기〉로, '눈 속에 꽃이 피어 한 빛인 것이 귀하도다'에서 매화를 심은 이유를 밝히고 있다.

04　소재의 기능 파악하기

〈제4수〉에서 매화를 즐기는 흥취를 더하는 소재 두 개를 찾아 차례대로 쓰시오.

정답

달, 잔

[앞부분 줄거리] '나'의 엄마는 만두 가게를 운영하며 생계를 책임져 왔다. 그러나 아버지가 빚보증을 선 탓에 집이 망하고, '나'는 언니가 사는 서울 변두리의 반지하 셋방에서 함께 살게 된다. 집주인은 '나'가 피아노를 가져온 것을 못마땅해하며 집에선 치지 말라고 한다. '나'는 디근 자가 ←집주인이 제시한 금기 잘 눌리지 않는 컴퓨터로 학원 교재나 시험지를 타이핑하는 아르바이트 ←기계적인 일 를 하고, 언니는 편입 준비와 아르바이트를 병행하며 살아간다.

[A]
┌ ⊙ 가끔은 손가락이 나뭇가지처럼 기다랗게 자라나는 꿈
│   단순하고 기계적인 아르바이트를 하며 살아가는 상황에 대한 불안과 회의
│ 을 꾸기도 했다. 나는 손가락만 진화한 인간 타자수가 되어
│ '다음 중 맞는 답을 고르시오.'라는 문장을 끊임없이 치고 있
│   학원 교재나 시험지에 반복적으로 나오는 문장
│ 었다. 그리고 산더미만 한 문제지를 들고 인쇄소에 찾아가면,
│   삶에 대한 압박감
│ 그걸 전부 나더러 풀라는 것이었다. 나는 건포도를 오물거리
│ 며 '가을이 얼마 남지 않았으니까' 하고 안도했다. '8월에는
│   계절이 바뀌면 상황이 나아질 것이라고 기대함
│ 동대문에 옷을 사러 가야지. 화장은 언니에게 배우고, 아르바
│ 이트는 반드시 집 밖에서 하는 걸로 해야겠다.' 도 다음엔 레
│   집에 고립되어 일하는 것에 대한 환멸
│ 가 오는 것처럼 여름이 끝난 후 반드시 가을이 올 것 같았지만,
│   도 다음의 레 = 여름이 끝난 후 가을 = 고생이 끝난 후의 해방
│ 계절은 느릿느릿 지나가고, 우리의 청춘은 너무 환해서 창백
│   역설법 → 경제적 어려움으로 인해 청춘을 힘겹게 보냄
└ 해져 있었다.

   방 안은 눅눅했다. 자판을 치다 주위를 둘러보면, 습기 때문에
   햇볕이 들지 않는 반지하이기 때문
자글자글 운 공기가 미역처럼 나풀대며 날아다니는 것 같았다.
               비유법 → 습기 찬 방의 상황
벽지 위론 하나둘 곰팡이 꽃이 피었다. 피아노 뒤에 벽은 상태가
               '나'의 가난한 현실을 나타냄
더 심했다. ⓛ 건반 하나라도 누르면 꼭 그 음의 파동만큼 날아올
               피아노에 곰팡이가 스며든 것 같다고 느낌
라, 곳곳에 포자*를 흩날릴 것 같은 모양이었다. 나는 피아노가
썩을까 봐 걱정이었다. 몇 번 마른걸레로 닦아 봤지만 소용없었
   피아노를 소중하게 여김
다. 우선 달력 몇 장을 찢어 피아노 뒷면에 덧대 놓는 수밖에 없
               피아노에 곰팡이가 슬지 않게 하기 위한 조치
었다. 그러다 곧 피아노 건반을 확인해보고 싶은 마음이 들었다.
               피아노가 망가지지는 않았는지 확인하려 함
시골에서부터 이고 온 것인데, 이대로 망가지면 억울할 것 같았
   시골의 집에서 서울의 반지하까지 가져옴
다. 한날 마음을 먹고 피아노 의자 위에 앉았다. 그런 뒤 두 손으로
   하루는
건반 뚜껑을 들어 올렸다. 손안에 익숙한 무게감이 전해져 왔다. 내
               '나'는 과거에 학원에서 피아노를 배웠음
가 알고 있는 무게감이었다. 곧 88개의 깨끗한 건반이 눈에 들어
왔다. 악기는 악기답게 고요했다. 나는 건반 위에 손가락을 얹어
보았다. 손목에 힘을 푼 채 뭔가 부드럽게 감아쥐는 모양을 하고,
               피아노를 치기 위한 손 모양
서늘하고 매끄러운 감촉이 전해졌다. 조금만 힘을 주면 원하는
소리가 날 터였다. 밖에선 공사 음이 들려왔다. 며칠 전부터 주인
   주인 남자는 소음을 이유로 피아노를 치지 못하게 하면서 자신은 공사 소음을 냄

집을 보수하는 소리였다. 문득 피아노를 치고 싶은 마음이 들었
다. 이사 후 처음 있는 일이었다. 그리고 일단 그런 마음이 들자,
   서울로 이사한 후 피아노를 친 적이 없음
주체할 수 없는 감정이 솟구쳤다. 한 음 정도는 괜찮지 않을까.
               피아노 치는 행위를 합리화함
소리는 금방 사라져 아무도 모를 것이다. 나는 용기 내어 손가락
에 힘을 주었다.

   "도―"
   작품의 제목인 '도도한 생활'과도 연관이 있음
도는 방 안에 갇힌 나방처럼 긴 선을 그리며 오래오래 날아다
   비유법 → 방에 풍부하게 울리는 '도' 음
녔다. 나는 그 소리가 아름답다고 생각했다. ⓒ 가슴속 어떤 것이
               피아노 소리를 듣고 들뜬 기분을 느낌
엷게 출렁여 사그라지는 기분이었다. 도는 생각보다 오래 도―
하고 울었다. 나는 한 음이 완전하게 사라지는 느낌을 즐기려 눈
을 감았다. 밖에서 문 두드리는 소리가 났다. 쿵쿵쿵쿵. 주먹으로
               주인집 식구들이 피아노 소리를 듣고 '나'를 찾아옴
네 번이었다. 나는 얼른 피아노 뚜껑을 덮었다. 다시 쿵쿵 소리가
               피아노를 쳤다는 사실을 숨기기 위함
들렸다. 현관문을 열어 보니 주인집 식구들이었다. 체육복을 입
은 남자와 그의 아내, 두 아이가 나란히 서 있었다. 사내아이는 아
빠와, 계집아이는 엄마와 똑 닮아 있었다. 외식이라도 갔다 오는
               주인집 식구들의 속물성을 드러냄
지 그들 모두 입에 이쑤시개를 물고 있었다. 남자가 입을 열었다.

   "학생, 혹시 좀 전에 피아노 쳤어?"
         주인 남자의 비정한 태도
나는 천진하게 말했다.

   "아닌데요."

주인 남자는 고개를 갸웃거리며 물었다.

   "친 거 같은데……?"

   나는 다시 아니라고 했다. 주인 남자는 의심스러운 표정을 짓다
가, 내가 곰팡이 얘길 꺼내자 "지하는 원래 그렇다."라고 말한 뒤,
   반지하 방에 곰팡이가 슬었다는 얘기를 함   집주인으로서의 책임을 회피함
서둘러 2층으로 올라갔다. 나는 방으로 돌아와 피아노 옆에 기대
어 앉았다. 그런 뒤 무심코 휴대 전화 폴더를 열었다. 휴대 전화
는 번호마다 고유한 음이 있어 단순한 연주가 가능했다. 1번은
도, 2번은 레, 높은 음은 별표나 영을 함께 누르면 되는 식이었다.
더듬더듬 버튼을 눌렀다. 미 솔미 레도시도 파, 미 솔미 레도시도
               피아노 대신 휴대 전화 버튼 음으로 연주를 함 → 자유롭지 못함
레레레 미…… ⓔ '원래 그렇다'는 말 같은 거, 왠지 나쁘다는 생
               집주인에 대한 부정적 인식
각이 들었다.

   저녁부터 폭우가 내렸다. 언니는 아르바이트 때문에 늦는다고
         '나'에게 시련을 주는 소재   '나' 혼자 반지하 방에 남아 있게 됨
했다. 벌써 퇴근했어야 하는 시간인데 정산을 잘못한 모양이었다.
언니는 계산서를 처음부터 끝까지 살펴본 뒤, 안 맞을 경우 다시
               언니는 식당에서 아르바이트를 함
계산기를 두드리고, 같은 일을 반복하며 밤을 새울 터였다. 나는
만두 라면을 먹으며 연속극을 보고 있었다. 볼륨을 한껏 높였는데
도 배우들의 목소리가 잘 들리지 않았다. 리모컨을 잡으니 뭔가
               빗소리 때문   방안까지 빗물이 들어참
축축한 게 만져졌다. 한참 손바닥을 들여다본 후에야 그것이 빗물

이란 걸 깨달았다. 나는 화들짝 자리에서 일어났다. 현관에서부터
_{반지하의 현관은 땅보다 낮은 곳에 있어 빗물이 흘러들어옴}
물이 새고 있었다. 이물질이 잔뜩 섞인 새까만 빗물이었다. 그것
_{'나'의 가난하고 열악한 환경을 상징함}
은 벽지를 더럽히며 창틀 아래로 흘러내렸다. ⑩ 벽면은 검은 눈
물을 뚝뚝 흘리는 누군가의 얼굴 같았다.
_{'나'가 처한 절망적인 상황을 강조함}

(중략)

빗물은 어느새 무릎까지 차 있었다. 나는 피아노가 물에 잠겨가
_{상황이 점점 나빠짐} _{피아노는 세련된 삶, 중산층의 삶을 상징함}
고 있다는 걸 깨달았다. 저대로 두다간 못 쓰게 될 것이 분명했다.
_{'나'가 가난을 쉽게 벗어나지 못할 것을 암시함}
순간 '쇼바*'를 잔뜩 올린 오토바이 한 대가 부르릉— 가슴을 긁고
_{아버지는 빚보증을 잘못 서고 오토바이를 과속해서 몰며 울었음}
가는 기분이 들었다. 「오토바이가 일으키는 흙먼지 사이로 수천 개
_{「」: 어머니의 만두 가게는 아버지의 빚보증 때문에 망함}
의 만두가 공기 방울처럼 떠올랐다 사라졌다.」언니의 영어 교재도,
_{'나'의 컴퓨터는 디귿 자가 잘 안 눌림} _{언니는 영문과로 편입하기 위해 노력함}
컴퓨터와 활자 디귿도, 아버지의 전화도, 우리의 여름도 모두 하
_{(중략) 부분에서 아버지는 돈이 필요하다고 '나'에게 전화함 '나'와 언니의 고생}
늘 위로 떠올랐다 톡톡 터져 버렸다. 나는 피아노 뚜껑을 열었다.
_{모두 물거품이 됨}
깨끗한 건반이 한눈에 들어왔다. 건반 위에 가만 손가락을 얹어
_{피아노는 잠겨가지만 건반은 아직 멀쩡함}
보았다. 엄지는 도, 검지는 레, 중지와 약지는 미 파, 아무 힘도

주지 않았는데 어떤 음 하나가 긴소리로 우는 느낌이 들었다. 나
_{'도' 음}
는 나도 모르게 손가락에 힘을 주었다.

"도—"

도는 긴소리를 내며 방 안을 날아다녔다. 나는 레를 짚었다.
_{이전과 달리 다른 음도 누름}
"레—"

사내가 자세를 틀어 기역 자로 눕는 모습이 보였다. ⓐ 나는 편
_{언니의 전 애인으로, (중략) 부분에서 만취해서 집을 찾아옴}
안하게 피아노를 연주하기 시작했다. 하나 둘 손끝에서 돋아나는
_{극한의 상황에서 자신이 할 수 있는 저항을 함}
음표들이 녹녹했다.
_{빗물이 차오르는 반지하 방에서 피아노 연주를 하고 있음}
"솔 미 도 레 미파솔라솔……."

물에 잠긴 페달에 뭉텅뭉텅 공기 방울이 새어 나왔다. 음은 천

천히 날아올라 어우러졌다 사라졌다.
_{자신의 꿈이 이루어지기를 바라는 '나'의 마음}

- 김애란, 〈도도한 생활〉 -

* 포자(胞子): 식물이 무성 생식을 하기 위하여 형성하는 생식 세포.
* 쇼바: 쇼크 업쇼버. 차량의 충격 흡수 장치.

---

01 작품의 내용 파악하기   답 | ④

윗글의 내용으로 적절하지 <u>않은</u> 것은?

정답 선지 분석

④ '나'는 피아노에 곰팡이가 슬 것을 예상하고 피아노를 포기한다.

'나'는 곰팡이 때문에 '피아노가 썩을까 봐 걱정'했지만, 피아노를 포기하는 것이 아니라 '몇 번 마른걸레로 닦'기도 하고 '달력 몇 장을 찢어 피아노 뒷면에 덧대 놓'기도 하는 등 피아노가 썩지 않게 하기 위해 노력한다.

오답 선지 분석

① '나'는 피아노 치는 행위를 합리화하고 피아노를 친다.

'나'는 '한 음 정도는 괜찮지 않을까', '소리는 금방 사라져 아무도 모를 것이다'라고 생각하며 피아노 치는 행위를 합리화하고 피아노의 건반을 누른다.

② '나'는 주인 남자의 추궁에도 피아노를 친 사실을 숨긴다.

주인 남자는 "학생, 혹시 좀 전에 피아노 쳤어?"라고 물으며 추궁하지만, '나'는 "아닌데요."라고 대답하고 주인 남자가 재차 의심스러운 태도를 보였을 때에도 '다시 아니라고' 한다.

③ '나'는 물에 잠겨가는 방 안에서 자유롭게 피아노를 친다.

'나'는 빗물이 '무릎까지 차'며 물에 잠겨가는 방 안에서 "솔 미 도 레 미파솔라솔……." 하는 음을 내며 자유롭게 피아노를 친다.

⑤ '나'는 주인 남자의 의심을 받은 뒤 휴대 전화 음으로 연주를 한다.

주인 남자는 '나'가 피아노를 쳤다고 의심하고, 주인 남자가 돌아가자 '나'는 '번호마다 고유한 음이 있어 단순한 연주가 가능'한 휴대 전화로 '더듬더듬 버튼을 눌'러 연주를 한다.

---

02 구절의 의미 파악하기   답 | ③

㉠~㉤에 대한 설명으로 적절하지 <u>않은</u> 것은?

정답 선지 분석

③ ㉢: 이전의 삶으로 돌아가려 하는 '나'의 열망이 해소되었음을 알 수 있다.

'나'는 피아노의 도 음을 내고, '그 소리가 아름답다고 생각'하며 '한 음이 완전하게 사라지는 느낌을 즐기려 눈을 감'는다. 이러한 '나'의 반응을 보았을 때, '나'가 '가슴속 어떤 것이 엷게 출렁여 사그라지는 기분'을 느낀 것은 이전의 삶으로 돌아가려 하는 열망이 해소되었기 때문이 아니라, 피아노 소리가 '나'를 들뜨게 하였기 때문이다.

오답 선지 분석

① ㉠: 기계적으로 일하는 자신의 상황에 대한 '나'의 불안이 반영되어 있다.

'나'가 '손가락이 나뭇가지처럼 기다랗게 자라나는 꿈을 꾸'는 것은, '컴퓨터로 학원 교재나 시험지를 타이핑하는 아르바이트를 하'며 기계적으로 일하는 자신의 상황에 대한 '나'의 불안이 반영된 것이다.

② ㉡: 피아노 곳곳에 곰팡이가 스며든 것 같다는 '나'의 생각이 드러나 있다.

'벽지 위론 하나둘 곰팡이 꽃이 피'고, '피아노 뒤에 벽은 상태가 더 심'한 상황에서, '나'가 피아노의 건반을 누르면 '곳곳에 포자를 흩날릴 것 같은 모양'이라고 하는 것은, 피아노 곳곳에 곰팡이가 스며든 것 같다는 '나'의 생각이 드러나 있다.

④ ㉣: 책임을 회피하는 주인 남자에 대한 '나'의 부정적인 인식이 나타나 있다.

'나'가 주인 남자에게 곰팡이 얘기를 하자, 주인 남자는 "지하는 원래 그렇다."라고 말한다. 이를 고려하면, '나'가 '원래 그렇다'는 말이 '왠지 나쁘다는 생각이 들었다'는 것에는 집주인으로서의 책임을 회피하는 주인 남자에 대한 '나'의 부정적인 인식이 나타나 있다.

⑤ ㉤: 폭우로 인해 방 안에 빗물이 가득 차 절망적인 '나'의 상황을 비유하고 있다.

'저녁부터 폭우가 내'리고, '나'가 혼자 있는 반지하 방은 '현관에서부터 물이 새'어 '이물질이 잔뜩 섞인 새까만 빗물'이 '벽지를 더럽히며 창틀 아래로 흘러내'린다. 더럽혀진 벽면이 '검은 눈물을 뚝뚝 흘리는 누군가의 얼굴 같았'다는 것은, 폭우로 인해 방 안에 빗물이 가득 차 절망적인 '나'의 상황을 비유하고 있다

03 외적 준거를 참고하여 작품 감상하기　　　　답 | ④

보기 를 참고했을 때, ⓐ에 담긴 의미로 가장 적절한 것은?

보기

〈도도한 생활〉의 엄마는 제대로 교육받지 못한 자신의 결핍을 채우기 위해 딸인 '나'에게 피아노를 사준다. 이 피아노는 단순한 악기가 아니라, '나'에게 있어 '삶의 질이 한 뼘쯤 세련돼진 것 같'은 느낌을 주는 대상이다. 즉, 피아노는 '나'의 불안정한 생활을 견디기 위한 최후의 보루이고, 그렇기에 반지하로 이사하면서도 피아노를 팔거나 버리지 않고 함께 가져온 것이다.

정답 선지 분석

④ 반지하 방에 물이 차오르는 극한의 상황에서 자신이 할 수 있는 저항을 하는 것이다.

'나'가 사는 반지하 방은 폭우가 내리자 '현관에서부터 물이 새'는 곳이다. 〈보기〉에서 '나'에게 피아노가 불안정한 생활을 견디기 위한 최후의 보루라고 한 것을 고려하면, 빗물이 '무릎까지 차 있'는 극한의 상황에서 '나'가 '편안하게 피아노를 연주하'는 것은 셋방에서 피아노를 치면 안 된다는 집주인의 금기를 깸으로써 저항하고, 가난한 환경 속에서도 자존감을 지켜 어려움을 극복하려는 태도를 드러내는 것이다.

오답 선지 분석

① 혼자 힘으로 돈을 버는 자신에 대한 자부심을 드러내는 것이다.

'나'가 '학원 교재나 시험지를 타이핑하는 아르바이트를 하'면서 혼자 힘으로 돈을 벌고 있는 것은 맞지만, 피아노를 치는 행위가 자신에 대한 자부심을 드러내는 것이라고 볼 수는 없다.

② 피아노를 치는 것을 허락하지 않은 집주인에게 연주를 들려주려는 것이다.

집주인이 피아노를 치는 것을 허락하지 않은 것은 맞지만, 윗글에서 피아노를 치는 행위가 집주인에게 연주를 들려주기 위함이라고 해석할 근거는 찾을 수 없다.

③ 비싼 피아노가 망가지는 것이 아까워 마지막으로 한번 제대로 쳐 보는 것이다.

피아노가 '물에 잠겨 가고 있'어 '저대로 두다간 못 쓰게 될 것이 분명'한 상태가 된 것은 맞지만, '나'가 피아노를 친 것이 비싼 피아노가 망가지는 것이 아까웠기 때문은 아니다.

⑤ 생계를 꾸리기 위해 폭우가 쏟아지는 밤에도 일하는 언니에 대한 연민을 표현하는 것이다.

언니가 '아르바이트 때문에' '밤을 새'게 된 것은 맞지만, 윗글에서 피아노를 치는 행위가 언니에 대한 연민을 표현하는 것이라고 해석할 근거는 찾을 수 없다.

04 서술상의 특징 파악하기

빈칸에 들어갈 말을 골라 쓰시오.

[A]의 마지막 구절인 '우리의 청춘은 너무 환해서 창백해져 있었다.'는 (반어법 / 비유법 / 역설법)이 사용된 것으로, '나'와 언니가 경제적 어려움으로 인해 청춘을 힘겹게 보냈음을 나타낸다.

정답

역설법

| 화법 | 개의 혈액형과 수혈 |

◀ 빠른 정답 체크 **01** ⑤ **02** ③ **03** ① **04** 혈액 공급 시스템

안녕하세요? 수의사 ○○○입니다. 여러분들은 개도 사람과 마
<u>강연자 소개 - 화제에 대해 전문성을 갖춤</u>
찬가지로 수혈이 필요하다는 걸 알고 있나요? (동영상을 보여 주며)
<u>자료 ① - 개의 수혈 장면</u>
지금 보시는 것은 개의 수혈 장면입니다. 처음 보는 분들이 많으

실 텐데요. 오늘은 <u>개의 혈액형과 수혈</u>에 대해서 이야기해 보겠
<u>강연의 화제 제시</u>
습니다.

여러분은 자신의 혈액형을 알고 있지요? 『그런데 개도 혈액형이
『 』: 질문을 통한 청중과의 상호 작용 ①
있다는 것을 알고 있나요? (학생들의 대답을 듣고) 처음 들어 보는

학생들이 많은 것 같네요.』 (그래프를 제시하며) 보고 계신 설문 조
<u>자료 ② - 개의 혈액형에 대한 사람들의 인식</u>
사 결과처럼 <u>90%가 넘는 사람들이 개에게도 혈액형이 있다는 사</u>
<u>개의 혈액형에 대한 사람들의 인식이 낮음</u>
실을 모르고 있답니다. 개의 혈액형은 DEA라는 용어 뒤에 숫자

를 붙여 구분합니다. (도표를 제시하며) 화면에 보이는 것처럼 개
<u>자료 ③ - 개의 혈액형 종류</u>
의 혈액형은 여러 종류가 있습니다. 그중 수혈에서 가장 중요한

혈액형은 DEA 1로 이 혈액형은 DEA 1-, 1.1, 1.2로 나뉩니다.
<u>개의 혈액형 종류 중 일부</u>
(그림을 제시하며) DEA 1 혈액형 간의 수혈 관계는 보시는 것처
<u>자료 ④ - DEA 1 혈액형 간의 수혈 관계</u>
럼 나타낼 수 있습니다. 개는 기본적으로 같은 혈액형끼리는 수

혈할 수 있습니다. 예를 들어 <u>DEA 1.2와 1.2 사이나 DEA 1-와</u>
<u>개의 수혈에 관한 정보 ①</u>
<u>1- 사이는 수혈이 가능한</u> 것입니다. 그런데 <u>처음 수혈을 받는 경</u>

<u>우라면 다른 혈액형에게서도 수혈을 받을 수 있습니다.</u> 단, 『첫 수
<u>개의 수혈에 관한 정보 ②</u>
혈의 경우라도 DEA 1- 혈액형을 가진 개는 DEA 1.1이나 1.2의

혈액형을 가진 개에게 혈액을 줄 수는 있지만 반대로 이들로부터

혈액을 받을 수는 없습니다.』 한편 <u>DEA 1 혈액형을 가진 개는 모</u>
『 』: 개의 수혈에 관한 정보 ②의 예외   개의 수혈에 관한 정보 ③
<u>두 첫 수혈과 달리 두 번째 수혈부터는 부작용을 고려하여 혈액</u>

<u>형을 반드시 확인해야 합니다.</u>

현재 <u>개의 수혈에 대한 사람들의 인식이 낮은 편이고 혈액 공</u>
<u>개의 수혈이 어려운 이유</u>
<u>급 시스템도 잘 갖춰져 있지 않아 원활한 수혈이 어려운 실정</u>입

니다. (QR 코드를 제시하며) 지금 보여 드리는 QR 코드에 접속하
<u>개의 수혈에 관한 추가 정보를 얻는 방법</u>
시면 개의 수혈에 관한 보다 많은 정보를 얻을 수 있습니다.』 『오늘
『 』: 질문을 통한 청중과의 상호 작용 ②
강연 어떠셨나요? (학생들의 반응을 확인하고) 유익하셨다니 다행

입니다.』 개는 우리의 좋은 친구이자 귀한 생명입니다. 학생 여러

분들도 개의 수혈 문제에 관심을 가져 주시면 좋겠습니다. 이상

으로 강연을 마치겠습니다. 감사합니다.

---

01 강연의 말하기 방식 이해하기   답 | ⑤

위 강연에 대한 설명으로 가장 적절한 것은?

정답 선지 분석

⑤ 청중의 대답을 이끌어 내는 질문을 던지며 청중과 상호 작용을 하고 있다.

2문단에서 강연자가 '그런데 개도 혈액형이 있다는 것을 알고 있나요?'라고 청중의 대
답을 이끌어 내는 질문을 던지며 학생들의 대답을 들은 후 '처음 들어 보는 학생들이
많은 것 같네요.'라고 말하며 청중과 상호 작용을 하고 있고, 4문단에서 강연자가 '오
늘 강연 어떠셨나요?'라고 질문을 던지며 학생들의 반응을 확인한 후 '유익하셨다니
다행입니다.'라고 말하며 청중과 상호 작용을 하고 있으므로 적절하다.

오답 선지 분석

① 이전 강연 내용을 요약하며 강연의 순서를 안내하고 있다.

1문단에서 '오늘은 개의 혈액형과 수혈에 대해서 이야기해 보겠습니다.'라고 하며 강
연의 화제를 안내하고 있지만, 이전 강연 내용을 요약하며 강연의 순서를 안내하고 있
지는 않다.

② 강연 내용과 관련된 긍정적 전망을 제시하며 강연을 마무리하고 있다.

4문단에서 '현재 개의 수혈에 대한 사람들의 인식이 낮은 편이고 혈액 공급 시스템도
잘 갖춰져 있지 않아 원활한 수혈이 어려운 실정입니다.'라고 부정적인 현재 상황을 제
시하며 강연을 마무리하고 있지, 강연 내용과 관련된 긍정적 전망을 제시하고 있지는
않다.

③ 주제와 관련된 용어의 유래를 드러내어 역사적 의의를 제시하고 있다.

주제와 관련된 용어의 유래를 드러낸 부분은 찾을 수 없다.

④ 강연에 사용된 자료의 출처를 구체적으로 밝히며 화제를 제시하고 있다.

동영상, 그래프, 도표, 그림 등 다양한 자료를 제시하였지만, 자료의 출처를 밝히지는
않았다.

---

02 매체 활용 전략 이해하기   답 | ③

다음은 강연자가 강연 전에 작성한 메모이다. 강연 내용에 반영되지 않은 것은?

- 주제에 흥미를 가질 수 있도록 학생들의 관심을 유발해야겠어.
  - 강연의 시작 부분에서 동영상을 활용하여 개의 수혈 장면을 보여 줘야지. ···①
- 개의 혈액형에 대해 잘 모르는 사람이 많다는 것을 강조해야겠어.
  - 그래프를 활용하여 사람들의 인식에 대한 설문 조사 결과를 제시해야겠어. ···②
- 개의 혈액형의 종류가 많으니 이를 쉽게 정리해 줘야겠어.
  - 도표를 제시하여 개의 혈액형을 사람의 혈액형과 비교하며 설명해야겠어. ···③
- 개의 수혈 관계를 명확하게 이해할 수 있도록 해 줘야겠어.
  - 개의 혈액형 종류에 따른 수혈 가능 여부를 보여 주는 그림을 제시해야겠어. ···④
- 더 궁금한 점이 있는 학생들을 위해 도움이 될 수 있는 방안을 준비해야겠어.
  - 주제와 관련된 추가 정보를 제공하기 위해서 QR 코드를 제시해야겠어. ···⑤

정답 선지 분석

③ 도표를 제시하여 개의 혈액형을 사람의 혈액형과 비교하며 설명해야겠어.

2문단에서 강연자가 도표를 제시하여 개의 혈액형에 여러 종류가 있음을 설명하고 있
지만 개의 혈액형을 사람의 혈액형과 비교하고 있지 않으므로 적절하지 않다.

오답 선지 분석

① 강연의 시작 부분에서 동영상을 활용하여 개의 수혈 장면을 보여 줘야지.
　1문단에서 강연자가 강연을 시작하면서 동영상을 활용하여 개의 수혈 장면을 학생들에게 보여 주고 있으며, 이를 통해 학생들이 주제에 흥미를 가질 수 있도록 관심을 유발하고 있으므로 적절하다.

② 그래프를 활용하여 사람들의 인식에 대한 설문 조사 결과를 제시해야겠어.
　2문단에서 강연자가 그래프를 활용하여 '보고 계신 설문 조사 결과처럼 90%가 넘는 사람들이 개에게도 혈액형이 있다는 사실을 모르고 있답니다.'라고 말하며 개의 혈액형에 대한 사람들의 인식 정도를 조사한 설문 결과를 제시하고 있으므로 적절하다.

④ 개의 혈액형 종류에 따른 수혈 가능 여부를 보여 주는 그림을 제시해야겠어.
　3문단에서 강연자가 개의 수혈 관계를 보여 주는 그림을 제시하여 DEA 1 혈액형의 종류에 따른 수혈 가능 여부를 설명하고 있으므로 적절하다.

⑤ 주제와 관련된 추가 정보를 제공하기 위해서 QR 코드를 제시해야겠어.
　4문단에서 강연자가 QR 코드를 제시하며 '지금 보여 드리는 QR 코드에 접속하시면 개의 수혈에 관한 보다 많은 정보를 얻을 수 있습니다.'라고 말하여 학생들에게 주제와 관련된 추가 정보를 얻을 수 있음을 안내하고 있으므로 적절하다.

03 청중 반응의 적절성 파악하기　　답 | ①

위 강연을 들은 학생이 [보기]에 대해 보인 반응으로 적절하지 <u>않은</u> 것은?

[보기]

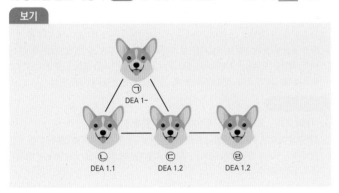

DEA 1−
ⓛ DEA 1.1　ⓒ DEA 1.2　ⓔ DEA 1.2

정답 선지 분석

① 첫 수혈이라면 ㉠은 ㉡에게 수혈을 받을 수 있겠군.
　3문단에서 강연자가 '단, 첫 수혈의 경우라도 DEA 1− 혈액형을 가진 개는~반대로 이들로부터 혈액을 받을 수는 없습니다.'라고 말하였으므로 첫 수혈에서 ㉠은 ㉡에게 수혈을 받을 수 있겠다는 학생의 반응은 적절하지 않다.

오답 선지 분석

② 첫 수혈이라면 ㉡에서 ㉢으로의 수혈은 가능하겠군.
　3문단에서 강연자가 '그런데 처음 수혈을 받는 경우라면 다른 혈액형에게서도 수혈을 받을 수 있습니다.'라고 말하였으므로 첫 수혈이라면 ㉡에서 ㉢으로의 수혈이 가능하겠다는 학생의 반응은 적절하다.

③ ㉢이 이전에 수혈을 받은 적이 있었더라도 ㉣에게 수혈을 받을 수 있겠군.
　3문단에서 강연자가 '개는 기본적으로 같은 혈액형끼리는 수혈할 수 있습니다.'라고 말하였으므로 ㉢이 이전에 수혈을 받은 적이 있었더라도 ㉣에게 수혈을 받을 수 있겠다는 학생의 반응은 적절하다.

④ 첫 수혈의 경우 ㉠에서 ㉡으로나, ㉠에서 ㉢으로의 수혈은 가능하겠군.
　3문단에서 강연자가 '첫 수혈의 경우라도 DEA 1− 혈액형을 가진 개는 DEA 1.1이나 1.2의 혈액형을 가진 개에게 혈액을 줄 수는 있지만'이라고 말하였으므로 첫 수혈의 경우 ㉠에서 ㉡으로나, ㉠에서 ㉢으로의 수혈이 가능하겠다는 학생의 반응은 적절하다.

⑤ ㉠, ㉡, ㉢ 모두 두 번째 수혈을 받을 경우에는 개의 혈액형을 반드시 확인해야겠군.
　3문단에서 강연자가 '한편 DEA 1 혈액형을 가진 개는 모두 첫 수혈과 달리 두 번째 수혈부터는 부작용을 고려하여 혈액형을 반드시 확인해야 합니다.'라고 말하였으므로 ㉠, ㉡, ㉢ 모두 두 번째 수혈을 받을 경우에는 개의 혈액형을 반드시 확인해야겠다는 학생의 반응은 적절하다.

04 강연의 내용 파악하기

빈칸에 들어갈 적절한 말을 윗글에서 찾아 3어절로 쓰시오.

　개의 수혈이 어려운 것은 개의 수혈에 대한 사람들의 인식이 낮고, (　　　)이/가 잘 갖추어져 있지 않기 때문이다.

정답

혈액 공급 시스템

독서　　무버셜과 PPL

◀ 빠른 정답 체크　01 ②　02 ⑤　03 ③　04 무버셜

　㉠ <u>무버셜(movercial)</u>은 영화와 광고를 결합한 하이브리드 장르로, 『무버셜의 개념』 드러내놓고 제품을 등장시키는 직접 광고 방식이다. 고관여 제품*의 경우, 정보의 제공에 그치는 광고로는 소비자와 온전 『무버셜은 주로 고관여 제품을 광고할 때 사용됨』 하게 소통할 수 없기 때문에 개발된 미디어 형식이다. 이는 잠재적, 암시적인 홍보가 아니라 노골적이고 적극적인 판촉으로서 방 『무버셜의 특징 ①』 송이 도저히 엄두를 못 낼 위력을 웹 캐스팅으로 수행하는 것이다. BMW가 인터넷 캐스팅의 형식으로 제작한 무버셜은 더 이상 『무버셜의 예시』 제품의 기능이나 품질에 연연하지 않는다. 브랜드 이미지가 무버 『무버셜의 특징 ②』 셜의 주인공이다. BMW는 철저히 브랜드 이미지에 초점을 맞추기 위해 왕가위, 리안, 가이 리치, 존 프랑켄 하이머 등 할리우드의 유명 영화 감독에게 연출을 맡겼다.
　　　　　　　　　　　　　　　▶ 1문단: 무버셜의 개념과 특징

　㉡ <u>PPL(product of placement)</u>은 직역하면 제품 배치라는 뜻으로, 광고의 메시지를 직접 보이면서 개입하는 대신 영화나 드라마의 장면에 제품을 교묘하게 배치하는 간접 광고 방식이다. 『PPL의 개념』 PPL은 원래 영화를 제작할 때 각 장면에 사용될 소품을 적절한 장소에 배치하는 것을 일컫던 말이다. 하지만 영화에 등장했던 제품이나 브랜드에 소비자들이 반응을 보이고 매출이 증가하자 『PPL의 등장 배경』 기업들이 먼저 영화나 드라마 제작사에 자신의 제품을 사용해 달라고 요청하거나 제품 사용의 대가로 제작비를 지원하게 되었다.
　　　　　　　　　　　　　　　▶ 2문단: PPL의 개념과 특징

　PPL의 유형은 콘텐츠 내에서 등장하는 브랜드가 얼마나 두드러지게 나오느냐에 따라 온셋(on-set) 배치와 크리에이티브 (creative) 배치로 구분할 수 있다. 온셋 배치는『의도적인 연출을 통해 어떠한 단서를 제공하는 소품으로 제품을 등장시키거나, 연기자의 멘트 또는 실제 사용되는 제품으로 노출하는 것이다.』크 『『 』: PPL의 유형 ① - 온셋 배치』 리에이티브 배치는 의도적으로 제품과 브랜드를 두드러지게 노

출하는 것이 아니라, 화면을 구성하는 자연스러운 요소로서 비교적 짧은 시간 동안 노출하는 것이다. 당연히 소비자의 입장에서는 온셋 배치로 등장하는 PPL이 더 눈에 잘 띄며, 기업은 온셋 배치 PPL에 더 많은 비용을 지불해야 한다.

<u>PPL의 유형 ② - 크리에이티브 배치</u>

▶ 3문단: PPL의 유형

PPL은 콘텐츠 내에 등장하므로 소비자에게 제품을 노출하는 데 효과적이다. 그래서 <u>매출 증가에 긍정적 영향을 미치기도 한다.</u> 그러나 <u>콘텐츠와 관계없이 PPL이 사용되면 소비자의 부정적 반응을 유발할 수 있다.</u>

PPL의 장점
PPL의 단점

▶ 4문단: PPL의 장단점

* 고관여 제품(高關與製品): 소비자가 제품을 구입하는 과정에서 시간과 노력을 많이 들이는 제품. 가격이 비싸거나, 본인에게 중요한 의미가 있는 제품 등이 해당된다.

01 중심 내용 파악하기

답 | ②

윗글을 읽고 알 수 있는 내용이 <u>아닌</u> 것은?

정답 선지 분석

② 무버셜의 장점과 한계는 무엇인가?
윗글에서 무버셜의 장점과 한계는 알 수 없다.

오답 선지 분석

① 무버셜 장르의 특징은 무엇인가?
1문단에서 무버셜은 드러내놓고 제품을 등장시키는 직접 광고 방식으로, 제품의 기능이나 품질보다 브랜드 이미지를 내세운다고 하였다.

③ PPL의 유형에는 어떤 것이 있는가?
3문단에서 PPL의 유형은 콘텐츠 내에서 등장하는 브랜드가 얼마나 두드러지게 나오느냐에 따라 온셋 배치와 크리에이티브 배치로 구분할 수 있다고 하였다.

④ 무버셜과 PPL의 차이점은 무엇인가?
1문단에서 무버셜은 직접 광고 방식이라고 하였고, 2문단에서 PPL은 간접 광고 방식이라고 하였다.

⑤ PPL 광고가 생기게 된 배경은 무엇인가?
2문단에서 PPL은 원래 영화를 제작할 때 각 장면에 사용될 소품을 적절한 장소에 배치하는 것을 일컫던 말이지만, 영화에 등장했던 제품이나 브랜드에 소비자들이 반응을 보이고 매출이 증가하자 기업들이 먼저 영화나 드라마 제작사에 자신의 제품을 사용해 달라고 요청하거나 제품 사용의 대가로 제작비를 지원하게 되었다고 하였다.

02 세부 내용 확인하기

답 | ⑤

윗글에 대한 설명으로 적절하지 <u>않은</u> 것은?

정답 선지 분석

⑤ ⓛ은 브랜드 이미지를 부각하기 위해 영화 감독에게 연출을 맡기기도 한다.
1문단에 따르면, 브랜드 이미지를 부각하기 위해 영화 감독에게 연출을 맡기기도 하는 것은 PPL이 아닌 무버셜이다.

오답 선지 분석

① ㉠과 ⓛ은 모두 제품이나 브랜드 홍보를 목적으로 한다.
㉠은 무버셜이고, ⓛ은 PPL이다. ㉠과 ⓛ은 모두 광고의 종류로, 제품이나 브랜드 홍보를 목적으로 한다.

② ㉠은 브랜드의 이미지를 전면에 내세우는 경우가 많다.
1문단에 따르면, 무버셜은 제품의 기능이나 품질에 연연하지 않으며, 브랜드 이미지가 무버셜의 주인공이다.

③ ㉠은 소비자가 신중하게 구매를 결정하는 제품 광고에 주로 사용된다.
1문단에 따르면, 무버셜은 소비자가 구입 과정에서 시간과 노력을 많이 들이는 제품인 고관여 제품을 광고하기 위해 개발된 미디어 형식이다.

④ ⓛ은 과도하게 사용될 경우 오히려 부정적인 결과를 낳을 수도 있다.
4문단에 따르면, PPL이 콘텐츠와 관계없이 사용되면 소비자의 부정적 반응을 유발할 수 있다.

03 구체적 사례에 적용하기

답 | ③

윗글을 바탕으로 보기 를 이해한 학생의 반응으로 적절하지 <u>않은</u> 것은?

보기

(가) 드라마에서 직장인들이 잠깐 쉬는 장면에 특정 커피를 마시며 이야기하는 장면, 복사 용지를 채울 때 특정 A4용지 상표가 노출되는 장면
(나) 영화 속 형사들이 잠복근무하는 장면에서 갑자기 피부 관리에 사용되는 스틱 제품을 사용하고, 품속에서 김치를 꺼내 제품을 설명하는 장면

정답 선지 분석

③ (가)는 온셋 배치에, (나)는 크리에이티브 배치에 해당하는군.
3문단에 따르면, 온셋 배치는 의도적인 연출을 통해 어떠한 단서를 제공하는 소품으로 제품을 등장시키거나, 연기자의 멘트 또는 실제 사용되는 제품으로 노출하는 것이다. 반면 크리에이티브 배치는 의도적으로 제품과 브랜드를 두드러지게 노출하는 것이 아니라, 화면을 구성하는 자연스러운 요소로서 비교적 짧은 시간 동안 노출하는 것이다. 따라서 〈보기〉의 (가)는 크리에이티브 배치에, (나)는 온셋 배치에 해당한다.

오답 선지 분석

① (가)와 (나)는 모두 PPL의 예시라고 할 수 있겠군.
3문단에 따르면, PPL은 영화나 드라마의 장면에 제품을 교묘하게 배치하는 간접 광고 방식이다. (가)는 커피와 A4용지, (나)는 피부 관리에 사용되는 스틱 제품과 김치의 PPL이라고 할 수 있다.

② (가)와 (나)에 등장한 제품의 기업은 매출 상승을 기대하겠군.
4문단에 따르면, PPL은 콘텐츠 내에 등장하므로 소비자에게 제품을 노출하는 데 효과적이고, 매출 증가에 긍정적 영향을 미치기도 한다고 하였으므로 (가)와 (나)에 등장한 제품의 기업은 PPL을 통한 매출 상승을 기대할 것이다.

④ (가)보다 (나)와 같은 광고를 하려는 기업이 광고에 더 많은 비용을 지불하겠군.
3문단에 따르면, 기업은 온셋 배치 PPL에 더 많은 비용을 지불해야 한다. (가)는 크리에이티브 배치에, (나)는 온셋 배치에 해당하므로 (가)보다 (나)와 같은 광고를 하려는 기업이 광고에 더 많은 비용을 지불할 것이다.

⑤ (가)와 달리 (나)는 콘텐츠와 별 상관없이 사용되어 소비자의 부정적 반응을 유발할 수 있겠군.
4문단에 따르면, 콘텐츠와 관계없이 PPL이 사용되면 소비자의 부정적 반응을 유발할 수 있다. 직장이라는 공간에서 직장인들과 관계있는 커피와 A4용지를 노출한 (가)와 달리, (나)는 상황과 관계없이 갑자기 피부 관리에 사용되는 스틱 제품과 김치를 노출하고 있으므로 소비자의 부정적 반응을 유발할 수 있다.

04 구체적 사례에 적용하기

다음과 같은 광고의 종류를 쓰시오.

- 리들리 스콧 감독, 〈코카-콜라의 '폴라베어' 광고〉

정답

무버셜

문학 1 우리 동네 구자명 씨(고정희)

◀ 빠른 정답 체크   **01** ⑤   **02** ④   **03** ④   **04** 부처님

┌ 맞벌이 부부 우리 동네 <u>구자명 씨</u>
│   구체적인 인물을 시적 대상으로 삼음
│ 일곱 달 된 아기 엄마 구자명 씨는
│
│ 출근 버스에 오르기가 무섭게
│
│ **아침 햇살 속에서 졸기 시작한다**
│ 가정과 사회에서 모두 일해야 하는 고달픈 삶
│ 경기도 안산에서 서울 여의도까지
[A]   구체적인 지명 → 현실감을 더함
│ 경적 소리에도 아랑곳없이
│
│ <u>옆으로 앞으로 꾸벅꾸벅 존다</u>
│   경적 소리를 듣고도 깨어나지 못함
│ 『차창 밖으론 사계절이 흐르고
│ 『 』: 아름다운 자연 풍경 - 구자명 씨의 모습과 대조됨
│ 진달래 피고 밤꽃 흐드러져도』꼭
│   ○: 구자명 씨를 비유하는 시어
└ <u>부처님</u>처럼 졸고 있는 구자명 씨
 인내와 희생의 이미지   ▶ 출근길 버스 안에서 졸고 있는 구자명 씨
┌ 그래 저 십 분은
│ ~: 유사한 문장 구조의 반복
│ 간밤 아기에게 젖 물린 시간이고
│   엄마로서의 삶
│ 또 저 십 분은
[B]
│ **간밤 시어머니 약시중** 든 시간이고
│   며느리로서의 삶
│ 그래그래 저 십 분은
│
└ 새벽녘 만취해서 돌아온 남편을 위하여 버린 시간일 거야
                 아내로서의 삶   ▶ 가정을 위해 희생하는 구자명 씨
┌ 고단한 하루의 시작과 끝에서
│
│ **잠 속에 흔들리는 팬지꽃 아픔**
│ 연약하고 흔한 꽃 → 구자명 씨의 모습
│ 식탁에 놓인 안개꽃 멍에
│ 다른 꽃을 돋보이게 하는 꽃 → 구자명 씨의 희생은 주목받지 못함
[C] 그러나 부엌문이 여닫기는 지붕마다
│ 어조 변화 - 시적 대상을 확대함

 여성의 희생으로 가정이 유지됨
여자가 받쳐 든 한 식구의 안식이
 시적 대상이 구자명 씨에서 보편적인 여성으로 확대됨
 죽음의 잠을 향하여
│ 노동으로 인한 피로
└ 거부의 화살을 당기고 있다
 여성에게 희생을 강요하는 현실에 대한 비판
                    ▶ 여성의 희생으로 유지되는 가정에 대한 비판
                    - 고정희, 〈우리 동네 구자명 씨〉 -

---

01 표현상의 특징 파악하기   답 | ⑤

윗글에 대한 설명으로 가장 적절한 것은?

정답 선지 분석

⑤ 구체적인 지명과 인명을 제시하여 현실감을 더하고 있다.

  '경기도 안산'과 '서울 여의도'라는 구체적인 지명과, '구자명 씨'라는 인명을 제시하여 현실감을 더하고 있다.

오답 선지 분석

① 자연과의 대조를 통해 현대 문명을 비판하고 있다.

  '사계절이 흐르고 / 진달래 피고 밤꽃 흐드러'진 자연과 '부처님처럼 졸고 있는 구자명 씨'를 대조한 것은 맞지만, 이를 통해 현대 문명을 비판하고 있는 것은 아니다.

② 어조의 변화를 통해 낙관적인 전망을 나타내고 있다.

  '그러나'에서 어조의 변화가 나타나지만, 이를 통해 낙관적인 전망을 나타내는 것이 아니라 시적 대상을 확장하여 부조리한 사회를 비판하고 있다.

③ 의문형의 문장으로 현실 극복 의지를 표현하고 있다.

  윗글에는 의문형의 문장이 사용되지 않았다.

④ 대화 형식으로 시적 대상의 내적 갈등을 드러내고 있다.

  윗글은 대화 형식으로 구성되어 있지 않다.

02 장면의 내용 파악하기   답 | ④

[A]~[C]에 대한 설명으로 적절하지 않은 것은?

정답 선지 분석

④ [C]에서 화자는 시적 대상을 객관적으로 묘사하고 있다.

  [C]에서 화자는 시적 대상을 '팬지꽃 아픔', '안개꽃 멍에'에 비유하며 연민의 시선을 드러내고 있다. 객관적으로 묘사하고 있다고 할 수 없다.

오답 선지 분석

① [A]에서 화자는 시적 대상을 관찰하고 있다.

  [A]에서 화자는 '아침 햇살 속에서 졸기 시작'하여 '옆으로 앞으로 꾸벅꾸벅' 조는 '우리 동네 구자명 씨'를 관찰하고 있다.

② [B]에서 화자는 시적 대상의 과거를 상상하고 있다.

  [B]에서 화자는 구자명 씨가 어젯밤 '아기에게 젖 물'리고, '시어머니 약시중'을 들고, '새벽녘 만취해서 돌아온 남편을 위하여' 시간을 버렸을 것이라고 상상하고 있다.

③ [B]에서 시적 대상의 상황은 [A]의 원인이 되고 있다.

  [B]에서 구자명 씨가 '아기에게 젖 물'리고, '시어머니 약시중'을 들고, '새벽녘 만취해서 돌아온 남편을 위하여' 시간을 버린 것은 [A]에서 '부처님처럼 졸고 있는' 상황의 원인이 되고 있다.

⑤ [C]에서 [A], [B]의 시적 대상은 보편적인 인물로 확대되고 있다.

  [A], [B]의 시적 대상은 구체적인 인물인 '우리 동네 구자명 씨'이지만, [C]에서 이는 보편적인 인물인 '여자'로 확대되고 있다.

보기 를 참고했을 때, 윗글을 이해한 내용으로 적절하지 <u>않은</u> 것은?

보기

> 문학 작품은 현실을 반영한다. 따라서 사회·문화적 배경을 고려하여, 작품을 현실과의 관계 속에서 해석하고 감상해야 한다. 〈우리 동네 구자명 씨〉는 1980년대에 쓰인 시로, 가정에서의 희생을 강요받는 맞벌이 여성의 삶을 다루며 가부장적 가치관을 비판하고 있다.

정답 선지 분석

④ '팬지꽃 아픔'이 '잠 속에 흔들'린다는 것은, 가정을 위한 구자명 씨의 희생을 예찬하는 것이군.

'팬지꽃'은 작은 들꽃으로, 여기서는 눈에 잘 보이지 않지만 분명히 존재하는 여성의 희생이나 작고 가냘픈 구자명 씨의 모습을 상징한다. 〈보기〉에 따르면 윗글은 여성에게 희생을 강요하는 현실을 비판하고 있으므로, '잠 속에 흔들리는 팬지꽃 아픔'이 가정을 위한 구자명 씨의 희생을 예찬하는 것이라는 해석은 적절하지 않다.

오답 선지 분석

① 구자명 씨가 '아침 햇살 속에서 졸기 시작한다'는 것은, 여성의 고단한 삶을 단적으로 드러내는군.

'우리 동네 구자명 씨'는 '맞벌이 부부'이자 '일곱 달 된 아기 엄마'로, 구자명 씨가 '출근 버스에 오르'자마자 '아침 햇살 속에서 졸기 시작한다'는 것은 가정과 직장을 양립해야 하는 여성의 고단한 삶을 단적으로 드러낸다.

② '차창 밖으론 사계절이 흐'른다는 것은, 아름다운 풍경과 구자명 씨의 삶을 대조하기 위한 것이군.

'차창 밖으론 사계절이 흐르고' '진달래 피고 밤꽃 흐드러'지고 있지만, 구자명 씨는 '부처님처럼 졸고 있'을 뿐이다. 이는 아름다운 풍경과, 구자명 씨의 고단한 삶을 대조적으로 제시한다.

③ 구자명 씨가 '간밤 시어머니 약시중'을 들었다는 것은, 가부장적인 사회의 단면을 보여 주는군.

화자는 구자명 씨가 '간밤 시어머니 약시중'을 들었다고 추측하는데, 시어머니는 남편의 어머니를 뜻하는 것으로 이는 여성에게 남편의 가정을 부양하기를 요구하는 가부장적인 사회의 단면을 보여 준다.

⑤ '식구의 안식'을 '여자가 받쳐' 들었다는 것은, 가정의 평화가 여성의 희생으로 지켜지고 있음을 나타내는군.

'여자가 받쳐 든 한 식구의 안식'은 시적 대상을 구자명 씨라는 특정 인물에서 여성 전체로 확대한 것으로, 식구의 안식, 즉 가정의 평화가 여성의 희생을 통해 지켜지고 있음을 나타낸다.

04 시어의 의미 파악하기

빈칸에 들어갈 말을 윗글에서 찾아 3음절로 쓰시오.

> 윗글에서는 다양한 대상에 구자명 씨의 모습을 비유하고 있다. 주변의 풍경을 구경하지도 못하고 잠들어 있는 모습은 (   )에, 가정을 위해 희생하지만 주목받지 못하는 모습은 팬지꽃과 안개꽃에 비유되었다.

정답

부처님

문학 2   심청전(작자 미상)

빠른 정답 체크   **01** ①   **02** ⑤   **03** ②   **04** 엎질러진, 화살이다.

이렇게 빌기를 계속하던 중에, 하루는 들으니,

'남경 장사 뱃사람들이 열다섯 살 난 처녀를 사려 한다.'
_{심청이 심 봉사와 이별하게 되는 배경}
하기에, 심청이 그 말을 반겨 듣고 귀덕 어미를 사이에 넣어 사람

사려 하는 까닭을 물으니,

"우리는 남경 뱃사람으로 ㉠ <u>인당수를 지나갈 제 제물로 제사하</u>
_{뱃사람들이 열다섯 살 난 처녀를 사려 하는 이유}
<u>면 가없는* 너른 바다를 무사히 건너고 수만 금 이익을 내기로,</u>

몸을 팔려 하는 처녀가 있으면 값을 아끼지 않고 주겠습니다."
_{심청은 자신을 팔아 공양미를 마련하기로 결심하게 됨}
하기에 심청이 반겨 듣고,
_{공양미를 마련할 방법이 생겼기 때문}
"나는 이 동네 사람인데, 우리 아버지가 앞을 못 보셔서 '공양미

<u>삼백 석을 지성으로 불공하면* 눈을 떠 보리라.</u>' 하기로, ㉡ <u>집안</u>
_{몽운사의 화주승이 한 말 → 공양미 삼백 석이 필요한 이유}
<u>형편이 어려워 장만할 길이 전혀 없어 내 몸을 팔려 하니 나를</u>

<u>사 가는 것이 어떠하실런지요?</u>"

뱃사람들이 이 말을 듣고, / "효성이 지극하나 가련하군요."

하며 허락하고, 즉시 쌀 삼백 석을 몽운사로 날라다 주고,
_{심청이 마음을 바꾸지 못하게 값을 먼저 지불함}
"오는 삼월 보름날에 배가 떠나기로 되어 있습니다." / 하고 가

니, 심청이 아버지께 여쭙기를,

"공양미 삼백 석을 이미 실어다 주었으니, 이제는 근심치 마셔요."
_{심 봉사는 화주승에게 대책 없이 공양미를 약속하고 근심에 빠졌음}
심 봉사가 깜짝 놀라, / "너, 그 말이 웬 말이냐?"

<u>심청같이 타고난 효녀가 어찌 아버지를 속이랴마는,</u> 어찌할 수
_{편집자적 논평}
없는 형편이라 잠깐 거짓말로 속여 대답한다.

"장 승상 댁 노부인이 달포* 전에 저를 수양딸로 삼으려 하셨는
_{심청을 아껴 수양딸로 삼고자 함}
데 차마 허락지 않았습니다. 그러나 지금 형편으로는 공양미 삼

백 석을 장만할 길이 전혀 없기로 이 사연을 노부인께 말씀드렸

더니, 쌀 삼백 석을 내어주시기에 수양딸로 팔리기로 했습니다."
_{심 봉사를 안심시키기 위한 거짓말}
심 봉사가 물색*도 모르면서 이 말만 반겨 듣고,
_{심청의 거짓말을 믿음}
"그렇다면 고맙구나. ㉢ <u>그 부인은 한 나라 재상의 부인이라 아</u>
_{장 승상 부인에 대한 고마움이 드러남}
<u>마도 다르리라. 복을 많이 받겠구나.</u> 저러하기에 그 아들 삼 형
_{장 승상 부인이 선행을 베풀어 자식도 복을 받았다고 생각함}
제가 벼슬길에 나아갔나 보구나. 그나저나 양반의 자식으로 몸
_{심 봉사는 몰락한 양반임}
을 팔았단 말이 듣기에 괴이하다마는 장 승상 댁 수양딸로 팔린

거야 어떻겠느냐. 언제 가느냐?"

"다음 달 보름날에 데려간다 합디다." / "어허, 그 일 매우 잘 되
_{배가 떠나는 삼월 보름날}
었다."

심청이 그날부터 곰곰 생각하니,『눈 어두운 백발 아비 영 이별하
_{『 』: 심 봉사를 위해 죽기로 했으나 죽음을 두려워함}
고 죽을 일과 사람이 세상에 나서 열다섯 살에 죽을 일이 정신이

아득하고 일에도 뜻이 없어 식음을 전폐하고 근심으로 지내다가,

다시금 생각하기를, / '엎질러진 물이요, 쏘아 놓은 화살이다.'
<u>이미 일어난 일은 되돌릴 수 없음</u>

날이 점점 가까워 오니 생각하기를,
<u>삼월 보름날이 가까워짐</u>

'이러다간 안 되겠다. 내가 살았을 제 아버지 의복 빨래나 해두
<u>심 봉사에 대한 효성이 드러남</u>

리라.'

하고, 『춘추 의복 상침* 겹것*, 하절 의복 한삼* 고의* 박아 지어 들
<u>『 』: 사계절 동안의 심 봉사의 의복을 준비함</u>

여놓고, 동절 의복 솜을 넣어 보에 싸서 농에 넣고, 청목*으로 갓

끈 접어 갓에 달아 벽에 걸고, 망건 꾸며 당줄* 달아 걸어 두고,』

배 떠날 날을 헤아리니 하룻밤이 남아 있다. 밤은 깊어 삼경인데
<u>심청이 죽기 전날임</u>

은하수 기울어졌다. 촛불을 대하여 두 무릎을 마주 꿇고 머리를

숙이고 한숨을 길게 쉬니, 아무리 효녀라도 마음이 온전하겠는가.
<u>자신의 죽음을 슬퍼함</u>

'아버지 버선이나 마지막으로 지으리라.'

하고 바늘에 실을 꿰어 드니, 가슴이 답답하고 두 눈이 침침, 정
<u>심청의 슬픔을 묘사함</u>

신이 아득하여 하염없는 울음이 가슴 속에서 솟아나니, 아버지가

깰까 하여 크게 울지는 못하고 흐느끼며 얼굴도 대어보고 손발도

만져본다.

(중략)

어느덧 동방*이 밝아 오니, 심청이 아버지 진지나 마지막 지어드

리리라 하고 문을 열고 나서니, 벌써 뱃사람들이 사립문 밖에서,

"오늘이 배 떠나는 날이오니 수이* 가게 해 주시오."

하니, 심청이 이 말을 듣고 얼굴빛이 없어지고 손발에 맥이 풀리
<u>심청이 심 봉사와 이별할 시간이 없을까 봐 긴장했음을 알 수 있음</u>

며 목이 메고 정신이 어지러워 뱃사람들을 겨우 불러,

"여보시오 선인네들, 나도 오늘이 배 떠나는 날인 줄 이미 알고

있으나, 내 몸 팔린 줄을 우리 아버지가 아직 모르십니다. 만일
<u>장 승상 댁 수양딸로 가는 것이라고 거짓말을 했기 때문</u>

아시게 되면 지레 야단이 날 테니, ㉣ 잠깐 기다리면 진지나 마

지막으로 지어 잡수시게 하고 말씀 여쭙고 떠나게 하겠어요."/

하니 뱃사람들이,

"그리 하시지요."

하였다. 심청이 들어와 눈물로 밥을 지어 아버지께 올리고, 상머
<u>마지막으로 심 봉사를 대접함</u>

리에 마주 앉아 아무쪼록 진지 많이 잡수시게 하느라고 자반*도

떼어 입에 넣어 드리고 김쌈도 싸서 수저에 놓으며,
<u>앞을 보지 못하는 심 봉사를 위해 반찬을 챙겨 드림</u>

"진지를 많이 잡수셔요."

심 봉사는 철도 모르고, / "야, 오늘은 반찬이 유난히 좋구나. 뉘
<u>제사를 지낼 때 좋은 반찬을 썼음을 알 수 있음</u>

집 제사 지냈느냐."

그날 밤에 꿈을 꾸었는데, 부자간은 천륜*이라 꿈에 미리 보여
<u>심 봉사의 꿈이 심청의 앞날을 예고함</u>

주는 바가 있었다.

"아가 아가, 이상한 일도 있더구나. ㉤ 간밤에 꿈을 꾸니, 네가
<u>심청은 후에 황후가 됨</u>

큰 수레를 타고 한없이 가 보이더구나.『수레라 하는 것이 귀한
<u>『 』: 꿈을 긍정적으로 해석함</u>

사람이 타는 것인데 우리 집에 무슨 좋은 일이 있을란가 보다.

그렇지 않으면 장 승상 댁에서 가마 태워 갈란가 보다.』

심청이는 저 죽을 꿈인 줄 짐작하고 둘러대기를,
<u>꿈을 부정적으로 해석함</u>

"그 꿈 참 좋습니다."
<u>심 봉사를 안심시키기 위해 거짓말을 함</u>

하고 진짓상을 물려내고 담배 태워 드린 뒤에 밥상을 앞에 놓고

먹으려 하니 『간장*이 썩는 눈물은 눈에서 솟아나고, 아버지 신세
<u>『 』: 상황을 모르는 심 봉사를 생각하니 더욱 슬퍼짐</u>

생각하며 저 죽을 일 생각하니 정신이 아득하고 몸이 떨려 밥을

먹지 못하고 물렸다.』그런 뒤에 심청이 사당에 하직하려고 들어갈

제, 다시 세수하고 사당 문을 가만히 열고 하직 인사를 올렸다.

"못난 여손* 심청이는 아비 눈 뜨기를 위하여 인당수 제물로 몸

을 팔려 가오매, 조상 제사를 끊게 되오니 사모하는 마음을 이
<u>심청이 죽으면 사당에 제사를 지낼 사람이 없음</u>

기지 못하겠습니다."

울며 하직하고 사당 문 닫은 뒤에 아버지 앞에 나와 두 손을 부

여잡고 기절하니, 심 봉사가 깜짝 놀라,
<u>심청이 기절한 이유를 모름</u>

"아가 아가, 이게 웬일이냐? 정신 차려 말하거라."

심청이 여쭙기를,

"제가 못난 딸자식으로 아버지를 속였어요. 공양미 삼백 석을

누가 저에게 주겠어요. 남경 뱃사람들에게 인당수 제물로 몸을
<u>심 봉사에게 사실을 밝힘</u>

팔아 오늘이 떠나는 날이니 저를 마지막 보셔요."

- 작자 미상, 〈심청전〉 -

* 가없다: 끝이 없다.
* 불공하다(佛供하다): 부처 앞에 공양을 드리다.
* 달포: 한 달이 조금 넘는 기간.
* 물색(物色): 어떤 일의 까닭이나 형편.
* 상침(上針): 박아서 지은 겹옷이나 보료, 방석 따위의 가장자리를 실밥이 겉으로 드러나도록 꿰매는 일.
* 겹것: 솜을 두지 않고 거죽과 안을 맞붙여 지은 옷.
* 한삼(汗衫): 손을 가리기 위하여서 두루마기 따위의 윗옷 소매 끝에 흰 헝겊을 길게 덧대는 소매.
* 고의: 남자의 여름 홑바지.
* 청목(青木): 검푸른 물을 들인 무명.
* 당줄: 망건에 달아 상투에 동여매는 줄.
* 동방(東方): 네 방위의 하나. 해가 떠오르는 쪽이다.
* 수이: 쉬이.
* 자반: 생선을 소금에 절여서 만든 반찬감. 또는 그것을 굽거나 쪄서 만든 반찬.
* 천륜(天倫): 부모와 자식 간에 하늘의 인연으로 정하여져 있는 사회적 관계나 혈연적 관계.
* 간장(肝腸): '애'나 '마음'을 비유적으로 이르는 말.
* 여손(女孫): 아들의 딸. 또는 딸의 딸.

01 작품의 내용 파악하기   답 | ①

윗글의 내용으로 가장 적절한 것은?

정답 선지 분석

① 심청은 심 봉사의 꿈을 심 봉사와는 반대로 나쁜 쪽으로 해석하였다.

심 봉사는 자신의 꿈을 "우리 집에 무슨 좋은 일이 있을란가 보다. 그렇지 않으면 장 승상 댁에서 가마 태워 갈란가 보다."라고 해석했지만, 심청은 '저 죽을 꿈인 줄 짐작하'였다. 즉, 심청은 심 봉사의 꿈을 심 봉사와는 반대로 나쁜 쪽으로 해석한 것이므로 적절하다.

오답 선지 분석

② 뱃사람들은 배가 떠나는 날에 공양미를 주겠다고 심청과 약속하였다.

뱃사람들은 "내 몸을 팔려 하니 나를 사 가는 것이 어떠하실런지요?"라는 심청의 말을 듣고, 이에 동의하고 '즉시 쌀 삼백 석을 몽운사로 날라다 주'었다. 배가 떠나는 날에 공양미를 주겠다고 심청과 약속한 것이 아니다.

③ 뱃사람들은 배가 얼른 떠나야 한다는 이유로 심청의 부탁을 거절하였다.

심청이 "잠깐 기다리면 진지나 마지막으로 지어 잡수시게 하고 말씀 여쭙고 떠나게 하겠어요."라고 부탁하자, 뱃사람들은 "그리 하시지요."라고 허락하였다. 배가 얼른 떠나야 한다는 이유로 심청의 부탁을 거절하지 않았다.

④ 심 봉사는 심청이 자신을 위해 죽으러 간다는 사실을 짐작하고 슬퍼하였다.

심 봉사는 심청이 장 승상 댁 수양딸로 간다고 믿고 있었으며, 이 때문에 심청이 '아버지 앞에 나와 두 손을 부여잡고 기절하'자 '깜짝 놀'랐다. 심청이 자신을 위해 죽으러 간다는 사실을 짐작하고 슬퍼하지 않았다.

⑤ 심청은 자신을 수양딸로 삼고 싶다는 장 승상 댁 부인의 제안을 받아들였다.

심청이 "장 승상 댁 노부인이 달포 전에 저를 수양딸로 삼으려 하셨는데 차마 허락지 않았습니다."라고 말한 것을 통해 장 승상 댁 부인의 제안을 받아들이지 않았음을 알 수 있으며, 심청이 심 봉사에게 자신이 장 승상 댁 수양딸로 가게 되었다고 말한 것은 아버지를 안심시키기 위해 거짓말을 한 것이다.

02 구절의 의미 파악하기   답 | ⑤

㉠~㉤에 대한 설명으로 적절하지 <u>않은</u> 것은?

정답 선지 분석

⑤ ㉤: 심 봉사의 내적 갈등이 드러난다.

심 봉사는 심청이 '큰 수레를 타고 한없이 가 보이'는 꿈을 꾸고, 이를 '우리 집에 좋은 일이 있을란가 보다', '장 승상 댁에서 가마 태워 갈란가 보다'라고 긍정적으로 해석한다. 심 봉사는 심청이 장 승상 부인의 수양딸이 되어 가면서 공양미 삼백 석도 받고, 심청이 더 이상 가난하지 않게 살 수 있게 되었다고 믿고 있으므로 꿈에 심 봉사의 내적 갈등이 드러난다는 설명은 적절하지 않다.

오답 선지 분석

① ㉠: 뱃사람들이 열다섯 살 처녀를 사려 하는 이유가 드러난다.

뱃사람들은 '인당수를 지나갈 제' 사람을 제물로 바치면 '가없는 너른 바다를 무사히 건너고 수만 금 이익을 내'기 때문에 '열다섯 살 난 처녀를 사'서 제물로 바치려고 하는 것이다.

② ㉡: 심청이 아버지와의 이별을 준비하는 이유가 드러난다.

심청은 뱃사람들에게 '내 몸을 팔' 테니 '나를 사 가는' 대신 공양미 삼백 석을 달라고 하고, 뱃사람들은 이를 허락한다. 이는 심청이 심 봉사의 의복 빨래를 하는 등, 아버지와의 이별을 준비하는 이유가 된다.

③ ㉢: 장 승상 부인에 대한 심 봉사의 고마움이 드러난다.

심청은 심 봉사에게 '사연을 노부인께 말씀드렸더니, 쌀 삼백 석을 내어주'셨다고 거짓말을 하고, 이를 믿은 심 봉사는 장 승상 부인을 가리켜 '그 부인은 한 나라 재상의 부인이라 아마도 (다른 사람과) 다르리라', '복을 많이 받겠구나'라고 하는 등 고마움을 표현한다.

④ ㉣: 아버지에 대한 심청의 효성이 드러난다.

뱃사람들이 '오늘이 배 떠나는 날'이라면서 아침부터 찾아오자, 심청은 뱃사람들에게 '잠깐 기다리면 진지나 마지막으로 지어 잡수시게 하고 말씀 여쭙고 떠나게 하겠'다고 말한다. 이를 통해 아버지에 대한 심청의 효성을 알 수 있다.

03 관점에 따라 작품 감상하기   답 | ②

보기 를 참고할 때, 윗글을 내재적 관점으로 해석한 감상으로 가장 적절한 것은?

보기

문학 작품을 해석하는 관점은 크게 내재적 관점과 외재적 관점으로 나눌 수 있다. 내재적 관점은 작품 자체만으로 해석하는 관점이고, 외재적 관점은 작품을 작품 외적인 요소와 연관 지어 해석하는 관점이다. 외재적 관점은 다시 문학 작품에 나타난 사회·문화적 배경이 현실을 어떻게 반영하는지에 주목하는 반영론적 관점, 작가의 삶이나 사상에 주목하는 표현론적 관점, 문학 작품이 독자에게 미치는 영향에 주목하는 효용론적 관점으로 나뉜다.

정답 선지 분석

② 아버지의 의복을 정리하는 심청의 모습을 구체적으로 묘사함으로써 심청의 효성을 드러내고 있네.

〈보기〉에 따르면, 내재적 관점은 작품 자체만으로 해석하는 관점이다. '아버지의 의복을 정리하는 심청의 모습을 구체적으로 묘사함으로써 심청의 효성을 드러내고 있네.'라는 감상은 작품 자체의 장면에서 말하고자 하는 의도를 파악하고 있으므로 내재적 관점으로 적절하다.

오답 선지 분석

① 아버지에 대한 심청의 효성이 절절히 느껴져서 나도 부모님께 잘해야겠다고 생각했어.

〈보기〉에 따르면, 이는 문학 작품이 독자에게 미치는 영향에 주목하는 효용론적 관점이다.

③ 심청이 자신을 제물로 바쳐 아버지의 눈을 뜨게 하려는 것은 진정한 효성이라고 할 수 없다고 생각해.

〈보기〉에 따르면, 이는 문학 작품이 독자에게 미치는 영향에 주목하는 효용론적 관점이다.

④ 심청이 아버지를 위해 목숨까지 바치려는 것을 보면 작가는 독자들에게 효의 중요성을 알리고 싶었나 봐.

〈보기〉에 따르면, 이는 작가의 삶이나 사상에 주목하는 표현론적 관점이다.

⑤ 사람을 제물로 바치는 것이 자연스럽게 여겨졌던 시대를 배경으로 하기 때문에 심청이 그런 선택을 내렸겠지.

〈보기〉에 따르면, 이는 문학 작품에 나타난 사회·문화적 배경이 현실을 어떻게 반영하는지에 주목하는 반영론적 관점이다.

04 구절의 의미 파악하기

다음에서 설명하는 구절을 찾아 첫 어절과 마지막 어절을 쓰시오.

• 한번 저지른 일을 다시 고치거나 중지할 수 없음을 비유적으로 이르는 말.
• 돌이킬 수 없는 상황임을 깨닫고 마음을 추스르려는 심청의 심리가 드러남.

정답

엎질러진, 화살이다.

|본문| 213쪽

작문 '채식하는 날' 도입에 대한 부정적 인식 해소

빠른 정답 체크 **01** ① **02** ⑤

가 작문 상황

- **작문 목적:** '채식하는 날' 도입에 대한 학생들의 부정적 인식을 해소한다.
- **예상 독자:** 우리 학교 학생 전체
- **예상 독자 분석 결과:** 설문 조사 결과 다수의 학생이 '채식하는 날' 도입에 부정적인 것으로 나타났다. 반대하는 이유로는 ㉠ '채식 급식은 맛이 없다.', ㉡ '채식이 건강에 도움이 안 된다.' 등이 제시되었다. 그리고 '채식하는 날' 도입에 대한 기타 의견으로는 ㉢ '왜 도입하는지 모르겠다.', ㉣ '어떻게 운영되는지 모르겠다.' 등이 제시되었다.
- **내용 구성 방안:** 채식이 건강에 주는 이점과 ㉤ 환경에 기여하는 점을 중심으로 글을 작성한다.

나 학생의 초고

최근 우리 학교에서는 '채식하는 날' 도입 여부에 대한 논의가 활발하게 진행 중이다. [작문의 배경 ①] '채식하는 날'이 도입되면 매주 월요일에는 모든 학생에게 육류, 계란 등을 제외한 채식 중심의 급식이 제공된다. [채식하는 날'의 의미] 그런데 '채식하는 날' 도입 여부에 대한 설문 조사 결과, 약 [작문의 배경 ②] 65%의 학생이 반대하는 것으로 나타났다. 하지만 나는 건강을 위한 선택이 기후 위기를 막는 데도 도움이 된다는 점에서 '채식하는 날'을 도입해야 한다고 생각한다. [학생의 주장]

'채식하는 날' 도입이 필요한 이유는 다음과 같다. 먼저, '채식하는 날'이 도입되면 학생들의 채소류 섭취가 늘 것이다. [채식하는 날' 도입이 필요한 이유 ①] 우리 학교 학생들은 급식 시간에 육류를 중심으로 음식을 골라 먹는 경향이 [현재의 급식 분석 ①] 강하다. 잔반에서 채소류가 차지하는 비율도 높다. [현재의 급식 분석 ②] 이런 상황에 대해 영양 선생님께서는 학교에서 영양소가 골고루 포함된 급식을 제공하더라도 학생들이 육류 중심으로 영양소를 섭취한다며 걱정하셨다. 그러면서 '채식하는 날'을 도입하면 다양한 방식으로 조리한 맛있는 채소류 음식을 제공할 예정이고, 학생들도 영양소가 골고루 포함된 채소류 음식을 즐기게 되면 몸도 건강해지 [학생들의 채소류 섭취가 늘었을 때의 기대 결과]

고 식습관도 개선될 것이라고 말씀하셨다.

다음으로 '채식하는 날'이 도입되면 육류 소비 과정에서 발생하는 온실가스의 배출을 줄여 지구의 기후 위기를 막으려는 노력에 [채식하는 날' 도입이 필요한 이유 ②] 동참할 수 있다. 채식 중심의 급식 제도를 운영하는 한 공공 기관에서는 이 제도를 통해 온실가스 감축에 큰 기여를 하고 있다고 [근거를 뒷받침하기 위한 내용 ① - 공공 기관의 홍보] 홍보하기도 했다. 통계에 따르면 현재 전 세계 온실가스 배출원 [근거를 뒷받침하기 위한 내용 ② - 통계] 중에서 축산 분야가 가장 높은 비율을 차지한다고 한다. 다시 말해 육류 소비를 적게 하면 온실가스 배출을 줄이는 데 기여하는 셈이라고 할 수 있다.

따라서 '채식하는 날'이 도입되면 건강에 도움이 될 뿐만 아니라 기후 위기를 막는 데도 기여하게 될 것이다. [주장의 근거를 요약함] 그러므로 나는 우리 학교에서도 '채식하는 날'을 도입하여 학생들이 채소류 음식을 접할 기회를 늘려 영양소를 균형 있게 섭취하도록 이끌어야 한다고 생각한다.

01 작문 상황을 고려한 글쓰기 계획 파악하기   답 | ①

(가)를 고려하여 학생이 구상한 내용 중 (나)에 나타나지 않은 것은?

정답 선지 분석

① ㉠을 고려하여, 학생들에게 좋은 평가를 받은 채식 식단의 사례를 제시한다.
㉠을 고려하여 (나)의 2문단에 '다양한 방식으로 조리한 맛있는 채소류 음식을 제공할 예정'이라는 내용을 언급하였으나, 사례를 제시하고 있지는 않다.

오답 선지 분석

② ㉡을 고려하여, 채소류 섭취를 늘려 영양소를 골고루 섭취하는 것이 건강에 도움이 됨을 밝힌다.
㉡을 고려하여 2문단에 학생들이 영양소가 골고루 포함된 채소류 음식을 즐기게 되면 몸이 건강해질 것이라고 밝히고 있다.

③ ㉢을 고려하여, 학생의 급식 실태를 밝히며 '채식하는 날' 도입의 필요성을 제시한다.
㉢을 고려하여 2문단에 급식 시간에 관찰한 학생들의 식습관과 잔반 문제를 제시하고 이를 개선하기 위해 '채식하는 날'을 도입해야 함을 밝히고 있다.

④ ㉣을 고려하여, '채식하는 날'의 운영 주기와 식단에 포함되지 않는 식재료를 설명한다.
㉣을 고려하여 1문단에 '채식하는 날'이 도입되면 매주 월요일에 육류, 계란 등을 제외한 식단을 제공할 예정임을 설명하고 있다.

⑤ ㉤을 고려하여, 육류 소비를 줄이면 온실가스의 발생량을 줄이는 데 기여한다는 점을 제시한다.
㉤을 고려하여 3문단에 육류 소비를 줄이면 온실가스 배출을 줄일 수 있다는 점을 밝히고 있다.

다음은 (나)를 보완하기 위해 추가로 수집한 자료이다. 자료의 활용 방안으로 적절하지 않은 것은?

ㄱ. 전문 서적

육류 섭취량이 지나치게 많아지면 단백질과 지방의 섭취량이 적정 수준을 초과하게 되고, 육류에 거의 없는 비타민, 미네랄, 식이 섬유 등은 부족하게 된다. 지방의 과잉 섭취나 특정 영양소의 부족은 건강에 악영향을 끼친다.

– 〈영양학〉 –

ㄴ. 인터뷰 내용

"우리 시에서는 1년 간 590여 개의 공공 급식소에서 '고기 없는 화요일'이라는 제도를 운영했습니다. 이를 통해 30년생 소나무 755만 그루를 심은 것과 같은 온실가스 감축 효과를 얻었습니다. 그리고 이 제도 덕분에 채식을 즐기는 습관을 가지게 되었다는 사람, 과체중 문제를 해결했다는 사람도 있었습니다."

– ○○시 정책 홍보 담당자 –

ㄷ. 통계 자료

축산 분야를 통해 배출되는 온실가스는 전 세계 온실가스 배출량의 약 18%를 차지하며, 이는 산업, 교통, 에너지 분야 등에 비해 가장 높은 수치에 해당한다.

– 유엔식량농업기구 보고서 –

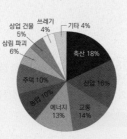

〈그림〉 전 세계 온실가스 배출 비율 ▶

정답 선지 분석

⑤ 3문단에 ㄴ과 ㄷ을 활용하여 제도적 변화보다 개인의 노력이 중요함을 드러낸다.

ㄴ은 '채식하는 날'과 유사한 제도를 시행하여 지구의 기후 위기를 막는 데 기여할 수 있다는 점을 보여 주는 공공 기관의 사례이며, ㄷ은 축산 분야에서 발생하는 온실가스 비율이 다른 분야와 비교했을 때 가장 높다는 점을 강조하는 연구 자료이다. 3문단은 '채식하는 날'을 도입하면 온실가스의 배출을 줄여 기후 위기를 막는 데 도움이 될 수 있다는 내용이다. 따라서 환경 문제 해결에 도움이 된다는 내용이므로, ㄴ과 ㄷ을 3문단과 관련하여 초고를 보완할 때 '채식하는 날'의 도입이 기후 위기를 막는 데 기여한다는 점을 강조하는 자료로 활용할 수 있지만, 제도의 변화보다 개인의 노력이 더욱 중요함을 드러내는 자료로 활용하는 것은 적절하지 않다.

오답 선지 분석

① 2문단에 ㄱ의 내용을 추가하고 그 출처도 함께 밝혀 글의 신뢰성을 높인다.

ㄱ은 육류의 과도한 섭취가 건강에 부정적 영향을 미친다는 내용의 전문 서적 자료이므로, 2문단에 추가하여 채식이 개인 건강에 도움이 된다는 내용을 강조하고 글의 신뢰성을 높이는 자료로 활용할 수 있다.

② 2문단에 ㄴ을 활용하여 채식이 건강과 식습관에 긍정적인 변화를 준 사례를 제시한다.

ㄴ에는 '채식하는 날'과 유사한 제도에 참여하여 건강과 식습관의 긍정적인 변화를 경험한 사례가 포함되어 있으므로, 2문단에 추가하여 내용을 뒷받침하는 자료로 활용할 수 있다.

③ 3문단에 제시된 공공 기관의 사례를 ㄴ의 수치를 들어 구체화한다.

ㄴ은 '채식하는 날'과 유사한 제도가 환경 문제에 미친 긍정적 영향을 수치화한 자료이므로, 3문단에 추가하여 내용을 뒷받침하는 자료로 활용할 수 있다.

④ 3문단에 ㄷ의 〈그림〉을 삽입하여 통계 자료의 내용을 시각적으로 보여 준다.

ㄷ은 축산 분야로 인해 발생하는 온실가스 배출량을 강조하는 그래프이므로, 3문단의 내용을 시각적으로 보여 주는 자료로 활용할 수 있다.

빠른 정답 체크 **01** ⑤ **02** ⑤ **03** ④ **04** 유전적 다양성

너무 작아서 맨눈으로 보이지 않는 세포도 마치 인체의 기관을 연상시키듯 다양한 종류의 소기관으로 이루어져 있다. 각각의 소기관들은 각자 맡은 역할을 하며 단백질을 생성해 낸다.

▶ 1문단: 다양한 소기관으로 이루어진 세포

세포와 생명체의 기본적인 구조와 기능을 결정하고 생명 활동의 중심 역할을 하는 세포소기관이 바로 세포핵이다. 세포핵은
〔세포핵의 역할〕
세포에서 중심적인 역할을 담당하는 만큼 세포소기관 중 가장 크
〔세포핵의 특징〕
기가 크고 세포의 중앙에 위치한다. 세포핵 안에는 염색사라고 불리는 실 모양의 물질이 골고루 퍼져 분포하고 있다. 염색사는 평소에 실 형태로 있다가 세포분열을 할 때 서로 꼬이고 응축되
〔세포분열을 통해 염색체를 이룸〕
는데*, 이것이 바로 염색체이다. 염색체에는 생물의 생명현상을
〔DNA의 역할〕
발현하고 지배하는 이중나선 모양의 유전물질인 DNA가 있다. 염색체의 개수와 모양은 종마다 다른데 사람의 경우 46개의 염
〔염색체의 특징〕
색체를 가지고 있다. DNA에는 생명체의 항상성*을 유지하도록
〔단백질의 역할〕
돕는 단백질의 기본 단위인 아미노산에 대한 유전 정보가 담겨
〔DNA에 담긴 정보〕
있다.

▶ 2문단: 세포에서 중심적인 역할을 담당하는 세포핵

단백질은 생명체의 기관, 효소, 호르몬, 항체, 헤모글로빈, 근
〔단백질의 역할〕
육, 피부, 혈관 등을 이루는 생명체의 근간이다. DNA의 염기가 어떻게 배열되었느냐에 따라 생성되는 아미노산의 종류가 달라지고, 아미노산으로부터 합성된 단백질의 종류가 조금씩 달라진다. 이렇게 만들어지는 DNA 염기서열 차이는 같은 종 내에서 외
〔DNA의 염기 배열에 따라 단백질의 종류가 달라지기 때문〕
형적 구별점이 나타나는 이유가 된다. 실제로 사람들의 DNA 염기서열을 각각 비교해 보면 99.9%는 서로 완전히 일치하고, 나머
〔같은 종(사람)〕
지 0.1% 정도는 차이를 보인다. 99.9%가 일치하기 때문에 같은
〔유전적 다양성〕
종(사람)이 될 수 있고, 0.1%의 차이가 얼굴 모양과 신체 등에서 차이를 보이는 유전적 다양성을 만든다.

▶ 3문단: 단백질과 DNA

그렇다면 DNA는 어떤 과정을 거쳐 단백질을 생성하는 것일까? DNA는 단백질을 합성하는 직접적인 역할을 하지 않고, 자신의 염기서열을 RNA라고 부르는 기다란 모양의 물질을 통해 전달
〔단백질의 생성 과정 ① – 전사〕
한다. 이러한 과정을 전사라고 한다. DNA로부터 생성된 RNA는

세포핵 밖으로 빠져나가서 본격적으로 생명현상을 발현하는 역
<u>단백질의 생성 과정 ②</u>
할을 한다. <u>RNA는 세포질에 흩어져 있는 작은 물질인 리보솜과
단백질의 생성 과정 ③</u>
<u>결합하고, RNA와 결합한 리보솜은 RNA의 염기서열을 해독하
단백질의 생성 과정 ④</u>
여 단백질을 합성한다. 생성된 단백질은『세포질이나 다른 세포소
　　　　　　　　　　　　　　　　『 』: 생성된 단백질의 역할
기관의 구성 성분이 되거나 세포의 낡은 부분을 새롭게 교체하고

외상으로 인해 훼손된 부분을 복원한다.』
　　　　　　　　　　　▶ 4문단: DNA가 단백질을 생성하는 과정

* 응축되다(凝縮되다): 한데 엉겨 굳어서 줄어들게 되다.
* 항상성(恒常性): 생체가 여러 가지 환경 변화에 대응하여 생명현상이 제대로 일
　어날 수 있도록 일정한 상태를 유지하는 성질. 또는 그런 현상.

01　내용 전개 방식 파악하기　　　답 | ⑤

윗글의 내용 전개 방식으로 가장 적절한 것은?

정답 선지 분석

⑤ 세포에서의 단백질 생성 과정을 순서대로 설명하고 있다.
　윗글의 4문단에서 DNA가 단백질을 생성하는 과정을 순서대로 설명하고 있다.

오답 선지 분석

① 특정 세포가 인체에서 맡은 역할을 나열하고 있다.
　윗글은 세포의 소기관들이 각자 맡은 역할을 하며 단백질을 생성해 낸다고 했을 뿐, 특
　정 세포가 인체에서 맡은 역할을 나열하고 있지 않다.

② 세포를 구성하는 요소를 기준에 따라 비교하고 있다.
　윗글에서 세포를 구성하는 요소인 세포벽을 설명하고 있지만, 세포를 구성하는 요소를
　기준에 따라 비교하고 있지는 않다.

③ 인간의 세포와 동물의 세포의 차이점을 나열하고 있다.
　윗글은 염색체의 개수와 모양은 종마다 다르며 사람의 경우 46개의 염색체를 갖고 있
　다고 했을 뿐, 인간의 세포와 동물의 세포의 차이점을 나열하고 있지 않다.

④ 세포를 종류별로 나누어 각각의 기능을 설명하고 있다.
　윗글은 세포를 종류별로 나누고 있지 않고, 각각의 기능을 설명하고 있지도 않다.

02　세부 내용 파악하기　　　답 | ⑤

윗글에 대한 설명으로 적절하지 않은 것은?

정답 선지 분석

⑤ RNA는 세포질이나 다른 세포소기관의 구성 성분이 된다.
　4문단에 따르면, 세포질이나 다른 세포소기관의 구성 성분이 되는 것은 RNA가 아니
　라 RNA의 염기서열을 해독하여 합성된 단백질이다.

오답 선지 분석

① RNA는 세포핵 밖에서 리보솜과 결합한다.
　4문단에 따르면, RNA는 세포핵 밖으로 빠져나가서 세포질에 흩어져 있는 리보솜과
　결합한다.

② 단백질은 생명체의 항상성을 유지하는 역할을 한다.
　2문단에 따르면, 단백질은 생명체의 항상성을 유지하도록 돕는다.

③ 리보솜은 RNA의 염기서열을 해독하는 역할을 한다.
　4문단에 따르면, 리보솜은 RNA와 결합해서 RNA의 염기서열을 해독하여 단백질을
　합성한다.

④ 단백질은 DNA 염기의 배열에 따라 종류가 달라진다.
　3문단에 따르면, DNA의 염기가 어떻게 배열되었느냐에 따라 생성되는 아미노산의 종
　류가 달라지고, 아미노산으로부터 합성된 단백질의 종류가 조금씩 달라진다.

03　자료 이해하기　　　답 | ④

윗글을 참고하여 [보기]를 이해한 내용으로 적절하지 않은 것은?

보기

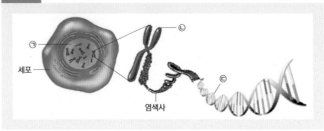

정답 선지 분석

④ ⓒ은 세포의 낡은 부분을 새롭게 교체하기 위해 만들어진다.
　ⓒ은 이중나선 모양의 DNA이다. 4문단에 따르면, 세포의 낡은 부분을 새롭게 교체하
　는 것은 리보솜이 RNA의 염기서열을 해독하여 합성한 단백질이므로 DNA가 세포의
　낡은 부분을 새롭게 교체하기 위해 만들어진다는 서술은 적절하지 않다.

오답 선지 분석

① ㉠은 세포와 생명체의 기본적인 구조와 기능을 결정한다.
　㉠은 세포핵이다. 2문단에 따르면, 세포핵은 세포와 생명체의 기본적인 구조와 기능을
　결정하고 생명 활동의 중심 역할을 한다.

② ㉡의 개수와 모양은 종마다 다르며 사람에겐 46개가 있다.
　㉡은 염색체이다. 2문단에 따르면, 염색체의 개수와 모양은 종마다 다른데 사람의 경
　우 46개의 염색체를 가지고 있다.

③ ㉡은 생물의 생명현상을 발현하는 유전물질을 가지고 있다.
　2문단에 따르면, 염색체는 생물의 생명현상을 발현하고 지배하는 이중나선 모양의 유
　전물질인 DNA를 가지고 있다.

⑤ ⓒ은 단백질을 직접 합성하는 대신 염기서열을 RNA를 통해 전달한다.
　4문단에 따르면, DNA는 단백질을 합성하는 직접적인 역할을 하지 않고, 자신의 염기
　서열을 RNA를 통해 전달한다.

04　세부 내용 파악하기

빈칸에 들어갈 말을 2어절로 쓰시오.

　사람들의 DNA 염기서열은 대부분이 동일하지만 아주 미세한 차이가
있는데, 이 차이를 통해 (　　　)이/가 만들어진다.

정답

유전적 다양성

해가 가고 봄이 와도 전혀 모르고 있다가
<u>화자는 시간의 흐름에 관심이 없음</u>
새소리가 날로 변해 웬일인가 하였다네
<u>시간의 흐름을 깨닫게 된 계기</u> 비유법 → <u>집에 대한 그리움</u>
비가 오면 집 생각이 등나무 덩굴같이 뻗고
<u>집에 대한 그리움을 심화시키는 소재</u>
겨울을 난 야윈 몰골 대나무 가지 같네
           비유법 → <u>화자의 야윈 몰골</u>
세상 꼴 보기 싫어 방문은 늦게 열고
<u>세상에 대한 부정적 태도</u>
찾는 손님 없을 줄 알아 이불도 늦게 개네
                     ▶ 유배지에서의 화자의 생활

무료함을 메우는 법 자식들이 알았는지
<u>유배지에서 화자가 느끼는 감정</u>
의서*에 맞춰 빚은 ㉠ 술 한 단지 부쳐왔네
    □: 화자에 대한 가족의 사랑이 드러나는 소재
어린 종이 천릿길을 가지고 온 ㉡ 편지 받고

초가집 작은 등불 아래 홀로 앉아 한숨짓네
            <u>편지를 읽으며 그리움과 안타까움을 느낌</u>
어린 자식이 농사를 배운다니 아비 반성하게 되고
           <u>유배지에 있기 때문에 자식을 돌보지 못함</u>
병든 아내 ㉢ 옷 을 꿰매 보냈으니 남편 사랑 알겠네

좋아하는 것이라고 이 멀리 ㉣ 찰밥 을 싸 보내고

굶주림 면하려고 철투호를 팔았다네
<u>화자의 가족은 가난하게 살고 있음</u>   ▶ 화자에 대한 가족의 사랑
답장을 쓰려 하니 달리 할 말이 없어

㉤ 뽕나무나 수백 그루 심으라고 부탁하네
<u>가난한 삶에 대한 해결책, 미래에 대한 기약</u>   ▶ 가족에 대한 화자의 그리움과 걱정

歲去春來漫不知

鳥聲日變此堪疑

鄕愁値雨如藤蔓

瘦骨經寒似竹枝

厭與世看開戶晩

知無客到捲衾遲

兒曹也識銷閒法

鈔取醫書付一鴟

千里傳書一小奴

短檠茅店獨長吁

稚兒學圃能懲父

病婦縫衣尙愛夫

憶嗜遠投紅稬飯

救飢新賣鐵投壺

施裁答札無他語

飭種朶桑數百株

            - 정약용, 〈새해에 집에서 온 편지를 받고〉 -

01   표현상의 특징 파악하기   답 | ②

윗글에 대한 설명으로 가장 적절한 것은?

정답 선지 분석

② 비유적 표현을 활용하여 화자의 정서를 표현하였다.
'비가 오면 집 생각이 등나무 덩굴같이 뻗고'에서 화자의 그리움을 '등나무 덩굴'에 비유하여 표현하였다.

오답 선지 분석

① 시각적 심상을 활용하여 계절의 변화를 드러내었다.
'해가 가도 봄이 와도 전혀 모르고 있다가 / 새소리가 날로 변해 웬일인가 하였다네'를 보면, 시각적 심상이 아닌 청각적 심상을 활용하여 계절의 변화를 드러내었다.

③ 동일한 시구를 반복하여 화자의 상황을 강조하였다.
윗글에서 동일한 시구가 반복된 부분은 찾을 수 없다.

④ 반어적 표현을 활용하여 화자의 모습을 형상화하였다.
'겨울을 난 야윈 몰골 대나무 가지 같네'를 보면, 반어적 표현이 아닌 비유적 표현을 사용하여 화자의 야윈 모습을 형상화하였다.

⑤ 대조적인 시어를 제시하여 현실의 상황을 비판하였다.
윗글은 현실의 상황을 비판하고 있지 않다.

02   소재의 기능 파악하기   답 | ⑤

㉠~㉤ 중 의미가 이질적인 것은?

정답 선지 분석

⑤ ㉤
㉠, ㉡, ㉢, ㉣은 모두 화자에 대한 가족의 사랑을 의미하는 소재이지만, ㉤은 화자가 가족의 가난한 삶에 대한 해결책으로 제시한 것으로 그 의미가 다르다.

03   작품 간의 공통점, 차이점 파악하기   답 | ④

윗글과 보기 를 비교한 내용으로 가장 적절한 것은?

보기

謀事安貧語	안빈낙도하리라 마음먹었지만
貧來却未安	정작 가난하고 보니 마음 편치 않네
妻咨文采屈	아내 한숨 소리에 문장도 꺾어지고
兒餒敎規寬	아이도 굶주리니 엄한 교육 못 하겠네
花木渾蕭颯	꽃과 나무 모두 생기 없어 보이고
詩書摠汗漫	시와 책도 요즘은 시들하기만 하네
陶莊籬下麥	부잣집 담 밑에 보리가 쌓였다지만
好付野人看	들 사람들 보기에만 좋을 뿐이라네

                   - 정약용, 〈탄빈〉

정답 선지 분석

④ 윗글과 〈보기〉 모두 화자의 가족의 가난한 생활이 드러나 있다.
윗글의 '굶주림 면하려고 철투호를 팔았다네'와 〈보기〉의 '정작 가난하고 보니 마음 편치 않네'에 화자의 가족의 가난한 생활이 드러나 있다.

오답 선지 분석

① 윗글은 〈보기〉와 달리 화자가 가족과 같은 공간에 있다.

윗글의 화자는 '어린 종이 천릿길을 가지고 온 편지'를 받고 가족의 사정을 알게 되는데, 이를 통해 윗글의 화자는 가족과 떨어져 있음을 알 수 있다.

② 〈보기〉는 윗글과 달리 가난을 극복하려는 행동이 드러나 있다.
가난을 극복하려는 행동이 드러난 것은 윗글의 '굶주림 면하려고 철투호를 팔았다네', '뽕나무나 수백 그루 심으라고 부탁하네'이다.

③ 윗글과 〈보기〉 모두 화자가 공부에 대한 의욕을 잃은 상태이다.
〈보기〉의 화자는 '아내 한숨 소리에 문장도 꺾어지고', '시와 책도 요즘은 시들하기만 하네'와 같이 공부에 대한 의욕을 잃은 상태임이 드러나지만, 윗글의 화자가 공부에 대한 의욕을 잃었는지는 알 수 없다.

⑤ 윗글과 〈보기〉 모두 화자가 편지를 통해 가족의 사정을 알게 된다.
윗글의 화자는 '어린 종이 천릿길을 가지고 온 편지'를 받고 가족의 사정을 알게 되지만, 〈보기〉의 화자는 아내와 아이와 같은 집에서 살고 있다.

04 화자의 심리, 태도 파악하기

빈칸에 들어갈 말을 골라 차례대로 쓰시오.

> 화자는 세상에 대해 (긍정적 / 부정적)인 태도를 보이는 한편, 자식의 소식을 듣고 (기뻐하고 / 속상해하고) 있다.

정답

부정적, 속상해하고

문학 2 어머니는 왜 숲속의 이슬을 떨었을까(이순원)

빠른 정답 체크 01 ③ 02 ③ 03 ④ 04 이슬강

아들아.
아들에게 쓰는 편지 형식의 수필임
이제야 너에게 하는 얘기지만, 어릴 때 나는 학교 다니기 참 싫었단다.
아들에게 자신의 어린 시절을 고백함
그러니까 꼭 너만 했을 때부터 그랬던 것 같구나. 사람들은 아빠가 지금은 소설을 쓰는 사람이니까 저 사람은 어릴 때 참
'나'의 직업이 드러남
착실하게 공부를 했겠구나, 생각할지 모르지만 전혀 그렇지 않단다.

초등학교 때부터 아빠는 가끔씩 학교를 빼먹었단다. 집에서 학교까지 5리쯤 산길을 걸어가야 하는데, 학교를 가다 말고 그냥 산에서 하루를 보내고 집으로 온 날도 있었단다.

그러다 중학교에 다니면서부터는 정말 학교 다니기가 싫었단다. 학교엔 전화가 있어도 집에는 전화가 없던 시절이니까 내가
시대적 배경을 알 수 있음
학교를 빼먹어도 집안 식구들은 아무도 몰랐단다. (중략)

오월 어느 날이었다. 그날도 나는 학교에 가기 싫다고 말했다.
내부 이야기('나'의 중학생 시절)
어머니께서 왜 안 가냐고 물어 공부도 재미가 없고, 학교 가는 것
'나'가 학교에 가지 않으려는 이유
도 재미가 없다고 말했다. 어린 아들이 그러니 어머니로서도 한숨이 나왔을 것이다.

"그래도 얼른 교복을 갈아입어라." / "학교 안 간다니까."

그 시절 나는 어머니에게 존댓말을 쓰지 않았다. 어머니를 만만히 보아서가 아니라 우리 동네 아이들 모두 그랬다. 아버지에게는 존댓말을 어머니에게는 다들 반말로 말했다.
아버지보다 어머니를 더 편하게 생각함
"안 가면?" / "그냥 이렇게 자라다가 이다음 농사지을 거라고."

"에미가 신작로*까지 데려다줄 테니까 얼른 교복 갈아입어."
'나'를 학교에 보내려고 함
몇 번 옥신각신하다가 나는 마지못해 교복을 갈아입었다. 그러지 않을 수 없는 것이 어머니가 먼저 마당에 나와 내가 나오길 기
'나'가 학교에 갈 수밖에 없었던 이유
다리고 섰기 때문이다. 나는 잠시 전 어머니가 싸 준 도시락까지 넣어 책가방을 챙겼다. 가방을 들고 밖으로 나오자 어머니가 지겟작대기를 들고 서 있었다. 나는 어머니가 그걸로 말 안 듣는 나를 때리려고 그러는 줄 알았다. 이제까지 어머니는 한 번도 나를
어머니의 온화한 성격
때린 적이 없었다. 그런 어머니의 모습이 조금은 낯설기도 하고 무섭기도 해 나는 신발을 신고도 마루에서 한참 동안 멈칫거리다
'나'는 어머니가 지겟작대기로 자신을 때리려 한다고 생각함
가 마당으로 내려섰다.

"얼른 가자." / 어머니가 재촉했다. / "그런데 그 작대기는 왜 들고 있는데?"

"에미가 이걸로 널 때리기라도 할까 봐 겁이 나냐?" / "겁나긴? 때리면 도망가면 되지."

"그래. 너는 에미가 무섭지도 않지? 그래서 에미 앞에 학교 가지 않겠다는 소리도 아무렇지 않게 하고." / "학교가 머니까 그
'나'가 학교에 가지 않으려는 이유
렇지. 가도 재미없고."

"공부, 재미로 하는 사람 없다. 그래도 해야 할 때에 해야 하니 다들 하는 거지."

"지겟작대기는 왜 들고 있는데?"

"너 데려다주는 데 필요해서 그러니 걱정 말고, 가방 이리 줘라."
지겟작대기로 이슬을 떨려고 함　　　　*'나'에 대한 어머니의 배려*
하루 일곱 시간씩 공부하던 시절이었다. 도시락까지 넣어 가방 무게가 만만치 않았다. 나는 어머니에게 가방을 내밀었다. / 어머
'나'의 철없는 행동
니는 한 손엔 내 가방을 들고 또 한 손엔 지겟작대기를 들고 나보다 앞서 마당을 나섰다. 나는 말없이 어머니의 뒤를 따랐다.

그러다 신작로로 가는 산길에 이르러 어머니가 다시 내게 가방을 내주었다.

"자, 여기서부터는 네가 가방을 들어라."

나는 어머니가, 내가 학교에 가기 싫어하니 중간에 학교로 가지
어머니의 행동에 대한 '나'의 생각
않고 다른 길로 샐까 봐 신작로까지 데려다주는 것이라고 생각했다. 나는 어머니가 내주는 가방을 도로 받았다.

"너는 뒤따라오너라."

정답 및 해설 127

거기에서부터는 이슬받이*였다. 사람 하나 겨우 다닐 좁은 산길 양옆으로 풀잎이 우거져 길 한가운데로 늘어져 있었다. 아침이면 풀잎마다 이슬방울이 조록조록 매달려 있었다.

'나'와 어머니가 이슬 맺힌 길을 걷게 됨

어머니는 내게 가방을 넘겨준 다음 두 발과 지겟작대기를 이용해 내가 가야 할 산길의 이슬을 떨어내기 시작했다. 어머니의 몸뻬* 자락이 이내 아침 이슬에 흥건히 젖었다. 어머니는 발로 이슬을 떨고, 지겟작대기로 이슬을 떨었다.

『그런다고 뒤따라가는 내 교복 바지가 안 젖는 것도 아니었다.

『』: 이슬떨이는 실질적으로는 도움이 되지 않음. '나'를 향한 사랑을 의미

신작로까지 15분이면 넘을 산길을 30분도 더 걸려 넘었다. 어머니의 옷도, 그 뒤를 따라간 내 옷도 흠뻑 젖었다.』 어머니는 고무신을 신고 나는 검정색 운동화를 신었다. 걸음을 옮길 때마다 물에 빠졌다가 나온 것처럼 땟국이 찔꺽찔꺽 발목으로 올라왔다. 그렇게 어머니와 아들이 무릎에서 발끝까지 옷을 흠뻑 적신 다음

어머니가 이슬을 떨었지만 '나'와 어머니 모두 옷이 젖음

에야 신작로에 닿았다.

"자, 이제 이걸 신어라." / 거기서 어머니는 품속에 넣어 온 새

'나'에 대한 어머니의 정성

양말과 새 신발을 내게 갈아 신겼다. 학교 가기 싫어하는 아들을 위해 아주 마음먹고 준비해 온 것 같았다.

"앞으로는 매일 떨어 주마. 그러니 이 길로 곧장 학교로 가. 중

어머니가 이슬을 떨어 준 이유

간에 다른 데로 새지 말고."

그 자리에서 울지는 않았지만 왠지 눈물이 날 것 같았다.

어머니의 사랑에 감동받았기 때문

"아니, 내일부터 나오지 마. 나 혼자 갈 테니까."

다음 날도 그 다음 날도 어머니가 매일 이슬을 떨어 준 것은 아니었다. 그러나 어떤 날 가끔 어머니는 그렇게 내 등굣길의 이슬을 떨어 주었다. 또 새벽처럼 일어나 그 길의 이슬을 떨어 놓고 올 때도 있었다. 물론 어머니도 어머니가 아무리 먼저 그 길의 이슬을 떨어내도 집에서 신작로까지 산길을 가다 보면 내 옷과 신발도 어머니의 것처럼 젖는다는 걸 알고 있었다. 알면서도 어머니는 그 산길의 이슬을 떨어 준 것이다.

자신이 '나'를 얼마나 사랑하는지 보여 주려 한 어머니

그때부터 나는 학교를 결석하지 않았다.

어머니의 마음을 알아차리고 학교에 결석하지 않음

어른이 된 지금도 나는 그렇게 생각한다. 그때 어머니가 ⓐ 이슬을 떨어 주신 ⓑ 길을 걸어 지금 내가 여기까지 왔다고. 돌아보면 꼭 그때가 아니더라도 어머니는 내가 지나온 길 고비고비마다 이

어머니의 헌신과 사랑 덕분에 지금의 '나'가 있음

슬떨이를 해 주셨다.

아들은 어른이 된 뒤에야 그때 어머니가 떨어 주시던 이슬떨이

자식을 위한 부모의 헌신

의 의미를 깨닫게 되었다. 아마 그렇게 떨어내 주신 이슬만 모아

'나'를 위해 끊임없이 스스로를 희생한 어머니

도 내가 온 길 뒤에 작은 강 하나를 이루지 않을까 싶다.

㉠ 아들아.

내부 이야기에서 외부 이야기로 전환됨

나는 그 강을 이제 '이슬강'이라고 이름 지으려 한다. 그러나 그

자식을 향한 부모의 헌신적인 사랑

강은 이 세상에 없다. 오직 내 마음 안에만 있는 강이란다. 그때 아빠 등굣길의 이슬을 떨어 주시던 할머니의 연세가 올해 일흔넷이다. 어쩌면 할머니는 그때 그 일을 잊고 계실지도 모른다. 그러나 아빠한테는 그 길이 이제까지 아빠가 걸어온 길 가운데 가장

어린 시절 어머니의 사랑을 떠올림과 동시에 자신의 철없음을 반성함

아름답고도 안타까우며 마음 아픈 길이 되었단다.

- 이순원, 〈어머니는 왜 숲속의 이슬을 떨었을까〉 -

* 신작로(新作路): 새로 만든 길이라는 뜻으로, 자동차가 다닐 수 있을 정도로 넓게 새로 낸 길을 이르는 말.
* 이슬받이: 양쪽에 이슬 맺힌 풀이 우거진 좁은 길.
* 몸뻬: 여자들이 일할 때 입는 바지의 하나. 일본에서 들어온 옷으로 통이 넓고 발목을 묶게 되어 있다.

01 표현상의 특징 파악하기   답 | ③

㉠의 기능으로 적절하지 않은 것은?

정답 선지 분석

③ 글쓴이의 주장을 강하게 내세운다.

㉠ 이후에 이어지는 내용에는 아들에게 부모의 사랑과 헌신을 알려 주고 싶은 글쓴이의 마음이 드러난다. 글쓴이는 독자에게 자신의 주장을 내세우고 있지 않으며, 따라서 ㉠이 글쓴이의 주장을 강하게 내세우는 기능을 한다고 할 수 없다.

오답 선지 분석

① 독자의 주의를 환기한다.

㉠은 글쓴이의 과거 회상을 마무리하고, 글쓴이가 상정한 독자를 호명함으로써 독자의 주의를 환기하는 기능을 한다.

② 글이 편지 형식임을 드러낸다.

㉠은 글이 아버지가 아들에게 보내는 편지 형식임을 드러내는 기능을 한다.

④ 글의 시점을 과거에서 현재로 바꾼다.

㉠은 글의 시점을 글쓴이의 중학교 시절 일화를 서술하는 과거 시점에서, 아들에게 이야기하는 현재 시점으로 바꾸는 기능을 한다.

⑤ 독자가 글쓴이에게 친근감을 느끼게 한다.

㉠은 아버지가 아들에게 이야기하는 형식을 취하고 있어 독자가 글쓴이에게 친근감을 느끼게 하는 기능을 한다.

02 소재의 의미 파악하기   답 | ③

ⓐ, ⓑ가 의미하는 것으로 가장 적절한 것은?

정답 선지 분석

	ⓐ	ⓑ
③	시련	인생

어머니는 글쓴이를 위해 '길(ⓑ)'의 '이슬(ⓐ)'을 떨어 주셨고, 글쓴이는 이에 대해 '어머니는 내가 지나온 길 고비고비마다 이슬떨이를 해 주셨다.'라고 하였다. 이를 고려하여 생각해 보면, '길'은 글쓴이의 인생을, '이슬'은 글쓴이가 인생에서 마주친 시련을 의미한다.

보기 는 윗글과 같은 갈래에 대한 설명이다. 밑줄 친 부분에 해당하는 내용으로 가장 적절한 것은?

보기

　수필은 <u>글쓴이의 체험</u>을 자유로운 방식으로 쓴 글을 가리킨다. 글쓴이가 자신의 체험을 중심으로 생각과 느낌을 표현하는 글이므로 글쓴이의 가치관이나 생활 등의 개성이 드러나며, 이때 글쓴이는 작품에서의 '나'가 된다. 생활 주변에서 일어나는 모든 것들이 수필의 소재가 될 수 있다.

정답 선지 분석

④ 어머니는 글쓴이와 함께 등굣길을 걸으며 이슬을 떨어냈다.

'어머니는 내게 가방을 넘겨준 다음 두 발과 지겟작대기를 이용해 내가 가야 할 산길의 이슬을 떨어내기 시작했다.'를 통해 어머니가 글쓴이와 함께 등굣길을 걸으며 이슬을 떨어냈음을 알 수 있다.

오답 선지 분석

① 글쓴이는 어머니와 매일 함께 등굣길을 걸었다.

'다음 날도 그 다음 날도 어머니가 매일 이슬을 떨어 준 것은 아니었다.'를 보면, 글쓴이는 어머니와 매일 함께 등굣길을 걷지는 않았다.

② 글쓴이는 어머니에게 학교에 가기 싫은 이유를 숨겼다.

글쓴이는 어머니에게 "학교가 머니까 그렇지. 가도 재미없고."라고 하며 학교에 가기 싫은 이유를 말했다.

③ 어머니는 글쓴이가 원하는 새 양말과 새 신발을 사 주었다.

'거기서 어머니는 품속에 넣어 온 새 양말과 새 신발을 내게 갈아 신겼다.'에서 어머니가 글쓴이에게 새 양말과 새 신발을 주었음을 알 수는 있지만, 글쓴이가 원한 것이었는지는 알 수 없다.

⑤ 어머니는 글쓴이가 학교에 도착할 때까지 가방을 들어 주었다.

'그러다 신작로로 가는 산길에 이르러 어머니가 다시 내게 가방을 내주었다.'를 통해 어머니가 글쓴이가 학교에 도착할 때까지 가방을 들어 주지는 않았음을 알 수 있다.

 04   작품의 내용 파악하기

윗글에서 글쓴이가 '자식을 향한 부모의 헌신적인 사랑'을 지칭한 말을 찾아 3음절로 쓰시오.

정답

이슬강

문법 　　문장 성분

올바른 문장이란 문장 성분이 잘 갖추어진 문장이다. 문장 성
　　　　　　　　'올바른 문장'의 의미
분이란 문장 안에서 일정한 문법적 기능을 하는 각 부분들을 일
　　　　　　　　　　문장 성분의 개념
컫는다. 문장 성분은 문장을 이루는 데 골격이 되는 주성분, 주로
　　　　　　　　　　　　　　　주성분의 역할
주성분의 내용을 수식하는 부속 성분, 다른 문장 성분과는 직접
　　부속 성분의 역할　　　　　　　　　　　　　독립 성분
적인 관련이 없는 독립 성분으로 나뉜다.

　주성분에는 주어, 서술어, 목적어, 보어가 있다. 주어는 문장에
　　　　　　　　주성분의 종류
서 동작의 주체, 혹은 상태나 성질의 주체를 나타내는 성분이다.
　　　　　　　　　　　주어의 개념
서술어는 주어의 동작, 상태, 성질 따위를 풀이하는 기능을 하는
　　　　　　　　　　　　서술어의 개념
성분이다. 목적어는 서술어의 동작 대상이 되는 성분이고, 보어
　　　　　　　　　　　목적어의 개념
는 '되다, 아니다'와 같은 서술어가 필요로 하는 문장 성분 중에
　　　　　　　　　보어의 개념
서 주어를 제외한 성분이다. 부속 성분에는 관형어와 부사어가
　　　　　　　　　　　　　　　　　부속 성분의 종류
있다. 관형어는 주로 체언*을 수식하고, 부사어는 주로 용언*을
　　　　관형어의 개념　　　　　　　　부사어의 개념
수식하는 성분이다. 독립 성분에 해당하는 독립어는 문장의 어느
　　　　　　　　　　　　　　　독립 성분의 종류
성분과도 직접적인 관련이 없는 성분이다.
　　독립어의 개념

[A]

┌ 이러한 문장 성분들이 제대로 갖추어지지 않아서 문장이 올

바르지 않은 경우는 주로 다음과 같다. 첫째, 문장 성분 간의
　　　　　　　　　　　　　　　문장이 올바르지 않은 경우 ①
호응이 이루어지지 않은 경우이다. 여기에는 주어와 서술어

의 호응, 목적어와 서술어의 호응, 부사어와 서술어의 호응이

이루어지지 않은 경우 등이 있다. 가령 "내가 가장 원하는 것

은 자전거를 가지고 싶다."는 주어 '내가 가장 원하는 것은'
　주어와 서술어가 호응하지 않음

과 서술어 '가지고 싶다'가 어울리지 않아 잘못된 문장이다.

"지수는 시간이 나면 음악과 책을 듣는다."는 목적어 '책을'과
　　　　　　　　목적어와 서술어가 호응하지 않음

서술어 '듣는다'가 어울리지 않아서, "다들 시험 치느라 여간
　　　　　　　　　　　　　　　부사어와 서술어가 호응하지 않음

힘들다."는 부사어 '여간'과 서술어 '힘들다'가 어울리지 않아

서 잘못된 문장이다. 둘째, 반드시 필요로 하는 문장 성분이
　　　　　　　　　　　　문장이 올바르지 않은 경우 ②
생략된 경우이다. 여기에는 문장 안에서 목적어나 부사어가

반드시 필요함에도 불구하고 생략된 경우 등이 있다. 예컨대

"나도 읽었다."는 서술어 '읽었다'가 반드시 필요로 하는 목적
서술어가 필요로 하는 목적어가 생략됨
어가 생략되어서, "아이가 편지를 넣었다."는 서술어 '넣었다'
　　　　　　　　　　　　서술어가 필요로 하는 부사어가 생략됨
└ 가 반드시 필요로 하는 부사어가 생략되어서 잘못된 문장이다.

* 체언(體言): 문장에서 주로 주어, 목적어, 보어가 되는 자리에 오는 단어들.
* 용언(用言): 문장의 주어를 서술하는 기능을 가진 단어들.

01　문장 성분 파악하기　　　　답 | ④

윗글을 바탕으로 다음 문장을 분석한 내용으로 적절한 것은?

야호! 우리가 드디어 힘든 관문을 통과했어.

정답 선지 분석

	주성분	부속 성분	독립 성분
④	우리가, 관문을, 통과했어	드디어, 힘든	야호

'야호'는 독립어, '우리가'는 주어, '드디어'는 부사어, '힘든'은 관형어, '관문을'은 목적어, '통과했어'는 서술어이다. 따라서 주성분에는 '우리가', '관문을', '통과했어'가, 부속 성분에는 '드디어', '힘든'이, 독립 성분에는 '야호'가 해당되므로 적절하다.

02　올바른 문장 판단하기　　　　답 | ④

다음은 [A]에 대한 학습 활동지 중 일부이다. 작성한 내용으로 적절하지 않은 것은?

학습 활동: 올바른 문장 표현 익히기

• 잘못된 문장
　㉠ 그는 친구에게 보냈다.
　㉡ 이번 일은 결코 성공해야 한다.
　㉢ 그의 뛰어난 점은 필기를 잘한다.
　㉣ 할아버지께서 입학 선물을 주셨다.
　㉤ 사람들은 즐겁게 춤과 노래를 부르고 있다.

• 잘못된 이유
　㉠: 서술어가 반드시 필요로 하는 목적어가 생략됐어. ·············· ①
　㉡: 부사어와 서술어가 어울리지 않아. ························· ②
　㉢: 주어와 서술어가 어울리지 않아. ························· ③
　㉣: 서술어가 반드시 필요로 하는 부사어가 생략됐어.
　㉤: 목적어와 서술어가 어울리지 않아.

• 고쳐 쓴 문장
　㉠: 그는 친구에게 답장을 보냈다.
　㉡: 이번 일은 반드시 성공해야 한다.
　㉢: 그의 뛰어난 점은 필기를 잘한다는 것이다.
　㉣: 할아버지께서 어제 입학 선물을 주셨다. ·············· ④
　㉤: 사람들은 즐겁게 춤을 추고 노래를 부르고 있다. ·············· ⑤

정답 선지 분석

④ ㉣: 할아버지께서 어제 입학 선물을 주셨다.

'할아버지께서 어제 입학 선물을 주셨다.'에서 서술어 '주셨다'가 반드시 필요로 하는 부사어가 생략되었으므로 적절하지 않다.

오답 선지 분석

① ㉠: 서술어가 반드시 필요로 하는 목적어가 생략됐어.

'그는 친구에게 보냈다.'에서 서술어 '보냈다'가 반드시 필요로 하는 목적어가 생략되었으므로 적절하다.

② ㉡: 부사어와 서술어가 어울리지 않아.

'이번 일은 결코 성공해야 한다.'에서 부사어 '결코'는 서술어 '성공해야 한다'와 어울리지 않으므로 적절하다.

③ ㉢: 주어와 서술어가 어울리지 않아.

'그의 뛰어난 점은 필기를 잘한다.'에서 주어 '그의 뛰어난 점은'은 서술어 '잘한다'와 어울리지 않으므로 적절하다.

⑤ ㉤: 사람들은 즐겁게 춤을 추고 노래를 부르고 있다.

'사람들은 즐겁게 춤과 노래를 부르고 있다.'에서 목적어 '춤과 노래를'은 서술어 '부르고 있다'와 어울리지 않으므로 '사람들은 즐겁게 춤을 추고 노래를 부르고 있다.'가 적절하다.

03 문장 성분 파악하기

다음 문장에서 독립 성분을 찾아 쓰시오.

> 하지만, 민수야, 시간이 너무 부족하지 않니?

정답

민수야

독서   **메타버스의 유형**

빠른 정답 체크   01 ⑤   02 ②   03 ④   04 증강현실

메타버스는 『1992년도에 출간한 닐 스티븐슨의 소설 〈스노 크래시〉에서 나오는 가상세계의 이름으로 처음 소개되었다. 그 후 스티븐 스필버그 감독의 영화 〈레디 플레이어 원〉에서, 현실에서 하지 못하는 다양한 것들을 현실처럼 생생하게 겪을 수 있는 매력적인 세계로 묘사되면서 본격적으로 관심을 끌기 시작했다.』 메
『』: 메타버스의 등장 배경
타버스는 '초월'을 뜻하는 그리스어 'meta'와 '세계'를 뜻하는 영
                      메타버스의 어원
어 'universe'가 합쳐진 말로, 현실을 초월한 세계라는 뜻이다.
                       메타버스의 뜻
기술 연구 단체 ASF는 메타버스를 네 가지 유형으로 분류했다.

▶ 1문단: 메타버스의 등장 배경과 어원

㉠ 증강현실은 현실 공간에 2D 또는 3D로 표현한 가상 물체
         증강현실의 개념
를 겹쳐 보이게 만들어 상호 작용하는 기술을 의미한다.『현실의
                     『』: 증강현실의 사례
길거리 등지에서 튀어나오는 가상 포켓몬을 잡는 게임 '포켓몬 GO'나 2020년 이탈리아에서 출시한 '증강현실 유적지 투어'가 그 예이다. 사용자가 AR 기기를 착용하고 폼페이 등 폐허가 된 유적지를 방문하면, 가상 이미지가 고대의 장엄했던 모습을 현실에 덧씌워준다.』 증강현실은 실존하는 물건이나 사람이 있어야만
                    증강현실의 특징 ①
구현 가능한 기술로, 현실에서도 판타지 요소를 즐기거나 유용한
                증강현실의 특징 ②
정보를 가상 형태로 활용하도록 돕는다. 현실을 기반으로 삼기 때문에 가상세계에 거부감을 가진 사람에게도 익숙하게 다가가
                        증강현실의 특징 ③
금세 몰입하게 만드는 것이 특징이다.

▶ 2문단: 메타버스의 유형 ① - 증강현실

㉡ 가상세계는 크게 게임 형태와 비게임 형태로 나눌 수 있다.

게임 형태의 가상세계는 현실에서 느끼지 못하는 탐험의 성격이
               게임 형태의 가상세계의 특징
강하고, 비게임 형태의 가상세계는 커뮤니티성이 강하다. 비게임 형태의 가상세계에서는 특별한 목표나 경쟁 없이 서로 대화하고
                  비게임 형태의 가상세계의 특징
경험을 공유하면서 시간을 보낸다. 대표적으로 '세컨드 라이프',
                     가상세계의 사례
'VR CHAT' 등이 있다. 증강현실과 종종 혼동되기도 하나, 배경과 환경이 전부 가상으로 만들어진다는 점에서 증강현실과는 차
                   증강현실과 구분되는 가상세계의 특징
이가 있다.

▶ 3문단: 메타버스의 유형 ② - 가상세계

㉢ 라이프로깅은 삶을 의미하는 'life'와 기록을 의미하는 'logging'의 합성어로, '삶의 기록'을 뜻한다.『사용자가 일상생활
                      『』: 라이프로깅의 개념
에서 경험하는 모든 순간을 글, 영상, 소리 등으로 기록하고 그 내용을 SNS 등 디지털 환경에 저장하여 다른 사용자들과 공유하는 메타버스이다.』 단순히 사용자가 저장하는 정보만을 의미하지 않고 GPS, 센서 등을 활용해 위치 정보, 생체 정보 등을 자동으로 기록하는 것도 포함하는 개념이다. 그러나 스마트폰의 대중화
                 라이프로깅을 메타버스로 볼 수 없다는 주장의 근거
이후 기술이 급격히 발달했기 때문에 단순히 SNS만 사용하는 사람들까지 모두 메타버스 참여자로 규정할 수는 없다는 이유로 라이프로깅을 메타버스로 볼 수 없다는 주장도 있다.

▶ 4문단: 메타버스의 유형 ③ - 라이프로깅

㉣ 거울 세계란『실제 세상의 모습이나 정보, 구조 등을 복사하
          『』: 거울 세계의 개념
여 효율적인 정보를 더한 하나의 거울 같은 복제품 세상을 디지털 환경에 구현한 것이다.』 대표적인 거울 세계인 『'구글 맵'은 지구를
                    『』: 거울 세계의 사례
그대로 복사한 지도지만 각종 숙박업체와 맛집 정보를 가상 이미지로 정리해준다. '배달의 민족'이나 '에어비엔비'도 거울 세계를 활용한 예시이다.』 거울 세계는 증강현실처럼 현실의 정보를 기반
                   거울 세계의 특징
으로 해서 사용자의 몰입감이 높다. 다만 증강현실은 현실을 토대로 판타지적 요소를 보여주는 것을 중심으로 하지만, 거울 세계는 현실 정보를 더 편리하게 전하는 데 초점을 맞춘다. 그러나 사용
             증강현실과 구분되는 거울 세계의 특징
자들이 증강현실이나 가상현실을 이용할 때처럼 삶의 일부를 적극적으로 거울 세계 안에서 보내진 않으므로 라이프로깅과 마찬
            거울 세계를 메타버스로 볼 수 없다는 주장의 근거
가지로 거울 세계를 메타버스로 볼 수 없다는 주장도 있다.』

▶ 5문단: 메타버스의 유형 ④ - 거울 세계

윗글의 내용 전개 방식으로 적절하지 않은 것은?

정답 선지 분석

⑤ 메타버스에 내재된 문제점과 해결책을 설명하고 있다.

　4, 5문단에서 라이프로깅과 거울 세계를 메타버스로 볼 수 없다는 의견이 존재함을 언급했을 뿐, 메타버스에 내재된 문제점과 해결책을 설명하고 있지 않다.

오답 선지 분석

① 메타버스의 유형을 사례를 들어 설명하고 있다.

　2문단에서 증강현실의 사례로 '포켓몬 GO'와 이탈리아에서 출시한 '증강현실 유적지 투어'를, 3문단에서 가상세계의 사례로 '세컨드 라이프'와 'VR CHAT'을 드는 등 메타버스의 유형을 사례를 들어 설명하고 있다.

② 메타버스의 유형 간의 차이점을 설명하고 있다.

　3문단에서 가상세계는 증강현실과 달리 배경, 환경이 전부 가상으로 만들어진다고 하였다.

③ 메타버스의 어원을 제시하며 뜻을 설명하고 있다.

　1문단에서 메타버스는 '초월'을 뜻하는 그리스어 'meta'와 '세계'를 뜻하는 영어 'universe'가 합쳐진 말로, 현실을 초월한 세계라는 뜻이라고 하였다.

④ 메타버스라는 용어가 등장한 배경을 설명하고 있다.

　1문단에서 메타버스는 닐 스티븐슨의 소설 〈스노 크래시〉에서 나오는 가상세계의 이름으로 처음 소개되었다고 하였다.

㉠~㉣에 대한 이해로 가장 적절한 것은?

정답 선지 분석

② ㉠과 ㉣은 모두 현실 세계를 기반으로 이루어지는 메타버스이다.

　㉠은 증강현실, ㉣은 거울 세계이다. 증강현실은 현실 공간에 2D 또는 3D로 표현한 가상 물체를 겹쳐 보이게 만들어 상호 작용하는 기술이고, 거울 세계는 실제 세상의 모습이나 정보, 구조 등을 복사하여 효율적인 정보를 더한 하나의 거울 같은 복제품 세상을 디지털 환경에 구현한 것이므로 둘 모두 현실 세계를 기반으로 이루어지는 메타버스라고 할 수 있다.

오답 선지 분석

① ㉠은 ㉡과 달리 배경과 환경이 가상으로 이루어져 있다.

　㉠은 증강현실, ㉡은 가상세계이다. 3문단에 따르면, 배경과 환경이 가상으로 만들어진 것은 가상세계이므로 적절하지 않다.

③ ㉠은 ㉣과 달리 판타지적 요소보다 현실 정보의 제공에 중심을 둔다.

　㉠은 증강현실, ㉣은 거울 세계이다. 5문단에 따르면, 현실 정보를 더 편리하게 전하는 데 초점을 맞추는 것은 거울 세계이므로 적절하지 않다.

④ ㉡과 ㉢은 모두 현실에서 존재하지 않는 세계를 다른 사람들과 공유한다.

　㉡은 가상세계, ㉢은 라이프로깅이다. 3문단에 따르면, 비게임 형태의 가상세계는 가상으로 만들어진 배경과 환경에서 서로 대화하고 경험을 공유하면서 시간을 보낸다. 그러나 4문단에 따르면, 라이프로깅은 사용자가 일상생활에서 경험하는 순간을 기록하여 그 내용을 다른 사용자들과 공유하는 것이므로 현실에서 존재하지 않는 세계를 다른 사람들과 공유한다는 것은 적절하지 않다.

⑤ ㉣은 ㉢과 달리 기술적 한계로 인해 메타버스로 볼 수 없다는 지적을 받는다.

　㉢은 라이프로깅, ㉣은 거울 세계이다. 5문단에 따르면, 거울 세계를 메타버스로 볼 수 없다고 주장하는 사람들은 사용자들이 삶의 일부를 적극적으로 거울 세계 안에서 보내진 않는다는 점을 근거로 들고 있으므로 거울 세계가 기술적 한계로 인해 메타버스로 볼 수 없다는 지적을 받는다는 것은 적절하지 않다.

윗글과 보기 를 읽고 이해한 내용으로 적절하지 않은 것은?

보기

ⓐ 인스타그램 스토리를 올렸다.

ⓑ 에어비앤비로 숙소를 예약했다.

ⓒ VR 카페에서 VR기기를 체험했다.

ⓓ 포켓몬 GO 게임에서 포켓몬을 잡았다.

ⓔ 배달의 민족을 이용하여 저녁을 주문했다.

ⓕ 유튜브에 공부하는 일상을 브이로그로 올렸다.

ⓖ 브랜드의 AR 서비스를 통해 증강현실에서 제품을 착용했다.

ⓗ 가상의 공간에서 내 캐릭터를 꾸미고 다른 사람들의 캐릭터와 대화를 나누었다.

정답 선지 분석

④ ⓒ와 ⓗ는 가상세계에 거부감을 가진 사람도 익숙하게 받아들일 수 있다.

　ⓒ와 ⓗ는 메타버스의 유형 중 가상세계이다. 따라서 가상세계에 거부감을 가진 사람도 익숙하게 받아들일 수 있다는 이해는 적절하지 않다. 가상세계에 거부감을 가진 사람도 익숙하게 받아들일 수 있는 메타버스는 증강현실이다.

오답 선지 분석

① ⓐ~ⓗ는 모두 메타버스 기술로 인해 가능해진 일이다.

　ⓐ와 ⓕ는 라이프로깅, ⓑ와 ⓔ는 거울 세계, ⓒ와 ⓗ는 가상세계, ⓓ와 ⓖ는 증강현실이다. 이는 모두 메타버스의 유형이므로 적절하다.

② ⓐ와 ⓕ는 사용자가 저장하지 않은 위치 정보 등이 기록될 수도 있다.

　ⓐ와 ⓕ는 라이프로깅이다. 4문단에 따르면, 라이프로깅은 GPS, 센서 등을 활용해 위치 정보를 자동으로 기록하는 것도 포함하는 개념이라고 하였으므로 적절하다.

③ ⓑ와 ⓔ는 실제 세상의 모습을 복사하여 디지털 환경에 구현한 기술이다.

　ⓑ와 ⓔ는 거울 세계이다. 5문단에 따르면, 거울 세계는 실제 세상의 모습이나 정보, 구조 등을 복사하여 효율적인 정보를 더한 복제품 세상을 디지털 환경에 구현한 것이므로 적절하다.

⑤ ⓓ와 ⓖ는 실존하는 물건이나 사람이 있어야 구현 가능한 기술이다.

　ⓓ와 ⓖ는 증강현실이다. 2문단에 따르면, 증강현실은 실존하는 물건이나 사람이 있어야만 구현 가능한 기술이므로 적절하다.

다음의 설명이 메타버스의 네 가지 유형 중 어느 것에 해당하는지 윗글에서 찾아 쓰시오.

　이케아 코리아는 가구를 사기 전, 공간에 미리 배치해볼 수 있는 애플리케이션인 '이케아 플레이스'를 출시하였다. 애플리케이션을 통해 소파는 물론 조명, 침대, 옷장 등 이케아 제품을 실제 사이즈로 손쉽게 원하는 공간에 배치해 볼 수 있다.

정답

증강현실

빠른 정답 체크   **01** ②   **02** ⑤   **03** ③   **04** 3연

⊙ 나는 이 겨울을 누워 지냈다.
계절적 배경 – 화자의 황량하고 쓸쓸한 상황과 대응됨
사랑하는 사람을 잃어버려
   화자가 이 겨울을 누워 지낸 이유
염주처럼 윤나게 굴리던

ⓒ 독백도 끝이 나고
   사랑에 대한 고민이 끝남
바람도 불지 않아
   더 이상 설렘이 느껴지지 않음
이 겨울 누워서 편히 지냈다.
   반어법 → 실연으로 인한 고통   ▶ 사랑하는 사람을 잃은 고통

저 들에선 벌거벗은 나무들이
     화자의 내면세계를 보여 주는 객관적 상관물
추워 울어도

ⓒ 서로서로 기대어 숲이 되어도
   서로 위로하며 더불어 지냄 → 화자와 대비
나는 무관해서
   사랑하는 사람을 잃은 상실감 때문에 관심을 두지 않음
             ▶ 실연의 고통으로 인한 외부와의 단절

ⓔ 문 한 번 열지 않고
   소통의 차단, 외부와의 단절
반추동물처럼 죽음만 꺼내 씹었다.
   상실감으로 인해 죽음만을 생각함
ⓜ 나는 누워서 편히 지냈다.
   1연 마지막 행의 반복 → 강조
『사랑하는 사람을 잃어버린
『 』: 화자의 상황을 재차 언급
이 겨울.』
명사형 종결로 여운을 남김   ▶ 죽음과도 같은 실연의 고통
            - 문정희, 〈겨울 일기〉 -

---

01   표현상의 특징 파악하기   답 | ②

윗글에 대한 설명으로 적절하지 않은 것은?

정답 선지 분석

② 비유적 표현을 활용하여 화자의 미래를 암시하고 있다.

1연의 '염주처럼 윤나게 굴리던', 3연의 '반추동물처럼 죽음만 꺼내 씹었다.'에서 비유적 표현이 활용되었지만, 이는 화자의 미래를 암시하는 것이 아니라 사랑하는 사람을 잃은 화자의 상황과 이로 인해 느끼는 절망을 표현하는 것이다.

오답 선지 분석

① 자연물을 제시하여 화자의 상황과 대조하고 있다.

2연에서 '벌거벗은 나무들'이 '서로서로 기대어 숲이 되'었다고 하며 이와 무관하게 '문 한 번 열지 않고' 지낸 화자의 상황과 대조하고 있다.

③ 반어적 표현을 활용하여 화자의 심정을 표현하고 있다.

1연의 '이 겨울 누워서 편히 지냈다.'는 반어적 표현으로, 화자가 사랑하는 사람을 잃은 고통으로 인해 죽음과도 같은 절망 속에서 겨울을 보냈음을 표현하고 있다.

④ 유사한 시행을 반복하여 화자의 처지를 강조하고 있다.

1연의 '이 겨울 누워서 편히 지냈다.'가 3연에서 '나는 누워서 편히 지냈다.'로 반복되며 화자의 절망적인 처지를 강조하고 있다.

⑤ 객관적 상관물을 통해 화자의 내면세계를 드러내고 있다.

2연의 '벌거벗은 나무들'은 화자의 쓸쓸한 내면세계를 드러내는 객관적 상관물이다.

02   시구의 의미 파악하기   답 | ⑤

⊙~ⓜ에 대한 설명으로 적절하지 않은 것은?

정답 선지 분석

⑤ ⓜ: 화자가 실연의 고통을 극복했음을 의미한다.

'나는 누워서 편히 지냈다.'는 화자가 사랑하는 사람을 잃은 고통으로 괴로운 시간을 보내고 있음을 반어적으로 표현하는 것이지, 화자가 실연의 고통을 극복했음을 의미하는 것이 아니다.

오답 선지 분석

① ⊙: 화자의 상황과 계절적 배경이 서로 대응됨을 의미한다.

'나는 이 겨울을 누워 지냈다.'를 통해 계절적 배경이 겨울임을 알 수 있으며, 겨울은 화자의 상황과 대응되는 황량하고 쓸쓸한 계절이다.

② ⓒ: 화자가 사랑에 대해 하던 고민이 끝났음을 의미한다.

'독백도 끝이 나고'는 화자의 사랑이 끝나면서, 사랑하는 사람으로 인한 고민도 끝났음을 의미한다.

③ ⓒ: 나무들이 서로 위로하며 더불어 지냄을 의미한다.

'서로서로 기대어 숲이 되어도'는 들의 나무들이 화자와는 달리 서로를 위로하며 더불어 지냄을 의미한다.

④ ⓔ: 화자가 외부와의 소통을 차단했음을 의미한다.

'문 한 번 열지 않고'는 화자가 타인과의 소통을 거부하고, 외부 세계와 단절되어 지냈음을 의미힌다.

03   시어의 의미 파악하기   답 | ③

보기 를 참고했을 때, 반추동물 이라는 시어가 나타내는 내용으로 가장 적절한 것은?

보기

'반추동물'은 소화 과정에서 한번 삼킨 먹이를 다시 게워내어 씹어먹는 특성을 가진 동물을 가리킨다. 기린, 사슴, 소, 양, 낙타 등이 여기에 속한다.

정답 선지 분석

③ 화자는 이별 이후 끊임없이 죽음을 생각했다.

화자는 '반추동물처럼 죽음만 꺼내 씹었다'고 했는데, 〈보기〉에 따르면 반추동물은 소화 과정에서 한번 삼킨 먹이를 다시 게워내어 씹어먹는 특성을 가진 동물을 가리킨다. 이를 고려하면, 윗글에서 '반추동물'이라는 시어는 화자가 이별 이후 매일 죽음만을 생각할 정도로 고통받았음을 나타내기 위해 사용되었다.

오답 선지 분석

① 화자는 슬픔 때문에 식음을 전폐했다.

화자가 슬픔을 느낀 것은 맞지만, 식음을 전폐했는지는 알 수 없다.

② 화자는 사랑하는 사람과의 추억을 곱씹었다.

화자는 '죽음만 꺼내 씹었다'고 했으므로 사랑하는 사람과의 추억을 곱씹었다고 할 수 없다.

④ 화자는 동물의 처지가 자신보다 낫다고 생각했다.

화자가 동물의 처지가 자신보다 낫다고 생각했는지는 알 수 없다.

⑤ 화자는 사랑하는 사람을 떠올리며 게으르게 지냈다.

화자가 사랑하는 사람을 떠올리며 지낸 것은 맞지만, 게으르다는 표현은 윗글에 사용되지 않았다.

04   표현상의 특징 파악하기

명사로 시행을 종결하여 여운을 남긴 부분이 드러난 연을 쓰시오.

정답

3연

정나라의 어떤 고을에 벼슬하기를 달갑게 여기지 않는 선비가
있었으니, 이름을 북곽 선생이라고 부른다. 『나이 마흔에 자신의
　　　　　　　　　　　청렴한 선비처럼 보임
손으로 교정한 책이 만 권이고, 아홉 가지 유교 경전을 부연 설
명하여 다시 책으로 지은 것이 일만 오천 권이나 된다. 천자는 그
의리를 가상하게* 여기고, 제후는 그 명성을 사모하였다.』
　　　　『』: 학식과 명망이 높은 북곽 선생 → 후에 나오는 내용과 대조됨
　　같은 읍의 동쪽에는 일찍 과부가 된 미모의 여자가 있는데, 동
리자라고 부른다. 『천자가 그 절개를 가상하게 여기고, 제후가 그
　　　『』: 절개로 이름난 동리자 → 후에 나오는 내용과 대조됨
의 현숙함*을 사모하여 그가 사는 읍 둘레 몇 리를 동리자 과부가
사는 마을이라는 뜻의 '동리과부지려'라고 봉하였다.』 동리자는
수절*을 잘한다지만 사실 자식 다섯이 각기 성씨가 달랐다.
　　자식 다섯의 아버지가 모두 다름 – 실제로는 수절을 하지 않음
　　다섯 아들이 서로 하는 말이,

　　"냇물 북쪽에서는 닭 우는 소리가 나고, 냇물 남쪽에서는 별
　　　　　　　　　　　밤 늦은 시간
이 반짝이는데 우리 집 ㉠ 방에서는 사람 소리가 나니, 어쩌면
북곽 선생의 목소리를 저토록 닮았더냐?"
　북곽 선생과 동리자가 밀회를 가짐
하고는 형제들이 번갈아 방문 틈으로 방 안을 훔쳐보았다. 어머
니 동리자가 북곽 선생에게,

　　"오랫동안 선생님의 덕을 사모해 왔더니, 오늘 ㉡ 밤에는 선생
님의 책 읽는 소리를 듣고 싶사옵니다."
　　부도덕한 행위를 포장함
하고 청한다. 북곽 선생은 옷깃을 여미고 똑바로 앉아서 시를 짓
기를,

　　"'원앙새는 병풍에 있고 반딧불은 반짝반짝 빛나네. 용가마*, 세
　　　　　　　　　　　　별 볼 일 없는 시를 지음
발솥*을 누가 저리 본떠 만들었나.' 이 시는 다른 사물을 빌려
자신의 뜻을 나타내는 흥이라는 수법의 시이지요."라고 하였다.

[A]
　　다섯 아들이 서로 의논하기를,

　　　"예법에 과부가 사는 대문에는 함부로 들어가지 않는다고 했
　　　　　　　　　　　선비가 지켜야 할 도리
거늘, 북곽 선생은 어진 선비이니 그런 짓을 하지 않을 거야."
　　　　　　방 안의 사람이 북곽 선생일 리 없다고 믿음
　　　"내 들으니 이 고을 성문이 무너져, 여우가 거기에 산다더라."
　　　　　　　　북곽 선생을 비판하기 위한 작가의 장치
　　　"내가 알기로 여우가 천년을 묵으면 능히 요술을 부려 사람
　　　　　　　북곽 선생이 진정한 선비가 아님을 의미함
모양으로 둔갑한다던데, 이게 북곽 선생으로 둔갑한 거야."
하더니 서로 꾀를 내서,

　　　"내가 알기로 여우의 갓을 얻으면 일확천금의 부자가 될 수
　　　　　　　　　다섯 아들의 탐욕을 드러냄
있고, 여우의 신발을 얻으면 대낮에도 능히 자신의 그림자
　　　　　　북곽 선생은 사람들에게 자신의 허위를 숨김
를 감출 수 있으며, 여우의 꼬리를 얻으면 잘 홀려서 남을
　　　　　　　　북곽 선생은 이후의 내용에서 범에게 아첨함
기쁘게 만들 수 있다 하니, 어찌 저놈의 여우를 잡아 죽여서
　　　　　　　　　　　북곽 선생이 곤경에 처하게 됨

나누어 갖지 않을 수 있겠는가?"
하고는, 다섯 아들이 함께 포위하고 여우를 잡기 위해 들이쳤다.
　　북곽 선생이 소스라치게 놀라 달아나는데, 혹 사람들이 자기를
알아볼까 겁을 먹고는 한 다리를 목에 걸어 귀신 춤을 추고 귀신
　　　　　　　　　　　　북곽 선생을 우스꽝스럽게 묘사함
웃음소리를 내었다. 문을 박차고 달아나다가 그만 들판의 ㉢ 움*
속에 빠졌는데, 그 안에는 똥이 그득 차 있었다. 겨우 버둥거리며
　　북곽 선생의 타락을 상징함
붙잡고 나와 머리를 내밀고 살펴보니 이번엔 범이 앞길을 막고
떡 버티고 서 있다. 범이 얼굴을 찌푸리며 구역질을 하고, 코를
가리고 머리를 돌리면서 한숨을 쉬며,

　　"선비, 어이구. 지독한 냄새로다."
① 움에 똥이 차 있었기 때문 ② 북곽 선생이 타락했기 때문
하였다. 북곽 선생은 머리를 조아리고 엉금엉금 기어서 앞으로
　　　　　　　　　　목숨을 구걸하는 비굴한 태도
나가 세 번 절하고 꿇어앉아 머리를 들며,

　　"범 님의 덕이야말로 참으로 지극합니다. 『군자들은 범의 빠른
변화를 본받고, 제왕은 범의 걸음걸이를 배우며, 사람의 자제들
은 범의 효성을 본받고, 장수들은 범의 위엄을 취합니다.』 범의
　　　　　　　　　　　　　『』: 인간보다 범이 낫다고 하며 아첨함
이름은 신령한 용과 함께 나란하여, 구름은 용을 따르고 바람은
범을 따릅니다. 인간 세상의 천한 사람이 감히 범 님의 영향 아
래에 있습니다." / 하니 범이 호통을 치며,

　　"가까이 오지도 마라. 내 일찍이 들으매 선비 유 자는 아첨 유
　　　　　　　　　　　　　　　　　동음이의어를 활용한 언어유희
자로 통한다더니 과연 그렇구나. 『네가 평소에는 천하의 나쁜 이
름이란 이름은 모두 끌어모아다가 함부로 우리 범에게 덮어씌
　　　　『』: 북곽 선생의 이중성을 비판함
우더니, 이제 사정이 급해지니까 면전에서 낯간지러운 아첨을
하는구나.』 그래, 누가 네 말을 곧이듣겠느냐?

대저* 천하에 이치는 하나뿐이다! 범의 성품이 악하다면 사람의
성품 역시 악할 것이요, 사람의 성품이 선하다면 범의 성품 역
시 선할 것이다. 『네가 말하는 천만 마디 말이 오륜을 벗어나지
　　　　　　　『』: 유학자가 윤리를 강조해도 인간의 부도덕을 막지 못함
않고, 남을 훈계하고 권면할* 때는 으레 예의염치를 들추어 대
지만, 도성의 거리에는 형벌을 받아 코 떨어진 놈, 발뒤꿈치 없
　　　　　　　　　　　　윤리를 지키지 않아 형벌을 받은 사람들
는 놈, 이마에 문신을 하고 돌아다니는 놈들이 있으니, 이들은
모두 오륜을 지키지 못한 망나니가 아니더냐.』

형벌을 주는 도구인 포승줄과 먹실*, 도끼와 톱을 날마다 쓰기
　　　　　　　　　　　　　끊임없이 범죄자가 생겨남
에 바빠 겨를이 없는데도 불구하고 사람들의 죄악을 막지 못하
고 있도다. 그러나 우리 범의 세계에는 이런 형벌이란 것이 본
　　　　　　　　　　　　범의 성품이 사람의 성품보다 나음
디부터 없다. 이로써 본다면 범의 성품이 또한 사람의 성품보다
어질지 않으냐?

『우리 범은 풀이나 과일 따위를 입에 대지 않고, 벌레나 생선 같
『』: 범의 광명정대한 도덕
은 것을 먹지 않으며, 누룩* 국물 같은 어긋나고 어지러운 음식

을 좋아하지 않고, 새끼 가진 짐승이나 알 품은 짐승이나 하찮은 것들은 차마 건드리지 않는다.

산에 들면 노루나 사슴 따위를 사냥하고 들에 나가면 마소를 잡아먹되, 아직까지 입과 배를 채울 끼닛거리 때문에 남에게 비굴해지거나 음식 따위로 남과 다투어 본 적이 없다.」 이러하니 우리 범의 도덕이 어찌 광명정대하지* 않다고 할 수 있는가?"

(중략)

북곽 선생은 자리를 옮겨 엎드리고 엉거주춤 절을 두 번 하고는 머리를 거듭 조아리며,

"옛글에 이르기를, '비록 악한 사람이라도 목욕재계하면 하느님도 섬길 수 있다.'라고 했으니, 인간 세상의 천한 사람에게 범님의 가르침을 감히 받들겠습니다."
<sub 밑줄: 자신이 익힌 학문을 아첨하는 데 이용함>

하고는 숨을 죽이고 가만히 들어 보나, 오래도록 범의 분부가 없었다. 두렵기도 하고 황송하기도 하여 손을 맞잡고 머리를 조아리며 우러러 살펴보니, 날이 밝았고 범은 이미 가 버렸다.

㉣ 아침에 김을 매러 가는 농부가 있어서,
<밑줄: 북곽 선생의 이중성을 강조하는 인물>

"북곽 선생께서 어찌하여 이른 아침부터 ㉤ 들판에 절을 하고 계십니까?"

하고 물으니 북곽 선생은,

「내가 《시경》에 있는 말을 들었으니, '하늘이 높다 이르지만 감히 등을 굽히지 않을 수 없고 땅이 두텁다 이르지만 살금살금 걷지 않을 수 없네.' 하였다네.」/ 라며 대꾸했다.
<밑줄: 자신의 비굴한 행동을 그럴듯하게 정당화함>

– 박지원, 〈호질〉 –

* 가상하다(嘉尙하다): 착하고 기특하다.
* 현숙하다(賢淑하다): 여자의 마음이 어질고 정숙하다.
* 수절(守節): 절의를 지킴. 과부가 재혼하지 않음.
* 용가마: 큰 가마솥.
* 세발솥: 다리가 세 개 달린 솥.
* 움: 땅을 파고 위에 거적 따위를 얹어 비바람이나 추위를 막아 겨울에 화초나 채소를 넣어 두는 곳.
* 대저(大抵): 대체로 보아서.
* 권면하다(勸勉하다): 알아듣도록 권하고 격려하여 힘쓰게 하다.
* 먹실: 먹물을 묻히거나 칠한 실. 조선 시대에, 얼굴이나 팔뚝의 살을 따고 홈을 내어 먹물로 죄명을 찍어 넣던 형벌인 자자형이 있었음.
* 누룩: 술을 빚는 데 쓰는 발효제.
* 광명정대하다(光明正大하다): 말이나 행실이 떳떳하고 정당하다.

01 말하기 방식 파악하기   답 | ④

범의 말하기 방식으로 가장 적절한 것은?

정답 선지 분석

④ 동음이의어를 활용한 언어유희로 상대의 위선을 지적하고 있다.
　"내 일찍이 들으매 선비 유 자는 아첨 유 자로 통한다더니 과연 그렇구나."에서 동음이의어를 활용한 언어유희로 선비라고 칭송됨에도 불구하고 살기 위해 범에게 아첨하는 북곽 선생의 위선을 지적하고 있다.

오답 선지 분석

① 설의적 표현을 사용하여 자신의 행동을 뉘우치고 있다.
　"누가 네 말을 곧이듣겠느냐?", "이들은 모두 오륜을 지키지 못한 망나니가 아니더냐." 등에서 설의적 표현을 사용하고 있지만, 이를 통해 자신의 행동을 뉘우치는 것이 아니라 상대를 비판하고 있다.

② 불가능한 상황을 가정하여 현실의 문제를 비판하고 있다.
　"형벌을 주는 도구인 포승줄과 먹실, 도끼와 톱을 날마다 쓰기에 바빠 겨를이 없는데도 불구하고 사람들의 죄악을 막지 못하고 있다."에서 현실의 문제를 비판하고 있지만, 불가능한 상황을 가정하지는 않았다.

③ 옛글을 인용하여 상대에게 행동에 나설 것을 요구하고 있다.
　범은 옛글을 인용하지 않았으며, 상대에게 행동에 나설 것을 요구하고 있지도 않다. 옛글을 인용한 것은 북곽 선생으로, "옛글에 이르기를,~감히 받들겠습니다."에서 인용하였다.

⑤ 구체적인 근거를 내세우며 앞으로 일어날 일에 대해 경고하고 있다.
　범이 구체적인 근거를 내세운 것은 북곽 선생을 비판하기 위함이지, 앞으로 일어날 일에 대해 경고하기 위함이 아니다.

02 배경의 기능 파악하기   답 | ③

㉠~㉤에 대한 설명으로 적절하지 않은 것은?

정답 선지 분석

③ ㉢: 북곽 선생이 자신의 과거를 반성하는 공간이다.
　'움'은 북곽 선생이 자신의 과거를 반성하는 공간이 아니라, 자신의 부도덕함을 비판받는 공간이다. 또한 '움'에 '똥이 그득 차 있었'다는 것은 북곽 선생의 타락을 상징하기도 한다.

오답 선지 분석

① ㉠: 북곽 선생과 동리자가 부도덕한 행위를 하는 공간이다.
　동리자의 '방'은 선비라고 알려진 북곽 선생과 절개를 지키는 과부라고 알려진 동리자의 만남이 이루어지는 공간이다.

② ㉡: 북곽 선생과 동리자의 위선이 드러나는 시간이다.
　'밤'은 북곽 선생과 동리자가 만나는 시간으로, 밀회를 즐기며 고상한 척 시를 짓는 북곽 선생과 동리자의 위선이 드러나는 시간이다.

④ ㉣: 북곽 선생의 이중성을 강조하는 시간이다.
　'아침'은 농부를 통해 북곽 선생의 우스꽝스러운 모습을 드러내어 북곽 선생의 이중성을 강조하는 시간이다.

⑤ ㉤: 북곽 선생이 치부를 숨기는 공간이다.
　'들판'은 범이 이미 자리를 뜬 줄도 모르고 절을 하고 있던 북곽 선생이, 농부에게 범에 대한 이야기는 하지 않고 《시경》을 인용함으로써 자신의 비굴한 행위를 합리화하며 치부를 숨기는 공간이다.

보기 를 참고하여 [A]를 이해한 내용으로 적절하지 <u>않은</u> 것은?

> **보기**
>
>   동리자의 다섯 아들은 동리자의 방에서 북곽 선생의 목소리가 흘러나
> 오는 것을 듣고, 목소리의 주인이 북곽 선생이 아닌 여우라고 생각한다.
> 이는 북곽 선생을 비판하기 위한 요소이다. 다섯 아들이 여우에 대해 하
> 는 말은 북곽 선생의 특징을 드러내고, 앞으로의 전개를 암시한다.

정답 선지 분석

② '여우의 갓을 얻으면 일확천금의 부자가 될 수 있다'는 말은 북곽 선생이 벼
슬을 하지 않고도 부정한 방법으로 돈을 모았음을 의미한다.

'여우의 갓을 얻으면 일확천금의 부자가 될 수 있다'는 말은 동리자의 다섯 아들이 부
에 대한 탐욕으로 여우를 잡으려 함을 의미하는 것이다. 북곽 선생이 벼슬을 하지 않고
도 부정한 방법으로 돈을 모았는지는 알 수 없다.

오답 선지 분석

① '여우가 천년을 묵으면 능히 요술을 부려 사람 모양으로 둔갑한다'는 말은 북
곽 선생이 알려진 것과는 다르게 진정한 선비가 아님을 의미한다.

짐승인 '여우'가 '사람'으로 둔갑한다는 말은, 〈보기〉를 참고하면 이름 높은 선비로 존
경을 받는 북곽 선생이 사실은 진정한 선비가 아니며 그러한 흉내만 내고 있음을 의미
한다.

③ '여우의 신발을 얻으면 대낮에도 능히 자신의 그림자를 감출 수 있다'는 말은
북곽 선생이 자신의 허위를 숨기고 있음을 의미한다.

'여우의 신발'을 이용하여 '그림자'를 감출 수 있다는 말은, 〈보기〉를 참고하면 북곽 선
생이 남들에게 자신의 허위와 가식을 숨기고 위선을 떨고 있음을 의미한다.

④ '여우의 꼬리를 얻으면 잘 홀려서 남을 기쁘게 만들 수 있다'는 말은 북곽 선
생이 권력자에게 아첨하게 될 것을 의미한다.

'여우의 꼬리'로 남을 홀려 '기쁘게 만들 수 있다'는 말은, 〈보기〉를 참고하면 북곽 선생
이 목숨을 부지하기 위해 권력자인 범에게 아첨하게 되는 전개를 암시한다.

⑤ '여우를 잡아 죽여서 나누어 갖자'는 말은 북곽 선생이 동리자의 다섯 아들에
의해 곤경에 처하게 될 것을 의미한다.

'여우를 잡아 죽여서 나누어 갖자'는 말은, 동리자의 다섯 아들이 북곽 선생을 해치려
하는 것이므로 〈보기〉를 참고하면 북곽 선생이 동리자의 다섯 아들에 의해 곤경에 처
하게 되는 전개를 암시한다.

04   작품의 내용 파악하기

빈칸에 들어갈 말을 적절한 말을 골라 차례대로 쓰시오.

> 북곽 선생은 (범 / 인간)보다 (범 / 인간)이 낫다고 말하며 아첨한다.

정답

인간, 범

| 본문 | 237쪽

| 문법 | 관형어와 부사어 |

빠른 정답 체크   01 ④   02 ⑤   03 ⓒ, ⓑ, ⓐ

관형어와 부사어는 다른 말을 수식하는 문장 성분이다. 관형어
<u>관형어와 부사어의 공통점</u>
는 체언을 수식하고 부사어는 주로 용언을 수식한다. 관형어나
<u>관형어의 역할</u>   <u>부사어의 역할</u>
부사어가 실현되는 방법은 주로 다음과 같다.

(가) <u>저</u> 바다로 <u>어서</u> 떠나자.

(나) <u>찬</u> 공기가 <u>따뜻하게</u> 변했다.

(다) <u>민지의</u> 동생이 <u>학교에</u> 갔다.

(가)의 '저'와 '어서'처럼 ⓐ <u>관형사와 부사가 그 자체로 각각 관</u>
<u>관형어와 부사어의 실현 방법 ①</u>
<u>형어와 부사어로 쓰일 수 있다.</u> 또한 (나)의 '찬'과 '따뜻하게'처
럼 ⓑ <u>용언의 어간에 전성 어미가 결합하거나,</u> (다)의 '민지의'와
<u>관형어와 부사어의 실현 방법 ②</u>
'학교에'처럼 ⓒ <u>체언에 격 조사가 결합하여 쓰일 수도 있다.</u>
<u>관형어와 부사어의 실현 방법 ③</u>
관형어와 부사어는 문장에서 필수적인 성분이 아니므로 일반적
으로 생략이 가능하다. 다만, ㉠ <u>의존 명사를 수식하는 관형어나</u>
<u>생략할 수 없는 관형어</u>
㉡ <u>서술어가 필수적으로 요구하는 부사어는 생략할 수 없다.</u> 또
<u>생략할 수 없는 부사어</u>
한 관형어와 부사어는 각각 여러 개를 겹쳐서 사용할 수 있다.

중세 국어의 관형어와 부사어도 현대 국어와 전반적으로 유사
한 양상을 보였으나 격 조사가 쓰일 때 차이를 보였다. 관형격 조
사의 경우, 『사람이나 동물과 같은 유정 체언 중 높임의 대상이 아
『 』: 중세 국어의 관형격 조사
닌 것과 결합할 때는 '이/의'가 쓰였다. 그리고 무정 체언이나 높
임의 대상이 되는 유정 체언과 결합할 때는 'ㅅ'이 쓰였다.』 부사
격 조사의 경우, 『결합하는 체언의 끝음절 모음이 양성 모음이면
『 』: 중세 국어의 부사격 조사
'애', 음성 모음이면 '에', 'ㅣ'나 반모음 'ㅣ'이면 '예'가 쓰였는데
특정 체언 뒤에서는 '이/의'가 쓰이기도 했다.』

01   중세 국어의 특징 이해하기   답 | ④

윗글을 바탕으로 보기 의 중세 국어 자료를 이해한 내용으로 적절하지 않은 것은?

보기

ㆍ불휘 **기픈** 남군 **ᄇᆞᄅᆞ매 아니** 뮐씨
(뿌리가 깊은 나무는 바람에 아니 흔들리므로)

- 〈용비어천가〉

ㆍ**員(원)의 지븨** 가샤 避仇(피구)홇 소니 마리
(원의 집에 가셔서 피구할 손의 말이)

- 〈용비어천가〉

ㆍ뎌 **부텻** 行(행)과 願(원)과 工巧(공교)ᄒᆞ신 方便(방편)은
(저 부처의 행과 원과 공교하신 방편은)

- 〈석보상절〉

정답 선지 분석

④ '員(원)의 지븨'를 보니 현대 국어와 마찬가지로 관형어가 여러 개 겹쳐서 사
용되었음을 알 수 있군.
'員(원)의'는 '員(원)'에 관형격 조사 '의'가 결합한 형태로 관형어이고, '지븨'는 '집'에
부사격 조사 '의'가 결합한 형태로 부사어이다. 따라서 관형어가 여러 개 겹쳐서 사용
된 것이 아니므로 적절하지 않다.

오답 선지 분석

① '기픈'을 보니 현대 국어와 마찬가지로 용언 어간에 전성 어미가 결합한 형태
의 관형어가 사용되었음을 알 수 있군.
'기픈'은 '깊-'에 관형사형 전성 어미 '-ㄴ'이 결합한 것으로, 현대 국어와 마찬가지로
용언 어간에 관형사형 전성 어미가 결합하여 관형어로 사용되었으므로 적절하다.

② 'ᄇᆞᄅᆞ매'를 보니 현대 국어와 달리 끝음절 모음이 양성 모음인 체언과 결합할
때는 부사격 조사 '애'가 사용되었음을 알 수 있군.
'ᄇᆞᄅᆞ매'는 'ᄇᆞ롬'과 부사격 조사 '애'가 결합한 것으로, 현대 국어와 달리 부사격 조사
가 체언의 끝음절 모음이 양성인지 음성인지에 따라 서로 다른 형태가 사용되었으므로
적절하다.

③ '아니'를 보니 현대 국어와 마찬가지로 부사 자체가 부사어로 사용되었음을
알 수 있군.
'아니'는 부사로, 현대 국어와 마찬가지로 부사가 그 자체로 부사어로 사용되었으므로
적절하다.

⑤ '부텻'을 보니 현대 국어와 달리 높임의 대상이 되는 유정 체언과 결합할 때
는 관형격 조사 'ㅅ'이 사용되었음을 알 수 있군.
'부텻'은 '부텨'에 관형격 조사 'ㅅ'이 결합한 것으로, 현대 국어와 달리 높임의 대상이
되는 유정 체언과 결합할 때는 관형격 조사 'ㅅ'이 사용되었으므로 적절하다.

02   관형어와 부사어 이해하기   답 | ⑤

밑줄 친 부분이 ㉠, ㉡에 해당하는 예로 적절한 것은?

정답 선지 분석

⑤ ┌ ㉠: 그는 <u>노력한</u> 만큼 좋은 결과를 얻었다.
  └ ㉡: 나는 꽃꽂이를 <u>취미로</u> 삼았다.
'노력한'은 의존 명사 '만큼'을 수식하는 관형어이고, '취미로'는 서술어 '삼았다'가 필
수적으로 요구하는 부사어이기 때문에 생략할 수 없으므로 각각 ㉠, ㉡에 해당하는 예
이다.

오답 선지 분석

① ┌ ㉠: <u>작은</u> 것이 아름답다.
  └ ㉡: 내가 회장으로 그 회의를 주재하였다.
'회장으로'는 서술어 '주재하였다'가 필수적으로 요구하는 부사어가 아니므로 ㉡에 해
당하지 않는다.

② ┌ ㉠: <u>그</u> 집은 주변 풍경과 잘 어울린다.
  └ ㉡: 이 그림은 가짜인데도 <u>진짜와</u> 똑같다.
'그'는 의존 명사를 수식하는 관형어가 아니므로 ㉠에 해당하지 않는다.

③ ┌ ㉠: 친구에게 책을 <u>한</u> 권 선물 받았다.
  └ ㉡: 강아지들이 <u>마당에서</u> 뛰논다.
'마당에서'는 서술어 '뛰논다'가 필수적으로 요구하는 부사어가 아니므로 ㉡에 해당하
지 않는다.

④ ┌ ㉠: 자라나는 어린이들은 나라의 보배이다.
　 └ ㉡: 이삿짐을 바닥에 가지런히 놓았다.

'나라의'는 의존 명사를 수식하는 관형어가 아니므로 ㉠에 해당하지 않는다.

03 관형어와 부사어 이해하기

다음 문장의 밑줄 친 부분이 @~ⓒ 중 어느 유형에 해당하는지 차례대로 쓰시오.

> 마당에 핀 꽃이 참 예쁘다.

정답

ⓒ, ⓑ, @

독서 야수파와 입체파

빠른 정답 체크　**01** ③　**02** ⑤　**03** ④　**04** 1905, 1908

　'살롱 도톤(Salon d'Automne)'은 인상파* 시대 이전부터 이어진 권위적인 살롱전에 반대하며 새로운 예술을 선보이고자 1903년부터 새롭게 열리기 시작한 전시였다. 후기 인상파 화가 중 세상을 떠난 고흐와 고갱은 이미 대가로 인정받고 있었고, 홀로 연구를 이어가고 있었던 말년의 세잔은 새로움을 추구하는 후배들에게 무한한 존경을 받았다. 그리고 이러한 변화의 흐름 속에 1905년 가을, 3회째의 살롱 도톤이 열렸다.
　　　　　　　　　　　　　　　▶1문단: 살롱 도톤이 열린 배경
　그때 파리 미술계가 놀랄 만큼 파격적인 색감의 작품이 미술계에 등장했다. 당대의 유명한 비평가였던 루이 보셀은 이러한 작품을 가리켜 "야수들, 야만인들이 그린 작품 같다!"라고 비난하였는데, 여기에서 야수파라는 명칭이 유래했다. 야수파 화가들은 그림의 내용에 중심을 두기보다는 강렬한 색채와 대상의 변형에 주목했으며, 자유롭고 굵으며 거친 터치 등을 주로 사용하였다. 여기에서 색채란 실제 보이는 사물의 색채가 아니라, 화가의 주관이 담긴 관념이 색채로 표현된 것을 말한다.
　　　　야수파 그림에서의 색채　　▶2문단: 야수파라는 명칭의 유래와 야수파의 특징
　살롱의 갤러리에는 후일 야수파로 불리게 될 여러 화가의 작품이 걸렸지만, 그중 비평가들의 도마 위에 가장 많이 오른 작품은 마티스의 것이었다. 대표적 야수파 화가인 마티스는 〈모자를 쓴 여인〉이란 작품에서 「모자와 옷을 거친 터치로 표현하고, 일반적으로 피부에 사용하는 색이 아닌 초록색이나 파란색으로 피부를 과감하게 채색하였다.」 마티스는 블라맹크, 드랭과 같은 동료 화가를 만나며 예술세계를 꽃피웠는데, 그들은 그 시대에 완전히 새로운 시도를 선보인 후기 인상파 화가들을 존경하는 동시에 선배들이 선보인 예술을 색채의 해방을 통해 확장하고 싶어 했다.
　　　　인상파 예술을 확장하려 함　　▶3문단: 대표적 야수파 화가인 마티스
　한편, 피카소는 "세잔만이 나의 유일한 스승이다."라는 말을 남길 정도로 세잔을 존경했고 그 영향을 받아 입체파를 탄생시켰다. 입체파는 야수파와 달리 색채 위주로 사물을 표현하기보다는, 형태의 본질을 좀 더 객관적으로 파악하기 위해 사물을 그릴 때 다양한 시점에서 입체적으로 표현하였다. 피카소는 회화가 갖는 평면성이라는 한계를 뛰어넘기 위해 그림에 앞과 옆과 뒤를 동시에 그려 넣었는데, 평면에 여러 시점이 동시에 존재하는 이러한 그림은 동료마저 이해할 수 없을 정도로 충격적이었다.
　　　　　　　　　　▶4문단: 대표적 입체파 화가인 피카소와 입체파의 특징
　그러나 당시 야수파로 활동하고 있던 조르주 브라크가 뛰어난 안목으로 피카소의 〈아비뇽의 처녀들〉이 가진 잠재력을 간파하며 피카소에 공감하고, 피카소와 비슷한 방법으로 완성한 신작 〈에스타크의 집〉을 1908년의 살롱 도톤에 출품함으로써 입체파가 등장했음을 세상에 알리게 되었다. 브라크의 〈에스타크의 집〉을 본 마티스는 '작은 입방체*로만 이루어진 그림'이라고 평가했는데, 여기서 입체파라는 명칭이 탄생했다. 이후 피카소의 미술은 국가별로 등장한 다양한 입체파의 예술에 기여하며 후대 미술에 큰 영향력을 끼쳤다.
　　　　　　　　　　　　　　　　▶5문단: 입체파라는 명칭의 유래

* 인상파(印象派): 전통적인 회화 기법을 거부하고 색채·색조·질감 자체에 관심을 두는 미술 사조. 사물이나 인물, 풍경을 있는 그대로 그리기보다 보이는 느낌, 즉 주관적인 인상에 따라 그렸다.
* 입방체(立方體): 여섯 개의 면이 모두 합동인 정사각형으로 이루어진 정다면체.

01 내용 전개 방식 파악하기　　　　　　　　　답 | ③

윗글에 대한 설명으로 적절하지 않은 것은?

정답 선지 분석

③ 20세기 서양 미술계의 사조를 기준에 따라 나누어 설명하고 있다.
　윗글에서 20세기 서양 미술계의 사조인 인상파나 야수파, 입체파가 언급되기는 하지만, 기준에 따라 나누어 설명하고 있지는 않다.

오답 선지 분석

① 야수파와 입체파의 표현 방법의 차이를 설명하고 있다.
　4문단의 '입체파는 야수파와 달리~입체적으로 표현하였다.'에서 야수파와 입체파의 표현 방법의 차이를 알 수 있다.

② 야수파와 입체파라는 이름이 나오게 된 배경을 설명하고 있다.
　2문단에서 야수파라는 이름이 루이 보셀의 말에서, 5문단에서 입체파라는 이름이 마티스의 말에서 유래하였음을 설명하고 있다.

④ 특정 화가의 말을 인용하여 그 화가의 예술 경향을 설명하고 있다.
　4문단에서 "세잔만이 나의 유일한 스승이다."라는 피카소의 말을 인용하여 피카소가 세잔으로부터 영향을 받아 입체파를 탄생하였음을 설명하고 있다.

⑤ 야수파와 입체파의 대표적 화가와 작품을 예로 들어 설명하고 있다.
　3문단에서 야수파의 대표적 화가인 마티스와 마티스의 〈모자를 쓴 여인〉을, 4~5문단에서 입체파의 대표적 화가인 피카소와 피카소의 〈아비뇽의 처녀들〉, 브라크와 브라크의 〈에스타크의 집〉을 예로 들어 설명하고 있다.

02 세부 내용 파악하기   답 | ⑤

윗글의 내용과 일치하지 <u>않는</u> 것은?

정답 선지 분석

⑤ 입체파 화가들은 형태의 본질을 객관적으로 표현하기 위해 대상을 보이는 대로 표현하였다.

4문단에 따르면, 입체파는 형태의 본질을 좀 더 객관적으로 파악하기 위해 사물을 그릴 때 다양한 시점에서 입체적으로 표현하였다. 피카소가 그러했듯이 그림에 앞과 옆과 뒤를 동시에 그려 넣는 것은 대상을 보이는 대로 표현한 것이라고 할 수 없으므로 적절하지 않다.

오답 선지 분석

① 야수파 화가들의 작품은 당대 비평가들의 비판을 받았다.

2문단에서 당대의 유명한 비평가였던 루이 보셀이 야수파 화가들의 작품을 비난했다고 하였고, 3문단에서 마티스의 작품이 비평가들의 도마 위에 올랐다고 하였으므로 적절하다.

② 마티스와 피카소는 모두 후기 인상파 화가들을 존경하였다.

3문단에서 마티스와 동료 화가들은 후기 인상파 화가들을 존경했다고 하였고, 4문단에서 피카소 또한 후기 인상파 화가인 세잔을 존경했다고 하였으므로 적절하다.

③ 피카소는 평면에 여러 시점이 동시에 존재하는 그림을 그렸다.

4문단에 따르면, 피카소는 회화가 갖는 평면성이라는 한계를 뛰어넘기 위해 그림에 앞과 옆과 뒤를 동시에 그려 넣었으므로 적절하다.

④ 마티스와 피카소의 예술은 모두 당시 미술계에서 새로움을 추구하는 경향을 보였다.

2문단에서 야수파의 작품은 파리 미술계가 놀랄 만큼 파격적인 색감이라고 하였으며, 3문단에서 마티스는 일반적으로 피부에 사용하지 않는 색으로 피부를 채색했다고 하였다. 또한 4문단에서 피카소의 그림은 동료마저 이해할 수 없을 정도로 충격적이라고 하였으므로 적절하다.

03 구체적 사례에 적용하기   답 | ④

윗글을 바탕으로 보기 를 이해한 내용으로 적절하지 <u>않은</u> 것은?

보기

㉮   ㉯

정답 선지 분석

④ ㉯는 붓을 자유자재로 움직이며 굵고 거친 터치로 대상을 묘사하였다.

㉯는 대상을 다양한 시점에서 입체적으로 표현하고, 작은 입방체로 이루어진 것으로 보아 입체파의 그림이다. 그러나 2문단에 따르면, 굵고 거친 터치로 대상을 묘사한 것은 야수파의 특징이다.

오답 선지 분석

① ㉮는 화자의 관념이 반영된 색으로 대상을 채색하였다.

㉮는 굵고 거친 터치와, 일반적으로 피부에 사용되지 않는 색으로 피부를 칠한 것으로 보아 야수파의 그림이다. 2문단에서 야수파 화가들은 화가의 주관이 담긴 관념을 색채로 표현했다고 하였다.

---

② ㉮는 후기 인상파의 예술을 확장하려고 시도한 작품이다.

3문단에서 야수파 화가들은 후기 인상파 화가들이 선보인 예술을 색채의 해방을 통해 확장하고 싶어 했다고 하였다.

③ ㉯는 한 대상을 다양한 방향에서 바라본 것처럼 그린 작품이다.

4문단에서 입체파는 사물을 그릴 때 다양한 시점에서 입체적으로 표현했다고 하였다.

⑤ ㉮와 ㉯는 모두 대상을 눈에 보이는 모습과 다르게 변형하여 나타내었다.

2문단에서 야수파의 그림에서는 화자의 주관이 담긴 관념이 색채로 표현되었다고 하였고, 4문단에서 입체파의 그림에서는 사물을 그릴 때 다양한 시점에서 입체적으로 표현했다고 하였다. 따라서 야수파와 입체파의 그림 모두 대상을 눈에 보이는 모습과 다르게 변형하여 나타내었다고 할 수 있다.

04 세부 내용 파악

㉠, ㉡에 들어갈 연도를 찾아 차례대로 쓰시오.

야수파는 (㉠)년, 입체파는 (㉡)년에 처음 선보여졌다.

정답

1905, 1908

문학 1   뎬동 어미 화전가(작자 미상)

빠른 정답 체크   01 ③   02 ②   03 ①   04 어이할꼬

뎬동이를 들쳐 업고 본고향*을 돌아오니
　불에 덴 아이   세 번의 재혼을 모두 실패하고 결국 다시 고향으로 돌아옴
이전 강산 의구하나* 인정 물정* 다 변했네
　자연(변하지 않음) ↔ 사람들의 인심과 세상 물정(변함)
「우리 집은 터만 남아 쑥대밭이 되었구나
「」: 고향에 돌아왔으나 의지할 곳이 없음
아는 이는 하나 없고 모르는 이뿐이로다」

그늘진 은행나무 그 모습 그대로 날 기다렸네
　자연만이 변함없이 화자를 맞아 줌
난데없는 두견새가 머리 위에 둥둥 떠서
　　　　　화자의 첫 남편의 분신
불여귀 불여귀 슬피 우니 서방님 죽은 넋이로다
　'돌아옴만 못하다'라는 뜻
새야 새야 두견새야 내가 올 줄 어찌 알고

여기 와서 슬피 울어 내 설움을 불러내나
　　　　　　　비극적 정서의 강조
반가워서 울었던가 서러워서 울었던가
　첫 남편에 대한 반가움+자신의 처지에 대한 서러움
서방님의 넋이거든 내 앞으로 날아오고

임의 넋이 아니거든 아주 멀리 날아가라

두견새가 펄쩍 날아 내 어깨에 앉아 우네
　　두견새가 첫 남편의 분신이라는 확신을 가짐
임의 넋이 분명하다 애고 탐탐 반가워라
　　　　　　　　　　　　　　▶ 고향에 돌아와 만난 두견새
나는 살아 육신이 왔네 넋이라도 반가워라
　　　　　　　　　　죽은 첫 남편의 넋
근 오십 년 이곳에서 내 오기를 기다렸나
　뎬동 어미가 고향을 떠난 지 오십 년 가까이 흐름
어이할꼬 어이할꼬 후회막급 어이할꼬
　　　　'a-a-b-a' 형식
새야 새야 우지 마라 새 보기도 부끄러워
　　　　　　　　여러 번 재혼했기 때문

내 팔자를 맘에 새겼다면 새 보기도 부끄럽잖지
　　　재혼하지 않고 과부로 지냈다면　　　재혼한 것을 부끄러워함
첨에 당초*에 친정 와서 서방님과 함께 죽어
　　　　　화자는 첫 남편이 죽었을 때 따라 죽으려 했음
저 새와 같이 자웅* 되어 천만년이나 살아 볼걸
두견새　　　　　첫 남편과 넋이라도 함께하려는 마음
내 팔자를 내가 속아 기어이 한번 살아 보려고
　　　하늘이 내린 팔자를 깨닫지 못함
『첫째 낭군은 그네 타다 죽고 둘째 낭군은 괴질*에 죽고
『　』: 덴동 어미의 네 남편은 모두 사고로 죽음
셋째 낭군은 물에 죽고 넷째 낭군은 불에 죽어』

이내 한 번 잘 못 살고 내 신명이 그만일세
　　　　　　기구한 운명에 대한 한탄
첫째 낭군 죽을 때에 나도 함께 죽었거나

살더라도 수절하고 다시 가지나 말았다면
　　　　　　　　재혼하지나
산을 보아도 부끄럽잖고 저 새 보아도 무안하지 않지

살아생전에 못된 사람 죽어서 귀신도 악귀로다
　　　사는 동안 행복하지 못한 사람은 죽은 뒤에도 악귀가 됨
나도 수절만 하였다면 열녀각*은 못 세워도

남이라도 칭찬하고 불쌍하게나 생각할걸
　　　　수절했을 때의 예상되는 주위의 반응
남이라도 욕할 거요 친정 일가들 반가워할까
　　　수절하지 않은 화자에 대해 예상되는 주위의 반응　　　▶ 덴동 어미의 한탄
　　　　　　　　　　　　　　　- 작자 미상, 〈덴동 어미 화전가〉 -

* 본고향(本故鄕): 태어나서 자라난 본디의 고향.
* 의구하다(依舊하다): 옛날 그대로 변함이 없다.
* 물정(物情): 세상의 이러저러한 실정이나 형편.
* 당초(當初): 일이 생기기 시작한 처음.
* 자웅(雌雄): 암컷과 수컷을 아울러 이르는 말.
* 괴질(怪疾): '콜레라'를 속되게 이르는 말.
* 열녀각(烈女閣): 열녀의 행적을 기리기 위하여 세운 누각.

01　표현상의 특징 파악하기　　　답 | ③

윗글에 대한 설명으로 가장 적절한 것은?

　정답 선지 분석

③ 동일한 음보를 반복하여 리듬감을 형성하고 있다.
　윗글은 '덴동이를 / 들쳐 업고 / 본고향을 / 돌아오니' 등 4음보의 율격으로 리듬감을
　형성하고 있다.

　오답 선지 분석

① 설화를 활용하여 화자의 처지를 부각하고 있다.
　윗글에서 설화를 활용한 부분은 찾을 수 없다.

② 반어적 표현을 통해 주제 의식을 강조하고 있다.
　윗글에서 반어적 표현은 찾을 수 없다.

④ 설의법을 사용하여 화자의 내적 갈등을 드러내고 있다.
　윗글의 '내 설움을 불러내어', '반가워서 울었던가 서러워서 울었던가' 등에서 설의법
　을 사용했지만 이를 통해 화자의 내적 갈등을 드러내지는 않았다.

⑤ 계절의 변화에 따른 화자의 태도 변화를 나타내고 있다.
　윗글에는 계절의 변화가 드러나 있지 않다.

02　소재의 기능 파악하기　　　답 | ②

두견새에 대한 설명으로 적절하지 않은 것은?

　정답 선지 분석

② 덴동 어미가 자신을 빗대어 표현하는 대상이다.
　두견새는 덴동 어미의 첫 남편의 분신이지, 덴동 어미가 자신을 빗대어 표현하는 대상
　이 아니다.

　오답 선지 분석

① 덴동 어미의 비극적 정서를 강조하는 대상이다.
　두견새를 본 덴동 어미는 '반가워서 울었던가 서러워서 울었던가', '어이할꼬 어이할꼬
　후회막급 어이할꼬' 등의 반응을 보이는데, 이로써 덴동 어미의 비극적 정서가 강조된다.

③ 덴동 어미가 사람을 대하듯 말을 거는 대상이다.
　덴동 어미는 '서방님의 넋이거든 내 앞으로 날아오고 / 임의 넋이 아니거든 아주 멀리
　날아가라'라고 하는 등 사람을 대하듯 두견새에게 말을 건다.

④ 덴동 어미가 자신의 행동을 후회하게 하는 대상이다.
　덴동 어미는 두견새를 보고 '첨에 당초에 친정 와서 서방님과 함께 죽어 / 저 새와 같이
　자웅 되어 천만년이나 살아 볼걸' 그랬다고 후회한다.

⑤ 덴동 어미가 첫 남편의 분신이라고 생각하는 대상이다.
　덴동 어미는 두견새를 보고 '서방님 죽은 넋이로다'라고 생각하며, '서방님의 넋이거든
　내 앞으로 날아오'라고 하자 두견새가 '펄쩍 날아 내 어깨에 앉아 우'는 것을 보고 두견
　새가 첫 남편의 분신이라는 확신을 갖는다.

03　외적 준거를 참고하여 작품 이해하기　　　답 | ①

보기 를 참고하여 윗글을 이해한 내용으로 적절하지 않은 것은?

　보기

　〈덴동 어미 화전가〉는 세 번 재혼했지만, 네 명의 남편이 모두 불행한
　사고로 죽은 덴동 어미의 인생을 다루고 있다. 고향으로 돌아온 덴동 어
　미는 변해 버린 고향의 모습을 보며 상심하고, 팔자를 고쳐 보려 애썼던
　과거를 반성한다. 이러한 태도 변화에는 덴동 어미가 그간 겪었던 고생
　뿐만이 아니라, 재혼에 대한 당시의 사회적 인식도 영향을 미쳤다고 할
　수 있다.

　정답 선지 분석

① 덴동 어미의 고향이 '이전 강산 의구하나 인정 물정 다 변했'다는 것은, 덴동
　어미가 재혼으로 인해 전에 알던 사람들과 멀어졌음을 의미하는군.
　덴동 어미가 고향에 대해 '이전 강산 의구하나 인정 물정 다 변했네'라고 하는 것은, 덴
　동 어미가 재혼으로 인해 전에 알던 사람들과 멀어졌음을 의미하는 것이 아니라 고향에
　돌아오기까지 그만큼 오랜 시간이 지났음을 의미하는 것이다. 덴동 어미는 고향에 '아는
　이는 하나 없고 모르는 이뿐'이라고 했으므로 전에 알던 사람과 멀어졌는지 알 수 없다.

　오답 선지 분석

② 덴동 어미가 '그늘진 은행나무 그 모습 그대로 날 기다렸'다고 하는 것은, 변
　함없는 자연을 보고 느끼는 덴동 어미의 그리움을 의미하는군.
　덴동 어미는 '그늘진 은행나무 그 모습 그대로 날 기다렸'다고 하며, 자연만은 옛 모습
　그대로 자신을 반겨주고 있음을 느끼고 있다.

③ 덴동 어미가 '새 보기도 부끄'럽다고 하는 것은, 수절하지 않고 재혼한 자신
　에 대한 덴동 어미의 수치심을 의미하는군.
　덴동 어미는 '서방님의 넋'이라고 생각되는 두견새를 보고 '새 보기도 부끄'럽다고 하
　는데, 〈보기〉에 따르면 이는 팔자를 고치기 위해 재혼했던 자신에 대한 덴동 어미의 수
　치심을 의미한다고 할 수 있다.

④ 뗀동 어미가 '잘 못 살고 내 신명이 그만'이라고 하는 것은, 자신의 기구한 운명에 대한 뗀동 어미의 한탄을 의미하는군.

뗀동 어미가 '이내 한 번 잘 못 살고 내 신명이 그만일세'라고 하는 것은, 〈보기〉에 따르면 하늘이 내린 팔자를 깨닫지 못하고 팔자를 고쳐 보려 애썼던 과거를 반성하는 것을 의미한다고 할 수 있다.

⑤ 뗀동 어미가 '남이라도 욕할 거요 친정 일가들 반가워'하겠냐고 하는 것은, 재혼에 대한 부정적인 인식을 의미하는군.

뗀동 어미가 수절하지 않은 자신을 '남이라도 욕할 거요 친정 일가들 반가워'하겠냐고 하는 것은, 〈보기〉에 따르면 재혼에 대한 당시 사회의 부정적인 인식을 의미한다고 할 수 있다.

04 표현상의 특징 파악하기

윗글에서 'a-a-b-a' 형식이 쓰인 행을 찾아, 'a'에 해당하는 말을 1어절로 쓰시오.

정답

어이할꼬

문학 2   기억 속의 들꽃(윤흥길)

◀ 빠른 정답 체크   **01** ③   **02** ④   **03** ③   **04** 인간성, 탐욕

[앞부분 줄거리] 피란민들이 마을에서 떠난 후, 혼자 남겨진 명선은 ─[6·25전쟁을 배경으로 함] '나'의 부모님에게 금반지를 주고 '나'의 집에 살게 된다. '나'의 부모님이 놀기만 하는 명선을 내쫓으려 하자 명선은 다시 금반지를 준다. 그러다가 명선이 여자아이임이 밝혀지고, 명선이 부잣집 딸이라는 것을 알게 된 ─[그전까지 명선은 남장을 했음] '나'의 부모님은 남은 금반지도 차지하려는 속셈으로 금반지를 숨겨 둔 ─['나'의 부모님의 탐욕스럽고 위선적인 면모] 곳을 알아내기 위해 명선을 상냥하게 대한다.

심심할 때마다 명선이는 나를 끌고 끊어진 만경강 다리로 놀러 ─[전라북도의 강] 가곤 했다. 계집애답지 않게 배짱도 여간이 아니어서 그 애는 아무도 흉내 낼 수 없는 위험천만한 곡예를 부서진 다리 위에서 예사 ─[명선의 성격-배짱이 좋고 겁이 없음] 로 벌여 우리의 입을 딱 벌어지게 만드는 것이었다.

"누가 제일 멀리 가는지 시합하는 거다."

폭격으로 망가진 그대로 긴가긴 다리는 방치되어 있었다. 난간 ─[전쟁의 폭력성이 드러남] 이 떨어져 달아나고 바닥에 커다란 구멍들이 뻥뻥 뚫린 채 쌀뜨물보다도 흐린 싯누런 물결이 일렁이는 강심* 쪽을 향해 곧장 뻗어 나가다 갑자기 앙상한 철근을 엿가락 모양으로 어지럽게 늘어뜨리면서 다리는 끊겨져 있었다. 얽히고설킨 철근의 거미줄이 간댕간댕 허공을 가로지르고 있는 마지막 그곳까지 기어가는 시합 ─['시합'의 내용] 이었다. 그리고 시합에서 승리자는 언제나 명선이었다. 웬만한 배짱이라면 구멍이 숭숭 뚫린 시멘트 바닥을 기는 것은 누구나

할 수 있는 일이었다. 하지만 시멘트가 끝나면서 강바닥이 까마 ─[건너가기 위험한 다리의 모습] 득한 간격을 두고 저 아래에서 빙글빙글 맴을 도는 철골 근처에 다다르면 누구나 오금*이 굳고 팔이 떨려 한 발자국도 더는 나갈 수가 없었다. 오로지 명선이 혼자만이 얼기설키 허공을 건너지른 엿가락 같은 철근에 위태롭게 매달려 세차게 불어 대는 강바람에 누나한테 얻어 입은 치맛자락을 펄렁거리며 끝까지 다 건너가서 ─[여자아이임이 드러난 뒤에는 여자 옷을 입음] 지옥의 저쪽 가장자리에 날름 올라앉아 귀신인 양 이쪽을 보고 ─[앙상한 철근 너머] 낄낄거리는 것이었다. 그렇게 낄낄거리며 우리들 머스매의 용기 ─[다른 남자아이들은 명선처럼 하지 못함] 없음을 놀릴 때 그 애의 몸뚱이는 마치 널을 뛰듯이 위아래로 훌쩍훌쩍 까불리면서* 구부러진 철근의 탄력에 한바탕씩 놀아나고 있었다.

어느 날 나는 명선이하고 단둘이서만 다리에 간 일이 있었다. 그때도 그 애는 나한테 시합을 걸어왔다. 나는 남자로서의 위신*을 걸고 명선이의 비아냥거림 앞에서 최선의 노력을 다해 봤으나 『결국 강바닥에 깔린 뽕나무밭이 갑자기 거대한 팽이가 되어 어찔 ─[『』: '나'는 또다시 시합에서 짐] 어찔 맴도는 걸 보고 뒤로 물러서지 않을 수 없었다.』 이제 명선이한테서 겁쟁이라고 꼼짝없이 수모*를 당할 차례였다.

"야아, 저게 무슨 꽃이지?"

그런데 그 애는 놀림 대신 갑자기 뚱딴지같은 소리를 질렀다. ─[겁쟁이라고 '나'를 놀리는 대신] 말 타듯이 철근 뭉치에 올라앉아서 그 애가 손바닥으로 가리키는 곳을 내려다보았다. 거대한 교각* 바로 위, 무너져 내리다 만 콘크리트 더미에 이전에 보이지 않던 꽃송이 하나가 피어 있었다. ─[명선을 상징함] 바람을 타고 온 꽃씨 한 알이 교각 위에 두껍게 쌓인 먼지 속에 ─[피란 중 마을로 흘러들어온 명선] ─[생명력이 강한 명선] 어느새 뿌리를 내린 모양이었다.

"꽃 이름이 뭔지 아니?"

난생처음 보는 듯한, 해바라기를 축소해 놓은 모양의 동전만 한 ─[명선이 발견한 꽃의 생김새] 들꽃이었다.

"쥐바라숭꽃……." ─['나'가 지어낸 이름] 나는 간신히 대답했다. 시골에서 볼 수 있는 거라면 명선이는 ─[명선은 서울 아이이고, '나'는 시골 아이임] 내가 뭐든지 다 알고 있다고 믿는 눈치였다. 쥐바라숭이란 이 세상엔 없는 꽃 이름이었다. 엉겁결에 어떻게 그런 이름을 지어낼 수 있었는지 나 자신도 어리벙벙할 지경이었다.

"쥐바라숭꽃…… 이름처럼 정말 이쁜 꽃이구나. 참 앙증맞게두 ─['나'의 말대로 꽃의 이름이 쥐바라숭꽃이라고 믿음] 생겼다."

또 한바탕 위험한 곡예 끝에 기어코 그 쥐바라숭꽃을 꺾어 올려 손에 들고는 『냄새를 맡아보다가 손바닥 사이에 넣고 대궁*을 비 ─[『』: 명선의 천진난만한 모습] 벼서 양산처럼 팽글팽글 돌리다가 끝내는 머리에 꽂는 것이었다.』

다시 이쪽으로 건너오려는데, 이때 바람이 휙 불어 명선의 치맛자락이 훌렁 들리면서 머리에서 꽃이 떨어졌다. 나는 『해바라기 모양의 그 작고 노란 쥐바라숭꽃 한 송이가 바람에 날려 싯누런 흙탕물이 도도히 흐르는 강심을 향해 바람개비처럼 맴돌며 떨어져 내리는 모양을 아찔한 현기증을 느끼며 지켜보고 있었다.』

『 』: 명선이 강에 떨어져 죽을 것을 암시함

(중략)

내가 벌써 귀띔을 해 주어서 어른들은 명선이가 숙부로부터 버림받은 게 아니라 스스로 도망쳤다는 사실을 이미 알고 있었다.
<u>명선은 재물을 노리고 자신을 죽이려 한 숙부로부터 도망침</u>

전쟁이 끝나기 전에 어떻게든 명선이의 입을 열게 하려고 아버지는 수단 방법을 안 가릴 기세였다.
<u>피란 간 명선의 숙부가 돌아오기 전에   명선이 금반지를 숨긴 곳을 알기 위함</u>
<u>'나'의 아버지의 탐욕스러운 성격</u>

그날도 나는 명선이와 함께 부서진 다리에 가서 놀고 있었다. 예의 그 위험천만한 곡예 장난을 명선이는 한창 즐기는 중이었<u>다리 끝까지 가는 것</u>다. 콘크리트 부위를 벗어나 그 애가 앙상한 철근을 타고 거미처럼 지옥의 가장귀*를 향해 조마조마하게 건너갈 때였다. 이때 우리들 머리 위의 하늘을 두 쪽으로 가르는 굉장한 폭음이 귀뺨을
<u>명선이 죽는 원인이 됨 → 전쟁의 폭력성</u>
갈기는 기세로 갑자기 울렸다. 푸른 하늘 바탕을 질러 하얗게 호주기* 편대*가 떠가고 있었다. 비행기의 폭음에 가려 나는 철근 사이에서 울리는 비명을 거의 듣지 못하였다. 다른 것은 도무지 무
<u>명선이 다리에서 떨어지며 지르는 비명</u>
서워할 줄 모르면서도 유독 비행기만은 병적으로 겁을 내는 서울
<u>피란길에 공습으로 어머니를 잃었기 때문   명선</u>
아이한테 얼핏 생각이 미쳐 눈길을 하늘에서 허리가 동강이 난 다리로 끌어냈을 때 내가 본 것은 강심을 겨냥하고 빠른 속도로
<u>명선이 다리에서 강으로 떨어져 죽음</u>
멀어져가는 한 송이 쥐바라숭꽃이었다.

명선이가 들꽃이 되어 사라진 후 어느 날 한적한 오후에 나는
<u>명선이 죽은 후</u>
그때까지 한 번도 성공한 적이 없는 모험을 혼자서 시도해 보았
<u>다리 끝까지 가는 것</u>
다. 겁쟁이라고 비웃는 사람이 아무도 없으니까 의외로 용기가
<u>명선은 '나'를 겁쟁이라고 비웃고는 했음</u>
나고 마음이 차갑게 가라앉은 것이었다. 나는 눈에 띄는 그 즉시 거대한 팽이로 둔갑해 버리는 까마득한 강바닥을 보지 않으려고 생땀을 흘렸다. 엿가락으로 흘러내리다가 가로지르는 선에 얹혀 다시 오르막을 타는 녹슨 철근의 우툴두툴한 표면만을 무섭게 응시하면서 한 뼘 한 뼘 신중히 건너갔다. 철근의 끝에 가까이 갈수록 강바람을 맞는 몸뚱이가 사정없이 까불렸다. 그러나 나는 천신만고 끝에 마침내 그 일을 해내고 말았다. 이젠 어느 누구도,
<u>다리 끝에 도착함</u>
제아무리 쥐바라숭꽃일지라도 나를 비웃을 수는 없게 되었다.
<u>명선</u>
지옥의 가장귀를 타고 앉아 잠시 숨을 고른 다음 바로 되돌아 나오려는데 이때 이상한 물건이 얼핏 시야에 들어왔다. 낚싯바늘 모양으로 꼬부라진 철근의 끝자락에다 천으로 칭칭 동여맨 자그
<u>명선이 금반지를 넣어 둔 주머니</u>
만 헝겊 주머니였다. 명선이가 들꽃을 꺾던 때보다 더 위태로운

동작으로 나는 주머니를 어렵게 손에 넣었다. 가슴을 잡죄는 긴장 때문에 주머니를 열어 보는 내 손이 무섭게 경풍*을 일으키고 있었다. ⓐ <u>그리고 그 주머니 속에서 말갛게 빛을 발하는 동그라미 몇 개를 보는 순간, 나는 손에 든 물건을 송두리째 강물에 떨어뜨리고 말았다.</u>
'나'는 금반지가 든 주머니를 강물에 떨어뜨림 → 전쟁으로 인간성을 상실한 어른들의 탐욕 비판

- 윤흥길, 〈기억 속의 들꽃〉 -

* 강심(江心): 강의 한복판. 또는 그 물속.
* 오금: 무릎의 구부러지는 오목한 안쪽 부분.
* 까불리다: 키질을 당하듯이 위아래로 흔들리다.
* 위신(威信): 위엄과 신망(믿음과 기대)을 아울러 이르는 말.
* 수모(受侮): 모욕을 받음.
* 교각(橋脚): 다리를 받치는 기둥.
* 대궁: '대'의 방언. 식물의 줄기.
* 가장귀: 나뭇가지의 갈라진 부분. 또는 그렇게 생긴 나뭇가지.
* 호주기(濠洲機): 6·25전쟁 때 참전한 오스트레일리아의 제트 전투기.
* 편대(編隊): 비행기 부대 구성 단위의 하나. 2~4대의 비행기로 이루어진다.
* 경풍(驚風): 어린아이에게 나타나는 증상의 하나. 경련하는 병증.

01 서술상의 특징 파악하기   답 | ③

윗글의 서술상 특징으로 적절하지 <u>않은</u> 것은?

정답 선지 분석
③ 작품 안의 서술자가 다른 인물의 심리를 묘사하고 있다.
작품 안의 서술자 '나'가 명선의 행동을 묘사하고 있는 것은 맞지만, 명선의 심리까지 묘사하고 있지는 않다.

오답 선지 분석
① 특정 소재를 통해 앞으로의 전개를 암시하고 있다.
'쥐바라숭꽃'이 '바람에 날려 싯누런 흙탕물이 도도히 흐르는 강심을 향해 바람개비처럼 맴돌며 떨어져 내리는 모양'을 묘사하여 이후 명선이 '강심을 겨냥하고 빠른 속도로 멀어져가는 한 송이 쥐바라숭꽃'처럼 다리에서 떨어져 죽는다는 것을 암시하고 있다.

② 과거형 어미를 활용하여 회상하는 말투를 취하고 있다.
과거형 선어말 어미 '-았/었-'을 활용하여 서술자인 '나'가 어린 시절의 일을 회상하는 듯한 말투로 서술하고 있다.

④ 어린아이의 시선을 통해 전쟁의 비극성을 강조하고 있다.
어린아이인 '나'의 시선을 통해 '비행기의 폭음'에 놀라 떨어져 죽는 명선의 모습을 묘사함으로써 전쟁의 비극성을 강조하고 있다.

⑤ 시대적·공간적 배경을 알 수 있는 단어를 사용하고 있다.
'폭격', '호주기' 등의 단어를 통해 6·25전쟁을 배경으로 함을 알 수 있으며, '만경강 다리'를 통해 만경강 일대의 마을을 배경으로 함을 알 수 있다.

윗글의 내용으로 가장 적절한 것은?

정답 선지 분석

④ 명선은 쥐바라숭꽃이 실제로 존재하는 꽃이라고 생각했다.

명선이 '해바라기를 축소해 놓은 모양의 동전만 한 들꽃'의 이름을 묻자 '나'는 "쥐바라 숭꽃……."이라고 답하는데, 쥐바라숭은 '이 세상엔 없는 꽃 이름'으로 '나'가 지어낸 이름이다. 그러나 명선은 이 사실을 모르고 "쥐바라숭꽃…… 이름처럼 정말 이쁜 꽃이 구나."라고 하며 쥐바라숭꽃이 실재하는 꽃이라고 생각했다.

오답 선지 분석

① '나'는 한 번도 다리 끝까지 가 보지 못했다.

명선이 죽은 후, '나'는 '그때까지 한 번도 성공한 적이 없는 모험을 혼자서 시도해 보 았'는데, 이 모험이란 '얽히고설킨 철근의 거미줄이 간댕간댕 허공을 가로지르고 있는 마지막 그곳까지 기어가는' 것이었다. '나'는 '천신만고 끝에 마침내 그 일을 해내고 말 았'다고 했으므로 '나'가 한 번도 다리 끝까지 가 보지 못했다는 말은 적절하지 않다.

② '나'는 명선의 것이었던 금반지를 집으로 가져왔다.

'나'는 '낚싯바늘 모양으로 꼬부라진 철근의 끝자락에다 천으로 칭칭 동여맨 자그만 헝 겊 주머니'를 발견하고, '주머니 속에서 말갛게 빛을 발하는 동그라미 몇 개를 보는 순 간' '손에 든 물건을 송두리째 강물에 떨어뜨'렸다. 즉, 명선의 것이었던 금반지를 집으 로 가져온 것이 아니라 강물에 떨어뜨린 것이다.

③ 명선은 '나'에게 금반지를 숨겨 둔 곳을 알려 주었다.

명선이 '나'에게 금반지를 숨겨 둔 곳을 알려 주는 장면은 윗글에 등장하지 않는다. '나'는 '낚싯바늘 모양으로 꼬부라진 철근의 끝자락에다 천으로 칭칭 동여맨 자그만 헝 겊 주머니'의 존재, 즉 명선이 금반지를 숨겨 둔 곳을 명선이 죽은 후 혼자 다리 끝까지 기어갔다가 알게 되었으므로 명선이 '나'에게 금반지를 숨겨 둔 곳을 알려 주었다는 말 은 적절하지 않다.

⑤ 명선은 어른들에게 자신이 숙부에게서 도망쳤음을 밝혔다.

'내가 벌써 귀띔을 해 주어서 어른들은 명선이가 숙부로부터 버림받은 게 아니라 스스로 도망쳤다는 사실을 이미 알고 있었'라고 했으므로, 명선이 어른들에게 자신이 숙부에 게서 도망쳤음을 스스로 밝힌 것이 아니라 '나'가 어른들에게 그 사실을 귀띔한 것이다.

㉠~㉢에 들어갈 말로 가장 적절한 것은?

들꽃	명선
쉽게 꺾이는 연약한 존재임.	연약한 어린아이임.
교각의 (㉠)에 뿌리를 내림.	전쟁통에도 살아남음.
꽃씨가 바람을 타고 날아옴.	(㉡)중 마을로 흘러들어옴.
바람에 날려 강으로 떨어짐.	(㉢) 소리에 놀라 강으로 떨어짐.

정답 선지 분석

	㉠	㉡	㉢
③	먼지	피란	비행기

㉠ '바람을 타고 온 꽃씨 한 알이 교각 위에 두껍게 쌓인 먼지 속에 어느새 뿌리를 내린 모양이었다.'라고 했으므로 ㉠에 들어갈 말은 '먼지'이다.

㉡ 명선은 '피란민들이 마을에서 떠난 후, 혼자 남겨'졌다고 했으므로 ㉡에 들어갈 말 은 '피란'이다.

㉢ '비행기의 폭음에 가려 나는 철근 사이에서 올리는 비명을 거의 듣지 못하였다.', '다른 것은 도무지 무서워할 줄 모르면서도 유독 비행기만은 병적으로 겁을 내는 서 울 아이에게 얼핏 생각이 미쳐~내가 본 것은 강심을 겨냥하고 빠른 속도로 멀어져 가는 한 송이 쥐바라숭꽃이었다.'라고 했으므로 ㉢에 들어갈 말은 '비행기'이다.

다음은 ⓐ의 의미를 설명한 것이다. 빈칸에 들어갈 말로 적절한 것을 골라 차례대로 쓰시오.

> ⓐ는 명선이를 죽음으로 몰고 간 전쟁과, 전쟁으로 인해 (인간성 / 형 평성)을 상실한 어른들의 (고집 / 탐욕)을 비판한다.

정답

인간성, 탐욕

MEMO

한수

한 번에
수능까지

완성하는
중학국어